Hans Jürgen Stepf
Im Anfang war die Gebärde

Hans Jürgen Stepf

Im Anfang war die Gebärde

Die Geschichte der evangelischen Gehörlosenseelsorge
von ihren Berliner Anfängen bis 1992

Wichern-Verlag

Hans Jürgen Stepf, geboren 1935 in Berlin, war von 1964 bis 1975 Gemeindepfarrer in Frankfurt am Main und nebenamtlich Gehörlosenseelsorger in Frankfurt und Lauterbach/Vogelsberg. 1972/73 Gehörlosenpfarrer in Zürich und bis 1997 in Berlin. Von 1976 bis 1992 Schriftführer der Deutschen Arbeitsgemeinschaft für Evangelische Gehörlosenseelsorge (DAFEG) und Mitglied des Vorstands und des Joint Committee of deaf mission societies der Gehörlosenmission für Schulen in Eritrea und Tansania.

Wichern-Verlag, Berlin 2009
Umschlagfoto: wichern-design unter Verwendung eines Fotos von Dietmar Silber. Erläuterung zur Gebärde: Fingeralphabet: I = I; L = love; Y = you
Bildnachweise: S. 17: StA PK, aus: Martin Friedrich Seidels Bildersammlung, hg. von Georg Gottfried Küster, Berlin 1751; S. 22: Foto Klaus Stretzke, Privatarchiv; S. 39: Privatarchiv; S. 47: Privat Gerhard Schoenberner; S. 48: Foto Klaus Stretzke, Privatarchiv; S. 52: Evangelisches Landeskirchliches Archiv Berlin; S. 53: Privatarchiv; S. 88: Foto Max Wahle, Berlin; S. 99, 100: Privataufnahmen Stepf; S. 142: Teilnehmer der 1. Reichstagung der evangelischen Taubstummen-Seelsorger Deutschlands in Wittenberg am 3.–5. Juni 1929. Wegweiser für Taubstumme, Schleswig 1. Juli 1929, 29. Jahrgang; S. 145: Hermann Schafft, Ein Lebenswerk Johannes Stauda Verlag Kassel 1960; S. 156: Privataufnahmen Stepf; S. 165: Privataufnahmen Stepf; S. 214: Presse Bild Zscheile 1949; S. 233: Privatarchiv; S. 234: Foto Irschik Berlin NO 55; S. 236: Foto Klaus Stretzke, Privatarchiv; S. 239: Foto A. Köhler, Ludwigslust; S. 242: Foto E.P. Thonke; S. 247: Privataufnahmen Stepf; S. 252, 253: Privataufnahmen Stepf; S. 254: Foto Festschrift zum 75-jährigen Bestehen des Verbandes evangelischer Gehörloser im Bereich der Evangelischen Kirche im Rheinland 1927–2002; S. 276, 278: Foto Fritz P. Krueger, Berlin; S. 287: Privat Martin Rehder; S. 288: Privataufnahmen Stepf; S. 289: Privatarchiv; S. 290: Privataufnahmen Stepf; S. 390, 391: Max Wahle (Schulz, Krasa, Bartel), Privataufnahmen.
Wir danken für die freundlichen Abdruckgenehmigungen. In wenigen Fällen konnten die Rechtsinhaber nicht ermittelt werden. Der Wichern-Verlag ist dankbar für Hinweise.
Satz: NagelSatz Reutlingen
Druck und Verarbeitung: Buch Bücher dd ag, Birkach
ISBN 978-3-88981-287-2

Inhalt

Vorwort 13

I	**Die Frühzeit und die Anfänge in der Gehörlosenseelsorge**	15
1	Der Anfang in der Taubstummenbildung	15
1.1	Der Anfang	15
1.2	Der Anfang in der Provinz Brandenburg und Luthers Sermon von 1520	16

Exkurs: Taubheit und ihre Folgen 19
    Medizinisch 19
    Sprachlich 20

2	Die Gründung des Taubstummen-Instituts Berlin (1788)	21
3	Möglichkeiten der Bildung für Taubstumme nach 1788	24
3.1	Zulassungsbedingungen und weitere Gründungen von Taubstummenschulen in Preußen	25
3.2	Die Erfassung der Taubstummen nach der Order von 1829 . .	29
3.2.1	Meldungen von Konfirmationen taubstummer Kinder	33
3.2.2	Ein mehrjähriger Briefwechsel nach 1850	37
3.3	Konsequenzen aus den Erhebungen	40
II	**Die erwachsenen Taubstummen und ihr Pfarrer – Der Methodenstreit**	47
1	Die Ordination des Lehrers und Pfarrers Reinhold Schoenberner 1866	47
2	Die erste Dienstordnung für einen evangelischen Taubstummenpfarrer	49
3	Die Akte über den Methodenstreit 1883 und 1884	50
3.1	Der Streit: Lautsprache contra Gebärde belastet die Seelsorge	51
3.2	Das Konsistorium unterstützt den Gebrauch der Gebärde . . .	52

III	**Das Berliner Taubstummen-Kirchenfest und sein Verbot 1882**	57
1	Das Berliner Kirchenfest und das Problem der großen Zahl	57
2	Die Ablehnung des Kirchenfestes in den Provinzen – Kritik an Reinhold Schoenberner	58
3	Die Neuordnung der Taubstummenseelsorge nach dem Verbot 1882	60
3.1	Der Sonderweg des Konsistoriums Hannover	60
3.2	Die Neuordnung in der Provinz Brandenburg	61

IV	**Die Ausbildung von Taubstummenpfarrern in Berlin 1889 bis 1918**	67
1	Die ersten Kurse für nebenamtliche Pfarrer aus allen Provinzen in Berlin	67
2	Die positive Bilanz der durchgeführten Kurse	69

V	**Die Taubstummenseelsorge in der Provinz Brandenburg 1888 bis 1896**	71
1	Das Entstehen von Gottesdienstzentren in der Provinz Brandenburg	71
2	Die Entscheidung zur Methodenfrage in der Provinz Brandenburg	73
3	Der Einsatz für taubstumme Mädchen ohne Schulbildung in Posen	74
4	Die Werbung um Taubstummenseelsorger und ihre Ausbildung	76
5	Die Fahrpreisermäßigung bei der Reichsbahn für Taubstumme	77

| VI | Der Aufbau der Taubstummenseelsorge von 1900 bis zum Ersten Weltkrieg | 83 |

1	Der Aufbau in den deutschen Ländern	83
1.1	Die Provinz Brandenburg und Berlin	83
1.2	Die Berufung von Stadtvikar Hermann Schulz	87
1.3	Der weitere Aufbau der Seelsorgebezirke in der Provinz Brandenburg	90
1.4	Berichte der Gehörlosenseelsorger aus der Vorkriegszeit	92

Exkurs: Der Aufbau der Taubstummenseelsorge in den deutschen Ländern an einigen Beispielen ... 95
  Baden ... 95
  Bayern ... 95
  Hamburg ... 96
  Hessen ... 97
  Sachsen ... 100
  Württemberg ... 101

| VII | Aufgaben der Gehörlosenseelsorge | 105 |

1	Fürsorge – Seelsorge	105
2	Kirchliche Zeitungen für Gehörlose	109
3	Bibelteile und Andachtsbücher für Gehörlose	113

| VIII | Die Gehörlosen-(Taubstummen-)Seelsorge in der Provinz Brandenburg von 1914 bis 1933 | 123 |

| 1 | Die Kriegszeit (1914–1918) | 123 |

2	Die Zeit nach dem Krieg	125
2.1	Die Berufung von Pfarrer Otto Bartel	128
2.2	Die Inflation	128

3	Vom Ende der Inflation bis zum Beginn der Machtergreifung Hitlers	130
3.1	Die begabten und die mehrfach behinderten gehörlosen Kinder	130
3.2	Religionsunterricht auf Sprachunterricht reduziert	131

IX	Besondere Herausforderungen für die Gehörlosenseelsorge in Brandenburg 135
1	Die Arbeitslosigkeit bei den Gehörlosen 135
2	Zeitungen für Gehörlose 136
3	Die „Lex Zwickau" von 1924 (Kastration von Gehörlosen geplant) 136
4	Die Wahrnehmung psychisch kranker Gehörloser 137
5	Die Gründung des „Evangelischen Gemeindevereins der Gehörlosen" 137
6	Die Konferenz von 1928 – Planung und ihre Durchführung .. 138
7	Das Jahr 1932 139

Exkurs: Die Gründung des „Reichsverbandes evangelischer Taubstummenseelsorger Deutschlands" 1928 141
Die Vorgeschichte 141
Die Zielsetzung des Verbandes und seine Aufgaben 143
Reaktionen auf die Gründung des Reichsverbandes 146

X	Die Kirchen und die Gehörlosenseelsorge von 1933 bis 1945 151
1	Das Gesetz zur Verhütung erbkranken Nachwuchses vom 14. Juli 1933 155
1.1	Stellungnahmen der Landeskirchen und des Reichsverbandes 160
1.2	Gehörlosenseelsorgerberichte aus Brandenburg von 1933 bis 1939 162
2	Die Gleichschaltung 1933 und das Verhalten der Gehörlosenseelsorger 165
2.1	Berlin 166
2.2	Rheinische Provinz 167
3	Die evangelischen Gehörlosengemeinden und der Reichsverband der Gehörlosen Deutschlands (Regede) 168
3.1	Wie entwickelte sich aus dem Regede der NS-Regede? 169

3.2	Die Gehörlosen im NS-Staat in der Provinz Brandenburg	173
3.3	Die Erziehung zur Volksgemeinschaft im NS-Staat	174
3.4	War Widerstand möglich, wo Angst herrschte?	176
4	Die Pfarrstellenbesetzung in Berlin bis zum Ende des Krieges 1945	176
5	Einwirkung des Krieges auf die Gehörlosenseelsorge	180
XI	**Die Gehörlosenseelsorge nach 1945 am Beispiel der Evangelischen Kirche in Berlin-Brandenburg EKiBB**	191
1	Zur Bewältigung der NS-Zeit	191
1.1	Die politische Situation in Berlin-Brandenburg	192
2	Der Wiederaufbau der Gehörlosenseelsorge nach 1945	194
2.1	Die Ausbildung und Einsetzung der ehemaligen NS-Pfarrer Erwin Wiebe und Joachim Hossenfelder	196
2.2	Die Stadt Groß-Berlin	201
3	Rückmeldungen der Gehörlosenpfarrer, Berichte von 1945 bis 1947	202
4	Die Entscheidung für einen kirchlichen Unterricht in der Schule	206
4.1	Der Religions- und kirchliche Unterricht in Groß-Berlin und im Land Brandenburg	206
4.2	Das Schulgesetz von 1947 und der Religionsunterricht	208
5	Berichte aus der Mark Brandenburg und Berlin für das Jahr 1948	209
5.1	Das kurze Aufblühen von evangelischen Gehörlosenvereinen	210
5.2	Christenlehreunterricht im Land Brandenburg und Groß-Berlin	211
6	Berichte aus der Mark Brandenburg und Groß-Berlin von 1949 und 1950	213
6.1	Christenlehreunterricht in Berlin	216
6.2	Berichte aus Groß-Berlin	216
6.3	Berichte aus der Mark Brandenburg	218

| 6.4 | Christenlehreunterricht im Land Brandenburg und Groß-Berlin | 219 |

7	Berichte aus der Mark Brandenburg und Groß-Berlin von 1951 bis 1961	222
7.1	Christenlehre und Konfirmandenunterricht von 1951 bis 1952	224
7.2	Berichte aus Groß-Berlin von 1951 bis 1952	224
7.3	Berichte aus den Jahren 1953 bis 1957	227
7.4	Berichte aus den Jahren 1958 bis 1961	231
7.4.1	Der christliche Unterricht in den Gehörlosenschulen	231
7.4.2	Die Lage in Groß-Berlin	232
7.4.3	Die Bemühungen um ein Gemeindezentrum für die Gehörlosen	235

8	Die Gehörlosenseelsorge in der Stadt Berlin von 1961 bis 1974	236
8.1	Die Lage vor und nach dem Mauerbau	236
8.2	Die Personalsituation in der Gehörlosenseelsorge Berlin (West)	240
8.3	Die Personaländerungen in Berlin-Brandenburg	241

| 9 | Die Gehörlosenseelsorge in Berlin (West) von 1975 bis 1992 | 241 |
| 9.1 | Eine Bestandsaufnahme und ein Entwurf der Arbeit | 241 |

Exkurs: Zu dem Altenheim in der Knesebeckstraße 1 243

| 9.2 | Die Beteiligung an den Kirchentagen und die Gemeindeordnung | 249 |
| 9.3 | Die Zusammenarbeit nach dem Fall der Mauer 1989 | 253 |

| XII | **Die evangelische Gehörlosenseelsorge in Deutschland nach 1945** | 263 |

| 1 | Ansätze einer Neubesinnung | 263 |
| 1.1 | „Ausblick" auf die Arbeitsgemeinschaft der evangelischen Gehörlosenseelsorger Deutschlands (AeGD) im Ganzen | 263 |

Exkurs: Keine Wiedergutmachung für zwangssterilisierte Gehörlose .. 264
    Die kontroversen Standpunkte 264
    Nachkriegsliteratur zum Thema: Zwangssterilisierung im Dritten Reich 266

2	Initiativen zur Ordnung der Gehörlosenseelsorge	267
2.1	Die erste Tagung der Arbeitsgemeinschaft evangelischer Gehörlosenseelsorger Deutschlands 1949	267
2.2	Konventsgründung der Gehörlosenseelsorger in der DDR 1951	269
2.3	Die Entwicklung von der AeGD zur DAFEG von 1950 bis 1990	270
2.3.1	Die Vereinsgeistlichen	270
2.3.2	Die Vorsitzenden der Arbeitsgemeinschaft	272
2.3.3	Die Vorsitzenden des Konvents	272
2.3.4	Die Vorsitzenden der vereinigten Deutschen Arbeitsgemeinschaft	272

XIII	**Internationale Kontakte der deutschen Gehörlosenseelsorger nach 1945**	275
1	Kontakte mit der Schweiz, Schweden und Norwegen	275
2	Der Internationale Ökumenische Arbeitskreis (IÖAK) von 1961 bis 1989	277
2.1	Vorbemerkung	277
2.2	Installation der Tagungen mit den Weltkongressen der Gehörlosen	277
2.2.1	Die fünfte Tagung des IÖAK in Bossey bei Genf 1969	280
2.2.2	Die sechste Tagung des IÖAK in Wien 1970	280
2.3	Das erste ökumenische Seminar (GOES) in Genf 1971	281
2.4	Das zweite ökumenische Seminar in Washington 1975	283
2.4.1	Ökumenisches Arbeitsbuch: „Du hältst das Wort in der Hand"	283
2.4.2	Vorstellung des Schreibtelefons durch Professor Daniel Pokorny	284
2.4.3	Die neunte Tagung des IÖAK in Essen-Heidhausen 1978	284
2.4.4	Die zehnte Tagung in Lystrup/Dänemark 20 Jahre IÖAK 1980	284
2.5	Der dritte internationale ökumenische Kongress IÖAK in Rom 1983	285
2.6	Das vierte internationale ökumenische Seminar IÖAK in Turku 1987	288

Anhang

1	Die Tagungen im Überblick (1928–1939 und 1947–2002)	293
1.1	Tagungen vor dem Krieg	294
1.2	Die Tagungen der DAFEG – Themen und Beschlüsse nach 1945	294

Literaturverzeichnis 311

Quellenverzeichnis 323

Abkürzungen 379

Personenregister 381

Vorwort

Dieses Buch will ermutigen, tiefer in die Geschichte der Deutschen evangelischen Gehörlosenseelsorge einzudringen. An vielen Orten ruhen noch Schätze, die gehoben und bewahrt werden müssen. An vielen Stellen schlummern in den Archiven Beispiele für ein besseres Verständnis der Vergangenheit, die ihre Auswirkungen bis in die Gegenwart haben.

Den Schwerpunkt meiner Arbeit bildet Berlin-Brandenburg. Von Berlin gingen wesentliche kirchliche und schulische Impulse aus für die Förderung der Gehörlosen (Taubstummen) in Preußen, seinen Provinzen und dem Deutschen Reich nach 1871. In Berlin liegt auch die einzige Gehörlosengemeinde Deutschlands, die durch die Mauer achtundzwanzig Jahre geteilt war.

Beispiele aus den Landeskirchen zeigen die Entwicklung der Gehörlosenseelsorge. Übergreifend wird versucht, die Anstöße und die Aktivitäten der Deutschen Arbeitsgemeinschaft für Evangelische Gehörlosenseelsorge e. V. (DAFEG) nicht nur im landeskirchlichen Bereich, sondern auch im ökumenischen Zusammenhang aufzuzeigen. Von den ersten Ansätzen der Seelsorge in der Reformation bis zur Vereinigung der 31 Jahre getrennten Arbeitsgemeinschaft 1992 reicht der Bogen. Einen breiteren Raum nimmt das Dritte Reich mit seinen die Menschenwürde verachtenden Gesetzen ein.

Natürlich konnte sich die Gehörlosenseelsorge in den Jahrhunderten der Diskussion nicht entziehen. Ist die orale Methode oder die Gebärde das richtige Mittel, die deutsche Sprache zu erlernen? Für die Gehörlosenseelsorge ist letztlich entscheidend, wie das Evangelium, die frohe Botschaft der Bibel, die jedem Menschen gilt, gehörlosen Kindern und Erwachsenen verständlich und glaubwürdig vermittelt werden kann.

Das Buch zeigt: In weiten Teilen besteht auch in kirchlichen Kreisen Unverständnis über die seelische Entwicklung von Gehörlosen. Ein Gehörloser ist von einem Hörenden in seinen Reaktionen, seinem Denken so verschieden wie ein Europäer von Angehörigen anderer Kulturen.

Ausgewählte Dokumente befinden sich im Anhang. Bei den Quellen stütze ich mich auf den Bestand im Evangelischen Zentralarchiv in Berlin (EZA) und dem Landeskirchlichen Archiv Berlin-Brandenburg (ELAB). Beim EZA folge ich den neuen Signaturen der Akten. Die Tätigkeitsberichte der Vorsitzenden der DAFEG bilden eine wichtige Quelle. Als Schriftführer der DAFEG von 1976 bis 1992 hatte ich Einblicke in die verschiedenen Vorhaben und Projekte. Bei den 670 Namen im Register bleiben einige Vornamen zu ergänzen. Für die Jahre von 1971 bis 1975 lag mir kein Material vor, es gab nicht einmal Jahresberichte von Stoevesand.

Einige Fragen bleiben: Was haben die evangelischen Kirchen für die Gehörlosenseelsorge bewirkt? Wie ernst nehmen die Kirchenleitungen in den deutschen Landeskirchen die Seelsorge an gehörlosen Mitchristen? Wird diese sprachliche Minderheit, die in der hörenden Kirche wie in einer Personalgemeinde, verteilt über die ganze Kirche Berlin-Brandenburg lebt, als Partner ernst genommen?

Vielleicht finden die Leser auf diese Fragen eine Antwort aus der Geschichte für heute.

Mein Dank gilt allen, die mich bei diesem Buch unterstützt haben: Herrn Dr. Helmut Sander und Frau Elisabeth Stephani (†) vom Evangelischen Zentralarchiv in Berlin. Mein besonderer Dank gilt Herrn Dr. Wolfgang Krogel vom Landeskirchlichen Archiv Berlin-Brandenburg sowie für den Verein für Berlin-Brandenburgische Kirchengeschichte Herrn Dr. Peter Johann und Herrn Dr. Lorenz Wilkens. Für das Korrekturlesen danke ich Herrn Dr. Ulrich Schröter, Herrn Pastor Horst Paul, Frau Ingeburg Limpach, für die Hilfe am PC meinem Sohn Jean-Otto. Meiner Frau danke ich für die Geduld, Ermutigung und Mithilfe.

Berlin, 2009 *Hans Jürgen Stepf*

Kapitel I

Die Frühzeit und die Anfänge in der Gehörlosenseelsorge

1 Der Anfang in der Taubstummenbildung

1.1 Der Anfang

Schon von Hippokrates (gest. 375 v. Chr.) und Aristoteles (384–322 v. Chr.) wurde die Taubstummheit theoretisch und praktisch erforscht. Man kannte die hauptsächlichen Symptome. Die Ursache blieb aber unbekannt. Aristoteles spricht vom Luftsinn. Das Gehör ist Tor zum Geist. Daraus wurde in der Verdrehung: Taubstumme sind nicht bildungsfähig, da das Ohr verschlossen sei. Falsche Interpretationen der Paulusbriefe (Galater 3,2 und Römer 10,14–17) sowie missverstandene Zitate von Augustin bis Luther bestimmten das kirchliche Verhältnis zu den Taubstummen durch Jahrhunderte.[1]

Was unternahm die Kirche für die Taubstummen in den zurückliegenden Jahrhunderten?

Wir können sagen: wenig. Sie engagierte sich meist nur im Zusammenhang mit karitativer Tätigkeit. Es wird berichtet, dass Bernhard von Clairvaux, etwa Dezember 1146 n. Chr., zwischen Heitersheim und Schliengen am Oberrhein einen Taubstummen geheilt habe.[2] Erst im 17. Jh. werden Geschichten von Taubstummheit gesammelt.[3]

Es gab aber schon vorher hochgebildete Taubstumme, z.B. in der Schweiz. Rudolf Bremi (get. 25.4.1576, gest. 1611) konnte schreiben, malen und rechnen. Er hat eine Sonnenuhr am „Zellhaus" in Baden gefertigt. Als Uhrmacher war er der Zunft der Schmiede mit Sicherheit angeschlossen. Genauso waren auch die Brüder Hans Heinrich Wüst (get. 18.2.1644, gest. 28.7.1692) und Hans Ulrich Wüst (get. 30.12.1649, gest. 23.8.1687) Zunftmitglieder. Hans Heinrich war Maler und gehörte zur Meisenzunft, er wurde am 27.3.1676 getraut: „Dieser Wüst war von Geburt an stumm und g'hörlos, aber im übrigen mit guter Vernunft und Verstand begabet, dass er durch Deuten alles fassen kann, auch er deßwegen nit allein zu dem heiligen Abendmahl zugelassen, sondern auch mit vorgehender gnugsamer Beratschlagung von U. Gen. Herren und einem Ehrsamen Ehegericht des hl. Ehestandes fähig erachtet."[4]

Durch die Reformation erhofften sich viele auch Impulse über Taubstumme. Es ging um die Abendmahlszulassung und dann um Ehe- und Testierfähigkeit. So tauchten jetzt immer mehr Meldungen von Taubstummen auf, die zum Abendmahl vorbereitet und zugelassen wurden.

Georg Dedeken schrieb 1623: „Ein ähnliches Beispiel eines taubstummen Mädchens haben wir in Gotha. Sie bekundet durch Gebärden, daß sie etwas vom Evangelium wisse. Sie weist in illustrierten Büchern auf Christus, auf sich selbst und auf das Kreuz. Damit will sie ausdrücken, daß Christus für uns gelitten habe. Es wäre nützlich, auch euere Taubstummen zur Betrachtung solcher Bücher, welche die Leidensgeschichte Christi in Bildern enthalten, anzuregen."[5]

1.2 Der Anfang in der Provinz Brandenburg und Luthers Sermon von 1520

Diese Nachrichten über die Bildung Taubstummer verbreiteten sich in allen deutschsprachigen Ländern. Sie erreichten auch Preußen. In einer Beschreibung berühmter Männer lesen wir:

> „Joachim Pasche, oder Pascha ist in Ruppin Ao. 1527 gebohren worden … Er heyrathetee Elisabeth Sydion, Nicolai Sydows Hauptmanns zu Boezo und Zossen Tochter, mit welcher er viele Kinder gezeuget. Unter diesen war eine Tochter Nahmens Elisabeth, welche, da sie kaum ein halb Jahr alt gewesen, taub und stumm geworden, gleichwohl zu einem Alter von 70 Jahren gekommen, und von ihren (sic) Vater durch Bilder unterrichtet worden. An den Söhnen aber hatte er desto mehr Freude, und von diesen wollen wir nunmehro reden."[6]

Zwischen der Beschreibung des Lebenslaufs des Vaters und der Brüder befindet sich jene kleine, wohl älteste Bemerkung über ein taubes und stummes Kind[7] in Brandenburg. Elisabeth Pasche, geboren nach 1563, wurde 70 Jahre alt. Ihr Vater hatte zu Brandenburg, zu Wittenberg als ein Schüler Luthers und zu Frankfurt/Oder studiert. „Weil er aber gute Gaben in predigen hatte, nahm inn Churfürst Joachim der andere zum Hof-Prediger an, wozu der bekannte Johann Agricola behülflich war. Er soll zuletzt diesem in seinem Amt als General-Superintendens gefolgt und Ao. 1566 die Direction im Geistlichen Consistorio geführt haben …"[8] Joachim Pasche war wahrscheinlich ab 1556 Propst. „Im Jahr 1574 befahl der Churfürst eine General-Visitation in der Mark vorzunehmen, und ward darnach das Kirchen- und Schul-Wesen in Berlin untersuchet."[9] Churfürst Johann Georg hat ihn dann bewogen, als Inspektor nach Wusterhausen zu gehen. Joachim Pasche soll selbst gesagt haben: „In Berlin habe er in zeitlichen Dingen mehr Glück und Überfluß, in Wusterhausen aber geringeren Unterhalt und weniger Commodität, hingegen ein besser Gewissen gehabt. Er starb in Wusterhausen Ao. 1578."[10]

Joachim Pasche unterrichtete seine taubstumme Tochter (1570)

Was lag näher, als dass dieser Mann auch versuchte, seine taube und stumme Tochter Elisabeth mit dem vermuteten Ziel zu unterrichten, ihr die Teilnahme am Heiligen Abendmahl zu ermöglichen?[11] Als Schüler Luthers kannte er dessen Aussagen. Im Sermon von dem Neuen Testament, das ist von der heiligen Messe von 1520 heißt es:

„Czum acht und dreyssigsten. Es haben etlich gefragt, ob man den stummen auch soll das sacrament reychen. Ettlich meynen sie frundtlich zu betriegen und achten, man soll yhn ungesegnete hostien geben. Der schympff ist nit gut, wirt got auch nit gefallen, der sie ßo wol zu Christen macht hatt als uns, und yhn eben das gepuert, das uns. Darumb ßo sie vernunfftig seyn unnd man auß gewissen tzeychen mercken kan, das sie es auß rechter Christlicher andacht begeren, wie ich offt gesehen habe, soll man dem heyligen geyst seyn werck lassen, und yhm nit vorsagen, was er foddert. Es mag sein, das sie ynwendig hoeher vorstandt und glauben haben denn wir, wilchem niemant soll frevel widderstreben. Leßen wir doch von sanct Cypriano, dem heyligen Marter, das er denn kinden ließ geben auch beyder gestalt zu Carthago, do er Boschoff war, wie woll nu dasselb auß seynen ursachen ist abgangen – Christus ließ die kinder zu yhm kummen, wollt nit leyden, das yhn yemandt weret, ßo hat er auch sein wohthatt wider stummen, noch blynden, noch lamen vorsagt, warumb solt dan sein sacrament nit auch denen werden, die sein hertzlich und christlich begeren?"[12]

In der Zeit des 16. und 17. Jahrhunderts gab es noch einen zweiten Mann in der Mark Brandenburg, der sich vor „die Aufgabe gestellt sah, zwei Geschwister reiferen Alters nacheinander für den Empfang des Sakraments vorzubereiten."[13] Es handelt sich um Johann David Solbrig „geboren zu Mittenwalde 1688 wo sein, um die Begründung einer ‚Allgemeinen Schrift durch Ziffern' vielfach literarisch bemühter Vater David Solbrig (1658–1730) Diakonus (später Pastor primarius zu Seehausen) war; er besuchte die Schule zu Seehausen u. Lüneburg, studierte in Leipzig, wurde Konrektor in Seehausen und 1710 Pfarrer in Hindenburg, später Pastor prim. und Superintendent in Salzwedel und starb daselbst am 10. März 1765."[14]

Wie im Einzelnen Propst Joachim Pasche seine Tochter unterrichtet hat, wissen wir nicht. Solbrig gibt uns einen ersten Einblick in die Versuche, nicht nur durch Bilder, sondern auch mit Schrift und Sprache taube Menschen zu bilden und zum Verständnis des Heiligen Abendmahls zu führen. „Er benutzte ebenfalls die Hilfsmittel der natürlichen Gebärde, der Bilder, die aber meistens für den Unterricht besonders hergestellt wurden, und der Schrift (mechanisch schreiben konnten sie!), ging aber von Dingen, die vor Augen lagen, aus und ließ sie benennen. Nach Anhäufung eines Wortvorrates begann er mit der Konstruktion des einfachen Satzes mit ‚ist' und ‚hat', ging zu erweiterten Sätzen über und vermittelte den Schülern einen Einblick in die Formänderung der Wörter. Erst nach dem Aufbau einer einfachen Sprache ging Solbrig zu den Dingen der Heilslehre über, immer auf das Verständnis jedes Wortes und jeder Formel zustrebend, mit dem Erfolge, daß nicht nur die Heilslehre, wie Prüfungen ergaben, gefaßt und verstanden war, sondern daß die Schüler begannen, eigene Gedanken schriftlich an den Tag zu geben, wobei, trotz mancher unrichtigen Konstruktion, sich doch inneres Verständnis offenbarte, so daß Worte Ausdruck der Gedanken geworden waren."[15]

Es ist nicht verwunderlich, dass sich in dieser Zeit in Europa die Versuche mehrten, taube und stumme Kinder zu unterrichten. Die ersten Schulgesetze und damit verbundenen Erhebungen sowie Visitationen machten die Pfarrer auf diese Kinder und Erwachsenen aufmerksam. Es sprach sich langsam in Europa herum, dass der Benediktinermönch Pedro Ponc de Léon O.S.B. (1508–1584), ein Adliger, erste Erfolge mit der Lautsprache bei dem Unterricht tauber und stummer Kinder hatte. Bei seinem Unterricht verwendete er Gebärdenzeichen und ein Handalphabet. Neben diesem einhändigen spanischen Fingeralphabet wurde ein zweihändiges Fingeralphabet des Engländers John Wallis bekannt und 1742 in deutscher Sprache in Berlin veröffentlicht. Entscheidend für die Erkenntnis, dass Hören und Sprechen zusammenhängen, sind die Untersuchungen des Schweizer Arztes Dr. Johann Conrad Ammann, geb. 1669 in Schaffhausen, gestorben 1724 in Amsterdam. Dieser Arzt untersuchte die Stimmbänder bzw. die Sprechbewegungen. Er lieferte nicht nur eine erste ausführliche medizinische Beschreibung der Sprechbewegungen, sondern auch die erste Anleitung des Taubstummenunterrichts, also die physiologische, teilweise auch psychologische Grundlage des Lautsprachunterrichtes.[16] Es sollte aber noch bis 1770 dauern, bis das erste Taubstummeninstitut der Welt in Paris von Abbé Charles Michael de L'Epee (1712-1789) auf privater Basis gegründet wurde. Sein Unterricht bezog Handalphabet und künstliche Gebärden ein. Daraus entwickelte sich die „französische Methode". Während Dr. Conrad Ammann Vater der Lautsprache, der sog. deutschen Methode ist, so haben wir in Abbé de L'Epee den Vater der Gebärdensprache vor uns. Beide Methoden liegen bis heute im Wettstreit. Die deutsche Methode fand ihren hervorragendsten Vertreter in Samuel Heinicke (1727-1790), der 1787 in Leipzig die erste deutsche Taubstummenanstalt, die dritte in der Welt nach Paris und Wien, eröffnete. Die beiden Persönlichkeiten hat Dr. Paul Schumann in einem Vortrag so charakterisiert: „Abbé de L'Epee sagt in seiner ‚Unterweisung der Taubstummen': Jeder Taubstumme, den man uns zuführt, hat schon eine ihm geläufige Sprache, die Sprache der Zeichen. Man muß sich seiner Sprache bedienen und sie den Regeln der Methode unterwerfen, wenn man ihn unterrichten will. Das ist der Weg, den wir verfolgen." Er sieht in dem Taubstummen zuerst und vornehmlich den *Taubstummen*, dem er in *seiner* Sprache, der Gebärdensprache, helfen will. Samuel Heinicke sieht in dem Taubstummen zuerst und vornehmlich den *Menschen*. „Ich sehe vor mir" - sagt er - „ein lebendiges Geschöpf, das alle Sprachwerkzeuge hat, kurz, das ein Mensch ist. ... Daher ist es nicht nur rühmlich und löblich, wenn der Staat für den Unterricht und ihr Fortkommen Sorge trägt, es ist Pflicht: denn sie sind auch Menschen." Durch den Gedanken der Gottähnlichkeit vor allem erhielten die Begriffe ‚Mensch, Menschheit, Menschentum' für Heinicke, wie später für Pestalozzi, die Note des Gefühlsstarken, des Religiösen, „sein Werk bekam einen religiösen Charakter und damit den stärksten nur irgend möglichen Antrieb, es anzufassen und fortzuführen."[17] Soweit in großen Zügen die Vorgeschichte.

Exkurs: Taubheit und ihre Folgen

☐ *Medizinisch*
Auf tausend Geburten werden heute immer noch zwei Kinder als hörgeschädigt registriert (Berlin hatte 2004 3,388 Mill. Einwohner, davon

3.388–7.476 Gehörlose). Es fängt schon vor der Geburt an: Rauchen und Alkohol während der Schwangerschaft können zur Schädigung des Fötus', darunter u. U. auch zur Taubheit führen. Genauso gefährlich ist die Rötelerkrankung der Mutter während der Schwangerschaft. Schilddrüsenerkrankungen haben bei einer Frau oft Taubheit bei ihrem Kind zur Folge. In der Schweiz gab es bis 1936 eine endemische Gehörlosigkeit durch Schilddrüsenerkrankungen (Kropf) der Schwangeren. Als von zwei Schweizer Ärzten der Zusammenhang von Jodmangel und Kropf erkannt worden war, ging der Bedarf an Schweizer Gehörlosenschulen um die Hälfte zurück. Sauerstoffmangel bei der Geburt schädigt als erstes die nicht ersetzbaren sehr empfindlichen Hörzellen. Masern, Windpocken, Mumps schwächen den kindlichen Körper nach der Geburt, so dass eine Hirnhautentzündung auftreten kann. Taubheit ist dann eine mögliche Folge. Ebenso können gewisse Medikamente z. B. Streptomycin, Kanamycin, Neomycin, Saliciate, Chinin, Thalidomid (Contergan) und toxische Schäden verantwortlich für Hörschäden sein, nicht nur bei Kindern, sondern auch bei hörenden Erwachsenen. Vererbte Schwerhörigkeit kann auch zur Taubheit im Kindesalter führen. Ein besonderes Kapitel ist der Hörsturz, der nicht nur zu Tinnitus, sondern unbehandelt auch zu Schwerhörigkeit und Taubheit führen kann.

☐ *Sprachlich*
Werden Kinder taub geboren, so folgen sie zuerst mit den Augen den Bewegungen der Mutter. Heute kann man schon kurz nach der Geburt feststellen, ob bei einem Neugeborenen ein möglicher Hörschaden vorliegt. Ein taubes Kind, das keine oder nur geringe Tonfrequenzen durch das Ohr aufnimmt, entwickelt keine normale Lautsprache, oder wenn es schwerhörig ist, nur verstümmeltes Sprechen. Wer in unserer Welt nichts oder nur eingegrenzt hören kann, ist besonders im Straßenverkehr gefährdet. Das zeigen traurige Unfälle von Gehörlosen und Schwerhörigen im Alter. Zum andern können hochgradig Schwerhörige und Spätertaubte einem Gespräch von mehreren Personen nicht oder nur schwer folgen, auch wenn sie Hörgeräte gebrauchen. Sie werden schweigen und lächeln und sich langweilen. Oder sie reden ohne Unterlass, um nicht selber zuhören zu müssen. Beispiele: Ein tauber Mensch kann Auto fahren. Er hat genug Spiegel. Es kommt nicht auf das Hupen des Fahrers an. Beim Fußball- oder Wasserballspielen nutzt die Pfeife des Schiedsrichters nichts. Die Hausklingel hören Taube nicht, ebensowenig die hochtönenden Fahrradklingeln. Die innere Sprachstruktur eines taubgeborenen Kindes ist anders als die eines hörenden Kindes. Ein hörendes Kind erlernt unbewusst die Grammatik und die richtige Aussprache. Es übernimmt den Dialekt der Gemeinschaft. Ein taubes Kind kann nur sprechen, was es bewusst gelernt hat. Lautsprache ist wie eine Fremdsprache. Darum werden die Gebärden auch als Muttersprache angesehen, auch wenn die Eltern hörend sind. Es ist gut zu wissen, dass 98 % aller Kinder gesund zur Welt kommen.

2 Die Gründung des Taubstummen-Instituts durch Dr. Ernst Adolf Eschke in Berlin (1788)

Entscheidend für die allgemeine Schulbildung ist bis heute die Schulpflicht eines Staates. Preußen war vorbildlich, darum hier der Abdruck. In Preußen wurde schon am 28.9.1717 eine Verordnung zur Schulpflicht erlassen:

„Von Gottes Gnaden Friedrich Wilhelm, König in Preußen, Marggraff zu Brandenburg des Heil. Römischen Reichs Erst-Cämerer und Chur-Fürst ec. Wir vernehmen mißfällig und wird verschiedentlich von den Inspectoren und Predigern bey Uns geklaget, daß die Eltern, absonderlich auf dem Lande, in Schickung ihrer Kinder zur Schule sich sehr säumig erzeigen, und dadurch die arme Jugend in grosse Unwissenheit, so wohl was das lesen, schreiben und rechnen anbetrifft, als auch in denen zu ihrem Heyl und Seeligkeit dienenden höchstnötigen Stücken aufwachsen lassen. Weshalb wir ... verordnen, daß hinkünftig an denen Orten wo Schulen seyn, die Eltern bey Straffe gehalten seyn sollen Ihre Kinder gegen Zwey Dreyer Wochentliches Schulgeld von einem jedem Kinde im Winter täglich und im Sommer wann die Eltern die Kinder bey ihrer Wirthschafft benötiget seyn, zum wenigsten ein oder zweymal die Woche, damit Sie das jenige, was im Winter erlernet worden, nicht gäntzlich vergessen mögen, in die Schul zu schicken. Falß aber die Eltern das Vermögen nicht hätten; So wollen Wir daß solche Zwey Dreyer aus jedem Orts Almosen bezahlet werden sollen. Dann wollen und befehlen Wir auch allergnädigst und ernstlich, daß hinführo die Prediger insonderheit auf dem Lande alle Sonntage Nachmittage die Catechesation mit ihren Gemeinden ohnfehlbar halten sollen; wornach ihr Euch Gehorsamst zu achten diesen Unseren allergnädigsten Willen und Befehl gehöriger Orten zu publiciren, darüber Nachdrücklich zu halten, auch fisco auff zu geben habt, ein wachsames Auge zu haben und die Contravenienten zur Bestraffung anzuzeigen. Daran geschieht Unser aller gnädigster Wille und Wir seyend Euch mit Gnaden gewogen. Geben Berlin den 28. Sept. 1717."[18]

In der Nachlese zur „Königlich Preußischen Verordnung über das Kirchen- und Schul-Wesen in der Neumark und incorporirten Creysen, de dato Berlin, den 26ten December 1736" heißt es: „... 7.) Muß auch der Pfarrer darauf Acht haben, ob die Kinder fleißig zur Schule kommen. ..."[19] Die Schulaufsicht wurde damit dem Pfarrer übertragen

Dieses Schulreglement hatte noch nicht recht bedacht, dass nicht nur Schüler, sondern auch Lehrer ausgebildet werden müssen. Vor allem Handwerker wurden Lehrer. Ob Schneider, Schuster oder Schmiede, fast jeder konnte sich bewerben. Die allgemeine Schulpflicht war zwar 1717 eingeführt worden, aber noch nicht für alle Kinder verpflichtend, denn Taubstumme und Blinde fehlten.

An Hinweisen und philosophischen Gedanken zur Sprache war kein Mangel. Johann Gottfried Herder veröffentlichte 1772 eine „Abhandlung über

Kapitel I — Die Frühzeit und die Anfänge in der Gehörlosenseelsorge

Dr. Ernst Adolf Eschke, erster Direktor und Oberschulrat in Berlin (1788)

den Ursprung der Sprache". Reimarus' Betrachtungen über „Die Kunsttriebe der Tiere" wurden von Herder angegriffen. Herder argumentiert in seiner Abhandlung, dass der Mensch ohne Gehör keine Sprache haben kann, das unterscheidet ihn vom Tier. Auch den Berliner Gesellschaftskreisen war das Wirken Samuel Heinickes in Hamburg und Leipzig nicht entgangen. So befindet sich unter Moses Mendelssohns Briefwechsel der letzten Lebensjahre ein Brief von Dr. Reimarus aus Hamburg vom 14. Juni 1784: „Mit Verwunderung laß ich neulich eine Anzeige, daß H e i n i c k e , Director des Sächsischen Instituts für Stumme, uns in einer Schrift, der Kritiker genant, das vortreffliche System des Prof. K a n t erklären und begreiflich machen wolle. Ob es Ernst sey, weiß ich nicht. Er ist sonst ein aufgeweckter Kopf und selbstgebildetes Genie. In seinen Beobachtungen über die Taubstummen und deren Denkungsart, wie auch in seinen Entdeckungen und Beiträgen zur Seelenlehre sind würklich merkwürdige Stellen, nur in leztern hie und da unter Zänkerey versteckt. Darin hat er auch ein Paar Gespräche mit Blindgebohrenen, um deren Denkungsart zu erforschen ..."[20] Auch Immanuel Kant erregte Aufsehen mit seiner „Anthropologie in pragmatischer Hinsicht", Königsberg 1798: „Dem Taubgeborenen ist sein Sprechen, ein Gefühl des Spiels seiner Lippen, Zunge und Kinnbackens, und es ist kaum möglich, sich vorzustellen, daß er bei seinem Sprechen etwas mehr tue als ein Spiel mit körperlichen Gefühlen zu treiben, ohne eigentliche Begriffe zu haben und zu denken."[21]

In die Diskussion griff nicht nur Samuel Heinicke ein, sondern auch sein Schwiegersohn Dr. Ernst Adolf Eschke. Wer war Ernst Adolf Eschke? Im „Adreß-Kalender der Königlich Preußischen Haupt- und Residenz-Städte Berlin und Potsdam, besonders der daselbst befindlichen hohen und niederen Collegien, Instanzen und Expeditionen, auf das Jahr 1799" lesen wir im Anhang nach dem Stichwort: „Tapezierer und Meubler, Wachsbossier Hr. Friedrich Weber (bossiret Personen nach der Natur in Wachs ...)" folgende Eintragung: „Taubstummen-Lehrer Hr. Professor Eschke; w. in der Linienstraße zwischen dem Rosenthaler- und Hamburger Thore im Königl. Taubstummeninstitut."[22] Wer im Adressbuch stand, hatte königliche Aufmerksamkeit. Es war also wichtig, darin verzeichnet zu sein. Dr. Ernst Adolf Eschke hatte die Protektion des Königshauses. Ihm waren 1798 die Gebäude in der Linienstraße 110 geschenkt worden, somit gehörte er in das Behördenadress- und Hoflieferantenbuch. Ernst Adolf Eschke ist am 17.2.1766 in Meißen geboren. Er besuchte die dortige Fürstenschule, studierte schon in jungen Jahren Jura an den Universitäten Wittenberg und Leipzig. Er erwarb den „Doktor beider Rechte". Durch Samuel Heinicke wurde er in die Taubstummenbildung eingeführt, die dann seine Lebensaufgabe wurde. Ernst Adolf Eschke heiratete die drei Jahre ältere Juliane Caroline Tugendreich, die älteste Tochter Heinickes. Dem Ehepaar wurden vier Kinder geboren. Am 2.12.1788 konnte nach vielen Schwierigkeiten in Berlin in einem Haus Leipziger- Ecke Friedrichstraße mit dem ersten Unterricht begonnen werden. Das war zwei Jahre nach dem Tod Friedrich des Großen und ein Jahr vor der Französischen Revolution. 1792 musste Eschke aus finanziellen Gründen sein Privat-Institut trotz guter Erfolge nach Niederschönhausen umquartieren. „Erst Friedrich Wilhelm III., der seit seinem Regierungsantritt als König von Preußen Eschke und seiner Schule größtes Wohlwollen entgegenbrachte, ermöglichte mit dem Kauf eines Hauses die Rückkehr nach Berlin. Eschke wurde vom König zum Professor und Direktor der nunmehr ‚Königlichen Taubstummenanstalt' ernannt."[23]

Ernst Adolf Eschke „setzte ... 1805 einen Schulneubau neben dem alten Gebäude durch. Jahrelang war er der einzige Lehrer, der 32 (!) Wochenstunden unterrichtete und auch während der übrigen Tag- und Nachtzeit, tatkräftig unterstützt von seiner Frau, die ihm anvertrauten taubstummen Kinder erzog und betreute. Erst ab 1803 standen Eschke der von ihm ausgebildete Taubstumme Fritz Habermaß, und ab 1805 sein Schwiegersohn Dr. Ludwig Graßhof als weitere Lehrer zur Seite. In umfangreichen Schriften und mit zahlreichen Aufsätzen warb Eschke unermüdlich für die Sache der Taubstummenbildung ... Seine Arbeit beschränkte er nicht auf die Schulstube, sondern machte mit seinen Schülern weite Spaziergänge, badete mit ihnen, beschäftigte sie im Schulgarten und betrieb als ‚Gymnastik' u. a. das Sandsacktragen mit ausgestreckten Armen als Wettkampfspiel. ... Eschkes Praxis deckte sich mit der in seinen Schriften verkündeten Absicht: Vertrauen ist die Grundlage eines gedeihlichen Unterrichts, der bei aller Mühseligkeit mit Heiterkeit und fröhlicher Laune erteilt werden müsse.

In den Kriegsjahren nach 1806 bewährte sich Eschke als ein Mann von Charakterstärke. Er setzte sein gesamtes Privatvermögen für den Bestand seiner Schule ein und schlug lockende Angebote aus dem Ausland für seine Person aus. Seine Treue wurde ihm vom Preußischen König großzügig gelohnt: Eschke erhielt alle Auslagen zurück und wurde zum Oberschulrat befördert. Es kränkte ihn aber, daß er nicht zum Professor an der neu eröffneten Berliner Universität 1810 berufen wurde. Die noch lückenhafte Bibliographie verzeichnet 25 selbständige Werke und 90 Aufsätze und kleinere Beiträge. Ernst Adolf Eschke starb am 17.7.1811, erst 45 Jahre alt."[24]

Hier hat also ein Jurist, nicht ein Lehrer oder Pfarrer, die Schule gegründet, geführt und geprägt und neue Wege gebahnt. Eine feste Verbindung mit dem Königshaus, die viele Jahrzehnte anhalten sollte, verlieh der Schule Stabilität.

3 Möglichkeiten der Bildung für Taubstumme nach 1788

Nach den vorliegenden Urkunden in den 40 Jahren nach der Gründung des Königl. Taubstummeninstituts erwachte mehr und mehr das soziale Gewissen, und daraus gründeten sich Hilfsorganisationen. Es ist der Beginn der Industrialisierung. In England fahren die ersten Eisenbahnen. Der rätselhafte Findling Kaspar Hauser (1812–1833) macht von sich reden, der erste Ruderwettkampf Oxford-Cambridge wird ausgetragen, erste Gewerkschaften entstehen in England. 1829 beginnen die amtlichen Wetteraufzeichnungen in Berlin. Das Paraffin wird erfunden. In Berlin gibt es 1829 eine Stadt-Armen-Krankenpflege, 61 Armen-Kommissionen, eine „Armen-Bäckerei der französischen Gemeine", eine „Gesellschaft zur Versorgung der hiesigen deutschen Hausarmen mit Feuerung", gestiftet 1770, ebenso eine französische, gestiftet 1776. Berlin hat zu dieser Zeit eine Armen-Speisungs-Anstalt und einen „Verein zur Beförderung des Schulbesuchs armer Kinder in Berlin". Er besteht seit 1823. Das Protectorium desselben führt „Ihre K. H. die Frau Prinzessin Luise, Gemahlin des Prinzen Friedrich der Niederlande."[25] So kommt es zu den Wohltätigkeitsvereinen und zur Mission im Gefolge der Erweckungsbewegung. Nicht zu vergessen ist der Einfluss Goethes, dessen „Wilhelm Meisters Wanderjahre" soziale Überlegungen enthalten.

Seit der Kabinettsorder vom 16.7.1817 erhalten „Künstler und Handwerker, die Taubstumme als Lehrlinge annehmen und auslehren, eine Prämie von Höchstens 175 RM (Kabinets Order vom 16.7.1807, abgeändert durch Kab. O. vom 14.6.1907)".[26] Bis 1926 bleibt diese Prämie bestehen.

3.1 Zulassungsbedingungen und weitere Gründungen
von Taubstummenschulen in Preußen

Lenken wir unseren Blick noch einmal auf das Königl. Taubstummen-Institut. 1829 finden wir wieder eine ausführliche Beschreibung und Auskunft im Adresskalender, die hier erstmals beschrieben wurden.

„Taubstummen-Institut (Linienstr. 84–85)
In der Anstalt werden 10 Taubstumme auf Kosten des Staats, und 2 andere gegen das halbe Kostgeld im Betrage von 75 Rthlrn. erzogen und in den für sie nützlichen Kenntnissen unterrichtet. Außer diesen Königlichen Zöglingen können noch einige dreißig, als Königl. Freischüler an dem Unterricht Theil nehmen. Auch steht es dem Direktor frei 10 bis 15 Privatzöglinge aufzunehmen. Die Bildungszeit währt 9, bei ausgezeichneten Zöglingen nur 6 Jahre. Der Unterricht ist durchaus unentgeltlich, und die nöthigen Lehrmittel werden den Königlichen Zöglingen und den Freischülern unentgeltlich verabreicht. Die Anstalt steht unter der Aufsicht des Königlichen Schul-Kollegii der Provinz Brandenburg, an welches alle auf die Anstalt bezüglichen Anträge und namentlich die Gesuche um Aufnahme, zu richten sind. Zur Aufnahme in die Anstalt können nur Kinder aus denjenigen Provinzen des Preußischen Staates gelangen, für welche noch keine Taubstummen-Anstalten gegründet sind. Für Taubstumme aus den Provinzen S c h l e s i e n , W e s t p h a l e n , O s t - und W e s t p r e u ß e n (sic) ist die Aufnahme in die Anstalten zu Breslau, Münster und Königsberg in Preußen nachzusuchen. Wer die Aufnahme eines Taubstummen nachsucht, hat über dessen persönliche Verhältnisse genaue Auskunft zu geben, und folgende Zeugnisse einzureichen: a) den T a u f s c h e i n des aufzunehmenden Kindes, b) ein B e d ü r f t i g k e i t s z e u g n i ß , sofern die unentgeltliche Aufnahme des Kindes gewünscht wird; c) ein ärztliches Zeugniß, daß das Kind wirklich taub und stumm sei, und daß der Mangel der Sprache bloß in dem Mangel des Gehörs, nicht in einem Feh-

len der Sprechwerkzeuge oder in Blödsinn seinen Grund habe; ferner, daß das aufzunehmende Kind außer seiner Taubheit, an keinem seiner Bildung hinderlichen Gebrechen, noch an einer langwierigen oder ansteckenden Krankheit leide, auch die natürlichen Schutzblattern gehabt habe; d) bei Auswärtigen eine Bescheinigung des Ortsgeistlichen oder des Schullehrers, daß das Kind nicht ohne natürliche Fähigkeiten, und für Bildung empfänglich sei; bei Einheimischen erfolgt die Prüfung durch den Direktor. Da die königlichen Freistellen sämmtlich besetzt sind, so werden diejenigen Kinder, welche sich zur Aufnahme eignen, in die Anwartschafts- oder Warteliste der Königlichen Zöglinge eingetragen, und rücken falls nicht dringende Umstände eine Aufnahme nöthig machen, nach der Reihenfolge der erhaltenen Anwartschaft ein. Diese Anwartschaft kann nicht vor dem zurückgelegten f ü n f t e n Lebensjahre des Kindes ertheilt werden, und die Aufnahme der Regel nach nicht vor dem a c h t e n und nicht nach dem f ü n f z e h n t e n Lebensjahre Statt finden, daher diejenigen Anwarter, welche das fünfzehnte Lebensjahr zurückgelegt haben, aus der Liste gestrichen werden, wenn etwa schon dem Unterricht als Privatzöglinge oder Königliche Freischüler beiwohnen. Die Zahl der Anwarter beträgt gegenwärtig 82. Bei der Aufnahme haben die Angehörigen des Kindes dasselbe mit einem vollständigen Bette, mit anständiger Kleidung und hinlänglicher Wäsche zu versehen, auch während der Bildungszeit für Ergänzung dieser Stücke zu sorgen. Außerdem müssen sie einen Revers ausstellen, daß sie das Kind den Gesetzen der Anstalt unterwerfen, und dasselbe nach vollendeter Bildung, oder, wenn Umstände seine Entfernung nöthig machen sollten, auch früher zurücknehmen, und für dessen Fortkommen selbst sorgen wollen. Wenn für ein taubstummes Kind bloß der freie Unterricht nachgesucht wird, so bedarf es nur des Taufscheins und des ärztlichen Zeugnisses (§ 4a, und e). Sollte die Zahl der Freischüler bereits so groß sein, daß deren Vermehrung dem Unterricht nachtheilig werden könnte, so werden die angemeldeten Freischüler, insovern sie sich überhaupt zur Aufnahme eignen, in die Warteliste d e r K ö n i g l i c h e n F r e i s c h ü l e r eingetragen, und rücken der Reihenfolge nach in die Anstalt ein. Auch Freischüler können der Regel nach nicht vor dem achten und nicht nach dem f ü n f z e h n t e n Lebensjahre aufgenommen werden. Alle Anfragen über persönliche Verhältnisse der Zöglinge und der Anwarter sind an den Direktor der Anstalt zu richten, welcher dieselben nöthigen Falls dem Königlichen Schul-Kollegio vorzulegen hat. Von etwanigen Wohnungsveränderungen der Anwarter ist dem Direktor gleichfalls Nachricht zu geben, damit die Einberufung derselben nicht aufgehalten wird. Auch ist demselben anzuzeigen, ob und in welcher Art für den Unterricht eines Anwarters vorläufig gesorgt ist. Der Besuch des Instituts ist Fremden des Dienstags Vormittags von 9–12 Uhr gestattet.

Hr. Dr.[Ludwig] Graßhoff, Professor u. Direktor d. Anstalt, wohnt in derselben.
- Wilke, [Karl Heinrich], Lehrer, Linienstr. 76
- Lachs, desgl., in der Anstalt
- Reimer,[Ludwig Ferdinand], desgl., Linienstr. 198 –
- Aeplinius, [Eduard Wilhelm], Hülfslehrer, in der Anstalt –

- Saeger, desgl., in der Anstalt.
- Frau Direktorin [Wilh. Juliane] Graßhoff, [geb. Eschke] Führerin der Oekonomie, in der Anstalt

Fräul.: Zur Wohnung, Lehrerin in weiblichen Arbeiten, Linienstr. 76
Lehrlinge und Hülfslehrer
Hr. Schulz
- Kuhlo, wohnt Dorotheenstr. 49
- Kuhlgatz, wohnen vor d. Rosenthaler Thore, Brunnenstr. 53
- Hartung,
- Lettau, Hospitalstr. 93
- Scholz, hinter der katholischen Kirche 5
- Kraetke, Gertrautenstr. 15."[27]

Nach der Pensionierung von Dr. Ludwig Graßhoff wurde Carl Wilhelm Saegert sein Nachfolger als Direktor; 1853 wurde er zum „Generaldirektor des gesamten preußischen Taubstummen-Bildungswesens" ernannt. Carl Wilhelm Saegerts Nachfolger als Direktor war Ludwig Ferdinand Reimer.

Die genannten Taubstummenanstalten wurden wie folgt gegründet: Nach der Kabinettsorder vom 26.5.1817 die Königsberger Anstalt, dann 1820 Münster und 1821 Breslau. In den Rheinprovinzen entstand 1829 eine private Taubstummenanstalt in Köln und erst 1841 eine in Kempen und Moers.[28] Außerhalb Preußens wurden u.a. gegründet: 1794 München, 1799 Kiel [damals dänisch][29], 1826 Pforzheim, (1865 nach Meersburg verlegt) und 1827 Frankfurt am Main.[30]

Um in ausreichendem Maße Lehrer für die taubstummen Kinder zu gewinnen und auf dem Lande einzusetzen, wurde 1828 der Entschluss gefasst, die Taubstummenschulen mit Lehrerseminaren zu verbinden. Auf diese Weise entstanden die Seminar-Taubstummenschulen in der Provinz Preußen zu Marienburg und Angerburg.

In Kurhessen entstand das Lehrerseminar für die staatlichen Grundschulen 1838 in Homberg[31] und im Herzogtum Hessen 1837 in Friedberg. Friedberg erhielt auch ein theologisches Seminar. Diese Zusammenlegung geschah in der Absicht, die Kandidaten für die Taubstummenseelsorge zu gewinnen. So kam der Verfasser als Kandidat der Theologie nach Friedberg ins theologische Seminar und 1964 zur Taubstummen- bzw. Gehörlosenseelsorge.

Die Taubstummenschule in Camberg, Herzogtum Nassau, geht auf den taubstummen Freiherrn Hugo von Schütz zu Holzhausen (1780–1848) zurück. Hugo von Schütz begann 1810 nach guter Vorbildung und einer neunjährigen Ausbildung in Wien, wo die Gebärden nach d'l Epee und die Lautsprache nach Samuel Heinicke, also beide Methoden gelehrt wurden, mit dem Unterricht an Taubstummen. 1819 wurde daraus das „Herzoglich-Nassauische Institut für Taubstumme", das Hugo von Schütz selbst als Direktor führte.[32]

In den Ländern gab es gute und vielversprechende Ansätze bei den Schulen. Wie sah aber die Wirklichkeit in der Provinz Brandenburg aus? Nach einer Zählung von 1827 lebten in der Provinz Brandenburg 425 Taubstumme ohne Schulbildung. Wie später noch zu zeigen sein wird, bedeutet Schulbildung für Taubstumme eine kaum zu überwindende Kostenhürde. Das sollte sich auch in den folgenden Jahrzehnten kaum ändern, wie der folgende Abschnitt zeigt.

Am 9.1.1829 erging von der königlichen Regierung, Abteilung für die Kirchenverwaltung und das Schulwesen, an sämtliche Herren Superintendenten und Herren Schul-Inspectoren folgendes Rundschreiben:

„Das Königliche Ministerium der Geistlichen, Unterrichts und Medizinal-Angelegenheiten hat uns durch einen Erlaß vom 29ten November v.J. davon in Kenntnis gesetzt, daß nach den allergnädigsten Absichten Sr. Königlichen Majestät die seit einigen Jahren in den Königlichen Taubstummen-Anstalten für den Unterricht der Taubstummen vorgebildeten Lehrer baldmöglichst in allen Provinzen des Preußischen Staats in eine angemessene und nützliche Wirksamkeit treten sollen, und daß, wenn es auch Hauptabsicht sei jene Lehrer an Schullehrer-Seminarien anzustellen, sich doch das Hochgedachte Ministerium nicht werde abgeneigt finden lassen, auch der einen oder anderen Land- und Stadtschule einen solchen für den Taubstummen-Unterricht vorgebildeten Lehrer zu überweisen, um so mehr jene jungen Männer zu einer Anstellung dieser Art schon deshalb besonders geeignet sein würden, weil sie zum Theil früherhin ihre Ausbildung in guten Seminarien genossen, dort schon als Hülfslehrer mitgearbeitet, und in Berlin durch Benutzung von naturwissenschaftlichen, geschichtlichen u.a. Vorträgen zu ihrer höheren Ausbildung Gelegenheit gefunden hätten.

Indem wir Obiges zu Ihrer Kenntniß bringen, bemerken wir, daß wir es für das Zweckmäßigste halten dahin zu wirken, daß allmählig jeder Kreis des diesseitigen Regierungs-Bezirks einen des Taubstummen-Unterrichts kundigen Lehrer erhalte. Wird dieser in einer Stadt des Kreises als ordentlicher Lehrer an der Ortsschule angestellt, so kann er füglich gegen einige Vergütigung einen Theil seiner Muße dem Unterrichte der Taubstummen Kinder, zu deren Unterbringung am Orte es nicht an Gelegenheit fehlen dürfte, widmen.

Wie nöthig und wohlthätig diese Maßregel ist, ergiebt sich schon daraus, daß nach den uns fallsigen letzten eingereichten Nachweisungen die Zahl der Taubstummen im Jahre 1827 betrug:

		Unter 20 Jahren	Ueberhaupt
1.	Im Nieder Barnimschen Kreise	16	35
2.	Im Ober-Barnimschen Kreise	15	33
3.	Im Teltow-Storkowschen	14	46
4.	Im Zauch-Belzigschen	14	33
5.	Im Jüterbog-Luckauwaldschen	14	37
6.	Im Ost-Havelländischen	9	11
7.	Im West-Havelländischen	11	28

8. Im Ruppinschen	31	54
9. In der Ost-Priegnitz	22	48
10. In der West-Priegnitz	2	8
11. Im Prenzlauschen Kreise	19	29
12. Im Templinschen Kreise	10	23
13. Im Angermündschen Kreise	22	34
14. In der Stadt Potsdam	4	6
Summe –	203	425

Eine so bedeutende Zahl von Unglücklichen, welche sich noch dazu, selbst in Verhältniß zu der stark anwachsenden Population, auffallend zu vermehren scheint, da in dem Jahre 1823 nur überhaupt 321 Taubstumme im ganzen Regierungs-Bezirke gezählt wurden, verdient ohnstreitig die regste Theilnahme und den kräftigsten Beistand, und wir fordern Sie deshalb auf, den Magisträten Ihres Aufsichts-Kreises unter Darstellung der Wichtigkeit der Sache dringend zu empfehlen, sich im Falle der Erledigung dazu geeigneter Lehrerstellen durch Sie mit dem Antrage auf Zuweisung eines Taubstummen-Unterrichts kundigen Lehrers an uns zu wenden, und haben Sie uns dann die anderweitig nöthige Qualifikation des Anzustellenden, die Ansprüche welche für andere Unterrichtsfächer an ihn gemacht werden, und den Ertrag und die Emolumente (lat.: Vorteil, Nutzen) der erledigten Stelle genau anzugeben, damit bei der durch uns höhern Orts nachzusuchenden Ueberweisung eines jungen Mannes die nöthige Rücksicht auf dies alles genommen werden könne.

Potsdam den 9ten Januar 1829

Königliche Regierung, Abtheilung für die Kirchenverwaltung und das Schulwesen. Meyer
legi (legi fer, gesetzgebend), Mann am 28. Jan 29 (Superintendent Kölln Land II) Charlottenburg
- Dreising am 4. Febr. 29 (Stahnsdorf)
- Ritter am 4. Febr. 29 (Gröben)
- Schultze am 6. Febr. 29 (Gr. Beeren)
- Kallenbach am 8. Febr. 29 (Blankenfelde)
- Himmerlich am 9. Febr. 1829 (Großziethen)
- Haefner am 10. Febr. 29 (Lichtenrade)
- Klette am 11. Febr. 29 (Mariendorf)
- Ringeltaube eodem 29 (Britz)
- Schilke am 12. Febr. 29 (Rudow)
Ablage."[33]

3.2 Die Erfassung der Taubstummen nach der Order von 1829

Dieses Circulare, das älteste im Evangelischen Zentralarchiv in Berlin erhaltene, zeigt, dass die Möglichkeiten für Taubstumme eine ausreichende Bildung zu bekommen, sehr gering waren. Erst 1911 wurde in Preußen für Blinde und Taubstumme die allgemeine Schulpflicht eingeführt.

In Schleswig-Holstein hatte König Christian von Dänemark durch ein „Patent betreffend den Unterricht und die Versorgung der Taubstummen, für die Herzogthümer Schleswig und Holstein, die Herrschaft Pinneberg, Grafschaft Ranzau und Stadt Altona" bereits im Jahre 1805 die allgemeine Schulpflicht für Taubstumme eingeführt.[34]

Die allgemeine Schulpflicht schloss das Tragen der Kosten ein, etwa für Gebäude und Ausbildungsmöglichkeiten für Lehrer und Schüler.

Aber nicht nur auf taube und stumme Kinder wurden die Pfarrer und Inspektoren aufmerksam. Die Königliche Regierung in Preußen erließ am 29.4.1831 ein Schreiben an die Herren Superintendenten und Schul-Inspectoren, sich besonders der Stammelnden anzunehmen: „Die neueren Versuche in der Kunst, Stammelnde zu heilen, haben ergeben, daß das Uebel vorzugsweise in einer frühern Vernachläßigung der richtigen Aussprache der Laute und des Gebrauchs der dabei betheiligten Organe seinen Grund hat, und nicht minder scheint auch der Mangel an früher Gewöhnung der Kinder zum Denken und Sprechen und die hieraus hervorgehende Schüchternheit und Aengstlichkeit, Gedanken und Wörter-Armuth und Unbeholfenheit in der mündlichen Mitheilung das Stammeln zu erzeugen ..." Eine Äußerung dazu und Beobachtung der Konfirmanden wurde binnen 4 Wochen erwartet. Aus der Superintendentur Berlin Cölln-Land II verneinen alle Pfarrer bis auf Pfarrer Ringeltaube, Stammelnde in der Gemeinde zu haben. Der schreibt: „Vor etwa 10–12 Jahren war in Rixdorf ein stark stammelnder Knabe, der diesen Fehler auch mit aus der Schule nahm, wo damals noch nicht lautiert wurde."[35]

Es vergingen noch drei Jahre, bis eine brauchbare Erhebung über die Schulsituation und die Konfirmation der tauben und stummen Kinder erfolgte. In einem Schreiben wurden die Superintendenten erneut aufgefordert, sich zu äußern.

„Nach amtlichen Nachrichten befanden sich im Jahre 1828 im hiesigen Regierungs-Bezirk überhaupt 425 taubstumme Personen, und nach den im Jahre 1831 desfalls aufgenommenen speziellen Nachweisungen standen von den in unserem Verwaltungs-Bezirk vorhandenen taubstummen Personen 136 in dem Alter von 5–16 Jahren, und es waren darunter 99 bildungsfähig.

Zufolge einer Bestimmung des Herrn Ministers von Altenstein Excellenz soll jetzt ermittelt werden, wie viele von den zuerst gedachten 425 Taubstummen den Konfirmanden-Unterricht genoßen haben, und welches Verfahren dabei stattgefunden hat und bei wie vielen der 136 im bildungsfähigen Alter stehenden Taubstummen Veranstaltungen zu deren Unterweisung getroffen sind, endlich wie viele von jenen 425 und diesen 136 ohne allen Unterricht resp. ohne Konfirmanden-Unterricht geblieben sind.

Wir beauftragen Sie hiermit, hiernach die erforderlichen Ermittlungen durch die Geistlichen Ihrer Diözese anzustellen, das Ergebnis nach dem beiliegenden Schema zusammen zu stellen, und bei Einsendung der Nachweisung in dem Begleitungsbericht oder in der Rubrik „Bemerkungen", das Verfahren, welches bei dem Konfirmanden-Unterricht taubstummer Personen, besonders wenn sie keinen Schul-Unterricht genoßen haben, stattgefunden hat, aus den Spezialberichten der Geistlichen zusammen zu stellen und anzuzeigen. Die Spezialberichte der Geistlichen sind in der Superintendentur-Registratur zu aßervieren.

Die Erledigung dieses Auftrags oder Anzeige, daß in der Superintendentur Taubstumme nicht vorhanden sind, wird binnen 6 Wochen unfehlbar erwartet. ... Meyer."[36]

Auf dieses Schreiben kamen positive Meldungen. Es ergaben sich 1834 für Berlin-Cölln-Land II:

„9 Taubstumme, 2 davon zwischen 5 und 16 Jahren, 7 über 16 Jahren, werden unterrichtet oder sind unterrichtet,1; unterrichtslos blieb 1. Confirmandenunterricht genossen nach vorgängigem Schulunterricht 5, ohne Confirmandenunterricht blieben 1 wegen mangelnder Bildungsfähigkeit und 1 aus anderen Gründen."[37]

Im Einzelnen ergab sich Folgendes mit den Bemerkungen der Prediger und Pfarrer aus den 16 Gemeinden des Kreises:

„1. Charlottenburg 3 Personen über 16 Jahre; 2. Wilmersdorf: (Pfarrer) Ritter. – Zum Glück ist kein einziger dieser Unglücklichen in meiner Parochie; 3. Schöneberg – Fehlanzeige; 4. Giesensdorf 3 taubstumme Personen, Anmerkung des Pfarrers: ‚Ein Knecht, von 36 Jahren ist bis zum vollendeten 14. Jahre in die Schule Lichterfelde gegangen. Der Herr Oberschul-Rath Nolte wollte ihn in das Taubstummen-Institut aufnehmen lassen, wenn er 40 Rthaler bezahlen könnte; was aber unmöglich war. Er dient noch in Lichterfelde, macht alles leicht nach und wird geliebt. Der zehnjährige Sohn des Tagl. Heinrichs in Neu-Lichterfelde geht nach Steglitz in die Schule, schreibt und zeichnet alles mechanisch nach. Mulzer.'[38]

16. Coepenic Stadt: 1 vom 5. bis 16. Lebensjahr, 2 über 16 Jahre. Beide sind unterrichtet worden. 1 bleibt unterrichtslos wegen Mangel an Bildungsfähigkeit, 2 sind confirmiert, der Tagl. Schmidt hat sie unterrichten und schreiben gelernt. Bemerkung des Pfarrers: ‚Eine Tochter der unehelichen Schäffer verlor im 4. Jahre durch eine Streitigkeit Gehör und Sprache, wird nicht unterrichtet, weil die Aerzte behaupten sie erlange nach dem 7. Jahre den Gebrauch der Sinne wieder. Zwei erwachsene Kinder des Schneidermeisters Porius sind konfirmiert, gehen auch zur Kirche und Communion. J. Hasche'[39] In den übrigen Gemeinden: 5. Teltow; 6. Stahnsdorf; 8. Gr. Beeren; 9. Blankenfelde; 10. Groß Ziethen; 11. Lichtenrade; 12. Mariendorf; 13. Britz; 14. Rudow; 15. Coepenic haben 1834 keine Taubstummen gelebt."[40]

Die Prediger und Pfarrer mussten über die statistischen Angaben hinaus auch dazu Stellung nehmen, wie sie es mit dem Konfirmandenunterricht handhaben oder handhaben würden. Im September folgte eine zusätzliche Mahnung an alle Pfarrer, die noch nicht geantwortet hatten. Hier einige Antworten:

„Auf die Verfügung der Königlichen Regierung vom 29ten Juli betreffend die Taubstummen erwiedere ich ganz ergebenst

ad 1 ich habe noch keine Taubstummen unterrichtet

ad 2, vorausgesetzt daß der Taubstumme keinen Unterricht empfangen, so würde mein Verfahren doppelter Art sein

a., als Grundlage der geistigen Bildung würde ich durchaus darauf bestehen, den Unglücklichen Lesen zu lehren und sobald einem das gelungen, ist mir der Weg in die umlagerte Seele gebahnt.

b., ist mir nicht so viel Zeit gegeben ad.a., auszuführen, so muß ich auf die Zeichensprache des Unglücklichen eingehen, oder mir eine neue bilden, um so in die geistige Werkstatt einzudringen.

Das Circular über die Taubstummen ist abgegangen ...
Coepenick den 23. Sept. 1834 J.-Hasche"

Prediger Friedrich Dannroth bemerkte:

„ad 1. ich während meiner 31-jährigen Predigtamtsführung in meinen Gemeinen keinen Taubstummen gehabt, und daher noch keinen unterrichtet habe.

ad 2. ich der Meinung bin, kein Taubstummer könne durch Hilfe der Tonsprache Unterricht in der Religion empfangen und sein Verstand auf diese Weise entwickelt werden, besonders wenn er vorher keinen Unterricht in einem Taubstummen-Institut genoßen hatte; Gleichwohl können in ihm Vorstellungen von Gott, dem Weltenschöpfer, und Gefühle von der Recht- oder Unrechtmäßigkeit der menschlichen Handlungen erweckt werden. Dies kann lediglich geschehen durch Einwirkung auf sein Denk- und Gefühlsvermögen, beides aber durch Anschauung, als z. B. durch Thaten, die vor seinen Augen vollbracht werden. Die Wahl der Anschauung bestimmt die subjective Beschaffenheit des Taubstummen und der Erfolg eines solchen Unterrichts hängt von der Geschicklichkeit des Geistlichen ab. Eine umständlichere Beschreibung deßelben läßt sich hier nicht geben, ist auch ganz unnütz, da diese Beschreibung in den Anchriften des Herrn Heim beßer als in einem Berichte zu finden ist.

ad 3. Ich das Circular wegen der Taubstummen am 7ten September durch den hiesigen Küster mithin noch früher als von dem feßtgesetzten Tage nach Stahnsdorf gesand habe. Teltow, den 20 ten September 1834 Dannroth, Prediger."[41]

Prediger Ludwig Kallenbach:

„ad 2, daß wenn dieser Fall eintreten sollte, ich auf die Unterbringung eines solchen Unglücklichen in eine Anstalt für Taubstumme hinwirken würde, weil ich selber durchaus nicht im Stande seyn würde, ihn zu unterrichten. Blankenfelde, den 23. September 1834 Kallenbach, Prediger"

Prediger Johann Platz:

> „... Euer Hochwürden Beehre ich mich, in folge der Zuschrift vom 4ten Septemb., den 17ten September, hierdurch ganz ergebenst zu eröffnen, daß ich noch nicht Taubstumme in der Religion unterrichtet und eingesegnet habe. In Bezug auf die zur Beantwortung aufgegebene Frage: „Welches Verfahren ich würde, wenn in den Fall käme ‚Taubstumme' zu unterrichten?" – „Bin ich in der That in Ungewißheit nämlich, ob ich eine wissenschaftliche Lösung versuchen soll, oder ob ich nur in der Kürze anzugeben habe, welche von den bereits bestehenden Methoden ich befolgen würde? Das Erstere läßt sich aber in den von Eur. Hochwürden mir gestatteten vier Tagen nicht absolviren; deßhalb schicke ich mich auch gar nicht zum Versuche an. Das Zweite könnte nur praejudicatorisch seyn, denn welche Namen: – Abbe de L'Epée, Sicard, Massieux, Wolke, Eschke, Daniel u. andere? So sehe ich mich genöthigt die Beantwortung der Frage für jetzt zu unterlassen, bis ich Eur. Hochwürden gefällige Erklärung vernommen haben werde." Platz, Groß-Ziethen den 18 ten September 1834."[42]

Es zeigt sich, dass jeder Pfarrer, der keine Taubstummen in seiner Parochie hatte, theoretisch antwortete. Alle wurden durch das Circular jedoch gezwungen, sich in kurzer Zeit damit auseinanderzusetzen. Wie die Reaktionen zeigen, war das Thema für sie neu. Einige haben sich durchaus informiert. Pfarrer Ernst Ringeltaube hat 21 handschriftliche Seiten eingesandt. Er bemerkte aber gleich zu Anfang in: ‚Einige Gedanken und Andeutungen über den Confirmandenunterricht taubstummer Schüler.': „Wenn von uns Predigern aus Cölln Britz eine Erklärung darüber gefordert wird, wie wir Taubstumme in den Wahrheiten unseres heiligen Glaubens zu unterrichten gedächten? so kann bei einer Sache, die aber Erfahrungskenntnis u. Übung, eine der schwierigsten Probleme ist, nichts anderes erwartet werden, als die Vorlegung bloßer Ideen."[43]

3.2.1 Meldungen von Konfirmationen taubstummer Kinder

Es gingen aber auch Schilderungen über erste Konfirmationen ein. Die erste Konfirmation wurde schon aus dem Jahr 1812 von Pfarrer Ritter gemeldet.

> „In der Parochie GRÖBEN befindet sich eine einzige Taubstumme, welche jetzt 37 Jahre alt und im Jahre 1812 von mir eingesegnet worden ist. Sie lebt unverheiratet in dem Haus ihrer verstorbenen Eltern bei ihrem Bruder, besitzt ihrem Stande nach ein nicht unbedeutendes Vermögen, hilft ihrem Bruder in der Wirtschaft und beträgt sich folgsam und sittsam.
> Sie besuchte vor ihrer Confirmation die Schule, wo sie besonders im Schreiben fleißig war, und zu einer nicht geringen Fertigkeit gelangte, die ihr bezeichneten Gegenstände, Namen gewißer Menschen und auch – Gottes und Jesu, nach einigem Nachdenken aufzuschreiben. – Unwissend in der zweck-

dienlichsten Art, Taubstumme zu unterrichten, haben wir, ich und der Küster, durch Gebehrden und Mienen möglichst auf ihren Verstand eingewirkt, sind aber außer Stande, von dem Maaße ihrer Erkenntnis Rechenschaft zu geben. Ein lebendiger Geist ist an ihr unverkennbar, wie ein scharfes Beobachtungsvermögen, und namentlich ein ernstes Wesen bei der Theilnahme am heiligen Abendmahle, obgleich sie gewöhnlich sehr heiter und fröhlich ist.

Ungemein würde es sie geschmerzt haben – dessen bin ich gewiß – von der Gemeinschaft der Confirmanden ausgeschlossen zu werden, und ich habe mich durchaus nicht für berechtigt gehalten, sie davon auszuschließen, aber so wenig, als ich mich weigern würde, ein Kind zu taufen, dessen naher Tod mir gewiß ist.

Bei meinem Alter von fast 60 Jahren habe ich die Behandlung eines Taubstummen nicht mehr zu erwarten, da in der hiesigen Parochie kein taubstummes Kind vorhanden ist. GRÖBEN den 1 ten Oktober 1834 K. Ritter"[44]

Pfarrer Johann Häfner schrieb:

„Im Jahre Christi 1813 fand sich unter meinen Confirmanden ein taubstummes Mädchen ein, sie diente damals in Buckow beim Bauer Henkel seit etwa einem halben Jahre, war 14 1/2 Jahre alt und hatte von ihrer Herrschaft das Lob des Fleißes und der Treue, sie führte den Namen Johanne Friederike Buchholz. Die Mutter derselben, die Witwe eines verstorbenen Hirten, ging in jenen traurigen Zeiten mit ihren jüngeren Kindern betteln und kam auch öfters zu uns. Ich fand es schwierig ihre Tochter mit den übrigen Confirmanden gleichzeitig zu unterrichten. Sie konnte aber zu keiner anderen Zeit aus ihrem Dienste entbert werden, wenn sie ihr Brod behalten wollte. Ich erbat mir den Rat des Superintendenten welcher lautete: Handeln sie nach ihren Kräften und Gewißen und legen sie nach her derselben gleich den anderen Kindern die Segenshand aufs Haupt. Sie wohnte dem öffentlichen Unterricht mit viel Andacht bey. Dann aber unterrichtete ich die Unglückliche noch außerdem durch einen ihrer Zeichensprache kundigen, durch die Mutter und einer jüngeren Schwester. Ich habe die Fertigkeit mit der sich diese drei Menschen zu verständigen wußten bewundern müßen. Die Mutter fand sich mit ihren Töchtern so oft es ihr nur irgend möglich war recht gern bei mir ein, und ich bemerkte bei der Unglücklichen eine recht große Freude, wenn ich durch die Mutter zu derselben von Gott und Jesus unserem Erlöser sprach. Ich faßte den Entschluß, das Mädchen nach ihrem vollendeten Dienstjahr in mein Haus zu nehmen, aber Gott dachte anders, er nahm sie vor der Einsegnung 6 ten Juni 1813 laut Totenregister von L. in die beßere Welt. Die Tränen ihrer H. am Sarge und der Hausgenoßenschaft am G. gaben mir Zeugnis, daß sie getreu und nach ihren Kräften vermochte.

Sollte in meinen Amtsjahren ein gleicher diesem ähnlicher Fall eintreten, so ich mich auch dann eines solchen Unglücklichen annehmen und mit den Eltern und Lehr. zu seinem Besten wirken. Wie solchen eigentlich zu helfen ist, lehren die Umstände am sichersten. Haefner, Prediger Lichtenrade."

Pfarrer Georg Wilhelm Mulzer aus Giesensdorf anwortete am 14.10.1834:

„..., daß ich in meiner Parochie 2 Taubstumme habe. 1. Christian Friedrich Haupt, Sohn eines Taglöhners, geb. Teltow, den 19ten Jan. 1797. Bei meinem Amtsantritt fand ich ihn noch in der Schule, wo er gut schrieb und vorgelegte Zeichungen und Gemälde so nachzeichnete, daß ich die Königl. Regierung davon in Kenntnis setzte, welche mich an den Herrn Oberschulrath Nolte verwies. Dieser hätte ihn für 40 Reichsthaler gerne in das Taubstummen-Institut aufgenommen, allein so viel Geld konnten die armen Eltern nicht aufbringen. Ich war nicht im Stande mich ihm in Religionssachen verständlich zu machen, und doch wünschten die Eltern seine Einsegnung. Als ich daher den Herrn Superintendenten Pelkmann deswegen um Rath fragte: erhielt ich zur Antwort, daß ich den Haupt zur Beruhigung der Eltern mit den übrigen Confirmanden einsegnen möchte. Dies geschah und seit dieser Zeit dient er, da seine Eltern todt sind, in Lichterfelde und wird als ein arbeitsamer und geschickter Knecht geachtet.

2. Johann Friedrich Heinrichs, Sohn des Tagl. Wilhelm Heinrichs zu Lichterfelde, geb. den 10ten Nov. 1822. Er geht pünktlich in die Schule, schreibt und zeichnet und beträgt sich gut. Da seine Eltern jetzt in dem sogenannten Neu-Lichterfelde wohnen so besucht er der Nähe wegen, die Schule zu Steglitz. Wenn sie es befehlen: so will ich einige Male das Taubstummen-Institut besuchen, vielleicht lerne ich noch so viel, daß ich mich des Heinrichs im Religionsunterricht annehmen kann. Mit aller Ehrfurcht u. Hochachtung Er, Hochwürden gehorsamster G. W. Mulzer."[45]

Diese Beispiele aus der alten Superintendentur Berlin Cölln-Land II belegen die Schwierigkeiten, den Einsatz, aber auch die Hilflosigkeit der Pfarrer. Dass ja die Superintendenten ihren Pfarrern und Predigern wegen der Ablieferung ihrer Berichte im Jahr 1834 so im Nacken saßen, wird durch das Handeln der Regierung erklärlich. Sie wollte flächendeckend über Lehrer und Pfarrer durch Hinweise auf Literatur und Methode der Taubstummenbildung alle taubstummen Kinder regelmäßig erfassen und für ihre Bildung sorgen. An die erwachsenen Taubstummen wurde dabei nicht genug gedacht.

Dr. Ludwig Graßhoff, Professor und Direktor der Königl. Taubstummen-Anstalt in Berlin, setzte sich jedoch schon 1820 für die erwachsenen Taubstummen ein. Er veröffentlichte einen „Beitrag zur Lebens-Erleichterung der Taubstummen durch Gründung einer *Taubstummen-Gemeinde*" (sic). In diesem Beitrag machte Ludwig Graßhoff den Vorschlag, „ein Grundstück, wo möglich in der Nähe von Berlin, zu kaufen, auf demselben eine *Bandfabrik* anzulegen und durch diese, so wie durch Gartenbau und andere nützliche Beschäftigungen, welche den geistigen und leiblichen Kräften und Geschicklichkeiten bereits erzogener Taubstummen angemessen sind, nach und nach allen Taubstummen unseres Vaterlandes (deren Anzahl nahe an zwei Tausend seyn wird), nicht allein hinlänglichen Brot-Erwerb für ihren Lebens-Unterhalt, sondern auch die Gelegenheit zu verschaffen, daß sie auf der für sie möglichst hohen Stufe menschlicher Bildung völlig und ganz alle Rechte und Freuden – gleich fünfsinnigen Menschen – genießen können."[46]

Diese idealistischen Gedanken riefen Widerstand hervor, da sie einer Ghettobildung Vorschub leisteten. Trotzdem tauchen auch heute diese Gedanken immer wieder auf, und zwar in der „Dritten Welt", wo die Schulbildung und Erfassung der Gehörlosen noch unterentwickelt ist und etwa dem Stand, den wir 1834 hatten, entspricht. Als Mitglied der „Gehörlosen Mission" beobachtete der Verfasser in Eritrea und Tanzania, wie schwer es für Gehörlose ist, eine Arbeitsstelle zu finden, weil sie nicht ausreichend die Landes-Lautsprache erlernt hatten. Die Gebärdensprache ist ein gutes Mittel, sich untereinander zu verständigen. Vorstellungen über eine Kolonie für Gehörlose, einen gemeinsamen Wohn- und Arbeitsbezirk sind dort nicht fremd. Es genügt eben nicht, gehörlose Kinder zu unterrichten und sie dann als Erwachsene ihrem Schicksal zu überlassen. Das Ziel, Gehörlose zur Selbständigkeit in einer hörenden Umwelt zu befähigen, scheint mir heute im bilingualen Unterricht zu liegen, d.h. Gehörlose zu befähigen, in beiden Welten bestehen zu können.

Damals, 1834, ging es zunächst nur um ihre Erfassung. Das Ziel war die einfache Eingliederung ohne besondere Hilfstellung und besonderes Verständnis:

> „Wir haben die Überzeugung, daß die Herrn Geistlichen und Schullehrer, in deren Pfarr- oder Schulbezirk taubstumme Kinder leben, welche anderweitigen genügenden Unterricht entbehren, gern dazu die Hand bieten werden, diesen Unglücklichen diejenige Bildung angedeihen zu lassen, durch welche der Erfolg eines nachmaligen umfassenderen Unterrichts, oder wenn sich dazu keine Gelegenheit finden sollte, wenigstens die Möglichkeit eines angemessenen Confirmanden-Unterrichts derselben und ihrer Aufnahme in die Gemeinschaft der christlichen Kirche gesichert wird. ... Es ist deshalb wünschenswerth, daß die Herrn Geistlichen, in deren Pfarrbezirk sich taubstumme Kinder befinden, nicht nur den Ältern die Sorge für deren Ausbildung zur Pflicht machen, sondern auch den Lehrer der Ortsschule anweisen, den Unterricht dieser taubstummen Kinder nach den obigen Andeutungen mit Sorgfalt und gewissenhafter Treue zu übernehmen, wobei sie die etwa vorkommenden Schwierigkeiten unter Mitwirkung der Schulvorstände und nöthigenfalls der Ortsobrigkeit auf geeignete Weise zu beseitigen bemüht sein werden."[47]

Das Königliche Konsistorium und Schulkollegium der Provinz Brandenburg hatte allen Grund sich zu bemühen, da von den 341 im Jahre 1831 Betroffenen nur 60 erfasst waren. Das Konsistorium zeigte für die Pfarrer Verständnis. Drei Grundgedanken der Erziehung tauber Kinder wurden beschrieben sowie wichtige neueste Literatur mit Preisen angegeben.

In dem fünfseitigen Erlass wurde angeordnet, dass alle Pfarrer jedes Jahr im Dezember einen statistischen Bericht über die taubstummen Kinder in ihrem Bezirk abgeben müssten.[48]

Doch auch in den folgenden Jahren wurde immer wieder festgestellt, dass es noch zu wenig Ausbildungsmöglichkeiten für taubstumme Kinder gebe. So haben im Regierungsbezirk Potsdam im Jahre 1836 nur 84 von 130 gemeldeten und 116 als bildungsfähig eingestuften Kindern Unterricht gehabt. Es wird allerdings darauf verwiesen, dass inzwischen eine ganze Reihe von Lehrern zusätzlich eine sechswöchige Ausbildung im Taubstummen-Institut absolviert hätten und nun zur Verfügung stünden. Es wurden vermehrt die Pfarrer und Schullehrer aufgefordert, die Eltern auf diese Möglichkeit aufmerksam zu machen, ihre Kinder von einem so ausgebildeten Lehrer unterrichten zu lassen. (1837)[49]

Im Jahre 1836 wurden den Stadt- und Landschullehrern erste Lehrmittel angeboten, die von dem Lehrer Carl Wilke aus der Taubstummen-Anstalt in Berlin entwickelt worden waren. Es handelte sich dabei um 20 Bilderbogen, die über die Superintendenturen bestellt werden konnten. Viele Pfarrer erwarben diese Bogen.[50]

Die Regierung unterstützte die Lehrer, die an einem Ausbildungskurs in der Taubstummen-Anstalt teilnahmen. Die Königliche Regierung wollte die Ausbildung weiter ausdehnen. Auch den Schülern und Eltern wurde Unterstützung zugesagt. Darum beantragte der Oberpräsident der Provinz Brandenburg bei der Regierung in Potsdam im Jahre 1842 einen Betrag von 500 Reichstalern.[51] Im Jahre 1861 gab es dann acht ausgebildete Lehrer, 1862 waren es 14, im Jahr 1863 18.[52]

Wie ernst die Regierung die Bildung der Taubstummen nahm, zeigt ein Schreiben an die Superintendenten und Schulinspektoren vom 23. Mai 1840. Es wird eingesehen, dass die Schulversorgung der taubstummen Kinder unzureichend ist. Nicht alle bildungsfähigen können in die Anstalt. Was geschieht mit den anderen? Die Kosten sind bei den meisten armen Eltern ein großer unausgesprochener Hinderungsgrund. Darum werden die Eltern ermuntert, doch die Kinder in die Ortsschule zu geben, so unzureichend das auch ist. Es soll das Betteln und Herumtreiben unterbunden werden.[53]

3.2.2 Ein mehrjähriger Briefwechsel nach 1850

Zehn Jahre später, 1850, wurden in der Superintendentur Berlin-Cölln Land II die Bemerkungen ausführlicher, und auch die Namen der Kinder wurden genannt. Einige Kinderschicksale lassen sich über Jahre verfolgen.

So heißt es aus Britz: „Ein Sohn des Büdners Christian Weber II im 5. Jahr, ist lebhaft, die Eltern sind unbemittelt bis auf ein kleines Haus. Die Tochter des Arbeiters Decker ist nun in das Institut zu Berlin aufgenommen worden. (Pfarrer Ringeltaube)

Schöneberg: Charl. Luise Schulz, 12 Jahre, bildungsfähig in geringem Grade, sprechen kann sie nicht, doch beginnt sie zu schreiben. Der Vater ist

Arbeiter und nährt seine Familie redlich jedoch nur dürftig Das Kind hat Unterricht in Schöneberg beim Lehrer Scheffler (ausgebildet am Berliner Institut) mit möglichstem Erfolg. (Pfarrer Frege)[54]

Wilmersdorf: Tochter des Arbeitsmannes Johann Kohl, 11 Jahre, sprechen kann sie nicht, ist aber wohl bildungsfähig. Der Vater ist Arbeitsmann arm und gut, 7 oder 8 Kinder. Besucht die Schule nicht. Der einzelne Lehrer ist überbürdet. (Pfarrer Schulz)"[55]

Über das Mädchen Frederike Auguste Spitzkatz aus Mariendorf gibt es einen längeren Briefwechsel auf Grund der besonderen Bemerkung in dem Verzeichnis. „Mariendorf: Tochter des Schäfers Spitzkatz, 10 Jahre, sehr lernbegierig und bildungsfähig. Der Vater Schäfer ohne Mittel. Die Tochter besucht die Dorfschule und lernt durch sehen. Bemerkung: wünscht dringend die Aufnahme in das Taubstummen-Institut. (Pfarrer Richter)"[56]

1855 fragt der Pfarrer August Richter bei dem Superintendenten Wilhelm v. Hengstenberg an: „Ich bitte um Anweisung, wie es mit der Conf. der Spitzkatz, welche die Eltern zu Ostern wünschen, soll gehalten werden." – Auf die Anmerkung im Verzeichnis von 1855 wird 1857 an den Superintendenten Wilhelm Pippart vom königlichen Konsistorium geschrieben: „Er. Hochwürden veranlassen wir, zu berichten, was in Folge unserer Verfügung vom 10ten September 1857 in Betreff der taubstummen Konfirmandin Friedericke Auguste Spitzkatz zu Marienfelde geschehen ist. Berlin, den 21. Dezember 1857, Königliches Consistorium der Provinz Brandenburg." Daraufhin sandte Superintendent Wilhelm Pippart am 29.12.1857 den ganzen Schriftwechsel an das Königliche Konsistorium.

Das Konsistorium antwortete umgehend am 7.1.1858 und fragte beim Superintendenten an, „in welcher Weise der Unterricht derselben durch den Lehrer Bochow zu Britz am wenigsten beschwerlich für diesen statt finden kann, und für welche Remuneration der L. Bochow der Unterricht zu übernehmen sich bereit erklärt?" Superintendent Wilhelm Pippart schrieb an „Pastor Richter, Hochwürden, da es scheint als ob nun doch zum Unterricht der Spitzkatz Geldmittel vorhanden sein dürften, so frage ich an, ob Sie eine bequemere Weise, als die von mir vorgeschlagene wissen, event. welcher Lehrer (es für welche Remuneration) den Unterricht übernehmen würde. Teltow, den 13.1.1858 Pippart."

Am 15.2.1858 schrieb der Prediger Ohle[57], dass der Lehrer Bochow sich weigerte, das Mädchen mit den anderen zusammen zu unterrichten, weil sie (inzwischen 17) mit den anderen Kindern nicht gleichen Alters sei, „besondere Stunden aber dafür anzusetzen fehlte es ihm an Zeit" ... es müßte noch „die Nachprüfung machen."

Superintendent Wilhelm Pippart schlug dem Konsistorium am 27.2.1858 vor: „Es wäre zu wünschen, daß das Mädchen an einer Taubstummenanstalt zur Confirmation u. zum hl. Abendmahl vorbereitet würde."

Es scheint so, dass alles zu einem guten Ende kam. Offenbar gab es keinen Anlass zu weiteren Rückfragen.

Möglichkeiten der Bildung für Taubstumme nach 1788

KÖNIGLICHE TAUBSTUMMEN-ANSTALT ZU BERLIN

1798—1880 — Linien Straße

Dr. E. A. ESCHKE 1766—1811
Begründer und erster
Direktor der Anstalt

1880—1911 — Elsasser Straße

STAATLICHE
TAUBSTUMMEN-ANSTALT

Seit 1915

Berlin-Neukölln
Mariendorfer Weg 47—60

Postkarte: Die erweiterten Taubstummenschulen (1915)

Immer wieder fällt auf, dass taubstumme Kinder aus armen Verhältnissen kaum eine Chance hatten, in das Taubstummen-Institut in Berlin zu kommen. Es bedeutete schon einen Fortschritt, wenn Pfarrer Karl Henschke[58] aus Groß Beuthen/Parochie Gröben schreibt: „Christian Friedrich Wilhelm Ritter, 15 Jahre 10 Monate, ziemlich empfänglich. Vater: Bauer Ritter konnte der Hülfe des Knaben in Haus und Wirtschaft schwer entbehren. Das Kind hat die Ortsschule besucht, ist durch den Lehrer Döring zur Confirmation vorbereitet und von mir zu Ostern d.J. (1850) eingesegnet worden."

Der „königlichen Regierungs-Abteilung für die Kirchenverwaltung und Schulwesen" war das Einzelschicksal nicht gleichgültig. An den Superintendenten Gustav Mühlmann zu Teltow wurde 1862 geschrieben: „Was den Lahm (ein taubstummer Junge aus Neu-Zehlendorf) betrifft, so ist Armuth der Eltern kein Grund ihn nicht von einem taubstummen Unterrichts kundigen Lehrer unterweisen zu lassen, da wir wie Euer Hochwürden bekannt ist, nöthigenfalls armen Eltern zu Hülfe kommen und auch den Lehrern Remuneration bewilligen. Es ist daher für den Lahm und dessen Unterricht die nöthige Fürsorge zu treffen. Über dies alles erwarten wir in 4 Wochen Bericht. Potsdam, den 19. Juni 1862 – gez. Besser".[59]

Dem ging ein längerer Schriftwechsel voraus. Am 20.4.1861 hatte die Königliche Regierung, Abteilung für Kirchenverwaltung und Schulwesen, durch Herrn Besser sich nicht im Stande gesehen, „die Aufnahme ... in das Königliche Taubstummen-Institut zu bewirken oder die Kosten ihrer Ver-

39

pflegung an einem anderen Orte, wo sie den Unterricht eines fachkundigen Lehrers genießen können, zu übernehmen ..."[60]

Pfarrer Georg Wilhelm Mulzer schrieb schon 1834, dass die Eltern nicht einmal 40 Taler zur Verpflegung ihres taubstummen Kindes aufbringen könnten, die bei einer Frei-Stelle bezahlt werden müssten.[61] Da verwundert es nicht, wenn in der Rheinprovinz 1859 festgestellt wird: „Unter den 318 aufgenommenen Kindern, befinden sich 38, deren Eltern zu den Pflegekosten einen Betrag überhaupt, und nur 15, deren Eltern den ganzen Pensions-Betrag für sie geleistet haben ... man darf wohl nicht mit Unrecht sagen, die Taubstummen sind Kinder des Mangels und der Dürftigkeit."[62] Im Rheinland betrug der Pflegesatz: 50 Taler.[63] 1863 kostete der Aufenthalt in der Königlichen Taubstummen-Anstalt in Berlin – 160 Taler, Freischüler zahlten ein Kostgeld pro Jahr von 60 Taler, und Schulgänger zahlten 20 Taler Schulgeld.[64] Demgegenüber verdiente ein festangestellter Lehrer im Rheinland im Jahr 400 Taler, ein Hülfslehrer 200 Taler. Eine weibl. Kraft, die Handarbeiten unterrichtete, bekam 1860 im Jahr 20 Taler.[65]

3.3 Konsequenzen aus den Erhebungen

Immer wieder fällt die schlechte finanzielle Situation der Eltern tauber und stummer Kinder ins Auge. F. H. Ungewitter errechnete einen durchschnittlichen Pro-Kopf-Verbrauch an Nahrungsmitteln an Hand von Preisen und Ausgaben zuzüglich Miete, Heizmaterial, Licht, Wäsche, Butter, Käse, Milch und Steuern: „Demnach beträgt die jährliche Durchschnitts-Ausgabe für die Familie im Ganzen 216 Taler, und für den Kopf 43 1/6 Taler." Die Reichen wurden mit einem Einkommen von wenigstens 1.200 Talern, die Wohlhabenden mit wenistens 400 Talern und die Unbemittelten und Armen mit weniger als 400 Talern gezählt. Da die Steuer 2 % des Einkommens betrug, gehören aber von den Familien mit tauben und stummen Kindern nur 0,4 %, zu den Reichen, 3,23 % zu den Wohlhabenden, aber 96,37 % zu den Unbemittelten und Armen. Von den Unbemittelten und Armen haben 72, 23 % nur 25–100 Taler jährliches Einkommen.[66] Fasst man den Anteil der Armen in den Provinzen und Städten zusammen, so ergeben sich: „In Preußen in den Städten auf 11,94, auf dem platten Lande auf 72,26 Personen Ein Armer. In der Provinz Brandenburg kam in den Städten auf 8,85, dagegen auf dem platten Lande auf 72,79 Personen Ein Armer. In der Provinz Westphalen kam in den Städten auf 12,45 und auf dem platten Lande auf 30,67 Personen Ein Armer. In der Rheinprovinz kam in den Städten auf 6,38 und auf dem platten Lande auf 17,34 Personen Ein Armer."[67]

Unter diesen Voraussetzungen wird deutlich, dass die Zahl der taub und stumm Geborenen oder im Kindesalter Ertaubten bei den Armen sehr hoch war, so dass sie sich keinen Arzt, Medikamente oder einen Krankenhausaufenthalt leisten konnten.

Angemerkt werden muss auch, dass die Ohrenheilkunde sich erst in der zweiten Hälfte des 19. Jahrhunderts zu einem Spezialgebiet entwickelte. Vorher wurde sie mit der Chirurgie zusammen gelehrt. Erst seit 1861 gab es dafür die ersten eigenen Lehrstühle an den deutschsprachigen Universitäten Wien, Würzburg und Greifswald.[68]

Die Provinzregierungen, die Landstände und die Kirchen versuchten, durch Fonds und Kollekten die Finanzen der Taubstummen-Anstalten zu sichern. Ab 1841 gab es eine „Haus-und Kirchen-Collecte", die „Zuschüsse aus den Polizei-Strafgelder Fonds" spielten eine große Rolle.[69]

Anmerkungen

1 Werner, Hans: Geschichte des Taubstummenproblems bis ins 17. Jahrhundert, Jena 1932, S. 19–25. Zum theologischen Problem der Exegese und Geschichte verweise ich auf den Artikel von: Gewalt, Dietfried: Die „fides ex auditu" und die Taubstummen. Zur Auslegungsgeschichte von Gal. 3,2 und Röm. 10,14–17, in: Linguistica Biblica, 58/1986, S. 45–64.
2 Kolb, Eduard: Taubstummengemeinde, Festschrift, Zürich 1961, S. 16.
3 Werner, Hans 1932, S. 48.
4 Eintrag im Kirchenbuch Fraumünster (Zürich) anlässlich der Eheverkündung, zitiert nach Kolb, Eduard 1961, S. 17–18.
5 Werner, Hans a.a.O., S. 107.
6 Küster, Georg Gottfried: Martin Friedrich Heidels Bilder-Sammlung, in welcher hundert großentheils in der Mark Brandenburg geborene, allerseits aber um dieselbe wohlverdiente Männer vorgestellt werden, mit beygefügter Erläuterung in welcher derselben merkwürdigste Lebens-Umstände und Schriften erzehlet werden, von George Gottfried Küster, des Friedrichs-Gymnasii in Berlin Rectore und der Königl. Preuß. Academie der Wissenschaften Mitglied. Berlin 1751, S. 72.
7 „Taub: Das gemeingerm. Adjektiv mhd. toup „nicht hörend, nichts empfindend, nichts denkend, unsinnig, abgestorben, dürr", ahd. toub „gehörlos, unempfindlich, ungereimt, stumpf(sinnig), dumm", got. fiaufs „taub; verstockt", engl. deaf „taub, schwerhörig," schwed. döv „taub" gehört im Sinne von „benebelt, verwirrt, betäubt" zu der idg. Wortgruppe von Dunst. In den alten Sprachzuständen wurde es zunächst in der Bedeutung „empfindungslos, stumpf (sinnig)" verwendet, dann auf den Gehörsinn eingeengt und schon früh speziell im Sinne von „gehörlos, schwerhörig" gebraucht. Aus der mhd. Bed. „abgestorben, dürr" entwickelte sich die Bed. „gehaltlos", beachte „taube Nuß" und „Taubnessel" (s.u.) Die niederd. Entsprechung von hochd. taub ist – doof. ... taubstumm (in der Formel „taub und stumm" vom 16. bis zum 18. Jh. zurückgehend auf Mark 7,32 „Und sie brachten zu ihm einen Tauben, der stumm war", in der Zusammenziehung zuerst 2. Hälfte des 18. Jh.)." Der große Duden – Herkunftswörterbuch – Die Etymologie der deutschen Sprache, Mannheim 1963, S. 702. Die alte Bezeichnung „taubstumm" wurde nach 1927 aufgegeben und die Bezeichnung „gehörlos" eingeführt, Definition heute: „Als gehörlos (taubstumm) werden Personen betrachtet, deren Gehör für die Bedürfnisse des Alltagslebens, selbst beim Gebrauch von Hörhilfen, nicht ausreicht, also insbesondere solche, die für das Verstehen von Sprache auf das Ablesen von den Lippen und Gebärden angewiesen sind." (Stepf, Hans Jürgen: in Gemeindeordnung der Ev. Gehörlosengemeinde in der Evangelischen Kirche in Berlin-Brandenburg (Berlin West), Berlin 1980, S. 2 Anm. 1). Seit 1980 wird die wissenschaftliche Erforschung der Deutschen Gebärdensprache (DGS) intensiv vorangetrieben.

8 Küster, Georg Gottfried a.a.O., S. 71.
9 Ebd., S. 72.
10 Ebd., S. 72.
11 Schumann, Paul: Geschichte des Taubstummenwesens vom deutschen Standpunkt aus dargestellt, Frankfurt/Main 1940, S. 1–164.
12 Luther, Martin: Ein Sermon von dem Neuen Testament, das ist von der heiligen Messe 1520, in Böhlau, Hermann: D.M. Luther's Werke kritische Gesamtausgabe Bd. 6, Weimar 1888, S. 377.
13 Schumann, Paul a.a.O., S. 108. In diesem Zusammenhang möchte ich einen entgegengesetzten Hinweis nicht übersehen, den ich Herrn Dr. Dietfried Gewalt verdanke. „... durch diese Gründe also veranlaßt glauben wir, daß die Taubgeborenen nicht zum Gebrauch des Herrenmahles zugelassen werden dürfen." Gewalt, Dietfried und G. Krause: Zwei wiederentdeckte Abendmahlsgutachten von Andreas Hyperius (1511–1564), in Sonderdruck aus: Jahrbuch der Hessischen Kirchengeschichtlichen Vereinigung, 23. Bd., 1972, S. 51. Vgl. auch Schumann, Paul a.a.O., S. 107.
14 Schumann, Paul a.a.O., S. 108 Anm. 2. Weitere Beispiele von Pfarrern, die taubstumme Kinder für den Empfang des Abendmahls unterrichteten in: Jung, Rosel: Die Geschichte der Schule für Gehörlose und Hörbehinderte in Camberg/Ts., Camberg 1980, S. 17–19.
15 Schumann, Paul a.a.O., S. 108.
16 Werner, Hans a.a.O., S. 133–168. Schumann, Paul a.a.O., S. 76–84.
17 Schumann, Paul: Samuel Heinickes Sendung, in: Samuel Heinicke – Jubiläums Tagung des BDT in Hamburg 6.–10.6.1927, Leipzig 1927, S. 21–38. Über den Einfluß von Johann Heinrich Pestalozzi gibt Auskunft: Schiltknecht, Hansrued: Johann Heinrich Pestalozzi und die Taubstummenpädagogik, Berlin 1970.
18 Mylius, Christian Otto: Corpus Constitutionum Machicarum ... 1736, 1. Theil Sp. 527 No XCVII, Berlin und Halle 1736.
19 Ebd.: Nachlese No XXX Bd. 6 VI Theil, II Abt. 26ten December 1736, Sp. 97.
20 Mendelssohn, Moses: Briefwechsel der letzten Lebensjahre, Stuttgart-Bad Cannstatt 1979, S. 206. Weiter stehen ein paar bissige Bemerkungen in dem Brief über Samuel Heinicke: „Schade, daß der Mann nicht solche Erziehung und solchen Umgang genossen hat, die ihm eine gute Lebensart hätten beybringen können, welches die Musik, deren er kundig ist, und die ohndem sein Geschäfte ausmacht, in der Organisazion seines Gehirns nicht bewürkt zu haben scheint."
21 Zitat nach Schumann, Paul a.a.O., S. 165.
22 Adreß-Kalender der königlich Preußischen Haupt- und Residenz-Städte Berlin und Potsdam – besonders der daselbst befindlichen hohen und niederen Collegien, Instanzen und Expeditionen, auf das Jahr 1799, Berlin 1799.
23 Blau, Arno (Hg.): Festschrift der Ernst-Adolf-Eschke Gehörlosenschule, Berlin 1961, S. 11–12. Am 13.1.1997 hielt Frau Dr. Hanna-Renate Laurien einen Vortrag zum 200. Todestag der Königin Elisabeth Christine in der Alten Pfarrkirche Berlin-Pankow. Sie führte dort aus, dass die Königin sehr gebildet war und sich für die Armen einsetzte. Die Hälfte ihrer Apanage, 24000 Taler, gab sie jährlich den Armen. „In hohem Alter, 1792 (77 J), lässt sie sich vom Gründer des Instituts für Taubstumme in Schönhausen, Dr. Eschke, anderthalb Stunden lang Schüler und auch Schülerinnen vorstellen. Ihr Interesse weckte dann wieder das Interesse der Söhne des Königs." S. 7 (Archiv des Verfassers)
24 Ebd., S. 12.
25 Adreß-Kalender 1829, S. 220f. und 276.
26 Bitter, (Rudolf) von: Handwörterbuch der Preußischen Verwaltung, Berlin 1928, Bd. II, S. 770. „T., die nicht erwerbsfähig sind, sind hilfsbedürftig im Sinne der öffentlichen Fürsorge." Ebd. S. 771. Vgl. auch Schumann, Paul a.a.O., S. 655f.
27 Adreß-Kalender 1829, S. 186–187. Eduard Wilhelm Aeplinius war später Rekor in Halberstadt.

Anmerkungen

28 Wende, Gustav (Hg.): Deutsche Taubstummenanstalten – Schulen – Heime in Wort und Bild, Halle 1915, S. 68–69. Vgl. für die Rheinische Provinz: S. 302f.
29 Vgl. das „Patent, betreffend den Unterricht und die Versorgung der Taubstummen für die Herzogtümer Schleswig und Holstein, die Herrschaft Pinneberg, Grafschaft Ranzau und Stadt Altona. Kopenhagen, den 8. November 1805. 1. Alle dürftige Taubstumme unter 15 Jahren in unseren Herzogtümern ... sollen in das Taubstummen-Institut in Kiel gebracht, und daselbst auf Kosten des Landes unterhalten und unterrichtet werden." Ebd., S. 197–219. Dieses Dokument beschreibt den Anfang der schleswig-holsteinischen Taubstummenschule in Kiel.
30 Haux, Fritz: Die Taubstummen-Erziehungs-Anstalt zu Frankfurt am Main, in: Wende, Gustav a.a.O., S. 282f. Diese Taubstummen-Erziehungsanstalt, eine städtische Stiftung, wurde als kleines Familien-Internat geführt. Vgl. auch Barow, Heinz und Hans Stillfried. Zur Erinnerung an den Taubstummenoberlehrer i. R. Philipp Hühn aus seinen Aufzeichnungen, Frankfurter Hefte für Gehörlose Nr. 5, Frankfurt 1981, S. 9f.
31 Vgl. Wolf, Günther: Die Geschichte der Taubstummenanstalt Homberg, Homberger Hefte Nr. 19, Homberg 1977.
32 Jung, Rosel a.a.O., S. 24–30. Ebd. sind weitere Ausführungen über die Wiener Methode zu finden.
33 Circulare vom 9ten Januar 1829 in den Akten der Superintendentur Cölln-Land II Betreffend den Unterricht der Taubstummen. – ELAB 29/284, 9.1.1829–1863. Die ( ) sind vom Verfasser nachgetragen. Folgende Daten zu den genannten Pfarrern konnten aus: Fischer, Otto: Verzeichnis der Geistlichen in alphabetischer Reihenfolge, Bd. II/1 und 2, Berlin 1941, entnommen werden: Dr. Mann, Friedrich 21.2.1780–13.9.1853, 1825 Oberpf. an Luisen in Bln-Charlottenburg, K. Friedrichswerder II, 1829 bis 1853 zugl. Sup. ebd. (Fischer Bd. II, S. 530). Dreising, Johann Gottlob – 1769 – emer. 1842, K. Kölln-Land I. 1801 P. in Stahnsdorf, gest. Stahnsdorf. (Fischer Bd. II/1, S. 165). Ritter, Johann Karl Theodor, 28.2.1776–1.4.1865, 1807 P. in Gröben, K. Kölln Land I, emer. 1848 (Fischer Bd. II/2, S. 701). Schultze, Karl Ludwig 18.9.1784–21.12.1859, 1812 P. in Großbeeren, K. Kölln-Land I, emer. 1851 (Fischer Bd. II/2, S. 799). Kallenbach, Ludwig Wilhelm Christian, 22.1.1801 – ..., 1825 P. in Blankenfelde, K. Kölln-Land I, emer. 1875. (Fischer Bd. II/1, S. 392) Himmerlich, Johann Christian Siegismund, 3.1.1765 – ... 1799 P. in Großziethen, K. Kölln-Land II emer. 1832 (Fischer Bd. II/1, S. 338). Haefner, (Häfner) Johann Christian August, 6.3.1763–21.2.1847, 1808 P. in Bln-Lichtenrade K. Kölln-Land II, emer. 1843 (Fischer Bd. II/1, S. 286). Klette, Johann Gottlob, 2.8.1783–28.11.1848, 1808 P. in Bln-Mariendorf, emer. 1848 (Fischer Bd. II/1, S. 415). Ringeltaube, Ernst Friedrich, 21.2.1779–20.11.1860. 1810 P. in Bln-Britz, K. Kölln-Land II, emer. 1853 (Fischer Bd. II/2, S. 700). Schilke, Johann Friedrich Matthias, 12.7.1771–10.7.1829, 1798–1829 P. in Bln-Rudow (Fischer Bd. II, S. 747).
34 Wichert, Johannes und Jarchow, Ute: Staatliche Internats-Schule für Hörgeschädigte Schleswig. Festschrift 1805–1980 zum 8. November, Schleswig 1980. Der Lehrer Georg W. Pfingsten hatte 1787 in Hamberge bei Lübeck taubstummen Kindern mit Erfolg Unterricht erteilt. Nach seinem Gesuch an den König von Dänemark wurde 1788 in Kiel das „Königliche Taubstummen-Institut" gegründet. Direktor wurde Georg W. Pfinsten. Auf seinen Vorschlag wurde die Schule 1809 mit Genehmigung des Königs nach Schleswig verlegt.
35 Königliche Regierung, Abteilung Kirchenverwaltung und das Schulwesen, Schreiben an sämtliche Herrn Superintendenten und Schul-Inspectoren, Potsdam, den 29ten April 1831, ELAB 29/284.
36 Königliche Regierung, Abteilung Kirchenverwaltung und Schulwesen, an die sämtlichen Herrn Superintendenten, Potsdam den 29.7.1834, ELAB 29/284.
37 Nachweisungen der Taubstummen Personen in der Ev. Superintendentur Berlin Cölln, abgesandt an den Sup. Mann, den 4.10.1834, ELAB 29/248.

38 Mulzer, Georg Wilhelm, *Thierstein b. Bayreuth ... 1777 † Berlin-Steglitz 13.12.1841, 1810 P. in Giesensdorf, K. Kölln – Land I emer. 1840 (Fischer Bd. II/2, S. 579).
39 Hasche, Johann Friedrich Ferdinand, *Stülpe b. Luckenwalde 9.1.1789 † in Bln-Köpenick 26.7.1864, 1829 Oberpf. in Bln-Köpenick, K. Kölln – Land II, emer. 1854. (Fischer Bd. II/1, S. 299).
40 Nachweisungen der Taubstummen Personen in der Ev. Superintendentur Berlin Cölln, abgesandt an den Sup. Mann, den 4.10.1834, ELAB 29/248.
41 Dannroth, Friedrich Gottlieb Karl, *Gr. Örner, Sa., 23.12.1773, † Teltow 29.12.1840, ... P. 1827–1840 P. in Teltow, K. Kölln-Land I. (Fischer Bd. II/1, S. 147).
42 Platz, Johann Friedrich Karl, *Berlin 14.6.1806 † ebd. 20.2.1874 ... 1833 P in Großziethen, K. Kölln-Land II, 1836 P. in Altfriedland, K. Wriezen, emer. 1.10.1855, 1859 Frühpred. an Jerus. u. Neuen K. in Berlin, 1859–1874 2. Diak. an Marien ebd. (Fischer Bd. II/2, S. 634). Alle Zitate aus den „Nachweisungen der Taubstummen Personen in der Ev. Superintendentur Berlin-Cölln" vom 4.10.1834" – EZA – EOK 29 Gen 284.
43 Nachweisungen der Taubstummen Personen in der Ev. Superintendentur Berlin Cölln abgesandt an den Sup. Mann, den 4.10.1834, ELAB 29/248. Siehe Ringeltaube, Ernst.
44 Ebd., siehe Ritter, Johann.
45 Ebd., siehe Mulzer, Georg Wilhelm.
46 Dr. Graßhoff, Ludwig: Professor und Direktor der Königl. Taubstummen-Anstalt zu Berlin Beitrag zur Lebens-Erleichterung der Taubstummen durch Gründung einer Taubstummen-Gemeinde Berlin, 1820, Berlin 1820, S 5.
47 Königliches Consistorium und Schul-Collegium der Provinz Brandenburg-Berlin, den 31. December 1834, Schreiben an die Herrn Superintendenten und Schul-Inspectoren der Provinz Brandenburg. ELAB 29/284.
48 Ebd.
49 Vgl. Königl. Schul. Collegium der Provinz Brandenburg Berlin, den 2ten August 1837 – Circular an die Herrn Superintendenten des Regierungsbezirks Potsdam. ELAB 29/284.
50 Vgl. Königliche Regierung, Abtheilung für die Kirchenverwaltung und das Schulwesen, Potsdam, den 7.12.1836 – Meyer und „Zum 200. Geburtstag von Karl Heinrich Wilke", Artikel von Helmut Vogel in DGZ Febr. 2000, S. 35 und März 2000, S. 71 – Karl Heinrich Wilke war gehörlos. Es war nichts Ungewöhnliches, Gehörlose als Lehrer einzusetzen. Wilke war als begabter und ausgebildeter Zeichenlehrer ein Pionier des anschaulichen Unterrichts.
51 Vgl. Der Ober-Präsident der Provinz Brandenburg, Berlin, den 18ten Juni 1842 – von Meding: An die Königliche Hochlöbliche Regierung zu Potsdam, o.p. No 1224.I, ELAB 29/284.
52 Vgl. Königliche Regierung. Abtheilung für die KirchenVerwaltung und das Schulwesen, Potsdam, den 23.2.1861 – gez. Besser. Schreiben an sämmtliche Herrn Superintendenten und Kreis-Schul-Inspectoren Hochwürden etc. dieselbe Potsdam, den 10.4.1862, gez. v. Diederichs dieselbe Potsdam, den 20.4.1863 gez. Besser, den Schreiben sind handschriftliche Bemerkungen der einzelnen Gemeindepfarrer von Berlin-Cölln Land II beigefügt, außerdem die Namen der ausgebildeten Lehrer angegeben, ELAB 29/284.
53 Königliches Schul-Collegium der Provinz Brandenburg, Berlin, den 23.5.1840, ELAB 29/284.
54 Frege, Ferdinand Ludwig, *Berlin 6.7.1804 – † Bln-Schöneberg 6.7.1883, 1846–1883 P. in Berlin- Schöneberg, K. Friedrichswerder II (Fischer Bd. II/1, S. 217).
55 Schulz, Friedrich August, *Bautzen 11.11.1790 † Bln-Chalottenburg 20.11.1866 Diak. und Rektor in Bln-Köpenick 1823, K.KöllnLand II, 1827 Diak. in Bad Freienwalde, K. Wriezen, 1847 P. in Bln-Wilmersdorf, K. Kölln-Land I, emer. 1854 (Fischer Bd. II/2, S. 802).
56 Richter, D. August Ferdinand, *Niederklobikau b. Merseburg 25.1.1822, † Bln-Mariendorf 11.10.1903, 1849 P. in Bln-Mariendorf, K. KöllnLand II, emer. 1.10.1901 (Fischer Bd. II/2, S. 694).

57 Ohle, Kaspar Friedrich Ludwig Karl, *Sandau ... 1813, † Bln-Britz 19.6.1873, 1853–1873 P. in Bln- Britz, K. Kölln-Land II (Fischer Bd. II/2, S. 608), Schriftwechsel Königl. Consistorium mit dem Superintendenten Wilhelm Pippart 1855–1858, ELAB 29/284.
58 Henschke, Karl Friedrich Alexander, *Birnbaum-Gröben 31.12.1867~Ord. 31.8.1848 1848–1867 P. in Gröben, K. Kölln-Land I ledig. (Fischer Bd. II/1, S. 320).
59 Königliche Regierung, Abtheilung für Kirchen und Schulwesen, Potsdam, den 19.6.1862 – An den Superintendenten Mühlmann zu Teltow, EZA – EOK 29 Gen 284.
60 Königliche Regierung, Abtheilung für die Kirchenverwaltung und das Schulwesen. Potsdam, den 20.4.1861. An den Herrn Superintendenten Mühlmann, Hochwürden Unterzeichnet, Besser: ELAB 29/284.
61 Vgl. An sämtliche Herrn Superintendenten und Schul-Inspektoren, Potsdam, den 29.4.1831 – ELAB 29/284.
62 Königliches Provinzial-Schul Collegium (Hg.): Bericht über die mit den Schullehrer-Seminaren der Rheinprovinz verbundenen Taubstummen-Anstalten von ihrer Errichtung an bis Ende 1859. Coblenz 1861, S. 20. (Siehe ebenso EZA 7/4376)
63 Ebd., S. 8.
64 Adreß-Kalender 1863, S. 281.
65 Königliches Provinzial-Schul-Collegium 1861, 18. Anstalt Neuwied, die einzige rein evangelische Anstalt.
66 Ungewitter, Franz Heinrich: Die Preußische Monarchie, nach zuverlässigen Quellen geographisch statistisch, topographisch und historisch ausführlich und übersichtlich dargestellt. Ein Handbuch für Staats- und Communalbehörden so wie zum Privatgebrauch, Berlin 1859, S. 407.
67 Ebd., 408. Es fällt auf, dass in der Rheinprovinz mehr Arme wohnen. Das stimmt so nicht. In der Rheinprovinz wurden durch die Behörden mehr Arme erfasst, es gab auch mehr Industrie und Geldwirtschaft. Auf dem Lande zählten Arme oft nicht, sie waren versorgt. Dies sieht auch Dr. Ungewitter. Vgl. auch S. 406. Dort wird bei der Berechnung eine Familie mit etwa fünf Personen zu Grunde gelegt.
68 Schumann, Paul a.a.O., S. 332 ff. und 440 über die weitere Entwicklung.
69 Königliches Provinzial-Schul-Collegium 1861, 9 vgl. auch zu diesem Thema: EZA Best. 7/5517 betr. die kirchliche Kollekte für die Taubstummenanstalten, EZA 7/4376. 1852-1909 und Best. 7/5518-1919-1925. Es gab Kollektensammlungen für die Taubstummenanstalten, diese benötigten eigens eine Ausnahmegenehmigung. Sie galt „für kommunale, Kreis und Provinzialständische oder andere Institute ..., die nicht einen ausgesprochenen kirchlichen Charakter tragen. Dahin gehören 16 Kollekten der in den Provinzen Westphalen, Rheinprovinz, Pommern und Schlesien eingeführten kirchlichen Kollekten für Provinzial-Taubstummen-Anstalten." EZA Best. 7/5517, S. 22 ff.

Kapitel II

Die erwachsenen Taubstummen und ihr Pfarrer – Der Methodenstreit

1 Die Ordination des Lehrers und Pfarrers Reinhold Rudolf Traugott Schoenberner für die erwachsenen Taubstummen in Berlin 1866

Ein Fach wurde an allen Taubstummen-Anstalten von Anfang an gegeben: Religionsunterricht. Direktor Carl Gottlob Reich führte an der Taubstummen-Anstalt zu Leipzig schon 1819 sonntägliche Andachten für die größeren Schüler und die entlassenen Taubstummen ein. Er veröffentlichte auch den „Entwurf eines Religionsunterrichts für unsere Taubstummen" und „Sonntägliche Evangelien" als Erbauungsbuch für die entlassenen Taubstummen.[1]

Ähnlich war es auch in Berlin. Ab 1811 war die Königliche Taubstummen-Anstalt zugleich Lehrerbildungsanstalt. So kam 1829 der Reformator des deutschen Taubstummenunterrichts Friedrich Hill nach Berlin, „um sich auf den Taubstummenlehrer-Beruf vorzubereiten".[2] Hill und Dr. Ludwig Graßhoff, Direktor und Schwiegersohn von Dr. Ernst Adolf Eschke, verstanden sich persönlich nicht. Dr. Ludwig Graßhoff favorisierte die Gebärde, nicht die Lautsprache. Unter den Nachfolgern Direktor Carl Wilhelm Saegert und Dr. Ludwig Ferdinand Reimer vollzog sich jedoch wieder eine Wendung zur Lautsprache.[3]

Ab 1845 waren auch Kandidaten der Theologie an der Schule als Eleven und Lehrer tätig. Dr. Ulricy war von 1845 bis 1855 an der Schule zuerst Predigtamtskandidat, zuletzt 4. Hauptlehrer. Von 1845 bis 1851 war Dr. Haase Predigtamts-Kandidat und Hilfslehrer an der Anstalt. 1850 wurde Herr Zimmermann als Predigtamts-Kandidat verzeichnet.[4]

1863 war Hr. Schoenberner Stipendiat und Kandidat der Theologie. 1865 wurde er sechster Lehrer, 1866 dritter Lehrer. Bis 1873 war er an dem Königlichen Taubstummen-Institut tätig.[5]

Erster Pfarrer für Taubstumme Reinhold Schoenberner 1838–1898

Abendmahlsgeräte von Königin Elisabeth für Taubstumme (1866) gestiftet

Aus den bisherigen Berichten erkennen wir, wie unterschiedlich und schwierig der Konfirmandenunterricht war. In den meisten Fällen haben Lehrer den Konfirmandenunterricht erteilt.

Aus einem Bericht des Königlichen Konsistoriums der Provinz Brandenburg geht hervor, wie unbefriedigend die anschließende Konfirmation in der Kirche war. Dr. Ludwig Ferdinand Reimer (Direktor 1858–1876) hatte schon am 13. September 1865 auf den Missstand bei diesen Konfirmationen hingewiesen; er wurde in einem Schreiben vom 17.7.1883 noch einmal erwähnt: „Bis dahin (etwa 1865) nämlich war die Konfirmation der Taubstummen der Anstalt insgemein durch einen Geistlichen der Sophien Kirche zusammen mit den übrigen Konfirmanden der Gemeinde bewirkt worden. Eine höchst mangelhafte und für die Taubstummen unerbauliche Einrichtung, da die dortigen Geistlichen sich weder überhaupt auf die Unterrichtsmethode Taubstummer verstanden noch insbesondere mit ihrem Bildungsstand und ihrer eigenthümlichen Denk- und Anschauungsweise bekannt waren. Denn auf diese Art blieb ganz unmöglich, daß den Taubstummen die Bedeutung der kirchlichen Kulturakte recht verständlich und für das Leben fruchtbar gemacht wurde."[6] So stieß der Antrag des Direktors Dr. Ludwig Ferdinand Reimer auf das volle Verständnis des Konsistoriums und des Ministers, dass der „Kandidat Schoenberner auch ohne daß er die Stelle eines Hausgeistlichen einträte kirchlich ordiniert würde".[7]

So wurde am 16.9.1866 der Hauptlehrer und Kandidat der Theologie Reinhold Rudolf Traugott Schoenberner, geb. 26.10.1838 in Berlin, zum Hilfsprediger ordiniert. Damit verbunden waren das Bewerbungsrecht und der besondere Auftrag, für die in der Stadt lebenden Taubstummen tätig zu sein.

Die Vereinbarung über die Seelsorge wurde dem EOK am 12.12.1866 zur Zustimmung übersandt.

„Betrifft die geistliche Pflege der hiesigen Taubstummen.

Dem Evangelischen Ober-Kirchen-Rath gestatten wir uns anliegend eine von uns an die hiesigen Pfarrgeistlichen erlassene Circular-Verfügung vom 19. November, betreffend die geistliche Pflege der hiesigen Taubstummen, sowie das für die Verrichtung des ordinierten Lehrers von der Königlichen Taubstummen-Anstalt hierselbst, Hülfsprediger Schönberner entworfene Regulativ abschriftlich zu hochgeneigter Einsicht ehrerbietigst zu überreichen. Wir sind überzeugt, daß die in jener Circularverfügung näher dargelegte, mit Geneh-

migung des Herrn Ministers der geistlichen, Unterrichts- und Medizinal-Angelegenheiten und im Einverständnis mit dem Königlichen Provinzial-Schul-Collegio von uns getroffene Einrichtung den Zöglingen der hiesigen Königlichen Taubstummen-Anstalt, so wie den zahlreichen in der Stadt zerstreut wohnenden Taubstummen reichen Segen bringen werde und werden es uns angelegen sein lassen dieselbe auch in der Hinsicht weiter zu fördern, daß ein geeignetes Local zur Abhaltung öffentlicher Gottesdienste für die Taubstummen hergerichtet werden könne.
Berlin, den 12. Dezember 1866, das Consistorium der Provinz Brandenburg. – Referent Consistorial-Rath Souchon."[8]

Mit diesem Schreiben und dem Circular an alle Superintendenten und Pfarrer wird deutlich: Die „geistliche Pflege der Taubstummen" ist eine Aufgabe der Kirche, keines Vereins oder einer Wohlfahrtseinrichtung. Der ordinierte Hilfsprediger und später der hauptamtliche Pastor mit dem Spezialauftrag untersteht dem Konsistorium. Das ist bis in die heutige Zeit in der Evangelischen Kirche in Berlin-Brandenburg so geblieben, auch wenn es Schwierigkeiten mit der Dotation gab.[9]

2 Die erste Dienstordnung für einen evangelischen Taubstummenpfarrer

Hier nun die erste Aufgabenbeschreibung eines evangelischen Taubstummen- bzw. Gehörlosenpfarrers in Preußen und seinen Provinzen. Sie zeigt die Verbindung zwischen Taubstummenpfarrer und Taubstummen-Anstalt bzw. Gehörlosenschule. Ihre Bedeutung wird auch dadurch unterstrichen, dass im Jahr 1866 Schleswig-Holstein, Hannover, Kurhessen, Nassau und Frankfurt/Main zu Preußen kamen und die Berliner Taubstummenlehrerausbildung maßgebend wurde.

> **„Regulatio**
> **für die Verrichtungen des ordinierten Lehrers an der Königlichen Taubstummen Anstalt zu Berlin**
>
> 1. Der ordinierte Lehrer der Königlichen Taubstummen-Anstalt ertheilt den Confirmanden-Unterricht in 6 wöchentlichen Stunden, einschließlich des Religions-Unterrichts in der I. Klasse (sic) der Anstalt.
>
> 2. Die Confirmation vollzieht derselbe je nach Bedürfnis 1 oder 2 mal jährlich, zu Ostern und im Herbst.
>
> 3. Den Gottesdienst für die Taubstummen, bestehend aus Gebet, Schriftverlesung und Predigt, welcher an den Sonn- und Festtagen Vormittags um 10 Uhr stattfindet, versieht er abwechselnd mit dem Direktor der Anstalt und dem Taubstummenlehrer Wilke. Sobald ein größeres Local zur Theilnahme der in

der Stadt zerstreuten Taubstummen gefunden sein wird, und der bisherige Hausgottesdienst daneben beibehalten wird, werden sich die genannten drei Herren in angemessener Weise in die Abhaltung beider Gottesdienste in der Weise theilen, daß die Leitung des öffentlichen Gottesdienstes dem Schönberner, die des Hausgottesdienstes dem Direktor und dem Lehrer Wilke zufällt.

4. Das heilige Abendmahl wird der ordinierte Lehrer in der Regel 4 mal im Jahre nach dem Gottesdienste, die Beichte vor demselben halten, und zwar außer den Tagen der Confirmation event. am Charfreitag, 1 mal im Sommer und am Totenfest.

5. Actus ministerialis (sic) wird derselbe in Stellvertretung der Pfarrgeistlichen auf ein Spezial-Dimissoriale an den den verschiedenen Kirchengemeinden angehörigen Taubstummen Berlins verrichten, und zwar in der Regel in der betreffenden Kirche, so lange das Anstaltslocal dazu nicht geeignet ist.

6. Endlich wird der ordinierte Lehrer versuchen durch Hausbesuche die zerstreuten Taubstummen möglichst zur gastweisen Theilnahme an Gottesdienst und Abendmahl zu sammeln, und in pastorale Verbindung mit ihnen zu treten."[10]

Die Koppelung Lehrer und Hilfsgeistlicher hatte sich einige Jahre bewährt. Aber erst die Stelle eines Pfarrers garantierte die finanzielle Grundlage für einen Ehestand. Ein „Hülfsprediger" durfte nur mit spezieller Erlaubnis des Königs und obersten Kirchenherrn heiraten. Daher bewarb sich Reinhold Schoenberner in der Gemeinde Johannes-Evangelist und war dort seit 1873 Pfarrer. Die Tätigkeit an der Königlichen Taubstummen-Anstalt endete damit nicht. Zusätzlich hielt er auch in seiner Gemeinde Taubstummengottesdienste. Er heiratete am 3.7.1873 Luise Wilm.[11]

3 Die Akte über den Methodenstreit 1883 und 1884

Mit Direktor Dr. theol. Edmund Treibel (1876–1885) kam nicht nur ein energischer Vertreter der Lautsprachmethode (= das reine Ablesen vom Mund ohne Gebärde, auch deutsche Methode genannt) an die Spitze der Anstalt, auch im Organisatorischen änderte sich in diesen Jahren einiges. Auch im Umfeld wurden Bewegungen sichtbar. Von 1879 bis 1880 entstand ein Neubau in der Elsasser Straße. 1875 wurde zusätzlich die städtische Taubstummen Anstalt gegründet, da die Königliche Taubstummen-Anstalt mit Berliner Kindern überfüllt war. Für die Provinz Brandenburg kamen Wriezen 1879 und Guben 1891 hinzu. 1873 war das „einzige israelitische Institut Deutschlands auf dem Gebiet der Taubaustummen-Erziehung" durch Direktor Markus Reich aufgebaut worden.[12]

Das Verhältnis von Pastor Reinhold Schoenberner und Direktor Dr. Edmund Treibel wurde durch den Methodenstreit schwer belastet, wie aus den Akten von Juli 1883 bis November 1884 zu ersehen ist.[13]

3.1 Der Streit: Lautsprache contra Gebärde belastet die Seelsorge

Im September 1883 bat Dr. Edmund Treibel den Evangelischen Oberkirchenrat in Berlin, sich dafür einzusetzen, dass seine „seit vielen Monaten schwebende Ordinationsangelegenheit zur Erledigung gebracht werde". 1882 hatte der schon 1876 zur evangelischen Kiche übergetretene Theologe den Antrag gestellt, ordiniert zu werden, damit er die in der Lautsprache unterrichteten Kinder auch konfirmieren und ihnen das Abendmahl spenden könne. Treibel wollte auch für die entlassenen Taubstummen sonntäglich Gottesdienste in der Anstalt halten. Diese Bitte löste eine grundsätzliche Diskussion aus, ob der ehemalige katholische Priester, der Dr. theol. Treibel als evangelischer Pastor mit allen Rechten und Pflichten ordiniert werden könne. Der Lehrer Reinhold Schoenberner war nicht als Hausgeistlicher der Anstalt ordiniert worden, sondern „für die Reihe der einzelnen geistlichen Amtsfunktionen". Diese Funktionen sollten auf Direktor Dr. Treibel innerhalb der königlichen Taubstummen-Anstalt übertragen werden. Er hatte gute Chancen für das Amt, „in sofern, als er nachdem er bereits in der römisch katholischen Kirche für das Priesterthum und den Dienst der Gemeinde ordiniert und in der Seelsorge an verschiedenen Orten beschäftigt gewesen ist, jetzt durch das mit ihm abgehaltene Colloquium den Beweis geführt hat, dass er jeden Augenblick, wenn der Ruf an ihn ergeht in ein evangelisches Pfarramt einzutreten die Qualifikation hat."[14] Die Diskussion im Konsistorium über Dr. Treibels Antrag wurde auf weite Strecken kirchenrechtlich im Blick auf den evangelischen Ordinationsbegriff geführt. Dabei bestand für das Konsistorium Handlungsbedarf. „Gegenwärtig befinden wir uns in der Lage, daß wir keinerlei Abhilfe wüßten, wenn uns die Verwendung des Dr. Treibel versagt bliebe. Zwischen dem Prediger Schoenberner und Dr. Treibel besteht seit einiger Zeit eine innere Entfremdung, welche die fernere Mitwirkung des Ersteren für den Dienst der Anstalt unmöglich macht."[15]

Es wurde eine Vereinbarung zwischen Dr. Treibel, dem Provinzial Schulkollegium und Pfarrer Schoenberner gesucht. Treibels Bedingung war, sich der deutschen Methode zu bedienen. Schoenberner lehnte sie aber aus sachlichen und persönlichen Gründen ab. Selbst in der Presse schlug sich die Angelegenheit nieder.

So berichtet die Kreuz Zeitung vom 3.2.1884: „Der Pastorierung der Taubstummen in der Provinz Brandenburg wird seitens des Konsistoriums der Provinz ein erneutes Interesse zugewendet und man wird bald mit einer definitiven Regelung derselben vorgehen. Hoffentlich gelingt es dem Consistorium die Sache so zu gestalten, daß ein wirklicher Segen daraus wachsen kann." In dem Artikel geht es um die „Wortsprache" und die „Geberdensprache". Der Verfasser ist der Meinung: „Wie der ausdrucksvolle Vortrag der gesprochenen Predigt unmittelbarer und wirksamer auf die Hörenden wirkt als das Lesen, so wirkt die Predigt in der Geberde mit guter ausdrucksvoller Mimik auf die Taubstummen kräftiger, erregender und anregender, als die Predigt nur in der Wortsprache."[16]

Vorschnell urteilen Hörende, die Gehörlosen könnten doch lesen. Und dann wird ihnen in bester Absicht in einem Gottesdienst für Hörende ein Liedblatt, ein Gesangbuch oder eine Bibel in die Hand gedrückt. So könnten sie doch dem Gottesdienst folgen und wissen, an welcher Stelle wir sind, oder was wir singen. Dass ein Gehörloser den Gesang und die Orgel nicht hören kann, er entweder lesen oder auf den Pfarrer sehen muss, von dessen Mundbild er sowieso schlecht absehen kann, bei Bartträgern noch schlechter, und dann, wenn er zum Altar gewendet spricht, gar nichts mehr mitbekommt, das unterscheidet den Gehörlosen im Gottesdienst von den Schwerhörigen.

Die Sophienkirche. Konfirmationskirche und Begräbniskirche für Pfarrer Reinhold Schoenberner (1977)

3.2 Das Konsistorium unterstützt den Gebrauch der Gebärde

Das Ministerium der geistlichen Unterrichts-und Medizinal-Angelegenheiten ließ den EOK wissen, dass der Minister mit der Ordination von Dr. Treibel zu einem „evangelischen Hülfsprediger" nach „agendarischer Vorschrift" vollkommen einverstanden sei, einschließlich der „Abhaltung der Institutsgottesdienste, der Vorbereitung der Zöglinge zur Konfirmation und ihre Einsegnung, sowie die Austheilung des heiligen Abendmahls an dieselben und an die etwa sich anschließenden Anstaltsgenossen".[17]

Die Meinungsverschiedenheiten müssen sich trotzdem zugespitzt haben, denn im Konsistorium fanden mehrere getrennte Gespräche mit Konsistorialrat Arnold statt. Dabei kam heraus, dass nach Treibel nur für „diejenigen Taubstummen genügend gesorgt werden könne, die nach heutiger Unterrichtsmethode das Verständnis der Sprache erlangt haben ..." Konsistorialrat Arnold entgegnete: „Nun ist aber die bei weitem größte Anzahl der heute über 20 Jahre alten Taubstummen bei uns zu Lande nicht in hinreichendem Maße zu einem solchen Absehen befähigt und daher auf die mit Geberden unterstützte Lautsprache bzw. auf die Geberden angewiesen."[18]

Treibel erklärte bei einem erneuten Gespräch: „Ich glaube sogar, daß die in den letzten 10 Jahren ausgebildeten Taubstummen gar nicht im Stande sind, den Schönberner'schen Vorträgen zu folgen."[19] Treibel wollte „die Methode des Volksschulunterrichts bis ins einzelne im Taubstummenunterricht angewandt wissen". Als Nichtfachmann in der Taubstummenbildung verbot er jede Gebärde".[20]

Von daher erklärt sich auch seine euphorische Beschreibung der Beschlüsse des II. Internationalen Taubstummen-Lehrer-Kongresses in Mailand 1880:

> „I. In der Überzeugung der unbestrittenen Überlegenheit der Lautsprache gegenüber der Gebärdensprache, insofern jene die T (d.h.: die Taubstummen – H.J.Stepf) dem Verkehr mit der hörenden Welt wiedergibt und ihnen ein tieferes Eindringen in den Geist der Sprache ermöglicht, erklärt der Kongreß: daß die Anwendung der Lautsprache bei dem Unterricht und in der Erziehung der T der Gebärdensprache vorzuziehen sei. (einstimmig angenommen)
>
> II. In der Erwägung, daß die gleichzeitige Anwendung der Gebärdensprache und des gesprochenen Wortes den Nachteil mit sich führt, daß dadurch das Sprechen, das Ablesen von den Lippen und die Klarheit der Begriffe beeinträchtigt wird, ist der Kongreß der Ansicht: daß die reine Artikulationsmethode vorzuziehen sei."[21]

Neben Dr. Hartmann war Dr. Treibel der einzige deutsche Vertreter der Taubstummenanstalten auf dem Mailänder Kongress.

Aus dem Gespräch mit Arnold wurde von Schoenberner folgendes notiert: „... so erkläre ich mich bereit die sonntäglichen Gottesdienste für die Taubstummen, die ich seit 13 Jahren jetzt von 9–10 Uhr vorm. Sonntags im Konfirmandensaal abhalte auch noch fernerhin fortzusetzen unter der Bedingung, daß ich damit nicht unter die Aufsicht des Dr. Treibel gestellt werde, der des Verkehrs mit Taubstummen, wie solche sich bei mir zu den Gottesdiensten einfinden, gar nicht kundig ist."[22]

Trotz der Forderungen Treibels, seiner Vergangenheit als katholischer Priester und des noch herrschenden Kulturkampfes, schlug das Konsistorium in einem Erlass vom 6.9.1884 vor, ihn zum Provinzialvikar zu ordinieren, zumal er mit den Bedingungen mündlich einverstanden war. Das Konsistorium bat den EOK daher, dem Minister von Goßler alles zur Genehmigung vorzulegen. Ein „Amtsregulativ" in 5 Punkten war erarbeitet und mit einem Publikationsentwurf versehen worden.[23]

Unterschrieben von Minister von Goßler kam alles am 28.11.1884 wieder an den EOK zurück

Carl Heinrich Wilke.

Erfolgreicher Taubstummer als anerkannter Maler und angestellter Lehrer in der Taubstummenschule (1860)

„mit dem ganz ergebensten Bemerken, ... daß die Angelegenheit durch die inzwischen erfolgte Ernennung des g. Treibel zum Regierungs- und Schulrath, in welcher Eigenschaft derselbe vom 1. Januar k. Js. ab der königlichen Regierung in Gumbinnen überwiesen worden ist, ihre Erledigung gefunden haben dürfte".[24]

Anmerkungen

1 Wende, Gustav a.a.O., S. 3f.
2 Reuschert, E.: Friedrich Moritz Hill, der Reformator des deutschen Taubstummenunterrichts. Berlin 1905, S. 11. Hill brach später die Vorherrschaft der Zeichensprache. Anstelle des Übersetzungsverfahrens setzte er dem Sprachunterricht ein neues Lehrmodell entgegen: „Entwickle die Sprache in dem taubstummen Kinde, wie sie das Leben in dem vollsinnigen erzeugt." Günter Wolf, Homberger Hefte, Heft 19/1977, S. 2.
3 Ebd., S. 23.
4 Adreß-kalender 1845, S. 280. Adreß-kalender 1850, S. 215. Adreß-kalender 1851, S. 203f.
5 Adreß-kalender 1863, S. 281. Adreß-kalender 1865, S. 287. Adreß-kalender 1866, S. 293. Adreß-kalender 1873, S. 352.
6 Königliches Konsistorium der Provinz Brandenburg C.N.o 9170 – Berlin, den 17.7.1883, betrifft: Die Ordination des Direktors der hiesigen Königlichen Taubstummen-Anstalt, Dr. Edmund Treibel, EZA 7/4376, S. 5/6.
7 Ebd., 8. Der Minister lehnte eine Anstellung als Hausgeistlicher ab, da dadurch eine Stelle in der Schule verloren gehe, es sei auch die Frage, „ob immer ein Geistlicher zur Verfügung stehen werde, welchem die erforderliche Befähigung und Ausrüstung für eine solche Stelle beiwohne". Ebd., S. 7.
8 Betrifft die geistliche Pflege der hiesigen Taubstummen. An den Evangelischen Ober-Kirchenrath, hier Berlin, den 12.12.1866, EZA 7/4376.
9 Königliches Consistorium Provinz Brandenburg, Berlin den 19.11.1866 gez. Hegel, Schreiben an die Herrn Superintendenten und Pfarrgeistlichen der Stadt Berlin, EZA – 7/4376.
10 Regulatio für die Verrichtungen des ordinierten Lehrers an der Königlichen Taubstummen Anstalt zu Berlin, Abschrift, Anhang zur Akte vom 12. Dezember 1866, EZA 7/4376.
11 Schoenberner, Reinhold Rudolf Traugott, *Berlin 26.10.1838, gest. 9.11.1898, S. d. Schuhmachers Karl Ernst S. u. Wilhelmine Katharina Marx. G. Berlin-Franzö̈s. Un. Berlin. Ord. 16.9.1866. 1864 Hauptlehrer a.d. kgl. Taubstummenlehranstalt in Berlin, 1866 zugl. Hilfspred. ebd. 1873 P. an Johannes-Evangelist, K. Berlin-Stadt II, 1895–1898 zugl. Sup. ebd. x Berlin 3.7.1873 Luise Wilm, T. d. Kaufmanns Eduard W. in St. Petersburg. Sohn: Friedrich Eduard Werner *Berlin 13.9.1882 (Fischer, Otto Bd. II/2, S. 777).
12 Wende, Gustav a.a.O., S. 40.
13 Schreiben des Königlichen Konsistorium der Provinz Brandenburg und des Evangelischen Oberkirchenrates, September 1883–28.11.1884 Versetzung von Dr. Treibel nach Gumbinnen, Akten: EZA 7/4376.
14 Königliches Konsistorium der Provinz Brandenburg, Berlin 17.7.1883, S. 68–78, besonders S. 72–73, EZA 7/4376 I. (– C.No 9170). Evangelischer Oberkirchenrat: Schreiben an den königl. Staatsminister Herrn von Goßler, Berlin 9. Nov. 1883, EZA 7/4376.
15 Königliches Konsistorium der Provinz Brandenburg, Berlin 17.7.1883 – Referent Konsistorialrath: Prof. Dr. Semisch, Koreferent: Konsistorialrath Professor Dr. Paul Kleinert, S. 75, EZA 7/4376.

16 Kreuz Zeitung vom 2./3.1884, EZA 7/4376, S. 85 Anlage 4.
17 Ministerium der geistlichen, Unterrichts- und Medizinal-Angelegenheiten, Berlin, den 31.12.1883, an den Evangelischen Ober Kirchenrath (S. 86), EZA 7/4376.
18 Gesprächsprotokolle und Berichte von Konsistorialrath Arnold mit Dr. Edmund Treibel und Pfarrer Traugott Schoenberner, 17.3.1884, Dr. Edmund Treibel u. KR. Arnold; 31.3.1884 Pfarrer Traugott Schoenberner und KR. Arnold; 25.4.1884, Dr. Edmund Treibel und Kons. Rath Arnold; 21.6.1884, Dr. Edmund Treibel und Kons. Rath Arnold, EZA7/4376, 140. Zitat-Gespräch vom 17.3.1884.
19 Gesprächsprotokoll vom 25.4.1884, EZA 7/4376.
20 Wende, Gustav a.a.O., S. 24.
21 Schumann, Paul a.a.O., S. 407.
22 Gesprächsprotokoll – vom 31.3.1884 – Schoenberner-Arnold, EZA 7/4376, 141.
23 Vgl. S. 77 – Evangelischer Ober-Kirchenrath an den königl. Staatsminister Herrn von Goßler, Berlin 9.11.1883, EZA 7/4376. Königliches Konsistorium der Provinz Brandenburg, C. No 16489 Berlin, den 29.9.1884, Referent: Konsistorial-Rath Arnold, Koreferent: General Superintendent D. Benno Bruno Brückner, betrifft die Ordination des Dr. Edmund Treibel zum Taubstummenprediger, EZA 7/4376, S. 148–154.
24 Ministerium der geistlichen Unterrichts- und Medizinal-Angelegenheiten an den Evangelischen Ober Kirchenrath Berlin, den 28.11.1884 – Goßler, EZA 7/4376.

Kapitel III

Das Berliner Taubstummen-Kirchenfest und sein Verbot 1882

1 Das Berliner Kirchenfest und das Problem der großen Zahl

Ein Problem wurde in den vorhergehenden Abschnitten schon angesprochen: die Erwachsenen und ihre weitere seelsorgerliche Begleitung. Das Problem hatte sich zugespitzt. Die Zahl der Schulabsolventen war angestiegen. Die Jahresfeste der Schulen konnten die ehemaligen Schüler nicht mehr fassen. Als Jahresfest wurde in den Schulen seither der 12. Sonntag nach Trinitatis gefeiert. Die Evangeliumslesung aus Markus 7,31–37 über die „Die Heilung des Taubstummen" war der Anlass des Festes. Die Schulen konnten die ehemaligen erwachsenen Schüler nicht mehr in das Schulfest einbeziehen. Im Jahr 1855 ging aus dem Jahresfest der Schule das sogenannte „Berliner Kirchenfest" hervor. Schon 1866 wurde zum „Berliner Kirchenfest" mit etwa „400 bis 500 erwachsenen Taubstummen" gerechnet.[1] Neben den sonntäglichen Anstaltsgottesdiensten und den Gottesdiensten in der Gemeinde Johannes-Evangelist hatte sich das „Berliner Kirchenfest" durch den tatkräftigen Einsatz des Gehörlosen Fürstenberg entwickelt.[2] Aus den Berichten der einzelnen Provinzen wird deutlich, dass die Schulfeste zu groß wurden, so dass eigene Kirchenfeste für erwachsene Taubstumme sinnvoll erschienen. Die großen Veranstaltungen an den Schulen und die Kirchenfeste hatten nach Meinung der Obrigkeit aber auch ihre Gefahren. Minister v. Puttkamer richtete deshalb 1879 ein Schreiben an den Königlichen Oberpräsidenten und erwartete vom EOK aus den Provinzen Berichte. „Der Herr Landesdirektor einer Provinz ist nach einem mir erstatteten Bericht bei Erörterung der Frage, in welcher Weise für die der Schule entlassenen Taubstummen zweckmäßig zu sorgen sei, darauf aufmerksam gemacht worden, daß die alljährlich zu Berlin stattfindende Massenversammlung erwachsener Taubstummer hauptsächlich aus Norddeutschland – das sogenannte Berliner Kirchenfest für Taubstumme – vielfach schädliche Einflüsse auf die Besucher ausübe und in zahlreichen Fällen die übelsten Folgen für dieselben habe. Es ist insbesondere behauptet, daß die meisten der Besucher des gedachten Festes die kirchliche Feier als Nebensache betrachten und großentheils aus Vergnügungssucht sowie um einige Tage einen ziemlich ungenierten Umgang mit

Schicksalsgenossen des anderen Geschlechts genießen zu können, die Reise unternehmen, daher dem zunächst in sittlicher, vielfach auch in materieller Hinsicht die traurigsten Folgen nicht ausbleiben. Ich lege Werth darauf, zu erfahren, ob auch in anderen Provinzen solche Erfahrungen gemacht worden sind, und ersuche daher Euer Hochwohlgeboren ergebenst, sich nach Anhörung der Provinzialständischen Verwaltung bezüglich der dortigen Provinz hierüber gefälligst zu äußern. Puttkamer."[3]

2   Die Ablehnung des Kirchenfestes in den Provinzen –
Kritik an Reinhold Schoenberner

Die Reaktionen aus den Provinzen waren unterschiedlich. Das Gräflich Stolberg-Wernigeröder'sche Konsistorium schrieb: „Die Vergünstigung zur Theilnahme der Taubstummen an dem jährlichen Kirchenfeste in Berlin und sonstige sie betr. Versammlungen sind den Geistlichen bekannt gemacht ..."[4]

In der Rheinprovinz wollte das Königliche Konsistorium Kirchenfeste für erwachsene Taubstumme einrichten und forderte dazu ein Gutachten des Direktors der Provinzial-Taubstummenanstalt Günther in Neuwied an.[5] In seiner Antwort, so das Konsistorium, erklärte sich Direktor Günther „entschieden gegen irgend welche Massenversammlungen in der Provinz (sic) weil mit derselben unausbleibliche vielfache Nachtheile und Gefahren in sittlicher Hinsicht trotz sorgsamster Ueberwachung verbunden sind". Er stützte sich dabei auf Erfahrungen, die bei einem derartigen Fest in Berlin gemacht worden seien. Günther führte ferner aus, „dass dadurch leicht Unzufriedenheit, wozu Taubstumme ohnehin neigten, befördert werden könne, die sich gegenseitig die Art ihrer Beschäftigung, Behandlung pp. mittheilten, und daß manche nach Tagen der Ruhe und des Genusses mit Unlust in ihre früheren Verhältnisse zurückkehren möchten. Auch würde schon die verschiedene Methode des Unterrichts, welche die betreffenden aus der Provinz zu sammelnden Taubstummen genossen haben, einer einheitlichen Einwirkung auf dieselben entgegenstehen."

Er wurde in der Verdammung des Berliner Kirchenfestes und in seinem Gutachterurteil über Schoenberner noch schärfer: „Weder die in einer künstlichen Zeichensprache gehaltene Predigt des Pastor Schoenberner, die den Zöglingen der Provinz incl. Taubstummen ‚Anstalten' unverständlich bleiben mußte, noch die gewiß erhebende Feier des heiligen Abendmahls, also nicht die Befriedigung ihres kirchlichen Bedürfnisses trieb die Taubstummen massenhaft aus den Provinzen nach Berlin, sondern um die Hauptstadt zu sehen und die ihrer dort harrenden Freuden und Vergnügungen zu genießen. Taubstummenlehrer welche das Kirchenfest besucht haben berichten, daß sich die Taubstummen beiderlei Geschlechts tagelang in der verführerischen Stadt umhergetrieben, und ist wohl anzunehmen, daß sie anstatt guten, bösen Samen mit nach Hause gebracht haben. Abgesehen davon, daß viele

Taubstumme, um das Kirchenfest besuchen zu können, ihre innegehabten Stellungen aufgegeben und zerlumpt und abgerissen als Bettler zurückkehrten, sind leider noch viel schlimmere Sachen dort vorgekommen. So berichtet z. B. der Direktor der Taubstummenanstalt zu Braunschweig allein von zwei bis dahin unbescholtenen Mädchen, die in Berlin ihre Unschuld verloren haben."[6] Damit war das Kirchenfest in Berlin moralisch diskreditiert.

Wurde hier mit Kanonen auf Spatzen geschossen? In Berlin waren die Würfel offenbar schon vorher gefallen. Vielleicht kannte Günther bereits das Schreiben des Ministeriums vom 31.5.1882: „Seine Majestät der Kaiser und König haben mittelst Allerhöchster Ordre vom 8. März d. Js. den Herrn Minister der öffentlichen Arbeiten zu ermächtigen geruht, die bisher gewährte Vergünstigung freier Eisenbahnfahrt für Teilnehmer des Berliner Kirchenfestes für Taubstumme aufzuheben ..."[7]

Jahrzehnte geisterte das Gerücht über das verwerfliche „Berliner Kirchenfest" durch die Lande, so dass selbst 31 Jahre später im Bericht über die Versammlung der preußischen Fürsorgevereine für Taubstumme am 8.11.1913 zu Berlin unter dem Thema: „Wie halten wir die Taubstummen von den großen Bevölkerungszentren fern?" der Taubstummenlehrer Arendt von Berlin ausführte: „Es sind die sogenannten Kirchenfeste als allgemeine Feste abzuschaffen. Sie sind auch in einer Zentrale nichts anderes, als sonst überall. Andachten für kleinere Bezirke sind viel segensreicher, denn hier lockt – oder man kann es doch glauben – der religiöse Eifer, nicht der Zoo und alle großstädtischen Schaustellungen. Die Bewilligung der Fahrpreisermäßigungen ist ja die beste Reklame für die Großstädte. Dasselbe gilt von der Bewirtung. Wenn man die Betätigung religiösen Lebens durch Lockmittel herausholen muß, dann sollte man auf diese Art Religiosität verzichten. Daß man aber wirklich Arme in jeder Hinsicht unterstützt, versteht sich von selbst."[8]

Pfarrer Hermann Schulz, Nachfolger von Pfarrer Reinhold Schoenberner, widersprach diesen Ausführungen: „Dann möchte ich darauf hinweisen, daß die Meinung über die Kirchenfeste und die Beteiligung in Berlin eine irrtümliche ist. Früher waren die Verhältnisse ganz andere. Früher waren es Tausende, die hier in Berlin zusammenströmten; aus den Erfahrungen der letzten Jahre kann ich Ihnen sagen, daß es nur noch etwa Hundert sind ... der Besuch der Kirchenfeste in Berlin seitens Fremder ist außerordentlich gering, nachdem überall Gottesdienste für Taubstumme eingerichtet sind."[9]

Bei alledem wird deutlich, dass damals Gehörlose, wie auch die übrige Bevölkerung einer Arbeitsmoral und einer sittlichen Moralvorstellung unterlagen, die das ganze Kaiserreich umfasste. Es herrschte die Angst vor dem Proletariat, das durch Arbeit und Zucht in Schach gehalten werden sollte. So konnten sich Gehörlose nur in Ausnahmefällen zu eigenständigen Persönlichkeiten entwickeln. Gehörlose wurden bis in neuere Zeit betreut, wie man Kranke betreut. Kirchlich sind sie bis heute Betreuungsobjekte geblieben. In der Persönlichkeitsstruktur, im Fühlen und Denken sind Gehörlose von uns

Hörenden unterschieden wie Europäer von Asiaten. [Darüber mehr im Abschnitt: Die Gehörlosenseelsorge in Berlin (West) von 1975 bis 1992.]

3 Die Neuordnung der Taubstummenseelsorge nach dem Verbot 1882

Nach dem Dotationsgesetz in Preußen vom 8.7.1875 wurde die Fürsorge für das Taubstummenwesen den Provinzialverbänden übertragen.[10]

Das Konsistorium der Provinz Brandenburg und der EOK reagierten schnell. Vielleicht war das auf Eduard Fürstenberg (3.5.1827–11.1.1885) zurückzuführen, der ab 1872 eine eigene Zeitung mit dem Titel „Der Taubstummenfreund" herausgab. Er hatte auf die Probleme der Leidensgefährten aufmerksam gemacht. „1873 lud Fürstenberg die Vorsitzenden der deutschen Taubstummenvereine zu einer Versammlung nach Berlin ein, die als 1. Deutscher T-Kongreß gilt."[11] Es folgten weitere Kongresse: 1874 in Wien, 1875 in Dresden, 1878 in Leipzig, 1881 in Prag und 1884 in Stockholm. Neben Schulfragen wurde auch die Seelsorge angesprochen. Ein beherrschendes Thema war die Erhaltung, Pflege und Vereinheitlichung der Gebärdensprache.[12] Auf der anderen Seite wurde für den 25. bis 27.9.1884 der 10. Deutsche Taubstummenlehrer Kongreß vorbereitet, der die Anerkennung der Deutschen Methode stärken sollte. Das Orts-Komitee bestand aus Treibel und K. Berndt, dem Rektor der städtischen Taubstummenschule.[13]

Ein Umdenken setzte ein. Dabei griff der Kaiser in seiner Ordre auf die Anstalten zurück und schränkte zu Lasten der Taubstummen finanzielle Hilfeleistungen ein. Er bestimmt, „an Stelle derselben (Kirchenfeste) den unbemittelten Theilnehmern kleinerer Zusammenkünfte erwachsener Taubstummen an Taubstummen-Anstalten sowie solchen Taubstummen, welche behufs ihrer kirchlichen Versorgung einzeln die betreffenden Anstalten zu besuchen wünschen, auf den Staatsbahnen und den für Rechnung des Staates verwalteten Eisenbahnen eine Fahrpreisermäßigung dadurch zu gewähren, daß bei Benutzung der dritten Wagenklasse der Militair ‚Fahrpreis' erhoben wird." Das galt ausdrücklich auch für die katholischen Taubstummen.[14]

3.1 Der Sonderweg des Konsistoriums Hannover

Das Königliche Landes-Konsistorium der Evangelischen Landeskirche Hannover zeigte viel Verständnis für die Bedürfnisse der Taubstummen und wollte seinen eigenen Weg gehen in Bezug auf das Kirchenfest. Es stellte sich in dem Methodenstreit nicht auf eine Seite: „Außer den seit längeren Jahren hier in der Stadt Hannover durch Pastor Rabius abgehaltenen Gottesdiensten für erwachsene Taubstumme, sind solche nunmehr auch bei den Taubstummenanstalten der Provinz eingerichtet. Es finden deren bei der Anstalt in Hildesheim je 3–4 im Jahre, in Osnabrück zwei, am Sonntag Palmarum und an einem Sonntage im Oktober, statt. Bei der Anstalt Stade werden sie ihren Anfang nehmen sobald ein dort zu erbauender Betsaal den nöthigen Raum dafür bietet."

Die Quelle belegt, dass das Kirchenfest weitergeführt wurde: „... daß für die erwachsenen Taubstummen in der Provinz Hannover welche vor dem Jahre 1872 aus den Anstalten entlassen worden sind, noch auf drei Jahre in der Stadt Hannover das bisherige Kirchenfest abgehalten und daß den unbemittelten Theilnehmern auf den Staats- und den für Rechnung des Staates verwalteten Eisenbahnen eine Fahrpreis-Ermäßigung bei Benutzung der dritten Wagenklasse durch Gewährung des Militär-Fahrpreises zugestanden werde." Die Ausfertigung der erforderlichen Legitimationsscheine erfolgte in diesem Falle durch den Pastor Rabius in Seelze.

„Da der Besuch dieser wenigen Gottesdienste, so bedeutsam er für deren christliches und kirchliches Leben auch ist, selbstverständlich nicht genügen kann, so sprechen wir dabei sämtlichen Geistlichen das Vertrauen aus, daß sie sich auch sonst wo und immer sie können, dieser Armen, deren der Herr selbst sich erbarmt hat, annehmen und mithelfen werden, daß auch ihnen das heilsame Gotteswort zu ihrer Seelen Seligkeit nicht mangele."[15]

Auch das Konsistorium der Rheinprovinz bemerkte 1884: „... wir halten es für dringend wünschenswerth, daß die Geistlichen, die zu ihren Gemeinden gehörenden Taubstummen in ihre besondere Pflege nehmen. Dazu ist aber zunächst erforderlich, daß sie dieselben kennen."[16] Aber gerade in der Rheinprovinz ging alles sehr schleppend weiter. 1900 hatte die Rheinprovinz nur einen ausgebildeten Taubstummenpfarrer, Pfarrer Rebensburg in Köln.[17]

3.2 Die Neuordnung in der Provinz Brandenburg

Wie wir gesehen haben, richteten sich die Urteile und Verurteilungen nicht nur gegen das Berliner Kirchenfest, sondern auch gegen Schoenberner. Die Auseinandersetzungen mit Treibel waren noch in vollem Gange. Das Konsistorium hielt zu Schoenberner, 1883 beauftragte es ihn, „wegen dessen Befähigung zu diesem Geschäft", sich zunächst eine genaue Kenntnis in der Provinz Brandenburg zu verschaffen. Dafür standen ihm 370 Mark zur Verfügung, die der Provinzialausschuß auf das Gesuch des Konsistoriums hin bewilligte. Eduard Fürstenberg, ein um seine Leidensgefährten sehr verdienter taubstummer Geheimer Kanzleisekretär, hatte nach der letzten Volkszählung eine genaue Bestandstabelle zu den Taubstummen in der Provinz Brandenburg und Berlin aufgestellt. Es betraf die über 16 Jahre alten Taubstummen. Schoenberner sollte sie an zehn Orten im Laufe des Sommers versammeln. (1883)[18]

Zweck des „Bereisungsplanes" waren 1653 Taubstumme über 16 Jahre in der Provinz Brandenburg im Jahre 1883. Es wurden zehn Gottesdienstorte

besucht, mit zwei Ausnahmen sind sie heute noch Gottesdienstorte der Gehörlosen:
1 Angermünde für die Kreise Prenzlau (36), Templin (25) und Angermünde (50)
2 Küstrin für die Kreise Königsberg (85) und Soldin (82)
3 Landsberg für die Kreise Landsberg (72), Arnswalde (27) und Friedeberg (42)
4 Frankfurt für die Kreise Frankfurt (22), Züllichau-Schwiebus (33), Ost (44), West (29), Sternberg, Lebus (77) und Storkow-Beeskow (44)
5 Cottbus für die Kreise Cottbus (77), Crossen (59), Guben (49), Lübben (21), Calau (62), Sorau (96) und Spremberg (8)
6 Berlin für die Kreise Oberbarnim (59), Niederbarnim (72), Charlottenburg (11) und Teltow (94)
7 Brandenburg für die Kreise Zauch-Belzig (43) und Potsdam (11)
8 Ruppin für die Kreise Ruppin (55), Ost (40) und West (35) sowie Havelland
9 Pritzwalk für die Kreise Ost (51) und West (38) Prignitz
10 Jüterbog für die Kreise Jüterbog-Luckenwalde (51) und Luckau (50).[19]

Die Visitation durch Schoenberner mit einem Deputierten des Landesdirektors und einem Referenten als Kommissarius war nur ein erster Schritt. Darüber hinaus mussten nebenamtliche Taubstummenseelsorger gewonnen und ausgebildet werden. So richtete der EOK 1882 an alle angeschlossenen Konsistorien ein erstes Schreiben, das sie ermunterte, Wege zur „Heranziehung der Herausbildung seelsorgerlicher Kräfte" zu suchen, die „durch Übung im Stande sind, gottesdienstliche Feier, religiösen Unterricht und Seelsorge in einer den Kranken verständlichen und für sie wirksamen Weise zu veranstalten."[20] Dabei wurde aus finanziellen Gründen an Pfarrer aus Kranken- und Irren-Anstalten gedacht. Es wurde auch angeregt, die Kommunalverwaltungen und die Vereine der Inneren Mission um Mittel zu bitten.

Das Königliche Konsistorium der Provinz Pommern berichtete 1882 an den EOK, dass in der Taubstummenanstalt zu Stettin „seit 12 Jahren regelmäßig alle 14 Tage Sonntagsgottesdienste für Taubstumme stattfinden, welche unter Aufsicht des Direktor ministerii, General-Superintendenten Dr. Albert Jaspis von dem Anstaltsdirektor Erdmann gehalten werden und zu welchen außerhalb der Anstalt lebende Taubstumme freien Zutritt haben". Dasselbe gelte für Coeslin. „In der Anstalt zu Stralsund wird ebenfalls jeden Sonntag Nachmittag um 2 Uhr von einem Anstaltslehrer eine Andacht im Anschluß an das Evangelium gehalten, welchen beizuwohnen den nicht der Anstalt angehörigen Taubstummen freisteht. Auch werden hier zu der Konfirmations- und Abendmahlsfeier bei welcher der zum Kuratorium gehörige Pastor Mierendorf fungiert, die früheren Zöglinge eingeladen."[21] Dafür erhielt Anstaltsdirektor Erdmann von 1871 an eine Remuneration von 25 Silbergroschen, ab 1881 bis 1891 dann 150 Mark jährlich.[22]

Ähnlich verfuhr das Königliche Konsistorium der Provinz Westfalen. Die Pfarrer begrüßten mit besonderem Dank, dass „die Aufmerksamkeit auf diese Unglücklichen hingerichtet wurde, ... es geeignet wäre, wenn von einem Taubstummenlehrer aus Petershagen alle 4 Wochen ein Gottesdienst für Taubstumme in Bielefeld oder Herford und von einem Taubstummenlehrer aus Soest ein solcher in Bochum oder Dortmund abgehalten würde".[23] Diesem Vorschlag wurde am 19. September 1885 zugestimmt.[24] 1887 wurden monatlich Gottesdienste gehalten: vier in Dortmund, zwei in Bochum, einer in Minden und einer in Bielefeld.[25]

Das Ganze zog bürokratische Verordnungen zur Erlangung einer Fahrpreisermäßigung nach sich.[26] Sie bezeugen die Schwerfälligkeit des Apparates. Am 1.12.1885 wurde eine Volkszählung durchgeführt, die den Handlungsbedarf für die Taubstummen aufzeigte. In einigen Provinzen war das Interesse der Kandidaten der Theologie trotzdem sehr gering. Z. B. wurde in der Provinz Sachsen beklagt, dass die Anordnung vom Jahre 1885 nicht „die wünschenswerte Beachtung gefunden hat, deshalb veranlassen wir die Herrn Superintendenten, jeden Candidaten bei seiner Anmeldung nach dem ersten Examen mit dieser Sache bekannt zu machen und ihm dringend anzuempfehlen, die dargebotene Gelegenheit zu benutzen". Es bestand vom Konsistorium aus die Möglichkeit, in der „Provinzial-Taubstummen-Anstalt zu Erfurt, Weißenfels, Halberstadt und Osterburg an einem sechs wöchentlichen Seminar-Cursus teilzunehmen um sich hinsichtlich der bei Taubstummen angewandten Unterrichtsmethode und angewandten Verständigungsmitteln zu informieren. Wir halten es für überaus wichtig, daß mancher Geistliche im Stande ist, mit den Taubstummen in seiner Gemeinde in geistigen Verkehr zu treten und sich ihrer inneren und äußeren Bedürfnisse wirksam anzunehmen." Nur in Erfurt hatte die Veranlassung Erfolg.[27]

Das Konsistorium der Provinz Schlesien meinte 1887 gar: „... von einer Anregung zur Ausbildung von Geistlichen und Candidaten zur Befähigung des Verkehrs mit den Taubstummen gegenwärtig noch absehen zu müssen". Als Begründung wurden ein Mangel an Geistlichen und „Ansprüche zur Betheiligung an den verschiedenen Zweigen der Inneren Mission" angegeben. Dort, wo die Kandidaten Seminarkurse besuchten, gebe es ohnehin keine Taubstummenanstalten. Das Konsistorium der Provinz Schlesien bat „den Evangelischen Oberkirchenrath ehrerbietigst von weiteren Maßnahmen in dieser Sache für die hiesige Provinz gegenwärtig hochgeneigtest Abstand zu nehmen".[28]

Ebenso stellte das Konsistorium der Provinz Brandenburg in einer Mitteilung vom 28.7.1885 fest, „daß die Kirche hier noch vor einer bisher nicht ausreichend angefaßten und noch weniger gelösten Aufgabe stehe". Das Konsistorium gestand ein: „Leider sind aber der Prediger Schönberner an St. Johannes-Evangelist hierselbst und der Prediger Sandmann Diakonus in Mittenwalde, unseres Wissens bisher die einzigen Geistlichen unserer Provinz, denen es durch besondere Vorbildung möglich ist, sich auch den in der

Wortsprache gar nicht ausgebildeten Taubstummen seelsorgerlich verständlich zu machen."[29] 1891 teilte das Konsistorium der Provinz Pommern mit, „daß es noch keinen für die geistliche Versorgung der Taubstummen ausgebildeten Geistlichen gibt, bleibt zu beklagen".[30]

Das Konsistorium der Rheinprovinz erstattete 1891 Bericht und zählte Köln, Essen, Neuwied, Elberfeld als Schulorte für Taubstumme auf. Superintendent D. Bartelheim in Cöln und Pfarrer Lohmann in Neuwied seien als Pfarrer bereit, Gottesdienste zu halten. An den anderen Orten übernähmen diese Aufgabe die Lehrer und Direktoren. „Außerdem aber sind bei weitem die meisten Taubstummen in Taubstummen-Anstalten unterrichtet worden und deshalb im Stande, an den Gottesdiensten der Gemeinde Theil zu nehmen. Manche derselben sind fleißige Kirchenbesucher."[31]

Die letzten Sätze zeigen trotz schöner Worte und Aufforderungen durch die Konsistorien die Wirklichkeit beklagenswert. Nach über hundert Jahren Gehörlosenbildung war eine umfassende geistliche Versorgung durch Pfarrer noch nicht vollzogen.

Bei der dritten ordentlichen Generalsynode der Ev. Kirche in Preußen vom 10.11. bis 5.12.1891 wurde vom EOK eine Denkschrift eingereicht, die auf die Angaben und die Verantwortung im Bereich der Taubstummenseelsorge hinwies. Die Beilage XVI stellte die Geschichte vom „Berliner Kirchenfest" bis 1891 dar.[32] (siehe Anhang)

Anmerkungen

1 Regulatio EZA 7/4376, S. 70; vgl. Beilage zu Nr. 34 des Taubstummenfreund 1893, Die Feier des 25-jährigen Bestehens des Berliner Taubstummen-Kirchenfestes am 20. August d. Js., S. 150–154.
2 Schumann, Paul a.a.O., S. 660ff.
3 Ministerium der geistlichen, Unterrichts- und Medicinal-Angelegenheiten, I. No. 1 2446 UIIIa, Berlin, den 13.11.1879. Schreiben an den Königlichen Ober-Präsidenten von Puttkamer, EZA – 7/4376, S. 27.
4 Gräflich Stolbergsches Konsistorium, 16.1.1884, gez. Moser, EZA 7/4376, S. 83.
5 Consistorium der Rheinprovinz T. Nr. 4662 C, Coblenz, den 26.5.1884, an den Evang. Ober Kirchenrath in Berlin, EZA 7/4376, S. 114.
6 Günther, Direktor: Schreiben an das Königl. Konsistorium zu Coblens, Neuwied, den 20.9.1882, EZA – EOK Gen XIV/10 Vol. I.
7 Ministerium der geistlichen, Unterrichts-und Medicinal-Angelegenheiten, I. Nr. U III a 12278 GI. GII. Berlin, den 31.5.1882 S. 37 + 38 Schreiben an den Königlichen Ober-Präsidenten und den Evang. Ober-Kirchenrat, EZA 7/4376.
8 Verein preußischer Taubstummenlehrer (Hg.): Die preußische Taubstummenfürsorge. Bericht über die Versammlung der preußischen Fürsorgevereine für Taubstumme am 8.11.1913 zu Berlin, Berlin 1914, S. 105 f.
9 Ebd., S. 111.
10 Vgl. Gesetz betreffend die Beschulung blinder und taubstummer Kinder, Berlin 1912, S. 12.
11 Schumann, Paul a.a.O., S. 415 f.
12 Ebd., S. 416.

13 Einladungsschreiben für den 1. Deutschen Taubstummenlehrer-Kongreß, Berlin, im August 1884, EZA 7/4376, S. 156 f. Zum Lehrstoff wird in der Einladung geschrieben: a. Im allgemeinen dienen als Stoff die naturgemäßen Lebensbeziehungen des taubstummen Kindes zu seiner Umgebung. Der Anschauungsunterricht bildet insofern eine allgemeine Propädeutik für den realistischen Lehrstoff der 2. Unterrichtsstufe, während daneben zur Pflege der Religiosität und Sittlichkeit so früh als möglich ein selbständiger Unterricht in der „Biblischen Geschichte" beginnt „religiöser Anschauungsunterricht". Ebd., S. 156.
14 Ministerium der geistlichen, Unterrichts-und Medicinal-Angelegenheiten, Berlin, den 31.5.1882. An den Königlichen Ober-Präsidenten, EZA 7/4376, S. 38. Diese Ordre sollte 14 Jahre später noch eine besondere Rolle spielen und zu einem fünfjährigen Kampf eines evangelischen Taubstummenpfarrers gegen die Eisenbahndirektion Küstrin führen.
15 Königl. Landes-Consistorium an sämtliche Geistliche der evangelisch-lutherischen Landeskirche Hannovers, Hannover, den 13.7.1883, EZA7/4376, S. 61.
16 Königl. Consistorium der Rheinprovinz an EOK, vom 26. Mai 1884, EZA7/4376, S. 116.
17 Königl. Consistorium der Rheinprovinz an den EOK, Coblenz, den 24.2.1900, EZA 7/4379, S. 25.
18 Königliches Konsistorium der Provinz Brandenburg gez. Arnold, an den EOK, Berlin, den 16.5.1883, Betrifft die kirchliche Versorgung der erwachsenen Taubstummen in der Provinz Brandenburg mit Bezug auf den Erlaß vom 19.7.1882, S. 53. Siehe Dokumente I 2.
19 Ebd., 54/55.
20 EOK Schreiben an alle Konsistorien, Berlin, den 19.7.1882, EZA 7/4376, S. 44–45.
21 Konsistorium der Provinz Pommern, Stettin, den 15.12.1882 J.N. 11393 Schreiben an den EOK ad scriptum vom 19.7.1882, EZA 7/4376, S. 47.
22 Konsistorioum der Provinz Pommern, Stettin, den 2.3.1891 Schreiben an den EOK, EZA 7/4376, S. 44–45.
23 Consistorium der Provinz Westfalen, Münster, den 31.10.1884 Schreiben an den EOK, EZA 7/4376, S. 165.
24 Ebd., S. 179.
25 Consistorium der Provinz Westfalen, Münster 14.1.1888, EZA 7/4376, S. 256.
26 EOK Schreiben an alle Konsistorien, Berlin, den 31.5.1883, I.N. 2662, EZA 7/4376, S. 59.
27 Amtliche Mitteilung des Consistorium der Provinz Sachsen, Magdeburg, den 2.2.1887, EZA 7/4376, S. 207.
28 Consistorium der Provinz Schlesien, Breslau, den 9.6.1887 Schreiben an den EOK, EZA7/4376, S. 242.
29 Amtliche Mitteilungen des Konsistorium der Provinz Brandenburg, Berlin, den 28.7.1885 N.9., S. 77 und Berlin, den 20.7.1885, EZA-EOK/Gen XIV/Vol. 10. I., S. 78. Sandmann, Karl Friedrich Otto *Crossen 5.3.1835, † Mittenwalde 13.1.1917, S. d. Lehrers Ernst Friedrich Christian S. u. Emilie Weise. G. Züllichau. Un. Breslau, Berlin Ord. 31.1.1861. 1861 Hilfspred. in Potsdam, 1861 Diak. in Mittenwalde, K. Zossen, 1893 Propst ebd., emer. 1.10.1911. x 7.8.1861 Charlotte Stabenow. T.d. Brauereipächters Hinrich Wilhelm St. ebd. (Fischer Bd. II/2 S. 728).
30 Konsistorium der Provinz Pommern, Stettin, den 2.3.1891. Schreiben an den EOK, EZA 7/4376 Anm. 3, S. 100.
31 Konsistorium der Rheinprovinz Schreiben an den EOK, eingegangen 17.3.1891, EZA 7/4377, S. 107–110.
32 Denkschrift des EOK betreffend ... und Beilage 1210, EZA 7/4378.

KAPITEL **IV**

Die Ausbildung von Taubstummenpfarrern in Berlin 1889 bis 1918

1 Die ersten Kurse für nebenamtliche Pfarrer aus allen Provinzen in Berlin

Es war sinnvoll, in Berlin, wo sich auch die Ausbildung der Taubstummenlehrer befand, Kurse für Pfarrer anzubieten, was auch geschah. Ebenso in einzelnen Provinzialanstalten (z. B. Erfurt) wurden Kurse eingerichtet. Die Ausbildung in einem Vier-Wochenkurs an der Königlichen Taubstummen-Anstalt in Berlin oblag nicht der Genehmigung und Finanzierung durch die einzelnen Konsistorien oder den EOK, sondern dem Ministerium der geistlichen Unterrichts- und Medizinal-Angelegenheiten. Dabei gab es immer wieder Reibungspunkte.

Aus dem Jahr 1889 haben wir Kenntnis über den Bescheid des Ministeriums für neun Geistliche. Angemeldet waren die Pfarrer: Brockhaus aus Dortmund, Diakonus Gerhardt Max Helmuth Arthur aus Weißenfels, Reichert, Gotthold Johannes Eduard aus Bromberg, Schwanbeck aus Inowrazlaw, Grase, Karl Ludwig Ernst aus Schlochau, Linz aus Oliva, Lohmann aus Neuwied, Kirschstein aus Herrndorf und Tunker aus Lötzen.

Folgende Festlegungen waren getroffen worden:

„1. Die zum Kursus zugelassenen Geistlichen hospitieren auf Grund eines aufzustellenden Planes in Gruppen von 2–3 täglich mindestens 3 Stunden in der Taubstummenanstalt und zwar in erster Linie in den Religionsstunden. Damit sie jedoch den gesammten Unterrichtsbetrieb kennenlernen, besuchen sie auch andere Unterrichtsstunden.
2. Sie betheiligen sich an den für die zu ihrer Ausbildung hier weilenden Lehrer festgesetzten Lehrstunden und praktischen Übungen.
3. Außerdem hält ihnen der Anstalts Direktor Vorlesungen über:
   a) das Wesen der Taubstummen
   b) die wichtigsten Momente aus der Geschichte der Taubstummenbildung
   c) die Eigenthümlichkeiten des Taubstummenunterrichts und die Methodik des Sprach- und Religionsunterrichts im Besonderen.

4. Die Geistlichen stellen in der letzten Woche ihres Besuches der Anstalt praktische Versuche auf dem Gebiet des Taubstummenwesens an, denen sich eine Besprechung anschließt.

Zugleich erkläre ich mich...bereit, den genannten 9 Geistlichen für die Dauer ihres hiesigen Aufenthaltes zur Deckung der Reisekosten eine Beihülfe von je 250 Mark zu gewähren."[1]

Dem Direktor Eduard Walther (1885–1908) und dem Einsatz der Kollegen war es zu danken, dass alle Taubstummenpfarrer der Provinz Brandenburg und zum Teil auch andere in Berlin eine, wenn auch kurze, Ausbildung erhalten konnten. Bald schon wurde mit Zustimmung der Konsistorien und des EOK auch in anderen Provinzialanstalten ausgebildet.

Der evangelische Theologe L. Wodaege von der Taubstummen-Anstalt zu Friedberg in Hessen-Darmstadt, früher Lehrer an der Königlichen Taubstummenanstalt in Berlin, kritisierte die zu kurze Ausbildungszeit; er schrieb 1888: „Die hohen Kirchenbehörden wollen diesem Mangel an Geistlichen dadurch abhelfen, daß sie in Taubstummen-Anstalten Pfarrer entsenden, um diese in wenigen Wochen für den Religionsunterricht der Taubstummen heranzubilden. Die Absicht ist gewiß edel und gut und durchaus nicht nachteilig für die betreffenden Herrn Geistlichen. Ob aber der beabsichtigte Zweck durch solche kurzen Belehrungen auch nur notdürftig erreicht werde – diese Frage kann von dem Fachmann, der die ganz eigenartige Ruine des Taubstummen zu beurteilen weiß, kaum in bejahendem Sinne entschieden werden."[2]

Eine kleine Missstimmung brachte die öffentliche Kritik des Pfarrers Schwanbeck aus Inowrazlaw; m. a. W. er hatte an zwei Kursen in Berlin teilgenommen, angeblich auf Wunsch des Generalsuperintendenten Georg Veit Hesekiel zu Posen. Er beschwerte sich, dass auch katholische Lehrer evangelischen Kindern Religionsunterricht erteilen. Minister Gustav von Goßler wies die Beschwerde mit der Bemerkung zurück, dass an der Lehrerausbildung der „einzigen staatlichen Bildungsanstalt für Lehrer in Preußen auch Lehrer wie Zöglinge anderer Confessionen" teilnähmen. Ein weiterer Kritikpunkt von Pastor Schwanbeck betraf die Anwendung der Gebärde.[3]

Auch aus Pommern liegt eine Stellungnahme von 1901 vor: „Nach unseren bisherigen Erfahrungen und nach den Berichten der in Frage kommenden Geistlichen genügt ein vierwöchiger Kursus an der Centraltaubstummenanstalt in Berlin oder an unserer mit tüchtigen Kräften versehenen Stettiner Taubstummenanstalt nicht, um einen Geistlichen hinreichend auszubilden." Das Konsistorium sprach sich im Weiteren für hauptamtliche Geistliche in den Landstädten aus; nebenamtliche sollten nur nach gründlicher Ausbildung eingesetzt werden.[4]

Nicht ausgebildete Taubstummenpfarrer gab es jedoch weiterhin. Über Gottesdienste in Erfurt schrieb das Konsistorium der Provinz Sachsen an den EOK: „Der Lehrer oder Direktor bespricht die zuvor abgegebene Beichtrede des Geistlichen mit den Taubstummen, worauf dann der Geistliche dieselbe Rede wiederholte und dadurch, daß er sich durchaus nicht verständlich machen konnte, der Feier ein überflüssiges und langweiliges Element hinzubrachte."[5]

2 Die positive Bilanz der durchgeführten Kurse

Im Ganzen verlief aber die Entwicklung dank des dauernden Druckes des EOK auf die Konsistorien erfreulich,[6] so dass der EOK an alle Konsistorien am 15. Dezember 1892 schreiben konnte: „... auf Grund der uns von den Konsistorien erstatteten Berichte" können wir „von dem erfreulichen Fortschritt Mitteilung machen, welchen die geistliche Fürsorge für die Taubstummen erfahren hat. Bei der verhältnismäßigen Neuheit dieser so viele Unglückliche unseres Volkes betreffenden Arbeit scheint es uns zur Förderung derselben erwünscht, die Erfahrungen in Kürze mitzutheilen, ... die in den letzten Jahren gemacht worden sind". (Anm. 131)

Segensreich hatte sich vor allem die technische Ausbildung der Geistlichen für diesen Dienst an den Taubstummen überall da erwiesen, wo durch Instruktionskurse jüngere Geistliche in den Stand gesetzt waren, den Umgang mit ihnen zu pflegen. „Diese Kurse sind in den von den Provinzialbehörden bereitwilligst eingeräumten Taubstummenanstalten 14 Tage lang unter Leitung des Anstaltsdirigenten abgehalten" worden. Es sei allen klar, dass das zu wenig sei. Darum wurde „in einer Provinz der empfehlenswerte Versuch gemacht, dieselben Kursisten alle zwei Jahre hintereinander in dieselbe Anstalt zu entsenden. ... Ersprießlicher und erfolgreicher hat die Ausbildung sich in der hiesigen Königlichen Taubstummenanstalt, wohin der Herr Minister der geistlichen Angelegenheiten in dankenswerther Bereitwilligkeit wiederholt Geistliche aus allen Provinzen auf mehrere Wochen versammelt, gestalten können. ... Erfreulich ist die Thatsache, daß die Geistlichen, welche durch die Lehrkurse in nähere Berührung mit den Taubstummen getreten, ein lebhaftes Interesse für dieselben auch in ihren Gemeinden und bei deren Vertretern erweckt haben, so daß es ihnen in vielen Fällen gelungen ist, die noch immer vielfach bestehenden Vorurtheile zu zerstreuen, welche viele Eltern taubstummer Kinder gegen die öffentlichen Anstalten hegen."

In dem Schreiben wurde auch darauf hingewiesen, dass gedruckte Gottesdienstordnungen hilfreich seien, ebenso in einfacher Form gedruckte Beichtreden, die den Gottesdienstbesuchern vorher übergeben würden. An einem Ort wurden die Beichtreden den Angemeldeten vorher zugesandt, um sie zu lesen und „sorgfältig zu Herzen zu bewegen".

Auch die sich der kirchlichen Feier anschließende Nachversammlung, die an manchen Orten im Freien oder in geschlossenen Lokalen zur Pflege der Geselligkeit und des patriotischen Sinnes veranstaltet worden sind, wird vom EOK im Ganzen als befriedigend beurteilt. Da Massenveranstaltungen immer das Mißtrauen der Obrigkeit erregten und an einer Stelle eine „Anzahl von Theilnehmern mehr des Vergnügens halber als aus dem Verlangen nach gottesdienstlicher Erbauung erscheinen," machte der EOK einen Vorschlag: „Diesem Übelstande kann dadurch vorgebeugt werden, wenn Geistliche ihre in den Informationskursen erworbene Fähigkeiten in der Weise verwerthen, daß sie für kleinere Bezirke an leicht zu erreichenden Orten öfters Gottesdienste für Taubstumme abhalten. Die Versuche, welche in einer Provinz mit solchen Distriktsversammlungen gemacht sind, haben nicht allein die Taubstummen erbaut, sondern auch auf die übrigen Theilnehmer am Gottesdienste einen tiefen Eindruck gemacht.

Je mehr Geistliche in den einzelnen Provinzen die nöthige Vorbildung zu einem verständlichen Verkehr mit den Taubstummen sich verschaffen, desto leichter wird sich eine Veranstaltung von Gottesdiensten in der engeren Heimath, wo der Taubstumme auch in Gemeinschaft seiner Angehörigen vor der Kanzel und dem Altar sich einfinden kann, ermöglichen lassen. Wir können daher dem Konsistorium nur wiederholt dringend empfehlen, die Geistlichen und Kandidaten zur Theilnahme an den Instruktionskursen heranzuziehen..." In einzelnen Provinzen hätten die Taubstummen-Anstalten den Pfarrern die abgehenden Schüler mitgeteilt. Bis 1896 wurden erneut Berichte erwartet.[7]

Anmerkungen

1 Ministerium des geistlichen, Unterrichts- und Medicinal-Angelegenheiten, Berlin, den 2.7.1889, Schreiben an den EOK, S. 27. EOK-Schreiben an alle Konsistorien, Rundverfügung, Berlin, den 15.12.1892, mit der o. genannten Verfügung des Ministers, EZA 7/4377, S. 190. Pfarrer Rebensburg aus Köln meldet sich selbst an auf Grund des Erlasses vom 20.12.1892. Der Superintendent Zurhellen befürwortet dies, da Pfarrer Rebensburg dann die Arbeit von Superintendent und Pfarrer D. Bartelheim übernehmen könne. (Antrag Rebensburg, Köln, den 23.1.1893, EZA 7/4377. – Königl. Consistorium der Rheinprovinz).

2 Ministerium der geistlichen, Unterrichts- und Medicinal-Angelegenheiten, Berlin, den 11.12.1888, an den EOK, angehängtes Schreiben von L. Wodaege vom 22.8.1888, EZA 7/4377, S. 16–18 (Katechismusstreit).

3 Ministerium der geistlichen, Unterrichts- und Medicinal-Angelegenheiten, Berlin, 31.10.1890, v. Goßler an den EOK., EZA 7/4376, S. 47–50.

4 Königl. Konsistorium der Provinz Pommern Schreiben an den EOK, Stettin, den 28.8.1901, EZA 7/4377, S. 147.

5 Königl. Consistorium der Provinz Sachsen Schreiben an den EOK Magdeburg, 3.3.1900, EZA 7/4377 (über Gottesdienste in Erfurt).

6 EOK-Schreiben an alle Konsistorien, Berlin, den 15.12.1892, EZA 7/4377.

7 EOK-Schreiben an alle Konsistorien, Berlin, den 9.2.1894, EZA 7/4377, S. 252–254.

Kapitel V

Die Taubstummenseelsorge in der Provinz Brandenburg 1888 bis 1896

1 Das Entstehen von Gottesdienstzentren in der Provinz Brandenburg

Die Aufforderung des EOK, bis 1896 zu berichten, war dringend erforderlich, wie wir allein an der Provinz Brandenburg erkennen können. 1891 schrieb das Konsistorium auf einen Erlass von 1888 dem EOK: „Die Anregung ... hat zu nennenswerthen Veranstaltungen noch nicht geführt. Anfänge sind da vorhanden, wo wie in Jüterbog, Zielenzig, Landsberg a. d. W., Arnswalde, Cüstrin, Cottbus durch zufällig vorhandene und ausgebildete Taubstummen-Lehrer gottesdienstliche Erbauung, zum Theil unter Mitwirkung der Pfarrer stattfindet. In Guben wird sich nach Verlegung der Provinzial-Anstalt dorthin bei dem vorhandenen Interesse der Geistlichen unschwer ähnliches erreichen lassen."[1]

Trotz der in Aussicht gestellten Beihilfen fand sich kein Pfarrer zur Ausbildung in Berlin bereit. 1893 hat sich für „Zielenzig mit 25–30 Taubstummen (:incl. der beiden Sternberg'er Kreise:) (sic) der bereits mit der Konfirmation der dortigen Taubstummen befaßte Pastor Hoffmann um die in Aussicht gestellte Beihülfe beworben. In Cüstrin mit 30 bzw. unter Hinzunahme der durch die Eisenbahn erreichbaren 60 Taubstummen ist Diakonus Troschke, in Cottbus mit 26, incl. des Landkreises 36 Taubstummen Diakonus Dr. Simon, der bereits durch die Privat-Taubstummen-Schule eines Lehrers in Krausnigk einen Einblick in das bezügliche Unterrichtswesen genommen hat, zur Theilnahme an einem Kursus bereit. In Jüterbog befinden sich nur 16 Taubstumme (incl. der Landgemeinde), in Luckenwalde (desgleichen incl. Landparochie) 26. Für ersteren Ort erklärt sich Oberpfarrer Blau bereit. Für letzteren schlägt der Superintendent Zander den Pfarrer Sprockhoff in Felgentreu...vor. Brandenburg, Prenzlau, Müncheberg, Eberswalde und Landsberg kommen mangels einer erforderlichen Anzahl von Taubstummen oder eines geeigneten Geistlichen nicht in Betracht."[2]

Welche Ergebnisse lagen bis 1896 vor? In einem 18 Seiten umfassenden blumigen Bericht kam heraus, dass Diakonus Paul Troschke, der an einem Kursus 1893 in Berlin teilgenommen hatte, „seit 1895 regelmäßig alle acht

Wochen Gottesdienste für die in und um Cüstrin ziemlich zahlreich wohnenden Taubstummen eingerichtet" hatte. Troschke veranlasste die Gründung eines „Taubstummenvereins" zur besseren Sammlung der Einzelnen. Der Verein brachte es auf 60 Mitglieder, von denen 40 regelmäßig an den Gottesdiensten teilnahmen. Troschke veranstaltete an den Tagen, an denen Gottesdienste stattfinden auch eine Nachmittagsversammlung bei Kaffee zum freien persönlichen Austausch. Zu den Gottesdiensten wurde durch gedruckte Postkarten eingeladen. Einige Taubstumme aus Görlitz und Sagan besuchten seine Gottesdienste. Zu Pfingsten wurde auch in Wriezen ein Anstaltsgottesdienst gehalten, der ursprünglich für erwachsene Gehörlose gedacht war.

Besonders hervorgehoben wurde das Wirken von Schoenberner. Seine sonntäglichen Gottesdienste „bilden den Mittelpunkt der kirchlichen Versorgung der Taubstummen für Berlin (wie amtlich) 1000–1200 gezählt werden". Auch aus Berichten ging die Wertschätzung Schoenberners für die Umgebung Berlins hervor. Der Berichterstatter hatte sich selber bei den Gottesdienstbesuchen davon überzeugt. Für die Provinz wurden weiter Cottbus oder Guben im Südosten und Wittstock im Nordosten als Gottesdienststätten ins Auge gefasst, wo sich ein Landesarmenhaus mit 15 Taubstummen befand. Wenn sich nicht hier und da ein Lehrer fände, so wurde bekundet, dann wären die Taubstummen nach der Schule ohne geistige Anregung. „Es entbehren mehr als 1200 evangelische Taubstumme in der Provinz (außer Berlin) jeder geistlichen Einwirkung ... Alles drängt darauf hin – und in vielen Berichten wird das ausdrücklich erbeten, – daß eine größere Anzahl von Geistlichen und Kandidaten zur Befähigung, mit den Taubstummen zu verkehren, herangebildet werden, damit sie in ihren und unter Umständen auch in benachbarten Gemeinden derselben sich seelsorgerlich annehmen können. Hier darf nach unserer Meinung die Kirche das Feld nicht dem Staat und der Provinz allein überlassen, die doch immer zunächst nur die nothwendigste Ausbildung für das bürgerliche Leben im Auge haben. Sie muß ihre eigenen Kräfte zurüsten ..."

Hier zeigte sich, dass der Referent die Schwierigkeiten der Zuständigkeit und der Finanzierung durch den Staat deutlich sah. Erfreut konnte das Konsistorium mitteilen, dass Oberpfarrer Paul Karl Jung in Wriezen, Pfarrer Otto Waldemar v. Förster in Rädnitz, Dr. Albert Tesch in Mühlenbock, Eduard Theuerkauf in Ahrensdorf und Diakonus Christian Tietke in Wittstock sich zur Ausbildung bereit fanden.[3] Tietke empfahl sich besonders, „weil er schon einige Erfahrung in dem Verkehr mit Taubstummen hat durch die ihm obliegende Seelsorge an dem Landarmen- und Siechenhaus in Wittstock, in dem sich auch 15 Taubstumme befinden". Es kamen hinzu: „Pfarrer Paul Waltz in Madlow bei Cottbus und Diakonus Paul Beckmann in Driesen", die an Eisenbahnknotenpunkten wohnten.[4]

2 Die Entscheidung zur Methodenfrage in der Provinz Brandenburg

Auf ein ungelöstes Problem machte das Konsistorium aufmerksam: die Methodenfrage. Die Lautsprache und die Gebärdensprache wurden nach ihren Zielen erörtert, dann wurde zu bedenken gegeben: „Wir haben aber schon in unseren früheren Berichten wiederholt ausgeführt und müssen nach den hier in Berlin gemachten Erfahrungen daran festhalten, daß wir nur die Gebärdensprache in der bis zu einem gewissen Maße sich von selbst ergebenden Verbindung mit der Lautsprache als die für gottesdienstliche Zwecke geeignete halten können ... Die natürliche Sprache der Taubstummen für den Kreis ihrer Vorstellungen ist die Gebärde. Diese wenden sie in dem Verkehr untereinander ganz von selbst an, in dieser entwickeln sie auch ihre religiösen Vorstellungen und Empfindungen. Auch die in den jetzigen Taubstummenschulen in der Lautsprache Unterrichteten kommen in dem allgemeinen Verkehr wieder auf die Gebärdenspache zurück. Bei einem religiösen Vortrag zumal ist schon wegen der Größe der Entfernung des Redenden von den Angeredeten die gleichzeitige Anwendung der Geberdensprache zum deutlichen Verständnis unentbehrlich. Daher müssen wir es sehr bedauern, daß die Unterrichtsverwaltung sich gegenwärtig gegen die Geberdensprache durchaus ablehnend verhält, so sehr, daß sie z. B. hier in Berlin zur Konfirmation der taubstummen Kinder nicht den einzigen mit dem Taubstummenwesen vertrauten Geistlichen, Superintendent Schoenberner, sondern einen anderen Geistlichen der Stadt heranzieht, der nichts von dem Verkehr mit den Taubstummen versteht. ...Wir glauben daher, daß auch der Diakonus Troschke in Cüstrin (er machte 1896 einen zweiten Kursus in Berlin)[5], welcher auf ausdrückliches Drängen der jüngeren Taubstummen seine Gottesdienste in der ihm selbst auch allein bekannten Lautsprache abhält, auf die Dauer nicht ohne die Gebärdensprache auskommen wird, wie er denn erwähnt, daß ein Taubstummer sich schon jetzt hinterher von einem anderen die Predigt durch Gebärden verdeutlichen läßt."[6]

Diese Schwierigkeiten mit den Absolventen der Ausbildungsanstalten sprachlich zu verkehren und Gottesdienste in der Lautsprache ohne Gebärden abzuhalten, führten in der Rheinprovinz mit dazu, dass ein elnsatzbereiter Pfarrer die Taubstummenseelsorge aufgab.[7] Das Konsistorium der Provinz Brandenburg sprach sich für die Ausbildung in beiden Methoden aus, wobei Schoenberner für die Gebärde steht.

„Wir begrüßen...mit Freude den Schritt, den die Berliner Stadtsynode in ihrer letzten Versammlung gethan hat, indem sie die Mittel zur Besoldung eines zweiten Stadtvikars bewilligte mit der besonderen Bestimmung, daß dieser sich durch Superintendent Schoenberner in die Taubstummenseelsorge, wie sie hier bisher geübt worden ist, einführen lasse, um für denselben jetzt eine Hülfe, später einmal ein Ersatz zu werden. In ähnlicher Weise müssen nach unserer Meinung auch mehr Geistliche ausgebildet werden."[8] Dieser Stadtvikar wurde der auch später über Berlin hinaus bekannte Pastor Hermann Schulz (*21.12.1867–1954). Ab 1921 war er stark schwerhörig, ab 1938 fast taub.

3 Der Einsatz für taubstumme Mädchen ohne Schulbildung in Posen

Einerseits gab es für die Taubstummen und Blinden noch keine Schulpflicht. Nur im Landesteil Schleswig und Holstein, früher dänisch, bestand bereits ab 1805 Schulpflicht! Andererseits wird besonders durch den Bericht der Rheinprovinz deutlich, dass es auch mit den entlassenen Schülern Probleme gab. Da der sprachliche Verkehr mit den entlassenen Taubstummen nicht wie gewünscht gelang, wurde statt des zur Zeit sechsjährigen Kursus in den Taubstummenanstalten ein achtjähriger Kursus gefordert. Der Besuch der Taubstummenanstalten sollte für alle Taubstummen obligatorisch sein.[9] Die Konsistorien hatten diese Aufgabe durchaus im Blick, aber jahrelang blieb es bei guten Vorsätzen.[10] Ausgenommen ist hiervon Berlin. Im Allgemeinen wurden die nicht ausgebildeten Taubstummen von den Zusammenkünften und Gottesdiensten in den Anstalten ausgeschlossen.[11]

Einen neuen Weg, der auch die anderen Provinzen beeinflusst hat,[12] ging das Konsistorium der Provinz Posen. Es stellte 1896 fest: „In der hiesigen Provinz ist eine nicht unerhebliche Zahl von erwachsenen Taubstummen vorhanden, welche durch irgendwelche eine Reihe von Jahren zurückliegende Schuld ihrer Eltern oder Vormünder eine Ausbildung in einer Anstalt nicht erhalten haben. Diese Unglücklichen sind infolge dessen bisher ohne Religionsunterricht geblieben und daher auch nicht konfirmiert worden."[13]

Zu berücksichtigen ist in diesem Zusammenhang die Geschichte der Provinz Posen. Die drei Teilungen Polens von 1772, 1793 und 1795 brachten Posen zu Preußen. Nach der Gründung des Staates Polen 1918 gingen 1919 Posen und Westpreußen an Polen. Von 1939 bis 1945 war Posen wieder deutsch, danach wieder ein Teil von Polen. Dieser ständige Wechsel hatte für deutsche gehörlose Kinder Folgen. So kam es, dass gehörlose Kinder keine Schulbildung hatten. Ich habe 1969 eine damals ungefähr siebenundsechzigjährige nicht ausgebildete „Taubstumme" aus der Provinz Posen, im Dritten Reich Warthegau genannt, in der Gehörlosengemeinde in Lauterbach/Hessen als Gemeindeglied kennen gelernt. Sie beherrschte nur die familiären Gebärden zum Austausch mit ihrem deutschsprachigen hörenden Bruder. Dagegen hatte sie Schwierigkeiten, sich mit den Gehörlosen in Lauterbach zu verständigen. Ihr Bruder versuchte, ihr die Predigt zu übersetzen. Dennoch wurde sie in der Gemeinde akzeptiert und kam regelmäßig.

Das Konsistorium war durch Vermittlung des Superintendenten Friedrich August Saran mit der Taubstummenanstalt und mit Pfarrer Karl Maximilian Haendler, der im Jahr 1893 einen Kurs in Berlin absolviert hat, in Verbindung getreten „wegen versuchsweiser Errichtung einer art von Unterrichtskurs für erwachsene Taubstumme, der ihnen eine Art von Ersatz für den fehlenden Konfirmanden-Unterricht bieten würde."

Die Verhandlungen ergaben:

„1. Ein Unterrichts-Kursus ... könnte ... ohne Schwierigkeiten in Bromberg ... zwischen Ostern und den Sommerferien eingerichtet werden.
2. Für die Unterbringung der Kursisten würde sich leicht eine Anzahl Familien finden lassen, welche schon jetzt taubstumme Kinder in Pension haben.
3. Es würden täglich 2 Stunden Konfirmanden-Unterricht, die eine am Vormittag in der Sakristei der Paulskirche zu Bromberg, die andere am Nachmittag in der Taubstummen-Anstalt zu ertheilen sein.
4. In der Zwischenzeit könnten die Taubstummen vielleicht zusammen in der Turnhalle der Taubstummen-Anstalt mit Handarbeiten beschäftigt werden."[14]

Da auch mit den Lehrern und Pfarrer Karl Maximilian Haendler erforderliche Kräfte vorhanden waren, wurde ein „3 monatlicher Konfirmanden-Kursus, zunächst für etwa 12 taubstumme Mädchen im Alter von 14 bis 18 Jahren vorgeschlagen". Später sollte dann noch ein Kurs für „Jünglinge" folgen. 1.100 Mark wurden für Unterkunft, Honorare, Remuneration für 3 Monate veranschlagt. Wie aber konnten diese erbracht werden? Denn „die Eltern bzw. Angehörigen der in Frage kommenden Taubstummen sind fast durchweg verschuldete Landwirthe oder arme Handwerker und Tagelöhner, die zur Deckung der Kosten nicht herangezogen werden können".[15]

Das Ministerium der geistlichen, Unterrichts- und Medicinal-Angelegenheiten lehnte die Finanzierung erst einmal ab mit der Begründung, es fehle noch die Zustimmung des Landeshauptmanns und mit der Frage, „auf welcher Grundlage die Annahme beruht, daß es sich um 12 Mädchen handeln werde. ... Dabei will ich nicht unerwähnt lassen, daß mir das in Aussicht genommene Honorar von 2 Mark für die Unterrichtsstunde zu hoch bemessen erscheint. Eine Entschädigung von 1 Mark 50 Pf. würde nach den sonst für Unterrichts-Verwaltung maßgebenden Grundsätzen ausreichend sein."[16]

Das Konsistorium gab nicht auf, sondern unternahm erneut eine Eingabe an den Minister, unterstützt vom EOK (gez. von der Groeben). Der Kurs wurde dann tatsächlich vom 24. April bis 10. Juli 1898 abgehalten und mit 1.072 Mark 87 Pf. am 3. August 1898 abgerechnet und vom Ministerium bezahlt. Es waren schließlich von zehn einberufenen Mädchen acht, die den Kurs mit einer Prüfung beendeten. Hierbei stellten Direktor Nordmann und Lehrer Kloß im Beisein von Superintendent Friedrich August Saran, Pfarrer Karl Maximilian Haendler und der Lehrerin Fräulein Grabe die Fragen, „sei es durch Zeichen und Gebärden oder durch Stichworte, welche an die Tafel geschrieben wurden, oder auch durch biblische Bilder erläuterten, worauf die Kinder teils mit Geberden und Zeichen, teils mit Worten, welche sie an die Tafel schrieben, teils auch durch Worte, welche sie zu sprechen versuchten die Antwort gaben. Nur ein Mädchen, welches früher hören konnte und daher sprechen gelernt hatte, vermochte längere Sätze zusammenhängend auszusprechen." Zum Prüfungsstoff schrieb Saran weiter: „Ich glaube, sie haben eine ziemlich Erkenntnis von den allernotwendigsten Hauptstücken unseres Glaubens, ... die einen mehr, die anderen weniger, aber spurlos bleiben wird der an keinem. Auch ihre Schreib- und Lesefertigkeit sowie die Handarbeiten ... gaben ein erfreuliches Zeugnis dafür, daß die Arbeit von ihnen nicht vergeblich gewesen ist." Besonders lobend erwähnt wurden die drei Lehrkräfte für ihre „sehr große Hingabe und Geschicklichkeit".

Am 10.7.1898 wurden die acht Mädchen in der Christuskirche in Posen „bei Gelegenheit des Kirchenfestes für die Taubstummen" konfirmiert. „An die Einsegnung schloß sich die Feier des heiligen Abendmahls und die Trauung eines taubstummen Paares" an. Vermerkt wurde, dass nur zwei Personen nach der Feier zum Abholen der Mädchen erschienen waren. Vergessen dürfen wir dabei nicht, dass die Mädchen aus ärmsten Schichten kamen.[17]

Zwei Randbemerkungen aus dieser Zeit: Von dem Königlichen Konsistorium in Königsberg wird berichtet:

1.) „Ein erfreuliches Zeichen dafür, wie diese Gottesdienste als ein Bedürfnis empfunden wurden, sehen wir in dem Umstand, daß von zwei Stellen aus, wie Goldap und Tilsit, die Taubstummen selbst um Abhaltung solcher Gottesdienste bitten."[18] Aus Geldmangel scheitern sie jedoch.

2.) Die Taubstummen wurden selbstbewusster. So schrieb am 10.9.1894 der Anstaltsdirektor Köbrich in Halle an den Landeshauptmann der Provinz Sachsen, den Grafen von Wernigerode, in einem Bericht über ein Kirchenfest und die Konfirmation voller Empörung: „Leider betrugen sich mehrere Taubstumme von hier und Gibichenstein (!) (sic) schon vormittags beim Kirchgang ungehörig, indem sie erklärten nicht mehr gleich einer Herde Schafe sondern ganz nach Belieben wie beim Berliner Kirchenfest (!) (sic) – mit Glimmstengel im Munde – gehen zu wollen."[19]

4 Die Werbung um Taubstummenseelsorger und ihre Ausbildung

Das Ministerium der geistlichen, Unterrichts- und Medizinal-Angelegenheiten genehmigte dem EOK die Teilnahme von acht Geistlichen an einem Informationskurs in der königlichen Taubstummenanstalt in Berlin für den 5.1.1897 mit einer Beihilfe von je 250 Mark. Vorgesehen wurden: 1. Pfarrer Kahle in Königsberg/Pr., 2. Pfarrer Wolfgang Selke in Elbing, 3. Pfarrer Paul Waltz in Madlow bei Cottbus, 4. Diakonus Silex in Stettin, 5. Pastor Hugo Bäsler in Altwasser, Kreis Waldenburg/Schl., 6. Diakonus Grüneisen in Halle/S., 7. Pfarrer Hermann Julius August Büttner in Minden und 8. Pfarrer Kortmann in Bielefeld.[20]

Weitere Ausbildungsunternehmen wurden in der „Denkschrift des EOK" erwähnt. 1896 hieß es: „2. Die kirchliche Versorgung der Taubstummen: So wurden im Jahre 1893 und Anfang dieses Jahres wieder Geistliche aus den verschiedenen Provinzen der Landeskirche – im Ganzen 15 – zu einem vierwöchigen Hospitium bei der Königlichen Zentral-Taubstummenanstalt in Berlin berufen." In den Provinzen hatten „bisher in zwei Jahren zusammen 25" an einem vierwöchigen Hospitium in der dortigen Taubstummenanstalt teilgenommen. 1892 hat Diakonus Blindow in Görlitz um Zulassung zu einem Kursus für Taubstummenseelsorge gebeten. Er hatte Erfolg. Das Konsistorium in Breslau befürwortete das Ersuchen.[21] Mit einem Rundschreiben des EOK vom 31.8.1896 wurden alle Konsistorien informiert, dass einer weiteren Fortbildung der Pfarrer, wenn es als erforderlich angesehen würde, nichts im Wege stehe.[22]

5 Die Fahrpreisermäßigung bei der Reichsbahn für Taubstumme

Im Jahre 1898 gab der EOK den Anstoß, nicht nur weiter Geistliche auszubilden, sondern auch erwachsenen Taubstummen die Möglichkeit zur Teilnahme an Taubstummenversammlungen und Gottesdiensten zu geben. Dabei wurde daran gedacht, dass die Pfarrer an dem Versammlungsort wohnten und die Taubstummen eine Fahrpreisermäßigung für die Fahrten mit der Eisenbahn bekommen sollten. Pfarrer Paul Troschke stellte so einen Antrag für die Taubstummen, die nach Küstrin kommen wollten; das wurde ihm aber von der Eisenbahnverwaltung verwehrt mit der Begründung, es gebe das nur für Schulorte, an denen die Taubstummen ausgebildet worden seien, und die Ordre des Kaisers von 1882 spreche gegen Versammlungen. Es ist zu vermuten, dass die unmoralischen Vorgänge bei den Kirchenfesten sich in den Gemütern der Beamten festgesetzt hatten. Der bürokratische Apparat konnte sich auf die neue Situation trotz Befürwortung durch den EOK nicht einlassen. Er erschwerte das Vorhaben.

Deutlich wurde auch, dass die finanzielle Verantwortung für die geistliche Versorgung der Kirche übertragen werden sollte. Ungeklärt blieb die Verantwortung für die Taubstummen. Nachdem 1879 die erste Generalsynode stattgefunden hatte und weiter alle 6 Jahre tagte, wurden Denkschriften erarbeitet, die die Aufgaben des EOK und seine Tätigkeit auf den Feldern der Inneren Mission beschreibt, dazu zählt an 2. Stelle die kirchliche Versorgung der Taubstummen. Ein großer Teil wurde aus Kollekten finanziert.

Bisher waren die Auslagen des Seelsorgers und bedürftiger Taubstummer vom Ministerium für geistliche Angelegenheiten rückwirkend, manchmal ein Jahr später, erstattet worden. Es ging dabei um jeweils 150 Mark für Pfarrer Paul Troschke in Küstrin und Pfarrer Paul Waltz in Madlow. 1897 wurden die Gelder noch bewilligt, für 1898 und 1899 wurde die Zahlung verweigert. Das Konsistorium der Provinz Brandenburg teilte dem EOK deshalb mit, dass es sich an die Provinzialbehörde gewandt habe. Die Behörde „verweigert die erbetene Beihülfe, weil sie für die Kosten der kirchlichen Versorgung der erwachsenen (sic)Taubstummen einzutreten sich nicht für verpflichtet erachtet". Das Konsistorium hatte mit Zustimmung des Provinzialsynodal-Vorstandes aus dem „für vermehrte Seelsorge bewilligten Mitteln jedem der beiden Geistlichen für die Jahre 1898 und 1899 je 150 Mark nachträglich gewährt".[23]

Diese ablehnende Haltung des Ministers schlug sich auch bei der Eisenbahnverwaltung in Bromberg nieder. Sollte hier insgesamt eine härtere Gangart gegen die Kirche oder nur gegen die beiden Pfarrer eingelegt werden?

1895 hatte Troschke für die Taubstummen Anträge für eine Ermäßigung zum Besuch der Gottesdienste bei der Eisenbahnverwaltung Bromberg gestellt. Die Eisenbahnverwaltung lehnte die Anträge unter Hinweis auf die Allerhöchste Ordre vom 8.3.1882 ab. Es ging um die Benutzung der dritten Wagenklasse bei der ein „Militär-Fahrpreis erhoben wird".[24]

Pfarrer Paul Troschke versuchte es auf verschiedenen Wegen, kam aber nicht weiter. Auch der Antrag über den Minister für öffentliche Arbeiten wurde, da er an die Eisenbahndirektion weitergeleitet worden war, am 1.8.1895 abgelehnt. Troschke holte ein Gutachten von Herrn Direktor Eduard Walther von der Königlichen Taubstummen-Anstalt Berlin ein. Walther wies am 18.11.1898 auf sechs Seiten mit Nachdruck auf die wirtschaftliche Lage der Taubstummen hin. „So muß die wirtschaftliche Lage der Taubstummen im Allgemeinen als eine bedrängte bezeichnet werden, und deshalb erscheint es dringend wünschenswerth, ihnen für den bezeichneten Zweck Fahrpreisermäßigung zuzubilligen. ... Es finden alljährlich u. a. auch in Cassel und Hannover, wo Taubstummen-Anstalten nicht sind, Zusammenkünfte Taubstummer statt, und zu diesen wird den Teilnehmern ebenfalls Fahrpreisvergünstigung gewährt, und zu gleichem Zweck stellt der Zentralverein für das Wohl der Taubstummen, ob mit Recht oder Unrecht, mag dahingestellt sein, Legitimationskarten aus."[25]

Wie schon angedeutet bekam Troschke Unterstützung durch die Pfarrer Wolfgang Selke aus Elbing, Rabius aus Hannover, Hermann Schafft aus Kassel,[26] Gustav Adolf Peter Wilhelm Haendler aus Bromberg und Johannes Blindow aus Görlitz.[27] Alle sandten genehmigte Antragsformulare der Eisenbahnverwaltungen und bezeugten, dass sie 1898 keine Schwierigkeiten hatten.

Das Konsistorium hatte schon 1896 den EOK auf die Schwierigkeiten aufmerksam gemacht und auf die guten Erfahrungen in Berlin und Umgebung hingewiesen. Schließlich wandte sich Troschke mit Wissen des Konsistoriums an das Mitglied des Hauses der Abgeordneten, Freiherrn von Dobeneck. Er schrieb bissig: „Das ist doch gewiß eine Veranstaltung im Dienst der Taubstummen. Ja leider nur eine ‚Veranstaltung', aber keine ‚Anstalt'. Auf diesen Unterschied kommt es an."[28]

Im Haus der Abgeordneten, in der 36. Sitzung am 2.3.1900, setzte sich der Abgeordnete v. Dobeneck für eine Änderung ein. Er hatte aber keinen Erfolg.[29] Freiherr v. Dobeneck schrieb anschließend an Troschke und erklärte in einem persönlichen Brief, dass er selbst beim Kultusminister keinen Erfolg hatte. „Der Minister erklärte mir mündlich, er freue sich, daß ich mich persönlich an ihn wende, denn er sei in einer mißlichen Lage gewesen, mir öffentlich nicht antworten zu können. ... er müsse unter diesen Umständen verzichten, auf die gewünschte Vergünstigung einzugehen."[30] Von Dobeneck sprach auch selbst mit dem Kultusminister, hatte aber ebenfalls keinen Erfolg. In einem zweiten Brief teilte er das Ergebnis Troschke mit.[31] Der seinerseits übergab alle Unterlagen dem Konsistorium und dieser wiederum dem EOK.

Auf der anderen Seite gewährte die Eisenbahnverwaltung für die Gottesdienste in Cottbus Fahrpreisvergünstigung mit der Begründung, dass früher ein Lehrer dort Taubstummengottesdienste abgehalten habe.[32] In Hannover wurde die Vergünstigung erst gewährt, dann wieder gestrichen.[33]

Daraus wird deutlich wie eine Ordre des Kaisers nach 18 Jahren noch nachwirkte, und wie schwer es war, im Kaiserreich etwas für eine unterprivilegierte Gruppe zu erreichen, die auf die Unterstützung der Gesellschaft angewiesen war.

Dass die Kirche dennoch Erfolg hatte, kam in dem Rundschreiben des EOK an alle Konsistorien vom 13. Juli 1901 zum Ausdruck. Der EOK konnte mitteilen, dass der Minister für Geistl. Angelegenheiten eingelenkt habe und sich mit den „vorgeschlagenen Maßnahmen, namentlich mit der Ausbildung einer genügenden Zahl geeigneter Geistlicher und mit Einrichtung kleinerer Seelsorgebezirke grundsätzlich einverstanden erklärt".[34] Der Kampf von Troschke um die Fahrpreisvergünstigung für Gehörlose, die an Gottesdiensten teilnehmen wollten, hatte also nach sechs Jahren Erfolg. Erst mit dem Schreiben vom 9.12.1904 fand das Ganze seinen Abschluss; darin heißt es: „mit dem am 1.10.1904 in Kraft getretenen Beschluss der Tarifkommission der Deutschen Eisenbahnen, daß in der III. Wagenklasse auf halbe Personenzug-Einzelreise- oder Rückreisekarten befördert werden: unbemittelte Taubstumme für den Besuch kleinerer Zusammenkünfte an den Taubstummenanstalten und für den Besuch eines behördlich gebilligten oder überwachten Taubstummengottesdienstes, und daß die Ausweise für den Taubstummen erfolgen durch eine Empfehlung des Vorstandes der Anstalt oder (bei Reisen zum Taubstummengottesdienste) durch eine Empfehlung des den Gottesdienst leitenden Geistlichen oder Taubstummenlehrers."[35] 1914 wurde vom EOK ein Vorstoß geplant, die Ermäßigung auch für die IV. Klasse zu bekommen.[36]

Mit der Eisenbahnverwaltung kam es auch weiterhin, sowohl in den Zwanziger Jahren als auch im Dritten Reich zu Reibung.[37]

Anmerkungen

1 Konsistorium der Provinz Brandenburg, Schreiben an den EOK-Referent: Konsistorialrath Ernst Dryander, Berlin, den 6.7.1891, EZA 7/4377, S. 134.
2 Konsistorium der Provinz Brandenburg Schreiben an den EOK, Berichterstatter: Generalsuperintendent Ernst Dryander, Berlin, den 22.3.1893, EZA7/4377, S. 223 f.

3 Konsistorium der Provinz Brandenburg Schreiben an den EOK, Berichterstatter: Konsistorialrath Saenger, Berlin, den 2.4.1896, EZA7/4378, S. 120–128.
4 Konsistorium der Provinz Brandenburg Schreiben an den EOK, Berlin, den 12.10.1896, EZA-7/4378, S. 165–167.
5 Ebd.
6 Konsistorium der Provinz Brandenburg Schreiben an den EOK, Berlin, den 12.10.1896, EZA 7/4378, S. 165–167.
7 Consistorium der Rheinprovinz, Schreiben an den EOK-Referent: Konsistorial-Rath und Militäroberpfarrer Karl Heinrich Bergmann, Coblenz den 13.1.1896, EZA 7/4378, S. 20–26. Pastor Dr. von Koblinski gab seine Arbeit in Düsseldorf aus zwei Gründen auf: 1. Seine Arbeit in dem meist aus katholischen Mitgliedern bestehenden Taubstummenverein liegt in der „Ungunst der Verhältnisse". 2. Die aus der Taubstummenanstalt Entlassenen hatten sich nach zwei bis drei Jahren „völlig der Lautsprache entwöhnt ... und bedienten sich lediglich der Geberdensprache". Pastor Dr. v. Koblinski hatte 1893 einen Informationskurs in Neuwied absolviert. Sehr positiv wird über Pfarrer Rebensburg zu Köln gesprochen, der 1893 in Berlin hospitiert hat. Er hält zweimal wöchentlich eine Jugendstunde und wird regelmäßige Gottesdienste für Köln und Umgebung anbieten.
8 Konsistorium der Provinz Brandenburg, Schreiben an den EOK vom 2.4.1896, EZA 7/4378, S. 126.
9 Vgl. Anm. 127, S. 23 – vgl. auch Anm. 141, – wo die Schwierigkeit, die Taubstummen zu einer Ausbildung kommen zu lassen, genannt wird und so auf das „Gesetz vom 11.7.1891, betreffend Abänderung der §§ 31, 65, 68 des Gesetzes zur Ausführung des Bundesgesetzes über den Unterstützungswohnsitz vom 8.3.1871" hingewiesen wird, das „Unterlage und Stütze biete." Zusammengefasst: Der Wohnort hat Geld zur Verfügung zu stellen.
10 EOK-Schreiben an alle Konsistorien, Berlin, den 18.3.1885, EZA7/4376, S. 171–173. Bezug: Erlaß vom 19.7.1882.
11 Anm. 104: Kirchliches Amts-Blatt des Königl. Konsistoriums der Provinz Pommern, Stettin, den 20.12.1882, Nr. 18, S. 102.
12 Königl. Consistorium der Provinz Posen an den EOK, Posen, den 2.12.1896. Betrifft die Gewährung von Mitteln zur Einrichtung von Unterrichts-Kursen für taubstumme Konfirmanden, von der Groeben EZA7/4378, 183 f. Schreiben an den Minister Wilhelm Boße.
13 Ebd.
14 Ebd., S. 184.
15 Ebd., S. 185. Hier findet sich auch eine genaue Abrechnung über die gewährten Mittel.
16 Ministerium der geistlichen, Unterrichts-und Medicinal-Angelegenheiten, Schreiben an den EOK, Berlin, den 2.4.1897, EOK 7/4378, S. 200–201.
17 Königl. Consistorium der Provinz Posen, Schreiben an den EOK (gez. von der Groeben) Posen, den 21.9.1898, EZA 7/4378. Im Anhang Bericht des Superintendenten Friedrich August Saran, gemäß der Aufforderung des Herrn General-Superintendenten Johannes Hesekiel an das Königl. Konsistorium in Posen.
18 Das Konsistorium in Königsberg Schreiben an den EOK, Königsberg, den 28.2.1896, EZA 7/4378, S. 51.
19 Brief des Anstaltsdirektors in Halle Fr. Köbrich an den Landeshauptmann der Provinz Sachsen, Herrn Grafen von Wernigerode Hochgeboren Merseburg Halle, den 10.9.1894, EZA-EOK 7/4378, S. 94.
20 Denkschrift des Evangelischen Oberkirchenrats, betreffend seine Thätigkeit auf den mit den Aufgaben der Inneren Mission im Zusammenhang stehenden Gebieten, EZA 7/4378, S. 250a (pag. 1–15) hier S. 2–4. Waltz, Paul Oskar Robert, *25.12.1863 Gollnow, G. Stettin, Un. Berlin. Ord. 28.10.1888 P. in Madlow, K. Cottbus, 1900 P. in Freystadt, Westpr., 1903 Oberpf. u. Sup. in Dt. Eylau, Westpr., emer. 1.10.1934 (Fischer Bd. II/2 S. 933).

21 Königl. Consistorium der Provinz Schlesien Schreiben an den EOK, Breslau, den 17.12.1892, EZA 7/4378, S. 187.
22 EOK Schreiben an alle Konsistorien, Berlin, den 31.8.1896, EZA 7/4378, S. 136.
23 Ebd.
24 Ministerium der geistlichen, Unterrichts- und Medicinal-Angelegenheiten, I Nr. U II a 12278 G.I G.II. an den Königlichen OberPräsidenten und den EOK, Berlin, den 31.5.1882, EZA 7/4376, S. 37–38.
25 Gutachtliche Äußerung über die Gewährung von Fahrpreisermäßigung für Taubstumme gelegentlich des Besuchs kirchlicher Versammlungen, 18.11.1898, gez. Walther, Königlicher Schulrat, Direktor der Königlichen Taubstummenanstalt, EZA 7/43 79. Zu Eduard Walther siehe auch Günter Wolf: Homberger Hefte, Beiträge zur Heimatgeschichte und Familienkunde, Heft 19/1977, Zweigverein Homberg an der Efze des Vereins für hessische Geschichte und Landeskunde, Homberg 1977 S. 32–35.
26 Schafft, Pfarrer in Breitenau, Anlage zu Troschke, EZA 7/4379.
27 Antragsformulare in der Akte: EZA 7/4379.
28 Ebd., Brief von Paul Troschke an das Mitglied des Hauses der Abgeordneten, Freiherrn von Dobeneck, Cüstrin, 17.12.1898, EZA 7/4379.
29 Ebd., Haus der Abgeordneten 36. Sitzung am 2.3.1900, Rede des Abgeordneten v. Dobeneck., 2172–2175.
30 Ebd., Brief von v. Dobeneck an Paul Troschke, 10.3.1900, Anlage 4 zu Anm. 6.
31 Ebd., Brief von v. Dobeneck an Paul Troschke, 12.3.1900, Anlage 6 zu Anm. 147.
32 Königl. Konsistorium der Provinz Brandenburg an EOK, Berlin, den 24.4.1900, EZA 7/4379, S. 68/69.
33 Ebd., Haus der Abgeordneten, 36. Sitzung am 2.3.1900, 2173.
34 Ebd., EOK-Schreiben an alle Konsistorien, Berlin, den 13.7.1901, S. 135.
35 Minister der geistlichen, Unterrichts- und Medicinal-Angelegenheiten Schreiben an den EOK, Berlin, den 9.12.1904, EZA 7/4380, S. 22–23.
36 EZA-7/4381. – Schreiben vom 20.4.1914.
37 Schreiben von Pfarrer Hermann Schade vom 12.3.1930 und Pfarrer Louis Krumrey vom 10.3.1930 an das Konsistorium der Mark Brandenburg. ELAB 14/972.

KAPITEL **VI**

Der Aufbau der Taubstummenseelsorge von 1900 bis zum Ersten Weltkrieg

1 Der Aufbau in den deutschen Ländern

Endlich wurden die Grundlagen für den Aufbau einer landesweiten Taubstummenseelsorge gelegt. Der zuständige Minister hatte der Ausbildung von Taubstummenseelsorgern und der Fahrpreisermäßigung für Taubstumme zu den „Gottesdienststationen" zugestimmt. Das galt für alle preußischen Provinzen.[1] Dafür wurden von den Konsistorien Pläne für vorgesehene Gottesdiensttorte und der Nachweis über die Ausbildung von Pfarrern verlangt sowie eine Berechnung der gesamten Kosten.[2] Von daher war eine landesweite Regelung für die Taubstummenseelsorger überfällig.

1.1 Die Provinz Brandenburg und Berlin

Ein schmerzlicher Verlust traf die Taubstummen in Berlin und der Provinz Brandenburg im Jahr 1898: Am 9. November starb kurz nach seiner Silberhochzeit mit 60 Jahren der Begründer der Taubstummenseelsorge Superintendent Reinhold Schoenberner in Berlin.

Er hatte den Stadtvikar Hermann Schulz in den letzten Jahren selbst gründlich ausgebildet, so dass der seine Nachfolge antreten konnte.

Nach dem Tod Reinhold Schoenberners entbrannte der Methodenstreit neu. Hermann Schulz benutzte die Gebärden der Taubstummen beim Konfirmandenunterricht, die Schule bestand aber auf der reinen Lautsprache. Gerade bei Gottesdiensten in einer Kirche mit großen Entfernungen vom Pfarrer zu den Gottesdienstbesuchern konnte das Wort nur durch unterstützende Gebärden die Besucher erreichen. Das alleinige Ablesen vom Mund ist bei schlechter Beleuchtung unmöglich. Auch bei guter Ausleuchtung des Redenden ist das Ablesen vom Mund bei größerer Entfernung sehr schwierig und anstrengend.

„Die Seelsorge ist reichlich in Anspruch genommen und gewährt worden, und es ist nicht zu verkennen, daß der Prediger Schulz sich auch das Vertrauen der Berliner Taubstummen in nicht geringem Maße erworben hat.

> Die fortdauernd ablehnende Haltung der Schulverwaltung aber gegen die von ihm, wie von dem verstorbenen Superintendenten Schoenberner angewandte Gebärdensprache hat dazu geführt, daß nicht ihm, sondern einem andern in der Taubstummenpflege noch nicht geübten Geistlichen, dem Prediger [Gottlob] Nauck, die Leitung des Religionsunterrichts an der städtischen Taubstummenschule hat übertragen werden müssen, wie auch an der Königlichen Taubstummenschule dazu früher der Hilfsprediger (Ernst) Gruhl, jetzt der Prediger [Theodor] Korth[3] berufen wurde.
>
> Neuerdings ist dem Stadtvikar [Hermann]Schulz, der bisher von ihm ertheilte Konfirmandenunterricht in der städtischen Anstalt entzogen worden. Einer von dem ‚Centralverein für das Wohl der Taubstummen' ausgegangenen Anregung, die Taubstummen in Berlin kirchlich zu organisieren, hat Mangels aller gesetzlichen Voraussetzungen dazu keine Folge gegeben werden können."[4]

Nur langsam kam die Seelsorge an den erwachsenen Taubstummen in Gang. In der Provinz gab es erst zwei etablierte Gottesdienstorte:
1. Küstrin, Betsaal der Brüdergemeine in Kietz. Gottesdienste hielt Pfarrer Paul Troschke seit 1895.
2. Cottbus, Vereinshaus oder Schloßkirche. Gottesdienste hielt Pfarrer Paul Waltz aus Mahlow seit 1897.

Es wurde ausdrücklich erwähnt, dass die Gottesdienste „unter Anwendung der Lautsprache" gehalten werden. „An beiden Orten finden gesellige Nachversammlungen in Gegenwart des Geistlichen statt, der diese Gelegenheit zu seelsorgerlichen Gesprächen mit den Besuchern ausnutzt und jede unchristliche Zerstreuung fernhält. Zur weiteren Anregung in christlichem Sinn und zur Förderung der Gemeinschaft dient an jedem der Orte ein kleines gedrucktes Blatt, welches von dem betreffenden Geistlichen als Einladung zu den jedesmaligen Versammlungen herausgegeben wird."[5]

Kleinere gottesdienstliche Versammlungen fanden unter Leitung von Lehrern in den folgenden Orten statt.
1. Sommerfeld
2. Landsberg (Warthe)
3. Nowawes (durch einen Lehrer vom Oberlinhaus)
4. Dahme
5. Ketschendorf (altlutherische Anstalt, durch den altluth. Pastor Burgdorf)
6. Luckenwalde
7. Wriezen, Taubstummenanstalt
8. Guben, Taubstummenanstalt

Erwünscht wurden Gottesdienste in den Städten:
1. Wittstock
2. Eberswalde
3. Brandenburg

4. Rixdorf
5. Frankfurt (Oder)
6. Landsberg (Warthe)
7. Lübben (wird 1902 gestrichen).[6]

Nach dem Bericht des Konsistoriums der Provinz Brandenburg hatte sich eine größere Anzahl von Geistlichen bereit erklärt, die Aufgaben als Taubstummenseelsorger in den genannten Orten zu übernehmen.

Diese Entwicklung erforderte einen größeren Kostenaufwand. Die Konsistorien wurden vom EOK aufgefordert, für einen Zeitraum von fünf Jahren zu planen und eine Gesamtkostenaufstellung einzureichen. Die Zusammenstellung des EOK am 16.12.1901 ergab:

	Stationen	auszubildende Geistliche
Brandenburg	8	6
Posen	5	3
Ostpreußen	13	9
Westpreußen	8 (?)	5 (?)
Schlesien	12	6
Prov. Sachsen	18	8
Westfalen	6	4
Rheinland	7	5
Pommern	4	3.

Alles zusammengerechnet für Ausbildung und Entschädigung kam der EOK bei durchschnittlich 100,- M Entschädigung für jeden Taubstummenseelsorger auf Gesamtkosten von etwa 8.000,- M jährlich.[7]

Der Minister der geistlichen Angelegenheiten sprach im Sinne des EOK mit dem Finanzminister und reichte Vorschläge ein. Er schrieb: „Ich habe insbesondere hervorgehoben, daß zunächst die Ausbildung einer größeren Anzahl von Geistlichen für den Verkehr mit Taubstummen ins Auge gefaßt und dadurch die Möglichkeit geschaffen werden müsse, mindestens je eine Gemeindepfarrstelle in bestimmt abzugrenzenden, räumlich nicht allzu ausgedehnten Bezirken ständig mit einem ausgebildeten Geistlichen besetzt zu halten. Diesem wäre die Abhaltung regelmäßiger monatlicher, nach Bedarf auch seltenerer Gottesdienste an geeigneten Verkehrsmittelpunkten innerhalb des Bezirkes und außerdem regelmäßiger seelsorgerlicher Besuch der einzelnen Taubstummen zur Pflicht zu machen."[8]

Der Minister war bereit, jährlich zehn jüngere Geistliche zur Ausbildung zuzulassen. Ein Betrag von 11.000 Mark wurde dafür veranschlagt. Der Finanzminister lehnte jedoch ab. Die Mittelbeschaffung wurde an den EOK zurückverwiesen.[9]

Nun vollzog sich allmählich eine Loslösung der Taubstummenseelsorge von der Finanzierung durch den Staat.[10] Der Minister für geistliche Angelegenheiten wies in seinem Schreiben an den EOK darauf hin, „daß es sich hier um eine der Kirche zufallende Aufgabe handelt. Das Königliche Konsistorium wolle daher erwägen, ob es sich nicht empfiehlt, kirchliche Mittel durch die Gesamtsynode bereit zu stellen."[11] Der Minister erwähnte dabei, dass in dem Schreiben vom 1.10.1904 eine neue Regelung für die Ermäßigung bei der Eisenbahn Gesetzeskraft erlangt hatte.

Der EOK empfahl allen Konsistorien am 20.7.1905, an den Taubstummenanstalten „Lehrvikare einzustellen, die neben ihrer allerdings dadurch etwas beschränkten sonstigen Einführung in das Pfarramt, durch Hospitieren und Unterrichten in der Anstalt, wie durch das Studium der Taubstummenliteratur, in der Taubstummenlehrkunde instruiert werden ... Ist doch bei der selben nicht allein auf das Erlernen des deutlichen Sprechens mit den Taubstummen und den Gebrauch der Lautsprache auch im seelsorgerlichen Verkehr mit ihnen – soweit nicht bei kurzsichtigen und schwachbegabten Persönlichkeiten die Verständigung mit Hilfe der Gebärdensprache in schwierigen Fällen als unumgänglich zu erachten ist – nach Möglichkeit mitzuwirken, sondern besonders auch auf das Eindringen in die Denkweise und den Vorstellungskreis der Gehörlosen".[12] Für die Kernphase waren nicht nur sechs Monate, sondern die ganze Vikariatszeit vorgesehen.

Zum Schluss forderte der EOK, nach zwei Jahren einen Bericht über die Entwicklung abzustatten. Der EOK wünschte keine Verzögerung bei der Durchführung. Er regte die Konsistorien an, bei der Mittelbeschaffung eventuell an provinzielle Kirchenkollekten zu denken.[13]

Das Konsistorium der Provinz Brandenburg hatte noch ein besonderes Problem: Die Zahl der Gehörlosen nahm mit dem Anwachsen der Bevölkerung in der Hauptstadt Berlin seit 1871 sprunghaft zu. 1925 hatte Groß-Berlin: 4.032.000 Einwohner.[14] Die Volkszählung von 1905 ergab im Deutschen Reich 48.750 Taubstumme. Hermann Schulz gab für Berlin, Schöneberg, Charlottenburg und dem zur Kaiser-Wilhelm-Gedächtnis-Kirche gehörenden Teil von Wilmersdorf: ca. 150 katholische, 100 jüdische und 2.450 evangelische Taubstumme an.[15] – Das ergab einen Durchschnitt von einem Gehörlosen auf 1.000 Einwohner, wobei zu berücksichtigen ist, dass die Stadt Berlin mit zwei Gehörlosenschulen für erwachsene Taubstumme anziehend wirkte. „Ein großer Teil derselben – etwa 600 –, in 10 bis 15 Taubstummen-Vereinen, hatte sich zum Zweck der Unterstützung und zur Pflege der Geselligkeit gesammelt."[16]

Für die evangelischen Taubstummen wurden jährlich 60 Gottesdienste in der Laut- und Gebärden-Sprache abgehalten, einer davon am 12. Sonntag nach Trinitatis in der Dorotheenstädtischen Kirche. Sie konnte etwa 500 bis 600 Gehörlose fassen. Die Kapelle des Domhospitals fasste dagegen nur 80 bis 120 Personen. Stadtvikar Hermann Schulz berichtete, dass die Zahl der Gottesdienstbesucher sehr schwankte, zwischen 25 und 50 Besuchern an gewöhnlichen Sonntagen. 1906 wurden neun Abendmahlsgottesdienste gehalten. Die Quellen geben Einblick in die Regelung einzelner Kosten: „Die sachlichen Kosten der Gottesdienste werden von dem Zentral-Verein für das Wohl der Taubstummen getragen, der auch das schöne silberne Abendmahlsgerät besitzt, welches von der hochseligen Königin Elisabeth, Gemahlin König Friedrich Wilhelm IV., geschenkt sein soll ... Dem Zentral-Verein wird alljährlich auch eine Hauskollekte bewilligt, durch welche er in der Lage ist, jährlich 3.000 bis 4.000 Mk an Taubstumme als Unterstützung zu zahlen. Der Abendmahlswein wird von der Weinhandlung Gebrüder Habel in Berlin unentgeltlich geliefert. Ein von dem evangelischen taubstummen Büchting'schen Ehepaare den evangelischen Taubstummen Berlins gistiftetes silbernes Kranken-Kommunionsbesteck befindet sich in der Verwahrung des Stadtvikars Hermann Schulz."[17]

Die Konfirmationsgottesdienste wurden in der Sophien-Kirche durch Pastor Theodor Korth für die städtische (Elsasser Straße 86/88) und in St. Andreas durch Pastor Ernst Nauck für die staatliche Taubstummenanstalt (Markusstraße 49) gehalten, also nicht durch den Gehörlosenseelsorger Hermann Schulz. „Diese beiden Geistlichen kümmern sich auch um die Vorbereitung der Taubstummen zur Konfirmation."[18] Hermann Schulz war zuständig für die spezielle Seelsorge der erwachsenen Gehörlosen durch Hausbesuche, Taufen, Trauungen und Beerdigungen (der Bericht enthält die Statistik von 1901 bis 1906), soweit sie gewünscht wurde.[19]

1.2 Die Berufung von Stadtvikar Hermann Schulz

Im Bericht des Konsistoriums ging es darum zu zeigen, dass ein dauernder Personenwechsel für die Arbeit nicht dienlich ist. Der Zentral-Verein hatte eine Taubstummengemeinde für den Verein vorgeschlagen. Doch dazu fehlten die gesetzlichen Voraussetzungen. Das Konsistorium bat den Zentral-Verein um eigene Vorschläge. Weitere Vorschläge kamen nicht. Nun war das Konsistorium dem Vorschlag gegenüber aufgeschlossen. In der Person von Hermann Schulz gab es aber eine Schwierigkeit. Da Schulz als Stadtvikar nicht pensionsberechtigt war, er aber seit dem 29.10.1895 wahlfähig und seit dem 30. Januar 1898 ordiniert war, befürchtete das Konsistorium mit Recht, dass er ein anderes Pfarramt übernehmen würde. Er bewarb sich tatsächlich im Herbst 1906 um eine Pfarrstelle in der Provinz. Der Vorschlag des Konsistoriums ging 1906 deshalb dahin, die Stadtsynode zu bitten, für die „im Berliner Stadtsynodalverband (es geht nur um Alt-Berlin) wohnhaften Taubstummen eine geistliche Stelle" aus Steuermitteln zu errichten. Am 17.12.1906 wurde dieser Vorschlag einstimmig (Unterstreichung im Original) durch die Stadtsynode zum Beschluß erhoben unter der Voraussetzung, dass mit der Errichtung der Pfarrstelle, „der betreffende Stadtvikar in Vorschlag kommt".[20]

Die Bildung einer Personalgemeinde für die Taubstummen hielt das Konsistorium nicht für erstrebenswert. „Jedenfalls eignen sich die Taubstummen

Hermann Schulz 1867–1954 Nachfolger von Pfarrer Reinhold Schoenberner (1932)

wegen ihres Gebrechens nicht dazu, die mit der Bildung einer eigenen Gemeinde verbundenen Verpflichtungen auf sich zu nehmen und gehörig durchzuführen."[21] Außerdem komme das Problem der hörenden Ehefrauen und Kinder hinzu. Wo sind die hörenden Ehefrauen und Kinder zu Hause, bei den Hörenden oder Taubstummen/Gehörlosen? Die Anbindung an eine schon bestehende Personalgemeinde, z. B. die Dom-Gemeinde, wurde ebenfalls verworfen, da diese Anbindung den Charakter der Gemeinde verändern würde. Es wäre eine zweisprachige Gemeinde, immer mit Dolmetscher! Dagegen hielt es das Konsistorium für möglich, dass einer losen Gemeinschaft innerhalb des Stadtsynodalbezirkes ein besonderer Seelsorger zugewiesen wird, da im Berliner Stadtbezirk (seit 4.2.1876/6.10.1897) kein „Pfarrerzwang" mehr für Taufen, Trauungen, Kirchenbesuche, Beichten, Abendmahlsfeiern und Konfirmationen bestand. „Es würde damit eine Einrichtung geschaffen werden, wie sie bereits in allen mit besonderer Seelsorge versehenen, aber keine besondere Anstaltsgemeinden bildenden Gefängnissen, Strafanstalten, Besserungs-, Irren- und ähnlichen Anstalten besteht, wo es sich ebenfalls nicht um Gemeinden im Sinne von rechtsfähigen Persönlichkeiten, sondern um Personen-Gemeinschaften handelt, die eine besondere Seelsorge haben. Daß die Besetzung dieser Taubstummen-Pfarrstelle durch das Konsistorium zu erfolgen hat, ergibt sich aus der Natur der Sache; es fehlt eben an einer anstellungsberechtigten Gemeinde … Auch haben wir von einer Anhörung der Taubstummen oder etwa der Kirchengemeinden des Berliner Synodalverbandes absehen zu sollen geglaubt, weil keine eigentliche Parochial-Regulierung stattfinden soll, die Taubstummen vielmehr Mitglieder ihrer bisherigen Kirchengemeinden bleiben und die Kosten von der Berliner Stadtsynode getragen werden."[22]

Im Einvernehmen mit dem Minister der geistlichen, Unterrichts- und Medizinal-Angelegenheiten und in Verbindung mit dem Polizeipräsidenten wurde diese Stelle für Pfarrer Hermann Schulz errichtet. Erwogen wurde auch, die Stelle eines Vereinsgeistlichen beim Berliner Hauptverein für Innere Mission zu schaffen, ebenso die Errichtung einer Beamtenstelle bei der Berliner Stadtsynode.

Die *Berufungsurkunde* für Pfarrer Hermann Schulz von 1908 gibt Einblick in wichtige Amtsaufgaben und materielle Bedingungen:

„Euer Hochehrwürden berufen wir mit Genehmigung des Königlichen Konsistoriums der Provinz Brandenburg, Abteilung Berlin, vom 1. Juli 1908 ab zum Geistlichen unserer Gesellschaft und übertragen Ihnen ausschließlich die kirchliche Versorgung der im Bezirke des Berliner Stadtsynodalverbandes wohnhaften evangelischen Taubstummen.

Wir legen Ihnen dabei zur Pflicht auf, das ihnen übertragene Amt unter treuer Benutzung der Ihnen von Gott verliehenen Gaben so zu verwalten, wie es die besonderen Verhältnisse der Seelsorge für Taubstumme mit sich bringen und wie Sie es vor Gott und den Menschen, insbesondere auch vor unserem Vereine zu verantworten sich getrauen.

Nicht minder erwarten wir von Ihnen, daß Sie den landeskirchlichen Behörden, deren Aufsicht in allen geistlichen Amtsverrichtungen Sie unterstehen, gewissenhaften Gehorsam erweisen und im Amt und Wandel sich so verhalten werden, wie es einem rechtschaffenen Diener am Worte und getreuen Untertanen seiner Majestät, unsers Allergnädigsten Kaisers und Königs geziemt.

Für die treue Erfüllung dieser Pflichten sichern wir Ihnen aus den uns seitens der Berliner Stadtsynode nach dem von ihrer in der Sitzung vom 21. Mai 1908 gefaßten Beschluß zur Verfügung zu stellenden Mitteln, solange als uns diese Mittel von der genannten Synode gewährt werden, ein Einkommen (Gehalt- und Mietentschädigung) zu, wie es der auf Grund des Beschlusses der Berliner Stadtsynode vom 30. April 1903 für zweite, dritte usw. Geistliche giltigen Einkommensfestsetzung entspricht. Auch werden wir solange es die Verhältnisse unserer Gesellschaft gestatten, die von Ihnen zum landeskirchlichen Pensionsfonds und zum Pfarr-, Witwen- und Waisenfonds zu leistenden laufenden Beiträge aus unseren Mitteln gewähren, wogegen Sie die etwa zu diesen Fonds zu leistenden Nachtragszahlungen selbst zu entrichten haben. Zugleich verpflichten wir Sie, etwaige Ihnen für die Verrichtung von Amtshandlungen jeder Art, sowie für den Unterricht von Konfirmanden und Proselyten innerhalb des Berliner Stadtsynodalbezirks und gegenüber taubstummen Personen, welche in dem letzteren wohnen, unmittelbar oder mittelbar zufließende Gaben an Geld oder geldwertigen Papieren, sofern der Geber nicht eine andere Verwendung bestimmt hat, an unsere Kasse abzuführen.

Ihre Anstellung als Geistlicher unserer Gesellschaft erfolgt fest unter Vorbehalt einer sowohl uns, als auch Ihnen zustehenden, nur mit sechsmonatiger Frist zum ersten Tage eines Kalendervierteljahres zulässigen Kündigung, die, wenn sie unsererseits geschieht, der Genehmigung des Königlichen Konsistoriums der Provinz Brandenburg, Abteilung Berlin, bedarf.

Berlin, den 23. Juni 1908

Evangelische Pastoral-Hilfs-Gesellschaft gez. Steinhausen.
Bestätigt, Berlin den 4. Juli 1908 Königliches Konsistorium der Provinz Brandenburg, Abteilung Berlin. gez. Faber"[23]

Vom 1.7.1908 an gab es also in Berlin für die preußischen Provinzen, den ersten hauptamtlichen Gehörlosenpfarrer. Wichtige Aufgaben warteten auf den vierzigjährigen Hermann Schulz.[24]

1.3 Der weitere Aufbau der Seelsorgebezirke in der Provinz Brandenburg

In der 22. ordentlichen Brandenburgischen Provinzialsynode von 1908 wurde einer vom Konsistorium erarbeiteten Gottesdienstordnung für Taubstumme zugestimmt. Auch die Finanzfrage wurde geregelt: Jährlich standen 4.000 Mark für die Dauer der Synodalsynode für die Ausbildung von Taubstummenpfarrern und die Kosten für die Gottesdienste zur Verfügung.

Am 11.6.1908 fand die „1. Konferenz der mit der Taubstummenseelsorge beauftragten Geistlichen" statt.

Dabei wurde ausführlich über die Gottesdienstordnung[25] gesprochen. Sie wurde freudig von den Geistlichen und den Taubstummen angenommen. Anfangsschwierigkeiten konnten ohne große Mühe überwunden werden. Die „Königliche Taubstummenanstalt hat sich eine Anzahl Exemplare zu ihrer Einübung mit den Konfirmanden erbeten". So konnte es in dem Bericht heißen:

Die Konferenz „hat unter lebhafter Teilnahme in ergiebiger Weise verhandelt über die Gottesdienstordnung, die zweckmäßige Ausbildung der Geistlichen für die Seelsorge und die Gottesdienste, die äußeren Einrichtungen für Gottesdienste und die Seelsorge an den Taubstummen und die Fürsorge für sie. Bei dem zweiten Gegenstande wurde festgestellt, daß die in den Anstalten geübte Lautsprache zwar zur Grundlage für den Verkehr mit Taubstummen, auch in den Gottesdiensten notwendig anzuwenden, die Geberdensprache aber daneben nicht zu entbehren und namentlich in der Seelsorge und bei Kranken unbedingt erforderlich sei. Da nun die Geistlichen für die Aneignung der Geberdensprache bisher nur auf mangelhafte private Hilfe angewiesen sind, wurde der Wunsch auf Einrichtung bezüglicher Kurse dringend ausgesprochen. – Diesem Wunsch sind wir entgegengekommen, indem wir zwei solcher Kurse unter Leitung des Pastors Schulz von hier in den bevorstehenden Wochen nach Quasimodogeniti und Misericordias Domini angesetzt haben, zu denen je eine Hälfte der betreffenden Geistlichen eingeladen ist. Bei dem Eifer, den alle Teilnehmer für die Sache beweisen, dürfen wir auf einen guten Erfolg hoffen."[26]

Die Gottesdienste wurden, wie die Geistlichen berichteten, im vergangenen Jahr regelmäßig (4–6 wöchentlich) gehalten und fleißig besucht. „Wiederholt haben die Taubstummen lebhaft für die Einrichtung gedankt und die durch sie angebahnte Seelsorge in immer ausgedehnterem Maße gern in Anspruch genommen, besonders auch in den sehr häufig unter ihnen vorkommenden Streitfällen. Die auch sonst in Fällen der Not ihnen zuteil gewordenen Beratung und Hilfe erschließt ihre Herzen in erfreulicherweise den Seelsorgern und erwirbt diesen immer mehr das Vertrauen."[27]

Folgende regelmäßige Gottesdienste fanden an folgenden Orten statt:

„a) im Regierungsbezirk Frankfurt a./O.:
Küstrin (Archidiakonus Gustav Parade) für die Diözesen Küstrin, Sonnenburg, Frankfurt II, Königsberg I und II, Müncheberg;
Landsberg a./W. (Diakonus Wilhelm Textor) für Landsberg I und II, Friedeberg, Soldin, Arnswalde;
Kottbus (hier fehlt ein Name) für Kottbus, Spremberg, Kalau (zum Teil), Forst, Sorau, Lübben (zum Teil);
Frankfurt a./O. (Pfarrer Gottfried Weymann) für Frankfurt I, Fürstenwalde, Sternberg I und II;
Guben (Pfarrer Louis Krumrey in Starzeddel) für Guben, Krossen I und II und Züllichau;
Finsterwalde (Oberpfarrer Bernhard Jähde in Kirchhain) für Dobrilugk, Kalau (zum Teil), Luckau, Sonnenwalde und Lübben (zum Teil).
b) im Regierungsbezirk Potsdam:
Potsdam (Superintendent Wilhelm D. Haendler) für Potsdam I und II, Beelitz, Kölln-Land I (zum Teil);
Wriezen (Oberpfarrer Paul Karl Jung) für Eberswalde, Wriezen, Bernau (zum Teil) Schwedt, Angermünde (zum Teil);
Wittstock a./D. (Diakonus Christian Tietke) für Wittstock, Pritzwalk, Lenzen, Perleberg, Havelberg- Wilsnack;
Kyritz (Diakonus Paul Petschow) für Kyritz, Neu-Ruppin, Wusterhausen, Lindow-Gransee, Nauen;
Brandenburg (Archidiakonus Karl Boelke) für die drei Diözesen Brandenburg, Belzig und Rathenow;
Jüterbog (Pfarrer Adolf Albert Hamann in Kloster Zinna) für Jüterbog, Luckenwalde, Dahme, Zossen, Treuenbrietzen;
Prenzlau (Pfarrer Martin Manger in Flieth) ab 1909 für Prenzlau I und II, Templin, Zehdenick, Gramzow, Angermünde (zum Teil)."[28]

Das Erstaunliche an dieser Liste ist, dass bis auf Pfarrer Martin Manger alle seit 1906 als ausgebildete Gehörlosenpfarrer tätig waren. Das bedeutet, sie hatten alle einen vier-, sechs- oder achtwöchigen Kurs an einer Taubstummenschule absolviert und alle schon privat Gebärden gelernt.

Auch in den anderen preußischen Provinzen wurden in den Jahren 1906–1911 Gottesdienstorte festgelegt und die nebenamtlichen Gehörlosenpfarrer benannt, die alle in der Lautsprache ausgebildet waren.[29]

Das Königliche Konsistorium der Provinz Brandenburg erklärte zur Gebärdensprache: „Andererseits betonen die meisten Berichte, und unseres Erachtens mit Recht, daß die Lautsprache allein zur gegenseitigen Verständigung in dem Gottesdienst nicht genügt, schon darum nicht, weil immer noch viele Taubstumme sie nicht, ebenso aber weil sie auch im gewöhnlichen Verkehr zur Erleichterung immer mit Geberden verbunden wird und weil ihr alleiniger Gebrauch selbst für die ihrer vollständig mächtigen Taubstummen beim Achten auf den Prediger zu große Anstrengung erfordert. Die Geistlichen werden sich daher auch mit der Geberdensprache bekannt machen müssen, und da diese zwar in Berlin einheitlich im Gebrauch, aber in verschiedenen Gegenden der Provinz vielfach abweichend sich ausgebildet hat, so wird dies nur durch eigens hierauf hinzielenden persönlichen Verkehr mit einzelnen Taubstummen am Ort geschehen können. Erst so wird ein rechter Erfolg von der Predigt des Geistlichen zu erwarten sein, indem er Lautsprache und Geberdensprache verbindet. Daß der Geistliche aber die Predigt nur ausarbeitet und sie durch einen Taubstummen dann vortragen läßt, wie von einer Seite vorgeschlagen ist, wäre durchaus nicht zu billigen." In einem Nebensatz hieß es: „Daß übrigens auch nicht ausgebildete Taubstumme regelmäßig eingeladen werden, halten wir für selbstverständlich." Die Einladungen erfolgten durch Postkarten und Anzeigen in der Tagespresse.[30]

Damit war die Gehörlosenseelsorge in den Provinzen als Aufgabe der Kirche ernst genommen und in gewisser Weise vorbildlich geregelt. Von jetzt an ging es um Weiterbildung der Geistlichen, Verbesserungen der Gottesdienstmöglichkeiten und der Seelsorge. Später kam die Erarbeitung und Verbreitung von Lesematerial, Büchern und Zeitungen hinzu.

1.4 Berichte der Gehörlosenseelsorger aus der Vorkriegszeit

Leider sind alle Akten des Königlichen Konsistoriums der Provinz Brandenburg von vor 1913 verloren gegangen. So stehen uns erst nach dieser Zeit Berichte von Pfarrern, Eingaben und Verhandlungsprotokolle der Gehörlosenseelsorgerkonvente mit den Referenten des Konsistoriums zur Verfügung. Während des Ersten Weltkrieges sind keine Berichte aus den anderen Provinzen an den EOK abgeliefert worden. Erst mit dem Bericht der Gehörlosenseelsorgerkonferenz von 1918 setzt die Berichterstattung wieder ein. Ab 1922 gab es dann die DEK als oberste Behörde des Kirchenbundes. Konnte ich bisher nur auf Jahresberichte des Konsistoriums an den EOK zurückgreifen, wurde es mir ab 1913 möglich, auch Jahresberichte der Pfarrer wiederzugeben. Bei der Auswahl wurde versucht, auffällige Notizen festzuhalten.

Die 2. Gehörlosenseelsorger-Konferenz fand am 14.4.1913 im Konsistorium unter dem Vorsitz des zuständigen Referenten, G.K.-Rat Saenger, statt und ergab nach der Zusammenfassung von Saenger folgende Ergebnisse:

1. Pfarrer Hermann Schulz berichtete von der 9. Versammlung des Bundes der Deutschen Taubstummenlehrer. Es handelte sich um zwei Vorträge: „Beide Vortragende, Direktor [Johannes] Karth in Breslau (über die gottesdienstliche Versorgung der erwachsenen Taubstummen) und Lehrer Arendt in Berlin (über die Wechselbeziehung im Gebrauch der Verkehrsmittel zwischen Schulunterricht und kirchlicher Versorgung der Taubstummen) kamen darauf hinaus, was die Konferenzmitglieder besonders

anging, daß die Geberde neben der Lautsprache für die Gottesdienste der Taubstummen nicht zu entbehren ist." Für die nächste Konferenz der Gehörlosenseelsorger wurde also wieder ein Gebärdenkurs angeregt.
2. Es wurde von den Gottesdiensten berichtet: ... „daß die Tbst. sich ziemlich allgemein ablehnend gegen die Verwendung von Wandbildern, namentlich Schulbildern verhalten, weil sie ‚nicht in der Schule', sondern im Gottesdienst seien, wie sie es auch vorziehen, daß die Gottesdienste in einer Kirche, nicht in einem Saal gehalten werden und der Geistliche dabei im Talar erscheine. Als zweckmäßig wird aber bezeichnet, daß Text und Thema vorher an eine Tafel angeschrieben werden, oder auch, daß ein kurzer Auszug aus der Predigt vervielfältigt den Anwesenden in die Hand gegeben wird." [1906 wurde eine „Ordnung der Gottesdienste für Taubstumme in der Provinz Brandenburg nach der Agende für die Evangelische Landeskirche" vom Verlag des Konsistoriums herausgegeben.]
Es wurde über ein neues Predigtbuch gesprochen. Der „Märkische Taubstummenbote" enthielt auch monatlich „eine von einem Geistlichen (jetzt Oberpfarrer Paul Karl Jung) verfaßte Andacht, und es wurde angeregt, daß auch andere Geistliche solche abfaßten, um wo möglich alle 14 Tage in dem M. Tbst. B. eine erscheinen zu lassen." Jeder Pfarrer erhält zehn Freiexemplare.
3. Erinnert wurde an das Gesetz zur Zwangseinschulung der gehörlosen Kinder. Die Orte Wriezen und Guben haben eine Fortbildungsschule.
4. Die Gründung von Taubstummen-Fürsorgevereinen in Anlehnung an die Fürsorge-Vereine für Taubstumme in Berlin und der Provinz Brandenburg wurde verhandelt. Dieser Anschluss wurde befürwortet „unter Beteiligung der für die Tbst.-Bildung und -Pflege besonders interessierenden Personen, also auch der Geistlichen".
5. Große Unkenntnis bestand über die Wohnorte der Gehörlosen. Nach der Zählung von 1910 waren in Berlin 1.400, im Regierungsbezirk Potsdam 1.905, im Regierungsbezirk Frankfurt 1.117 also zusammen 4.422 Gehörlose gemeldet. „Es wäre sehr erwünscht, wenn die einzelnen Ortsgeistlichen sich genau nach den in ihren Gemeinden wohnenden Taubst. erkundigten, und den betreffenden Taubst. Seelsorgern Mitteilungen machten ..."
6. Fahrpreisermäßigung. Es ging um die Ausstellung der Anträge für Ermäßigung durch die Pfarrer.
7. Es blieb bei der Ermäßigung für die III. Wagenklasse auf allen Bahnen. In Brandenburg fuhren Privat- und Kreisbahnen, die keine IV. Klasse Wagen führten.
8. Der Wunsch wurde geäußert, die Taubstummen-Blindenanstalt in Nowawes zu besuchen. Gegen die Teilnahme von Anstaltsdirektoren wurde geltend gemacht, dass es in Einzelfragen wünschenswert sei, „aber doch nicht für die meisten hier zu behandelnden Fragen".[31]

Die 3. Gehörlosenseelsorger-Konferenz am 29.9.1913 schloß einen Besuch in Nowawes ein. Zur Sprache kam die „Gründung des Verbandes der in der Provinz bestehenden Taubstummen- (Unterstützungs-)Vereine zum Zweck des Anschlusses an den Fürsorgeverband für Taubstumme in Berlin und der Provinz Brandenburg".

Auch wurde beraten, wie eine „Verhinderung allen unsittlichen Mißbrauchs der Wohltätigkeit und der Bettelei" erreicht werden könne.

Auf Anfrage, welches Verhalten der auch bei den Taubstummen einsetzenden sozialdemokratischen Bewegung zu beobachten ist, wurde mitgeteilt, dass in Berlin ein vor zwei Jahren auf Anregung aus Westfalen gegründeter sozialdemokratischer Taubstummenverein sich von selbst aufgelöst habe, weil er sich als unwirksam und wertlos für die Taubstummen erwiesen habe. Als beste Gegenwirkung hat sich die desto treuere Fürsorge für die Taubstummen erwiesen. Daneben ist aber der Eintritt der einzelnen Taubstummen in die Handwerkerverbände zuzulassen, weil ohne diese die Arbeitsmöglichkeit nicht zu erreichen ist.

Hermann Schulz leitete wie früher während der drei Sitzungstage die Gebärdenübungen, „welche mit großem Eifer und lebhafter Befriedigung mitgemacht" wurden. Jeder Teilnehmer erhielt das Buch: „Er muß wachsen."[32] Es kostet 4,50 M, für viele Gehörlose ist das zu teuer.

Von 1914 an liegen regelmäßige Berichte der Pfarrer aus der Gehörlosenseelsorge vor. So berichtet 1913 Pastor Christian Tietke aus Wittstock von Gottesdiensten in Wittstock und Pritzwalk sowie in der Kirche der Landesarmenanstalt, ferner über Ehebruch bei Gehörlosen, Freude und Leid, Taufenfeiern, Trauungen, Beerdigungen und seine Versuche, seelsorgerlich zu helfen. Freilich konnte er eine Trauung nicht übernehmen, da er wegen schlechter Verkehrsbedingungen dazu zwei Tage gebraucht hätte. Tietke hob hervor: „Bei den Gottesdiensten hat mir die Aufstellung des Unterrichtsstoffes der Taubstummenanstalten, die ich mir abgeschrieben habe, sehr gute Dienste getan. Sobald ein in der Schule gelernter Spruch oder Liedvers genannt wird, sprechen die meisten Taubstummen laut mit."[33]

Pfarrer Louis Krumrey aus Starzeddel Kreis Guben klagte über die Uneinigkeit der Gehörlosen.[34] Sie sei „ein wahres Kreuz, alle meine Bemühungen Frieden zu stiften, sind von durchschlagendem Erfolg nicht gewesen".[35]

Ein letzter Bericht aus den Provinzen ging am 28.1.1915 an den EOK mit Antwort auf die Fragen vom 20.7.1914.[36] G. K. Saenger geht auf die vergangenen Erfahrungen bei dem Besuch der Schule in Wriezen und des Oberlinhauses in Nowawes ein. Er konnte von Gebärdenkursen berichten und sprach die Probleme der Fahrpreisermäßigung an. Jeder Pfarrer habe den Tagungsbericht der Preußischen Taubstummen-Fürsorge vom Jahre 1912, erschienen 1913, erhalten.

Exkurs: Der Aufbau der Taubstummenseelsorge in den deutschen Ländern an einigen Beispielen:

☐ *Baden*
In Baden ging die Anregung zum Aufbau der Taubstummenseelsorge von Rektor a. D. Willareth aus, der bis 1897 Leiter der Taubstummenanstalt in Gerlachsheim im Taubergrund war. Im April 1899 unterbreitete er Prälat Dr. Schmidt Vorschläge, wie die Taubstummenseelsorge aufgebaut werden könnte. Er und Hauptlehrer F. Stoffel, ehemaliger Lehrer der Taubstummenanstalt Meersburg, hätten als erste Gottesdienste gehalten und den Aufbau vorangetrieben. Als Gottesdienstorte sollten vorgesehen werden: Mannheim, Heidelberg, Schwetzingen, Pforzheim und Freiburg. Gleichzeitig sprach sich Willareth für die „Notwendigkeit der Gründung eines Asyls für gehörlose arme Mädchen" aus. Er wies daraufhin, dass in Württemberg [hier könnte die „Paulinenpflege" in Winnenden gemeint sein] und in Bayern derartige Einrichtungen bestünden.

In Karlsruhe übernahm 1906 Taubstummenhauptlehrer Robert Mössner (1867–1942) die Gehörlosengottesdienste. Bis zu seinem Tod hielt er Gehörlosengottesdienste in Karlsruhe, Durlach, Pforzheim und Offenburg. 1925 musste er einen Hilferuf an den Evangelischen Oberkirchenrat in Stuttgart richten und ihn dringend bitten, „Geistliche für die Seelsorge an den Gehörlosen auszubilden. Die Taubstummen würden einen Gottesdienst, der in einem kirchlichen Raum von einem Pfarrer im Talar gehalten werde, höher schätzen als eine Erbauungsstunde durch einen Taubstummenlehrer."[37] 1948 übernahm Pfarrer Friedrich Luger, seit 1940 Pfarrer in Mannheim-Rheinau, die Gottesdienste in Karlsruhe.[38]

In Heidelberg hielt Studienrat Max Schärr von 1919 an Erbauungsstunden für Gehörlose. 1934 übernahm der Taubstummenoberlehrer und spätere Dozent Alfred Winnewisser monatliche Gottesdienste. Nach Kriegsgefangenschaft und Entnazifizierung wurde er 1947 zur Seelsorge an Gehörlosen berufen.

Es wird deutlich, dass in Baden die Anstöße und die Verantwortung für die Gehörlosenseelsorge von den Lehrern getragen wurden; ebenso war es in vielen Teilen Deutschlands.

☐ *Bayern*
In Bayern hatte der Priester Bernhard v. Ernsdorfer 1797, nach Hospitation in Wien 1798, in München eine Taubstummenschule eröffnet. Es gab in Würzburg 1820 eine Taubstummenschule am Stift Haug. Dort hatte Johann Baptist Graser als Pädagoge das deutsche Taubstummenwesen nachhaltig beeinflusst, aber es gab noch keine evangelische Taubstummenseelsorge. Aus persönlicher Verantwortung und ohne Ausbildung übernahmen Kirchenrat Johann Wirth von St. Johannis in Nürnberg, Kirchenrat Hermann Galsterer von St. Egidien in Nürnberg, Dekan Friedrich Lindner in Würzburg, Dekan

Karl Frobenius in Weißenburg, Kirchenrat Hermann Nicol, zweiter Pfarrer an St. Michael in Hof, die evangelische Gehörlosenseelsorge.[39]

Der erste Kurs für zwölf evangelische Gehörlosenpfarrer fand allerdings erst 1933 in Bayreuth statt. Die Initiative ging von Otto Link aus, dem Direktor der Gehörlosenschule in Bayreuth.[40] Der erste hauptamtliche Gehörlosenpfarrer in Bayern wurde 1959 Pfarrer Hellmut Heim.[41] 1976 wurde Pfarrer Volker Sauermann sein Nachfolger.[42] Ihm gelang es in Zusammenarbeit mit der Evangelischen Gemeinde Eibach, das Hermann Galsterer Haus am 5.2.1978 als eigenes Gemeindezentrum für die Gehörlosengemeinde zu eröffnen. Pfarrer Volker Sauermann sah besonders die Not der psychisch kranken Gehörlosen. In Dr. Ingeborg Richter, gehörlos von Geburt, fand er eine tatkräftige Mitstreiterin. Das Interesse vieler staatlicher Stellen konnte geweckt werden. Am 4.3.1988 war es möglich, im Bezirkskrankenhaus Erlangen eine Abteilung mit 25 Betten und 25 geschulten Mitarbeitern für psychisch kranke Menschen mit der Behinderung Gehörlosigkeit ihrer Bestimmung zu übergeben. Leiterin wurde Dr. Ingeborg Richter.

☐ *Freie und Hansestadt Hamburg*
In Hamburg vollzog sich eine ähnliche Entwicklung. Bei der Gründung der privaten Taubstummenanstalt 1827 für Hamburg und das Hamburger Gebiet [Cuxhaven, bis 1866 ohne das Amt Bergedorf] war Dr. theol. August Jacob Rambach, Pastor zu St. Michaelis, beteiligt. Nachdem Samuel Heinicke aus Eppendorf mit dem Unterricht von Taubstummen großen Erfolg hatte, bekam er 1778 den Ruf seines sächsischen Landesvaters. Da Heinicke Privatschüler reicher Eltern hatte, nahm er sie als Grundstamm nach Leipzig mit. Der Taubstummenunterricht in Hamburg ruhte danach fast fünfzig Jahre. Erst 1823 setzte sich der Arzt Dr. Heinrich Wilhelm Buek für die Errichtung einer Schule ein, die dann 1827 eröffnet wurde. Dr. Buek widmete sich neben seiner Arbeit als praktischer Arzt fünf Stunden täglich dem Unterricht von elf Taubstummen. Er begleitete die Arbeit im Vorstand von 1827 bis 1877 ebenso wie Pfarrer August Rambach von 1827 bis 1851. Die Fürsorge und Seelsorge der Schüler und der erwachsenen Gehörlosen hatten die Lehrer übernommen. „Die Revolution (1918) ging an der Anstalt und ihrer Schule nicht spurlos vorüber. Der Arbeiter- und Soldatenrat schaffte auch für die Taubstummenschule den Religionsunterricht ab. Er wurde als Privatunterricht denen, die es wünschten, weiter erteilt."[43]

Der Vorstand des Lehrkörpers der Taubstummenschule gab am 28.9.1921 folgende Erklärung ab: „Endlich muß der Direktor auch die Sorge der erwachsenen Taubstummen in seine Hand nehmen, jedenfalls bis zu dem Zeitpunkt, wo es gelingt, die Hamburger Geistlichen für diese zu interessieren und heranzuziehen. Dazu müssen sie durch Kurse in das Geistesleben der Taubstummen eingeführt werden und die Möglichkeit erworben haben, sich mit ihnen zu verständigen."[44] Sehr bald wurde Pfarrer Friedrich Wapenhensch aus Hamburg-Ohlsdorf gefunden, der den nur durch den Krieg unterbrochenen Konfirmandenunterricht wieder aufnahm und Gottesdienste hielt.⁴⁵

In Schleswig-Holstein gab es Propsteibeauftragte für die Gehörlosenseelsorge. Hamburg und Schleswig-Holstein hatten immer nur einen Gehörlosenpfarrer im Nebenamt. Der Nachfolger von Wappenhensch war 1952 Pfarrer Arnold Dummann, danach 1965 Pfarrer Martin Rehder. Zugleich vereinigten sich Hamburg und Schleswig-Holstein in der Gehörlosenseelsorge. An dem Konvent, durch den Dezernenten einberufen, nahmen immer Gehörlosenlehrer und Direktoren teil. Nach dem Zusammenschluss 1977 zur „Nordelbischen Evangelisch-Lutherischen Kirche" wurde Martin Rehder erster Vorsitzender des Konvents.

Hier waren sogar bis in die zwanziger Jahre Lehrer und Direktoren in der Seelsorge tätig. Auch heute noch arbeiten sie im Konvent der Gehörlosenseelsorge der Nordelbischen Evangelisch-Lutherischen Kirche aktiv mit.

☐ *Hessen*

Die Entwicklung der Gehörlosenseelsorge in Hessen ist etwas kompliziert. 1866 wurden Kurhessen-Waldeck, die ehemalige freie Reichsstadt Frankfurt, das Großherzogtum Hessen-Darmstadt und das Herzogtum Nassau preußisch. 1947 entstanden die Evangelische Kirche von Kurhessen-Waldeck (EKKW), Sitz in Kassel, und die Evangelische Kirche von Hessen und Nassau (mit Frankfurt, EKHN), Sitz in Darmstadt.⁴⁶ Im Zentrum der Gehörlosenseelsorge standen immer die Schulen: in Camberg, Homberg (Efze), Friedberg und Frankfurt am Main. In den Schulen waren bis ins 20. Jahrhundert Gottesdienste für die gehörlosen Schüler vom Direktor oder einem beauftragten Lehrer zu halten verpflichtend. Pfarrer der Umgebung wurden für die Abendmahlsgottesdienste ein- bis zweimal im Jahr gebeten.

1. EKKW: Der erste in der Homberger Gehörlosenschule ausgebildete Pfarrer war Prof. Hermann Schafft. Er war in Langenstein/Halberstadt als Sohn eines Pfarrers am 2.12.1883 geboren und lebte bis zum 2.6.1959. Er war der Enkel des ersten Taubstummenlehrers Christian Schafft in Homberg. Von Ostern 1908 bis Ostern 1909 wurde er ausgebildet, dann war er Pfarrer in Kassel und Gehörlosenseelsorger in Homberg. 1928 wurde er zum Vorsitzenden der Arbeitsgemeinschaft evangelischer Gehörlosenseelsorger gewählt.⁴⁷

In der Landeskirche Hessen-Kassel gab es nach dem Ersten Weltkrieg nur einen Gehörlosenpfarrer im Nebenamt, Hermann Schafft. Er war Pfarrer der Brüderkirche in Kassel. Er hielt die ersten Gehörlosengottesdienste in Marburg, Bad Hersfeld, Hanau und in Schmalkalden. Er bat die Kirchenleitung zugleich um Unterstützung. So wurden Pfarrer Hellmut Müller 1923, Schaig 1925 und Wilhelm Schwarz 1930 in Homberg (Efze) durch Hospitieren ausgebildet. An der Schule war jedoch die Gebärde untersagt. Die Pfarrer bildeten eine Entlastung für Prof. Hermann Schafft. Er behielt den Nord- und

Westbezirk, Kassel und Marburg, Pfarrer Hellmut Müller den Ostbezirk Hersfeld (Rotenburg, Hünfeld, Gersfeld und Schmalkalden), Schaig den Südbezirk Hanau (Fulda, Schlüchtern, Gelnhausen). Wilhelm Schwarz versuchte, mit Gehörlosen „selbstverfaßte einfache Theaterspiele einzuüben und aufzuführen". Es entstanden „kleine Kirchenfeste" im Unterschied zum großen in Homberg. Im Dritten Reich arbeiteten die Taubstummenoberlehrer nicht mehr in den Gehörlosengemeinden mit.[48] Kirchliche Mitarbeit im Dritten Reich erforderte persönlichen Mut.

Nach dem Krieg wurde Pfarrer Johannes Heinisch nach Homberg entsandt. Der erste und einzige hauptamtliche Gehörlosenpfarrer der Landeskirche war der früh verstorbene Paul Gallenkamp. Erste gewählte gehörlose „Gemeindehelfer" standen den Pfarrern zur Seite. Beim Aufbau der Gehörlosenseelsorge wurde festgelegt, dass immer zwei Pfarrer, die im Nebenamt die Gehörlosenseelsorge wahrnahmen, in einen Bereich eingesetzt wurden.[49]

Viele Jahre arbeitete Schwester Hanna Martin mit Prof. Hermann Schafft und seinen Nachfolgern zusammen. Später waren Helene Opper und ab 1974 Thea Raedeker, hauptamtliche Sozialarbeiterin, für die Gehörlosen in der Landeskirche tätig. Als Konventsleiter wurde für viele Jahre Kirchenrat Johannes Heinisch gewählt. Er war zugleich Schriftleiter der evangelischen Gehörlosenzeitung „Unsere Gemeinde".[50]

2. EKHN: Ich beschränke mich in meiner kurzen Darstellung auf die Stadt Frankfurt. Hier versammelten seit der Gründung der Gehörlosenschule 1827 die Direktoren die gehörlosen Kinder jeden Sonntag zu Gottesdiensten im Speisesaal der Schule. Johannes Vatter regelte 1874 als Direktor diese Gottesdienste anders als seine Vorgänger. Er hielt alle 14 Tage Andachtsstunden für die oberen Klassen der Anstalt. Er gestaltete sie wie eine Schulstunde, mit Frage und Antwort.[51] Auch Gottesdienste für erwachsene Gehörlose fanden in der Schule statt. Grundsätzliche Anmerkung: Auch gehörlose Erwachsene wollten keine Schulstunde, sondern einen vollgültigen Gottesdienst. Da die Gehörlosen immer zu einem korrekten Äußeren erzogen worden waren, erwarten ältere Gehörlose bis heute einen Pfarrer korrekt mit Talar. Ab 1910 wurden durch eine Order des Königlichen Konsistoriums offizielle Taubstummen-Gottesdienste für erwachsene Gehörlose in der Matthäuskirche, viermal im Jahr eingeführt. Sie wurden abwechselnd von Johannes Vatter und Pfarrer Wilhelm Hofmeyer aus Offenbach gehalten. 1926 wechselten sich Taubstummenoberlehrer Philipp Hühn und Pfarrer Dr. Erich Winkelmann bei den Gottesdiensten ab. Sie gaben Gehörlosen die Möglichkeit, alle vierzehn Tage an einem Gehörlosengottesdienst teilzunehmen. In Frankfurt-Höchst nahm sich Pfarrer Alexander Pelessier der erwachsenen Gehörlosen an. Er hielt in Frankfurt-Nied Gottesdienste. Philipp Hühn bestätigt ihm: „Er hielt sehr gute, leicht verständliche Predigten."[52] Keiner von diesen Pfarrern war in der Gehörlosenseelsorge ausgebildet. Das änderte sich 1937. Die Camberger Anstalt wurde nach Frankfurt verlegt. Auf Betreiben ihres Direk-

tors Hermann Müller wurde Pfarrer Heinrich Klemann für die Gehörlosenseelsorge gewonnen. Er war ursprünglich Lehrer gewesen. 1935/1936 hatte er in Camberg hospitiert und selbst Unterricht erteilt. Er wurde Gemeindepfarrer in Bornheim und übernahm die Gehörlosenseelsorge im Nebenamt.

Die Gottesdienste in Frankfurt fanden nun in der Alten Nikolai-Kirche auf dem Römer statt. Später gab es Gemeindenachmittage mit kleinen allgemein interessierenden Vorträgen in der Güntersburger Allee. Durch die Einberufung von Klemann zum Militär sprang Philipp Hühn ein. Nach dem Krieg konnte er, bedingt durch seine Verwundung, die Gehörlosenseelsorge in Frankfurt und Offenbach nur eingeschränkt weiterführen. Ein Aufbau der Gehörlosenseelsorge in der EKHN kam nur sehr langsam voran. Positiven Einfluss auf diese Entwicklung hatten wahrscheinlich die Ausführungen von Direktor Wilhelm Schnegelsberg aus Osnabrück, der 1958 bei der Taubstummenlehrerversammlung ein Referat mit unscheinbarem Titel hielt: „Taubstummen-Lehrer und Taubstummen-Anstalt im Dienste der Seelsorge".

Lautierung in der Gehörlosenschule Friedberg 1964

Er wies auf die gegenseitige gute Zusammenarbeit hin und hob die große Verantwortung der Kirche für die „Ausbildung der Geistlichen" hervor.[53] So konnten die Pfarrer Richard Avemarie und Artur Keller in der Friedberger Gehörlosenschule ein halbes Jahr hospitieren, auch ich habe dort hospitiert. 1964, nach dem frühen Tod von Heinrich Klemann, übernahmen die Pfarrer Karlfried Goebel aus Idstein und ich von Neu-Isenburg aus, im Nebenamt die Gehörlosenseelsorge in Frankfurt. In einer sozial schwierigen Stadt wie Frankfurt mit etwa 600 Gehörlosen konnte dieser Zustand auf Dauer nicht verantwortet werden. So wurde Pfarrer Heinz Barow am 3.4.1966 als erster hauptamtlicher Gehörlosenpfarrer in der Weißfrauenkirche eingeführt. Pfarrer Barow war vorher als Gehörlosenseelsorger für sieben Kirchenkreise der Rheinischen Landeskirche tätig gewesen.[54] Viele Jahre war er Vorsitzender der Deutschen Gesellschaft zur Förderung der Hör-und Sprach-Geschädigten e.V. Am 30.11.1991 trat er in den Ruhestand. In seiner Amtszeit gelang es, die Gehörlosengemeinde 1983 zu einer von der Landeskirche anerkannten Personalgemeinde mit einem eigenen Gehörlosenkirchenvorstand mit Sitz und Stimme im Stadtsynodalverband Frankfurt rechtlich zu etablieren. Am 1.1.1992 wurde Pfarrer Gerhard Wegner sein Nachfolger.[55]

Der Konvent der Gehörlosenseelsorger in der EKHN wurde erst 1954 gegründet. Zum 1. Vorsitzenden wurde Pfarrer Dr. Dr. Eugen Hildebrand aus

Gehörlosenseelsorge in Lauterbach. (Von rechts): Hans-Albrecht Stumpf, Wolfgang Kratz, Gertraude Albiez-Horbach, Hans Jürgen Stepf 1991

Wiesbaden gewählt. Dem Konvent gehörten 13 Mitglieder an. Unter Hildebrands Leitung wurde 1966 eine für alle Gehörlosengemeinden in Hessen und Nassau verbindliche Gottesdienstordnung verfasst.[56] Nach 13 Jahren Konventsleitung gab er 1966 den Vorsitz an Pfarrer Artur Keller aus Rodheim v. d. H. ab. 1972 wurde Keller mit Zustimmung der EKHN zum Vorsitzenden der Deutschen Arbeitsgemeinschaft für Evangelische Gehörlosenseelsorger e. V. (DAFEG) gewählt und zugleich zum hauptamtlichen Gehörlosenpfarrer in Hessen und Nassau mit Sitz in Bad Nauheim berufen.

Im Februar 1966 konnten sich die gehörlosen Kirchhelfer zur ersten Tagung im Dominikanerkloster in Frankfurt versammeln. Die Vorbereitung und Leitung lag bei mir. TOL Philipp Hühn, die Pfarrwitwe Ilse Klemann und die Pfarrdiakonin Gertraude Albiez-Horbach waren die treibenden und unterstützenden Kräfte. Von den Kirchhelfern wurde gewünscht, eine solche Tagung jährlich zu wiederholen. Im Mittelpunkt standen die Berichte aus den einzelnen Gemeinden, die Gottesdienste und die Mitarbeit der Kirchhelfer in der gemeinsamen Verkündigung. Damit wurden erste Schritte von der Betreuung zur gemeinsamen Verantwortung für die Gehörlosengemeinden eingeleitet. Bemerkenswert ist, dass es erst 1973 zu einer Tagung beider Gehörlosenpfarrer-Konvente kam und sich daraus die ersten schriftlichen Informationen für Gehörlosenseelsorger in der EKKW und der EKHN entwickelten.

An diesen Beispielen zeigt sich, dass Kirchenleitungen, Synoden und Gemeinden sehr viel Zeit brauchten, um die schon 1882 vom Kaiser und dem EOK erhobene Forderung zu erfüllen, Gehörlosengottesdienste in kleineren Orten einzurichten. Die Seelsorge an erwachsenen Gehörlosen wurde ebenso vernachlässigt wie die Seelsorge an der Arbeiterschaft.

☐ *Sachsen*

In Sachsen hielt Pfarrer Hermann Gocht schon seit 1891 in Zwickau regelmäßig Gottesdienste mit lautsprach-begleitenden Gebärden. Landesweit gab es aber keine regelmäßigen Gottesdienste. Erst 1920 ordnete das Landes-Konsistorium in Dresden an, „daß Geistliche der Landeskirche in ausgewählten Städten regelmäßig Gottesdienste in der mit der Lautsprache verbundenen Gebärdensprache der Taubstummen" zu halten haben und dass sie „sich der Taubstummen auch seelsorgerlich annehmen" sollten. Einen ersten

Einführungskurs für elf Pfarrer führte Hermann Gocht im Juni 1920 durch.[57] Nachfolger wurde 1940 Pfarrer Reinhold Burkhardt. Von 1940 bis 1962 war er mit der Konventsleitung für Sachsen beauftragt.[58] Seine Nachfolger waren von 1965 bis 1985 Pfarrer Rudolf Wollrab und ab 1985 Pfarrer Ulrich Eichler.

☐ *Württemberg*
Eine besondere Entwicklung durchlief die „Paulinenpflege" Winnenden. Im Oktober 1822 rief der Inhaber der zweiten Pfarrerstelle in Winnenden, Magister Friedrich Jacob Philipp Heim, die Gemeindeglieder auf, sich für eine „Kinderrettungsanstalt" einzusetzen. Mit tatkräftiger Unterstützung des Württembergischen Königshauses, durch die Mithilfe der Winnender Bürger und der „Zentralleitung des Wohltätigkeitsvereins" in Stuttgart konnte die Anstalt im August 1823 eröffnet werden. Sie erhielt ihren Namen nach der damaligen Königin „Paulinenpflege". Von Anfang an waren Taubstumme in der Anstalt, dem „Taubstummenasyl" untergebracht. Zunächst gab es deshalb in der „Paulinenpflege" auch eine Taubstummenschule, die 1923 nach Bönnigheim in die dortige staatliche Taubstummenanstalt verlegt wurde. „1927 wurde im Auftrag der Ev. Oberschulbehörde eine Berufsschule für Hörgeschädigte in Winnenden eingerichtet als notwendige Ergänzung zu der schon seit Jahrzehnten geübten praktischen Ausbildung in den Werkstätten."

Anstaltsleiter waren immer Pfarrer: 1924–1930 und 1948–1952 Gustav Gruner, von 1952–1983 sein Sohn Martin Gruner, 1983–1994 Hans-Georg Schmidt, ab 1994 Dr. Thomas Weinmann.[59]

Die „Paulinenpflege" ist bis heute das beste Beispiel kirchlicher Verantwortung für Gehörlose. Von Anfang an waren Pfarrer Leiter und Seelsorger der jugendlichen und erwachsenen Gehörlosen.

Anmerkungen

1   Paul, Horst: Manuskript Maschinenschrift, Essen, Nov. 1988, S. 7: 1906 wurden die ersten Pfarrer zu einem vierwöchigen Kursus nach Elberfeld im Wechsel mit Neuwied einberufen: Karl Rüter, Kirchenkreis Essen, Otto Müller, Kirchenkreis Solingen, Friedrich Wilhelm Quack, Kirchenkreis Rheydt, Richard Joerdens, Kirchenkreis Wesel.
2   EOK-Schreiben an alle Konsistorien, Berlin, den 13.7.1901, mit Rückbezug auf die Verfügung vom 23.2.1898, EZA 7/43 79, S. 135.
3   Korth, Theodor Friedrich Otto, *Gr. Welle 10.4.1867, † Berlin 7.9.1931. Ord. 25.2.1894 P. in Herzsprung, K. Wittstock, 1898 P. an Sophien, K. Berlin Stadt III, 1911 1. P. am Lazaruskrankenh. ebd., 1922–1931 Sup. in Wustermark, K. Potsdam II, (Fischer II/1, S. 440). Theodor Korth wurde von Superintendent Schoenberner kurz vor dessen Tod in sein Amt in Sophien 1898 eingeführt. Der Sohn Friedrich Korth *13.11.1897 hat seine Jugend in Lazarus erlebt und kehrte am Ende seines Lebens dahin zeitweise zurück. In geistiger Frische bereicherte er durch Gedichte und Klavierspiel im Lazaruskrankenhaus. Bis kurz vor seinem Tod begleitete er noch bei den Versammlungen der Stadtmission und an Nachmittagen der Weltmission Lieder auf dem Klavier. Er starb am 25. Februar 1995 im 98. Lebensjahr.

4 Konsistorium der Provinz Brandenburg an EOK, Berlin, den 24.4.1900, EZA 7/43 79, S. 67. Auf die Anregung zur Bildung einer kirchlichen Ortsgemeinde für Gehörlose hatte das Konsistorium keine andere Antwort. Dass die Taubstummen sich seit 40 Jahren in Vereinen selbst organisierten, scheint gar nicht in den Blick gekommen zu sein. So wie die Kirche die Arbeiter verlor, drohte sie auch die Taubstummen und ihre Angehörigen in der Folgezeit zu verlieren.
5 Konsistorium der Provinz Brandenburg an EOK Berlin, den 24. April 1900, EZA 7/43 79, S. 67–68.
6 Konsistorium der Provinz Brandenburg an EOK Berlin, den 24. April 1900, EZA 7/43 79, S. 69–70.
7 EOK Schreiben an alle Konsistorien, Berlin, den 16.12.1901, EZA 7/4379.
8 200 Minister der geistlichen, Unterrichts- und Medicinal-Angelegenheiten an den EOK, Berlin, den 11.2.1903, EZA 7/4379, S. 224.
9 Ebd., S. 225.
10 In Zürich wurde das Kantonale Pfarramt für Gehörlose noch 1973 vom Staat finanziert.
11 Minister der geistlichen Angelegenheiten an den EOK, Berlin, den 9.12.1904, EZA 7/43 80, S. 22.
12 EOK Schreiben an alle Konsistorien, Berlin, den 20.7.1905, EZA 7/4380, S. 65.
13 Ebd., S. 64–66. Seit dem Jahre 1905 sind in den Anstalten zu Neuwied und Elberfeld abwechselnd Instruktionskurse für evangelische Geistliche und von 1909 ab auch in den Anstalten Cöln, Essen und Trier solche für katholische Geistliche abgehalten worden. Siehe Wende, Gustav, Deutsche Taubstummenanstalten 1915, S. 315.
14 Statistisches Landesamt Berlin, Die kleine Statistik 1994, S. 30.
15 Konsistorium der Provinz Brandenburg Schreiben an den EOK, Berlin, den 9.2.1907, EZA-7/4380, S. 108.
16 Konsistorium der Provinz Brandenburg Schreiben an den EOK, Berlin, den 9.2.1907, EZA-7/4380, S. 108.
17 Ebd., S. 110.
18 Ebd., S. 111.
19 Ebd., S. 110–111.

Statistik:	Kommunikanten	Trauungen	Taufen (Paten taubst.)	Beerdigungen
1901	239	13	7	2
1902	229	12	5	5
1903	246	8	7	6
1904	209	10(+1Gold)	3	5
1905	218	12	3	6
1906	216	5	3	7

20 Ebd., S. 111–112.
21 Ebd., S. 113. Diese Gedanken spielten auch 1974 bei der Anbindung der Schwerhörigen in die St.-Lukas-Gemeinde in Kreuzberg eine Rolle. Hier kam es zu einer bewussten Vereinigung. Als Argument taucht dieser Gedanke auch bei der Suche nach einem Gemeindezentrum für die Gehörlosengemeinde 1993 bei der Pfarr- und Glaubensgemeinde in Friedrichshain auf.
22 Ebd., S. 113–114. Erwogen wurde auch die Stelle eines Vereinsgeistlichen beim Hauptverein der Inneren Mission zu schaffen, ebenso eine Beamtenstelle bei der Berliner Stadtsynode.
23 Konsistorium der Provinz Brandenburg an EOK, Berlin, den 4.7.1908, S. 193–197. Der Akte liegt die Satzung der „Evangelischen Pastoral-Hilfs-Gesellschaft", gegr. 1842, bestätigt durch den Staat 1842 mit dem Korporationsrecht von 1863, bei. Der Zweck: „Vermehrung der kirchlichen Anstalten und Mittel, ... das Reich Gottes in unserer Mitte zu fördern bestimmt sind." Pfarrer, Kandidaten des Predigtamtes, konnten mit Gemehmigung der kirchlichen Oberen Unterstützung bekommen. Es liegt ein gedruckter Auszug zu Nr. 4 der Tagesordnung der Stadtsynode vom 28. Mai 1908 bei.

24 Inwieweit in Berlin die Vorgänge in der Schweiz bekannt waren, kann ich nicht beurteilen. Dort war 1903 Eugen Sutermeister, selbst im Alter von vier Jahren ertaubt, bernischer Taubstummen-Prediger und -Fürsorger geworden. Ab Dezember 1907 war er Redakteur der Taubstummenzeitung, dazu von 1911 an Zentralsekretär des Verbandes für Taubstummenhilfe. In seiner Jugend besuchte Sutermeister bei seinem zweijährigen Deutschlandaufenthalt seine frühere Taubstummenlehrerin in Lahr, Bodelschwingh in Bethel-Bielefeld, die große Taubstummenschule in Wilhelmsdorf und Christoph Blumhardt in Bad Boll. Sutermeister schrieb ein grundlegendes Werk: „Quellenbuch zur Geschichte des Schweizerischen Taubstummenwesens", Bern 1929. Er trat besonders als Schriftsteller hervor. 1903-1923 war er Taubstummen-Prediger, er starb 1931. Eugen Sutermeister 1862-1931 einen kurzen Überblick bietet: Willi Pfister: „Gemeinsam unterwegs", Muri/Bern 1985, siehe S. 38-45.
25 Konsistorium der Provinz Brandenburg an EOK, Berlin, den 17.2.1908, EZA 7/4379, 4 (177) Hermann Schulz hat mit Paul Troschke und Lic. Dr. Simon und dem zuständigen Dezernenten die Gottesdienstordnung erarbeitet. In Hannover gab es schon eine Ordnung für den Gehörlosengottesdienst (1 Exempl. beim Verfasser).
26 Konsistorium der Provinz Brandenburg, Schreiben an den EOK, Berlin, den 13.4.1909, EZA 7/4380, S. 221-222.
27 Ebd.
28 Ebd., S. 224.
29 Siehe z. B. Konsistorium der Provinz Sachsen, Magdeburg, den 19.8.1911, EZA-EOK 7/4381, S. 24 wo es heißt: „In 21 dazu gebildeten ‚Bezirken für Taubstummenpflege' arbeiten 21 Taubstummenseelsorger. ... daß die Zahl der abzuhaltenden Gottesdienste oder Andachten auf mindestens 12 normiert und die Taubstummenseelsorge als ein Ehrenamt gedacht ist, das die Tätigkeit des Parochus nicht verdrängen, sondern auf einem bestimmten Gebiete sachkundig unterstützen soll." Eine Predigtsammlung unter der Redaktion des Pastors Karig in Magdeburg ist in Vorbereitung. Im Anhang stehen gedruckt die Bezirke und Pfarrer. Weitere Berichte aus den Provinzen finden sich im EZA unter den Berichten der Konsistorien an den EOK.
30 Konsistorium der Provinz Brandenburg, Berlin, den 8.2.1907, angehängt an den Bericht siehe Anm. 1.
31 Saenger, G.K. Rat: Bericht über die Konferenz der Taubstummenseelsorge zu Berlin am 14.4.1913, Berlin, den 22.4.1913, ELAB 14/968. Bemerkung zur Funktion der Liturgie: Durch die sonntägliche Wiederholung der Gottesdienstliturgie können bis heute die Taubstummen/Gehörlosen sich auf das Mundbild des Predigers schon vor der Predigt einstellen. Die Liturgie ist etwas Vertrautes, die Predigt etwas Neues.
32 Naunin/Kloß Gräbendorf/Posen, 1913.
33 Tietke, Christian: Bericht über die geistliche Pflege der Taubstummen der nördlichen Prignitz während des Berichtsjahres 1913, Wittstock, den 18.4.1914, an das Konsistorium der Provinz Brandenburg, ELAB 14/968.
34 Das Wort „Gehörlose" wird hier zum ersten Mal gebraucht, offiziell schreibt er noch „betr. Taubstummenseelsorge."
35 Krumrey, Louis betrifft Taubstummenseelsorge, Starzeddel Kreis Guben, den 12.4.1914, Schreiben an das Konsistorium der Provinz Brandenburg, ELAB 14/968.
36 Saenger, G.K. Rat an den EOK, Berlin, den 28.1.1915, ELAB 14/969. – Antwort auf das Schreiben des EOK Berlin, 2.4.1914, an alle Konsistorien, ELAB 14/968.
37 Heinsius, Dr. theol., Maria: Dokumentation zur Entwicklung der Gehörlosenseelsorge in der Evangelischen Kirche in Baden auf Grund der Akten des landeskirchlichen Archivs von 1899-1964, Schreibmaschinenmanuskript von 1976. (im Archiv des Verfassers).
38 Ebd.
39 Sauermann, Volker: 50 Jahre Gehörlosenseelsorge in der Evang.-Luth. Kirche in Bayern, Nürnberg Nov. 1983, S. 7 vgl. auch Beiträge zur Taubstummenbildung, IX. Bundesversammlung Deutscher Taubstummenlehrer, Würzburg 1912, S. 3-4; 31-35. Anmerkung:

Dekan Friedrich Lindner war von 1925 bis 1942 Taubstummenpfarrer im Dekanat Würzburg. Mitteilung von Volker Sauermann.
40 Ebd., Sauermann, S. 8–15.
41 Ebd., S. 23.
42 Unsere Gemeinde 6/1976, S. 4 und 8.
43 Heinrichsdorff, Alwin: Die Taubstummen-Anstalt für Hamburg und das Hamburger Gebiet 1827 – 28. Mai – 1927, S. 62. Auf S. 8 wird fälschlicherweise 1792 als Gründungsjahr der Taubstummenanstalt in Berlin genannt. Richtig ist das Jahr 1788. Die Schrift gibt auch über Samuel Heinicke Auskunft.
44 Ebd., S. 64.
45 DAFEG, Sammelband, Dokumente und Berichte (1927–1951), S. 140.
46 Herbert, Karl: Durch Höhen und Tiefen, Frankfurt 1997, S. 144f.
47 Wolf, Günter: Homberger Hefte Heft 19/1977, S. 44.
48 Müller, Hellmut in: „Unsere Gemeinde" Nr. 3/1974, S. 11 und Nr. 4/1974, S. 15.
49 Ebd., Nr. 5/1976, S. 12.
50 Ebd., Nr. 7/1976, S. 13.
51 Barow, Heinz und Stillfried, Hans: Frankfurter Hefte für Gehörlose Nr. 5/1981, S. 32. Zur Bedeutung von Johannes Vatter vgl.: Gustav Wende, Deutsche Taubstummenanstalten, S. 282–293. Jung, Rosel: Die Geschichte der Schule für Gehörlose und Hörgeschädigte in Camberg/3. erweiterte Auflage 1980 Camberg, S. 78f.
52 Ebd., S. 35.
53 Schnegelsberg, Wilhelm: Taubstummen-Lehrer und Taubstummen-Anstalten im Dienst der Seelsorge, in: XIX Versammlung BDT in Schleswig (26. bis 29.5.1958), Dortmund 1958, S. 105–118.
54 Unsere Gemeinde 1966 Nr. 6.
55 Unsere Gemeinde 1992 Nr. 4, S. 10.
56 Unsere Gemeinde 1966 Nr. 11.
57 Eichler, Ulrich: Gemeindebrief September-Oktober 1995 zum 75-jährigen Bestehen der Gehörlosenseelsorge in Sachsen.
58 Unsere Gemeinde 2/1965, S. 8.
59 Gruner, Martin / Schmidt, Hans-Georg: 160 Jahre Paulinenpflege Winnenden, November 1983; Gehörlosen-Rundschau Baden-Württemberg. 5, 1994, S. 57.

Kapitel VII

Aufgaben der Gehörlosenseelsorge

1 Fürsorge – Seelsorge

Die Gehörlosen „leiden nicht nur geistig und geistlich, sondern nur zu oft auch wirtschaftlich unverschuldet bitteren Mangel. Daraus folgt, daß die Fürsorge für die Taubstummen mit ihrer Entlassung aus der Anstalt nicht aufhören darf. In dieser Erkenntnis sind in allen Teilen Deutschlands Vereine zur Fürsorge für erwachsene versorgungsbedürftige Taubstumme begründet worden, die ihnen in ihren geistigen, geistlichen und wirtschaftlichen Nöten beistehen wollen."[1]

So entstanden in der Zeit um die Jahrhundertwende in vielen Städten, in denen es auch Gehörlosenschulen gab, Taubstummenheime für erwachsene, mittellose und ältere Gehörlose. In Winnenden wurde schon 1877 das Asyl eröffnet, Schleswig folgte 1896, Berlin 1909 und Osnabrück 1912. In Berlin wollte der Geheime Kanzleisekretär Fürstenberg aber schon 1861 ein Asyl errichten.[2] 1861 wurde in Mönchengladbach die „Anstalt zur Bildung und Pflege geistesschwacher Kinder" gegründet. Ab 1884 hieß sie „Evangelische Bildungs- und Pflegeanstalt Hephata". Gründer und erster Leiter dieser Anstalt, die nicht in dem Buch von Schulrat Gustav Wende „Deutsche Taubstummenanstalten, -Schulen und -Heime in Wort und Bild" erwähnt wird, war der Taubstummenlehrer Karl Barthold (1829–1904). Er war in Winnenden ausgebildet worden.[3] Es zeigte sich, dass die Aufgaben der Fürsorge weithin den Lehrern zufielen.

Es ist also nicht verwunderlich, wenn der Wunsch nach einer Hauptversammlung aller Fürsorgevereine von der Lehrerschaft ausging. Sie wurde auf der Versammlung des Vereins preußischer Taubstummenlehrer Pfingsten 1912 in Würzburg beschlossen, und fand am 8. November 1913 in Berlin statt. Unter den 128 Teilnehmern waren wenige evangelische oder katholische Pfarrer, etwa Pfarrer Wolfgang Selke, erster Geistlicher an der Heiligen-Leichnam-Gemeinde in Elbing,[4] und Pfarrer Hermann Schulz aus Berlin. Vom Konsistorium nahm der zuständige Referent, der Geheime Konsistorialrat Saenger, teil, ebenso Vertreter der katholischen Diözesen und der Regierung.[5]

Bis 1879 hatten die Landesarmenverbände, danach die Provinzialverwaltungen für die Errichtung und Unterhaltung der Schulen zu sorgen. „Für die geistige Pflege der erwachsenen Taubstummen hat die Staatsregierung, sobald das Bedürfnis nach einer solchen erkannt und durch die Erlasse des Evangelischen Oberkirchenrats vom 4. Juli 1880 und vom 12. Juli 1882 eindrücklich zum Ausdruck gebracht war, willig ihre Unterstützung gewährt."[6] So bekamen die beauftragten Lehrer und Pfarrer ihre Auslagen bei der kirchlichen Unterstützung von Gehörlosen am Ende des Jahres zurück.

Wie groß die Not manchmal war, geht aus dem Bericht des „Zentralvereins für das Wohl der Taubstummen", der mit dem „Allgemeinen Taubstummen-Unterstützungsverein Groß Berlin" eng verbunden war, hervor. Spenden von fünf Pfennigen bis 25 Mark gingen ein. Eine genehmigte Hauskollekte erbrachte im Jahre 1912 7.186,53 Mark, für Unterstützung wurden 4.047,30 Mark ausgegeben, teils als laufende, teils als einmalige Hilfe.[7] Pfarrer Schulz sagte in seinem Vortrag: „... bei einem Arbeitslohn von wöchentlich 15 bis 20 Mark und einer monatlichen Armenunterstützung von 10 Mark kann eine aus 9 Köpfen bestehende Familie unter allen Umständen nichts anders sein als unterernährt." In seiner Satzung hatte der 1849 gegründete „Zentralverein für das Wohl der Taubstummen" ausdrücklich verankert: „in wirtschaftlicher Beziehung zu helfen [damit ist auch Beratung gemeint] und in Notfällen beizustehen, alte und gebrechliche Taubstumme regelmäßig zu unterstützen". Vom Jahre 1903 sammelte und warb der Verein kräftig und konnte so 1909 ein Heim für 60 Bewohner eröffnen. Zweiter Vorsitzender war seit vielen Jahren Hermann Schulz.[8]

Darum wurde auch Hermann Schulz, zusammen mit Pfarrer Wolfgang Selke zur Tagung der preußischen Taubstummenfürsorge eingeladen. Hermann Schulz hielt als einziger hauptamtlicher Gehörlosenpfarrer in Preußen einen weithin sehr beachteten und für uns heute noch wichtigen Vortrag unter dem Titel: „Die Erfahrungen in der Taubstummenseelsorge".

Hier nur einige Aussagen:
1. Sie müssen in der Regel weite Wege zur Kirche machen. In den meisten Fällen ist der Kirchenbesuch mit Kosten verbunden.
2. Die Frage des religiösen Empfindens hängt mit der Frage nach dem Gefühlsleben des Taubstummen überhaupt zusammen. Wir können in religiöser Beziehung auf sie nur wirken, wenn wir selbst ihnen als religiöse Persönlichkeit mit einem Leben voll Liebe und voll Treue und Sorge um sie und ihr Bestes vor Augen stehen.
3. Man muss die Gebärde auch kennen, sonst lasse man lieber, im buchstäblichen Sinne, die Finger davon. (Der volle Text im Anhang.)

Ein zweites Referat hielt Kaplan Siebner aus Berlin: „Erfahrungen in der katholischen Taubstummenseelsorge." In seinem Vortrag hob er die Schwierigkeiten eines Gehörlosenpfarrers im Nebenamt deutlich hervor. In beiden

Referaten wurden wichtige Themen angesprochen: Ausbildung der Gehörlosenseelsorger, Gottesdienst, Seelsorge, das Verhältnis zur Schule und Fürsorge.

In der Zeitung: „Märkischer Taubstummenbote (die Chronik)" vom 1.1.1914 wurde von der Tagung berichtet, aber es wurden nur die für die Berufsausbildung wesentlichen Teile der Vorträge und Beiträge erwähnt.[9]

Zur Fürsorge des Staates gegenüber seinen Gliedern gehörte auch die Bildung. Für Preußen wurde am 7.8.1911 endlich das „Gesetz betreffend die Beschulung blinder und taubstummer Kinder" erlassen.[10] Auf die Ortsarmenverbände mit der Wohnsitzverpflichtung und die Kommunalverbände kamen nun zusätzliche Ausgaben zu. Es lohnt, die Diskussionen im Haus der Abgeordneten in der 66. und 84. Sitzung vom Mai 1911 nachzulesen. Der konversative Abgeordnete v. Kölichen sagte: „Seit 1873 ist 16 mal hier in diesem Hause der Antrag gestellt worden, daß eine zwangsweise Beschulung der Taubstummen und Blinden stattfinden soll."[11] „Im Jahre 1906 wurden 328 Blinde und 724 Taubstumme nicht eingeschult. Diese rund 1.000 müssen eingeschult werden, und es ist mir mitgeteilt worden, daß von den Taubstummen im ganzen preußischen Staat nur 52 % bis ans Ende der Schulzeit aushalten, 48 % werden von ihren Eltern zurückgenommen, weil die Eltern die Berechtigung haben. Erst durch den Zwang, den wir einführen wollen, werden sie in der Schule bleiben."[12] Der Zentrums-Abgeordnete Schmedding zitierte den Homberger Direktor Dr. Richter: „Daß innerhalb der Jahre 1905 bis 1909 nicht weniger als 1.101 Kinder zu spät zur Schule gebracht worden sind, während die Zahl der Kinder, die nicht lange genug in der Anstalt verblieben, sich in diesem Zeitraum auf 71 belief."[13] Bei der Diskussion wurde dann länger auf Konfessionen und konfessionell getrennte Schulen und die Unterbringung der Kinder nach Konfessionen eingegangen. Der Abgeordnete Styczynski, ein Pole, fragte die Dauer der Schulpflicht an und plädierte bei Taubstummen für eine Schulpflicht bis 18 Jahren. Wichtiger, auch für uns heute, ist sein Vorwurf gegenüber dem Gesetz: „Ich habe ... ausgeführt, daß in den Taubstummenanstalten der Provinzen Posen, Westpreußen, Ostpreußen und Oberschlesien ... die polnischen Kinder in deutscher Sprache unterrichtet werden und *kein Wort Polnisch lernen.*" Es geht dabei um etwa 400 Kinder. „Ich habe ausgeführt, daß solche *Rücksichtslosigkeit gegen fremdnationale taubstumme Kinder nirgends vorkommt, daß in allen zivilisierten Staaten*, in allen Nachbarstaaten, in Österreich, ja sogar in Rußland die taubstummen Kinder vor allem in der Sprache des Elternhauses unterrichtet werden. Eine geringfügige Ausnahme macht die *Taubstummenanstalt in Posen*, wo im 5. und 6. Schuljahr wöchentlich 8 Stunden, im letzten Schuljahr eigentlich nur 2 Stunden Polnisch erteilt werden [Worte im Orginal gesperrt gedruckt]."[14]

Jetzt endlich gab es in Deutschland überall die Schulpflicht. Doch kam es immer wieder zu Ausnahmen. Ich habe bei meiner sechsmonatigen Hospitation in der Gehörlosenschule in Friedberg/Hessen 1964 noch einen Jungen kennengelernt, der von den Eltern auf dem Land versteckt worden war und viel zu spät und unfähig zu laufen in die Schule kam. Dort lernte er zwar laufen. Dennoch blieb er in seiner ganzen Entwicklung zurück. Sie war nicht mehr aufzuholen. An diesem Beispiel wird die Scham deutlich, ein behindertes Kind zu haben. Die Einsicht, dass selbst ein behindertes Kind ein menschlich-liebenswertes Wesen ist, fehlt offenbar.

Einen Lichtblick für die Taubstummenfürsorge brachte das Jahr 1924: „Das Reichsgesetz für Jugendwohlfahrt vom 9. Juli 1922 ist durch Verordnung am 14. Februar 1924 auf Grund des Ermächtigungsgesetzes vom 8. Dezember 1923 in Kraft gesetzt."[15] 1908 wurde die öffentliche Armenpflege durch das Unterstützungswohnsitzgesetz geregelt. Alle weitere Unterstützung durch die Wohlfahrtspflege wurde der „freien Liebestätigkeit" überlassen. Das änderte sich nach dem Ersten Weltkrieg. Es kam zu einer öffentlichen Fürsorgepflicht, besonders für Kriegsbeschädigte und Kriegshinterbliebene. Die Reichsverfassung vom 11. August 1919 machte den Weg frei für eine Erweiterung über die öffentliche Armenpflege hinaus. Der Staat behielt sich vor, durch eigene Gesetzgebung Folgendes zu regeln: Das Armenwesen, die Mutterschafts-, Säuglings-, Kinder- und Jugendfürsorge, das Arbeitsrecht und den Arbeitsnachweis.

Durch das „Reichsgesetz für Jugendwohlfahrt" wurden die Berufsvorbildung und Berufsausbildung geregelt und zwar im Blick auf Lehrgeld, Schulgeld für den Besuch einer Fachschule, Handwerksgerät, Berufskleidung und Fahrtkosten. Für minderjährige Taubstumme wurde damit eine qualifizierte Berufsausbildung gewährleistet und zugleich die Arbeitsstelle gesichert. Nach § 13 konnte ein Taubstummer, der als schwererwerbsbeschränkt anerkannt war, nur mit Zustimmung der Hauptfürsorgestelle gekündigt werden. Während aber „der Blinde ohne Weiterungen als schwererwerbsbedingt angesehen werden *muß*, ist für den Gehörlosen, Schwerhörigen und Taubstummen erst ein besonderer Antrag auf Anerkennung zu stellen, die nach Anhörung des Arbeitsnachweises zwar zugebilligt werden kann, aber jederzeit widerruflich ist".[16]

Hier begann der Kampf um die Gleichstellung der Gehörlosen mit den Blinden, der bis heute andauert. Einem Blinden wurden freie Postsendungen gewährt, einem Gehörlosen nicht.[17] Gehörlosigkeit wird heute allerdings selbst von Gehörlosen nicht als Schwerstbehinderung eingeschätzt, sondern Gehörlose verstehen sich bezugnehmend auf die deutsche Gebärdensprache (DGS) als sprachliche Minderheit. Deutsch wird wie eine Fremdsprache gelernt.

Nach dem Reichsgesetz für Jugendwohlfahrt aus dem Jahr 1924 wurde Folgendes neu geregelt:
1. Die Unterstützung der Lehrlinge durch den König in der Regelung von 1817 wurde abgelöst. Es sollte noch einige Jahre dauern, bis die neuen Regelungen in allen Ländern des Reiches durchgesetzt wurden.[18] Auf

dem Land ließ sich das „Arbeitsrecht" schwieriger etablieren als in den Städten.
2. Schon am 18.3.1919 wurde in Preußen der moderne Berufsberater durch Ministerialerlass ins Leben gerufen.[19]
3. Am 8.3.1926 wurde von dem Ausschuss für Taubstummenwesen (vom Bund deutscher Taubstummenlehrer) die Einrichtung einer Zentralstelle für das Wohl der Gehörlosen beschlossen und der Beschluss dem Berliner Magistrat vorgelegt. Am 12.5.1926 stimmte der Magistrat zu, und am 1.10.1926 wurde die Zentralstelle eröffnet.[20]

Wie dringend notwendig gerade in Berlin eine Zentralstelle war, wurde an der Zahl von 8.505 Personen deutlich, die im Jahr 1927 die Zentralstelle aufsuchten. Die Reichsgebrechlichkeitszählung von 1925/26 ließ z. B. eine Zunahme der Taubstummheit unter den 7- bis 15-Jährigen im Vergleich zu den älteren (bis 40 Jahre zählenden) Gruppen erkennen, die sich durch die (1915–1917) auffallend hohe Morbidität durch Diphtherie, Scharlach und Typhus erklärte. In den Jahren 1905–1909 gab es eine epidemische Genickstarre, die eine erhöhte Anzahl von Taubstummen hervorbrachte. Für Preußen ergab die Zählung von 1925: 20.426 Taubstumme, oder 5,3 Taubstumme auf 10.000 der Bevölkerung. 1908 waren es noch 8,7. 1905 waren es noch 9 und 1871 10 Taubstumme.[21]

Noch nie war die Fürsorge für Gehörlose und Taubstumme so umfassend geregelt worden wie in den Jahren 1924 bis 1933. Nach der nationalsozialistischen Machtergreifung sollte sich ein Vorsatz verhängnisvoll auswirken: „Durch die Organe der Wohlfahrtsämter wird es möglich sein, die Taubstummen nach der Schulentlassung dauernd im Auge zu behalten."[22] Die umfassende Fürsorge aller Gehörlosen und deren Erfassung erleichterten der NS-Wohlfahrt den Zugriff zum Zweck der Zwangssterilisierung.

2 Kirchliche Zeitungen für Gehörlose

Wozu Zeitungen für Gehörlose? „Die lesen doch keine Zeitungen!" so urteilten einige Gehörlosenpfarrer auf dem Lande. Wo das zutrifft, ist versäumt worden, das Interesse zu wecken. Vor über hundert Jahren führte Oberinspektor Wilhelm Hirzel, ein Anhänger des Reformers der Gehörlosenbildung Friedrich Moritz Hill, die „Blätter für Taubstumme" in den Schulen Württembergs ein. Diese Gehörlosen-Zeitung war die erste in Deutschland. Sie wurde 1853 von dem Anstaltsleiter und Stadtpfarrer Wagner in Gmünd gegründet. Die „Blätter für Taubstumme" wurden auf Staatskosten jedem württembergischen erwachsenen Gehörlosen zugestellt. Ab 1872 hatte Hirzel die Zeitung weitergeführt. In der Anstalt in Gmünd wurden „an Stelle des Lesebuchs auf der Oberstufe vielfach schon die ,Blätter für Taubstumme' verwendet, um den Schüler in die Lektüre einzuführen und sie ihm *zum Be-*

dürfnis zu machen. Ein taubstummer Schüler, der nicht *freiwillig* liest, wird nach dem Schulaustritt sprachlich *rückwärts schreiten.*"[23] (Im Orginal gesperrt)

Aber auch Gehörlose gründeten Zeitungen. So gab ab 1871 der Geheime Kanzleisekretär Eduard Fürstenberg die Zeitung „Der Taubstummenfreund" heraus.[24] Als kirchliche Zeitung erschien 1896 in Trier der „Taubstummen Führer", von der Caritas herausgegeben. Auf evangelischer Seite arbeiteten Gehörlosenpfarrer bei acht um 1913 bestehenden Zeitungen für Gehörlose[25] mit, eigene Zeitungen haben sie nicht gegründet, 1893 bat K. Frank als Herausgeber von „Hephata", gegr. 1890, den EOK um Unterstützung seiner Zeitung. „Auch wir Taubstummenlehrer sind bestrebt, außer für die Erhaltung und Vermehrung der in der Schule erworbenen Kenntnisse und Fertigkeiten, für Fortbildung und geeignete Unterhaltungslektüre auch aus unseren Kräften, für die religiöse Erbauung der erwachsenen Taubstummen zu sorgen." Der EOK lehnte allerdings ein Empfehlungsschreiben für die Zeitung mit dem Argument ab, sich in Werbungsfragen grundsätzlich zurückzuhalten.[26]

Es konnte den evangelischen Gehörlosenpfarrern nicht gleichgültig sein, welche Zeitung gelesen wurde. Viele Jahre wurde der Zeitung: „Die Stimme" (ab 1927 Verbandszeitung des Regede) ein evangelischer Kirchenteil mit Namen „Aufbau" beigegeben, bis sein Erscheinen im Krieg, etwa 1942, eingestellt wurde. Durch Einstellen des Erscheinens oder Fusion änderten sich immer wieder die Namen der Zeitungen.

Eine Entwicklung, die in den Tagungsberichten des Reichsverbandes für evangelische Taubstummenseelsorger, heute DAFEG, nachgelesen werden kann.[27]

Alle Zeitungen standen untereinander in Konkurrenz, viele kamen über ihre Provinz nicht hinaus. Die Zeitung „Hephata" wurde 1901 als „Wegweiser für Taubstumme" von dem Taubstummenlehrer Mohnhaupt aus Halle und dem Pastor Johannes Preß aus Rhena in Mecklenburg neu herausgegeben. Ihre Leserschaft war zumeist territorial begrenzt.

Es war daher auch keine leichte Entscheidung, als der „Reichsverband evangelischer Taubstummenseelsorger" sich 1928 nach seiner Gründung für den „Wegweiser für Taubstumme" als Verbandsorgan entschied.[28] Allerdings wurde einerseits weiter am „Aufbau" mitgearbeitet, andererseits wurde der „Wegweiser für Taubstumme" nicht sofort in den Landeskirchen übernommen. Z. B. blieb in der Provinz Brandenburg der „Märkische Gehörlosen-Bote für Brandenburg" die Zeitung für die evangelischen gehörlosen Christen. Hier arbeitete Pfarrer Otto Bartel mit.

Zum 1.1.1939 konnte er die freudige Mitteilung machen: „Eine neue Heimatausgabe des Wegweisers. Wegweiser für Berlin und Brandenburg. – „Liebe Brandenburger! Zum neuen Jahr 1939 hat sich unsere evangelische Kirche entschlossen, Euch ein schönes Neujahrsgeschenk auf den Tisch zu legen. Den Wegweiser mit Heimatteil für Berlin und Brandenburg! Der Heimatteil wird immer die letzte Seite in dem ‚Wegweiser' sein. In der heutigen

1. Nummer ist er eröffnet worden mit einer Ansprache unseres verehrten Oberkonsistorialrats Gruhl. Ihm müssen wir unseren Dank aussprechen, wenn wir nun von jetzt ab alle 14 Tage den Wegweiser *vollständig kostenlos* bekommen. Herr Oberkonsistorialrat Gruhl hat dafür gesorgt, daß die Kirchenkreise, in denen Ihr wohnt, die Unkosten der Zeitung tragen." Bartel wünschte sich Berichte aus den einzelnen Gemeinden, so könnte ein schönes buntes Bild von „unserer" brandenburgischen kirchlichen Heimat entstehen.[29] Von dem Beschluss bis zur Einführung des „Wegweisers" dauerte es aber Jahre, in Württemberg z. B. bis 1936, in Brandenburg bis 1939.

Den Charakter des „Wegweisers" skizzierte Pfarrer Johannes Preß senior 1936 folgendermaßen: „Der Wegweiser wurde gegründet, um allen evang. Taubstummen zu dienen. Er war so gedacht, daß er schon in den Oberklassen der Anstalten gelesen werden konnte, und als Fortbildungsblatt über die Konfirmation hinaus dienen konnte. Das Blatt hat sich geändert, er [d. h. Preß – H. J. S.] sei damit einverstanden, bittet aber nicht zu weit zu gehen. Das Blatt solle nicht von Anfang bis Ende mit christlichen Artikeln gefüllt sein, sondern die Art des Sonntagsblattes mit der eines Fortbildungsblattes vereinigen."[30]

Über den Inhalt einer guten Gehörlosenzeitung hatte Direktor Johannes Karth (Breslau) beherzigenswerte Richtlinien aufgestellt, die heute noch weitgehend gültig sind. „Die Zeitung soll, bei zweimaligem Erscheinen monatlich, enthalten:
1. In Erzählform religiöse und Sittenbilder, die anschaulich die verschiedenen menschlichen Verkehrtheiten und Schwächen darlegen und die Folgen, die dadurch entstehen, in der Weise, daß auch der Leser ungezwungen eine Nutzanwendung für sich daraus ziehen kann – also religiöse und sittliche Motive ohne aufdringliche Moral.
2. Lebensbeschreibungen hervorragender Männer und Frauen, in erster Linie solcher, die sich um die Lage der Taubstummen, Blinden und anderer Hilfsbedürftiger verdient gemacht haben, ferner solcher von hervorragenden Taubstummen oder anderen, durch die Natur hart angefaßten, schließlich auch solcher von Hörenden besonders derjenigen, die sich aus einfachen, schlichten Kreisen durch Fleiß und Ehrlichkeit heraufgearbeitet haben.
3. Schilderung von Land und Leuten aus der näheren und weiteren Heimat des Taubstummen, die ihm die Schönheit der Heimat zeigen und geeignet sind, ihn mit Land und Leuten der Heimat vertraut zu machen.
4. Bilder aus der Geschichte der näheren und weiteren Heimat mit Darstellung einzelner allgemein bekannter verdienter Helden.
5. Kurze praktische Artikel aus dem Leben des Handwerks, des Landmanns, des Kaufmanns etc.
6. Ganz einfache und praktische mit Nutzanwendungen gehaltene Arbeiten aus dem Gebiete der Naturwissenschaften, der Gesundheitspflege, der Gesetzeskunde, der Volkswirtschaftslehre.

7. In einer Monatsschau ist das Wichtigste wieder zu geben, was Neues und auch für den Taubstummen Interessantes im Leben der Gegenwart sich abspielt. (Vereinfachte Zusammenstellung aus Zeitungen.)
8. Zahlreiche Illustrationen haben das Geschriebene zu beleben und zu ergänzen.
9. Diese Zeitschrift muß den Taubstummen umsonst oder zu einem ganz billigen Preise abgegeben werden."[31]

Nach dem Zweiten Weltkrieg erschienen in den einzelnen Landeskirchen verschiedene evangelische Zeitungen bzw. Mitteilungsblätter: „Hephata" (Westfalen), „Unser Freund" (Niedersachsen/Braunschweig), „Blätter für Gehörlose" (Süddeutsche Vereine), „Blatt für Gehörlose in Berlin", „Hephata" (Rheinland)[32] und eine katholische Zeitung: „Hephata", 1947 für alle Bistümer. Auf der ersten Sitzung der DAFEG nach dem Krieg 1949 in Treysa wurde der Wunsch ausgesprochen, den „Wegweiser für Gehörlose" wieder herauszugeben. Ab 1952 war es dann nach der finanziellen und organisatorischen Klärung endlich so weit. Die Zeitung hieß nun: „Unsere Gemeinde" mit dem Untertitel „Wegweiser für Gehörlose". Der Zeitungskopf wurde von einem gehörlosen Künstler entworfen. Die Zeitung bot immer eine Andacht, eine Seite für die Jugend und ab 1970 Mitteilungen über „Mission of the Deaf in Africa". Einen großen Teil machten die Regionalmitteilungen aus den Landeskirchen aus.

Die Zeitung „Unsere Gemeinde" wurde in allen westlichen Landeskirchen außer in Berlin (West) eingeführt. In Westberlin sollte der Kontakt zum Ostteil der Stadt solange wie möglich aufrechterhalten werden. In Berlin (West) wurde sie erst 1975 eingeführt, die Gehörlosen bezahlten sie jedoch selbst. Die Landeskirchen, bzw. die Kirchenkreise, übernahmen auch die Kosten, so dass jeder evangelische Gehörlose die Zeitung von seiner Landeskirche bekam.[33]

Nach dem Krieg gab Otto Bartel ein Mitteilungsblatt heraus, das ab Juni 1948 in größerem Format mit einer Vignette eines gehörlosen Künstlers erschien. Sein Titel lautete: „Wegweiser zu Christus – Kirchliches Mitteilungsblatt für Gehörlose". Dieser Kopf ist bis heute in den Mitteilungen des Ev. Gemeindevereins der Gehörlosen Berlins erhalten. Der „Wegweiser zu Christus" hatte sich bis 1975 zu einem reinen Vereinsblatt nur für Berlin (West) entwickelt und erreichte nicht mehr alle evangelischen Gehörlosen. Ab 1.12.1975 konnte in Berlin (West) ein gedruckter „Gemeindebrief" für alle evangelischen Gehörlosen in Berlin (West) unentgeltlich herausgegeben werden. Nach dem Zusammenschluss der Gehörlosengemeinden 1990 erschien er für Berlin und Umgebung. In Berlin (DDR) und im Land Brandenburg wurde nach 1961, soweit das in Bezug auf Papierzuteilung, Erlaubnis der Inneren Mission und des Staates der DDR möglich war, ein kopierter Rundbrief mit einer Andacht und Gottesdienstterminen versandt. Diese Form blieb bis zur Wende bestehen.

„Unsere Gemeinde" ist die Zeitung, die nunmehr alle evangelischen Gehörlosen in Deutschland verbindet. Die verantwortlichen Redakteure Pfarrer Paul Gallenkamp, Kirchenrat Johannes Heinisch, Taubstummen Oberlehrer (TOL) Reinhard Eisenberg und TOL Jochen Jaeckel haben das Erscheinungsbild dieser Zeitung unter großem persönlichen Einsatz viele Jahre lang geprägt.

3   Bibelteile und Andachtsbücher für Gehörlose

Der geschichtlich älteste Gehörlosenunterricht war, direkt oder indirekt, immer Religionsunterricht. So verfaßte Samuel Heinicke 1775 sein biblisches Geschichtsbuch: „Biblische Geschichte des Alten Testaments zum Unterricht taubstummer Personen", von Samuel Heinicke, Cantor und Organist in Eppendorf, bey Hamburg. Erste Abteilung. Hamburg, in der Heroldschen Buchhandlung, 1775. Dazu bemerkt Winnewisser: ... „Das folgende Jahrhundert, das für den Ausbau und die Verbreitung der Taubstummenbildung im Abendland mehr getan hat als Jahrtausende vorher, verleugnete keineswegs die religiösen Wurzeln dieses Bildungswesens. Denn es brachte allein 32 evangelische Religionsbücher für hörgeschädigte Schüler hervor."[34]

Ferner erschienen folgende wichtige Werke: 1819 hatte Direktor Carl Gotthold Reich, Direktor der Taubstummenanstalt in Leipzig, einen „Entwurf eines Religionsunterrichts für unsere Taubstummen" und „Sonntägliche Evangelien" für erwachsene Gehörlose veröffentlicht.[35] Friedrich Moritz Hill, später erster Lehrer und Inspektor an der Provinzial-Taubstummenanstalt in Weißenfels, setzte sich mit dem Religionsunterricht endlich systematisch auseinander. „War doch für ihn religiöse Sittlichkeit und bürgerliche Brauchbarkeit" das erstrebenswerte Ziel aller Taubstummenerziehung. Schon ehe die Kinder einer religiösen Einwirkung durch die Sprache zugängig waren, sollten sie durch den Besuch des Gotteshauses in eine religiöse Stimmung versetzt werden. Eine weitere Vorbereitung erfuhr dann der Religionsunterricht schon in der Lautsprache durch tägliche Gebete und Hinweise auf Gott und die Pflichten gegen ihn und unsere Nächsten."[36] Man geht sicher nicht fehl in der Annahme, hier auch einen Ansatz für das zu erkennen, was wir heute als „Gemütsbildung" bezeichnen.[37]

Durch einen Artikel „Der erste Religionsunterricht in der Taubstummenschule", den Friedrich Moritz Hill 1846 in der „Darmstädter Allgem. Schulzeitung" veröffentlichte, suchte er die Aufmerksamkeit der Fachgenossen auf diesen Lehrgegenstand zu lenken, der bis dahin in den meisten Anstalten recht stiefmütterlich betrieben worden war. Nach einem wenig erfolgreichen Versuch, 1847 eine „Taubstummenbibel" herauszugeben, blieb das Schulbuch von 1853 über fünfzig Jahre in den Schulen bestimmend. Sein Titel: „Biblische Geschichten aus dem Alten und Neuen Testament für Volksschulen bearbeitet und mit Aufgaben zur Bearbeitung in Schule und Haus versehen." Eine 7. Auflage erschien 1907.[38]

Bei der Konferenz der Taubstummenseelsorger der Provinz Brandenburg in Berlin am 14.4.1913, bei der von 14 eingeladenen Gehörlosenseelsorgern zehn anwesend waren, wurde „von einigen Seiten mitgeteilt, daß in den Taubstummenanstalten ein Lehrplan für den Religionsunterricht besteht, ein Verzeichnis von Sprüchen, Liedern und biblischen Geschichten, die von den Kindern gelernt werden. Für die Geistlichen wäre es von großer Wichtigkeit, dieses Verzeichnis zu kennen, um im Gottesdienst auf diesen eingeprägten Schatz religiöser Kenntnisse als sichere Grundlage Bezug nehmen zu können. Es wurde daher die Bitte ausgesprochen, das Königliche Konsistorium möchte von dem Königlichen Provinzialschulkollegium die Mitteilung des Lehrplanes (von dem jetzt eine neue Bearbeitung im Werk sein soll) erwirken zur Bekanntgebung an die Geistlichen".[39]

Der Geheime Rat Saenger schrieb daraufhin am 9. Mai 1913 an das Provinzialschulkollegium und erhält am 30. August 1913 folgende Antwort: „Ein einheitliches Verzeichnis der zu behandelnden religiösen Stoffe ist nicht vorhanden. Wohl aber hat jede Taubstummenanstalt ihr eigenes Pensenverzeichnis. Wir erlauben uns, Abschriften derselben hiermit zu übersenden."[40] Die Königliche und die Städtische Taubstummenanstalt zu Berlin gliederten den biblischen Stoff, Lieder und Gebete nach der Sprachentwicklung von der 6. Klasse bis zur 1. Klasse (königlich), von der 5. Klasse bis zur 8. Klasse (städtisch). Sie verwiesen dabei auf die „Biblischen Geschichten" von Hill. Die Schulen in Wriezen und Guben brachten nur einen allgemeinen Stoffplan. Für den Religionsunterricht galten viele Jahre die Lehrpläne der Volksschule. Das zeigte TOL Paul Kunze auf der Tagung 1935 bei seinem Referat: „Religionsunterricht auf der Oberstufe und Konfirmandenunterricht in der Taubstummenanstalt". Er legte den Stoffplan der Taubstummenanstalten Sachsens zugrunde,[41] nicht aber das Handbuch des Taubstummenwesens, in dem Otto Krafft, Königsberg i. Pr., die Grundlagen des Religionsunterrichts geschichtlich und inhaltlich mit Beispielen beschrieben hatte.[42]

Zu keiner Zeit war es selbstverständlich, dass ein Gehörlosenpfarrer mit dem Religionslehrer beim Religions- und Konfirmandenunterricht zusammenarbeitete. Ausdrücklich wurde z. B. 1941 Pfarrer Artur Krasa und Pfarrer Otto Bartel der Unterricht an der Schule untersagt. In der DDR durften die Gehörlosenpfarrer die Gehörlosenschulen nicht betreten, um Konfirmanden zum Konfirmandenunterricht oder zur Christenlehre abzuholen. In der BRD entwickelte sich ein gutes Miteinander, so dass einzelne Gehörlosenpfarrer an den Gehörlosenschulen beim Konfirmandenunterricht mitwirkten oder ihn selbst hielten.

Bei der oben genannten Konferenz in Berlin vom April 1913 ging es auch um die Frage, ob Erbauungsbücher erarbeitet werden müssten. Die Anfrage wurde mit dem Hinweis auf die bereits vorhandenen verneint. Auf dem Markt waren zwei herausragende Bücher vorhanden: „Er muß wachsen"[43] und „Erbauungsbuch für evangelische Taubstumme".[44]

Da in der Schule die Bilder von Julius Schnorr v. Carolsfeld verwandt wurden, nahmen z. B. Pfarrer Lic. Otto Naunin und Taubstummenlehrer Kloß diese Bilder in ihrem Erbauungsbuch „Er muß wachsen" von 1913 auf. Dieses Buch enthält für jeden Sonntag des Kirchenjahres ein Bild, eine Predigt und ein Gebet. Anders verfuhr Rudolf Wollermann. In seinem Erbauungsbuch veröffentlichte er 110 Lieder, 14 Psalmen und Gebete, eingeteilt in tägliche Gebete und Festtagsgebete, dazu eine Ordnung gottesdienstlicher Handlungen, den kleinen Katechismus D. Martin Luthers, Sprüche und Sprichwörter, sowie Sonn- und Festtagsevangelien.

Die Frage nach einer Vereinheitlichung der Liturgien in Deutschland wurde erst 1932 wieder bei der Tagung des Reichsverbandes evangelischer Gehörlosenseelsorger in Leipzig aufgenommen. Der Anstoß dazu ging von Johannes Blindow 1931 durch sein „Kirchliches Handbuch für evangelische Taubstummengemeinden"[45] aus. Er wies selbst darauf hin, dass dieses Buch zu einem weiteren Ausbau der Liturgie führen könne.[46] Zu den Sonntagen im Kirchenjahr, außer zu den Festtagen, bot er jeweils drei verschiedene Liturgien, die sich an die Perikopenordnung halten.

Ein weiteres Buch war für den Religionsunterricht und die Gemeinden viele Jahre bestimmend: „Biblische Geschichten in schlichter Sprache". Es war von dem Oberlehrer G. Mey für Sonderschulen geschrieben und erlebte unter G. Werner als „Kommt her zu mir. Biblische Geschichten in schlichter Darstellung", mit 33 Bildern von Paula Jordan, 11 Auflagen. Es wurde 1957 in Lizenz in der DDR zugelassen.[47]

Nach dem Zweiten Weltkrieg standen nur wenige Bücher zur Verfügung. Bei der ersten Tagung der Taubstummenseelsorger in Hephata bei Treysa 1949 wurde eine Bestandsaufnahme durchgeführt. Es konnten nur genannt werden: „Biblische Geschichte" von Johannes Vatter, „Biblische Geschichten" von G. Mey (vergriffen), „Evangelisches Religionsbuch" von Gg. Neuert, Duden-Verlag Leipzig.[48] Es sollte Jahre dauern bis geeignetes Material vorgelegt werden konnte.

Die AeGD brachte 1957 „zur evangelischen Unterweisung im Anfangsunterricht an Gehörlosenschulen" noch einmal das Buch „Geschichten von Jesus" in farbigen Bildern von Schnorr v. Carolsfeld heraus,[49] obwohl Bilder von Paula Jordan oder z. B. in „Biblische Geschichte" mit den Worten der Heiligen Schrift erzählt von Otto Dietz mit Holzschnitten von Annemarie Naegelsbach seit 1932 verbreitet waren.

Noch 1964 wurden mir als Hospitant an der Gehörlosenschule in Friedberg/Hessen für den Anfangsunterricht die „Geschichten von Jesus" mit Bildern von Schnorr v. Carolsfeld empfohlen, die aber schon vergriffen waren. Während meiner Ausbildung im Predigerseminar 1962 wurde ich mit dem Buch: „Evangelisches Kinderbüchlein" aus der Reihe „Wort und Zeugnis" Band 1, bekannt. Die Bilder waren von Evamaria Bode, Kassel, in Ölkreidekratztechnik gestaltet. Von derselben Künstlerin erschien auch ein Ringbuch mit mehrfarbigen Linolschnitten „Jesus ruft dich", Fibel für die evangelische

Unterweisung (für Sonder- bzw. Hilfsschulen) Band 10, 1962.[50] Dieses Ringbuch ließ Erweiterungen und eigene Texte zu. Mit meinem Mentor versuchte ich damals, das Buch für gehörlose Kinder der 2. und 3. Klasse umzuarbeiten. Drucktechnische Fragen waren geklärt. Die Bilder sollten ohne Text erscheinen, um so, je nach Sprachstand der Kinder, eigene Texte zu erarbeiten. Von den kirchlichen Herausgebern wurde ein Veto eingelegt, ohne die besondere Situation gehörloser Kinder zu berücksichtigen oder gar zu verstehen.

Nicht bekannt war uns damals, dass Dozent Alfred Winnewisser eine Religionsbuchfibel mit 82 mehrfarbigen Linolschnitten von Evamaria Bode vorbereitete. Dieses Buch kam jedoch nie heraus. Stattdessen erschien 1980 eine Überarbeitung des Werkes „Jesus aus Nazareth" von Dietrich Steinwede,[51] als Sachbilderbuch in einfacher Sprache erarbeitet von Dozent Alfred Winnewisser, Titel: „Von Jesus". Ihm ist ein Frageteil (Beiheft) beigegeben, der das Textverständnis vertieft.[52]

Um ein Beispiel für die Schwierigkeit aufzuzeigen, einen vereinfachten Text noch einmal zu vereinfachen, weise ich auf „Von Jesus" Seite 42 hin, ebenso Seite 38–39 (Jesus aus Nazareth). Es heißt dort im Vergleich:

☐ *Steinwede S. 39*
„Die Schriftgelehrten sagen: Wenn dich einer schlägt, schlag ihn wieder. So steht es geschrieben.
Jesus sagt: Schlag nicht wieder! Vergelte nicht Böses mit Bösem!
Die Schriftgelehrten sagen: Ihr sollt euren Freund lieben, der zu eurem Volk gehört, euren Feind nicht.
Jesus sagt: Helft euren Feinden, die nicht zu eurem Volk gehören, wenn sie euch brauchen. Helft auch den Samaritern. So will es Gott. Jeder ist euer Nächster.
Viele Menschen sind entsetzt, wenn Jesus so redet."

☐ *Winnewisser S. 42*
„Beispiel Streit:

Die Schriftgelehrten lehren:	Jesus lehrt:
Wenn man dich schlägt, dann schlage kräftig zurück!	Nein schlage nicht zurück!
Du sollst deinen Feind hassen.	Du sollst nichts Böses tun.
	Du sollst die Feinde lieben."

Die unbedachte Weitergabe dieses Textes durch mich führte in Berlin zu einem Schriftwechsel bis zur EKD und zur Entschuldigung meinerseits bei der jüdischen Gemeinde. Das Verhältnis von Juden und Christen ist immer noch spannungsgeladen. So sorgen falsche Übersetzungen für unnötige Irritationen. Es geht neben der sprachlich sachgerechten Vereinfachung immer auch um die theologisch zu erarbeitenden Bibelabschnitte. Das erfordert viel Mühe, wie auch die Vereinfachung theologischer Inhalte für eine Predigt.

Mit „Licht der Welt"[53] war 1965 ein Buch für die Oberstufe und die Berufsschule erschienen, das 15 klassische Bilder in Schwarz-Weiß und auch zweifarbige Bilder enthielt und gern von erwachsenen Gehörlosen angenommen wurde. Die Frage der Bebilderung eines Bibelabschnitts für ein Schulbuch war damals schwieriger als heute, doch die Kosten der Bilder schlagen auch heute noch zu Buche. Es war deshalb eine Erleichterung, dass Paula Jordan ihre Bilder für „Die Gaben Gottes" zur Verfügung stellte. Dieses Buch stellte den Versuch dar, das Buch „Kommt her zu mir" für die Mittel- und Oberstufe der Gehörlosenschulen durch einen einfachen Text mit Bildern einer Künstlerin zu ersetzen.[54]

Auf der anderen Seite gab es Bücher mit modernen Bildern, etwa: „Seht so ist Gott", erschienen in Zwickau 1961. Es war in der DDR sehr verbreitet.[55] Dieses Buch enthält je 35 Texte aus dem Alten und Neuen Testament. Auf einer Seite befindet sich ein Bild, auf der gegenüberliegenden ein erzählender Text mit Gebet und ein Lerntext.

In Berlin hatte Otto Bartel 1948 ein kleines Heft mit 15 Seiten herausgegeben: „Ewiger Grund. 1. Handreichung für den Religionsunterricht an gehörlosen Kindern." Es enthält die fünf Hauptstücke, eine Erklärung des Gottesdienstes, Beichte und Abendmahl, ein Gang durch das Kirchenjahr, eine Kurzfassung des Lebens von M. Luther, Gebete und 21 Lieder.[56] 1953 konnten Bartel und Bernhard Stoevesand eine „Evangelische Christenlehre für Gehörlose", Arbeitsgemeinschaft der Gehörlosenseelsorger Berlin-Brandenburg (Hg.),[57] Kindern und Erwachsenen in die Hand geben.

Ein neuer Impuls kam durch Professor Klaus Schulte. Seit 1969 gab es die Arbeitsgruppe „Phasengerechte Verkündigung" (Arbeitsgemeinschaft Selektivsprache). Diese ökumenische, überregionale Arbeitsgemeinschaft erarbeitete in 20 Sitzungen Evangelientexte für die Sonntage im Blick auf das Sprachvermögen der Schulkinder in „drei unterschiedlichen (Sprach-)Verständnisstufen gehörloser und hochgradig schwerhöriger Kinder". Das Besondere war, dass sie sich „überregional, interkonfessionell, inter- und intradisziplinär" zusammensetzte. Das erarbeitete Buch „Phasengerechte Verkündigung"[58] enthält ein Raster, nach dem biblische Abschnitte in einfache Sprache übertragen werden können. In diesem Zusammenhang erschien in derselben wissenschaftlichen Reihe das Buch „Religionsunterricht und Sprachförderung bei Hör-Sprach-Geschädigten" von Dietfried Gewalt und Horst Gloy. Einige Mitglieder der Arbeitsgemeinschaft konstituierten als Fortsetzung den ökumenischen „Bretzenheimer Kreis", benannt nach dem Tagungsort „Bretzenheim" an der Nahe. Es entstanden „Gleichnisse und Wunder von Jesus" in drei Phasen: „Jesus bei den Menschen", und zwei verschiedene Fassungen von „Evangelium – Gleichnisse und Wunder von Jesus". Ein Lehrerheft brachte allerdings zu kurze Erläuterungen für Textabweichungen bei der Übertragung. So kann man manchmal nur erraten, was die Verfasser bewogen hat, zu streichen oder zu ändern.[59] Von dem „Bretzenheimer Kreis" wurden anschließend weitere Teile bearbeitet: „Von

Jerusalem nach Rom", die Apostelgeschichte (1980), ein sehr geraffter Ausschnitt aus dem Alten Testament: „Väter, Könige und Propheten", „Apostelbriefe" I [Jakobus, Petrus, Johannes und Judas], (1984), „Apostelbriefe" II [Die Briefe des Timotheus, an Titus, an Philemon und an die Hebräer], (1986). Besonders zu erwähnen ist, dass diese Bände in der DDR im St. Benno Verlag erscheinen konnten. Auch der Versuch, eine ökumenische Kirchengeschichte zu schreiben, wurde gewagt: Die „Ökumenische Kirchenkunde" erschien 1990 in einfacher Sprache. Ihr folgte: „Werden und Wachsen des Christentums", Kirchengeschichte in einfacher Sprache bis 1500 (1990) und Band 2 „Werden und Wachsen des Christentums", Kirchengeschichte in einfacher Sprache 1500 bis 1918 (1993).

Für den schulischen Bereich und den Konfirmandenunterricht wurde die sehr verdienstvolle Erarbeitung eines Rahmenplanes für alle Gehörlosenschulen in der Budesrepublik wichtig: „Evangelischer Religionsunterricht an Gehörlosenschulen Rahmenrichtlinien", 2. verbesserte Auflage 1980.[60]

Erstmals ist hier ein bibelorientierter mit einem themenorientierten Unterricht verbunden. Ausführliche Beschreibungen der Lernziele, Lerninhalte, methodische Hinweise, Medien, zu behandelnde Wörter und Begriffe erleichtern den Gebrauch.

Leider blieb die Arbeit an einem ausführlichen Konfirmandenbuch nach einigen sehr guten Vorlagen, z. B. zum Gebet, im Ansatz stecken.

Für jugendliche Schulabgänger legte die AeGD 1966 ein Büchlein auf: „Dein Leben liegt vor dir".[61] Es ist reich bebildert mit guten Texten, wurde aber leider nur in kleiner Auflage veröffentlicht. Daher war es sehr schnell vergriffen. Eine Wiederauflage kam nicht zustande.

Für Schüler wie Erwachsene interessant sind die von Heinz Barow geschriebenen „Frankfurter Hefte", mit Themen wie: Weihnachten, AIDS, Gleichnisse neu erzählt, Sekten. 22 Hefte erschienen.[62]

Nicht erfasst wurde die entstehende Belletristik und Sachbücher. Etwa ab 1975 vollzog sich die Herausgabe von Literatur für Gehörlose. Einfachere Druckverfahren und gute Kopiergeräte, später Computer, trugen dazu bei. Die Informationen der DAFEG ab 1979 und die RKGS[63] ab 1976 liefern regelmäßig Literaturhinweise.

Anmerkungen

1 Bräuer, Hermann (Direktor in Liegnitz), in: Wende, Gustav, Halle 1915, S. 167. Eine Beschreibung der zehn Heime, die es in Deutschland gab, darunter ein jüdisches Heim in Berlin, findet man hier im Buch.
2 Wende, Gustav a.a.O., S. 220.
3 Paul, Horst: Manuskript Maschinenschrift, Nov. 1988, S. 4. Diese Anstalt steht nicht im Buch von Gustav Wende.
4 Wende, Gustav a.a.O., S. 110.
5 Verein preußischer Taubstummenlehrer, Die preußische Taubstummenfürsorge, 8.11.1913 zu Berlin, Berlin 1914, Teilnehmerliste, S. 8–14.

6 Konsistorium der Provinz Brandenburg, Berlin, den 11.10.1905, Vorlage für die elfte ordentliche Brandenburgische Provinzialsynode 1905, EZA 7/4380, 181.
7 Verein preußischer Taubstummenlehrer, Die preußische Taubstummenfürsorge, a.a.O., S. 69. Dehn, Günter: Die alte Zeit die vorigen Jahre. München 1964, 2. Aufl., S. 169: „Der ungelernte Arbeiter brachte es auf 20 bis 25 Mark in der Woche, der Arbeitsbursche auf 14 bis 16 Mark. Die gelernten oder auch nur angelernten Arbeiter in den großen Werken der Elektro- oder Metallindustrie verdienten 30 bis 35 Mark." (Günther Dehn war von 1911 bis 1933 Pfarrer in der Reformationsgemeinde Berlin-Moabit, einer Arbeitergemeinde.) Maria Wallisfurth beschreibt in knapper, anschaulicher Form im Zusammenhang mit dem Leben ihrer taub geborenen Mutter das Leben in Freilingen in der Eifel. Das Leben war von Not und schwerer Arbeit gekennzeichnet. Die Mutter besuchte die Gehörlosenschule in Aachen von 1905 bis 1913. Wallisfurth, Maria: Sie hat es mir erzählt, Herder Freiburg 1982, 5. Aufl., S. 1–121 identisch mit Wallisfurth, Maria: Lautlose Welt, Das Leben meiner gehörlosen Mutter. Serie Pieper 2541, 2. Aufl., München 1998, S. 5–277
8 Zentral-Verein für das Wohl der Taubstummen. Jahresbericht für das Jahr 1912, Berlin 1913, EZA 7/5518, 3–4.
9 Märkischer Taubstummenbote (Die Chronik) Nr. 1, 9. Jahrgang, Berlin 1.1.1914, ELAB 14/ 968, 2–4.
10 Gesetz betreffend die Beschulung blinder und taubstummer Kinder nebst Ausführungsanweisungen mit Anhang: Prüfungsordnungen für Lehrer und Lehrerinnen sowie Direktoren und Direktorinnen an Taubstummenanstalten und Blindenanstalten, Berlin 1912.
11 Sitzungsprotokoll Haus der Abgeordneten 66. Sitzung 4.5. und 26.5.1911, EZA 7/4465 Spalte 5650–5680, 6988–7030, a.a.O., Sp. 5651.
12 Ebd., Spalte 5652.
13 Ebd., Spalte 5655.
14 Ebd., Spalte 5669 siehe auch Anmerkung über die gehörlose Frau in Lauterbach/Hessen, die aus der Provinz Posen kam. Ab 1911 gab es in Deutschland überall die Schulpflicht. Doch kam es immer wieder zu Ausnahmen. Ich habe bei meiner sechsmonatigen Hospitation in der Gehörlosenschule in Friedberg/Hessen 1964 noch einen Jungen kennengelernt, der von den Eltern auf dem Land versteckt war, und viel zu spät und unfähig zu laufen, in die Schule kam. Dennoch blieb er in seiner ganzen Entwicklung zurück. Sie war nicht mehr aufzuholen. An diesem Beispiel wird die Scham deutlich, ein behindertes Kind zu haben. Die Einsicht, dass ein behindertes Kind ein menschlich-liebenswertes Wesen ist, fehlt offenbar.
15 Richter, August: Die deutsche Reichsfürsorge für taubstumme und andere anormale Kinder. Osterwieck am Harz, o.J. [1924], S. 9.
16 Ebd., S. 13.
17 Ebd., S. 19/20.
18 Richter, August: Diskussionsbeitrag, in: Tagung für Taubstummen Fürsorge 18. und 19. Mai 1928 in Berlin. BDT, Leipzig 1928, S. 41–43.
19 Richter, August: Die deutsche Reichsfürsorge, Osterwieck [1924], S. 22 ff: Vom Berufsberater werden Kenntnisse in Betriebswissenschaft, Gewerbehygiene, Arbeitspsychologie, Kenntnisse in Arbeitsrecht, Sozial- und Berufspolitik erwartet. Bei Schwerhörigen, Gehörlosen, Taubstummen und sprachlosen Geistesschwachen sollte auch ein Ohrenarzt und Psychiater neben dem Vertreter für den Zögling gehört werden.
20 Liepelt, Johannes: Bilder aus der Berliner Gehörlosen-Fürsorge, in: BDT Tagung 1928, S. 99–102.
21 Statistische Korrespondenz Nr. 32 Berlin 21.8.1930. Die Religionszugehörigkeit der Taubstummen wird von jeher bearbeitet. So ergibt sich bei den Juden eine stärkere Belastung, die bei 9 liegt. Dies wird allgemein auf das häufigere Vorkommen von Verwandtenehen zurückgeführt.
22 Richter, August: Die deutsche Reichsfürsorge. 1924, S. 15.

23 Griesinger, in: Wende, Gustav, S. 375–376.
24 Allgemeine Deutsche Gehörlosen-Zeitschrift Nr. 10, Berlin, den 15.05.1927, Eduard Fürstenberg am 3.5.1927, dem hundertsten Geburtstag. Dazu auch: Schumann, Paul a.a.O., 1940, S. 415f.
25 Huschens, Jakob Direktor in Trier, in: Verein preußischer Taubstummenlehrer, Berlin 1914, S. 89–104.
26 Frank, K.: Schreiben an das Konsistorium der Provinz Brandenburg, Schleswig, den 22.12.1893, EZA 7/4377.
27 DAFEG, Sammelband Dokumente und Berichte, Göttingen 1989.
28 Ebd., S. 27–28, 66–68.
29 Wegweiser für Berlin und Brandenburg in: Wegweiser für Gehörlose, 39. Jahrgang, Nr. 1, Stettin, den 1.1.1939, Hauptschriftleiter W. Siefert, S. 2 und 12.
30 Preß, Johannes sen., in: DAFEG Sammelband, Göttingen 1996, S. 125.
31 Huschens, Jakob, zitiert Direktor Karth, Johannes, in: Verein preußischer Taubstummenlehrer, Versammlung preußischer Fürsorgevereine 1914, S. 90/91.
32 DAFEG Sammelband und Berichte 1996, S. 145.
33 In Hessen-Nassau wurde die Bezahlung durch die Kirchenkreise praktiziert. Das bedeutete, der Gehörlosenpfarrer hatte beim jeweiligen Dekan um die Gelder zu bitten. Auf die Dauer war das nicht durchzuhalten. Etwa 1970 wurde das Verfahren geändert, die Kirchenleitung übernahm die anfallenden Kosten pauschal. Desgleichen bekamen auch alle evangelischen Gehörlosen in Bayern „Unsere Gemeinde" von der Landeskirche kostenlos.
34 Winnewisser, Alfred: Der Religionsunterricht bei hörgeschädigten Kindern in: Hörgeschädigte Kinder, Sonderheft 7: religiöse erziehung hörgeschädigter kinder, Kettwig 1967, 16.
35 Schumann, Gustav in: Deutsche Taubstummenanstalten 1915, 3–4.
36 Reuschert, E.: Friedrich Moritz Hill: der Reformator des deutschen Taubstummenunterrichts, Berlin 1905, S. 104.
37 In der Hörgeschädigten Pädagogik, Beiheft 19, beschäftigte sich die Bodenseeländertagung 1986 ausführlich mit dem Thema: Gemütsbildung in der Erziehung und Schulung Hörgeschädigter – Auftrag oder Luxus? Siehe besonders den Vortrag von Dr. Helga Voit: Emotionale Förderung gehörloser Kinder. 1986, S. 92–116.
38 Hierzu bemerkt Reuschert, Emil Friedrich: „Dieses biblische Historienbuch unterscheidet sich von Sammlungen ähnlicher Art, die in erster Linie für Volksschulen bestimmt sind, durch eine Beschränkung des Stoffes und durch eine größere Einfachheit im sprachlichen Ausdruck. Besonders befleißigte sich Hill, alle komplizierten sprachlichen Konstruktionen durch einen einfachen Satzbau zu ersetzen. An jede Geschichte schlossen sich eine Anzahl Sprüche, Aufgaben und Fragen an. Hill schrieb dazu: Daß sich diese Fragen vorherrschend an das Historische halten, wird man nicht tadeln; das tiefere Eingehen muß billig dem Lehrer überlassen bleiben, weil es teils durch dessen individuelle Auffassung, teils von der Fähigkeit der Schüler abhängt ... Er wollte dem Lehrer nicht etwa damit Muster und Beispiele für seine unterrichtliche Tätigkeit darbieten, noch viel weniger sollten ihm die Fragen als Knecht dienen, dergestalt, daß er aus Bequemlichkeit in den Unterrichtsstunden einfach herunterlas, sondern sie waren nach einer gründlichen Durcharbeit der Geschichte für die private, schriftliche Beschäftigung der Schüler bestimmt. Wir müssen nämlich immer im Auge behalten, daß damals nicht für jeden Jahrgang der Schüler eine besondere Lehrkraft zur Verfügung stand. Da war es öfters nötig, daß einige Abteilungen schriftlich beschäftigt wurden, während der Lehrer mit einer anderen mündlich zu tun hatte. Hills ‚Biblische Geschichte' hat viele Auflagen erlebt; denn sie war in den meisten evangelischen Taubstummenanstalten Deutschlands eingeführt. Nach Hills Tode gab sie sein Amtsnachfolger Köbrich und nach dessen Hinscheiden Direktor Francke zu Halle heraus." Reuschert, Emil Friedrich a.a.O., S. 104–105.

39 Saenger, G. Rat an das Konsistorium, Berlin, den 22.4.1913. Bericht über die Konferenz der Taubstummenseelsorger zu Berlin am 14.4.1913 (handschriftl.), ELAB 14/968.
40 Königl. Provinzial-Schulkollegium Schreiben an das Konsistorium der Provinz Brandenburg, Berlin, den 30.8.1913, ELAB 14/968.
41 Kunze, Paul: Redebeitrag in: DAFEG, Sammelband Dokumente und Berichte 1989. S. 125–127.
42 Krafft, Otto: Der Religionsunterricht, in: Handbuch des Taubstummenwesens, hg. v. BDT, Osterwieck am Harz, 1929, S. 394–439.
43 Naunin, Otto/Kloß: Er muß wachsen! Predigt- und Erbauungsbuch für evangelische Taubstumme, hg. v. Pastor Lic. theol. Otto Naunin, Ostrowo und Taubstummenlehrer Kloß, Posen, Diesdorf bei Gräbendorf 1913.
44 Wollermann, Rudolf: Erbauungsbuch für evangelische Taubstumme zum Gebrauch in Kirche, Schule und Haus, Gütersloh 1912.
45 Blindow, Johannes: Kirchliches Handbuch für ev. Taubstummengemeinden, Wuppertal-Barmen 1931.
46 Blindow, Johannes in: Deutsche Gehörlosenseelsorge Sammelband Dokumente und Berichte 1989, S. 110–111.
47 Werner, Gertrud / Mey, G.: Kommt her zu mir, Biblische Geschichte in schlichter Darstellung, mit Bildern von Paula Jordan, 11. Aufl., Hannover 1967, vgl. Alfred Winnewisser in: religiöse erziehung für hörgeschädigte kinder, S. 17.
48 Vgl. DAFEG, Sammelband Dokumente und Berichte 1989, S. 149.
49 Geschichten von Jesus, in farbigen Bildern nach Schnorr v. Carolsfeld, hg. v. AeGD Stuttgart, 55–56 Tausend, Stuttgart 1957.
50 Wort und Zeugnis, Band 10: „Jesus ruft dich" Fibel für die evangelische Unterweisung, Hirschgrabenverlag Frankfurt am Main 1962.
51 Steinwede, Dietrich: Jesus aus Nazareth, ein Sachbilderbuch, Lahr 1972.
52 Winnewisser, Alfred: von Jesus, in einfacher Sprache von Alfred Winnewisser nach dem Sachbilderbuch von Dietrich Steinwede. Verlag E. Kaufmann. Lahr, Patmos Verlag. Düsseldorf 1980, mit einem Frageteil (Beiheft).
53 Licht der Welt, Biblische Geschichten des Alten und Neuen Testaments samt Bildern aus der Kirchengeschichte, hg. v. AeGD, Kassel 1965.
54 Die Gaben Gottes, Biblische Geschichten in einfacher Sprache von Alfred Winnewisser mit 268 Bildern von Paula Jordan, hg. v. AeGD, Kassel 1967.
55 Lieder, Walter: Sehet, so ist Gott, Texte: Walter Lieder, Gotha; Bilder: Kurt Löffler, Kahla; EVA Berlin 1961, 2. Aufl. im Auftrag des Konvents evangelischer Gehörlosen-Seelsorger in den Gliedkirchen der EKD innerhalb der DDR.
56 Bartel, Otto: Ewiger Grund, 1. Handreichung für den Religionsunterricht an gehörlosen Kindern, herausgegeben mit Genehmigung des Konsistoriums der Mark Brandenburg 1948.
57 Bartel, Otto und Stoevesand, Bernhard: Evangelische Christenlehre für Gehörlose. Hg. v. Arbeitsgemeinschaft der Gehörlosenseelsorger Berlin-Brandenburg. Bearbeitet von den Hauptamtlichen Taubstummenseelsorgern O. Bartel und B. Stoevesand, Berlin, Druckgenehmigung 20.8.1953.
58 Phasengerechte Verkündigung, Untersuchungen und Vorschläge zu Evangelientexten in einfacher Sprache für hörgeschädigte und spracharme Kinder, Wissenschaftliche Beiträge (WB XV) Neckar-Verlag 1973, Forschungsstelle für Angewandte Sprachwissenschaft, zur Rehabilitation Behinderter, Leitung: Prof. Dr. Klaus Schulte (Arbeitsgemeinschaft Selektivsprache). Religionsunterricht und Sprachförderung bei Hör-Sprach-Geschädigten, Dietfried Gewalt, Horst Gloy u. a. Wissenschaftliche Beiträge aus Forschung, Lehre und Praxis zur Rehabilitation behinderter Kinder und Jugendlicher (WB XVII). Neckar-Verlag 1972.

59 Diese Kritik richtet sich auch an mich, der ich von 1970 bis 1975 an beiden Unternehmen mitarbeitete. Evangelium – Gleichnisse und Wunder von Jesus, Bärenreiter Verlag Kassel 1975, zu beziehen bei der DAFEG.
60 Mitgearbeitet haben: Pfr. Dieter Baer, Augsburg; TOL Reinhard Eisenberg, Nürnberg; Pfr. Dr. Rolf Kretzer, Münster; TOLn Ruth Müller-Wollermann, Wuppertal; Pfr. Horst Paul, Essen; TOL Gerd Wegerhoff, Bielefeld; Dozent TOL Alfred Winnewisser, Heidelberg. Heidelberg im Auftrag der EKD, 2. Auflage 1980.
61 Dein Leben liegt vor dir, eine evangelische Lebenskunde für hörgeschädigte Jugendliche, Hg: AeGD, o.J. undVerlag.
62 Frankfurter Hefte für Gehörlose. Hg: Ev. Gehörlosengemeinde Frankfurt am Main.
63 Gewalt, Dietfried: Religionsunterricht und Konfirmandenunterricht für Gehörlose und Schwerhörige (RKGS), ein Informationsdienst, Hg: Arbeitsgemeinschaft für evangelische Schwerhörigenseelsorge (AFESS).

KAPITEL **VIII**

Die Gehörlosen-(Taubstummen-) Seelsorge in der Provinz Brandenburg von 1914 bis 1933

1 Die Kriegszeit (1914–1918)

Der Erste Weltkrieg hinterließ seine Spuren in der Gehörlosenseelsorge. Es fanden bis 1918 im Konsistorium keine Gehörlosenseelsorger-Konferenzen mehr statt. Die Berichte der Gehörlosenpfarrer an das Konsistorium wurden jedoch weiter gefordert und teilweise abgegeben, vielleicht sind auch einige verloren gegangen. Sie spiegeln allerdings die Lebenssituation der Gehörlosen nur andeutungsweise wider.

Pfarrer Louis Krumrey aus Starzeddel schrieb am 31.3.1915:

„Schrecklich schien sich die Lage meiner erwachsenen Taubstummen durch den Krieg zu gestalten, sie wurden fast alle arbeitslos und kamen zu mir um Hilfe. Mehrere brachte ich auf Gütern als Ochsenknechte unter, sie haben wacker pflügen gelernt; waren aber heilfroh, als sich der Arbeitsmarkt so günstiger wieder gestaltete, daß sie die ungewohnte Beschäftigung auf dem Lande mit der Fabrikarbeit wieder vertauschen konnten. Einige Taubstumme zogen sogar, begeistert fürs Vaterland oder gelockt durch den guten Verdienst, ins Feld als Schanzenarbeiter. – Stolz sah ein taubstummes Ehepaar ihren Sohn, Seminarist, als Kriegsfreiwilligen ausziehen und war ebenso stolz, als er mit Wundenmalen aus dem Feld der Ehre zurückkam. – Aus ihrer Armut haben die Taubstummen viel für die Zwecke des roten Kreuzes hergegeben."[1]

Am 24.3.1916 berichtete Louis Krumrey:

„Einen taubstummen Zuchthäusler, der wegen Mordes bestraft ist, habe ich seit Weihnachten in meinem Haus beköstigt und beschäftigt mit Holzhauen und Gartenarbeit. Ihn will im Winter niemand, im Sommer wird er schon wieder unterkommen."[2]

Pfarrer Wilhelm Frielinghaus aus Cottbus hob am 5.4.1915 hervor, dass die jetzigen Zeiten „eine Reise zum Gottesdienst nur unter großen Opfern gestatten, und die Unterlassung des Gottesdienstes besonders aus Sparsamkeitsgründen ist verständlich."[3]

Pfarrer Christian Tietke aus Wittstock schrieb am 16.4.1915:

> „Die Taubstummenseelsorge stand unter dem Zeichen des Krieges. Fast ein halbes Jahr lang konnte kein Gottesdienst stattfinden, weil die Militärfahrpläne es unmöglich machten, an einem Tag Hin- und Rückreise zu bewerkstelligen. Nichtdesto weniger konnten 6 Gottesdienste abgehalten werden. 3 fanden in Pritzwalk und 3 in Wittstock statt ...
> Die letzten Zusammenkünfte und Gottesdienste standen unter dem Druck des Krieges, um so mehr, als Väter, Brüder und Anverwandte von den meisten Taubstummen zum Heeresdienst eingezogen sind und von einer Taubstummen sogar der Bruder, der sich ihrer im Alter annehmen sollte, den Ehrentod fürs Vaterland gefunden hat. So wurden naturgemäß die Taubstummenpredigten zu Kriegspredigten und die Unterredungen mit ihnen zu Kriegsbesprechungen. Die durch den Krieg besonders betroffenen Taubstummen wurden mit Gottes Wort besonders getröstet und gestärkt ...
> Eine eigentümliche Erfahrung habe ich mit dem Gebrauch der Zeichen- und Gebärdensprache gemacht. Alle jungen von den Taubstummenanstalten kommenden Taubstummen bitten, nicht beim Predigen zu plaudern, sondern nur scharf und deutlich zu reden, ein Verlangen, das ich natürlich gern erfülle, weil ich es für berechtigt halte. Für die im Ablesen nicht mehr so geübten, alten Teilnehmer geht es freilich nicht ohne die Zeichen und Gebärden. Einer meiner jungen Taubstummen liest so vorzüglich ab, daß er nach einer Prüfung des zuständigen Herrn Postrates an Stelle seines zum Heeresdienst eingezogenen Vaters Verwalter einer Posthilfsstelle geworden ist."

Hier findet sich eines der seltenen Eingeständnisse der besonderen Belastung, die die Arbeit mit Gehörlosen mit sich bringt:

> „Ein Tag der Zusammenkünfte mit den Taubstummen kostet freilich so viel Nerven als drei gewöhnliche Sonntage, aber doch möchte ich sie nicht missen, denn es ist und bleibt eine große Freude, zu sehen, wie dankbar die Schicksalsgenossen für die ihnen gewährte Seelsorge sind."[4]

Auch im Krieg wurde an den Gebärden gearbeitet. Pfarrer Paul Brexendorf, Brandenburg, schrieb unter dem 14.9.1915:

> „Um in der Gebärdensprache der Taubstummen Kenntnis und Sicherheit zu gewinnen, habe ich den Taubstummengottesdiensten in Berlin und ...[im Manuskript unleserlich – H.J.S.] beigewohnt und habe Dank der Freundlichkeit des Berliner Taubstummenseelsorgers Pastor [Hermann] Schulz in Moabit und des Taubstummen Lehrers Riemann Übungen und Fingeralphabet und in der künstlichen Geberdensprache Anleitung der genannten Herrn erhalten, welche Übungen ich hier mit einigen Brandenburger Taubstummen fortsetze."[5]

Pfarrer Hermann Schade, Finsterwalde, berichtete am 29.3.1915:

> „Das von Oberpfarrer Bernhard Jähde angelegte Lexikon der Geberdensprache hat sich in seinem Nachlaß gefunden und ist mir übergeben worden; inzwischen hatte auch ich ein solches angelegt. Noch wertvoller für die Erlernung

der Gebärdensprache, in welcher ich mich jetzt mühelos verständigen kann, ist der regelmäßige Verkehr mit den hiesigen Taubstummen."[6]

Pfarrer Christian Tietke fasste für das Jahr 1917 zusammen:

„Die Lage der Taubstummen ist während des Krieges befriedigend gewesen. Sehr viele haben in Fabriken Beschäftigung gefunden, wodurch sie guten Verdienst haben."

Besonderes hebt er hervor:

„Einem jungen Taubstummen ist Förderung seines Erfindergeistes zuteilgeworden. Er hat eine Vorrichtung zur schnellen Herstellung des Gleichgewichts von Flugzeugen ersonnen. Ihm konnten die Wege gewiesen und gebahnt werden, daß seine Erfindung patentiert wurde. Das ist geschehen. Die Erfindung wird nunmehr vom Militär erprobt."[7]

2   Die Zeit nach dem Krieg

Für viele Menschen bedeutete das Kriegsende im November 1918 weiter Armut und Not. Der Hunger, die Unterversorgung der Bevölkerung in den Großstädten blieb, der Wechsel vom Kaiserreich zur Republik brachte keine Änderung. Schon 1915 war das Gewicht der Schrippe von 75g auf 50g herabgesetzt worden. Berlin war die erste Stadt, die schon 1915 eine Brotrationierung einführte. Im Herbst 1915 konnten nicht einmal 250g Fleischwaren pro Person und Woche geliefert werden. 1916 organisierte Berlin Volksspeisungen an 77 Ausgabestellen in der Stadt. Im Februar 1917 erreichte die Zahl der Essensempfänger 152.000 Personen, damals war die Kartoffelnot auf das Höchste gestiegen.[8]

Mitten in den letzten Kriegstagen, dem Waffenstillstandsangebot von Präsident Wilson, Max von Baden war gerade Reichskanzler geworden, noch vor der Meuterei der Matrosen am 3. November, kam es zur 3. Gehörlosenseelsorger-Konferenz unter der Leitung des neuen Dezernenten Geheimen Kirchen Rates Prof. Lic. Wilhelm Julius Leopold Schultze. Es war die letzte Tagung im Königlichen Konsistorium. Er fertigte einen handschriftlichen Verhandlungsbericht für das Konsistorium an. Darin heißt es:

„Der vom Königl. Konsistorium angeordnete Kursus der Taubstummenseelsorger in der Gebärdensprache fand vom 8. bis 10. Oktober. d.J. (1918) unter Leitung des Dezernenten in den Räumen des Vereinshauses Oranienstr. 106 statt. Zehn Pfarrer waren erschienen, dazu Pfr. [Karl August] Boelke aus Lübeck."

Auf der Konferenz wurde zunächst eine Frage von Oberpfarrer Johannes Reichmuth aus Potsdam aufgegriffen: „... ob und welche Maßnahmen zur Herbeiführung einer größeren Einheitlichkeit in der Gebärdensprache sich empfehlen". Abweichungen der Gebärden in einzelnen Orten waren „nach den Erfahrungen der Anwesenden nicht so bedeutend, daß nicht bei gegenseitiger Anpassung eine Verständigung sich ermöglicht. Außerdem läßt die neuerdings erfolgte literarische Fixierung der Gebärdensprache in der Schrift von Reuschert, ‚Die Gebärdensprache der Taubstummen' (Leipzig bei R. H. Dude) erwarten, daß im Anschluß an diese und etwaige weitere Veröffentlichungen ein Prozeß zur Vereinheitlichung von selbst einsetzen wird. ... Man war sich darin einig, daß die Gebärdensprache, nicht als Ersatz, aber zur Unterstützung der Lautsprache in den Taubstummengottesdiensten auch weiterhin nicht entbehrt werden könne". Hermann Schulz leitete die Gebärdenübungen. Der Referent urteilte: „Sie waren von so günstigem Erfolg begleitet, daß zuletzt ein Kapitel der Bibel, in bloßer Gebärdensprache ohne Anwendung der Lautsprache vorgelesen, von allen Anwesenden verstanden wurde." [Handschriftlicher Bericht Prof. Schultze]

Das zweite Thema bezog sich auf Einladungen zu den Gottesdiensten. Einige Pfarrer vermuteten, dass auf dem Lande lebende Gehörlose von ihren Angehörigen nicht auf die von den Pfarrern angesetzten Gottesdienste aufmerksam gemacht, ja sogar zurückgehalten würden. Andere Konsistorien haben die Gottesdienste periodisch im Amtsblatt veröffentlicht, auch das „wurde als nicht zum Ziel führend beurteilt. Als ein des Versuches werter Weg erschien dagegen eine bei Wiederkehr ruhigerer Zeiten zu erlassende Bekanntmachung im Amtsblatt über die Adressen der Taubstummenseelsorger und die Abgrenzung der Bezirke, die im Zeitraum von einigen Jahren zu wiederholen sein würde, mit der Aufforderung an die Pfarrgeistlichen, die Verbindung zwischen den noch nicht ermittelten Taubstummen ihrer Gemeinde und dem zuständigen Taubstummenseelsorger herzustellen".

Von weiteren Verhandlungspunkten ist hervorzuheben: Der Berliner Hephata-Verein der Schwerhörigen, hat sich seit seiner Gründung 1901 ausgebreitet. Allerdings hätten Gehörlosenpfarrer keine Gottesdienste für Schwerhörige übernommen.

Die Einsetzung von Gemeindehelfern wurde skeptisch beurteilt. Taubstummenlehrer Kloß hatte den Einsatz in einem Artikel „Der Notstand der Taubstummen" in der „Inneren Mission", Jahrgang 1917, gefordert. Eine erfolgreiche Zusammenarbeit erschien den Anwesenden nur in der Stadt möglich zu sein.

Die Frage, ob Gehörlosenpfarrer länger ausgebildet werden sollten wurde ansprochen. Die Fortbildung in Konferenzen wie der aktuellen wurde jedoch als ausreichend empfunden. Die Fortbildung sei allerdings nicht mit der Ausbildung eines Gehörlosenlehrers zu vergleichen.

Einig war man sich darüber, dass das Konfirmationsbekenntnis und -gelübde von sämtlichen Kindern, nicht nur von einem einzelnen in Vertretung für die anderen abzulegen sei. Der Gehörlosenpfarrer sollte auch der Konfirmator sein.

„Über Krieg und taubstumm" berichtete Hermann Schulz. Er führte aus, „daß die in sozialer Hinsicht störenden Wirkungen des Krieges sich nach seinen Erfahrungen bei den Taubstummen an den sog. Schwächeren und sittlich Unbefestigten in höherem Maße bemerkbar gemacht hätten, während von anderen Seiten, die nicht mit großstädtischen Verhältnissen zu rechnen hätten, günstigere Erfahrungen gemacht worden seien."[9] Den Teilnehmern wurde zugesagt, sie würden das Ergebnis der Konferenz schriftlich erhalten. Es war die letzte Konferenz, preußisch korrekt und pflichtbewußt, da ein Auftrag vorlag, der noch auszuführen war. Zehn Jahre sollten vergehen, bis wieder eine vergleichbare Konferenz abgehalten wurde. Alle guten Vorsätze, auch das Interesse der Referenten, des Konsistoriums und der Kirche schienen in der Zwischenzeit begraben.

Schlosspfarrer Hermann Schade, Cottbus, schrieb über das Jahr 1918:

„Die Revolution und der Sturz des Königshauses haben die Taubstummen meistens mit Bedauern hingenommen. Offenbare Freude herrschte nur bei wenigen, die in das Lager der Sozialdemokratie übergegangen sind. Die spartakistischen Umtriebe haben auch diese verurteilt. Arbeitslosigkeit ist auch nach der Revolution bisher nicht eingetreten, Arbeitsunlust nicht bemerkt worden. Im allgemeinen muß anerkannt werden, daß die hiesigen Taubstummen sich gegenseitig zur Ordnung, Sitte und Zucht halten. Die Einrichtung von Gottesdiensten für Schwerhörige hat sich bisher der Heizungsschwierigkeiten wegen noch nicht ermöglichen lassen, soll aber nach Beginn der wärmeren Jahreszeit versucht werden."[10]

Es kam zu Generalstreik und Straßenkämpfen. Das allgemeine Wahlrecht für Frauen war inzwischen eingeführt worden. Trotz der Unruhen wurde am 19. Januar die Nationalversammlung einberufen, und es kam am 6. Februar 1919 in Weimar durch die Nationalversammlung zur Wahl des Reichskanzlers Friedrich Ebert. Drei Wochen später, am 23. Februar 1919, wurde in Berlin die Stadtverordnetenversammlung gewählt, nicht mehr nach dem Drei-Klassenwahlrecht. Frauen stimmten erstmals mit ab.[11]

Bei der Beschreibung der Situation der Gehörlosenseelsorge ist die Bevölkerungsentwicklung einzubeziehen. 1920 hatte Berlin 3,8 Millionen Einwohner. Städte wie: Köpenick, Charlottenburg, Wilmersdorf und Spandau gehörten nach dem Gesetz vom 27. April 1920 zu „Groß Berlin". Damit hatte sich die Bevölkerung der Stadt (bisher 1,9 Millionen) verdoppelt. In der Zählung werden auch die 59 Landgemeinden und 27 Gutsbezirke z. B. Reinickendorf, Zehlendorf, Treptow mit eingeschlossen.[12]

Das Evangelische Konsistorium Mark Brandenburg, wie es nun genannt wurde, reagierte auf diese Entwicklung. Es stellte am 7.1.1921 fest: „In den beiden General-Superintendenturbezirken Berlins befinden sich zur Zeit nach ungefährer Schätzung insgesamt 2.216 evangelische Taubstumme, wovon 1.498 auf den Stadtsynodalbezirk Berlin und 718 auf das übrige Gebiet entfallen. In Ermangelung genauer amtlicher Feststellungen ist die allgemeine statistische Beobachtung, wonach auf etwa 10.000 Vollsinnige 6 bis 7 Taubstumme kommen, der Schätzung zu Grunde gelegt worden."[13] Durch die hinzugekommenen Vororte wurden die Entfernungen für die Gehörlosen zum Gottesdienst zu kommen zu groß. Die Vermehrung der Predigtstätten sowohl im Stadtsynodalverband, wie auch in Groß-Berlin erscheinen als ein „dringendes Bedürfnis ... Das Verlangen nach vermehrter kirchlicher Versorgung ist deshalb auch aus den Kreisen der betreffenden Taubstummen selbst und ihrer Freunde, zum Teil unter Berufung darauf, dass sie neuerdings zu den Kirchensteuern herangezogen werden, wiederholt in lebhafter Weise zum Ausdruck gekommen."[14]

2.1 Die Berufung von Pfarrer Otto Bartel

Die 16. ordentliche Brandenburgische Provinzialsynode von 1920 bewilligte die Gelder für zwei Gehörlosenseelsorgerstellen. Der Mittelpunkt der Gehörlosenseelsorge sollte Berlin bleiben. Von hier aus sollten Potsdam und Eberswalde mitversorgt werden. Man suchte einen ordinierten jüngeren Hilfsgeistlichen, da den Kandidaten neben dem allgemeinen Lehrvikariat eine solche Vorbereitung nicht zuzumuten sei. Schon jetzt steckten die Kandidaten in einer wirtschaftlichen Notlage, eine Verlängerung des Vikariats wäre eine zusätzliche Härte. Der Hilfsprediger sollte wenigstens eine Reihe von Jahren als Gehörlosenpfarrer in Berlin tätig sein. Zur Einarbeitung „genügt nicht der übliche 4 wöchentliche Kursus an einer Taubstummenbildungsanstalt. Er müßte durch ein etwa 2 Monate dauerndes Lehrverhältnis zu dem Taubstummenpfarrer in Berlin ergänzt werden. Dieser würde auch im Stande sein, ihm neben der in den Taubstummenbildungsanstalten ausschließlich eingeübten Lautsprache die für die Taubstummengottesdienste ebenso unentberliche Gebärdensprache beizubringen."[15] Der Präsident des EOK, Dr. Hermann Kapler, stimmte dieser Regelung am 9.2. zu,[16] und man fand auch eine geeignete Person. Der 29-jährige Pastor Otto Bartel hatte in Berlin studiert, am Ersten Weltkrieg teilgenommen und war als Kriegsinvalide zurückgekehrt. Er war zunächst Hilfsprediger in Spandau, hospitierte dann ein halbes Jahr in der Gehörlosenschule in Neukölln und wurde 1925 als Provinzialsynodalgeistlicher für die Taubstummenseelsorge 1925 fest angestellt.

2.2 Die Inflation

Die Inflation lähmte jedoch alle weiteren Aktivitäten in der Gehörlosenseelsorge. Auf dem Höhepunkt der Inflation kostete ein Pfund Brot 80 Milliarden Mark. Briefmarken mit dem Aufdruck 20 Millionen und 100 Millionen Mark waren im Umlauf. Ein Dollar war 4,2 Billionen Mark wert. Ein Arbeiter musste im Oktober 1923 für ein Pfund Margarine neun Stunden arbeiten. In Berlin waren 210.000 Arbeitslose registriert, eine mit der heutigen vergleichbare Arbeitslosenhilfe oder Sozialhilfe gab es nicht. Bäckereien und Lebensmittelgeschäfte wurden gestürmt. Es kam zu Hungerkrawallen.[17] Auch die Pfarrer gerieten in Not. Am 16.8.1923 bat Pfarrer Christian Tietke „um Entbindung" von der Gehörlosenseelsorge, da er die Kosten nicht mehr tragen könne. Hier zeigt sich das verhängnisvolle System: Die Pfarrer bekamen im Voraus geleistete Auslagen erst nach einem Jahr zurück. Sarkastisch schrieb Wilhelm Frielinghaus aus Cottbus: „Das Konsistorium bitte ich von der Zusendung der bewilligten Beihilfe Abstand zu nehmen und die 750 M für irgendeinen kirchlichen Zweck zu verwenden, damit mir wenigstens der Steuerabzug erspart bleibt. ... Die 6.750 M werden vielleicht noch gerade ausreichen, mit den Taubstummen zweimal nach dem Gottesdienst eine Tasse Kaffee zu trinken. Ich bin selbstverständlich bereit, die Taubstummenseelsorge in der bisherigen Weise auch ohne Beihilfe auszuüben, würde es aber angenehm empfinden, meine Barauslagen rechtzeitig zurückzuerhalten. Ich habe z. B. gegenwärtig keinen Abendmahlswein mehr und ich möchte nicht viele Tausende dafür ausgeben, um nach Jahresfrist dem Wert nach vielleicht ein Zehntel meiner Auslagen erstattet zu bekommen."[18]

Das Evangelische Konsistorium der Mark Brandenburg schrieb am 20.3.1923 an den EOK: „... Bartel ist durch die in erschreckendem Maße gewachsene Teuerung und infolge der Unzulänglichkeit der von der Provinzialsynode verfügbar gemachten Mittel ohne eigenes Verschulden bereits in schwere Verlegenheiten geraten. Um ihn nicht der allerbittersten Not auszusetzen, bitten wir auf das dringendste: der Evangelische Oberkirchenrat wolle uns ermächtigen, ihm die jeweiligen Gebürnisse [sic]eines außerplanmäßigen Beamten ... anzuweisen." Dieser Schritt war nötig, da das Gehalt von 1921 bis 1923 nicht erhöht worden war.

Am 4.9.1923 bat Otto Bartel den EOK um eine neue Pfarrstelle. Er war nicht mehr bereit, Gehörlosenpfarrer zu bleiben. In dieser Zeit schrieb er: „Ich kann dieses Geld nicht mehr abholen, da eine Stadtbahnfahrt zur Kasse das 3 fache dieser Summe beträgt und die Post ein Porto fordert, das 40.000 M übersteigt."[19] Zwei Liter Milch kosteten 8.000.000 M. Die Not war inzwischen in Berlin so groß, dass es überall Essensausgaben von der Stadt, Stadtmission, Vereinen und Gemeinden gab, so z. B. in der Kurfürstenstraße 116 für akademische Berufe. Viele waren auch mit Wärmestuben verbunden, so z. B. die Stelle in St. Simeon in Kreuzberg, die täglich 60 Essen ausgab. Das Lazarusdiakonissenhaus in der Bernauer Straße 116 gab 160 Portionen aus.

Am 20.11.1923 brachte die Währungsreform den Schnitt. Für eine Billion Papiermark gab es nun eine Goldmark oder eine Rentenmark. Diese Reform stabilisierte die Währung und brachte in den nächsten Jahren einen politischen und wirtschaftlichen Aufschwung.[20]

3 Vom Ende der Inflation bis zum Beginn der Machtergreifung Hitlers

3.1 Die begabten und die mehrfach behindertern gehörlosen Kinder

Mit dem Ende der Inflation war die Arbeitslosigkeit besonders bei den Gehörlosen nicht beendet. Durch das „Reichsgesetz zur Jugendwohlfahrt" waren zwar die Fürsorge und die Berufsausbildung geregelt. Nun galt es aber auch, die Ausbildung begabter Gehörloser zu fördern. Seit 1922 wurde darüber diskutiert. Doch geschah bis 1925 trotz Eingaben an die Reichsregierung nichts. Erst 1926 wurde eine Versuchsklasse genehmigt, die nach den Osterferien, am 21.4.1927, die Arbeit aufnehmen konnte. Elf Schüler kamen zusammen, darunter ein Mädchen. Drei Schüler stammten aus der israelitischen Anstalt Weißensee. Als Schulziel wurde die mittlere Reife angestrebt. Direktor Gotthold Lehmann äußerte skeptisch: „... nur in Ausnahmefällen werden Taubstumme die Universitätsreife erreichen und sich dem akademischen Studium widmen können."[21]

Daneben wandte sich der Verein preußischer Taubstummenlehrer der Versorgung geistesschwacher und anderer behinderter taubstummer Schüler zu. In einem Vortrag[22] sprach Direktor Adamczyk aus Osnabrück über die Einteilung der Behinderung bei taubstummen Kindern, z. B. bei Kindern mit schwachem Sehvermögen und Kindern mit Störungen der Koordination. Er nahm dabei Gedanken von Dr. Albert Gutzmann auf, der für Kinder mit der Erscheinung von Aphasie besondere Anstalten gefordert und klar gestellt hatte, dass diesen Kindern „nur von Taubstummenlehrern geholfen werden könne". Adamcyk beklagte: „... bei vielen machen wir es uns ganz leicht: Wir verzichten überhaupt auf ihre Aufnahme oder entlassen sie als ‚bildungsunfähig' und übersehen, daß die Grenzen ... schwer zu ziehen sind, aber unter keinen Umständen der Erwerb von Schulwissen einziges Ziel unserer Arbeit sein kann. Der Geist jener Kinder ist in den wenigsten Fällen ganz erloschen und wenn man hörende schwachsinnige Schüler in Anstalten sammelt, erzieht, unterrichtet, so können unsere schwachsinnigen Taubstummen mindestens mit demselben Recht dieselben Ansprüche erheben." Er betonte: „Besonders nachdrücklich wende ich mich gegen die Abstempelung der Schwächeren als geistig Minderwertige."[23] In der Diskussion bemerkte Polster aus Leipzig: „Unterschätzen Sie nicht den Einfluß ... der Gebärde auf die Allerschwächsten."[24]

Der ganze Rahmen der Erziehung wurde erörtert, beeinflußt durch die Reformpädagogen, wie Georg Kerschensteiner aus München, Paul Natorp und Fritz Karsen aus Berlin und Eduard Spranger (Heidelberg/Berlin). „Die Vorschulpflege des Taubstummen Kindes" lautete ein Vortrag von Direktor Otto Taube aus Schleswig.[25] Er stellte Leitgedanken auf zu Kindergärten für Taubstumme an allen Anstalten. Er verwies auf Sarah Fuller in Boston, die schon 1888 ein Internat mit zwölf taubstummen Kindern eröffnet hatte, deren Betreuung fünf Lehrkräften übertragen wurde. Ausschließliches Verständigungsmittel mit den kleinen Taubstummen war die Lautsprache. Dagegen eröffnete erst 1911 ein von Dr. Theodor Flatau gegründeter Verein den ersten Kindergarten für Taubstumme in Berlin. Dr. Gutzmann sagte bei der Tagung: „Jedes frühere Schuljahr ist für die taubstummen Kinder ein gewonnenes Lebensjahr."[26]

Kindergärten, so führte Direktor Taube weiter aus, gebe es für Taubstumme im Jahr 1927 in Berlin, Breslau, Hamburg, Leipzig, Berlin-Neukölln, Schleswig und Guben. Die Zeit für einen Antrag, mit dem Ziel der Abänderung des Schulgesetzes vom 7. August 1911, um eine Kindergartenpflicht einzuführen, sah er jedoch noch nicht gekommen. Zu viele Fragen wären noch zu klären. Schleswig verstand den Kindergarten als Stützung der kindlichen Kräfte, als spielerische Betätigung, nicht als Vorschule.[27] Adolf Freunthaller aus Wien erkannte die Bedeutung des Kindergartens als „Glied der Taubstummenbildung".[28]

3.2 Religionsunterricht auf Sprachunterricht reduziert

In den Jahren des schulischen Aufbruchs wurden in Deutschland auch der Inhalt des Religionsunterrichtes und seine Stellung im Lehrplan diskutiert.[29] Viele ehemalige Schüler hätten den Religionsunterricht lediglich als Sprachunterricht erlebt, und nicht als das, was er sein sollte, nämlich anschauliche Hilfe zur Lebensbewältigung, Hilfe bei aktuellen Problemen und Sinnfindung für das eigene Leben.[30] Hier wirken die „Leitsätze für die Zukunft der preußischen Taubstummenbildung" nach, die der Referent Ernst Schorsch auf der Tagung zitiert hatte. In Leitsatz 3 hieß es: „Die Eigenart des Taubstummenunterrichts macht es notwendig, dass der Religionsunterricht auch in Zukunft nur von Taubstummenlehrern erteilt werde. Der im biblischen Geschichtsunterricht gewonnene Sprachschatz, sowie die durch ihn in anschaulicher Weise zu erzielende Einführung in die Welt sittlicher Begriffe ist für die geistige und sprachliche Bildung der Taubstummen unentbehrlich und durch keinen anderen Unterrricht vollwertig zu ersetzen. Da zudem die religiöse Ausbildung der Gehörlosen auf keine andere Weise gewährleistet werden kann, ist der Unterricht in der biblischen Geschichte als verbindliches Fach im Lehrplan der Taubstummenschule beizubehalten. Auch der Konfirmanden-(Beicht-) unterricht ist zur Ausnutzung seiner sprachlichen Werte von Taubstummenlehrern zu erteilen, sofern nicht Geitliche zur Verfügung stehen, die eine Förderung der sprachlichen Bildung auch in diesem Unterricht gewährleisten."[31]

Dem Aufbruch in der Schule entsprach ein Aufbruch in der Gesellschaft. In ganz Deutschland gab es Einigungsbestrebungen. 1925 entstand der katholische Taubstummenverband, 1927 wurde der Reichsverband der Gehörlosen Deutschlands (Regede) gegründet. Im Rheinland gab es bereits

1926 den Verband der evangelischen Taubstummen. So lag es nahe, dass sich alle evangelischen Taubstummenseelsorger zusammenschlossen.

Anmerkungen

1 Krumrey, Louis: Schreiben an das Konsistorium der Provinz Brandenbug vom 31.3.1915, Bericht über die Pflege der Taubstummen, EZA 14/969.
2 Ebd., Krumrey, Louis: Schreiben an das Konsistorium vom 24.3.1916.
3 Ebd., Frielinghaus, Wilhelm: Schreiben an das Konsistorium vom 5.4.1915.
4 Ebd., Tietke, Christian: Schreiben an das Konsistorium der Provinz Brandenburg vom 16.4.1915, Bericht über die Taubstummenseelsorge in der nördlichen Prignitz während der Jahre 1914/15. ELAB 14/969.
5 Ebd., Brexendorf, Paul: Schreiben an das Konsistorium der Provinz Brandenburg vom 14.9.1915.
6 Ebd., Schade, Hermann: Schreiben an das Konsistorium der Provinz Brandenburg vom 29.3.1915.
7 Ebd., Tietke, Christian: Bericht an das Konsistorium der Provinz Brandenburg vom 4.4.1914.
8 Ribbe, Wolfgang / Schmädecke, Jürgen: Kleine Berlin-Geschichte, Berlin 1988, S. 156.
9 Schultze, Wilhelm Julius Leopold Geh. Rat Prof. Lic.: Bericht an das Konsistorium der Provinz Brandenburg vom 2.7.1919, ELAB 14/969.
10 Ebd., Schade, Hermann (Cottbus): Bericht an das Konsistorium der Provinz Brandenburg vom 31.3.1919.
11 Ribbe,Wolfgang / Schmädecke, Jürgen: Kleine Berlin-Geschichte 1988, S. 162.
12 Ebd., S. 163 und S. 340.
13 Evangelisches Konsistorium der Mark Brandenburg, Berlin, den 7.1.1921 an den EOK, EZA 7/4381. Vgl. Statistische Korrespondenz Nr. 32, Berlin, den 21.8.1930. Verlag des Preußischen Statistischen Landesamtes. „In Preußen gehen die Erhebungen über Taubstumme bis 1819 zurück. Sie sind zunächst in der ‚statistischen Tabelle' und seit 1867 aus Anlaß der Volkszählung fortlaufend ermittelt. Brauchbare, mit späteren Jahren vergleichbare Ergebnisse liegen erst seit 1871 vor. ... Die Reichsgebrechlichkeitszählung von 1925 ergab für Preußen 20.426 Taubstumme oder 5,3 auf 10.000 der Bevölkerung", ...das „erscheint verhältnismäßig günstig, da die 1910er Volkszählung noch 8,7 Taubstumme ergab und die zwischen 1905 und 1871 veranstalteten Erhebungen einen Satz von 9 bzw. 10 Taubstummen ermittelte."
14 Ebd.
15 Ebd.
16 Präsident des EOK Dr. Hermann Kapler an das Evangelische Konsistorium der Mark Brandenburg, EZA 7/4381.
17 Ribbe/Schmädecke, a.a.O., S. 164.
18 Frielinghaus, Wilhelm (Cottbus): Schreiben vom 25.7.1923 an das Konsistorium der Mark Brandenburg, ELAB 14/970 – 1.4.1922 bis 31.12.1926.
19 Bartel, Otto: Schreiben an den EOK, Berlin, den 23. September 1923 (es ist sein derzeitiges Gehalt). Am 3. Nov. 1923 kostete ein Einschreibebrief von Schweinfurt nach Hamburg 130 Millionen M, am 6. November wurden auf einen Einschreibebrief 2.000 Millionen geklebt! (Brief beim Verfasser)
20 Ribbe/Schmädecke, a.a.O., S. 164.
21 Lehmann, Gotthold: Die höhere Ausbildung der begabten Gehörlosen, in: Verein preußischer Taubstummenlehrer, Bericht, Pfingsten 1927, in Hamburg Erfurt 1927, S. 19–27, hier S. 22.

22 Adamczyk, Direktor (Osnabrück): Die Versorgung geistesschwacher und anderer behinderter taubstummer Schüler, in: Verein preußischer Taubstummenlehrer, Bericht 1927, S. 28–48.
23 Ebd., S. 39f.
24 Ebd., S. 49.
25 Taube, Otto Direktor (Schleswig): Die Vorschulpflege des taubstummen Kindes, in: VpT, Pfingsten 1927 zu Hamburg, S. 55–67.
26 Ebd., S. 62f.
27 Ebd., S. 6.
28 Freunthaller, Adolf (Wien): Der Kindergarten als Glied der Taubstummenbildung, in: BDT Samuel Heinicke Jubiläumstagung, Juni 1927, S. 186–218.
29 Ruffieux, Franz (Elberfeld): Entwurf eines Lehrplanes für die preußischen Taubstummenanstalten, in: Verein preußischer Taubstummenlehrer, Bericht 1925 zu Heidelberg, S. 49–66, hier S. 63.
30 Siehe: Artikel Kapitel VII 3 – Geistliche Fürsorge.
31 Schorsch, Ernst in: Bericht über die ausserordentliche Mitgliederversammlung des Vereins preußischer Taubstummenlehrer, Berlin, 28.5.1919, Berlin 1919, S.15.

KAPITEL **IX**

Besondere Herausforderungen für die Gehörlosenseelsorge in Brandenburg

1 Die Arbeitslosigkeit bei den Gehörlosen

In Berlin konnte 1924 die materielle Notlage der Taubstummen durch die Hilfe des „Zentralvereins für das Wohl der Taubstummen", in dem Hermann Schulz als Vorstandsmitglied mitarbeitete, gemildert werden. Ca. 60 ältere Taubstumme in Groß-Berlin konnten so regelmäßig unterstützt werden. Eine Hauskollekte von 20.000,– Mark stand zur Verfügung. Zum Weihnachtsfest konnten 168 Hilfsbedürftige Kleidung, Stoffe, Wäsche, Strümpfe, Stiefel und Lebensmittelpakete im Gesamtwert von ca. 10,– Mark bekommen. Armen Familien wurden auch Kohlen geliefert. „Ernährungsgeld und Kohlegutscheine konnte Pastor Schulz verteilen."[1]

Auf die große Arbeitslosigkeit auf dem Lande wies Pfarrer Christian Tietke in seinem Jahresbericht von 1927 hin. Sie betreffe in seinem Seelsorgebezirk Neustadt/Dosse, Wittenberge, Wittstock und Neuruppin besonders die Selbständigen. Weil sie selbständig seien, bekämen sie keine Erwerbslosenunterstützung. Tietke schlug darum vor, in Zusammenarbeit mit den Berliner Taubstummenseelsorgern eine „Ein- und Verkaufsgenossenschaft" zu gründen mit der Losung: „Taubstumme kauft nur bei der Taubstummengenossenschaft und laßt nur bei ihr und durch sie arbeiten, für euch arbeiten!" Er fügte hinzu: „Die Taubstummen selbst sehen sehnsüchtig nach Personen aus, die auf diesem Gebiet die Führerrolle zu übernehmen Fähigkeit und Organisationstalent haben." Er wies in diesem Zusammenhang darauf hin, dass ein Taubstummer aus Verzweiflung über seine Erwerbslosigkeit einen Selbstmordversuch unternommen hatte.[2]

Auch im Jahr 1928 trat keine Besserung ein, sogar „der Besuch der Gottesdienste litt leider sehr unter der Geldknappheit". Zur Erklärung führte er an: „Da sie [die Gehörlosen] durch ihre Arbeit weniger als die Vollsinnigen verdient hatten, war ihre Arbeitslosenunterstützung entsprechend viel geringer. So hatten sie vielfach nur das notwendigste zum Leben. Bei solcher Sachlage mußte der Besuch der Gottesdienste leiden. ... Bitte um eine Kirchenkollekte, damit die armen Gehörlosen auch zum Gottedienst kommen können ... und zweitens bei der zuständigen Provinzial- und Staatsbehörde es durchsetzen, daß die Arbeitslosenunterstützung der Taubstummen nicht nach ihrem Arbeitsverdienst bemessen wird. ... Sehr viel Mühe machte die Vermittlung von Arbeit und Unterstützung. Leider versagen dabei vielfach die zuständigen Amtsstellen."[3]

Auch in den nächsten Jahren dauerte die große Arbeitslosigkeit für die Gehörlosen an, wie die Jahresberichte zeigen. So berichtete Pfarrer Walter Orphal am 31.3.1930: „Mit dem Arbeitsamt stand ich wegen Arbeitsbeschaffung für die große Anzahl Arbeitsloser in reger Verbindung. In einigen Fällen war ein Erfolg zu verzeichnen." Pfarrer Wilhelm Frielinghaus (20.3.1931) hielt fest: „Der Besuch war im ganzen gut. Auswärtige finden sich, der herrschenden Arbeislosigkeit wegen, in geringer Anzahl ein."[4]

Zu den Anregungen Tietkes berief OKR Gruhl die beiden Seelsorger Schulz und Bartel zu einer Besprechung am 25.8.1927. Er führte in seinen handschriftlichen Bemerkungen zu Tietkes Vorschlägen aus: „Beide Herren äußerten sich übereinstimmend wie folgt: 1. Eine Ein- und Verkaufsgenossenschaft für Gehörlose ist ein utopischer Gedanke. Dagegen waren vor dem Kriege Verhandlungen geführt worden, um Arbeitsbeschaffung für Taubstumme (Militärlieferungen u. dgl.) zu führen. Dergleichen können wieder aufgenommen werden. Auch sei zu erwägen, ob nicht die bekannte Verordnung, welche Großindustrielle verpflichtet, einen bestimmten Prozentsatz Schwerbehinderter zu beschäftigen, auf Taubstumme ausgedehnt werden könne."[5]

2 Zeitungen für Gehörlose

Den Vorwurf, die „Zeitung für Gehörlose" sei „sozialistisch-atheistisch" und könne daher finanziell nicht unterstützt werden, wiesen beide Seelsorger zurück. Es wurde vielmehr festgestellt, dass sie politisch neutral und der Kirche gegenüber freundlich sei. Der „Bote" und die „Zeitung für Gehörlose" sollten in ihrer Eigenart weiter unterstützt werden.[6]

3 Die „Lex Zwickau" von 1924
   (Kastration von Gehörlosen geplant)

Wie aufmerksam Pfarrer Christian Tietke die gesellschaftlichen Strömungen beobachtete, zeigte sich darin, dass er einer der wenigen war, die von der „Lex Zwickau" nicht nur lasen, sondern auch ihre Konsequenzen für die Gehörlosen richtig einschätzten und Anfragen dazu an die Kirchenbehörde richteten. Er schrieb: „In den Nachversammlungen wurden allerlei wichtige Angelegenheiten besprochen, wie die Einrichtung von Fortbildungskursen für Gehörlose, die Neubildung des Märkischen Hauptvereins für Gehörlose, das beantragte Gesetz auf Unfruchtbarmachung aller Gehörlosen und andere Vereinsfragen. Die Aussprache war sehr lebhaft.

Anbetreff des genannten Gesetzes bittet der ganze Verein einmütig: das Konsistorium wolle aus religiösen, sittlichen und rein menschlichen Gründen allen seinen Einfluß bei den zuständigen Instanzen dafür geltend machen, daß dieses Gesetz nicht zur Annahme kommt."[8] (Hervorhebung im Orginal.)

Dazu schrieb Gruhl: „Das von Zwickau ausgehende Bestreben, von Gesetzes wegen die Taubstummen männlichen Geschlechts zu kastrieren, erregt die Taubstummen in hohem Maße. Die Sache sei aber auch in so weitem Felde, daß vorläufig noch gar nicht abzusehen sei, ob sich diese Bestrebungen zu einer akuten Gefahr verdichten würden. Vorläufig seien sie letztlich Gegenstand literarischer Erwägungen. Eine Stellungnahme der Behörden erscheine daher verfrüht."[9]

Bei der Besprechung am 25.8.1927 wurde vermerkt, dass es hohe Zeit sei, die Taubstummenseelsorger wieder zu einem Lehrgang von mindestens zweitägiger Dauer in Berlin zu vereinigen. Die letzte Zusammenkunft 1918 lag nun fast ein Jahrzehnt zurück.

4 Die Wahrnehmung psychisch kranker Gehörloser

Einen größeren Schriftwechsel mit dem Konsistorium nahm die Kontaktaufnahme zu einer psychisch kranken Gehörlosen ein. OKR Ernst Gruhl hatte die beiden Pfarrer Hermann Schulz und Otto Bartel darauf aufmerksam gemacht und in einer Aktennotiz festgehalten: „daß die Fürsorge für gemütskranke Taubstumme noch sehr im Argen liege" [Unterstreichung in der Notiz]. Pfarrer Hermann Schulz lieferte danach einen detaillierten, vier Seiten umfassenden Bericht ab. Er hatte die Kranke mit Erlaubnis der Mutter besucht und Kontakt zu ihr aufgenommen und kam zu dem Schluß, „... daß hier eine geistige Verbindung durch den Seelsorger sich herbeiführen läßt und daß wohl auch eine Einwirkung, besonders mit Hilfe von Lehrern bei wiederholten Besuchen möglich ist".[10]

5 Die Gründung des „Evangelischen Gemeindevereins der Gehörlosen"

Hermann Schulz, der 1898 das Erbe von Reinhold Schoenberner angetreten hatte, war wie auch Otto Bartel durchgehend im Vorstand des „Zentralvereins für das Wohl der Taubstummen" tätig. Allerdings kam es zwischen Pfarrer Otto Bartel und Hermann Schulz öfters zu Differenzen, nicht nur über das Verhalten gegenüber dem Zentralverein.[11] Beide lagen immer wieder miteinander über Grundfragen der Taubstummenarbeit im Streit. In einem bewegenden Bericht schilderte Pfarrer Otto Bartel seine Schwierigkeiten und Selbstzweifel an der Arbeit angesichts des Methodenstreits betreffend die orale Schulung und den Gebärdeneinsatz. „Ein Gehörloser sei nicht einfach ein Mensch ohne Gehör. Nach einer Versammlung mit Gehörlosen fühle er sich nicht nur schlapp, sondern fast krank",[12] betonte Bartel.

Da sich die beiden Seelsorger nicht einigen konnten, wurde am 3. Februar 1927 eine Dienstanweisung erstellt. Es ging um die Frage, wer welches Dienstsiegel verwendet, wer den Gottesdienst beim Kirchenfest (12. n. Trinitatis) hält.[13] Sie bewährte sich nicht. In seinem Bericht vom 31. März 1928[] schrieb Bartel, dass in seinem Bezirk „so gut wie keine Amtshandlungen nötig gewesen, ein Beweis, daß die Teilung Berlins in 2 Taubstummen-Seelsorgebezirke einer Neuregelung bedarf."[14]

Zur sozialen Fürsorge von Taubstummen bemerkte Otto Bartel: „An der sozialen Fürsorge im großen Stil bin ich als Vorstandsmitglied des ‚Zentralvereins für das Wohl der Taubstummen' beteiligt, daneben hatte ich aber auch sonst Gelegenheit, einzelnen Taubstummen im Kampf um ihre Existenz in mannigfachster Weise beizustehen (z. B. Gerichtstermine)."[15]

Der Tätigkeitsbericht umfasste folgende neue Themen:

IV. Jugendpflege:
„Um dem Stamm der Gottesdienstbesucher neues Blut zuzuführen, habe ich seit dem Herbst 1927 versucht, in Fühlung mit den Konfirmanden zu bleiben. Das geschah so, daß ich dieselben wöchentlich einmal zu mir und zum Gottesdienst einzeln schriftlich eingeladen habe. Von ungefähr 30 Eingeladenen sind durchschnittlich 15 in mein Haus, 10 zum Gottesdienst gekommen."

V. Vereinspflege:
„Um eine Sammlung der Gottesdienstbesucher aus Ost, West, Nord und Süd Großberlins durchzuführen, habe ich im Dezember v. Jahres den ‚Evangelischen Gemeindeverein der Gehörlosen Berlins' gegründet. Dieser Verein hält jeden Monat einen Tee- und Vortragsabend ab. Der Vortrag wird von mir gehalten und durch Lichtbilder unterstützt. Der Verein zählt augenblicklich 145 Mitglieder. Einem Wunsche des Zentralvereins nachkommend, halte ich seit einiger Zeit auch im Taubstummenheim monatlich Lichtbildervorträge."[16]

6   Die Konferenz von 1928 – Planung und ihre Durchführung

Die letzte Konferenz der Taubstummenseelsorge von 1918 lag ein Jahrzehnt zurück.
Für die nächste benannte Ernst Gruhl folgende Themen:
1. Ein Kalender für Taubstumme
2. Ein tägliches Andachtsbuch
3. Die Gottesdienstordnung für Taubstumme
4. Die Zukunft des Berliner Taubstummenheimes
5. Unser Verhältnis zum Zentralverein.

Schulz übernahm es, bei der für den 19. April 1928 geplanten Tagung einen Besuch von vier Stunden bei der Staatlichen Taubstummenanstalt vorzubereiten. Folgende Programmpunkte waren vorgesehen:

„8–9 Uhr   Vortrag des Herrn Direktor [Gotthold] Lehmann über Kindergarten und Weiterbildung begabter Taubstummer
9–10 Uhr   Hospitation im Kindergarten
10–11 Uhr Hospitation in der Aufbauklasse
12–13 Uhr Besichtigung der Einrichtungen der Anstalt.

Aussprache über das Gesehene und Gehörte. Der Direktor bietet auf Wunsch Gelegenheit zur Besprechung mit den Kindern, z. B. könnte auch in der Aufbauklasse der Gegenstand der Besprechung mit den Schülern seitens der Seelsorger bestimmt werden."

Otto Bartel bereitete ebenfalls für den 20. April einen Besuch in der städtischen Taubstummenschule von vier Stunden vor.

„8–9 Uhr   vormittags Vortrag durch den Direktor über das Berliner Taubstummenwesen
9–10 Uhr   Besuch des Kindergartens und der unteren Klassen
10–12 Uhr Besuch der obersten Klassen der Berufsschüler und der Zentralstelle für die Wohlfahrt der Gehörlosen

In den obersten Klassen soll den einzelnen Geistlichen gestattet sein, selbst Fragen an die Kinder zu richten. Bezüglich des Vortrags habe ich Herrn Studiendirektor (Ernst) Schorsch darauf aufmerksam gemacht, daß über Fürsorge, Presse und Vereinswesen der Taubstummen bereits von anderer Seite referiert wird."[17]

Über diese Konferenz gibt es kein Protokoll.

7   Das Jahr 1932

Aus dem Jahr 1932 fallen neben den üblichen Jahresberichten mit Gottesdiensten, Trauungen, Taufen und Nachversammlungen Äußerungen von Pfarrer Otto Keso, Landsberg (Warthe) besonders auf: Er schrieb ausdrücklich von der besonderen Not, unter der die Gehörlosen durch die Arbeitslosigkeit leiden. Er versuchte zu helfen, wo er nur konnte.[18] Ihm lag vor allem daran, dass die Gehörlosen guten Lesestoff bekommen sollten. Sie konnten den „Märkischen Gehörlosen Boten" nicht mehr bezahlen. Er habe daher für einen kleinen Teil der Arbeitslosen die Kosten übernommen. „Der Bedarf überstieg aber meine Mittel."[19]

Auf der anderen Seite kamen trotz der herrschenden Arbeitslosigkeit zu den Gehörlosengottesdiensten in Angermünde von Pfarrer Dr. Friedrich Schulze (Schönermark Kr. Angermünde) mehr Gottesdienstbesucher. Die Besuche verursachten Fahrtkosten. Einmal wirkte sich wahrscheinlich aus, dass die Gehörlosen wegen der Renovierung der reformierten Kirche in der St. Marienkirche Gottesdienst feiern konnten. Die Vermittlung von Propst Lic. Walther Borrmann hatte dies ermöglicht. Da Gehörlose „Augenmenschen" seien und „sich oftmals mit Recht, aber auch Unrecht, zurückgesetzt fühlen, ist ihnen die Hergabe dieser schönen Kirche mehr als nur ein bloßer Akt der Freundlichkeit. Sie sehen darin ein Zeichen ihrer Gleichberechtigung mit den hörenden Kirchenmitgliedern". Zum anderen: „Für die Aktivitäten und den Einsatz von Dr. Schulze zeugen drei Ausflüge mit Autobussen"[20], die der Postinspektor zu Verfügung stellte. Die Frauenhilfe Schönermark half, und die Gemeinde stiftete Kuchen. Die Essensportionen waren wie im Vorjahr sehr reichlich, Suppe, Braten und Nachtisch wurden für 50 Pfennige gereicht, Unbemittelten erließen wir die Bezahlung." Zu Weihnachten hatte Dr. Schulze in den Zeitungen um Spenden gebeten. Zusammen mit den Angermünder Pfarrern und „Lebensmittelspenden aus Schönermark (Frauenhilfe und Gut)"[21] konnten sie bedürftigen Gehörlosen helfen. Seine Vorträge konnte Dr. Schulze ab November 1939 wesentlich anschaulicher gestalten, da er nun im Besitz eines Lichtbildapparates war.[22]

In Berlin berichtete Otto Bartel, dass „im Domhospital, der Lutherkirche zu Nowawes [Potsdam], dem Gemeindesaal der Auenkirche zu Wilmersdorf, der Hoffnungskirche zu Pankow, der Erlöserkirche in Lichtenberg und in der Lutherkirche zu Neukölln insgesamt 81 Gottedienste abgehalten wurden", dazu zwei Waldgottesdienste. Im Gemeindesaal der Alten Jakobstraße (Luisenstadtkirche) sind im Laufe des Jahres neun Andachten „zu Beginn der Gemeindeabende des ‚Evangelischen Gemeindevereins' gefeiert worden."

Es fällt auf, dass Otto Bartel bei einer Beerdigung mitwirkte, sonst aber offenbar keine Beerdigungen gehalten hat. [Beerdigungen wurden von Hörenden organisiert und geschahen vor Ort mit der hörenden Gemeinde nicht durch den Gehörlosenpfarrer.] Sieben Taufen, vier Trauungen, sechs Abendmahlsfeiern fanden statt. 20 Kinder der städtischen Gehörlosenschule wurden in der Philipp-Apostel-Kirche „nach voraufgegangenem 4 wöchigen Unterricht" von ihm konfirmiert. Otto Bartel hatte die 20 Elternpaare vorher besucht.

Gerade im Jahr 1932 versuchte Otto Bartel, „die Jugendpflege energisch vorwärts zu treiben". Er wandelte die Jugendabteilung des „Evangelischen Gemeindevereins der Gehörlosen" zu einem eigenen Verein mit eigener Satzung um. So entstand der Evangelische Jugendverein „Dr. Martin Luther" mit 30 Mitgliedern, der sich dem „Ostdeutschen Jünglingsbund" anschloss.[23] Der Jugendverein wurde von dem Oberpräsidenten der Provinz als Jugendpflegeverein anerkannt. Für jeden ersten Sonntag im Monat war eine Wanderung geplant, an jedem dritten Sonntag eine Versammlung im Gemeindeverein, und an jedem zweiten Sonntag sollten die Mitglieder zum Lesen christlicher Lektüre, Spiel und Vortrag zusammenkommen. Für letzteres Vorhaben konnte aber aus finanziellen Gründen kein Raum gefunden werden. Die Gottesdienste in den verschiedenen Gemeinden waren zwar mit Ausnahme des Domhospitals kostenlos, nicht aber die Zusammenkünfte. „So ist es doch stets außerordentlich schwer, Räume für eine Betätigung des kirchlichen Lebens außerhalb der Gottesdienste zu finden. Da Taubstumme vollwertige zahlende Glieder unserer Kiche sind, hat m. Erachtens nach die Berliner Stadtsynode die Pflicht auch ihnen Räume auf irgend eine Art zur Verfügung zu stellen." Mit dieser Haltung stand Bartel nicht allein wie die handschriftliche Anmerkung „ja" von Geheimrath D. Rosenfeld am Rande zeigte.[24]

Im Tätigkeitsbericht 1943 schrieb Bartel: „Es wird sich auch wohl keine Lösung finden, bevor nicht später, nach dem Krieg, ein eigenes Gotteshaus erbaut ist. 1. Schritte in dieser Richtung zu senden, hat der Ev. Gem. Verein, der seine jetzige Stärke von 330 Mitgl. aufzuweisen hat, anläßlich seines 15-jährigen Stiftungsfestes sich als Kirchenbauverein konstituiert. ... Etwa 5.000 M sind überwiesen worden."[25]

Es sollte noch 50 Jahre dauern, bis 1994 die Evangelische Gehörlosen gemeinde in der Dreifaltigkeits-St. Lukasgemeinde am Anhalter Bahnhof eine Kirche mit Gemeindesaal mieten konnte.

Exkurs: Die Gründung des „Reichsverbandes evangelischer Taubstummenseelsorger Deutschlands" 1928

☐ *Die Vorgeschichte*
Der Vorschlag zur Gründung des Verbandes Evangelischer Taubstummenseelsorger kam aus Sachsen. Dabei spielten die Pfarrer Hermann Gocht und Johannes Steude eine wesentliche Rolle. Der Vorschlag wurde vom Deutschen Evangelischen Kirchenausschuß (DEKA), dem obersten Gremium des Deutschen Evangelischen Kirchenbundes, aufgenommen und bekam durch ein Rundschreiben am 7.10.1925 an alle Landeskirchen seine organisatorische Grundlage. Das Ergebnis lag 1927 vor. Das Evangelisch-lutherische Konsistorium in Dresden bedankte sich beim DEKA für die Zusammenstellung aller Berichte und bemerkte:

„Der Gedanke einer Tagung aller deutschen evangelischen Taubstummenseelsorger war schon bei den Versammlungen unserer Taubstummenseelsorger in den Jahren 1925 und 1926 [in Sachsen] erwogen worden."[26]

Der Bitte, zu einer Tagung der deutschen Taubstummenseelsorger einzuladen, wurde bei der Sitzung des DEKA am 8./9.12.1927 entsprochen. So wurden die Beauftragten der Landeskirchen zu einer Tagung nach Erfurt am 26./27. Juni 1928 vormittags 9 1/2 Uhr unter Angabe der Tagesordnung einberufen.

Teilnehmer an der I. Reichstagung der evangelischen Taubstummen-Seelsorger Deutschlands in Wittenberg am 3.–5. Juni 1929

1. Reihe. Auf der Garten-Bühne stehend.

Steude, Barnewitz b. Dresden; Meister; Woelk, Gr. Legik O.=Pr; Burgschat, Königsberg; Tietke, Wittstock; Richter; Niemöller, Volmarstein; Reso, Landsberg; Witteborn, Wittenberg; Liepelt, Berlin; Mehlhorn, Mellenbach; Preß, Breesen; Hartmann;

2. Reihe. Auf Stühlen stehend.

Burkhardt, Leipzig; Stengel; Kunze; Mohnhaupt; Gensicke; Neumann, Soest; Bode; Schafft; Dietzsch; Boelke; Kropp;

3. Reihe. Stehend.

Roager, Rendsburg; Stubbe, Kiel; Luhmann, Osnabrück; Nicol; ? Ries; Bremer; Frisch, Audenheim; Wöbse; Jürgens; Selke; Schade;

4. Reih. Sitzend.

Gocht; Zatzmann; Gaiser; Wapenhensch; E. Burgschat; Frau Braun; M. Hartmann; P. Braun; Preß, Rehna; Küßner; Pathe;

Namen von links nach rechts, vor der Bühne stehend.

Folgende Themen wurden behandelt:

„1. Organisationsfragen:
  a) Organisation der evangelischen Taubstummen
  b) Konferenz der evangelischen Taubstummenseelsorger
  1 b Zusammenarbeit der Geistlichen und Lehrer der Taubstummen
   a) kirchliche Funktionen
   b) in der sozialen Frage
2. Geistige Fortbildung:
  a) die evangelische Presse
  b) Kurse für Fortbildung der Taubstummen
3. Seelsorge an evangelischen Taubstummen:
  a) der Gottesdienst
  b) die private seelsorgerliche Besprechung
  c) die Eingliederung der Taubstummen in das evangelische Gemeindeleben
  d) Kurse für Seelsorger zur Ausbildung oder Vervollkommnung in der Gebärdensprache
4. Fürsorge an Taubstummen:
  a) Ordnung der materiellen und wirtschaftlichen Unterstützung
  b) die Arbeit der Taubstummen im Haus, in der Wirtschaft, im Handwerk und Einstellung in der Fabrikarbeit"[27]

„Bartel-Berlin betonte [in seinem Eingangsreferat] die Wichtigkeit der Organisation im allgemeinen und im besonderen die der Taubstummen. Es gibt drei Organisationen:
1. Der Reichsverband der Gehörlosen Deutschlands (Regede).
2. Verband der katholischen Taubstummen.
3. Verband evangelischer Taubstummen (bisher nur Rheinland)."

In der Diskussion bemerkte Pfarrer Helmut Preß, Rehna, dass an der Gründungsversammlung des Reichsverbandes der Gehörlosen (Regede) keine Taubstummenseelsorger teilgenommen hätten. Pfarrer Hermann Schafft, Kassel, sprach sich für einen Zusammenschluss durch die Kirche aus, er wollte Kirchengruppen, keine Fürsorgevereine. Pfarrer Reinhold Burckhardt, Leipzig, „tritt ein für die Bildung von Taubstummengemeinden in der Gemeinde und Zusammenschluß der Gemeinden zu einer deutschen evangelischen Taubstummenkirche. Er ist gegen Vereinsmeierei, weil der lokale Kampf entfesselt würde". Zusammenfassend erklärte er: „In allen Ausführungen der Referenten und in der Aussprache ist zutage getreten, daß wir den Taubstummen das Evangelium bringen wollen."[28]

☐ *Die Zielsetzung des Verbandes und seine Aufgaben*

Zwei grundlegende Beschlüsse wurden für die Zukunft der Gehörlosenseelsorge gefasst:

1. „Die hier versammelten amtlich von den Landeskirchen abgeordneten Taubstummenseelsorger gründen den Reichsverband deutscher Taubstummenseelsorger und wählen einen Vorstand. – einstimmig angenommen."
Es wurden „gewählt:
1. Vorsitzender: Schafft – Hessen – Kassel
2. Vorsitzender und
Schriftführer: Schulz – Berlin
Schatzmeister: Gocht – Sachsen
1. Beisitzer: Preß – Rehna (Mecklenburg)
2. Beisitzer: Held – Rot am Berg (Württemberg)"

2. „Wir bitten den Deutschen Evangelischen Kirchenausschuß, in Verbindung mit den Kirchenregierungen und dem Verband deutscher evangelischer Taubstummenseelsorger den Zusammenschluß der evangelischen Taubstummengemeinden zu einem Reichsverband evangelischer Taubstummengemeinden zu veranlassen.
Dieser Zusammenschluß soll der Pflege evangelischen Lebens und der Lösung gemeinsamer evangelisch-kirchlicher Aufgaben in den Taubstummengemeinden dienen. Im Blick auf diese kirchlichen Aufgaben des Verbandes werden die Kirchenregierungen gebeten, für die Pflege des religiösen Lebens und für Wohlfahrtszwecke in den Taubstummengemeinden, Mittel bereit zu halten und die Arbeit des Verbandes finanziell zu tragen.

Von der Gründung eines das Reich umfassenden evangelischen Taubstummen-Wohlfahrtsverbandes wird abgesehen, vielmehr tatkräftige Mitarbeit in dem 5. Wohlfahrtsverband angegliederten ‚Reichsverband der Gehörlosen Deutschlands' (R.G.D.) empfohlen.

Bestehende evangelische Vereine können an ihren Aufgaben im Verband der evangelischen Taubstummengemeinden arbeiten und sich zu ihrer wohlfahrtspflegerischen Arbeit im Blick auf die staatlichen Hilfsmittel dem R.G.D. anschließen. – Der Antrag wird fast einstimmig angenommen."[29]

Weitere Beschlüsse in der Zusammenfassung:

1. „Wir beteiligen uns fördernd an dem ‚Aufbau' und der Taubstummenfürsorgebeilage, die voraussichtlich erscheinen wird. Wir erheben den ‚Wegweiser' zum Organ des Verbandes der evangelischen Taubstummengemeinden.
   Die Kirchengemeinden sind zu ersuchen, die Kosten für das neuzugründende evangelische Gemeindeblatt für Taubstumme für die in ihrer Gemeinde wohnenden Taubstummen auf die Kirchenkasse zu übernehmen. Die Kirchenregierungen sind zu ersuchen, Mittel zur Verfügung zu stellen, damit die Taubstummen darüber hinaus mit religiösem Stoff versehen werden.

2. Die obersten Kirchenbehörden werden gebeten, die Veranstaltungen von kirchlichen Freizeiten zur religiösen Vertiefung der Taubstummen wirksam zu fördern.
3. Der Deutsche Evangelische Kirchenausschuß wird gebeten, eine Kommission zur Abfassung einer für Taubstumme bestimmten Agende einzusetzen, deren Einführung den einzelnen Landeskirchen zu empfehlen wäre.
4. Die Konferenz der deutschen evangelischen Taubstummenseelsorger hält eine bessere seelsorgerliche Bedienung der Gehörlosen für unbedingt erforderlich. Sie bittet, den Deutschen Evangelischen Kirchenausschuß auf die Kirchenregierungen dahin einzuwirken, daß
   1. mehr haupt- und nebenamtliche Taubstummenpfarrer angestellt werden.
   2. zu deren Unterstützung Diakone bezw. Diakonissen angestellt werden. Die Arbeitsbezirke der einzelnen Taubstummenseelsorger müssen übersichtlich gestaltet werden.
5. Es wurde beantragt, daß die Taubstummenseelsorger ebenso wie andere Sonderverbände einen Vertreter in den Synoden haben sollen, um dadurch eine Verbindung der Taubstummengemeinde mit dem gesamtkirchlichen Leben herbeizuführen.
6. Es ist notwendig, daß sich die Dezernenten in den Kirchenämtern mit den Elementen der Taubstummenseelsorge vertraut machen. Es wäre wünschenswert, daß das Konsistorium einen Taubstummenpfarrer als Berater bei Taubstummenangelegenheiten beizöge."[30]

Diese Beschlüsse enthielten ein Progamm, das bis in unsere Tage nachwirkt. Einige der damaligen Forderungen sind bis heute nicht erfüllt worden, z. B. die Punkte 5 und 6. Einen wesentlichen Anteil an der Weiterentwicklung des Verbandes kam Professor Pfarrer Lic. Hermann Schafft aus Kassel zu. Er hat die Geschicke des „Reichsverbandes deutscher evangelischer Taubstummenseelsorger", später „Arbeitsgemeinschaft Evangelischer Gehörlosenseelsorger Deutschlands e.V.", heute „Deutsche Arbeitsgemeinschaft für Evangelische Gehörlosenseelsorge e.V." als 1. Vorsitzender bis zu seinem plötzlichen Tod am 2. Juni 1959 wesentlich mitbestimmt. Er war der Spiritus Rector und Kämpfer für die Gehörlosen und ihre Gehörlosengemeinden, der ökumenische Impulse gab. Der 1961 gegründete „Internationale Ökumenische Arbeitskreis für Taubstummenseelsorge" (IÖAK) geht auf ihn zurück.

Die erste Tagung des „Reichsverbandes deutscher evangelischer Taubstummenseelsorger" in Wittenberg vom 3. bis 5. Juni 1929 wurde mit folgenden Themen fortgesetzt:

Professor Hermann Schafft 1883–1959

„1. Unsere Mitarbeit an der Freude der Taubstummen
2. Zusammenschluß der evangelischen Taubstummengemeinden im Reich
3. Die Vereinheitlichung der Taubstummenpresse
4. Probleme der Gebärdensprache
    a) Aufgaben und Ziele der Gebärdensprache
    b) Die Vereinheitlichung der religiösen Gebärde."[31]

Erfreulicherweise wurde besonders festgehalten, dass auch drei Direktoren von Gehörlosenschulen und sieben Taubstummenlehrer an den Beratungen teilnahmen.

In einer Vorstandssitzung am 17. und 18. Juli 1929 wurden folgende Themen in Kommissionen behandelt: 1. Vereinheitlichung der Presse, 2. Zusammenschluss der Taubstummengemeinden.

„Schafft hält es für richtig, die Taubstummen als Mitarbeiter zu bejahen, man solle sie nicht immer nur bevormunden."... „Helferfreizeiten" sollten eingerichtet werden. (Gocht wehrte sich gegen die Bezeichnung „Führerfreizeiten".)

„Schafft teilt mit, was diese Helferfreizeiten bezwecken sollen. Taubstumme, die als ernste Christen bekannt sind, sollen zu einer mehrtägigen Lebensgemeinschaft mit Gleichgesinnten geführt werden und gleichzeitig eine Schulung als Helfer in einzelnen Taubstummengemeinden erhalten."[32] Außerdem wurde eine Tagung für die Gebärdensprache vorbereitet.

So kam es am 26. und 27. September 1932 zu einer zweiten Arbeitstagung des „Reichsverbandes evangelischer Taubstummenseelsorger Deutschlands", in Leipzig. Diese Tagung bildete eine „Arbeitsgemeinschaft über die Gebärde".[33] Dort wurden die Gebärden zum Vaterunser und zum Glaubensbekenntnis behandelt sowie die Zachäusgeschichte.

☐ *Reaktionen auf die Gründung des Reichsverbandes*

Gruhl berichtete, er habe die Tagung des „Reichsverbandes evangelischer Taubstummenseelsorger Deutschlands" 1928 in Erfurt am 1.4.1929 eingehend mit den Pfarrern Hermann Schulz und Otto Bartel durchgesprochen. Ihm fiel bei dem 1. Antrag auf, dass von „evangelischen Taubstummengemeinden" gesprochen wurde: „M.E. gibt es solche gar nicht, eine Auffassung, die von Schulz und Bartel geteilt wird. Es stellte sich heraus, daß beide in Erfurt gegen den ganzen Antrag gestimmt haben. Tatsächlich waren beide der Ansicht, daß mit Antrag I für uns wenig anzufangen ist, da das, was darin beabsichtigt ist, in der Mark Brandenburg grundsätzlich verwirklicht ist.

Noch eigener steht die Sache mit Antrag 2. (Freizeiten) bei dem ich mir auch nichts Rechtes denken konnte. Zur Sache bemerkten beide Herren einmütig, daß sie starke Bedenken gegen eine eigentliche Freizeit hätten. Man müsse sehr froh sein, wenn man Taubstumme in regelmäßiger Arbeit habe, u. man müsse sich sehr hüten, den Arbeitgeber eines Taubstummen damit zu verärgern, daß man ihm den Taubstummen für mehrere Tage aus der Arbeit hole. Selbstverständlich habe auch der Taubstumme Urlauberanspruch, aber es sei geraten, diesen Urlaub sich dann geben zu lassen, wenn es dem Arbeitgeber im Einzelfall genehm sei und ihm nicht zuzumuten, den Taubstummen zu einer Freizeit zu beurlauben, auf deren man dem Arbeitgeber der Natur der Sache nach keinen Einfluß gestatten kann. Übereinstimmend waren beide Herren der Ansicht, daß bei regelmäßigen Gottesdiensten, an die sich doch fast stets ein Zusammensein auch zu persönlicher Aussprache anschließe, eine eigentliche mehrtägige ‚Freizeit' überflüssig mache.

Im allgemeinen haben Schulz und Bartel bei dem Zusammensein mit Taubstummenseelsorgern aus dem ganzen evangelischen Deutschland den Eindruck gewonnen, daß die Taubstummenseelsorge in unserer Mark jedenfalls von keiner anderen übertroffen werde."[34] Man sah keinen Handlungsbedarf in der Sache „Freizeiten", vielmehr sollte die nächste Tagung abgewartet werden.

Anmerkungen

1 Schulz, Hermann: Schreiben an die Ev. Pastoral-Hilfsgesellschaft zu Hd. des Herrn Vorstehers Konsistorialpräsident Wirkl. Geh. Kons. Rat. D. Heinrich Friedrich Steinhausen, 3.2.1925, ELAB 14/970.
2 Tietke, Christian: Wittstock, Jahresbericht 1926/27 vom 30.3.1927, ELAB 14/971.
3 Tietke, Christian: Wittstock, Jahresbericht am 25.3.1929, ELAB 14/972. (1.7.1929–31.12.1932).
4 Ebd., Orphal, Walter: Jahresbericht an das Konsistorium der Mark Brandenburg vom 31.3.1930. Ebd., Frielinghaus, Wilhelm Jahresbericht an das Konsistorium der Mark Brandenburg vom 20.3.1931.
5 Gruhl, Ernst: handschriftlicher Anhang zum Schreiben 25.8.1927, ELAB 14/971 Anhang Zeitungsartikel: Berlin-Lichterfelder Lokalanzeiger Nr. 35 vom 10.2.1928: Ein Taubstummenlehrgut in der Mark – Ausbildung der Gehörlosen zur Landwirtschaft. Die Brandenburgische Provinzialverwaltung erwarb zu diesem Zweck das Restgut Ossig bei Sommerfeld (N.-L.) mit Schloss, Inspektorenhaus, Wirtschaftsgebäuden, 37 Hektar Acker, Wiese, Holz und Bruchland, vgl. Märkischer Gehörlosen-Bote, März 1928 – Notiz über Guben, S. 30.
6 Ebd., Gruhl, Ernst.
7 Nowack, Kurt: „Euthanasie" und Sterilisierung im „Dritten Reich", 3. Aufl., Göttingen 1984, S. 41: „Medizinalrat Boeters (Zwickau …), durchdrungen von der Überzeugung, jetzt könnten nur noch eugenische Radikalkuren helfen, erließ 1924 einen Aufruf an die deutsche Ärzteschaft, in dem er ausführte, eine rassenhygienische Unfruchtbarmachung von Blödsinnigen, Epileptikern, blind und taubstumm Geborenen müsse gesetzlich erlaubt sein, sobald die Zustimmung des gesetzlichen Vertreters vorliege. Er forderte die Ärzte auf, nach ‚Minderwertigen' zu fahnden und so viele Fälle wie nur irgend möglich selbst zu operieren oder Fachkollegen zuzuweisen. Er stellte neun Grundsätze auf, die die Grundlage einer ‚lex Zwickau' werden sollten … Im Preußischen Landtag wurden seit 1925 Vorschläge zur Sterilisierung mehrfach vorgebracht, aber abschlägig beschieden." Hier hat die REGEDE Aufklärungsarbeit geleistet. Das wird z. B. in der Festschrift

des Württemb. Taubstummen-Fürsorge-Vereins Stuttgart e. V. zum 50. Jubiläum 1931 als besondere Leistung hervorgehoben.

8 Tietke, Christian: Jahresbericht 1926/1927 an das Ev. Konsistorium der Mark Brandenburg vom 30.3.1927, ELAB 14/9 71.
9 Gruhl, Ernst: Handschriftlicher Anhang zum Schreiben 25.8.1927, ELAB 14/971.
10 Gruhl, Ernst: Aktennotiz 11.12.1929, zum Bericht von Hermann Schulz ELAB 14/972.
11 Es ging um das Konzept der Gehörlosenseelsorge (Einteilung in Bezirke, Reisepfarrer) im Einzelnen: Otto Bartel kaufte 1931 während der großen Arbeitslosigkeit ein silbernes Abendmahlsgerät ohne Hermann Schulz zu informieren, der erfuhr es erst durch Gehörlose. Daraufhin wurde Otto Bartel am 14.11.1932 ins Konsistorium zu OKR Ernst Gruhl zitiert und gerügt. „Im übrigen wurde der Schwierigkeit von Otto Bartels Lage und Stellung voll Rechnung getragen, ihn mehr mit allem Nachdruck die Pflicht ins Gewissen gehoben, in Frieden mit Hermann Schulz zusammenzuarbeiten und dabei nicht zu vergessen, daß er 25 Jahre jünger sei und es im übrigen mit einem Menschen zu tun habe, der in seiner Schwerhörigkeit ein schweres Kreuz trage." Gruhl, Notiz 14. XI 1932, ELAB 14/978. Der Vorwurf von Hermann Schulz gegenüber Otto Bartel lautete: „daß Wort und Geberde ihm innerlich immer noch nicht verbunden sind, und daß ihm auch die Taubstummen noch nicht vertraut sind, wie man doch annehmen müßte." Stellungnahme zum Antrage von Pastor Otto Bartel vom 2.4.1932, EZA 14/987. 1928 war Otto Bartel aus dem Central-Verein ausgetreten, dann 1930 wieder eingetreten. Hermann Schulz dazu in seinem Schreiben an den EOK vom 8.6.1931, ELAB 14/978: „Mir hat er nachträglich geschrieben, daß die Würde seiner Stellung im Verein nicht immer genügend gewahrt erschien, vor 2 Jahren hat er dann seine Aufnahme wieder beantragt, welche ich persönlich befürwortete."
12 Ergänzungsbericht von Otto Bartel, handschriftlich 2.4.1929. Alles Gedanken, die einem heutigen Gehörlosenpfarrer nicht fremd sind. Die physische und psychische Anforderungen bei intensivem Eingehen auf die Gehörlosen sind hoch.
13 Anhang V. Dazu auch Schreiben des Zentralvereins für das Wohl der Taubstummen zu Berlin vom 18.8.1932 an das Ev. Konsistorium der Mark Brandenburg betr. Kirchenfest, ELAB 14/978.
14 Bartel, Otto: Jahresbericht 1.4.1927–31.3.1928 Anmerkung Ernst Gruhl: Hat noch Zeit! An der neuen Einrichtung nicht sofort ändern – 28.12.1932 wird die Dienstanweisung geändert. gez. D. Karow, ELAB 14/973.
15 Bartel, Otto: Jahresbericht 1.4.1927–31.3.1928, ELAB 14/978.
16 Siehe Anhang VI.
17 Schulz, Hermann / Bartel, Otto: Bericht an das Konsistorium der Mark Brandenburg vom 23.1.1928, ELAB 14/971.
18 Chronik der Deutschen, hg. v. Bodo Harenberg, Dortmund 1983, S. 853. Die Zahl der Arbeitslosen betrug in Deutschland am 1.2.1932 – 6,128 Millionen. Deutschland hat den höchsten Prozentsatz der Arbeitslosen in der Welt. Für 1931 bedeutet das ein durchschnittliches Einkommen von 52,83 Reichsmark (RM) im Monat. Nach den Berechnungen des statistischen Reichsamtes in Berlin benötigte jedoch eine vierköpfige Familie im November 1931 in der Reichshauptstadt für Grundnahrungsmittel 66,01 RM pro Monat. Das Volkseinkommen pro Einwohner ist von 1131 RM in der Zeit von 1929 bis 1932 auf 656 RM zurückgegangen.
19 Reso, Otto: Bericht an das Konsistorium der Mark Brandenburg vom 15.3.1933, ELAB 14/973.
20 Ebd., Schulze, Friedrich Karl Hans: Bericht an das Konsistorium der Mark Brandenburg vom 18.3.1933. Der Postinspektor hatte sie zur Verfügung gestellt, die Frauenhilfe Schönermark half und die Kirchengemeinde stiftete Kuchen. „Die Essensportionen waren wie im Vorjahr sehr reichlich, Suppe Braten und Nachtisch wurden für 50 Pfennige gereicht, Unbemittelten erließen wir die Bezahlung."
21 Ebd.

22 Ebd., Anmerkung des Superintendenten: „Ich bitte um ein anerkennendes Wort an den sehr eifrigen Taubstummenseelsorger Dr. Schulze für seine erfolgreiche Arbeit an den Gehörlosen. [Walther Christian Gottfried] Borrmann.", ELAB 14/973.
23 Priepke, Manfred: Die Evangelische Jugend im dritten Reich 1933–1936, Sonderdruck der Hessischen Landeszentrale für Heimatdienst, Frankfurt 1960, S. 12.
1848 – Westdeutscher Jungmännerbund
1856 – Ostdeutscher Jünglingsbund
1869 – Evangelisch-Lutherischer Jungmännerbund in Sachsen
„Inhaltlich bestand die Arbeit der Jugendkreise, -vereine, -bünde zunächst besonders in a) Bibelarbeit, Gebetsstunden, b) Fortbildungskursen, allgemeinen Vorträgen, Unterhaltungsabenden, c) sozialer Hilfstätigkeit. Aber es wurden bereits auch sonntäglich Wanderungen durchgeführt."
24 Bartel, Otto: Tätigkeitsbericht des Taubstummen-Geistlichen in seinen Amtsbezirken Berlin und Potsdam vom 21.3.1933 an das Ev. Konsistorium der Mark Brandenburg, ELAB 14/973.
25 Bartel, Otto: Jahresbericht (März 1942–26.2.1943) an das Konsistorium der Mark Brandenburg, ELAB 14/979.
26 EZA 1/511 (alt: 1/A2/211), in: Sammelband Dokumente und Berichte (1927–1951) DAFEG, 2. Aufl. Göttingen 1996, S. 13–16. (Unterstreichung im Orginal)
27 Deutsche Evangelische Gehörlosenseelsorge, Dokumente und Berichte (1927–1951), S. 19–20.
28 Ebd., S. 20, 23, 24.
29 Ebd., S. 23 f.
30 Ebd., S. 28–33. Die Beschlüsse wurden dem DEK zugeleitet und von ihm am 27.2.1929 an alle obersten Kirchenbehörden der im evangelischen Bund zusammengeschlossenen Landeskirchen versandt, gez: Der Präsident D. Dr. Hermann Kapler.
31 Ebd., S. 55–76. Ergänzung: Der Bericht für das Evang. Konsistorium der Mark Brandenburg in Berlin durch Christian Tietke, S. 77–79.
32 Ebd., S. 80–84.
33 Ebd., S. 98–105.
34 Gruhl, Ernst zum Schreiben vom 27.2.1929 an den DEKA, ELAB 14/971.

KAPITEL **X**

Die Kirchen und die Gehörlosenseelsorge von 1933 bis 1945

Die evangelische Staatskirche war nach fast 400 Jahren 1918 zu Ende gegangen. Die Kirchen wurden in die volle Selbständigkeit entlassen. Der Zusammenbruch der kirchlichen Ordnungen wurde zutiefst bedauert. Es dauerte bis 1924, bis die Kirchenverfassungen und Ämter neu begründet und vom Staat anerkannt waren. In den 28 Landeskirchen ging die Entwicklung unterschiedlich schnell voran. Erhebliche Differenzen blieben bestehen.[1] Die einzelnen Länder, wie Hessen, waren zersplittert in kleine Kirchen, z. B. Frankfurt, Nassau, Kurhessen, Hessen-Darmstadt. Die kirchliche und politische Einstellung bei vielen Pfarrern, Gemeinden und Kirchenregierungen war konservativ. Da es in den Kirchen und im Staat keine einheitliche Führung mehr gab, kam es aber auch zwischen den Landeskirchen zu Parteiungen. Es gab die Partei der Positiven, der Liberalen, die Volkskirchliche Vereinigung, die Unpolitischen. Diese Gruppen traten zu den Kirchenwahlen in den preußischen Landeskirchen vom 12. bis 14.11.1932 an. Dazu kam als jüngste Vereinigung die Glaubensbewegung „Deutsche Christen" (DC).

Kurt Hutten zeigt in seinem Buch: „Christus oder Deutschglaube", dass der Ursprung der „Deutschen Glaubensbewegung" schon im „Deutschbund" von 1894 lag. Der „Bund für deutsche Kirche", 1921 von Dr. Niedlich gegründet, wollte eine „Erneuerung des religiösen Lebens und der Kirche durch den deutsch-heimatlichen Gedanken als wichtigste innerliche Angelegenheit der deutschen Volksgemeinschaft". Der Bund wollte ausdrücklich innerhalb der Kirche arbeiten. Sein Zweck: „Abschaffung des Alten Testamentes als Religionsbuch; überhaupt Ausscheidung aller ‚jüdischen' Elemente aus der christlichen Verkündigung; Wiederherstellung des reinen Heilandsbildes aus der jüdischen Verfälschung; Jesus soll als Held und Herzog in der Kirche verkündet werden."[2] Nordische Sagen, Mythen, Märchen traten an die Stelle des christlichen Glaubens. So kam es auch zu einem Protest gegen die christliche Lehre von Sünde und Gnade als „Frucht jüdisch-semitischen Denkens". „Der Kampf gegen Sünde und Gnade ist der Kampf um das gute Gewissen und das innere Recht der deutschgläubigen Selbstvergottung und Heiligsprechung des Menschen; ja er ist der Kampf um Sein oder Nichtsein des Deutschglaubens überhaupt."[3] Die christliche Lehre „verhindere einen echten Nationalstolz",[4] wurde behauptet.

Auf Drängen der KPD und SPD gab es auch viele Kirchenaustritte. Die wirtschaftliche Not beherrschte das Land. Mit 5,7 Millionen Arbeitslosen war die Spitze im Dezember 1931 erreicht, und es war kein Ende abzusehen. Es war nicht nur der Schmerz über den verlorenen Krieg, sondern vor allem der Versailler Vertrag mit seinen Zahlungen und die Betonung der Kriegsschuld Deutschlands, die zu einer nationalen, anti-westlichen Gesinnung beitrugen. Der Antisemitismus verschwamm mit einer Feindseligkeit gegenüber der parlamentarischen Demokratie. Man glaubte, dass die Großfinanz im Westen in jüdischen Händen sei.

In seinem Buch „Mein Kampf" schrieb Hitler über die „Bewegung": „... Ihre Aufgabe ist nicht die einer religiösen und moralischen Reformation, sondern die einer politischen Reorganisation unseres Volkes. Sie sieht in beiden religiösen Bekenntnissen gleich wertvolle Stützen für den Bestand unseres Volkes und bekämpft deshalb diejenigen Parteien, die dieses Fundament einer sittlich religiösen und moralischen Festigung unseres Volkskörpers zum Instrument ihrer Parteiinteressen herabwürdigen wollen."[5]

Adolf Hitler verstand es außerdem, die „völkische Idee" mit dem ethischen Dualismus von Gut und Böse zu verbinden. Gut waren die Tapferen, Starken, Reinen und Idealisten. Die Schlechten bzw. Bösen waren verbunden mit Schwäche, Feigheit, Verdorbenheit und Materialismus. Hitler vermischte das zusätzlich mit einer Rasseideologie: „Der Edle mit der arischen Rasse, der Minderwertige mit der jüdisch-semitischen Rasse." „Deutschland erwache!" wurde der charakteristische Ruf. Rassismus und Diskriminierung von Behinderten waren die Folge.

„Mit der SA demonstrierte die NSDAP Stärke und Tapferkeit für eine Erneuerung der ‚deutschen Ehre' in Arbeit und Brot."[6] Das zeigte bei den Wahlen im Jahr 1932 Wirkung. Schon bei den Reichstagswahlen am 14.9.1930 stieg die Zahl der Sitze der NSDAP von 12 auf 107.[7]

Dann folgte in Hitlers Buch die Frage der Organisation, der innere Aufbau der Bewegung mit unduldsamem Fanatismus. Jeder konnte lesen: Es gab Ortsgruppen, Bezirks-, Gau- und Landesverbände, Amtswalter usw.[8] Auch unter führenden Gehörlosen fassten diese Vorstellungen Fuß.

Von 1918 bis 1933 hatte ein Wertewandel stattgefunden. „Staat und Obrigkeit" waren vergangen, „Volk und Volkstum" wurden von den Nationalsozialisten als die neuen Werte aufgegriffen. Vaterland, Blut und Boden, Rasse, Führerprinzip etc. waren die entscheidenden Schlagworte.[9]

Unter diesen Vorzeichen gründeten im Februar 1932 in Berlin 80 nationalsozialistische Pfarrer die Glaubensbewegung „Deutsche Christen" (DC).

Am 6. Juni 1932 veröffentlichten sie ihre zehn Richtlinien: „Wir kämpfen ... für eine evgl. Reichskirche. Wir stehen auf dem Boden des positiven Christentums ... Wir wollen das wiedererwachte deutsche Lebensgefühl in unserer Kirche zur Geltung bringen ... Wir verlangen eine Abänderung des Kirchenvertrages ... Wir sehen in Rasse, Volkstum und Nation uns von Gott geschenkte und anvertraute Lebensordnungen ... Wir sehen in der recht verstanden Inneren Mission ... auch Schutz des Volkes vor den Untüchtigen und Minderwertigen. Die Innere Mission darf keinesfalls zur Entartung unseres Volkes beitragen... In der Judenmission sehen wir eine große Gefahr unseres Volkstums ... Wir wollen eine evangelische Kirche, die im Volkstum verwurzelt, und lehnen den Geist eines christlichen Weltbürgertums ab ..."[10]

Zu ihrem Reichsleiter hatten die DC bei ihrer Gründung den Pfarrer der Christuskirche in Berlin-Kreuzberg, Joachim Hossenfelder, gewählt. Er war schon 1929 in die NSDAP eingetreten und „entfaltete reges Engagement, insbesondere hinsichtlich der Fragestellung ‚Christentum und Nationalsozialismus'. 1931 wurde er Pfarrer der Christuskirche und engagierte sich besonders bei der Arbeit mit Jugendlichen. Im April 1932 übernahm er die Aufbauarbeit der Glaubensbewegung ‚Deutsche Christen' und wurde schon am 23. Mai 1932 zu ihrem Leiter und später zu ihrem Reichsleiter ernannt",[11] nicht gewählt!

Die DC erläuterte in SA-Versammlungen das Programm für die Volkskirche. Sie rief zum Eintritt in die Kirche auf. Bei den Kirchenwahlen in den preußischen Landeskirchen erhielten die DC im Schnitt auf Anhieb 30 % aller Sitze. Sie wollte eine von Grund auf erneuerte Kirche, an deren Spitze ein Reichsbischof stehen sollte. Hossenfelder ging sogar soweit, eindeutig zur Wahl der NSDAP aufzurufen: „In Hitler sehen wir den von Gott gerufenen und begnadeten Menschen, durch den der lebendige Gott unserem armen deutschen Volk helfen will." „Er hat in einem Dankgottesdienst in der Berliner Marienkirche die Berufung Hitlers zum Reichskanzler gefeiert und begrüßt."[12]

Nach dem 30.1.1933 wollten die DC auch in der Kirche die Macht ergreifen. Der lockere Kirchenbund von 28 Kirchen sollte zu einer „Reichskirche" straff organisiert werden; darin sollte das „Führerprinzip" gelten. Von Hitler wurde der unbekannte Wehrkreispfarrer Ludwig Müller zum „Bevollmächtigten für die Angelegenheiten der evangelischen Kirche" ernannt. Durch die Berufung des Landgerichtsrats August Jäger zum Staatskommissar mit allen Vollmachten für die Landeskirchen in Preußen kam ein Mann an die Macht, der diese Macht auch rücksichtslos gebrauchte. Er ernannte Hossenfelder zum kommissarischen geistlichen Vizepräsidenten des EOK.[13] Kirchenvorstände sollten fortan durch Ernennungen eingesetzt werden. „Von den Neuvorgeschlagenen müssen nach Möglichkeit mindestens 75 % zuverlässige Mitglieder der NSDAP oder der DC sein, die zugleich von bewährter evangelischer Gesinnung sind."[14] Pastor Wilhelm v. Bodelschwingh (Bethel) als Gegenkandidat für den Reichsbischof gab unter massivem Druck von Partei und Staat auf. Die neue Reichskirchenverfassung wurde am 14. Juli 1933 erlassen, an demselben Tag wie das „Gesetz zur Verhütung erbkranken Nachwuchses".

Die neugeschaffene evangelische Reichskirche nannte sich „Deutsche Evangelische Kirche DEK". Hitler bestimmte, dass am 23.7.1933 neue Kirchenwahlen stattzufinden hätten. Die NSDAP bot ihren ganzen Machtapparat zur Unterstützung der DC auf. Dazu konnte es im Völkischen Beobachter heißen: „Jeder evangelische Parteigenosse genügt am Sonntag ... seiner Wahlpflicht ... Ebenso selbstverständlich ist es, daß er seine Stimme der ‚Glaubensbewegung Deutsche Christen' gibt. Diese Kirchenwahl, die erste Kirchenvolkswahl, ist ... nicht mehr eine interne Angelegenheit der Kirche, sondern eine Angelegenheit des deutschen Volkes."[15] So bekamen die DC eine überwältigende Mehrheit von 70 % im Reich, in manchen Gemeinden 100 %. In wenigen Gemeinden, wie in Berlin-Dahlem und der reformierten Wuppertaler Gemeinde Barmen-Gemarke, erreichten nicht die DC, sondern die Liste „Evangelium und Kirche" eine Mehrheit. Ludwig Müller übernahm das neugeschaffene Amt eines preußischen Landesbischofs. Am 27.9.1933 wurde er darüber hinaus in Wittenberg zum „Reichsbischof" gewählt, und im November wurde Hossenfelder zum Landesbischof für Brandenburg ernannt.

Die Generalsynode der Ev. Kirche der altpreußischen Union führte Anfang September den „Arier-Paragraphen" auch im Bereich der Kirchen ein. Dennoch hatten die DC den Höhepunkt ihres Einflusses bereits überschritten, obwohl sie noch lange wirksam blieben. Mit der Sportpalastkundgebung am 13. November 1933 begann der Niedergang. Bei dieser Veranstaltung vor 20.000 DC-Mitgliedern forderte Hossenfelder erneut den Ausschluß von Nicht-Ariern aus den Kirchenämtern und die Suspendierung vom Pfarramt für die Oppositionellen Martin Niemöller, Kurt Scharf und Dr. Eitel Friedrich von Rabenau.[16] Der DCler Dr. Reinhold Krause hatte seine Rede im Sportpalast schon am 3. September fertig gestellt und seine wichtigsten Forderungen öffentlich vorgetragen. Diese Rede, nicht die von Hossenfelder, löste den Skandal aus:

- „‚Abschaffung des Alten Testaments als ein sittlich und religiöses minderwertiges biblisches Machwerk';
- ‚Ablehnung der apostolischen Lehre als eine Sünden- und Minderwertigkeitstheologie des Rabbiners Paulus';
- ‚Beseitigung des orientalischen Materialismus' und statt dessen einen ‚heldischen Jesus'.

Ein Sturm der Entrüstung brach über die DC herein. Der Reichsbischof legte die ‚Schirmherrschaft' nieder, ... viele Mitglieder verließen die Glaubensbewegung."[17] Hossenfelder musste sich von Dr. Krause als Gau-Obmann trennen.[18] Wenig später trat Hossenfelder als Reichsleiter der DC zurück.[19] Ende 1933 nannte sich die Glaubensbewegung DC „Reichs-Bewegung DC". Die Radikalen, vor allem in Thüringen, schufen eine „Kirchenbewegung DC-Nationalkirche Bewegung". Im Mai 1935 gründete Hossenfelder seine „Kampf- und Glaubensbewegung DC-Hossenfelderbewegung". Am 10.11.1936 wurde der „Bund für deutsches Christentum" unter Mitwirkung von Bischof Hossenfelder gebildet.[20] Von der Einheit, die man mit der Gründung der DEK hatte erreichen wollen, war man weit entfernt. Auch die DC trennten sich in verschiedene Gruppen.

In vielen Berichten aus den Gemeinden in Berlin ist nachzulesen,[21] wie sich schon bei der Kirchenwahl 1932 Widerstand gegen die Eingriffe der NSDAP und der DC regte, aber noch nicht koordiniert war. Im „Pfarrernotbund" entstand dann eine Spitze des Widerstands gegen die „Gleichschaltung" der Kirche. Seine Handlungen wurden später oft mit dem Handeln einer „Bekennenden Kirche" gleichgesetzt, die es so jedoch nicht gab.

Im Mai 1934 trafen sich Vertreter reformierter, lutherischer und unierter Kirchen, freie Synoden, Kirchentage und Gemeindekreise zu einer Reichssynode in Barmen. Die „theologische Erklärung zur gegenwärtigen Lage der Deutschen Evangelischen Kirche" wurde zur Grundlage der entstehenden Bekennenden Kirche. „Durchorganisiert" war Gott sei Dank auch die BK.

Diese etwas ausführlichere Darstellung soll die Vorgeschichte von Pfarrer Joachim Hossenfelder etwas erhellen. Auch die Gehörlosenpfarrer waren vom Kirchenkampf betroffen; zur BK hielten sich nur wenige. Hossenfelder, der nach dem Krieg in Berlin-Brandenburg zum Gehörlosenpfarrer umgeschult wurde, ist vielen nur als DC-Pfarrer bekannt.

1 Das Gesetz zur Verhütung erbkranken Nachwuchses vom 14. Juli 1933

Die „Bewegung" zog die Mehrheit der Deutschen in ihren Bann. Alle wollten einen Aufschwung. Für die meisten Deutschen, hörend oder gehörlos, evangelisch oder katholisch, war Hitler der ersehnte Hoffnungsträger und blieb es bis 1945. Deshalb sprach auch nach dem Kriegsende die Mehrheit von einem „Zusammenbruch", nicht von einer „Befreiung von der Diktatur". Dieses rauschhaft verklärte Hoffen auf einen Neuanfang schien Hitler zu erfüllen. Der absolute Wille zur Macht, die Unterwerfung der Menschen unter seinen Willen, nicht das demokratische Verhandeln und Beschließen, sondern die grandios inszenierten Spektakel der Nürnberger Reichsparteitage, die Aufmärsche, Fahnenzüge, bei denen die Gehörlosen mitmachen durften, verleiteten die Mehrheit der Deutschen zu bedingungsloser Gefolgschaft.

Die meisten Menschen kamen nicht zu einer bewussten Prüfung von Hitlers Zielen. Dabei hatte er in „Mein Kampf" deutlich von Rasse, Volk und von der „heutigen Beengtheit des Lebensraums dieses Volkes" geschrieben, „von der Ziellosigkeit und Unfähigkeit, die bisher unser deutsches Volk auf seinen außenpolitischen Wegen leiteten". Er werde dieses Volk sammeln und zu „neuem Grund und Boden" hinausführen und „damit auch für immer von der Gefahr befreien, auf dieser Erde zu vergehen oder als Sklavenvolk die Dienste anderer besorgen zu müssen".[22] Schon 1933 wurde ein Reichsverteidigungsausschuss eingesetzt, der die „Mobilmachung" von Staat und Volk in Übereinstimmung mit der militärischen Mobilmachung lenken sollte. Der Reichskriegsminister hatte die Planungen für die Kriegsproduktion zu entwerfen und der Reichswirtschaftsminister die entsprechenden Vorbereitun-

Entlassungsschein nach Zwangssterilisation 1938

gen zu treffen.²³ Der Start der Winterhilfe 1934 und die Eintopfessen machten deutlich, in welcher schlechten wirtschaftlichen Lage sich das III. Reich befand.²⁴ „Trotz aller Anstrengungen konnte aber die Auslandsabhängigkeit Deutschlands bis Kriegsbeginn nicht wesentlich verringert werden. Die Selbstversorgungsrate stieg von 80 Prozent im Jahre 1933 nun auf 83 Prozent 1938/39. Noch immer mußte also praktisch jeder fünfte Deutsche mit ausländischen Nahrungsmitteln ernährt werden. Die Überforderung der landwirtschaftlichen Betriebe war andererseits kaum zu bewältigen. Landflucht, sinkende Geburtenraten auf dem Land, zunehmende Klagen über unzureichende Produktionsmittel signalisierten bereits 1939 eine schwere Krise – keine günstige Ausgangsposition für einen Blockadekrieg."²⁵

Nicht erst heute ist bekannt, dass dem Ziel des Krieges verquickt mit der Lehre von der Rassenreinheit alles untergeordnet wurde.

Der Reichstagsbrand am 27.2.1933 gab den Vorwand, am 28.2. die „Verordnung zum Schutze von Volk und Staat" in Kraft zu setzen, um wesentliche Grundrechte der Bevölkerung aufzuheben: z. B. die Freiheit der Person, das

Recht auf Meinungsäußerung, die Vereins- und Versammlungsfreiheit. Eine Verhaftungswelle setzte ein gegen Kommunisten, Sozialdemokraten, Gewerkschafter, oppositionelle Mitglieder der Kirchen, z. B. Pfarrer Martin Niemöller, auch gegen politisch verdächtige Personen.[26]

Um den totalitären Maßnahmen einen legalen Anstrich zu geben, wurden am 5.3.1933 Reichstagswahlen durchgeführt. Die NSDAP verfehlte die absolute Mehrheit, obwohl KPD-Abgeordnete inhaftiert und auch SPD-Abgeordnete Misshandlungen und Verfolgungen ausgesetzt waren. Mit der DNVP (8 %) konnte die NSDAP (43,9 %) eine parlamentarische Mehrheit bilden. Es gab also nach drei Jahren wieder eine Regierung mit einer Mehrheit. So nahm am 23.3.1933 der Reichstag mit 444 gegen 94 Stimmen das „Gesetz zur Behebung der Not von Volk und Reich (Ermächtigungsgesetz)" an.

Am 7. April 1933 wurde das „Gesetz zur Wiederherstellung des Berufsbeamtentums" mit dem Arierparagraphen[27] beschlossen. Damit konnten Beamte, die politisch nicht der NSDAP nahestanden, aus dem Dienst entfernt werden. Das Gesetz richtete sich hauptsächlich gegen jüdische und politisch unliebsame Juristen. Proteste gegen die Entlassung von Richtern und Beamten aus rassischen und politischen Gründen blieben aus.[28]

In diesem Zusammenhang war das **„Gesetz zur Verhütung erbkranken Nachwuchses" vom 14. Juli 1933** als Gesetz der „Rasseveredlung und der körperlichen Gesundung des Volkes" zu verstehen. Die Unfruchtbarmachung bzw. Sterilisation konnte nach diesem Gesetz auch gegen den erklärten Willen des Probanden oder seiner Eltern erfolgen.[29] Dazu waren Erbgesundheitsgerichte mit je zwei Medizinern und einem Richter eingesetzt worden. Sie erklärten einen Menschen für „erbkrank" oder „nicht erbkrank". Charakteristisch für die Einstellung zu diesem Gesetz und seine Anwendung dürfte der Ausspruch eines Hamburger Richters sein, der 1935 auf einem rassehygienischen Schulungskurs äußerte: „Die Schlacht, die im Erbgesundheitsgericht geschlagen wird, geschieht für das ganze Volk und seine Kinder. Im Zweifel sterilisieren."[30]

Wie kam es zu diesem Gesetz, das am 1.1.1934 in Kraft trat und für viele Gehörlose so verhängnisvoll wurde und dessen physische und psychische Folgen bis heute für die Betroffenen schwer zu ertragen sind?

Die Gedanken, die zu diesem Gesetz führten, wurzelten im 19. Jahrhundert, der Zeit der Überbevölkerung und Elendsquartiere vor allem in England. Die Gedanken Darwins über die Entwicklung der Tiere und das Ausleseprinzip meinten Anhänger Darwins auch auf die menschliche Gesellschaft anwenden zu müssen. Begriffe wie „Kampf ums Dasein" und „Wettbewerb um die Existenz" tauchten auf. Der Erbfaktor wurde maßlos überbewertet. Schon 1911 gab es ein Preisausschreiben: „Was kosten die minderwertigen Elemente dem Staat und der Gesellschaft."[31] 1904 gründete Dr. Alfred Ploetz (1860–1949) die „Gesellschaft für Rassehygiene". 1916 entstand eine „Berliner Gesellschaft für Rassehygiene". „Rasse" und „Hygiene" bedeuteten danach: diese Rasse ist zu reinigen. In der Psychiatrie hatte schon 1895 eine

157

entsprechende Diskussion begonnen. Adolf Jost sprach sich für Sterilisation aus, Ernst Haeckel (1843–1919, Zoologe) legte die philosophische Grundlage. Reichsgerichtspräsident Karl Binding (1841–1920) und Psychiatrieprofessor Dr. Alfred E. Hoche (1865–1943) setzten sich 1920 in einer gemeinsamen Schrift für „Die Freigabe der Vernichtung lebensunwerten Lebens" ein. Haeckel sah in deren Tötung einen erkennbaren nützlichen Akt. Es wurde von „Ballastexistenzen" gesprochen. Allein die Leistung entscheide über Anerkennung und den Wert eines Lebens. Das ist „Sozialdarwinismus".[32]

Ein bevölkerungspolitisches Problem sollte mit medizinischen Mitteln, Sterilisation und Euthanasie (Vernichtung lebensunwerten Lebens) gelöst werden. Damit wurde die humanistische jüdisch-christliche Tradition über Bord geworfen, vor allem der Mensch seiner Freiheit und Würde beraubt, die Unversehrtheit des Lebens verletzt.

Es gab aber auch gegenläufige Ansätze. Aus der Erkenntnis, dass die sozialen Wohn- und Lebensverhältnisse – schlechte Luft, feuchte Wohnungen, unzureichende Nahrung, unzureichende medizinische Versorgung – das Heranwachsen der Kinder beeinträchtigen, wurde z. B. nach dem Ersten Weltkrieg in der Stadt Frankfurt am Main ein Bürgerausschuß gegründet, um unterernährter Jugend zu helfen. „Im Jahr 1920 wurden etwa 500 Kinder, die von Schulärzten als besonders schwächlich und bedürftig erkannt waren, zur Erholung auf vier Wochen zur ‚Wegscheide' (bei Bad Orb) geschickt."[33] Der „Fürsorgeverein für Taubstumme Westsachsens" nahm sich schon 1905 durch Schaffung eines Wald- und Erholungsheims in Marienthal bei Ostritz besonders der taubstummen Kinder an.[34]

1932 wurde im Reich das „Gesetz zur Verhütung erbkranken Nachwuchses" vorbereitet. Auch die Bemühungen der Gehörlosen nachzuweisen, dass sie vollwertige Menschen seien, z. B. in dem Film: „Verkannte Menschen" 1932, mit einem Begleitheft (siehe X 3 3.2 Die Gehörlosen im NS-Staat in der Provinz Brandenburg) waren vergeblich. Es wurde argumentiert, dass es Sterilisationsgesetze mit eugenischer Indikation in vielen Ländern gebe, in den USA (seit 1907), in einigen Kantonen der Schweiz (1928), in Kanada (1929) und Dänemark (1929), später kamen Norwegen (1934) und Schweden (1935) hinzu. Alle diese Gesetze setzten die freiwillige Zustimmung der Betroffenen voraus. Wie sich heute zeigt, haben dennoch auch in diesen und anderen demokratischen Ländern Zwangssterilisationen stattgefunden.[35]

Das Dogma von der nordischen Rasse, hier sind Gobineau und Chamberlain als Vordenker zu nennen, führte 1934 zur gesetzlichen Freigabe der erzwungenen Sterilisation und zur Vernichtung „unwerten Lebens". Als erster Vernichtungsort und Musterbeispiel für die sechs Tötungsorte ist Sonnenstein/Pirna zu nennen,[36] wo nachweislich auch Gehörlose umgebracht wurden.

Sehen wir heute auf diese Geschichte, so ist für uns zu erkennen, dass die Vernichtung der Menschen u. a. dazu diente, die Häuser als Lazarette frei zu machen,[37] da man schon 1935 errechnete, dass bei einem Krieg viele tausende Verwundete zu versorgen sind. Schwestern, Pfleger, Ärzte waren ja vorhanden.

Die „Lex Zwickau" war ein Vorspiel. Im Jahr 1933 gab es keine offizielle Möglichkeit mehr, Entsprechendes abzuwenden. Es war legal: Es gab ein Gesetz mit Erbgesundheitsgericht und Obergericht. Wer aber stellte sich gegen Gesetze? Die Ärzte und Anstaltsleiter hatten Anzeigepflicht. Im Verhältnis zu anderen Berufsgruppen verzeichneten die Ärzte den höchsten Prozentsatz an Parteimitgliedern (45 %). „Das zahlenmäßige Verhältnis ihrer Mitgliedschaft in SA und SS lag zwei- bis siebenmal höher als z. B. das der Lehrer. Dies hatte seinen Grund sowohl in den autoritären und nationalsozialistischen Tendenzen der deutschen Ärzte als auch in der Betonung einer biologisch-medizinischen Vision nationaler Gesundung von Seiten der Nationalsozialisten. Schon die Hitlerjugend konnte in ihren Gesundheitsbüchern lesen: ‚Jeder Deutsche hat die Pflicht, so zu leben, daß er gesund und arbeitsfähig bleibt. Krankheit ist Versagen'."[38]

In den Blättern für Taubstummenbildung wurde am 1.9.1933 das „Gesetz zur Verhütung erbkranken Nachwuchses" mit einer Begründung von Paul Schumann veröffentlicht. Es wurde argumentiert, dass Sterilisierung als „eine Tat der Nächstenliebe und Vorsorge für das kommende Geschlecht angesehen werde".[39]

In „Der Deutsche Gehörlose", Der Weckruf, 69. Jhrg. 29.7.1940 Folge 14 schreibt NS-Parteigenosse Georg Vörnle – Wien: „Was wir Ostmärker über das Sterilisationsgesetz wissen sollen": „Eine eventl. Angst oder Sorge wegen der vorzunehmenden Sterilisation wäre ganz unbegründet. Dankbarkeit würde eher am Platz sein." In der Ausgabe vom 22. Februar 1939 lesen wir auf Seite 107: „Dieses Gesetz stellt sich einmal dar als Tat der Nächstenliebe und der Vorsorge für die kommende Generation, erspart es doch den betroffenen Personen, Familien und zukünftigen Generationen unendliches Leid; andererseits aber ist dieses Gesetz die praktische Verwirklichung des nationalsozialistischen Grundsatzes ‚Gemeinnutz geht vor Eigennutz', denn es verlangt von dem Einzelnen die Aufopferung des höchsten Gutes, das ihm die Natur gegeben hat, nämlich seiner Fortpflanzungsfähigkeit."

Auch wenn das Gesetz in der Weimarer Republik vorbereitet wurde, es in Amerika und Dänemark ähnliche Gesetze gab, so ist das Gesetz zur Verhütung erbkranken Nachwuchses eindeutig ein Rassegesetz im Sinne der NS-Ideologie. Dazu konnte man Entsprechendes in Schulbüchern lesen.[40] Die Tatsache muss allen Gehörlosenpfarrern nach der Aktenlage klar gewesen sein. Ich weiß nicht, ob alle auch das aus der Zwangssterilisation herkommende Leid vorhergesehen haben. Nennenswerter Widerstand wurde, wie auch bei der Euthanasie, von Gehörlosenpfarrern nicht geleistet. Das ist eine Schuld, die uns Gehörlosenpfarrer und- pfarrerinnen heute noch belastet.[41]

1.1 Stellungnahmen der Landeskirchen und des Reichsverbandes

Als erste reagierte die sächsische Taubstummenpfarrerschaft. Bei ihrer Tagung vom 5. bis 8. Mai 1933 beschlossen sie einstimmig ein Schreiben an den Deutschen evangelischen Kirchenausschuß in Berlin-Charlottenburg, in dem sie klarstellten:

> „1.) Die Seelsorge an den Gehörlosen ist, wie alle Seelsorge Auftrag Gottes an die Kirche. Sie geschieht im Glauben und aus der Liebe heraus. Zugleich ist sie Dienst am Volk, geleistet durch die Kirche. Sie muss in Übereinstimmung mit der staatlichen Ordnung, aber in innerer Selbständigkeit und Freiheit geschehen.
>
> 2.) Die sächsischen Taubstummenseelsorger erwarten:
> a.) dass bei einer Reform der Gesetzgebung die Gehörlosen gegenüber anderen Volksgenossen nicht benachteiligt werden.
> b.) dass in der öffentlichen Wohlfahrt, insbesondere im Wirtschaftsprozess, ihre berechtigte Eingliederung beibehalten wird.
> c.) dass die Forderung der Volksgesundheit (Eugenik) keine einseitige Anwendung auf die Gehörbeschädigten findet."[42]

Diese Erklärung sollte aber nicht in die Öffentlichkeit gelangen und nicht durch die Presse bekannt werden. Fürchteten die Verfasser Repressalien? Die politische Lage legt das nahe. Außerdem sollte ja das Gesetz erst am 1.1.1934 in Kraft treten.

Die Rheinischen Taubstummenseelsorger haben im November 1934, also fast ein Jahr nach in Krafttreten des Gesetzes, über das Gesetz bei ihrer Tagung in Köln gesprochen. Professor Pesch aus Köln, Amtsgerichtsrat Dr. Pathe aus Elberfeld und Pfarrer Johannes Blindow waren die Referenten, Konsistorialrat Hasenkamp eröffnete die Konferenz im Namen des Konsistoriums.

Stichworte von Professor Pesch waren: „... drohende Entartung unseres Volkes durch Vergreisung und Erbkrankheiten ... erbkranke Familien weisen leider eine große Fruchtbarkeit auf, erbgesunde leider nicht."

Pfarrer Johannes Blindow: „Ist die Sterilisierung vom Evangelium aus zu bejahen?" Er legte Wert darauf, zu zeigen, dass „wir bei aller seelsorgerlichen Betreuung der Taubstummen, sie zu einer Bejahung des Gesetzes zu bringen, uns in der Sphäre der Vernunft und des Gewissens bewegen". Als Argument berief sich Pfarrer Johannes Blindow auf Luther und zitierte: „Der Obrigkeit Gewalt zu Recht oder Unrecht kann der Seele nicht schaden, sondern allein Leib und Gut."

In einer Entschließung wurde der Vorsitzende des Reichsverbandes evangelischer Taubstummen-Seelsorger aufgefordert, eine Konferenz einzuberufen, auf der die Sterilisierungsfrage und die Stellung zur NS-Regede behandelt werden sollten.

Die geforderte Konferenz fand vom 6. bis 9.5.1935 in Eisenach unter Vorsitz von Pfarrer Hermann Schafft aus Kassel statt. Aus Brandenburg nahmen

Pfarrer Otto Reso, Landsberg (Warthe) und Pfarrer Erwin Wiebe, Luckenwalde (Kurm.), teil.
Der Referent Dr. Kayser-Petersen, Jena, gliederte seinen Beitrag wie folgt:

„1. Verhinderung des Geburtenrückgangs
2. Verhinderung erbkranken Nachwuchses
3. Reinhaltung der Rasse"

Johannes Blindow führte im Korreferat aus: „Wir haben das Sterilisierungsgesetz unter das Licht von Römer 13 zu stellen. Römer 13 sagt klar und deutlich, daß die Obrigkeit eine Gottesordnung ist, unter deren Gewalt uns Gott gestellt hat. ... Die Verkündigung von Gesetz und Evangelium geschieht aber nicht deswegen, um die einzelnen Maßnahmen und Verordnungen der Obrigkeit zu rechtfertigen oder zum Widerstand gegen sie aufzufordern, vorausgesetzt, daß die Verordnungen und Gesetze keine Fragen des Glaubens berühren." ... Er kommt zu dem Ergebnis: „Das Sterilisierungsgesetz ist vom Evangelium aus weder als Eingriff in Gottes Schöpfermacht anzusehen, noch muß es als ein Gesetz der Obrigkeit durch das Evangelium gerechtfertigt werden. Das Evangelium ist aber eine Quelle des Trostes für alle diejenigen, die unter die Härte des Gesetzes kommen."[43]

Dass Blindow seine Rechtfertigung aus Römer 13 herleitet, wurde damals als legitim angesehen. Erschwerend kommt hinzu, dass die Westfälische Provinzialsynode vom 15. Dezember 1933, in der die Bekenntniskräfte eindeutig dominierten, einstimmig eine Entschließung zu Gunsten der Sterilisation fasste: „Die Provinzialsynode nimmt die hohe Verantwortung aufs Herz und Gewissen und erkennt die Aufgabe, die der evangelischen Kirche angesichts des Inkrafttretens des Gesetzes zur Verhütung erbkranken Nachwuchses erwächst. Sie sieht in der Durchführung des Gesetzes eine Notmaßnahme des Staates gegenüber der wissenschaftlich nachgewiesenen fortschreitenden Entartung des deutschen Volkes." Eine öffentliche Stellungnahme der Bekennenden Kirche, in der die Zwangssterilisierung verurteilt worden wäre, liegt nicht vor.[44]

Auf der Konferenz 1935 wurde eine Entschließung für die Herausgabe eines Merkblattes an alle Gehörlosen getroffen. Es ging allerdings erst Anfang des Jahres 1936 heraus, wie aus einem Schreiben vom 27.1.1936 deutlich wird. Gehörlosenpfarrer i.R. Horst Paul, Essen, machte mich jedoch darauf aufmerksam, dass die von ihm befragten sterilisierten Gehörlosen im Ruhrgebiet dieses Merkblatt nicht bekommen haben.[45] Das Merkblatt „Ein Wort an die erbkranken evangelischen Taubstummen"[46] ist seit den Veröffentlichungen von Ernst Klee[47] uns Gehörlosenpfarrern immer wieder vorgehalten worden. Zuletzt wurde es als einziges Dokument über die Gehörlosenseelsorge bei der Diakonieausstellung 1998 in Berlin mit dem handschriftlichen Vermerk: „Pastor Friedrich Wöbse, Hannover", ausgelegt, ohne jede schriftliche Erklärung oder Notiz.

Abschließend möchte ich Jochen Kaiser zustimmen: „Weil der Protestantismus die Kompetenz der politischen Biologie unkritisch anerkannte, übernahm er auch die darin beschlossenen Wertorientierungen, erkannte er nicht sogleich, daß diese in diametralem Gegensatz zu den allgemeinen Menschenrechten und erst recht zu einem christlich geformten Menschenbild standen. ... Der Faszination der von den Naturwissenschaften postulierte neuen ‚szientistischen Ethik' vermochten sich Kirche, Theologie und Innere Mission nicht zu entziehen. So kam es nicht zu einer öffentlichen Erklärung der Reichs- oder Landeskirchen zu Eugenik, sondern stattdessen zu einem aus politischen, medizinischen, finanziellen und theologischen Erwägungen heraus begründeten Ja zur (freiwilligen) Sterilisation. Damit ließ man sich, ohne es zunächst zu durchschauen, angesichts der sich rasch radikalisierenden rassehygienischen Gesetzgebung des Dritten Reiches auf einen abschüssigen Weg ein, der die Innere Mission mehr und mehr in die rassepolitischen Implikationen des Dritten Reiches verstrickte."[48] Aber wie verhielt sich das christlich geformte Menschenbild zu Römer 13?! Einer historisch kritischen Betrachtung wurde der Text nicht unterzogen.

1.2 Gehörlosenseelsorgerberichte aus Brandenburg von 1933 bis 1939

Der emeritierte Pfarrer Christian Tietke berichtete für die Prignitz, am 22.3.1935:

„In einem Fall galt es, eine taubstumme Mutter vor Verzweiflung zu bewahren, weil diese Familie vom Sterilisierungsverfahren betroffen werden sollte. ... Am schwersten ist die soziale Mittlerschaft bei den Sterilisierungsverfahren. In einem Fall habe ich Aufschub des Verfahrens erreicht, in einem zweiten Fall nicht. Ich habe bei den Kreisärzten Fühlung genommen und hoffe, beim Gesundheitsgericht in Neuruppin durchzusetzen, daß ich zu einem Gutachten zugelassen werde. Es wäre mit Dank zu begrüßen, wenn die Kirchenbehörden es durchsetzen würden, daß die Taubstummenpfarrer bei jedem Sterilisierungsverfahren gegen einen Taubstummen als Rechtspfleger hinzugezogen werden müßten."[49]

Pfarrer Helmut Richter aus Madlow erwähnte am 4.4.1935:

„Mancherlei Unruhe brachte das Sterilisierungsgesetz. Ein Verlöbnis ging kurz vor der Ehe infolge der bei der Braut durchgeführten Unfruchtbarmachung auseinander."[50]

Pfarrer Hermann Schulz aus Berlin brachte am 22.10.1935 Folgendes ein:
Bericht über einen Gottesdienst in Neuruppin

„Da am Vormittag die Frage der Sterilisation Taubstummer angeschnitten worden war und ein junger Taubstummer, der sich vor einiger Zeit mit einer Taubstummen in Guben verlobt hatte, sehr in Unruhe war, so hielt ich am Nachmittag in der Versammlung einen Vortrag sowohl über das Sterilisationsgesetz wie auch über den gerade in den Tagen vorher bekanntgegebenen Erlaß über unerwünschte Ehen. Ich wies zugleich auf die vom Reichsverband der Gehörlosen Deutschlands in seinem Büro Berlin, Oranienburger Straße 13/14 – Wohlfahrtshaus – eingerichtete Beratungsstelle hin, in der von einem Rechtsanwalt und einem Arzt unentgeltlich Rat und Hilfe gewährt wird. Beide Stellen sind mit Personen besetzt, die von Jugend auf mit Taubstummen Verkehr haben. ... Die Mittel für das Büro werden von der NSV gezahlt."[51]

Pfarrer Louis Krumrey, Kl. Drenzig Post Wallnitz Kreis Guben, stellte am 8.3.1936 fest:

„... Die Seelsorge an den Gehörlosen hat jetzt ihre besonderen Schwierigkeiten wegen der Verordnungen über die Sterilisation. Manche leiden schwer darunter, und offenbaren ihre seelischen Depressionen nur ungern. Andere haben sich damit abgefunden, namentlich wenn sie persönlich nicht betroffen sind. Etliche finden die Gesetze auch heilsam, weil ihr Elend nicht verewigt werden soll. – Eine ungünstige Wirkung auf das Verhalten der Gehörlosen zur Kirche habe ich nicht beobachten können; mir will fast das Gegenteil bis jetzt als eingetreten erscheinen."[52]

Pfarrer em. Christian Tietke erläuterte am 23.3.1936:

„... Einen breiten Raum der Zusammenkünfte nahm die Darlegung und Besprechung des auch die Taubstummen betreffenden Gesetzes zu Verhütung erbkranken Nachwuchses ein. Nach Möglichkeit habe ich meinen Taubstummen den Sinn und die Notwendigkeit jenes Gesetzes klarzumachen gesucht, ihnen aber auch gezeigt, welche Mittel sie anzuwenden hätten, um einer drohenden Sterilisierung zu entgehen. Ich habe durchgesetzt, daß der Kreisarzt der Ost-Prignitz bei allen Voruntersuchungen, die für das Sterilisierungsverfahren nötig sind, mich als Sachverständigenberater hinzuzieht. Dadurch habe ich erreicht, daß die Anwendung des Gesetzes sich in der Ost-Prignitz auf drei Fälle beschränkt hat.

Ich betone darum mit allem Nachdruck, daß die kirchlichen Behörden es bei den staatlichen durchzusetzen versuchen müssen, daß die Taubstummenseelsorger bei allen Sterilisierungsverfahren von Taubstummen als Sachverständige hinzugezogen werden. [Hervorhebung im Orginal – H.J.S.]

Wir Taubstummenseelsorger kennen die Krankheitsgenesis und die Familienart unserer Pflegebefohlenen am allerbesten. Unser Kreisarzt ist tief befriedigt über meine Mitwirkung. Auch bei der Jubiläumsfeier (25-jähriges Bestehen Prignitzer Ortsgruppe) wurde mein Vorgehen dankbar als vorbildlich anerkannt."[53]

Pfarrer Helmut Richter aus Madlow, 14.4.1936:

> „... Sterilisationen brachten viele Nöte, erforderten Besprechungen und Krankenbesuche. Viele Gehörlose erbaten Rat, ich mußte viele Wege gehen. Erfreulich ist das große Vertrauen und die Anhänglichkeit der Gehörlosen, die Gebefreudigkeit Hörender, durch die ich manchem Gehörlosen eine Freude machen konnte, ohne durch diese Wohlfahrtsarbeit die Kasse des Konsistoriums auch nur mit einem Pfennig zu belasten ..."[54]

Pfarrer Erwin Wiebe aus Luckenwalde wandte sich Juli 1936 in einem gedruckten Rundschreiben an alle Gemeindeglieder:

> „In der Anlage übersende ich Ihnen eine Drucksache mit der Überschrift ‚Ein Wort an die erbkranken evangelischen Taubstummen', herausgegeben von dem Reichsverband der evang. Taubstummen-Seelsorger Deutschlands, zu dem ich gehöre. Die Obrigkeit fordert da vielleicht von manchem von Ihnen ein Opfer. Aber Opfer müssen wir alle bringen zum Wohle des Ganzen, der eine auf diesem Gebiete, der andere auf jenem. Das Ziel aller dieser Opfer ist, daß unser Volk äußerlich und innerlich immer gesünder und stärker wird. (sic)Wer brächte da das von ihm geforderte Opfer nicht gerne? Die Obrigkeit braucht unser Opfer. Wir wollen gehorchen, auch wenn es uns schmerzlich ist."[55] [Hervorhebung im Orginal – H.J.S.]

Pfarrer Otto Reso, Landsberg (Warthe), beschrieb seine Sicht am 31.3.1937:

> „... Viel Erregung brachte die mehrfach angeordnete Sterilisierung. Die Taubstummen empfinden diese notwendige Maßnahme als Makel und leiden unter dem seelischen Druck mehr als unter dem körperlichen Eingriff. Ich habe mir in jedem Fall Mühe gegeben, die davon Betroffenen vom Sinn und von der Notwendigkeit dieser Anordnung zu überzeugen, aber ich habe nicht immer den Eindruck gehabt, daß es mir gelungen ist."[56]

Helmut Richter aus Madlow äußerte sich am 14.4.1937:

> „... Da die Sterilisationen zum Abschluß gekommen sind, erforderte die Seelsorge auf anderen Gebieten, so in der Fürsorge, bei wirtschaftlichen Nöten ... Beratungen, Wege und Briefe."[57]

Im Zusammenhang mit einem Gottesdienst in Gransee berichtete Hermann Schulz aus Berlin am 26.10.1937:

> „... Die beabsichtigte Verheiratung eines taubstummen Brautpaares gab mir im Laufe der Versammlung die Veranlassung, auf eine neuere Bestimmung hinzuweisen, deren Kenntnis außer der des Sterilisierungsgesetzes für die Eheschließung Taubstummer wichtig ist. Ein Taubstummer oder Taubstumme, die durch Erkrankung ihr Gehör verloren haben, aber sonst aus erbgesunder Familie stammen, dürfen erblich belastete Taubstumme jetzt nicht mehr heiraten ..."[58]

2 Die Gleichschaltung 1933 und das Verhalten der Gehörlosenseelsorger

Die Gleichschaltung der kirchlichen Gehörlosenarbeit vollzog sich durch ihre befohlene Eingliederung in die HJ, SA und andere nationalsozialistische Organisationen. Am 19. Dezember 1933 wurde das Abkommen über die Eingliederung der evangelischen Jugend in die Hitlerjugend von dem Jugendführer des Deutschen Reiches, Baldur von Schirach, und dem Reichsbischof der Deutschen Evangelischen Kirche, Ludwig Müller, geschlossen.[59] Hatten anfangs viele Kreise der evangelischen Jugend die NS-Bewegung begrüßt, um angesichts der Aufbruchstimmung nicht abseits zu stehen, so kam doch sehr schnell die Ernüchterung. Im Juli 1933 war die gesamte kirchliche Jugendarbeit, d. h. alle Jugendverbände im Evangelischen Jugendwerk Deutschlands zusammengefasst worden. Baldur von Schirach strebte dann die Auflösung aller Jugendverbände und ihre Eingliederung in die HJ an. „Durch das ‚Gesetz über das Jugendwerk der Deutschen Evangelischen Kirche' vom 2. März 1934 wurde bestimmt, daß nur noch die Gemeinde die Wurzel der evangelischen Jugendarbeit sein soll. Lediglich Wortverkündigung, die Bibelarbeit und religiöse Themen wurden erlaubt. Sport, Fahrten, Wanderungen und Gruppenfeiern blieben ausschließlich der HJ vorbehalten."[60]

Ausweis für Gehörlose DC-Mitglieder 1934

2.1 Berlin

Aus den Akten geht hervor, dass es Anfang 1934 eine „Gemeindegruppe der Gehörlosen und Taubstummen ‚Deutsche Christen'" gab. Sie richtete am 20. Mai 1934 ein Schreiben an den Reichsbischof. Dieses Schreiben trägt das Siegel mit folgender Umschrift: „Deutsche Christen Gau Groß-Berlin, Gemeindegruppe der Gehörlosen". Es ist mit einem Hakenkreuz im Kreuz in der Mitte versehen und enthält unter den Kreuzbalken die Buchstaben D und C.[61] Unterschrieben haben einige mit „Pg" (Parteigenosse der NSDAP).[62] Diese DC-Gruppe Taubstummer stellte am 8.8.1934 an das Konsistorium der Mark Brandenburg einen Antrag zur Neuordnung der Taubstummen-Seelsorge. Darin wurde rekapituliert, dass Otto Bartel vor sieben Jahren den evangelischen Gemeindeverein der Gehörlosen gegründet hatte. „Seit Jahren hat dieser Verein die Volksmission getrieben, wie das heute von den Deutschen Christen geschieht. Um unsere Gruppe stark zu machen, löste Pastor Otto Bartel den Evangelischen Gemeindeverein auf und forderte sämtliche Mitglieder (ca. 200 an d. Zahl) auf, in unsere Gruppe einzutreten. Jedem wurde ein Formular gegeben zur Ausfüllung."

Im Hintergrund schwelte der Konflikt mit Hermann Schulz. Er bezeichnete die Auflösung als „Zwang". Die DC-Gruppe konterte: „Er [Schulz] selbst gründete mit der Vorgabe, daß nun kein evangelischer Verein mehr besteht, einen neuen, lief mit Listen herum und forderte die Mitglieder des alten Evangelischen Gemeindevereins auf, in diesen neuen einzutreten. Dieses paßt ja zusammen mit dem andern, daß sein Schwiegersohn ein Jude ist. Es ist höchste Zeit, daß diesen dauernden Unruhen in dem kirchlichen Leben der Taubstummen in Berlin ein Ende gemacht wird und daß wir eine einheitliche Führung bekommen." – Die Führung solle Pastor Bartel übernehmen wurde mit der Begründung gefordert: „Pastor Bartel ist auch schon zum Sachbearbeiter für das Taubstummen-Wesen vom Gau Groß-Berlin ernannt worden."[63]

Schon am 16.5.1934 hatte Otto Bartel „... als Seelsorger der DC für das Taubstummen-Wesen und Führer der DC Gemeindegruppe Gehörlose und Taubstumme, die 200 Mitglieder umfasst", an das Konsistorium geschrieben.[64]

Seine positive Einstellung zum Nationalsozialismus drückte er in dem Jahresbericht vom 27.2.1935 nach der Aufzählung der Gottesdienste und der Teilnehmer wie folgt aus: „... und (es ist) zu einer Versammlung in der Martin Lutherkirche in Neukölln eingeladen worden, auf der ich dann geworben habe für die Ideen unseres evangelischen Christentums und für die Ideen des Nationalsozialismus und auf der ich aufmerksam gemacht habe auf die enge Verbindung, die zwischen den beiden Denkkreisen besteht. In meinem Kampf gegen die Gottlosigkeit unter den Taubstummen Großberlins werde ich durch die von mir geführte Gruppe der ‚Deutschen Christen' treu unterstützt."

Die Differenzen mit Hermann Schulz führten dazu, dass Otto Bartel ankündigte, vielleicht auch in diesem Zusammenhang drohte: „Ich habe mich daher entschlossen, um weiteren Kränkungen aus dem Weg zu gehen für den Fall, daß Schulz bleiben sollte, mich nach einer Landpfarrstelle umzusehen."[65]

Im Jahresbericht vom 9.2.1938 bemerkte Hermann Schulz zu der DC-Gruppe: „Die Taubstummen blicken weiter als der junge Seelsorger. Am 19. Dezember beabsichtigt der Ev. Verein der Gehörlosen das 10-jährige Jubiläum zu feiern trotz seiner offiziellen Auflösung 1934 und Überführung in eine ‚Gruppe DC' des P. Bartel. Diese Gruppe hat sich anscheinend jetzt wieder schweigend in den ‚Ev. Verein' zurückverwandelt."[66]

Diese Behauptung wurde durch ein Schreiben bestätigt, das den Briefkopf trägt: Ev. Gemeindeverein der Gehörlosen Berlins – Im Gesamtverband der Berliner Inneren Mission – mit Datum vom 26.3.1939 und mit dem Luthersiegel der Jugendgruppe gesiegelt und den Namen unterschrieben ist, die auch das Schreiben der DC – Gruppe aufweist. Inhalt bezeugt: Pastor Otto Bartel hat das volle Vertrauen der Gemeindeglieder.[67]

2.2 Rheinische Provinz

Im Rheinland gab es verschiedene Evangelische Taubstummen-Vereine. Am 1.7.1886 hatte sich der erste „Provinzial-Taubstummen-Verein der Rheinprovinz" mit Sitz in Elberfeld gegründet. 1906 kam es zur Gründung des „Taubstummen-Unterstützungsvereins" in Neunkirchen/Saar, aus dem dann 1909 in der Schlosskirche in Saarbrücken ein „Evangelischer Taubstummenverein" wurde. Nach vielen Gesprächen gründeten Vertreter aus 15 Gehörlosengemeinden am 26.9.1926 den „Rheinischen Verband evangelischer Taubstummen-Vereine". Ordentliche Mitglieder konnten sein: „Evangelische Taubstummenvereine der Rheinprovinz", „Evangelische Taubstummen-Pfarrer der Rheinprovinz" und „Evangelische Taubstummen-Lehrer- und Lehrerinnen der Rheinprovinz". Dieser Verband wurde 1926 auch Träger einer Haushaltsschule. Diese Schule bestand bis zum April 1957.

Wie verhielt sich der Verband evangelischer Taubstummenvereine 1933?
Bisher war er nicht dem Reichsverband der Gehörlosen (Regede) beigetreten. Der weltliche Verband der rheinischen Taubstummenvereine, schon seit 1927 Mitglied des Regede, wurde 1933 dem Regede der NS Wohlfahrt unterstellt. Das schien folgerichtig, ging es doch dem Regede um die Unterstützung der Gehörlosen. Der „Verband Evangelischer Taubstummenvereine" kam nun am 24.9.1933 zusammen und beschloss:
1. Beitritt zur Regede, wenn die Selbständigkeit bleibt und die kirchliche Arbeit nicht behindert wird und
2. Wenn Pfarrer Georg Bickelhaupt, Remscheid, Kreisleiter der NS Regede für das Rheinland wird.

Diese Forderungen wurden zwar in der Versammlung gestellt, aber nicht angenommen. Pfarrer Georg Bickelhaupt verhandelte aber weiter und konnte am 26.1.1936 den versammelten Vertretern des evangelischen Verbandes einen Vertrag mit acht Punkten vorlegen:

„1. Der Rheinische Verband evangelischer Taubstummenvereine (RVETV) wandelt sich um in ‚Rheinischer Verband evangelischer Taubstummengemeinden (RVETG)'.
2. Eine entsprechende Änderung des Namens des RVETG und der ihm angeschlossenen evangelischen Taubstummenvereine im Vereinsregister wird baldmöglichst erfolgen.
3. Die Satzung des RVETV und der angeschlossenen Vereine werden ebenfalls den Abmachungen entsprechend geändert.
4. Der RVETG und die ihm angeschlossenen Taubstummengemeinden beschränken ihre Arbeit auf rein seelsorgerliche Betreuung der Gemeindeglieder.
5. Der RVETG und die evangelischen Taubstummengemeinden dürfen keine Beiträge erheben. Dadurch wollen sie ihren Mitgliedern den Beitritt zum Regede ermöglichen. Kirchenkollekten und freiwillige Sammlungen werden davon nicht berührt.
6. Der RVETG verpflichtet sich, seinen Mitgliedern den Beitritt zum Regede ohne Vorbehalt und dringend zu empfehlen.
7. Der Regede verpflichtet sich, seine Mitglieder in Ausübung ihrer kirchlichen Pflichten zu fördern bzw. sie dazu anzuhalten.
8. Beide Vertragsschließenden verpflichten sich zur Innehaltung dieser Abmachung."

Durch diesen Vertrag war ein friedliches Verhältnis geschaffen worden. In einem vertraulichen Brief an alle Gehörlosenpfarrer der Rheinprovinz bat Pfarrer Johannes Blindow einen Tag nach der Unterzeichnung am 26.1.1936, ihm auftretende Schwierigkeiten von Seiten der Regede-Ortsgruppen sofort zu melden. Er weist ferner darauf hin, dass die Möglichkeit bestehe, „in den Vertrauensrat des Regede einzutreten."[68]

Dieser Vertrag zeigt, dass der Eintritt in die Regede nicht zwingend war. Die Vereine waren in Gemeinden umgewandelt worden und entgingen so einer Gleichschaltung. In Brandenburg gab es keine kirchlichen Vereine, nur den „Evangelischen Gemeindeverein der Gehörlosen Berlins" und den „Katholischen Taubstummenverein ‚St. Joseph'".

3 Die evangelischen Gehörlosengemeinden und der Reichsverband der Gehörlosen Deutschlands (Regede)

Die meisten Gehörlosengemeinden waren in weiten Teilen Deutschlands nicht vereinsmäßig organisiert. Ein Problem, das es heute auch noch gibt, ist dabei die Weitergabe der Adressen der Konfirmierten an die Gehörlosenseelsorger. Christian Tietke machte daher 1936 den Vorschlag, das Konsistorium solle jedes Jahr die Gemeinden auffordern, die in ihren Gemeinden wohnenden Gehörlosen den Gehörlosenpfarrern zu melden.[69]

Auch der Regede intensivierte die Werbung. In die Gemeindeversammlungen nach dem Gottesdienst kamen nun vermehrt seine Vertreter und agitierten sehr unterschiedlich, manchmal aggressiv. Hier rächte sich, dass es der „Reichsverband evangelischer Taubstummenseelsorger Deutschlands" auf seiner Tagung 1935 versäumt hatte, dem Vorschlag der evangelischen Gehörlosengemeinden der Rheinprovinz zu folgen und seine Stellung zum NS-Regede abzuklären.[70] Die Gehörlosenpfarrer waren bei diesem Prozess weitgehend nur Beobachter und auf Ausgleich bedacht. In jedem Falle blieben die Versammlungen eine Angelegenheit der Gehörlosengemeinde.

Was prägte den „NS-Reichsverband der Gehörlosen Deutschlands"? Im Januar 1927 wurde der Reichsverband der Gehörlosen Deutschlands e. V. (Regede) in Weimar gegründet. 17 Landesverbände waren in ihm zusammengeschlossen. Die erste Reichstagung fand zu Ostern 1929 in Leipzig, die zweite zu Pfingsten 1931 in Stuttgart statt.

Über seine Arbeit bekundete der Verband: „Der Regede soll das Bollwerk gegen jede kulturelle und weitere wirtschaftliche Verelendung der Gehörlosen sein und der Hort, zu dem die Schicksalsgenossen in ihrer Not vertrauensvoll aufblicken können ... Das Hauptaugenmerk gilt dem Arbeitslosenproblem. Es wird eine Arbeitslosen-Statistik durchgeführt werden müssen. Die neuerlichen Versuche, der ‚Lex Zwickau' Gesetzeskraft zu verleihen, machen gleichfalls statistische Erhebungen im ganzen Reich notwendig. Es gilt die Ursache der Taubheit festzustellen, um die behauptete Erblichkeit zu widerlegen."[71]

Seine Aufgaben sah der Regede so:

„1. Wirtschaftliche Förderung und Sicherstellung seiner Mitglieder durch:
   a) Beratung ...
   b) geldliche Förderung von Wohlfahrtseinrichtungen für Gehörlose ...
2. Förderung der Allgemeinbildung ...
3. Vertretung der Gehörlosen in der Öffentlichkeit;
4. Anbahnung und Erhaltung freundschaftlicher Beziehungen zu den ausländischen Bruderverbänden ...
5. Rechtsauskunft, Rechtsschutz
6. Wahrung der sozialpolitischen Rechte der Gehörlosen bei den zuständigen Reichs-, Staats- und Gemeindebehörden."[72]

3.1 Wie entwickelte sich aus dem Regede der NS-Regede?

1933 wurde der Regede der Nationalsozialistischen Wohlfahrt unterstellt. „Zu dieser Zeit hatte der Regede 3.900 Mitglieder, ... 1937 waren es 11.600

Mitglieder." Im Juli 1936 wurde als Zusammenfassung der Fürsorgevereine der „Reichsverband für Gehörlosenwohlfahrt (RfG)" gegründet. Dieser Verband unterstand dann dem Hauptamt für Wohlfahrt.[73]
1933 gab es einen Wechsel im Vorstand der Regede: 1. Vorsitzender wurde der spätertaubte NSDAP-Pg Fritz Albreghs. Im Jahrbuch von 1932 wurde er als Vorsitzender der Sektion der NSDAP angegeben. Die Werbung für den Regede war von Anfang an mit Spannungen verbunden. Sie wurde durch das Bestreben der Führer des Regede Fritz Albreghs, Willi Ballier und des späteren Gaubundesleiter Alfred Reifke verschärft, die Gleichstellung mit einem zwangsweisen Eintritt in den Regede zu verbinden.

Das wird aus einem Schreiben des Reichsministers des Innern deutlich. Dem Regede ging es um eine Erhöhung seiner Mitgliederzahl. Ihm wurde vom Reichsministerium jedoch abgesprochen, den Auftrag dazu zu haben, alle Vereine in den NS-Regede zu überführen. Im Folgenden stelle ich die wichtigsten Aussagen des Briefes an Albreghs zusammen:
1. Die Bestellung eines Reichsleiters erscheint nicht erforderlich.
2. Dem neuen geschäftsführenden Vorstand muss es überlassen bleiben, andere Verbände zum Beitritt zur Regede zu veranlassen.
3. Die Reichsregierung hat keinerlei Bestimmung über die Gleichschaltung privater Organisationen erlassen.
4. Der NS-Regede kann sich bei seinem Bemühen um die Gleichschaltung der Gehörlosen und Schwerhörigen nicht auf einen Auftrag des Reichsministeriums des Innern berufen.
5. Die Fürsorgeangelegenheiten der Gehörlosen und Schwerhörigen werden beim Reichsarbeitsministerium behandelt.
6. Die Bezeichnung „Reichsschatzmeister" usw. muss den Eindruck erwecken, als ob es sich um eine amtliche oder halbamtliche Organisation handle. Der Reichsminister des Innern legt Wert darauf, entsprechend seinen früheren Schreiben, dass für die Verbandsposten Bezeichnungen gewählt würden, die keine Irreführung herbeiführen könnten.[74]

Der Übergang zum NS-Regede ist danach nicht ohne Kämpfe abgegangen. Durch die verschiedenen an NS-Organisationen angelehnten Dienstbezeichnungen wie: „Amtswalter des Regede", „Bann", „Gau", und „Gauführer" bekamen auch die Gehörlosen scheinbar Macht. Beim Ringen um „Macht" kam es zur Denunziation z. B. bei der Geheimen Staatspolizei (Gestapo) im Zusammenhang mit dem Streit zwischen Albreghs und Gottweiß. Wie verbittert dieser Streit geführt wurde, zeigt das Schreiben von Wilhelm Gottweiß an die Gestapo, in dem er sich über Albreghs Handlungen beschwerte. Gottweiß hatte am 14.10.1934 Kritik an der Führung des Gruppenleiters Albreghs geübt. Dafür wurde Gottweiß bei der Gestapo angeschwärzt mit der Behauptung, er habe gegen die Regierung gesprochen. Am 5. Januar 1935 kam es zu einer Vernehmung, bei der Gottweiß feststellte, dass aus seiner Rede Stellen im Protokoll ausgelassen wurden.[75]

Da Sport bei den Gehörlosen groß geschrieben war, blieb nicht ohne Einfluss, was H. Siepmann, der Verbandsführer des „Taubstummen-Verbandes für Leibesübungen", dachte und sagte. „Die Aufsplitterung des Gehörlosenvereinswesens in zwei religiöse Verbände, in einen Sportverband und in den Regede waren ihm zu viel. Er wollte nur noch eine Gemeinschaft der Gehörlosen ... einen Verband ... im Geiste Adolf Hitlers."[76]

Auf Grund dieser ideologischen Haltung ist es nicht verwunderlich, dass sich die jüdischen Gehörlosen als erste Gruppe dem eigens für ihre Vernichtung geschaffenen Machtapparat ausgeliefert sahen. „Es waren aber zunächst nicht die ihnen aus täglichen Begegnungen bekannten braunen uniformierten Gestalten hörender Menschen, die ihnen Drangsale bereiteten – Schikanen, Denunziation, Beschimpfungen und Verfolgungen gingen zuerst von eigenen Schicksalsgenossen aus, von gehörlosen Nazis. Mit brutaler Gewalt gingen die ‚taubstummen' Naziführer schon bald nach der Machtergreifung daran, gehörlose Juden aus den Gehörlosenvereinen auszustoßen."[77]

Verfolgungen trafen nicht nur Gehörlose jüdischen Glaubens, sondern, was bisher wenig bekannt war, auch politisch engagierte Gehörlose, wie den frühertaubten Wilhelm Mertens. Der Schriftsetzer, Korrektor und Bildhauer, Mitbegründer des „Berliner Taubstummen-Bühnenclubs 1918" war seit 1904 gewerkschaftlich organisiert. Mertens lernte bei einer Reise in die Sowjetunion den russischen Gehörlosenverband kennen. Gehörlose SA-Leute verrieten ihn der Gestapo. Er kam ins Zuchthaus Sonneburg, wurde aus Mangel an Beweisen dann aber frühzeitig entlassen.[78]

In den Berichten der Gehörlosenpfarrer an das Konsistorium der Mark Brandenburg nahm das Vorgehen des Regede einen breiten Raum ein. Der Beauftragte des Regede Lemke zog durch Brandenburg. Er trat bei einer Gottesdienst-Nachversammlung auf. Pfarrer Louis Krumrey berichtete vom Vortrag über die Eingliederung „des widerstrebenden Teiles der Taubstummen, die in ihrer überwiegenden Mehrheit bisher nicht entschlossen sind. Ob der Erfolg, der nach Angabe des Redners erzwungen werden soll, freiwillig eingetreten ist, entzieht sich meiner Kenntnis; es wäre erwünscht, dass es ohne Zwang geschähe".[79] Helmut Richter verglich den Regede und den Wanderbund mit den DC (Deutschen Christen) und der BK (Bekennenden Kirche).[80]

In Landsberg (Warthe) löste sich nach der Gleichschaltung der Gehörlosenverein „Freundschaft" 1934 auf. Durch den Vorsitzenden der „Privat-Wandergesellschaft", Caede, bildete sich übergangsweise eine „Ortsgruppe des Gehörlosen Wanderbundes".[81] 1942 berichtete Pfarrer Helmut Richter, „die Spaltung Reichsbund- Wanderbund wurde nach vielen Verhandlungen und Vermittlung ausgeglichen. Die kleinen Wandergruppen mußten schließlich in den großen Bund aufgehen. Die Gehörlosen sind äußerlich im Reichsbund eins. Wandern und Sport kommen zu ihrem Recht. Wie lange die Einmütigkeit bestehen und wie sie das kirchliche Leben beeinflussen wird, bleibt abzuwarten. In den Mitgliedern des Wanderbundes hatte der Pfarrer eine treue kirchliche Schar."[82]

Christian Tietke berichtete 1934: „Nach dem üblichen Gottesdienst mußte sich mein Verband (Priegnitz) über die Frage einig werden, ob er sich dem großen nationalsozialistischen Reichsverband der Taubstummen Deutschlands eingliedern wolle oder nicht. Der Propagandaleiter des Regede, Herr Mehle, konnte durch seine Überzeugungskraft die Gehörlosen gewinnen. Seine Ausführungen waren so einleuchtend, daß einstimmig der Anschluß beschlossen wurde. Es wurden dann sofort Führungsämter verteilt, mir fiel das Amt des Sozialobmanns zu."[83] Auch Pfarrer Dr. Hans Schultze fiel auf, dass der Vorstand nicht mehr gewählt, sondern ernannt wurde.[84] Die Herrn Blanke, Hoppe, Mehle, Siebke hielten in den Nachversammlungen der Gehörlosengottesdienste Vorträge. Zu diesen Vorträgen waren die Redner verpflichtet, da das Hauptamt für Wohlfahrtspflege 18.000 RM für den Aufbau des Regede ausgab. Für die Vortragenden gab es Schulungsabende der Partei. Das Problem des zeitlichen und inhaltlichen Verhältnisses zwischen Gottesdiensten und Vereinsversammlungen besteht bis heute.

Der Regede als Selbsthilfeverein der Gehörlosen stellte den Anspruch, allein für die Fürsorge an den Gehörlosen zuständig zu sein. Lemke, der kommissarische Gaubundführer aus Berlin, begründete das gegenüber Herbert Haß wie folgt: „Weil die NSV und die NSDAP für Arbeit und Brot Sorge trage, müsse jeder Gehörlose Mitglied der Regede sein." 50 Pf Monatsbeitrag wurden gefordert. An diesem hohen Betrag scheiterte auf dem Land oftmals die Mitgliedschaft.[85]

Die Fürsorgetagung des Reichsverbandes der Gehörlosenwohlfahrt, die 1938 in Osnabrück stattfand, zeigte, wohin der Trend ging. Wie Hermann Schulz bemerkte, waren Gehörlose im Reichverband nicht mehr erwünscht. Er fragte auch kritisch an: „Wie steht die seelsorgerliche Arbeit zu den einzelnen Vorträgen, ihren Darlegungen und Forschungen? Um welche Mitarbeit an der dort aufgezeigten nationalsozialistischen Fürsorge kann es sich für die Kirche handeln?" Schulz hielt fest, dass „auf keiner Seite des Tagungsberichtes von Taubstummenseelsorgern die Rede ist". Statt Vorsorge komme es doch auf die Fürsorge an. Seelsorge und Fürsorge hingen zusammen. So setzte er auch hinter die Behauptung, „der Lehrer sei der geborene Führer bei der Fürsorge für die Gehörlosen", ein Fragezeichen, da er es anders erlebte.[86] Auf derselben Tagung wies TOL i. R. Karl Luhmann in seinem Vortrag „Das Gehörlosenheim in seiner Bedeutung für die Fürsorge in Vergangenheit und Gegenwart" nach, dass ein Taubstummenheim bei richtiger Planung und Fachpersonal, etwa 100 Insassen, kostengünstig geführt werden könne. Das Fachpersonal könne so ausreichend auf Gehörlose und auch Mehrfachbehinderte eingehen. Freiwillige Mitarbeit führe zu einem geringeren Pflegesatz als in normalen Heimen. Dieser Ansicht schloß sich auch Diakon Daum an. Damit widersprachen sie der in der NS-Ideologie verbreiteten Behauptung, diese Gehörlosenbetreuung koste das Volk zu viel Geld.[87]

Das Verhältnis des Regede zu den Pfarrern war meist gut, von den Pfarrern zum Regede eher kritisch. Der Regede legte in der Regel großen Wert auf die Mitarbeit der Pfarrer; diese verhielten sich in der Regel reserviert. So berichtete das evangelische Blatt „Wegweiser für Berlin und Brandenburg, Wegweiser für Gehörlose" von der Vorweihnachtsfeier des Reichsverbandes, Gau Berlin, im Jahr 1940: Der „Begrüßung durch Gaubundesleiter Reifke folgte eine weihnachtlich eingestimmte Ansprache des ehemaligen Gehörlosen-Seelsorgers Pfarrer i.R. Schulz." Im selben Blatt hieß es von der Vorweihnachtsfeier des Evangelischen Gemeindevereins: „Im Mittelpunkt der Feier stand die Verkündigung der seligen Weihnachtsbotschaft durch Herrn Pastor Otto Bartel."[88]

Zwei Fragen von Gehörlosen an ihre Pfarrer stehen kennzeichnend für die Situation. Christian Tietke berichtete folgendes Erlebnis: „Bei zwei Gottesdiensten hatte ich den Predigttext vervielfaltigt, jedem Teilnehmer auf einem Blatt in die Hand gegeben. Das hatte die Wirkung, daß ich gefragt wurde, ob ich zur deutschen Glaubensbewegung übergetreten wäre, weil ich ihnen keine Bibel mehr in die Hand gäbe. Diese Einstellung hat mich ungemein erfreut und mir erneut den Beweis geliefert, wie sehr die Gemeindeglieder an ihrer Bibel hängen."[89]

Hermann Schulz berichtet, wie der Hitlergruß zum Anstoß werden konnte: „Ich will noch erwähnen, daß nach der Wittenberger Versammlung Lemke zu mir kam und mich um Auskunft bat, ob für Pfarrer besondere Grußvorschriften beständen. Pfarrer [Herbert]Haß habe in der Versammlung nicht den deutschen Gruß angewendet. Er hat es ihm wohl bemängelt."[90]

3.2 Die Gehörlosen im NS-Staat in der Provinz Brandenburg[91]

Nationalsozialistisches Gedankengut ergriff auch die Gehörlosen, die besonders nach Anerkennung in der Gesellschaft strebten. Hier waren es vor allem die Abgänger der Ostern 1927 eröffneten ersten Realschulklassen für Gehörlose in Berlin. Diese bildeten später die Führer des Regede. Auf ihre Initiative wurde auch der Film gedreht: „Verkannte Menschen" (1932), ein Film über und mit Gehörlosen. Er sollte vor allem dem überkommenen Bild der Taubstummen entgegenwirken. Die künstlerische Tätigkeit Gehörloser als Bildhauer, Maler, Dichter und Theaterspieler wurde in dem 24-seitigen vom Regede herausgegeben Beiheft hervorgehoben. Das Heft gab Hörenden und Gehörlosen, Ärzten, Lehrern und anderen das Wort. Am Schluss wurde ein Gedicht von Fritz Ellmers abgedruckt:

„Empor!
Arbeit, Stern der Sterne,
Tief im Wolkenflor,
Steig aus dunkler Ferne
Strahlend uns empor!

Stern der Arbeit, schwebe
Allen uns voran,
Stern der Arbeit, strebe
Hoch mit uns hinan!

> Stern der Arbeit, schütze
> Uns mit deiner Macht,
> Daß der Erde nütze,
> Was dein Geist entfacht!"[92]

Dr. Paul Schumann hatte schon 1926 bei der Herausgabe von Gedichten Ertaubter unter dem Titel: „Verkannte Menschen" darauf hingewiesen, dass die Gehörlosen, die dort zu Wort kommen, keine Taubgeborenen seien. „Sie haben einmal an der Quelle der Sprache gesessen, sie haben mit der Muttermilch Sprache eingesogen und die Welt des Klanges überhaupt."[93]

Fritz Albreghs, Willi Ballier und Fritz Ellmers ertaubten im jugendlichen Alter. Fritz Mehle war hochgradig schwerhörig, als er 1926 dieses Gedicht schrieb:

> „Dem Führer
> Die Himmel sollst Du stürmen,
> jagen nach den Sternen,
> Reißen nieder all die Fernen
> Und das Gegenwärt'ge übertürmen!
>
> Ein neues Vaterland schaff uns auf Erden,
> Wo keines arm ist, keines reich
> Wo alle Menschen sind sich gleich
> Und alle glücklich werden!"[94]

Hier spricht deutlich der Zeitgeist, dem sich die Führungsgruppe bei den Gehörlosen geöffnet hatte, gerade weil sie um die Anerkennung Gehörloser als vollwertige Menschen rangen. Das geschah auch in der Veröffentlichung des spätertaubten Otto Welker aus Hessen, der 1942 dagegen kämpfte, dass die Bezeichnung „gehörlos" amtlich in „taubstumm" umgewandelt werden sollte. Er führte einen Briefwechsel mit dem Reichsfachschaftsleiter V für „Sonderschulen im NS Lehrerbund", Direktor Fritz Zwanziger aus Nürnberg und mit Prof. Dr. Otmar Freiherr von Verschuer, Direktor des Universitätsinstitutes für Erbbiologie und Rassehygiene in Frankfurt a.M. Dabei wies er darauf hin, dass im Gesetz zur Verhütung erbkranken Nachwuchses nur von „Taubheit" die Rede sei. Er protestierte gegen die Diskriminierung der Taubstummen als „minderwertig". Von Verschuer gab ihm Recht.[95]

3.3 Die Erziehung zur Volksgemeinschaft im NS-Staat

Für die Hinwendung zum Nationalsozialismus scheint mir auch ein verführerischer Begriff wichtig und entscheidend zu sein, der nun in die Gehörlosenerziehung kommt.

„Das gehörlose Kind kommt zu uns aus einem Zustande der Isolierung von der Volksgemeinschaft, hervorgerufen durch sein Gebrechen, und wird durch unsere Arbeit in die Volksgemeinschaft hinein erzogen und eingegliedert. So hat unsere Arbeit einen neuen Sinn erhalten. Wir dienen nicht mehr dem Einzelnen, vom Schicksal betroffenen Ich-Menschen, sondern wir dienen dem Volke." In diesen Sätzen fasste Paul Schumann die Auffassung von Gotthold Lehmann zusammen: „Die T[aubstummen] sollen für die Volksgemeinschaft gewonnen werden, deshalb müssen sie zu sittlich gefestigten deutschen Menschen erzogen werden, die bereit und willig sind, nach Maßgabe ihrer Kräfte und Fähigkeiten am nationalsozialistischen Aufbau mitzuarbeiten."[96]

Provinzialrat H. Keppler schrieb 1938 über die Sterilisation: „Die Ausmerze vollzieht sich durch den, für das Volk als Ganzes gesehen, segensreichen Eingriff der Sterilisierung. Hat der erbkranke Gehörlose aus der Erkenntnis heraus, daß das in ihm inkarnierte Erbleiden durch die Möglichkeit seiner Verbreitung eine Gefährdung des Volkes bedeutet, sich freiwillig dem im Interesse des Volksganzen nötigen Opfer der Sterilisierung unterzogen, dann stellt dieser Gehörlose – abgesehen davon, daß er als Quelle der natürlichen Erneuerung des Volkes in Fortfall kommt –, den gleichen Wert für die Allgemeinheit dar wie jeder andere vollsinnige Mensch auch, sofern er in bezug auf seine Arbeitsleistung ebenbürtig ist."[97]

Dieses Denken prägte das nationalsozialistische Bild vom Menschen. Der Arbeitskraft für das Reich wurde alles untergeordnet.[98] Von Freiwilligkeit bei der Sterilisierung konnte aber keine Rede sein, da jeder Leiter eines Gesundheitsamtes bei Bekanntwerden eines Erbleidens einen Gerichtsbeschluss herbeiführen lassen musste, der letzten Endes zur Zwangssterilisierung führte.

Der Führer des Reichsbannes G, Pg. Heinrich Eisermann, Direktor der Gehörlosenschule Tilsit, betonte dabei die Bedeutung der Hitlerjugend:

„Wir wollen den Gehörlosen durch Erziehung in der H.J. nicht nur körperlich kräftigen und ihm die weltanschaulichen Grundlagen vermitteln, sondern wollen ihm für die gesamte Haltung ein grösseres Selbstbewusstsein geben und ihn zu einer grösseren Verantwortung seinem Volke gegenüber erziehen. Er soll nicht nur wissen, dass er Rechte hat, sondern er soll sich auch seiner großen Pflichten der Volksgemeinschaft gegenüber bewußt sein. Die früher häufige Erziehung zum Wohlfahrtsempfänger wird rücksichtslos bekämpft. Ein wesentliches Mittel dazu ist schon das Recht des Uniformtragens. Jeder wird an sich die Erfahrung gemacht haben, dass er einen anderen Menschen anzieht, wenn er sich in Uniform befindet. Das gilt für Soldaten, politische Leiter, SS, SA, und selbstverständlich auch für die H.J. ..."[99]

So konnte er auch mitteilen, „dass von fast allen deutschen Gehörlosenschulen die H.J.-Fahne gezeigt werden kann". Die Eingliederung in den Landdienst, in den Reichsarbeitsdienst und die Einreihung in das Heer „in irgend einer Form" sollte noch vollzogen werden.[100]

Bald nach der Machtübernahme war dann auch die Berliner Gehörlosenjugend in die Hitlerjugend überführt worden. „Sie hat auch eine eigene Fahne erhalten. Führer ist der Oberlehrer Müller II. Eine führende Rolle spielte auch der Sohn des Pfarrers Karl Themel der Luisenstadt Kirche, selbst hörend".[101] Auch in der Staatlichen Blindenanstalt Berlin-Steglitz wurde eine Hitlerjungendgruppe gebildet.

3.4 War Widerstand möglich, wo Angst herrschte?

Für alle Bereiche des Lebens erließ das Dritte Reich Gesetze. Diese Fülle von Gesetzen machte es schwer, Widerstand zu leisten. Es ist auch zu bedenken, dass schon 1939 eine Million Deutsche durch ein KZ gegangen waren. So herrschte Angst. Wenige versuchten zu widerstehen. Horst Biesold hat in „Klagende Hände" in den Kapiteln 2.4.2f. einige Fälle beschrieben. Ein Name ist besonders in der Berliner Gehörlosengemeinde bekannt: Erwin Stemmler. Er hielt zu seinem Freund, einem jüdischen Gehörlosen. Als „Judenfreund" wurde er beschimpft, da er sich mit seinem Freund in der Öffentlichkeit zeigte. Sein schärfster Gegner war W. Thomas, ein Verfechter der NS-Rasseideologie.

Untertauchen und nicht auffallen das war für viele die Überlebensstrategie. So überlebte dank seines Musterungsausweises von 1935 Kurt Gersten. Seine Personen-Kennkarte enthielt den Namen Israel,[102] so dass auch er immer Verrat befürchten musste.

4 Die Pfarrstellenbesetzung in Berlin bis zum Ende des Krieges 1945

Bis zum Beginn des Dritten Reiches hatten sich Gehörlose selten beim Konsistorium zu Wort gemeldet. Der Regede war in seinen Anfangsjahren schwach. Mit der politischen Veränderung stieg auch sein Selbstbewusstsein, gestützt durch den Machtanspruch der Partei.

So meldete sich im Januar 1934 der Kreisleiter des NS-Regede Brandenburgs P. Happe beim Konsistorium zu Wort. Er möchte vom Konsistorium wissen, an welchem Ort Wriezens und von wem zukünftig Gottesdienste abgehalten würden. Er habe sich bei der Anstaltsleitung erkundigt und erfahren, dass ab 1.3.1934 keine Gottesdienste mehr in der Aula der Brandenburgischen Provinzial-Taubstummen-Anstalt abgehalten werden könnten, da die Schule zu diesem Zeitpunkt geschlossen werden solle. Happe bat daher „das hochl. Konsistorium, dafür Sorge tragen zu wollen, dass die Gottesdienste auch für die Zukunft weiter abgehalten werden können, daß ein evangelischer Seelsorger dafür ausgebildet und ein geeigneter Mann zur Abhaltung zur Verfügung gestellt werde."[103]

Wie sich aus den Unterlagen ergibt, hat dann in der St. Marienkirche in Wriezen Pfarrer Walter Schulz Gehörlosengottesdienste gehalten. Vorher hatte der Regede am 15.8. und am 18.12.1934 gemahnt.

P. Happe meldet sich auch anlässlich der Pensionierung von Schlossprediger Hermann Schade: „Unser Ortsbund Finsterwalde und Umgebung, Mitglieder des Reichsverbandes der Gehörlosen ist ohne Gottesdienst, und die Gehörlosen dort sind betrübt über den Ausfall." Er fragte auch im Konsistorium an, was die Kirche für das Gebiet südlich von Landsberg, östlich von Frankfurt und für Guben zu tun gedenke. Der Regede hatte nach Happe folgenden Auftrag: „Es ist unsere Aufgabe, die Gehörlosen dort zusammenzufassen und ihnen alle Fürsorge angedeihen zu lassen, die Vollsinnigen nicht fehlt."[104] Nach dem Tode von Christian Tietke 1936 schrieb er: „Es ist somit der Zustand eingetreten, dass die Gehörlosen in Pritzwalk, Ruppin und Havelland seit langem ohne Seelsorge geblieben sind und mir durch Zuschriften darüber Klage geführt wird. Ich bitte nun das Evangelische Konsistorium, dafür besorgt sein zu wollen, dass die Gehörlosen einen anderen Gehörlosenseelsorger erhalten und auch Pastor Schulz entlastet wird."[105]

Auch die Frage der Nachfolge von Hermann Schulz gestaltete sich schwierig. Das wird schon im Zusammenhang mit der Feier zu seinem 40-jährigen Dienstjubiläum deutlich. Der Zentralverein für das Wohl der Taubstummen wollte ihn zu seinem Dienstjubiläum ehren. Fritz Albreghs als Vereinsleiter und zugleich Reichsbundesleiter des Regede wollte einen besonderen Ehrentag gestalten. Er plante eine zivile und eine kirchliche Feier. Gleichzeitig wandte er sich an den Dekan der theologischen Fakultät der Universität Berlin mit dem Antrag, Pastor Schulz zum Ehrendoktor zu ernennen. In einer handschriftlichen Bemerkung unterstützte OKR Ernst Gruhl den Vorschlag eines Festgottesdienstes. Im Auftrag des Konsistoriums nahm am 18.4.1936 Schlosspfarrer i.R. Hermann Schade an der Veranstaltung im Lehrervereinshaus und dem Gottesdienst am darauffolgenden Sonntag teil und berichtete dem Konsistorium über beide Veranstaltungen. Er ergriff nach Fritz Albreghs das Wort und hob hervor, dass Pfarrer Hermann Schulz in den 40 Dienstjahren „über 20 Amtsbrüder in der Taubstummenseelsorge ausgebildet hat". Er erwähnte auch, „dass seine eigene Schwerhörigkeit der Pfahl im Fleisch gewesen sei, um dessen Behebung er gewiss oft gebeten habe, aber es habe sich die Verheißung bewahrheitet: ‚Lass dir an meiner Gnade genügen; denn meine Kraft ist in den Schwachen mächtig'". Interessant ist auch die Liste der weiteren Redner: Studiendirektor M. Müller von der städtischen Taubstummenschule sprach im Auftrag des Oberbürgermeisters, Direktor Gotthold Lehmann von der Staatlichen Taubstummenanstalt überbrachte Grüße der Anstalt und des Kollegiums, wobei er betonte, Schulz „sei immer gerne gesehen worden, wenn er die Konfirmanden zur Einsegnung vorbereitete". Pg. Matz, Sachbearbeiter für Gehörlosenfragen, und Ortsgruppenleiter Zimmermann aus Heiligensee ergriffen ebenfalls das Wort.

Am Sonntag predigte Hermann Schade, und OKR Ernst Gruhl überbrachte die Grüße des Konsistoriums. In seinem Grußwort heißt es „Er [Gruhl] stünde in demselben Lebensalter wie Pastor Schulz und habe früher auch taubstumme Kinder unterrichtet und eingesegnet. Er bezeugt, daß die kirchliche Versorgung der Taubstummen in Berlin für ganz Deutschland musterhaft sei, ja für die ganze Welt." Dabei dankte er Pastor Schulz dafür, „dass er bei aller seiner sozialen Fürsorge stets das Evangelium als das Herzstück seiner Tätigkeit angesehen habe".[106]

Nun galt es, die Nachfolge von Hermann Schulz zu regeln. Schon vor seiner Ehrung hatte Fritz Albreghs versucht, auf die Besetzung Einfluss zu nehmen. Er übersandte mit Briefkopf und Siegel des Regede dem Konsistorium die Bewerbung des „Pg. Pfarrer Krasa, Schulungsamtsleiter der NSDAP und Amtswalter der NSV, um eine hauptamtliche Seelsorgestelle für Taubstumme im Kirchengebiet von Berlin. Ich bemerke dazu, dass ich das Gesuch aufs wärmste befürworte."[107] Artur Krasa schrieb selbst, dass er von Pg. Albreghs aufgefordert wurde, sich zu bewerben. Er war 1914–18 Lazarettpfarrer, Feldgeistlicher und Felddivisionspfarrer gewesen. Bei Pfarrer Strauss, Kunzendorf, hatte er die Gebärden erlernt. 23 Jahre war er Taubstummenseelsorger in den Kreisen Görlitz, Lauban, Rothenburg und Hoyerswerda.[108] Ernst Gruhl begrüßte die Bewerbung, handschriftlich fügte er dem Schreiben hinzu, dass er mit Dank Kenntnis genommen habe. „Herr Pg. Krasa hat sich persönlich vorgestellt. Die gegenwärtige Lage der Taubstummenseelsorge in Berlin-Brandenburg ist eingehend besprochen worden." Gruhl wolle zu gegebener Zeit auf sein Gesuch zurückkommen. Es lag nämlich noch eine Bewerbung von Prof. Lic. Hermann Schafft aus Kassel vor. Das Konsistorium versuchte, Zeit zu gewinnen. Schafft hatte zwischen 1935 und 1937 in dem Büro von Generalsuperintendent Wilhelm Zoellner, dem Vorsitzenden des Reichskirchenausschusses gearbeitet,[109] der sich um eine Einigung von BK und DC bemühte. Schafft hatte eng mit der offiziellen Kirchenleitung zusammengearbeitet und in dieser Zeit mit Eduard Ellwein[110] Richtlinien und Entwürfe für den Religionsunterricht zusammengestellt. Gegen deren Einführung hatte der Minister zwar nichts einzuwenden. Die BK-Schulkammer hatte jedoch Bedenken. Schließlich wurde die Einführung abgelehnt. Dazu schrieb Schafft selbst: „Ellwein und Schomerus haben mit mir den ‚Wittenberger Bund' gegründet, der sich grundsätzlich gegen die deutsch-christliche Ketzerei wandte, aber auf der anderen Seite versuchte, noch zwischen Kirche und Staat und den kirchlichen Gruppen zu vermitteln. Es ist uns immerhin mitten im Kirchenstreit dann gelungen, sämtliche Landeskirchen von Bayern bis Thüringen für einen Religions-Lehrplan zu gewinnen, den wir dem Kultusministerium einreichten. Das Alte Testament wurde beibehalten. Problematische Kritik an natioalsozialistischer Frömmigkeit klar ausgesprochen. Rust und Hossenfelder nahmen den Vorschlag an; er scheiterte an einem Veto aus dem Braunen Haus."[111]

Hermann Schafft war also kein Unbekannter. So schrieb Fritz Albreghs: „Ferner hat sich auch der evang. Pfarrer und Führer des Verbandes evang. Taubst.-Seelsorger, Pfarrer Prof. Lic. Schafft, um die Stelle des Seelsorgers beworben. Auch er ist ein hervorragender Meister der Gebärde und käme für den Posten des Herrn Pastor Schulz in Frage."[112] Albreghs ging sogar soweit, dem Konsistorium entweder Artur Krasa oder Hermann Schafft vorzuschlagen. Er hatte nämlich schon 1936 gegenüber dem Konsistorium geäußert, er werde alles ihm Mögliche tun, um zu verhindern, dass Bartel Nachfolger von Schulz werde.[113] Öffentlich wurde das Handeln des Regede in dieser Sache, als der „Evangelische Gemeindeverein der Gehörlosen Berlins im Gesamtverband der Berliner Inneren Mission" einen Brief an den Evangelischen Oberkirchenrat (EOK) schrieb und sich über die Einmischung des Regede beschwerte. Der Verein plädierte für Otto Bartel.[114] Auf die Eingabe am 23. März 1939 antwortete der EOK mit dem Hinweis, dass ein Gehörlosenpfarrer zu wenig sei. Es werde ein zweiter Gehörlosenpfarrer eingestellt.[115] Das war, wie ich es sehe, die Hinhaltetaktik des Konsistoriums.

So entstand einen reger Briefwechsel zwischen Konsistorium, Stadtsynode, Pfarrer Artur Krasa und dem Staatsminister Dr. Meissner, dem Chef der Präsidialkanzlei des Führers und Reichskanzlers, vom 7.10.1938. Pfarrer Artur Krasa hatte als Referenz Dr. Meissner angegeben. Dr. Meissner schrieb an Präses Zimmermann: „Der mir durch Sippen- und Rassenforschungsarbeiten im schlesischen sudetendeutschen Gebiet bekannte Pfarrer Pg. Krasa in Markersdorf über Görlitz bewirbt sich um die am 1. April freiwerdende Stadtsynodalpfarrstelle."[116] Von der Stadtsynode wurde jedoch zunächst Hermann Schafft in Aussicht genommen.[117]

Am 24.4.1939 fragte der Staatsminister noch einmal an, wie es um die Besetzung stehe. Schließlich wurde am 1.9.1939 Artur Krasa und nicht Hermann Schafft als Stadtsynodalpfarrer berufen.[118]

Artur Krasa und Otto Bartel arbeiteten gut miteinander. Für Artur Krasa, den Stadtsynodalgeistlichen, und dem Gehörlosengeistlichen der Provinzialsynode, Otto Bartel, wurde am 21.3.1940 eine Dienstanweisung erlassen. Die Hauptgottesdienste sollten in der Taufkirche der Georgenkirche stattfinden. Die Kinder der städtischen Gehörlosenanstalt in Neukölln übernehme Artur Krasa, die der staatlichen Gehörlosenschule Bartel. Die Seelsorgebezirke würden durch die Spree geteilt, für den nördlichen Teil sei Otto Bartel, für den südlichen Artur Krasa verantwortlich.[119]

Damit war eine für alle Seiten befriedigende Zusammenarbeit gegeben. In der Führung des Evangelischen Gemeindevereins wurde ein regelmäßiger Wechsel vereinbart. So trat Otto Bartel ab 1.4.1943 freiwillig zu Gunsten von Artur Krasa für ein Jahr zurück.[120] Ab 24.6.1940 erteilte Otto Bartel vier Stunden Religionsunterricht; es wurde ihm die Ermächtigung hierfür erteilt. Nach einem Bericht erteilte Artur Krasa RU-Stunden, die vom Konsistorium bezahlt wurden.[121]

5 Einwirkung des Krieges auf die Gehörlosenseelsorge

Pfarrer Schröter konnte in Guben einige Gehörlosengottesdienste nicht wahrnehmen, da er als Soldat eingezogen war. In der Aula der Gehörlosenschule Guben wurde dort, wo sonst ein Altar für den Gehörlosengottesdienst aufgebaut wurde, eine Führerbüste fest montiert. Direktor Rasch sprach mit Pfarrer Helmut Richter und meinte, dass „vor der Kirche nicht recht ein Gottesdienst gehalten werden könnte". Der Gottesdienst wurde in die Osterbergkirche verlegt. Pfarrer Richter hielt dort auch den Gottesdienst zum 50-jährigen Bestehen der Gehörlosenschule, die am 4.4.1891 eingeweiht worden war. Weitere Einschränkungen kamen hinzu. Seit dem 1.4.1942 wurde Pfarrer Helmut Richter das Auto gesperrt. „Die auswärtige Arbeit an Gehörlosen wie Hörenden muß etwas eingeschränkt werden, da sie ohne Wagen einfach nicht mehr bewältigt werden kann." Er bat deshalb das Konsistorium, zu versuchen, wenigstens den Wagen für den Winter freigestellt zu bekommen, und eine „geringe Menge Benzin" zu erhalten.[122] Die Situation änderte sich auch im nächsten Jahr nicht, obwohl noch Pfarrwagen im Kirchenkreis liefen. Dennoch setzte er seine Amtshandlungen fort: 1941 hielt er 16 Gottesdienste, 1942 waren es 15, auch 15 Kinder wurden in Guben eingesegnet. 1944 hielt er 15 Gottesdienste und 15 Kinder wurden eingesegnet. Alle Dienste leistete er ohne Auto. OKR Ernst Gruhl wusste das zu würdigen und bemerkt handschriftlich: „Richter ist einer unserer besten Arbeiter." Anlässlich des Adventsgottesdienstes in Sorau berichtete Pfarrer Richter 1942, dass aus „kriegsbedingten Gründen die sonst erfreuliche Spende eines Cottbusser Süßwarenhändlers ausfiel".[123] Die Lebensmittelknappheit nahm überall zu. In diesem Frühjahr 1942 sanken die Fleischrationen für jeden „Normalversorgungsberechtigten" von 700 g auf 300 g in der Woche. Fett gab es nur 206 g.[124]

Da die kirchlichen Verbände aufgelöst waren, war der Reichsbund an den Nachfeiern der Gottesdienste stets mit beteiligt. „In der Nachfeier in (Guben) bemühte sich ein Oberlehrer der Gehörlosenschule nach den ihm gegebenen Vorschriften, den Gehörlosen ein deutsches Weihnachten mit Gedanken um Sonnenwende, Kälte und Wärme, Licht und Dunkel und einer grünen Tanne nahe zu bringen. Er litt selber unter der Oberflächlichkeit und Gemütlosigkeit solchen Weihnachtsfestes. Der Pfarrer ergänzte diese Feier durch alte und neue bewußt christliche Bilder von Kind und Krippe."[125] „Der lange Krieg und verschärfter Einsatz der jugendlichen Gehörlosen bringen auch Ablenkung vom Gottesdienst. Der Besuch durch auswärtige Gehörlose hat wegen der Verkehrsverhältnisse auch etwas nachgelassen."[126] Helmut Richter erkrankte 1944. Nach Absprache mit ihm übernahm am 26.9.1944 Artur Krasa die Gottesdienste in Guben und Cottbus. Die Gottesdienste wurden jetzt häufig durch Fliegeralarm beeinträchtigt.

In Berlin konfirmierte Otto Bartel am Palmsonntag 1943 15 Kinder in der Dorotheenstädtischen Kirche. „Daß irgendwelche Schüler sich dem Unterricht entzogen hätten, ist nicht anzunehmen." Eine Gemeindeversammlung konnte jedoch nicht stattfinden, da kein Raum gefunden wurde. OKR Theodor Krieg bedauerte das und hoffte, Abhilfe schaffen zu können. Inzwischen musste aufgrund ihrer Zerstörung 1943 die Neuköllner Schule den Schulbetrieb einstellen. Bartel schreibt: „Die Kinder sind aber nach den Angriffen außer Rand und Band, in vielen Fällen sind sie ausgebombt und haben mit dem Hab und Gut ihrer Eltern Bibel, Heft, Schulzeug verloren. ... Die Ev. Gemeindeversammlungen haben wegen Zerschlagung der Säle für Nov. des J. eingestellt werden müssen. Im Augenblick beschäftige ich mich mit der Schaffung eines goldenen Buches oder Ehrenbuches, in das feierlich der auf dem Felde der Ehre gefallenen Söhne von Taubstummen eingeschrieben werden sollen. Ich beziffere diese augenblicklich mit etwa 50. Eine ganze Reihe von Taubstummen hat Berlin verlassen, mit denen ich, soweit sie sich zu mir gehalten, nun schriftlich in Verbindung stehe. Möge der Herr die mir anvertrauten Taubstummen und auch uns alle in Schutz nehmen."[127]

Am 5. August 1944 wurde Josef Goebbels als Regierungspräsident von Berlin eingesetzt. Er übernahm auch die Aufgaben des Polizeipräsidenten und war zugleich Gauleiter und Reichsverteidigungskommissar für Berlin. Er ordnete an, dass ab 10. August alle „öffentlichen Veranstaltungen, die nicht kriegsmäßigen Charakters, ... nicht der unmittelbaren Förderung unserer gemeinsamen Kriegsanstrengungen dienen", zu unterbleiben hätten.[128]

Aus der letzten Zeit des Dritten Reiches sind im EZA kaum noch Akten vorhanden. Es gibt aber ein privates Zeugnis über die Hochzeit des gehörlosen Ehepaares Barbara Saenger und Wilhelm Dsirne, die noch am 10. März 1945 heirateten. Ihre Mutter, Frau Erna Saenger, schrieb, die Hochzeit sei ein Höhepunkt gewesen: „Lichtvoll in dunkler Zeit." In dem Kapitel „Kampf anderer Art" schildert sie den Kampf um die Heiratserlaubnis: Vor dem Erbgesundheitsgericht sagte am 3.9.1943 die Gehörlose dem Richter: „Mein Verlobter und ich wollen heiraten. Aber ich möchte so bleiben, wie mich Gott gemacht hat."[129] – Ferner notierte sie in ihrem Tagebuch: „16. Juli 1943 – Zermürbender als Alarmnächte sind ja doch diese Arztbesuche! Verheerend! – Wo mir ein Arzt über den Weg läuft, kämpft's in mir los. – Aber kann man denn schweigen, wenn die Nervenärztin in Buch es mit Unverfrorenheit für unmöglich und unsinnig hält, daß gehörlose Eltern Kinder großziehen können, und versuchte, mich als ‚Volksmasse' über die Wichtigkeit aufzuklären, durch das Erbgesundheitsgesetz dem Staat zu ‚tauglichem Nachwuchs' zu verhelfen!" Frau Saenger schrieb Notizen über die Diskussionen mit den verschiedenen Ärzten und die harte Untersuchung auf Nachtblindheit in ihr Tagebuch. Endlich, am 15.11.1944 erteilte das Erbgesundheitsgericht die Erlaubnis zu der Hochzeit.

„Leise lächelnd und geduldig wartete sie dann neben ihrem ernst und feierlich vor sich hinblickenden Mann auf den Gehörlosenpfarrer Bartel, der – wieder alarmbedingt – fast eine Stunde zu spät kam. Heute fragt sich vielleicht manch einer: Wozu solche Feierlichkeit? Genügt nicht einfach das Standesamt? Nein, das hätte nicht genügt. Es wäre eine Leere geblieben ohne die Bitte um Gottes Segen."[130]

Anmerkungen

1 Herbert, Karl: Durch Höhen und Tiefen, eine Geschichte der Evangelischen Kirche in Hessen und Nassau. Frankfurt 1997, S. 37–47.
2 Hutten, Kurt: Christus oder Deutschglaube? Ein Kampf um die deutsche Seele, 2. Aufl., Stuttgart, 1935, S. 10. Kurt Hutten setzt sich in seinem Buch besonders mit Rosenbergs „Mythus des 20. Jahrhunderts" auseinander. Er liefert zugleich eine Übersicht über alle „nordischen Strömungen", die z. Zt. über 60 Jahre später, wieder als Religionsersatz angeboten werden.
3 Ebd., S. 118.
4 Ebd., S. 121.
5 Hitler, Adolf: Mein Kampf, Zentralverlag der NSDAP 417 Aufl., München 1939, S. 379–380.
6 Minkner, Detlef: Christuskreuz und Hakenkreuz, Kirche im Wedding 1933–1945. Studien zu jüdischem Volk und christlicher Gemeinde, Bd. 9, Berlin 1986, S. 19.
7 Hennig, Eike: „Der Hunger naht" – „Mittelstand wehr Dich" – „Wir Bauern misten aus" in: Hessen unterm Hakenkreuz, Studien zur Durchsetzung der NSDAP in Hessen, Frankfurt 1983, S. 380–381: Carlo Mierendorf, Mitarbeiter des Darmstädter Innenministers Leuschner, stellte fest: „daß die NSDAP auch in kleinen ländlichen Plätzen und an Orten, wo teilweise nicht einmal die Sozialdemokratie bis jetzt organisatorisch festen Fuß fassen konnte, verankert ist", dass „die Mittel- und Kleinbauernschaft" die Struktur ihrer Anhänger prägt. „Der Nationalsozialismus ist eine soziale Bewegung des alten und neuen Mittelstandes (Angestellte – und Beamtenschaft) und der Bauern".
8 Ebd., S. 383–385.
9 Minkner, Detlef, a.a.O., S. 134.
10 Hossenfelder, Joachim: Richtlinien der Liste „Deutsche Christen". Faksimile, in: Bettina Bab, Bettina, Wolfgang Weiß, 250 Jahre Dreifaltigkeit 1739–1989, hg. v. Dreifaltigkeits- und St. Lukasgemeinde, Berlin 1990, S. 102.
11 Gaßmann, Ursula: Hakenkreuz und Christuskreuz – eine unheilige Allianz. In: Von der Judenmission zur Judenverdrängung, Die Christuskirche 1864–1994, hg. v. Gemeindekirchenrat der Christuskirche, Berlin 1993, S. 68–69. Zu beachten ist in diesem Zusammenhang: Es wurde nicht mehr gewählt, sondern ernannt.
12 Ebd., S. 72.
13 Minkner, Detlef, a.a.O., S. 51.
14 Herbert, Karl, 48 und Anm. S. 27: Anordnung des Bevollmächtigten Albert Walther v. 1.7.1933, in DKKHN 1, S. 224. Mehr zu Jäger: S. 42–52.
15 Ebd., S. 51.
16 Gaßmann, Ursula: Von der Judenmission zur Judenverdrängung Berlin 1993, S. 76. Im Sommer 1933 wurden die Essener Pfrarrer Heinrich Held, Friedrich Graeber und Wilhelm Busch vom DC beherrschten Konsistorium der Rheinprovinz ihrer Ämter enthoben, ja über Graeber und Busch wurde von der Gestapo die Schutzhaft verhängt. Das geschah unter Berufung auf die Verordnung des Reichspräsidenten vom 28.2.1933 „zur Abwehr kommunistischer Gewalttakte". Gustav Heinemann übernahm die Verteidigung und konnte bald für die Inhaftierten die Entlassung erreichen. (Ev. Kommentare, 7/99, 31–32 von Dieter Posser: Mann des Vertrauens. Der Politiker und Protestant Gustav

Heinemann). Sandvoß, Hans Reiner: Widerstand in Mitte und Tiergarten 1933–1945. Hg. v. Gedenkstätte Deutscher Widerstand, Berlin 1994, Bd. 8, S. 209 Eine frühe Protestnote zeigt den Beginn des Kirchenkampfes gegen die Einführung des Arierparagraphen. (S. 211) Karl Barths Oppositionsschreiben, Grundsätzliches 1933.

17 Bab, Bettina und Weiß, Wolfgang: 250 Jahre Dreifaltigkeit, Berlin 1990, S. 102–103.
18 Minkner, Detlef zu Dr. Reinhold Krause, a.a.O., S. 184–188.
19 Gaßmann, Ursula, a.a.O., S. 76.
20 Minkner, Detlef, a.a.O., S. 100–102.
21 Vgl.: Hinze, Hans-Joachim: 100 Jahre Kirche „Zum Guten Hirten". Ein Jahrhundert Gemeindegeschichte 1893–1993; Böpple, Gerlinde: Kapernaum, eine evangelische Kirchengemeinde „auf dem Wedding". Berlin 1992; Klemm, Peter (Hg.): Wahrnehmungen – 125 Jahre Zwölf-Apostel-Gemeinde 1988; Gaßmann, Ursula: Von der Judenmission zur Judenverdrängung, die Christuskirche 1864–1944, Berlin 1993; Bab, Bettina und Wolfgang Weiß, 250 Jahre Dreifaltigkeit 1739–1989, Berlin 1990.
22 Hitler, Adolf, a.a.O., S. 732.
23 Müller, Rolf-Dieter: Die Mobilisierung der Wirtschaft für den Krieg – eine Aufgabe der Armee? Wehrmacht und Wirtschaft 1933–1942. In: Der Zweite Weltkrieg, Analysen. Grundzüge. Forschungsbilanz, hg. v. Michalka, Wolfgang, Serie Piper, a.a.O.,1990 2. Aufl., S. 353.
24 Otto, Uwe und Jörg, Anne: „Schon damals fingen viele an zu schweigen ..." Hg. v. Bezirksverordnetenversammlung von Charlottenburg, Berlin-Charlottenburg 1986, S. 40.
25 Müller, Rolf-Dieter: Konsequenzen der „Volksgemeinschaft": Ernährung, Ausbeutung und Vernichtung, in: Der Zweite Weltkrieg, S. 242.
26 Im Namen des Deutschen Volkes, Justiz im Nationalsozialismus, Katalog zur Ausstellung des Bundesministers der Justiz, hg. v. Bundesminister der Justiz, Köln 1989, S. 61.
27 Ebd., S. 74 und S. 75: „(1) Beamte, die nicht arischer Abstammung sind, sind in den Ruhestand (§§ 8 f.) zu versetzen, soweit es sich um Ehrenbeamte handelt, sind sie aus dem Amtsverhältnis zu entlassen. Erste Verordnung zur Durchführung des Beamtentums vom 11. April 1933: zu § 3 (1) Als nicht arisch gilt, wer von nichtarischen, insbesondere jüdischen Eltern oder Großeltern abstammt. Es genügt, wenn ein Elternteil oder ein Großelternteil nicht arisch ist. Dies ist insbesondere dann anzunehmen, wenn ein Elternteil oder ein Großelternteil der jüdischen Religion angehört hat."
28 Ebd., S. 72.
29 Stepf, Hans Jürgen: Informationen Deutsche Evangelische Gehörlosenseelsorge, Materialien. Die Zwangssterilisation von Gehörlosen nach dem Erbgesundheitsgesetz und die Stellungnahmen der Evangelischen Gehörlosenseelsorge sowie Evangelischer Kirchen im Dritten Reich und nach 1945. Hg. v. Deutsche Arbeitsgemeinschaft für Evangelische Gehörlosenseelsorge, 2. Aufl., Göttingen 1993 Reichsgesetzblatt Nr. 86, 25.7.1933, § 12, S. 11.
30 Im Namen des Deutschen Volkes, Justiz im Nationalsozialismus Köln 1989, S. 136.
31 Nowak, Kurt: „Euthanasie" und Sterilisation im „Dritten Reich", Vandenhoeck & Ruprecht, 3. Aufl., Göttingen 1984 S. 18 ff.; S. 22.
32 Drechsel, Klaus-Peter: Beurteilt-vermessen-ermordet. Die Praxis der Euthanasie bis zum Ende des deutschen Faschismus. DISS., Duisburg 1993. Er gibt eine gute Übersicht über die Fakten, S. 70.
33 Hoenen, Konrad: Wegscheide im Wandel der Zeit, in: Unsere Wegscheide. Hg. v. Stadt Frankfurt am Main etwa 1958, S. 7–10. Damit die NSDAP und die NSV nicht das ganze Leben in die Hände bekamen, wurde die „Stiftung Frankfurter Schullandheim Wegscheide" gegründet. Das Konzept der Wegscheide war das Einüben in Demokratie durch Schüler-Selbstverwaltung. Diese eine neue Schulform wurde durch Rektor Jaspert betreut. 1939 wurde das Jugenddorf von der Wehrmacht beschlagnahmt und zu einem Gefangenenlager umfunktioniert. 1530 russische Kriegsgefangene und zwei serbische Flieger starben dort und wurden auf dem dortigen Friedhof beerdigt. Verhungern lassen

war auch eine Methode der Euthanasie. Siehe Seite 9. Auch für Gehörlose gab es solche Ferienmöglichkeiten: Der Verein für den Unterricht und die Erziehung Gehörloser in Breslau führte jedes Jahr für erholungsbedürftige gehörlose Kinder eine Ferienkolonie durch. Schmähl, Direktor Dr., Breslau, bei dem Vortrag: Der Taubstummenlehrer als Taubstummenfürsorger, in: Bericht über die Tagung 1938 des R. f. G zu Osnabrück. 1939, S. 39.

34 Gehörlosen-Jahrbuch Leipzig 1932–1933, S. 40.
35 Dpa Stockholm/Genf: Neue Enthüllungen über Zwangssterilisationen. Neben Schweden wurden auch Erkenntnisse aus Norwegen, Finnland, Dänemark, Schweiz und Österreich aufgeführt. Der Tagesspiegel, Freitag 29. August 1997, Enthüllungen über Schwedens Eugenik. Der Tagesspiegel, Mittwoch 27. August 1997 – in Sondernummer 1998, Informationen der Deutschen Arbeitsgemeinschaft für Evangelische Gehörlosenseelsorge, Materialsammlung „Bioethik und pränatale Diagnostik". Hg. v. DAFEG, Redaktion H.J. Stepf.
36 Schilter, Thomas: Die Landesanstalt Sonnenstein in der NS-Zeit (1933–1939). Die beginnende Ausgrenzung der chronisch psychisch Kranken in Sonnenstein. Zur Geschichte des Sonnensteins und der sächsischen Schweiz. Geschichte der Heil- und Pflegeanstalt Pirna-Sonnenstein (1811–1939). Heft 1/1998, 85. 1994 legten Gehörlosenseelsorger und Gehörlosenseelsorgerinnen der DAFEG an der Gedenkstätte einen Kranz nieder.
37 Beispiele: Sonnenstein/Pirna und Hephata bei Treysa in Hessen.
38 Lichtenstein, Heiner: „Krankheit ist ein Versagen". Vor 60 Jahren wurden jüdische Ärzte ausgestoßen, in: Die Mahnung, Berlin 45. Jahrgang, Berlin 1.10.1998, S. 3.
39 Schumann, Paul: Das Gesetz zur Verhütung erbkranken Nachwuchses und seine Begründung. In: Blätter für Taubstummenbildung, Osterwick 1. September 1933, 46. Jahrgang, Nr. 17, S. 249–254. Schumann: „Es ist gut, daß die deutschen Taubstummenlehrer mit innerer Überzeugung diesem Gesetz zustimmen können, denn es werden ihnen Aufgaben aus dem Gesetz erwachsen … Es wird notwendig sein, über das Gesetz hinaus, durch Aufklärungsdienst, durch Beratung und Mitarbeit in den Fürsorge- und Eheberatungsstellen, den Willen des neuen Staates zur Aufartung des Volkes zum Durchbruch zu verhelfen.", S. 253.
40 Thieme, Erich: Vererbung/Volk/Rasse, Für die höhere Mittelstufe, Abschlussklasse. Thema: Mensch und Volk. 11. Aufl., Hannover 1938, S. 48–49.
41 Stepf, Hans Jürgen: Die Zwangssterilisation, Materialien, Anm. 1, S. 7.
42 Ebd., Gocht, Hermann, Pfr. i.R. Zwickau, Mai 1933 an den DEKA – EZA 1/511 (alt: A2/211) abgedruckt in Stepf, Hans Jürgen, Materialien Die Zwangssterilisation ... S. 29.
43 40. Bericht über die Tagung des Reichsverbandes evangelischer Taubstummenseelsorger Deutschlands vom 6. bis 9.5.1935 in Eisenach, „Haus Hainstein", S. 22–28, siehe auch Hans Jürgen Stepf, Materialien Zwangssterilisation Göttingen 1993, S. 33–37.
44 Nowak, Kurt: „Euthanasie und Sterilisierung im ‚Dritten Reich'", Göttingen 1984, S. 97/98.
45 Paul, Horst: Brief vom 6.9.1998 (Archiv des Verfassers).
46 Vgl. Anhang.
47 Klee, Ernst: Die SA Jesu Christi. Frankfurt 1989, S. 93. Daraufhin schrieb Pfarrer Artur Keller an Herrn Klee einen Brief, in dem er anfragt, warum Herr Klee ohne vorher oder nachher etwas über Gehörlose zu schreiben, dieses Blatt eingefügt hatte? (Brief vom 12.10.1989/Artur Keller, Vorsitzender der DAFEG).
48 Kaiser, Jochen-Christoph: Diakonie und Sterilisation 1930–1939 Vortrag: in: Stepf, Hans Jürgen, Materialien Zwangssterilisation Göttingen 1993, S. 49–54, hier S. 53.
49 Tietke, Christian: Jahresbericht an das Konsistorium der Mark Brandenburg vom 22.3.1935, ELAB 14/973.
50 Ebd., Richter, Helmut: Jahresbericht, vom 4.4.1935 an das Konsistorium der Mark Brandenburg vom 4.4.1935.

51 Schulz, Hermann: Jahresbericht an das Konsistorium der Mark Brandenburg vom 22.10.1935, ELAB 14/973.
52 Krumrey, Louis: Jahresbericht an das Konsistorium der Mark Brandenburg vom 8.3.1935, ELAB 14/974.
53 Ebd., Tietke, Christian: Jahresbericht an das Konsistorium der Mark Brandenburg vom 23.3.1936, Unterstreichungen im Bericht.
54 Ebd., Richter, Helmut: Jahresbericht an das Konsistorium der Mark Brandenburg vom 14.4.1936.
55 Wiebe, Erwin: II. Rundschreiben an alle Gehörlosen des Kreises Jüterbog-Luckenwalde im Juli 1936, siehe auch: Stepf, Hans Jürgen, Materialien zur Zwangssterilisation, Göttingen 1993, S. 39. ELAB 14/974.
56 Ebd., Reso, Otto: Jahresbericht an das Konsistorium der Mark Brandenburg vom 31.3.1937.
57 Ebd., Richter, Helmut: Jahresbericht an das Konsistorium der Mark Brandenburg vom 14.4.1937.
58 Ebd., Schulz, Hermann: Jahresbericht an das Konsistorium der Mark Brandenburg vom 26.4.1937.
59 Priepke, Manfred: Die Evangelische Jugend im Dritten Reich 1933–1936. Hannover/Frankfurt 1960, S. 186–196.
60 Minkner, Detlef: Christuskreuz und Hakenkreuz, Berlin 1986, S. 69.
61 Ebd., S. 35. Abbild eines Siegels mit Inschrift „Gemeindegr. Nazareth".
62 Gemeindegruppe der Gehörlosen und Taubstummen Deutsche Christen an das Konsistorium vom 20.5.1934, EZA 7/4382.
63 Deutsche Christen Groß-Berlin, Gruppe Gehörlose und Taubstumme, 8.8.1934, an das Konsistorium. (Gesiegelt mit Kreuz und Runenkreuz) Geschäftsführer Lück.
64 Bartel, Otto: Schreiben an das Konsistorium der Mark Brandenburg, vom 16.5.1934, ELAB 14/973.
65 Bartel, Otto: Jahresbericht an das Konsistorium der Mark Brandenburg vom 27.2.1935.
66 Diese Auseinandersetzungen wollte das Konsistorium so nicht einfach hinnehmen. OKR Ernst Gruhl hielt in einer Aktennotiz handschriftlich am 11.3.1938 fest: „Das Mißverhältnis zwischen unseren Pastoren Schulz und Bartel belastet unsere ganze Taubstummenseelsorge seit Jahren. Die bisherigen Bemühungen von G. OKR [Karl Franz Andreas] Schlabritzky, G. OKR D. [Karl Johannes] Rosenfeld und mir, denen wir drei viel Zeit und Kraft gewidmet haben, haben immer nur dazu geführt, für eine gewisse Zeit ein einigermaßen erträgliches Verhältnis herbeizuführen. Von weiteren Bemühungen eines von uns dreien erwarte ich nichts. Neben allem anderen besteht die Schwierigkeit nur geringer Verständigungsmöglichkeit mit dem so gut wie völlig ertaubten Schulz. Er hat zwar einen Hörapparat, versteht aber auch mit diesem nur unvollkommen." ELAB 978. Schlosspfarrer i. R. Hermann Schade wird dann am 18.3.1938 vom Konsistorium durch Präsident Siebert um Vermittlung gebeten, ELAB 14/973. Zur Aktion Bartels, eine DC-Ortsgruppe der Gehörlosen zu gründen, und zu dem Vorwurf an Schulz, er habe einen Juden zum Schwiegersohn, wurde nichts angemerkt.
67 Ev. Gemeindeverein der Gehörlosen Berlins. Im Gesamtverband der Berliner Inneren Mission. Schreiben an das Konsistorium der Mark Brandenburg vom 26.3.1939, ELAB 14/973.
68 Paul, Horst: Warum bin ich gehörlos? Maschinenschriftlicher Bericht über die Geschichte der Gehörlosenseelsorge im Rheinland, Essen November 1988 S. 19 und Protokoll der Generalversammlung vom 26.1.1936 sowie vertrauliches Schreiben von Pfarrer Johannes Blindow vom 27.1.1936. (Archiv des Verfassers).
69 Tietke, Christian: Jahresbericht an das Konsistorium der Mark Brandenburg vom 23.3.1936. Anmerkung: OKR Ernst Gruhl fand die Anregung sehr gut und vermerkte, „da Tietke aus Gesundheitsgründen aufhören muß, möchte Sup. Riegel einen geeigneten Nachf. namhaft machen.", ELAB 14/974.

70 Rheinische Taubstummenseelsorger Konferenz 13.11.1934 in Köln, in: Stepf, Materialien Zwangssterilisierung Göttingen 1993, S. 31.
71 Gehörlosen-Jahrbuch 1932–1933, Taubstummen-Verlag Hugo Dude Nachfahren, Leipzig 1932, S. 90f.
72 Ebd., S. 91. Ebd., S. 93. „Geschäftsführende Vorstand: 1. Vorsitzender Kunstmaler Willi Ballier, Berlin Wilmersdorf; St: Taubst.-Oberlehrer Johannes Liepelt; 1. Sch.: A. Peters; 1. K.: Taubst. Oberlehrer Ludwig Becker; 2. K.: R. Siebke; Beisitzer: Paul Hoßbach und F. Hoßbach. Mitglieder des Arbeitsausschusses: Direktor [Gotthold] Lehmann als Vorsitzender, Berlin-Neukölln; Ministerialrat Ristau, Staatsminister a.D., Dresden; Prof. (Hermann) Schafft, Kassel; Direktor (Markus) Reich, Berlin-Weißensee [Anm. jüdische Gehörlosenschule]; Bildhauer H. Kindermann, Berlin-Lankwitz; Universitäts-Professor Dr. v. Eicken, Berlin; Direktor Günther, Berlin und Kunstmaler Lehmann-Fahrwasser, Berlin-Charlottenburg."
73 Schumann, Paul: Geschichte des Taubstummenwesens vom deutschen Standpunkt aus dargestellt, Frankfurt/Main 1940, S. 675.
74 Schreiben des Reichsministers des Innern vom 21.7.1933, EZA 1/512.
75 Schreiben von Wilhelm Gottweiß an die Geheime Staatspolizei am 30.3.1935, ELAB 14/973.
76 Biesold, Horst: Klagende Hände, Solms-Oberbiel 1988, S. 93; Schießwettbewerbe wurden auch bei Gehörlosen gefördert, wie Urkunden des Berliner Gehörlosen Sportverein e.V. Schießabteilung belegen. (Archiv des Verfassers).
77 Biesold, Horst: Klagende Hände, a.a.O., 1988 S. 69f. und S. 201f.
78 Die Neue für Gehörlose, Berlin Juni 1999, S. 32.
79 Krumrey, Louis (Guben): Jahresbericht 1935 an das Konsistorium der Mark Brandenburg vom 8.3.1936, ELAB 14/974.
80 Ebd., Richter, Helmut: Jahresbericht 1936 an das Konsistorium der Mark Brandenburg vom 14. April 1937. Hier handelt es sich offensichtlich um die Privat-Wandergesellschaft von 1916 aus Berlin-Charlottenburg.
81 Ebd., Reso, Otto: Jahresbericht 1936 an das Konsistorium der Mark Brandenburg vom 31.3.1937.
82 Richter, Helmut: Jahresbericht 1941/1942 an das Konsistorium der Mark Brandenburg vom 26.5.1942, ELAB 14/976.
83 Tietke, Christian: Jahresbericht 1933/1934 an das Konsistorium der Mark Brandenburg vom 19.3.1934, ELAB 14/973.
84 Ebd., Schulze, Friedrich: Jahresbericht 1933/1934 an das Konsistorium der Mark Brandenburg vom 4.5.1934.
85 Haß, Herbert: Jahresbericht 1938 an das Konsistorium der Mark Brandenburg vom 6.12.1938, ELAB 14/980.
86 Schulz, Hermann (Berlin): Äußerung zum Bericht des Reichsverbandes der Gehörlosenwohlfahrt (R. f. G.) in Osnabrück 1938, Schreiben an das Konsistorium vom 1.2.1939, ELAB 14/981.
87 Luhmann, Karl: Das Gehörlosenheim in seiner Bedeutung für die Fürsorge in Vergangenheit und Gegenwart, in: Bericht über die Tagung 1938 des Reichsverbandes für Gehörlosenwohlfahrt, Osnabrück 1938, S. 42–49. Interessant ist die Teilnehmerliste. Alle Schuldirektoren und Vorsitzenden der Fürsorgevereine waren vertreten. Auf der Tagung behandelte die Arbeitsgemeinschaft Erbbiologie das Thema: Der gehörlose Mensch unter erbbiologischer Betrachtung. Dabei ging es auch um den persönlichen Wert und den Sippenwert. Den Vorsitz hatte Pg. Alfred Winnewisser, Heidelberg, unter Mitarbeit von Direktor Martin, Halle/Sa., Studienrat Georg Ilgenfritz, Nürnberg und Direkor Gustav Heidbrede, Schleswig. Von kirchlicher Seite nahmen Diakon Daum, Berlin, als Vertreter von Pfarrer Hermann Schulz, Berlin, und Pfarrer Friedrich Wöbse, Hannover teil, ELAB 14/981.

88 Wegweiser für Berlin und Brandenburg, Wegweiser für Gehörlose, Berlin Dezember 1940, S. 100.
89 Tietke, Christian: Jahresbericht 1935 an das Konsistorium der Mark Brandenburg vom 23.3.1936, ELAB 14/974.
90 Schulz, Hermann: Schreiben an das Konsistorium der Mark Brandenburg vom 5.1.1939, ELAB 14/980.
91 Es können hier nur einige Anmerkungen und Beobachtungen wiedergegeben werden. Es wird Aufgabe der Gehörlosen selber sein, ihre Vergangenheit in der NS-Zeit aufzuarbeiten. Erste Schritte wurden bereits unternommen. Z. B.: Muhs, Jochen: Allgemeiner Abriss der Gehörlosengeschichte., in: Gehörlos – nur eine Ohrensache, Aspekte der Gehörlosigkeit, hg. v. DAFEG, o. J., Kassel [1997], S. 9–16.
92 Ellmers, Fritz: Beiheft zum Film: „Verkannte Menschen", ein Film aus dem Leben der Gehörlosen, hg. v. Wilhelm Pilz & Noack, Berlin, 1932, S. 23.
93 Schumann, Paul: Gehörlose als Dichter, Vortrag, in: Verkannte Menschen, Gedichte von Ertaubten, hg. v. Ludwig Herzog, München, 1926, S. 7–16, zur Stelle: S. 8.
94 Ebd., Mehle, Fritz: Dem Führer, in: Paul Schumann Verkannte Menschen Gedichte von Ertaubten, München 1926, S. 29.
95 Welker, Otto: Taubstumm – gehörlos?, Sonderdruck zu Heft 1, 76. Jahrgang (1942) der Monatsschrift für Ohrenheilkunde und Laryngo-Rhinologie (im Archiv des Verfassers.).
96 Schumann, Paul: Frankfurt/Main 1940, a.a.O., S. 605. In diesem Zusammenhang ist bis heute nicht geklärt, warum sich der Gemeinschaftsgedanke, der auch in Schweden in der „Volkheim"-Bewegung vorhanden war, dort anders als in Deutschland entwickelte. Die Universität Göteborg und die Humboldt-Universität haben für 1996 ein Projekt zur Klärung dieser Frage geplant, das in vier Jahren Ergebnisse vorlegen soll, laut Der Tagesspiegel vom 8.1.1996.
97 Keppler, H., in: Schumann, Paul 1940, a.a.O., S. 603: Provinzialrat H. Keppler über die Sterilisation: „Das nationalsozialistische Denken stellt bei allen grundsätzlichen, die Allgemeinheit betreffenden Fragen in den Mittelpunkt aller Betrachtungen das Volk, in seiner Größe und Bedeutung als Ewigkeitsfaktor verstanden. Davon ergibt sich das innere Gesetz von: Gemeinnutz geht vor Eigennutz, Volksleben über Einzelschicksal. ... Wenn das Leiden sich als Erbleiden zu erkennen gibt, die das Volk in seiner Erbsubstanz und damit in seinem Ewigkeitswerte schädigt, muß es ausgemerzt werden." Jeder Leiter eines Gesundheitsamtes musste bei Bekanntwerden eines Erbleidens einen Gerichtsbeschluss herbeiführen, der letzten Endes zur Zwangssterilisation führte.
98 Gutzmann, Prof. Dr. med. Herbert: Erbbiologische, soziologische und organisatorische Faktoren, die Sprachstörungen begünstigen, Sonderdruck aus: Archiv für Sprach- und Stimmphysiologie und Sprach- und Stimmheilkunde, Bd. 3 Heft III (Juli 1939), S. 138–139. Bei Gutzmann zeigt sich, wie das Kriegsdenken in die Pädagogik Einzug gehalten hat. Gutzmann nahm dieses Argument auf, um sich für die Gleichberechtigung der Gehörlosen einzusetzen: „Durch die Einrichtung von besonderen Gehörlosenwerkstätten, die wehrwirtschaftlichen Zwecken dienen, wurde dem Staate ein gutes wehrwirtschaftliches Instrument geschaffen, durch das der Gedanke der wehrwirtschaftliche Verwendung der Gehörlosen in die Wirtschaft Eingang gefunden hat." Die Nichtbehandlung von Hörschäden schade dem Wohl des Volksganzen.
99 Eisermann, Heinrich: Die Erziehung zur Selbsthilfe in der HJ, in: Bericht über die Tagung des Reichsverbandes der Gehörlosenwohlfahrt (R.f.G.) e.V. zu Osnabrück 19.–21.11.1938, S. 6–7, hier S. 10, ELAB 14/981.
100 Ebd., S. 13. Siehe auch Horst Biesold, a.a.O., 1988, S. 94,109 (Abbildungen). Bei der Verwendung von Gehörlosen beim Schanzen im Heer überlebten einige als Kriegsversehrte nach Kenntnis des Verfassers z.B. Herr Heinrich Friedrich aus Wiebelsbach, Kirchhelfer der EKHN.

101 Bartel, Otto: Äußerungen zu dem Bericht des Reichsverbandes der Gehörlosenwohlfahrt (R.f.G.) vom 19.–21. XI. 1938 in Osnabrück. Schreiben an das Konsistorium der Mark Brandenburg vom 18.1.1939, ELAB 14/981. In diesem Zusammenhang begrüßte Otto Bartel für das Konsistorium, dass Direktor Eisermann der Bannführer der gesunden deutschen Taubstummen Hitlerjugend ist, das war für ihn selbst „persönlich wertvoll". – Dieses Denken verbunden mit Lagerleben, Sport und Spiel zeigt heute noch ihre Wirkungen, wenn schwache, behinderte und fremde Gehörlose mit einer nicht weißen Haut abgelehnt werden. Es wird noch heute „deutsch-national" gedacht. Ein Gehörloser aus der Gehörlosengemeinde in Berlin sagte dem Verfasser vor einiger Zeit, dass er noch immer eine HJ-Uniform im Schrank hängen habe. Andererseits finden sich in einem Feriengruß 1938 an die Eltern folgende Ausführungen zu kirchlichen Aktivitäten im Rahmen von HJ-Veranstaltungen: „Unser Jungvolk hat zusammen mit den Jungmädeln über Sonnabend und Sonntag eine Fahrt gemacht ... Am letzten Sonntag haben wir drei unserer katholischen Schüler zur Erstkommunion geleitet, die von dem katholischen Taubstummenseelsorger in feierlicher Weise durchgeführt wurde." (Aus: Staatliche Gehörlosenschule 1788–150–1938, Feriengruß an die Eltern ihrer Schüler, Schreibmaschine, vervielfältigt (Archiv des Verfassers). Vgl. Klee, Ernst: Die Zeit Thema: Der blinde Fleck. Die Zeit 8.12.1995 (Archiv des Verfassers).

102 Eine persönliche Mitteilung von Kurt Gersten. In der Ernst-Adolf-Eschke-Schule für Gehörlose gibt es eine Fernsehaufzeichnung seines Interviews mit gehörlosen Schülern dieser Schule. Natürlich gab es auch gehörlose Halbjuden im Sinne des Arierparagraphen, die Christen waren. Mehrere dieser Opfer des NS-Regimes sind Mitglieder der Evangelischen Gehörlosengemeinde Berlin. (Das Schüler-Interview mit Kurt Gersten befindet sich im Archiv des Verfassers).

103 Happe, P. NS-Reichsbund der Gehörlosen Deutschlands, Kreisleiter Brandenburgs, Schreiben an das Konsistorium der Provinz Brandenburg vom 24.1.1934, ELAB 14/973. Wendig, Otto, Direktor der Brandenburgischen Provinzial-Taubstummenanstalt, schrieb an das Konsistorium der Mark Brandenburg am 3.12.1933 und teilte die Einstellung der Herausgabe des „Märkischen Gehörlosenboten" zum 1.1.1934 mit, ELAB 14/973.

104 Happe, P. Regede, Kreisbundesleiter, Schreiben an das Konsistorium, Berlin den 15.8.1934, ELAB 14/973.

105 Happe, P. Gaubundes-Inspekteur I (Regede) Schreiben an das Konsistorium, Berlin, den 6.10.1936, ELAB 14/974.

106 Schade, Hermann (Schlossprediger i.R.): Bericht an das Konsistorium Berlin-Zehlendorf vom 25.4.1936, ELAB 14/974.

107 Albreghs, Fritz, Reichsbundes der Regede Schreiben an das Konsistorium der Mark Brandenburg, Berlin, den 20.2.1936, ELAB 14/987, Anlage: Bewerbung von Pfarrer Artur Krasa, Markersdorf, Kirchenkreis Görlitz II, den 14.2.1936.

108 Krasa, Artur, Bewerbung um eine hauptamtliche Seelsorgestelle für Taubstumme in Berlin, 14.2.1936.

109 Zoellner, Wilhelm, Theologe *30.1.1860 Minden, † 16.7.1937 Düsseldorf, Pfarrer in Bielefeld (1886), in Barmen (1889); Leiter der Diakonissenanstalt Kaiserswerth (1897); Generalsuperintendent von Westfalen (1905–1931); Vorsitzender des Reichskirchenausschusses (Okt. 1935 bis Febr. 1937), in: Dibelius, Otto: So habe ich's erlebt, Berlin 1980, S. 364.

110 Eduard Ellwein war ein Schüler Karl Barths, sein Doktorand 1933.

111 Schafft, Herrmann: Lebensbericht, von ihm selbst verfasst, in: Hermann Schafft ein Lebenswerk. Kassel 1960, S. 149. Dehn, Günther: Die alte Zeit, die vorigen Jahre, Lebenserinnerungen, München 1964, S. 240 Dehn bemerkt: Schafft war ein entschiedener Feind der DC, hat aber im Kirchenkampf nicht auf Seiten der Bekennenden Kirche teilgenommen. S. 239.

112 Albreghs, Fritz, Leiter des Reichsbundes Schreiben an das Konsistorium der Mark Brandenburg, Wien den 4.10.1938, ELAB 14/978.
113 Albreghs, Fritz, Vereinsleiter des Zentralvereins für das Wohl der Taubstummen zu Berlin und Reichsbundesleiter: Schreiben an Herrn OKR Ernst Gruhl, Konsistorium der Mark Brandenburg Berlin, vom 23.4.1936, ELAB 14/974.
114 Ev. Gemeindeverein der Gehörlosen Berlins Schreiben an den EOK Berlin, vom 26.3.1939, ELAB 14/979.
115 ELAB 14/979 Band 3.
116 Brief Dr. Meissner, Staatsminister, Chef der Präsidialkanzlei des Führers und Reichskanzlers an Präses Zimmermann vom 7.10.1938. EZA 7/4382.
117 Pfarrer Hermann Schulz war von der Pastoralhilfsgesellschaft angestellt. Die Gesellschaft beabsichtigte aber nicht, einen Nachfolger für Hermann Schulz zu bestellen. So übernahm die Stadtsynode diese Aufgabe.
118 EZA 7/4382.
119 Dienstanweisung, Abschrift – 21.3.1940, Ev. Konsistorium der Mark Brandenburg, OKR Ernst Gruhl ELAB 14/979.
120 Bartel, Otto: Tätigkeitsbericht an das Konsistorium der Mark Brandenburg vom 26.2.1943. ELAB 14/979.
121 Krasa, Artur, ELAB 14/976.
122 Richter, Helmut: Jahresbericht (1.4.1941–13.3.1942) vom 26.5.1942, ELAB 14/976.
123 Ebd., Richter, Helmut: Jahresbericht (1.4.1942–31.3.1943) vom 28.5.1943, ELAB 14/976.
124 Die Chronik Berlins, hg. v. Bodo Herenberg, Dortmund 1986, S. 416.
125 Richter, Helmut: Tätigkeitsbericht an das Konsistorium der Mark Brandenburg vom 26.5.1944, ELAB 14/976.
126 Ebd., Richter, Helmut: Jahresbericht (1.4.1942–31.3.1944), an das Konsistorium der Mark Brandenburg vom 29.4.1944.
127 Bartel, Otto: Tätigkeitsbericht 1943/1944 an das Konsistorium der Mark Brandenburg vom 29.2.1944, ELAB 14/979.
128 Die Chronik Berlins, a.a.O., S. 420–421.
129 Saenger, Erna: Geöffnete Türen, Ich erlebte hundert Jahre. Berlin 1975, S. 346 ff.
130 Ebd., S. 360.

KAPITEL **XI**

Die Gehörlosenseelsorge nach 1945 am Beispiel der Evangelischen Kirche in Berlin-Brandenburg (EKiBB)

1 Zur Bewältigung der NS-Zeit

Das Datum des 8. Mai 1945 markiert einen besonderen Einschnitt in der deutschen Geschichte. Viele Jubiläumsschriften von Gehörlosengemeinden, Gehörlosenvereinen, Gehörlosenschulen fangen an mit den Worten: „… und nach dem Ende des Krieges" oder: „die Arbeit wurde bald nach dem Krieg wieder aufgenommen".
Als Jugendlicher erlebte ich das Ende des Krieges und die Zeit danach sehr bewusst. Je älter ich wurde und die Zusammenhänge erkannte, um so mehr wurde mir deutlich: In Kirche, Staat und Gesellschaft fand eine Restauration statt. Man wollte an die Weimarer Republik anknüpfen, an ihre Pädagogik und das Leben damals, als wäre das Dritte Reich nur ein zurückliegender kurzer Fehltritt gewesen, über den man nicht zu sprechen hätte. Erst ab der Mitte der 1950er Jahre begannen vereinzelt die Gespräche darüber. Dazu half z. B. der Film: „Nacht und Nebel" von Alain Resnais, ein Bericht von den verschiedenen verdächtigen Personen in den Konzentrationslagern und den Grausamkeiten.
In den Jahren des Studiums beschäftigte mich die Frage, wer die Männer und Frauen waren, die einen Aufstand gegen Hitler geplant hatten. Wer war z. B. Adolf Reichwein, der einzige Pädagoge, der im Zusammenhang mit dem 20. Juli 1944 hingerichtet wurde? Warum wurden diese Männer und Frauen uns nicht als Vorbilder empfohlen? Seit 1969 treibt mich eine von Pfarrer Heinz Barow in Frankfurt aufgeworfene Frage um: Warum gibt es keine Wiedergutmachung an den zwangssterilisierten Gehörlosen? Damals hörte ich bewusst zum ersten Mal davon. Das Wort „Zwangssterilisation" war im Dritten Reich mit einem Tabu belegt worden, und das wirkte offenbar noch nach.
Erst 1998 fand ich eine ausreichende Erklärung in „Die Mahnung" vom 1.6.1998. Der Vorsitzende des Bundes der Verfolgten des Naziregimes, Herr Werner Goldberg, schrieb darin: „Der NS-Unrechtsstaat war nicht ausschließlich deswegen ein Unrechtsstaat, weil er die Verfolgung und Ermordung der jüdischen Mitbürger begangen hat! Vielmehr steht er in der Verantwortung dafür, daß er die Abkehr von allen Grundlagen ethischer und

moralischer Sittengesetze staatlich verordnete. So konnte der Weg zu den Verbrechen des Völkermordes geebnet werden. Nicht also die Tat als solche, sondern die Ursachen, die dazu führten, müssen bewußt gemacht werden! Man orientierte sich im sog. 3. Reich nicht mehr an den sittlichen Normen von ‚Gut und Böse', sondern lediglich an ‚Falsch und Richtig'. Die Machtbefugnis erlaubte es dann, jene Mittel zu heiligen, die dem vorgegebenen Zweck dienten. Dazu kam der Verlust jeglicher Empfindung dessen, was menschliche Scham und Schuldempfindung ausmacht. Dies wiederum ermöglichte es der Diktatur, zu ihrem eigenen Überleben jedes Mittel unterzuordnen. Heute ist es bereits Geschichte, daß es selbst in der Bundesrepublik Deutschland nach ihrer Gründung Rechtfertigungen – sogar durch höchste Gerichte – gegeben hat, mit denen die braunen Machthaber eine Teilexkulpierung erfahren konnten. Der falsche Geist war noch weiter lebendig geblieben."[1]

Es gab Versuche, sich durch Bagatellisierug der Verbrechen zu rechtfertigen: „... es war ja nicht alles so schlecht, wenn man von den Juden absieht". Dem ist entschieden entgegenzuwirken! Ralph Giordano drückte den Tatbestand des umfassenden und tiefgreifenden Unrechtes klar aus: „Es war der Verlust der humanen Orientierung."[2]

Einer weiteren Frage möchte ich nachgehen: Wie kam es zu der fast ungebrochenen Massenloyalität, die dem Regime bis zuletzt entgegengebracht wurde? In einem Vortrag wies Hans Ulrich Wehler darauf hin, dass der Radikalnationalismus sich zu einer „politischen Religion" entwickelte. „Als Weltbild beansprucht diese Ideologie das Deutungsmonopol und leitet Forderungen für das Verhalten ab. Als Vision einer überlegenen solidarischen Gemeinschaft mit einem imperialen Erlösungsversprechen setzt dieser Radikalnationalismus religiöse Leidenschaften frei."[3]

Das Kriegsende wurde von vielen Menschen als politischer und seelischer Zusammenbruch, nicht als Befreiung erlebt. Vielen Konservativen blieb die Demokratie mit freien Wahlen und der Kontrolle der Macht nachhaltig suspekt. So wirkte die Reichsgründung von 1871 nach, die sich der Entwicklung zur parlamentarischen Verfassung widersetzt hatte.[4]

1.1 Die politische Situation in Berlin-Brandenburg

Die Evangelische Kirche in Berlin-Brandenburg wurde nach dem Zweiten Weltkrieg besonderen Belastungen ausgesetzt, die bis heute nachwirken.

Der Zweite Weltkrieg war für Berlin am 2. Mai 1945 zu Ende, als General Helmuth Weidling, der letzte Stadtkommandant, in Anwesenheit von General Wassilj Tschuikow die Kapitulationsurkunde unterzeichnete. 16 Tage hatte die Schlacht um Berlin gedauert. Für die einen bedeutete das Ende den politischen und seelischen Zusammenbruch, für andere die Befreiung von der Diktatur des Dritten Reiches, für niemanden aber schon das Ende der

Ängste. Bis zum 5. Juni herrschten allein die sowjetischen Militärs in Berlin. Die vier Mächte übernahmen am 5. Juni die oberste Regierungsgewalt über das Deutsche Reich. Die Versorgung mit Nahrungsmitteln war katastrophal knapp. Jedem Berliner standen 1.400 Kalorien pro Tag zu. Am 13. Mai wurden die ersten Lebensmittelkarten ausgegeben. Das sowjetische Hauptquartier war in Berlin-Karlshorst, wo am 8. Mai auch die Gesamtkapitulation stattfand. Der Stadtkern von Berlin war ein großes Trümmerfeld. U- und S-Bahn waren trotzdem bald wieder in Betrieb. Am 11. Mai fand der erste jüdische Gottesdienst statt. Am 18. Mai erschien die erste Zeitung nach dem Krieg, die „Tägliche Rundschau", sie blieb in russischer Hand. Die am 21. Mai zugelassene „Berliner Zeitung" wurde Organ des am 17. Mai eingesetzten Magistrats.

Von 712 Schulen waren noch 292 funktionsfähig, wurden aber oft anderweitig genutzt, z. B. als Krankenhaus. Trotzdem wurden am 1. Juni erste Richtlinien für den Schulunterricht erlassen, und einen Monat später folgte eine vorläufige Schulordnung.[5]

Bereits am 7. Mai konstituierte sich das Konsistorium unter dem Vorsitz des Generalsuperintendenten der Kurmark, Dr. Otto Dibelius, der ab dem 4. Dezember den Titel Bischof annahm. Auf Kritik der schnellen Kirchenbildung nach dem Krieg antwortete er mit dem Argument, es sollte nicht so kommen wie nach 1918, als es mehrere Jahre brauchte. Bischof Dibelius wollte auch verhindern, dass die Besatzer eine Kirchenleitung einsetzten.[6] Der russische General Bersarin [der Stadtkommandant] erkannte die Kirchenleitung an.

Schon am 2. Juni sollte der Unterricht für gehörlose Kinder in der Albrechtstraße 27 (Berlin Mitte) wieder beginnen. Doch musste das Schulgebäude auf Anordnung der sowjetischen Besatzungsmacht geräumt werden, und so begann der Unterricht erst am 3. September 1946 in Berlin/Biesdorf-Wuhlgarten. „Die Rote Armee stellte großzügig Gebäude in der Heil- und Pflegeanstalt Wuhlgarten dafür zur Verfügung, und die Engländer beförderten mit zwei Armeebussen die im britischen Sektor wohnenden gehörlosen Schüler. Die anderen Schüler kamen mit der S-Bahn aus den anderen Sektoren heran."[7]

Um die Entwicklung in der Berlin-Brandenburgischen Kirche zu verstehen, muss gleich zu Anfang auf ihre Haltung gegenüber den Deutschen Christen (DC) und die Entnazifizierung eingegangen werden. Wie sehr die Pfarrerschaft von DC-Pfarrern durchdrungen war, habe ich schon beschrieben. In den Jahren meines aktiven Dienstes in der EKiBB habe ich mir immer wieder die Frage gestellt, wie es möglich war, dass der Führer und zeitweilige Bischof der Deutschen Christen, Pfarrer Joachim Hossenfelder, nach Kriegsende ohne weiteres zum Gehörlosenpfarrer ausgebildet wurde. Ich habe OKR Heinz Kirchner, den bis 1977 für mich zuständigen Dezernenten danach gefragt. Er antwortete mir etwa: „Das müssen Sie so verstehen: Diese Tätigkeit als Gehörlosenpfarrer verhalf ihm und den anderen zu einem gewissen Einkommen." Dies bestätigt auch eine Bemerkung von Bischof Dr. Otto Dibelius: „Wir dürfen nicht nur entnazifizieren, sondern müssen die gefährdeten Brüder schützen."[8] Dahinter stand besonders im Raum der SBZ/DDR die Angst vor Inhaftierung in sowjetischen Lagern. Der Befehl der Sowjetischen Militäradministration (SMAD) Nr. 2 vom 27.8.1945 verfügte zwar die Erfassung aller Mitglieder der NSDAP und ihrer Gliederungen, aber aus ihren Ämtern und Arbeitsverhältnissen sollten nur die vor 1933 Eingetretenen entlassen werden. Invalide und Jugendliche sollten von vornherein Amnestie erhalten.[9]

Die „Selbstreinigung", wie sie die Kirchen vollziehen wollten, fand nur halbherzig statt. Das zeigen die Dienstbeauftragungen der Pfarrer Joachim Hossenfelder und Erwin Wiebe. Bei meinen Recherchen erfuhr ich, dass einer Reihe von DC- und NS-Pfarrern als Taubstummenpfarrern Unterschlupf gewährt wurde. Die ambivalente Haltung der Kirchenleitung hat in jedem Fall zu einer gewissen Diskreditierung der „Taubstummenseelsorge" geführt. Das gilt übrigens für alle deutschen Landeskirchen und hat sich erst in den letzten 25 Jahren geändert.

2 Der Wiederaufbau der Gehörlosenseelsorge nach 1945

Die älteste Akte stammt vom 24.9.1945. Der im Wartestand befindliche Pfarrer Erwin Wiebe aus Luckenwalde reichte ein Gesuch um geldliche Unterstützung ein, da es ihm gesundheitlich schlecht ginge. Dabei wurde festgestellt, dass sein Jahresbericht von 1944/1945 nicht eingegangen war.

Im Konsistorium hatte ein Wechsel stattgefunden. Nachfolger von OKR Ernst Gruhl war OKR Lic. Theodor Franz Krieg geworden. Er erstellte am 15.10.1946 ein Grundlagenpapier für die „Taubstummenseelsorge", das für die zukünftige Arbeit bestimmt wurde:

„Die Taubstummenseelsorge hat von ihrer Wichtigkeit nichts verloren. Nach einer Mitteilung, die der Taubstummenpfarrer Bartel vor einigen Monaten gemacht hat, scheint die Zahl der Taubstummen in Berlin durch die letzten Ereignisse nicht abgenommen zu haben. An die Stelle der Evakuierten sind Flüchtlinge aus dem Osten getreten. Durch Evakuierte und Flüchtlinge wird sich in der Provinz die Zahl erhöht haben. Gerade diese Taubstummen werden sich wegen der fremden Umgebung besonders unglücklich fühlen und ein besonderes Verlangen nach dem Taubstummengottesdienst und der Taubstummengemeindeversammlung haben. Für sie ist daher die Taubstummenseelsorge besonders notwendig. Das gilt jetzt vor allem auch darum, weil die frühere kirchliche Zeitung der Taubstummen z.Zt. noch nicht wieder erscheint, die mündliche Seelsorge also im Augenblick die einzige Möglichkeit bietet, die Taubstummen anzuregen und das sich sonst so leicht übermäßig vordrängende Triebleben der Taubstummen zurückzudrängen und dadurch Gefährdung von Normalen tunlichst zu verhindern.

An Taubstummenseelsorgern besteht großer Mangel. Die meisten haben nebenamtlich gearbeitet. In Berlin waren 2 hauptamtliche Taubstummenseelsorger angestellt, einer von der Stadtsynode, einer von der Provinzialsynode. Der erstere ist vorhanden, der 2. in der Ausbildung begriffen, aber schon tätig. Von den nebenamtlichen Taubstummenseelsorgern ist aus dem Regierungsbezirk Frankfurt keiner mehr vorhanden, im Regierungsbezirk Potsdam von 6 noch 3. Von diesen ist einer kränklich und ein anderer durch sein Hauptamt ungewöhnlich in Anspruch genommen.

Der hauptamtliche Taubstummenseelsorger soll den Taubstummen in stark bevölkerten Kirchenkreisen rings um Berlin dienen, wie das auch früher der Fall gewesen ist. Die Zahl der nebenamtlichen Seelsorger wird sich bei dem verringerten Umfang unserer Provinzen, auch wenn die Zahl der Taubstummen etwa dieselbe geblieben sein wird, auf 7 beschränken lassen., wobei freilich die schlechteren Verkehrsverbindungen in Rechnung gezogen werden müssen."

Das Schreiben enthält eine Anlage:

„Kosten der Taubstummenseelsorge
1. a) Gehalt   7 000 RM
   b) Reisekosten (Schätzung)   400 RM
2. für 7 nebenamtliche
   a) Dienstaufwand je 600   4 200 RM
   b) Reisekosten je 300   2 100 RM
3. Kurse für Ausbildung etwa 3 Pfarrer je 3 Monate   1 000 RM
4. Kosten der jährlichen Taubstummen-Seelsorger-
   Konferenz   200 RM
5. Unvorhergesehenes   100 RM
                    15 000 RM"

Ein angehefteter Vermerk von OKR Lic. Theodor Franz Krieg vom 25.11.1946 gibt weitere Auskunft:
Otto Bartel und Pfarrer im Wartestand Thiem führten ein Gespräch mit OKR Krieg. (Rudolf Thiem wird z. Zt. von Otto Bartel in die Taubstummenseelsorge eingeführt.)

„1. Es wurde zunächst darum gebeten, dass doch die Superintendenten für die Taubstummenseelsorge etwa im kirchl. Amtsblatt mehr interessiert werden möchten, damit sie ihrerseits auf den Pfarrkonventen die Pfarrer mit neuem Interesse für diesen Zweig kirchlicher Arbeit erfüllten. Durch Pfarrer müssten die Taubstummen festgestellt werden, damit man danach die Ansetzung der Taubstummengottesdienste richten könnte. Ferner müsste erreicht werden, dass die Zeitung ‚Der Wegweiser' für die im Kirchenkreis vorhandenen Taubstummen wieder aus Kreissynodalen Mitteln bezahlt würde (bzw. von der Stadtsynode).
Wegen der Lizenz, die für die Herausgabe des ‚Wegweisers' notwendig sein wird, wurde Pfarrer Thiem, der die Lizenz erwerben soll, das notwendige

gesagt. Er ist mit Pastor Dr. Bartsch persönlich bekannt, seit seiner Zeit im Presseverband.
Darauf wurde die Ansetzung der Taubstummengottesdienste in der Provinz, soweit ein vorläufiger Überblick möglich ist, besprochen.
In Brandenburg hat es früher 60 Taubstumme gegeben. Diesen Seelsorgebezirk soll Pfarrer Thiem übernehmen, desgleichen Frankfurt, wo es früher 40 Taubstumme gab, also ein Gottesdienst auch lohnt. Ebenso sollen Gottesdienste im Benehmen mit den Superintendenten mit der Zeit wieder in Cottbus und Guben eingerichtet werden. Für die Prignitz und den angrenzenden Teil der Grafschaft Ruppin erscheint der gegebene Mittelpunkt Neustadt/Dosse. Hier soll zunächst im neuen Jahr ein Taubstummengottesdienst von Pfarrer Thiem gehalten und inzwischen versucht werden, Pfr. Siems/Rosenwinkel (handschriftl. Änderung: Hossenfelder, Gantikow, Wiebe) für einen solchen Nebenauftrag zu gewinnen. Den Seelsorgebezirk Luckenwalde wird Pfarrer Thiem (nachträglich gestrichen) übernehmen. Wegen Wriezen soll Pfarrer Schulz angefragt werden, desgleichen Pfarrer Grützmacher für Angermünde und Schwedt pp. Pfarrer Thiem soll Prenzlau übernehmen, falls dort noch Taubstumme vorhanden sind. Die notwendigen Feststellungen sollen auch für Finsterwalde gemacht werden. Für den Bezirk Lindow-Gransee, wozu noch benachbarte Orte treten würden, ist Pfarrer Stoevesand in Aussicht genommen worden, der jetzt von Taubstummenpfarrer Bartel ausgebildet wird. Krieg"[10]

Anfragen wurden an Pfarrer Schulz in Wriezen, Pfarrer Grützmacher in Stolzenhagen und Pfarrer Wenske in Briesen bei Cottbus gerichtet. Sie enthielten das Angebot:

„Eine kurzfristige Ausbildung in der Taubstummenseelsorge würden wir Ihnen in Berlin auf unsere Kosten vermitteln."[11]

Bei dieser Beschreibung des Zustandes und der künftigen Aufgaben blieben einige Fragen offen.

2.1 Die Ausbildung und Einsetzung der ehemaligen NS-Pfarrer Erwin Wiebe und Joachim Hossenfelder

Bei dieser Beschreibung des Zustandes und der zukünftigen Aufgaben blieben einige Fragen offen. Aus der Tatsache allein, dass in der Kirche von Berlin-Brandenburg „großer Mangel" an Taubstummenseelsorgern bestand, ist noch nicht zu erklären, warum aus dem Dritten Reich belastete Pfarrer weiter amtierten.

Der am 23.7.1879 in Culmsee geborene Erwin Wiebe war ab 1925 Pfarrer in Luckenwalde. 1932 bis 1945 war er als Gehörlosenpfarrer tätig und verfasste 1936 einen Aufruf zur Sterilisation von Gehörlosen. Er wurde 1945 vom Konsistorium in den Wartestand versetzt. Im Dezember 1946 schrieb er an das Konsistorium, dass er anläßlich eines Besuches in Luckenwalde Präses Kurt Scharf gefragt habe, „ob ich in bescheidenem Umfang meine pfarramtliche Tätigkeit wieder aufnehmen könnte. Ich erwiderte, daß ich grundsätzlich dazu bereit wäre ... Es will mir wichtig erscheinen, zunächst die Gehörlosengottesdienste in den Kirchenkreisen Luckenwalde und Jüterbog einschließlich etwaiger Amtshandlungen in den Familien der Gehörlosen wieder aufzunehmen. Das wären pro Monat ein Gottesdienst und wenige Amtshandlungen. Es würde auch den Wünschen der Gehörlosen entsprechen, da während meiner langen Krankheit die Gottesdienste aus Mangel an Hilfskräften ausfallen mußten und mehrere Gehörlose mich schon wiederholt nach Fortsetzung der Gottesdienste gefragt haben."[12]

Der als Superintendent amtierende Pfarrer Heinz Bluhm antwortete dem Konsistorium: „Da für diese Spezialarbeit selbst kein anderer Amtsbruder zur Verfügung steht, ist die Beauftragung von Pfr. Wiebe mit dieser Arbeit zu befürworten."[13]

Er wurde beauftragt, ab 1.1.1947 für Jüterbog, Luckenwalde und Treuenbriezen als Gehörlosenpfarrer zu amtieren. Am 26.1.1947 hielt er einen ersten Gottesdienst und berichtete dem Konsistorium.

Unter dem Datum vom 20.2.1947 schrieb Heinz Bluhm an Präses Kurt Scharf:

„Bei einer letzten Beerdigung jedoch trat folgendes ein. Eine einflußreiche Person der hiesigen Stadtverwaltung hat mir mitgeteilt, daß nicht nur er, sondern auch andere an der Abhaltung von Amtshandlungen durch Pfarrer Wiebe sehr starken Anstoß nehmen. Diese Person ist wohl nach eigenen Angaben Angehöriger der CDU, zugleich aber auch, wie ich aus einem anderen Gespräch mit Sicherheit schließen konnte, Mitarbeiter beim NKWD. Dieser Herr erklärte mir, daß, wenn es noch einmal vorkommen würde, er persönlich die Beerdigungsfeierlichkeiten unterbrechen und alles tun würde, daß Pfarrer Wiebe nicht noch einmal eine Beerdigung halten dürfte, denn er wisse, daß Pfarrer Wiebe ein ausgesprochener Faschist gewesen sei. Er wolle von diesem Handeln nur Abstand nehmen, wenn das Konsistorium seinerseits Pfarrer Wiebe eine Bescheinigung ausstelle, daß er Beerdigungen halten darf, wogegen er aber auch beim Konsistorium Einspruch erheben würde. Dieser Herr war im Jahr 1945 aus ähnlichem Anlaß schon einmal beim Konsistorium. Angesichts dieser Sachlage halte ich es auch juristisch gesehen nicht für möglich, daß ich als Superintendentur Verwalter von mir aus Pfarrer Wiebe die Genehmigung erteile. Ich halte es vielmehr für erforderlich, daß entweder das Konsistorium Pfarrer Wiebe eine Bescheinigung ausstellt, die dann bei auftretenden Schwierigkeiten hier örtlich vorgelegt werden kann, oder daß die ganze Frage grundsätzlich durch die Eröffnung eines Spruchkammerverfahrens geregelt wird. Bluhm"[14]

Das Konsistorium antwortete an Heinz Bluhm durch OKR Theodor Franz Krieg:

> „Wir halten es unter den von Ihnen vorgetragenen Umständen für das Richtige, daß Pfarrer i. W. Wiebe sich auf die ihm übertragene Taubstummenseelsorge beschränkt, für die wir ihm unter dem 17. Januar 1947 K I Nr. 199/47 Sonderauftrag erteilt haben ... wenn er sich von Amtshandlungen, die nicht in das Gebiet der Taubstummenseelsorge fallen, völlig zurückhält. Wir sind andererseits gewillt, Pfr. Wiebe in seinem Sonderauftrag als Taubstummenseelsorger zu schützen, so weit das unter den gegebenen Verhältnissen möglich ist. Wir nehmen an, daß das betreffende Gemeindeglied, das an einer Amtshandlung Pfr. Wiebes Anstoß genommen hat, für die Not der Taubstummen Gemeindeglieder Verständnis aufbringen und in diesem Falle sich zurückhalten wird."[15]

Von Erwin Wiebe liegen zwei Tätigkeitsberichte vor, einer vom 29.4.1947, ein zweiter vom 14.2.1948. 1947 besuchte er wiederholt sämtliche Gehörlosen in Luckenwalde und schrieb: „Nach jahrelanger Trennung herrschte beim ersten Wiedersehen Freude auf beiden Seiten. Sie erzählten mir Verschiedenes über ihr Ergehen. Mehrere von ihnen waren inzwischen aus dem Leben geschieden, die einen freiwillig, die anderen unfreiwillig. Dafür waren einige andere hinzugekommen, zum Teil aus gebildeten Kreisen. Mehrere sind arbeitslos, was auf das ganze Familienleben Düsternis wirft. Im Laufe der Unterhaltung erklärte ich ihnen, daß ich vom evangelischen Konsistorium der Mark Brandenburg den Auftrag erhalten hätte, die früheren Gottesdienste für die Gehörlosen in Luckenwalde, Jüterbog, Treuenbrietzen fortzusetzen. Das schien ihnen durchaus recht zu sein, und sie erklärten sich zum Besuch dieser Gottesdienste bereit."[16]

„Auch gaben mir die Hausbesuche willkommenen Anlaß zur persönlichen Aussprache, besonders mit den Alten, denen der Gang zur Kirche oft schon schwer fällt, und gerade deswegen sich gerne aussprachen über die großen Dinge, die die Welt und die kleinen Dinge, das einzelne Haus und Herz bewegen."[17] Es wird noch erwähnt, dass es in Jüterbog Gehörlose gebe, denen der Kegelklub über alles gehe. Wiebe habe sich mit der Leitung des Kegelklubs aber verständigt. Im übrigen habe er zwölf Gottesdienste in Luckenwalde abgehalten, auch eine Taufe und eine Beerdigung.

Aus den Berichten geht zwar hervor, dass Wiebe versuchte, seine Wiedereinsetzung als Gehörlosenpfarrer vor den Gemeindegliedern zu legitimieren, von seinem Aufruf zur Zwangssterilisierung, den Dramen am Ende des Krieges auch unter den Gehörlosen, ist nichts zu erfahren, auch nichts von den schwierigen Lebensumständen. Eher zynisch spricht er von einigen „die freiwillig, die anderen unfreiwillig" aus dem Leben schieden.

Die NS-Zeit wurde schlicht verdrängt. An der Taubstummenseelsorgerkonferenz im Juni 1948 in Berlin nahm Wiebe nicht mehr teil. Im November bat er, die Arbeit einem Jüngeren zu übertragen. Zum 1.1.1949 wurde er von seinem Amt entpflichtet, inzwischen 69 Jahre alt. Am 18.2.1952 starb er.

Noch problematischer als die Beauftragung von Pfarrer Erwin Wiebe war die Verwendung von Pfarrer Joachim Hossenfelder, der vorher nicht Gehörlosenpfarrer gewesen war. Hossenfelder hatte z. B. bei der Beerdigung des erschossenen SA-Sturmführers Eberhard Maikowski im Berliner Dom im Beisein von Hitler gesagt: „... Der ist drüben bei der großen grauen Armee, zum ewigen Sturm Horst Wessels." Schon 1946 wurde eine Verwendung vorgesehen. Am 29.1.1947 forderte ihn das Konsistorium auf, „sich bei Pfarrer Bartel zum Lehrgang einzufinden am 5.2." Dann wurde von OKR Theodor Franz Krieg bemerkt: „Vermerk: Mit Pfarrer Hossenfelder wird gelegentlich der Taubstummenseelsorgerkonferenz über eine Ausbildung verhandelt werden." Bei der nächsten dieser Konferenzen fehlte er. Otto Bartel schrieb aber in seinem Jahresbericht, dass Pfarrer Hossenfelder von ihm „neu ausgebildet wurde".[18]

Zur Gesamtlage in der Prignitz richtete Konsistorialpräsident Dr. Hans von Arnim ein Schreiben an Otto Bartel und an Superintendenten Fritz Leutke, Kyritz:

„Die Taubstummenseelsorge hat in den Kirchenkreisen Ost-und Westprignitz während des Krieges und in der ersten Nachkriegszeit völlig vernachlässigt werden müssen infolge der Einziehung der Taubstummenseelsorger zum Heeresdienste. Es erscheint daher dort besonders notwendig, auf eine geregelte Taubstummenseelsorge Bedacht zu nehmen, und wir stellen Ihnen zur Wahrnehmung der Taubstummenseelsorge in den Kirchenkreisen Kyritz, Pritzwalk, Wittstock, Havelberg-Wilsnack, Perleberg und Wittenberge den Pfarrer Hossenfelder, der von dem ihm für die Pfarrstelle Vehlow erteilten Auftrag entpflichtet worden ist und auf der anderen Seite schon etwas Uebung im Gebrauch der Gehörlosensprache hat, mit sofortiger Wirkung zur Verfügung. Sie wollen seinen Dienst so einrichten, dass vom 1. Februar an, an jedem Sonntag wenigstens in einer Stadt der Prignitz ein Gottesdienst für Taubstumme stattfindet. Herr Pfarrer Hossenfelder ist darauf aufmerksam zu machen, dass die Taubstummenseelsorge aus den oben genannten Gründen sowohl durch Besuche wie durch Briefwechsel möglichst tatkräftig zu betreiben ist und auch nach dem Gottesdienst nach Möglichkeit mit Gemeindeversammlungen für die Gehörlosen zu halten sind, wobei ihnen dann auch die Taubstummenzeitung wie andere für die Taubstummen bereitgestellte Literatur auszuhändigen sein würde. Als Dienstaufwand für Herrn Pfarrer Hossenfelder stellen wir für die Dauer von 4 Monaten einen Monatsbetrag von je 125,– RM zur Verfügung, die Ihnen zur Weiterleitung an Herrn Hossenfelder zugehen werden. Die gelegentlichen sachlichen Auslagen an Fahrkosten pp. möge Pfarrer Hossenfelder bei Ihnen zur Begleichung anmelden. Wir werden Ihnen dann den Betrag zur Aushändigung an Herrn Pfarrer Hossenfelder zugehen lassen." Für Superintendent Leutke wurde hinzugefügt: „Herr Pfarrer Hossenfelder bleibt, so lange er seinen Wohnsitz im Kirchenkreis Kyritz behält, Ihrer allgemeinen Aufsicht unterstellt analog den Kandidaten der Theologie und des Predigtamtes und den Ruheständlern."[19]

Auskunft, warum diese Konstruktion mit Pfarrer Joachim Hossenfelder gewählt wurde, gibt ein Vermerk von OKR Siebert: „Pfarrer Hossenfelder dürfe nicht als von uns beauftragt erscheinen, er könne aber weiter arbeiten nach Anweisung von Herrn Pfarrer Bartel. Jedenfalls dürfen wir ihm keinen Auftrag erteilen."

Dieses Vorgehen des Konsistoriums führte auf der anderen Seite zur Aufwertung der Arbeit von Pfarrer Bartel. „In der Hauskonferenz am 21. Januar ist beschlossen worden, dem Taubstummenpfarrer Bartel die geistliche Inspektion für Taubstummenseelsorge zu übertragen. Den Anlaß hierzu hat die Angelegenheit des Taubstummenpfarrers i.N. [im Nebenamt] Hossenfelder gegeben. Pfarrer Bartel wird künftighin den Titel in dieser Eigenschaft führen: geistlicher Inspektor für Taubstummenseelsorge."[20]

Joachim Hossenfelder hat sich mit der Entpflichtung und der Anstellung/Beauftragung i. N. nicht ohne weiteres abgefunden. In einem persönlichen Brief an OKR Krieg machte er sich Hoffnung auf seine Wiedereinsetzung in Vehlow durch die Fürsprache von Superintendent Leutke. Er begründet es damit, dass er im Auftrag von Superintendent Leutke „in der Osterzeit in drei Dörfern Vehlow, Gantikow und Mechow Dienst getan ... und habe recht viel Liebe und Anhänglichkeit erfahren dürfen".[21]

Zu bemerken ist noch, dass er die geforderten Vierteljahresberichte und die Auslagen über Otto Bartel an das Konsistorium sandte. Bei der Taubstummenseelsorgerkonferenz vom 1. bis 3.6.1948 hielt er danach einen Vortrag: „Die Seelsorge und Erziehungsmöglichkeiten an taubstummen Kindern unter der Berücksichtigung und Beziehung von Krankheit und Sünde", so schrieb er selbst.[22] In der Einladung hieß es aber: „Vortrag Hossenfelder Das Wesen des taubstummen Kindes."[23] Leider ist uns der Vortrag nicht überliefert, der sich sehr stark von der Ankündigung unterscheidet; – und wir wissen nicht, welche Pädagogik dahinter stand.

Dass die Gehörlosenseelsorge in Wittenberge erweitert werden sollte, geht aus einem Schreiben von Frau Lucie Wollenburg, Schriftführerin des Ev. Gehörlosen-Gemeinde-Vereins vom 4.11.1950 hervor, in dem sie das Konsistorium bat, ob nicht eine Stelle in Perleberg, Wittenberge oder Wittstock für Hossenfelder frei sei, damit „der Taubstummenseelsorger in der Stadt sein Amt hat, wo jeder Taubstumme leichter hinkommen kann".[24]

Das Konsistorium antwortete der Frau Wollenburg, dass zur Zeit keine Pfarrstelle in Aussicht stünde, „da alle Stellen vor kurzer Zeit neu besetzt worden sind". Das Konsistorium war selbst der Ansicht, „dass die kirchliche Versorgung der Gehörlosen von einem Dorfe wie Vehlow aus schlecht ins Werk gesetzt werden kann, wenigstens wenn sie in dem gewünschten Umfang betrieben werden soll". Frau Wollenburg wurde versichert, jede „Verbesserung in der Gehörlosenseelsorge, die möglich ist, in die Wirklichkeit umzusetzen".[25]

2.2 Die Stadt Groß-Berlin

Über den Gehörlosenseelsorger Pfarrer Artur Krasa taucht nur eine Notiz auf. Er wurde bis zum 15.2.1945 in der Pfarrerliste der Landeskirche geführt. Eine Anfrage des Konsistoriums der Provinz Sachsen an das Konsistorium der Mark Brandenburg gibt Auskunft über den Verbleib von Pfarrer Artur Krasa. Nach der Zerstörung der staatlichen Gehörlosenschule in Neukölln wurde er Verwalter der 2. Pfarrstelle in Dossen/Sternberg. „Von dort aber vor den eindringenden Russen am 1.2.1945 geflüchtet, ist er seitdem in unserer Kirchenprovinz beschäftigt." Zuletzt war er in Warnstadt/Kirchenkreis Quedlinburg tätig. Eine Bewerbung in Quedlinburg wurde von Seiten des Konsistoriums Berlin-Brandenburg nicht befürwortet. Zuständig für die Beschäftigung schien die Kirchenprovinz.[26]

In Berichten wird immer wieder Pfarrer i. W. Rudolf Thiem[27] genannt, der von Otto Bartel ausgebildet worden war. Ab 1.9.1946 bezog er die Bezüge eines provinzialkirchlichen Taubstummenseelsorgers und am 3.2.1947 wurde er zum Provinzialpfarrer berufen.[28] Mit Otto Bartel wurde ein Arbeitsplan aufgestellt, die die Erteilung von Religionsunterricht und die Seelsorgetätigkeiten festgelegt. Am 9.2.1947 hielt Pfarrer Rudolf Thiem die erste Predigt. Vorgesehen war ein Monatsturnus in Neukölln, Steglitz, Spandau und Potsdam-Babelsberg. Mit Otto Bartel hielt Thiem wöchentlich und öfter Besprechungen ab. Dabei ging es auch um praktische Dinge. Störend sei der Papiermangel, wie er an das Konsistorium schrieb.[29]

In seinem Bericht sprach Rudolf Thiem von ca. 50 Hausbesuchen im Quartal, wobei die Dunkelheit alle stark behindere. Am Tage hätten die Gehörlosen zu arbeiten, verbunden mit weiten Fahrten und weiten Wegen. Stromsperren, Dunkelheit auf den Straßen und in den Häusern, früher Haustürschluss machten sich bemerkbar. Öfters habe er niemand angetroffen, dann wieder Gehörlose gefunden, die ihn zu anderen Gehörlosen führten. Schwierig sei es im Altenheim Dreibrück, da dort einige früher besser gestellte Gehörlose das Heim verlassen wollten. Die Arbeit sei für ihn, wie er schrieb, durch Nöte der Zeit gehemmt und erschwert, sie mache ihm aber zunehmend Freude.[30]

Otto Bartel hielt im Jahr 1947 im Domhospital 60 Gottesdienste, wirkte an zehn Beerdigungen und sieben Verbrennungen mit, Trauungen gab es fünf, Taufen zehn. An Palmsonntag habe er zwölf Konfirmanden eingesegnet. Angemeldet seien für das nächste Jahr zwölf. Im Gemeindesaal der Sophiengemeinde, Große Hamburger Straße, versammelte er 200 gehörlose Gemeindeglieder. Es waren die Versammlungen des „Evangelischen Gemeindevereins". Die Mitgliederzahl betrug 380 bei einer Gesamtzahl von etwa 4.000 Gemeindegliedern. Dieser Gemeindeverein sei auch der Träger der Fürsorge. Er habe einen Vorstand aus 14 Personen. Aus diesem wurden drei „besonders intelligente Gehörlose" in einen engeren Ausschuß gewählt. Mit Genehmigung des Polizeipräsidenten konnte 1947 eine Hauskollekte durchgeführt

201

werden, die 272.000 RM erbrachte; davon wurden zwei Hausgrundstücke erworben. Die aus den Häusern erwirtschafteten Überschüsse aus den Häusern, sowie ein kleiner Teil der Kollekten wurde in Form von Unterstützungen an bedürftige Gehörlose gezahlt, monatlich 5,– bis 10,– RM; in besonderen Notlagen, etwa bei Todesfällen, wurde eine Unterstützung von 30,– bis 70,– RM gewährt. Mit dem kirchlichen Hilfswerk war vereinbart worden, dass sechs Gehörlose Nahrungsmittel und Kleidung erhielten. Amerikanische Liebesgaben wurden bei den monatlichen Gemeindeversammlungen und bei der Weihnachtsfeier des Evangelischen Gemeindevereins der Gehörlosen verteilt.

Auf Wunsch des Konsistoriums trug die erstmals wieder im Dezember herausgegebene Zeitung nicht mehr den Titel „Wegweiser", sondern „Wegweiser zu Christus."[31]

3 Rückmeldungen der Gehörlosenpfarrer, Berichte von 1945 bis 1947

Als die Berichte im Jahr 1947 eintrafen, lag ein harter Winter hinter den Menschen. Kälte und Hunger herrschten besonders in Groß-Berlin. Von Dezember bis Februar waren in Berlin allein 134 Menschen erfroren, 500 lagen mit Erfrierungen noch im Krankenhaus, und etwa 60.000 befanden sich in ambulanter Behandlung. Es wurden täglich 1.000 Lungenentzündungen gemeldet. Dazu grassierte eine Grippewelle. Die Bürgermeisterin Louise Schröder versuchte, mit einem Notkomitee des Magistrats die Not zu lindern. Wärmehallen wurden in Berlins Gaststätten eingerichtet, Tanzvergnügungen wurden verboten, Luxusrestaurants geschlossen. 100.000 alte und hilfsbedürftige Menschen bekamen eine kostenlose Mahlzeit. Durch Rückstand bei der Kohlelieferung mussten 1.000 Betriebe schließen, 150.000 Menschen waren arbeitslos.

In dieser Situation war die Unterstützung der Gehörlosen durch die Innere Mission und die Gehörlosenpfarrer eine große Hilfe, bedenkt man, dass ein Pfund Butter 400 Mark, eine Zigarette auf dem Schwarzmarkt 15 Mark kostete und noch im Juli 1948 für ein Brot 35 Mark bezahlt wurden.

Von den drei am 4.2.1947 angefragten Pfarrern Schulz, Grützmacher und Wenzke meldet sich als erster Grützmacher in Stolzenhagen für Angermünde/Schwedt. Er sei bereit, die „Taubstummenseelsorge wieder im früheren Umfang auszuüben". Eine Schwierigkeit bestehe jedoch darin, dass der Gottesdienst an einem Sonntag für die hörende Gemeinde ausfallen müsste, um einen Gehörlosengottesdienst zu halten. Durch einen Pfarrhausbrand seien auch sämtliche Unterlagen verloren gegangen. Am 28.3.1947 wurde er wieder beauftragt mit der Bitte, Gramzow zu übernehmen. Gleichzeitig wurde mitgeteilt, dass auch im Konsistorium alle Akten verbrannt seien.[32]

Kurz vor der Beauftragung zum 1.4.1947 „erfuhr der hiesige Zugverkehr eine derartige Einschränkung, daß es leider unmöglich war und bis heute [15.12.1947] auch unmöglich geblieben ist, die Taubstummen wieder zu Gottesdiensten zu sammeln".[33]

Pfarrer Walter Orphal, Frankfurt (Oder) ging im Alter von fast 69 Jahren, am 1.4.1947 in Pension. Er war ab 1909 37 Jahre Gehörlosenpfarrer in Frankfurt (O), dann 1. Oberpfarrer an St. Marien gewesen. In seinem letzten Bericht informierte er darüber, dass er nach 1945 sofort wieder die Taubstummenseelsorge ausgeübt habe und alle sechs Wochen Gottesdienste stattgefunden hätten. „Von 40 Schwerhörigen habe ich noch sechs gefunden. Viele sind verschollen und unauffindbar, viele gestorben, einige haben sich das Leben genommen. Sechs sind an Hunger und Seuchen zu Grunde gegangen. Der Rest aber hält treu zusammen und hat Trost aus Gottes Wort geholt." Eine Anmerkung besagt, dass kein geeigneter, ausgebildeter Pfarrer da ist. Es wurde deshalb an Pfarrer Scholz vom Lutherstift gedacht.[34]

Nachdem erste Kontakte zu den nebenamtlichen Gehörlosenpfarrern wieder aufgenommen waren, wurde die erste Konferenz der Taubstummenseelsorger nach dem Krieg für den 28. bis 30.5.1947 nach Berlin-Charlottenburg, in den evangelischen Oberkirchenrat Jebensstraße 3, einberufen. Sie sollte auch für die „in der Vorbereitung auf dieses Amt stehenden Amtsbrüder gehalten werden". Der Entwurf sah vor:

> „Es werden an diesem Vormittag zwei Vorträge, darunter einer von dem Leiter einer Taubstummenschule gehalten werden.
> Am Nachmittag wird Bruder Bartel, auf Grund seiner 25-jährigen Tätigkeit in der Taubstummenseelsorge, mit den Herren Brüdern Übungen in der Gebärdensprache mit nachfolgender Aussprache halten.
>
> Am 29. Mai gedenken wir, in Biesdorf einen Vortrag von dem Leiter der Berliner Taubstummenanstalt zu hören und einer von Bruder Bartel gehaltenen Lektion mit taubstummen Kindern beizuwohnen.
>
> Für den 30. Mai sind nach einer von Präses Kurt Scharf gehaltenen Andacht ein Vortrag über das Thema: „Die Predigt im Gottesdienst für Taubstumme" sowie die Fortsetzung der am Mittwoch begonnenen Übungen vorgesehen. Ende der Verhandlungen gegen 12 Uhr. ...
> Es wird gebeten, sich mit dem Notwendigsten an Brot usw. (gegebenenfalls mit Reisemarken der sowjetischen Zone) nach Möglichkeit zu versehen Krieg"[35]

Eingeladen wurden zehn Pfarrer:
1. Otto Bartel, Berlin
2. Erich Schuppan/Eberswalde. – Er sagte am 8. Mai ab, weil der beginnende Katechetenkurs seine Zeit in Anspruch nehme, er im übrigen durch Direktor Lehmann in den Unterricht an Taubstummen eingeführt werde.[36]
3. Justus Grützmacher/Stolzenhagen über Angermünde. Er bat um Quartier und hoffte, dass die Reiseschwierigkeiten nicht unüberwindlich werden.

„Ebenso hoffe ich, daß es mir möglich sein wird, vielleicht 15–20 Pfund Kartoffeln mitzubringen. Die Not ist auch hier unbeschreiblich groß."[37] [Grützmacher sagte per Telegramm ab: „Fahrkarte nicht erhältlich"]
4. Erwin Wiebe/Luckenwalde – [Vermerk: „fehlt"]
5. Joachim Hossenfelder/Gantikow – [Vermerk: „fehlt", dafür Telegramm: „mit dem Zug nach Berlin heute nicht mitgekommen"]
6. Rudolf Thiem/Berlin-Zehlendorf
7. Friedrich Christoph/Brandenburg [sagte ab]
8. Bernhard Stoevesand/Gransee/Mark
9. Joachim Scholz/Frankfurt (O) Diakonissenhaus Lutherstift. Am 23.4.1947 sagte er zu und hoffte, bei seiner nächsten Fahrt nach Berlin Pfarrer Bartel persönlich zu sprechen.[38] [fehlt]
10. Helmut Richter/Madlow über Cottbus – Vermerk vom 5.5.1944: Richter ist entpflichtet worden auf Anraten des Arztes.

Aus den Unterlagen geht hervor, dass Oberstudiendirektor Gotthold Lehmann von der Taubstummen-Lehranstalt Eberswalde und Seminaroberlehrer Johannes Liepelt am 28.5. Vorträge hielten.

Ein längerer Situationsbericht über die Gehörlosenseelsorge kam am 5.8.1947 von Pfarrer Helmut Richter aus Madlow über die Zeit vom 1.1.1945 bis 31.12.1946:

„I. Infolge meines Gesundheitszustandes mußte ich im Herbst 1944 die Gehörlosenarbeit Niederlausitz aufgeben, da der zum Nachfolger bestimmte Amtsbruder hier jedoch nicht in Tätigkeit trat, habe ich den Gehörlosen abgesehen von der Predigtarbeit, die mich bei den vielen Predigtstätten meines Bezirkes besonders angegriffen hatte, auch ohne amtlichen Auftrag in der gesamten Seelsorge und bei den Amtshandlungen gedient. Die Arbeit war erschwert durch die schwierigen Verkehrsverhältnisse und dadurch, daß Schreibmaschine und Auto ‚abhanden' gekommen waren.

1945
Cottbus: Die Luftangriffe, die Kämpfe um Cottbus und der Zusammenbruch brachten auch den Gehörlosen viel Leid und erforderten viel Seelsorge, Verhandlungen und Wohlfahrtspflege. 4 schwere Begräbnisse.

1946
Guben: Besuche der Gehörlosengruppe. Die Neißegrenze brachte den Verlust der Gehörlosenschule und des Hauptteils der Stadt.
Cottbus: Durch Verkehrsunfälle und anderes viel Seelsorge und Wohlfahrtspflege. 4 Begräbnisse.
Hausdorf bei Bautzen-Kamenz: Trauung eines Cottbuser Gehörlosen, anschließend Beisammensein mit Gehörlosen.
Von 1947 an habe ich wieder den gesamten Gehörlosendienst einschließlich der Gottesdienste übernommen. Bei den veränderten Verhältnissen und dem Verlust der Außenorte Sorau, Sommerfeld, Guben usw. werden fürs erste 4 Gottes-

dienste im Jahr genügen. Den ersten im Frühjahr besuchten die Gehörlosen zahlreich und mit großer Freude, wieder ihren alten Seelsorger zu haben.
Die Unkosten 1945–1946 habe ich, da ja ein amtlicher Auftrag nicht mehr vorlag, aus meiner Tasche bezahlt, reich entschädigt durch die Anhänglichkeit der Gehörlosen. Die Fahrtkosten der auswärtigen Trauung übernahmen die Angehörigen.
Über die Arbeit 1945–1946 habe ich im Frühjahr 1947 Herrn Oberkonsistorialrat Lic. Krieg mündlich berichtet, nunmehr erfolgt dieser kurze schriftliche Bericht.
Für die unerwartete Unkostenentschädigung, die mir für 1945 und 1946 zugegangen ist, bin ich besonders dankbar. Pfarrer Richter

II. Durch die Neißegrenze ging der größte Teil der Stadt Guben mit der Gehörlosenschule verloren. Daher ist die Zahl, der von mir jahrelang versorgten dortigen Gehörlosen stark zurückgegangen.
Es blieben, wie auch von Guben festgestellt wird, 20. Sie sind von mir namentlich erfaßt und ich stehe mit ihnen in Verbindung. Rundschreiben und Zusammenkünfte werden vorbereitet.
Gottesdienste können zur Zeit in Guben nicht gehalten werden, da ich durch den Dienst in meiner Gemeinde gebunden bin und die Nachmittagszüge nicht mehr passen, mein Auto aber nicht mehr vorhanden ist. Die Gehörlosen von Guben sind zu den Cottbuser Gottesdiensten eingeladen und können sie bei passenden Zügen mit Fahrpreisermäßigung auch leicht besuchen.
Trotzdem wird weiter versucht werden müssen, einen Pfarrer im Kreise Guben für die dortige Gehörlosenseelsorge willig zu machen. Pfarrer Richter."[39]

Durch die Superintendentur Guben konnten 36 Adressen von Gehörlosen in und um Guben herausgefunden werden. Der Superintendent schreibt: Es sei „Wunsch der Gehörlosen, bald seelsorgerlich betreut zu werden und bald einem Gottesdienst beiwohnen zu dürfen ..."[40] Schon vorher am 7.9.1947 hatte er mitgeteilt, dass Pfarrer Schröter/Sterzadel (östl. d. Neiße) noch vermisst ist.
Pfarrer Rudolf Thiem berichtete über Potsdam-Babelsberg von gut besuchten Gottesdiensten (30–50). In Dreibrück kamen alle Insassen des Altersheims. Sehr schwierig waren die Verhältnisse in Prenzlau. „Hier soll im Winter der Eisenbahnverkehr auf den Nebenlinien, an denen fast alle Gehörlosen wohnen, ruhen. Anerkennung verdient hier ein Mädchen, von c. 20 Jahren, morgens c. 6 Uhr aufbrach und c. 1/2 24 Uhr zurückkam, dabei im Finstern noch nun von Pasewalk c. 2 Stunden zu laufen hatte und daneben den D-Zug benutzte. Ein junger Mann fuhr per Rad im Ganzen c. 45 km, es war einer der am nächsten Wohnenden. Eine betagte Gehörlose schrieb mir, daß sie hoffe, im Sommer zu den Gottesdiensten kommen zu können und sich sehr darauf freue. Die Besucherzahl betrug am 1. Sonntag 8 am 2. nur 6, zwei Prenzlauer Arbeiter hatten in der Zuckerfabrik zu arbeiten (im November

waren sie zum Gottesdienst gekommen und dann gleich in die Schicht zur Arbeit gegangen)."

In Potsdam-Babelsberg existierte ein evangelischer Verein. An die Gottesdienste in Prenzlau, Frankfurt (Oder), Potsdam-Babelsberg schloss sich immer ein zwangloses Beisammensein an. Die Ortsgemeinden sorgten auf Bitten für Kaffee und Kuchen.[41]

Bernhard Stoevesand berichtete, er sei nebenamtlich beauftragt worden, ab April 1947 in Gransee, Templin und Neuruppin die Seelsorge an den Taubstummen zu übernehmen. Er konnte mit Hilfe der Ephoren und Amtsbrüder die Gehörlosen vollzählig ermitteln. Die Gehörlosen kämen alle zum Gottesdienst und wünschten ausdrücklich weitere Gottesdienste. Sehr erfreulich war für ihn die positive Einstellung des Neuruppiner Gehörlosenfürsorgers. Hinzuzufügen ist, dass Stoevesand von seinem Wohnort Gransee aus auch Gottesdienste in Steglitz und Spandau hielt, bei denen sich in kurzer Zeit die Teilnehmerzahl verdoppelte. „Auf Befragen, ob sie die Predigt verstanden hätten, äußerten sie sich überall zustimmend. Einzelne Gesten und eine gewisse Steifheit in meiner Gebärdensprache wurde [sic.] beanstandet. Überall wo ich dienen durfte machte ich Hausbesuche." Vereinzelt wurde über Behinderung an der Gottesdienstteilnahme durch „Sonntagsarbeit bei den Russen geklagt".[42]

4 Die Entscheidung für einen kirchlichen Unterricht in der Schule

4.1 Der Religions- und kirchliche Unterricht in Groß-Berlin und im Land Brandenburg

Erich Schuppan, Pfarrer in Eberswalde teilte dem Konsistorium am 22.5.1947 mit: „Seit Anfang Mai (1947) ist der Religionsunterricht (Christenlehre) in der Taubstummenschule in Eberswalde eingerichtet. Er wird von vier Lehrkräften in je zwei Unterrichtsstunden erteilt." Es gebe eine Vergütung von 3,50 M.[43] Er war auch in den nächsten Jahren für die Vergütung verantwortlich.

Der Religionsunterricht in Groß-Berlin

Am 1.4.1947 wurde Bernhard Stoevesand nach einer Ausbildung von 24 Tagen, d.h. zwölf Kursen in sechs Monaten mit 24 Übernachtungen in Berlin kommissarisch für die Orte Lindow, Gransee, Ruppin und Templin mit der evangelischen Taubstummenseelsorge beauftragt. Am 2.3.1947 hatte nach der Ausbildung durch Pfarrer Otto Bartel im Domhospital ein Abschlussgottesdienst stattgefunden.[44]

Aus einem Vermerk des Konsistoriums geht hervor, dass Taubstummenoberlehrerin Hildegard Schorsch nach der Entnazifizierung nicht mehr für den Religionsunterricht zur Verfügung stehe. Bernhard Stoevesand erklärte sich bereit, den Religionsunterricht in Berlin Stadt I zu übernehmen. (Es hatten sich auch die TOL Johannes Liepelt und König beworben, kamen aber nicht zum Zuge.)[45] Da folglich keine Lehrerin, kein Lehrer in der Gehörlosenschule mehr den Religionsunterricht erteilte, wurde Bernhard Stoevesand mit dieser Aufgabe betraut. Für zwei Monate wurde er kommissarisch in den Gemeinden St. Georgen und Zion eingesetzt, beide lagen im sowjetisch besetzten Teil Berlins. Zugleich wurde ihm der gesamte Religionsunterricht in der Gehörlosenschule in Biesdorf übertragen.

Ab 1. Dezember 1947 hatte seine Beauftragung einschließlich der Aushilfe in der Taubstummenseelsorge in Groß-Berlin folgenden Umfang: „Sie haben den Religionsunterricht an den gehörlosen Kindern zu erteilen und Eltern dieser Schüler und Schülerinnen nach Möglichkeit aufzusuchen sowie den Predigtdienst für die Taubstummen in Berlin-Spandau und Berlin-Steglitz zu übernehmen. Wie auch Hausbesuche bei Taubstummen im Benehmen mit Herrn Taubstummenpfarrer Bartel vor allem in den Bezirken West und Süd-West von Groß-Berlin zu machen.

Der in der Provinz von Ihnen gelegentlich wahrgenommene Predigtdienst bleibt hiervon unberührt. d. d. Sup. Berlin Stadt III"[46]

Bernhard Stoevesand berichtete, wie einige erfahrene, ältere Taubstummenoberlehrer sich seiner freundlich annahmen und auch bei sich hospitieren ließen. Gleich Anfang Oktober hatte er mit Otto Bartel den Aufbau des Religionsunterrichts durchgesprochen. Er unterrichtete die Kinder der Klassen 5a, 5b, 6 und 7, 8a und 9b zu je zwei Wochenstunden, am Anfang in der fünften und sechsten Stunde. Einige der betroffenen Eltern waren mit der zeitlichen Regelung nicht einverstanden, weil die Entfernungen für die Kinder aus Potsdam, Lehnitz, Staaken sehr groß seien. Daraufhin durfte Stoevesand den Religionsunterricht auf die dritte bzw. vierte Stunde legen.

Durch den Unterricht in Biesdorf bekam er auch besonderen Einblick in die häusliche Situation seiner Schüler. Die materielle Not war noch sehr groß. So blieben Kinder dem Unterricht oft fern, weil ihnen „das nötige Schuhzeug fehlt oder die Eltern ihre Kinder zum Heranschaffen von Holz nötig brauchen". Bei Hausbesuchen klagten die Eltern auch über ihre Kinder, die, statt zur Schule zu gehen, sich auf dem schwarzen Markt herumtrieben.[47]

Für den Konfirmandenunterricht, den von Anfang an Otto Bartel erteilte, ergab sich im September 1947 folgende Schwierigkeit: Da die Kinder nach Schulschluss mit Bussen abgeholt wurden, konnte der Konfirmandenunterricht nicht mehr im Anschluss an den Unterricht stattfinden. Er verlegte nun den Konfirmandenunterricht in das Dom-Hospital der Elisabethgemeinde. Für die winterliche Heizung des Unterrichtsraums war kein Heizmaterial vorgesehen. Bartel bat daher das Konsistorium, bei dem „Beirat für die kirchl.

Angelegenheiten beim Magistrat der Stadt Berlin" vorstellig zu werden und über die Besatzungsmächte Feuerung zu beschaffen. „Der Unterricht findet an 4 Tagen in der Woche Montag, Dienstag, Donnerstag und Freitag statt. Da jedesmal mit einem Heizaufwand von 10 Preßkohlen und etwas Holz gerechnet werden muß, ist der Bedarf auf 16 Zentner Preßkohlen und etwa 1 rm Holz zu berechnen." Es wird in dem Brief darauf hingewiesen wie taubstumme Kinder „durch ihren körperlichen und seelischen Zustand schon viel leiden müssen und hinter allen anderen Kinder zurückgesetzt sind". Es muss auch eingerechnet werden, dass „die Eltern ihre Kinder aus begreiflicher Besorgnis vor Erkältung nicht in einen ungeheizten Raum für eine Stunde des Religionsunterrichts schicken mögen".[48]

Es fehlte auch an geeignetem Unterrichtsmaterial und Heften, denn in der Schule stand nur über den Krieg gerettetes Bildmaterial zur Verfügung. Bartel hatte 1948 eine „Handreichung für den Religionsunterricht an gehörlosen Kindern" verfasst mit Genehmigung des Konsistoriums der Mark Brandenburg. Dieses Heft von 13 Seiten enthielt die fünf Hauptstücke aus dem Katechismus Marin Luthers ohne Erklärungen, das Kirchenjahr, fünf Gebete und 10 Kirchenliederverse. Nach Aussagen von Gehörlosen bestand der Unterricht im Erlernen und Aufsagen dieser Texte. Einem erwachsenen Gehörlosen schenkte er 1948 ein Heft mit einer Kurzform des Katechismus von 1520. 1953 folgte das bebilderte Buch: Evangelische Christenlehre für Gehörlose, erarbeitet von der Arbeitsgemeinschaft der Gehörlosenseelsorger Berlin-Brandenburg.

4.2 Das Schulgesetz von 1947 und der Religionsunterricht

Der Religionsunterricht in den staatlichen Schulen ist ohne das Schulgesetz von 1947 nicht zu verstehen. Damals entbrannte ein leidenschaftlicher Kampf um das Schulgesetz für Groß-Berlin. Nach dem Willen des Abgeordnetenhauses sollte eine Einheitsschule enstehen. Der Religionsunterricht sollte in eine Winkelstellung verbannt werden. Es sollte keinen Raum für Privatschulen geben.

Die Kirche war aber am Zustandekommen des Berliner Schulgesetzes überhaupt nicht beteiligt. Die Besatzungsmächte und die damals zuständigen deutschen Instanzen stellten sie vor bereits beschlossene Tatsachen. Die Kirche hat dennoch zu diesem Schulgesetz ja gesagt.

Seit 1945 gab es eine kirchliche Erziehungskammer für den „Religionsunterricht im Auftrag der Kirche".[49] Hans Lokies schrieb: „So glauben wir denn auch nicht mehr an die Christlichkeit solcher Schulen, die *von Staats wegen christlich sind.*" Hier argumentierte Hans Lokies damit, dass die Christlichkeit der staatlichen Schulen Auschwitz und Hiroshima nicht verhindert habe. „Die Durchdringung einer Schule mit christlichem Geist ist für uns ein viel zu subtiler Vorgang geworden, als daß er durch den Druck auf den Gesetzeshebel des Staates ausgelöst werden könnte." Wenn der Staat die Erziehung der Jugend im christlichen Geist ernsthaft wünschte, dann sollte er die unmittelbare Zusammenarbeit mit den Kirchen suchen.

> „Sie [die Kirche] hat diesem Umbau zugestimmt, weil sie nicht daran glaubte, daß eine Schule von Staats wegen verchristlicht werden kann ... Aus diesem Grunde hat denn auch die Kirche in Berlin nicht den restaurativen Weg beschritten wie in Westdeutschland und wieder die christliche Staatsschule gefordert, sei es in der konfessionellen, sei es in der simultanen Form."[50]

Damit war in Berlin festgelegt: Der Religionsunterricht war ausschließlich kirchlicher Unterricht. An ihm nahmen die Schüler freiwillig teil, das galt auch für gehörlose Schüler.

5 Berichte aus der Mark Brandenburg und Berlin für das Jahr 1948

Bei der Durchsicht der handschriftlichen Berichte an das Konsistorium habe ich versucht, interessante Bemerkungen herauszusuchen. Es sind Einzelinformationen. Mit Angaben über die Teilnehmerzahlen von Gehörlosen möchte ich die Leser nicht langweilen. Beurteilungen zur politischen Situation und ihre Auswirkungen sind selten.

Das Jahr 1948 wurde von zwei politischen Ereignissen geprägt: Der Streit um die Durchführung der Währungsreform führte am 24. Juni zu der von der UdSSR verhängten Blockade Berlins und zum endgültigen Bruch der Viermächteverwaltung. An demselben Tag war in den Westsektoren die Deutsche Mark (DM) eingeführt worden, am 26. Juni die Umstellung der Reichsmark auf Deutsche Mark (M) der Deutschen Notenbank im Ostsektor. Vom 24.6.1948 an bis zum 12.5.1949 wurden die Westsektoren durch die Luftbrücke versorgt.

Informationen über den Wohnsitz von Gehörlosen kamen z. B. aus Döbern und Gross Köritz Auch das Gesundheitsamt gab Auskunft. Das bestätigte auch Pfarrer Helmut Richter.[51] Eine Erweiterung seiner Arbeit in der Gehörlosenseelsorge war durch bessere Zugverbindungen möglich geworden, so dass keine Übernachtung mehr in Guben nötig war. Er erinnerte auch daran, dass Sorau, Sommerfeld und Krossen durch die Grenzziehung verloren seien und die dortigen Gehörlosen zum Teil nach Cottbus kämen. Ein sehr schönes „Kirchenfest" gab es 1948 in Cottbus: Sonnabend mit fröhlicher Gemeinschaft, Sonntag vormittags mit Sport, nachmittags mit Gottesdienst und Nachversammlung mit dem Pfarrer. Die Schlosskirche war von den Gehörlosen liebevoll ausgeschmückt worden. „Der schönste Schmuck des Gotteshauses ist die sehr große Gottesdienstgemeinde."[52]

Der Superintendent von Beeskow schrieb von Taubstummen, „welche ohne Seelsorge und besonders ohne Gottesdienste dahinleben, obgleich sie meist geistig durchaus rege sind und auch Konfirmandenunterricht erlebt haben. Ich schätze, daß sich mindestens 10–20 Taubstumme hier versammeln ließen".[53] Das Konsistorium reagierte sofort und übersandte den Bericht an Otto Bartel, der sich mit Bernhard Stoevesand bereden und durch Bekanntmachung die Taubstummen einladen solle.

Bernhard Stoevesand hielt daraufhin am 20.6.1948 erstmalig einen Gottesdienst. Wegen des ruhenden Verkehrs kamen nur sieben Personen, sie waren aber sehr erfreut, überhaupt eine Möglichkeit zum Gottesdienstbesuch zu haben, einen Gottesdienst besuchen zu können.[54]

Pfarrer Justus Grützmacher konnte für 1948 melden, dass er wegen verbesserter Verkehrsverhältnisse ab die Taubstummenseelsorge ab 1. September habe aufnehmen können.[55]

Die Aufgaben für Stoevesand hatten sich erweitert. Er hatte nun an folgenden Orten Gottesdienste zu halten: Brandenburg, Bad Freienwalde, Doberlug[-Kirchhain bei Finsterwalde], Gransee, Neuruppin, Templin, dazu Steglitz und Spandau. Durch die Mithilfe der Superintendenten und Gemeindepfarrer wurden noch mehr Gehörlose ausfindig gemacht, und die Gemeinden wuchsen. Nach Brandenburg kamen sogar Gehörlose aus Burg (Kirchenprovinz Sachsen). In jeder Gemeinde ließ Stoevesand einen Vertrauensmann wählen, „der dem Unterzeichneten in allem Äußeren beisteht". Den Gottesdiensten folgten Nachversammlungen mit Vorträgen und Aussprachegelegenheiten. Da in Templin nur vier Taubstumme lebten, wurde Zehdenick als Schwerpunkt für den Kirchenkreis vorgesehen, statt Doberlug wurde Finsterwalde als Mittelpunkt vereinbart. In Eberswalde bekam Stoevesand Kontakte mit der märkischen Gehörlosenschule und ihrem Leiter Gotthold Lehmann.[56]

In Eberswalde wurde am 17.10.1948 ein evangelischer Gehörlosenverein gegründet.[57]

5.1 Das kurze Aufblühen von evangelischen Gehörlosenvereinen

Ab September 1948 enthielt das Informationsblatt: „Wegweiser zu Christus, kirchliches Mitteilungsblatt für Gehörlose" ausführliche „Vereinsnachrichten". Otto Bartel hatte sich in der Vergangenheit gegen die Struktur und Verfassung einer Gehörlosengemeinde ausgesprochen. Er sah hingegen im „Ev. Gemeindeverein" die Möglichkeit, Gehörlosen einen engeren Zusammenhalt zu geben. Die Vereine erfüllten soziale Aufgaben, wie Unterstützung mit Lebensmitteln für Bedürftige. Zugleich boten sie einen Mittelpunkt der Geselligkeit mit Tanz, Ausflügen, Theateraufführungen.

Nach 1945 entstanden bei der Polizei angemeldete Gehörlosenvereine, mit eigenen Statuten und dem Satz: „Der Verein ist Bestandteil der Evangelischen Kirche und hat darum dieselben Aufgaben zu erfüllen wie diese." So entstand z. B. am 13.6.1948 ein „Christlicher Verein für Gehörlose und Schwerhörige Frankfurt (Oder) und Umgebung" als „Bruderverein" von Berlin in Potsdam-Babelsberg gegründet, dessen erstes Stiftungsfest am 16./ 17.10.1948 gefeiert wurde.[58] Evangelische Gehörlosenvereine gab es ferner in Finsterwalde (gegr. 3.4.1949) und Brandenburg/Havel (gegr. 10.10.1949). Bei den „Vereinsnachrichten" in dem Mitteilungsblatt wurde aber nicht unterschieden, ob es sich bei den Berichten um Gemeindenachrichten oder Vereinsnachrichten handelte. Wo keine Evangelischen Vereine entstanden, wurden Vertrauensleute gewählt. Es gab ein kurzes Aufblühen in der Gründungsphase der DDR.

Bei allen Aktivitäten stellte Bernhard Stoevesand fest, dass noch viele Gehörlose im Land Brandenburg keinen Schwerbeschädigtenausweis hätten. „Durch die allgemeine Geldkatastrophe ist viel materielle Not und Arbeitslosigkeit aufgekommen, besonders im blockierten Berlin."[59]

5.2 Christenlehreunterricht im Land Brandenburg und Groß-Berlin

In Eberswalde übernahm der Schwiegersohn von Gotthold Lehmann, Herr Taubstummenoberlehrer [Otto] Hülse, den gesamten Christenlehreunterricht. Er war trotz erfolgter „Entnazifizierung" aus Ersparnisgründen nicht wieder in den Schuldienst eingestellt worden. Die Kollegen gaben daraufhin ihre beiden Wochenstunden Christenlehre an ihn ab, damit er weiter Unterricht an Gehörlosen geben konnte. Nach Auskunft von Erich Schuppan unterrichtete Hülse „mit großem Eifer und ebensolcher Freude". Es handelte sich dabei z. B. um 36 Stunden im September.[60]

Bernhard Stoevesand vermerkte mit Genugtuung: „Die Aufnahme der Gebärdensprache in den Profanunterricht als Begleitsprache wurde auf Betreiben der Taubstummen nunmehr durchgesetzt. Es wird jetzt eine Methode praktiziert, die in unserem kirchlichen Unterricht von jeher angewendet wurde."[61] Erstaunlich ist für uns heute, dass „in Eberswalde auf Anregung der dortigen Schulleitung ein regelmäßiger Taubstummenkindergottesdienst neu eingesetzt worden ist, der abwechselnd vom Katecheten und mir gehalten wird."[62]

Stoevesand versuchte, den Kindern das Leben Jesu anschaulich nahezubringen. Er benutzte dabei Bilder von Lietzmann. Die Eltern, die er besuchte, legten Wert auf die Teilnahme am Religionsunterricht. Die Schule hingegen sah den Religionsunterricht als „peripherische Angelegenheit" an und legte ihn im Anschluss an den normalen Unterricht. Bernhard Stoevesand war mit dem katholischen Religionslehrer darin einig, dass „gegen jede Unterdrückung entschieden Front gemacht werden muß". Die Lehrer stellten sich gegen ein entschiedenes Glaubensleben gleichgültig. „Kein Lehrer spricht am Anfang des Unterrichts ein Gebet. ... In der Schule wird seit Wochen schon angestrebt, durch Wort und Bild Sympathien für den Kommunismus zu erregen." Ist dies Erstaunen nicht etwas naiv?

Hin und wieder konnte Stoevesand trotzdem in Biesdorf Extrastunden übernehmen, wenn ein Lehrer durch Krankheit fehlte.[63] Im Oktober merkte er an: „wöchentlich sind 12 Stunden im Ganzen zu bestreiten". Er hob hervor, dass „durch das freundliche Entgegenkommen der Schulleitung der Religionsunterricht die gleiche Stellung wie die anderen sogenannten ordentlichen Unterrichtsfächer hat. Das Gros der Schüler ist nunmehr bei den roten Falken (SPD) und damit ziemlich ausgefüllt. Manche Sorge bereitet die Gleichgültigkeit der Lehrerschaft und der Eltern. Der Gottessohn wird von vielen nicht mehr als Heiland der Welt geglaubt, christliche Symbole sind selten anzutreffen, die Bibel ist oft irgendwo verstaubt". Es kam Stoevesand darauf an, wo immer es möglich war, vom christlichen Glauben Zeugnis abzulegen.[64]

Groß-Berlin

Ein besonderes Ereignis war für Otto Bartel die Einführung und Ernennung zum Berliner Stadtsynodalpfarrer und zum „geistlichen Inspektor für die Taubstummenseelsorge" am 4.4.1948 durch OKR Lic. Theodor Franz Krieg unter Assistenz der Pfarrer Friedrich Gabriel und Rudolf Thiem.[65]

Otto Bartel berichtete sichtlich erfreut, dass sich die Zahl der Gottesdienstbesucher fast verdoppelt habe. Zurückzuführen sei das allerdings auf Unterstützungsleistungen von 2.200.– RM im Juni 1948 aus Mieteinnahmen der Häuser für die Gemeindearbeit. Bernhard Stoevesand und Thiem erhielten ebenfalls Gelder. Trotz der Währungsreform konnten monatlich die Unterstützungen von 15.– M pro Einzelperson und 20.– M pro Ehepaar an die Gehörlosen ohne große Unterbrechung gezahlt werden.

Der „Wegweiser zu Christus" erfreute sich als Nachrichtenblatt großer Beliebtheit und konnte seine Auflage von 500 auf 700 Stück steigern. Dringender Bedarf bestand bei einfach geschriebenen Religionsbüchern. Bartel plante ein solches Buch.[66]

Er beteiligte sich auch an nichtkirchlichen Veranstaltungen der Gehörlosen. So nahm er im März an einer Versammlung der Gewerkschaft teil und hielt selbst einen Vortrag über „die Notwendigkeit gemeinschaftlich in den Verbänden zusammen zu arbeiten". Bei den Sitzungen dieser Arbeitsgemeinschaft mit Vertretern der SED, der Gewerkschaften, des Sports und des katholischen Vereins „bin ich heftigen Angriffen von Seiten der SED ausgesetzt wegen meiner durchgreifenden Tätigkeit. Ferner haben sich die Falken beschwert über meine Anordnung betreffs der Jugendpflege, das allmonatlich von der Jugendabteilung des Ev. Vereins unter Führung eines Pfarrers Wanderungen zu unternehmen sind".

Er führte 1948 für die Gehörlosen eine durch einen Volljuristen zu erteilende Rechtsberatung ein, hielt monatlich Sitzungen mit den Vertrauensleuten des Vereins, alle zwei Monate mit den Herren der ‚Inneren Mission' und mit den Amtsbrüdern Thiem und Stoevesand alle 14 Tage einen Konvent ab. „Ich habe mich in diesen Konventen um eine weitere Einführung in die Mysterien der Taubstummenseelsorge bemüht", auch Pfarrer Hossenfelder sei weiter beraten und ausgebildet worden.[67] In der Zeit vom 1. bis 3.6.1948 fand die zweite Seelsorger-Konferenz statt. Sie wurde von OKR Krieg einberufen.

Die EKD trug an das Konsistorium der EKiBB die Bitte von Pfarrer Reinhold Burckhardt, aus Sachsen, heran, „die in der Gehörlosenseelsorge tätigen Pfarrer der Ostzone organisatorisch zusammenzufassen, um für diese Spezialaufgabe die nötige Schulung und Heranbilden des Nachwuchses sicher zu stellen".[68] Das Konsistorium kam der Bitte nach und benannte folgende Personen:

Die hauptamtlichen Otto Bartel, geistlichen Inspektor für die Seelsorge an Gehörlosen, Rudolf Thiem und Pastor Bernhard Stoevesand. Als nebenamtlich und kommissarisch eingesetzte Pfarrer wurden mitgeteilt: Helmut Richter und Joachim Hossenfelder. Hieraus war ersichtlich: Es gibt zu wenig ausgebildete Gehörlosenpfarrer. Der Mitteilung wurde die Bemerkung angefügt, „... daß wir uns die nötige Schulung und Heranbildung des Nachwuchses selber vorbehalten.

Wir haben diese Aufgabe seit Jahrzehnten d. h. so lange es in unserem Aufsichtsbezirk besondere Seelsorge für Gehörlose gibt, zu lösen versucht und haben nach dem Zusammenbruch, als auch auf diesem Gebiet die größten Lücken entstanden waren, mit Hilfe des oben genannten geistlichen Inspektors für die Gehörlosenseelsorge Pfarrer Otto Bartel sofort wieder aufzunehmen gesucht. Wir können uns auch bei den heutigen Reiseschwierigkeiten von einer organisatorischen Zusammenfassung der in der Gehörlosenseelsorge tätigen Pfarrer nicht viel Gewinn versprechen.

In unserem Aufsichtsbereiche besteht wie auch in anderen altpreußischen Kirchenprovinzen z. B. Sachsen und Westfalen die Übung, alljährlich im Frühjahr eine Gehörlosenseelsorger Konferenz einzuberufen, für die wir als Vortragende bisher immer tüchtige Fachlehrer von den Gehörlosenschulen haben gewinnen können, auch solche aus anderen Kirchengebieten."[69]

6 Berichte aus der Mark Brandenburg und Groß-Berlin von 1949 und 1950

Die schwierige Versorgungslage blieb auch nach der Beendigung der Blockade bestehen. Die finanzielle Lage Berlins führte zu ersten Hilfeleistungen mit einer Sondersteuer bei Briefsendungen „Notopfer Berlin" mittels einer kleinen Marke von 2 Pf. vom April 1949 bis zum Juni 1954, für Körperschaften bis 1957. Die drei westlichen Stadtkommandanten verkündeten im Mai 1949 das „Kleine Besatzungsstatut", u. a. die Entmilitarisierung Berlins, im Bereich der Sicherheit der Alliierten blieb dagegen das Besatzungsrecht gültig.

*Otto Bartel
(1892–1979)
Verteilung von
Lebensmitteln 1949*

Auf der einen Seite musste Helmut Richter „trotz aller Liebe zu den Gehörlosen und des herzlichen Vertrauens, das sie in Guben und Cottbus mit dem Pfarrer verbindet" aus Überlastung die Gehörlosenseelsorge aufgeben. Er schlug vor, sie von Berlin aus zu halten und zu vermehren.[70] Durch das Konsistorium wurde ihm ein herzlicher Dank für seine Arbeit ausgesprochen.[71]

Auf der anderen Seite bat Justus Grützmacher um seine Beauftragung ab 1.10.1949, die ihm auch erteilt wurde. Die Zugverbindungen hatten sich 1949 wesentlich verbessert. So konnte Justus Grützmacher in seinem Jahresbericht von einer Gesamtbesucherzahl von 494 evangelischen Gehörlosen zwischen Oktober 1949 und September 1950 schreiben. Er lud ferner die Gehörlosen nach Stolzenhagen zu einem Festgottesdienst ein. Das ev. Hilfswerk und die hörenden Gemeinden hatten reichlich für die Bewirtung gestiftet. Bernhard Stoevesand nahm an diesem Fest teil.

„Für den Unterzeichneten ist die Arbeit mit großer körperlicher Anstrengung verbunden. Nach 2 Hauptgottesdiensten, einem Kindergottesdienst und oft noch Amtshandlungen in den eigenen Gemeinden müssen meistens mit dem Rad noch 28 km auf z.Z. sehr schlechten Wegen zurückgelegt werden."[72] Er bat im März um die Erstattung des Kaufpreises einer Fahrradbereifung, da vor dem Gottesdienst eine Fahrt nach Angermünde zum Unterricht in der Gebärdensprache notwendig war.

Von Bartel als geistlicher Inspektor beauftragt versuchte Rudolf Thiem, Gehörlose in noch nicht betreuten Superintendenturen ausfindig zu machen, um allen Gehörlosen den „Wegweiser zu Christus" zukommen zu lassen und eventuell neue Gottesdienste einzurichten. So gab es eine Umstellung: Senftenberg trat als Gottesdienstort an die Stelle von Prenzlau. Babelsberg-Potsdam und Frankfurt (Oder) hatten die Vereinsform gewählt, die anderen kamen in freier Form zusammen. In Rathenow und Lübben waren Gottesdienste vorgesehen. Folgende Übersicht konnte Pfarrer Thiem vorlegen:

Superintendentur und den Haushaltungen	Zahl der Gehörlosen	Gesamtzahl der Einzelpersonen
Lübben	31	20 (sic!)
(davon in Stadt Lübben)	9	7
Baruth	8	8
(davon in Stadt Baruth)	1	1
Rathenow	17	14 (sic)
(davon i. Stadt Rath.)	8	6
Belzig	23	20 (sic)
(davon in Stadt B.)	2	2
Strausberg	Erfassung im Gange	
(davon i. Stadt St.)	5	3 (sic)
Havelberg-Wilsnack	25	19 (sic)
(davon i. Stadt H.)	11	9
Storkow	5	5
(Stadt Storkow)	2	2
Nauen	Die Sozialämter haben trotz mehrfachen Bitten nicht geantwortet. Nun sollen Erfahrungen durch Pfarrämter erfolgen	
Fürstenwalde	Im Sozialamt liegt keine Sondererhebung über die Gehörlosen vor. Es sollen Erhebungen durch die Pfarrämter erfolgen	
Lehnin	Gehört zum Kreis Belzig Auf Grund der Unterlagen des Belziger Sozialamtes ist	
Lehnin	Meldung durch Herrn Superintendent Schian (s.o.) erfolgt	
Seelow	Auf Anfragen beim Sozialamt und den Pfarrämtern sind keine Gehörlosen erfaßt oder auch nur bekannt	
Bernau	Bisher liegt nur eine sofort beantwortete Umfrage vom 28. I; vor, ob noch die Stummen erfasst werden sollen	

Aus folgenden Superintenturen seien keine Reaktionen erfolgt: Dahme, Niemegk, Oranienburg, Königs Wusterhausen, Perleberg, Potsdam II, Müncheberg, Zossen, Calau, Luckau und Templin.[73]

Am Ende des Jahres 1949 übernahm Bernhard Stoevesand folgende Gemeinden neu: Belzig, Cottbus, Frankfurt (Oder), Guben, Potsdam und Senftenberg. Dagegen trat er die Gemeinden Finsterwalde und Beeskow ab.

6.1 Christenlehreunterricht in Berlin

Am 1. April konnte Stoevesand schreiben: „Eine Spaltung der Schule in Ost und Westabteilung ist bislang unterblieben." Am 24.5.1949 bei der Eröffnung der neuen Gehörlosenschule für Berlin-West meldete er, dass am 24. April die sofortige Aufnahme des Religionsunterrichts erfolgt sei, „der wie im Osten wie ein ordentliches Lehrfach in den Unterrichtsplan eingeordnet wurde".[74]

Erstaunlich und bewundernswert ist die konsequente Fortbildung von Stoevesand. Dem Autor liegt der Hospitierschein von Pfarrer Bernhard Stoevesand, Anlage zum Studienbuch vor: „Fach: Taubstummenpädagogik, Schule: Gehörlosenschule in Berlin-Biesdorf. Vom 10.5. bis 11.7.1949 von der Artikulationslehre in der 1. Klasse bis zur Sprachheilmethodik in der 3. Klasse oder 8. Klasse. Alle Klassen hat also Pfarrer Bernhard Stoevesand täglich mindestens ein bis zwei Stunden und mehr besucht."[75]

Im „Wegweiser zu Christus" wurde im August 1949 mitgeteilt:

> „In Berlin und Brandenburg haben wir seit April dieses Jahres drei Gehörlosen-Schulen, davon zwei in Berlin: Die Ost-Schule mit den oberen Klassen in Berlin-Biesdorf mit den unteren Klassen in der Inselstraße. Schulleiter: Prof. Dr. Dahlmann. Die West-Schule befindet sich SO 36, Naunynstraße 63, Schulleiter: Clemens Mittelstaedt. Die Gehörlosenschule Brandenburgs befindet sich in Eberswalde, Schulleiter: Kube."[76]

6.2 Berichte aus Groß-Berlin

Die von Rudolf Thiem fortgesetzten Hausbesuche wurden durch Stromsperren in verschiedenen Straßenzügen erschwert. In den Wintermonaten waren die Besuche dadurch stark behindert, da die Gehörlosen besonders auf Licht angewiesen waren. Bei Tage seien sie meist unterwegs, wegen der ungenügenden Heizung gingen sie frühzeitig schlafen.[77]

Wie schwierig die Lage in Berlin war, zeigt sich an einer Bemerkung von Otto Bartel, der überlegte, ob angesichts der großen Arbeitslosigkeit Arbeitslose bis zu einem Alter von 45 Jahren unterstützt werden sollten.[78] In diesem Zusammenhang beklagte auch Stoevesand die weiterhin recht bedauernswerte Lage der Gehörlosen. Er wies aber darauf hin, dass in Berlin tatkräftig und fühlbar geholfen werde.[79]

In seinem ersten Quartalsbericht äußerte Otto Bartel, dass er den Gehörlosen „aus praktischen Gründen eine Mitverantwortung für die Vereinsaufgaben hat zuschieben müssen. Es ist jedoch sehr schwierig, in sachlicher und exakter Form mit ihnen zusammenzuarbeiten. Alle objektiven und unpersönlichen Aspekte sind ihnen fremd." Er verstand es als ein Glück, dass „eine kirchenrechtlich geordnete Taubstummengemeinde Gross-Berlin mit den notwendigen Körperschaften nie zustande kam." Abschreckendes „Beispiel" waren ihm die Vereins-Vorstandswahlen vom Februar. Bartel urteilt: „... dass der Taubstumme auch der sogenannte Gebildete stets nur aus niedrigen Instinkten heraus urteilt." Das ist kein brüderliches Denken und Reden gegenüber Christen. Otto Bartel befürchtete, „dass über kurz oder lang radikale und kirchenfeindliche Elemente wieder die Führung [in den Gehörlosenvereinen] an sich reißen" könnten. Durch die Gründung Ev. Vereine wollte er die Gehörlosen in christlich-kirchliche Bahnen lenken.[80]

Die Hauskollekte geriet durch die Westmark im Westsektor in Schwierigkeiten. Eingesammelt wurden meist „Ostmark", die Sammler aus dem Osten konnten aber nicht in „Westmark" bezahlt werden, wie es die Vorschriften verlangten.

Den „Wegweiser zu Christus" sah er durch die Westmark stark gefährdet. Eine Druckerei im Ostsektor bekam nicht die Genehmigung durch die russische Zensurbehörde. Das Problem konnte aber gelöst und im August das Blatt um Nachrichten aus Mecklenburg erweitert werden. Pfarrer Olbrecht und Pfarrer Rath teilen fortan Gottesdiensttermine für Damgarten, Güstrow, Ludwigslust, Neubrandenburg, Parchim, Rostock, Schwerin und Wismar mit.[81]

In dieser Situation war der Dankbrief des Konsistoriums für die drei Berichte an Otto Bartel eine Ermutigung: „Herrn Pfarrer Rudolf Thiem sind wir dankbar für seine Bemühungen um die Erfassung der evangelischen Gehörlosen in der Provinz. Wir hoffen, daß dadurch noch mancher Gehörloser, der sich bisher vernachlässigt fühlte," [es geht hierbei um eine besondere Verzagtheit und Verbitterung unter den Heimatvertriebenen, die sich oft als Bettler, als fünfter Stand behandelt sehen.] auf die Gottesdienste für Gehörlose aufmerksam gemacht und mit der Gehörlosengemeinde in Zusammenhang gebracht wird.

Herrn Pfarrer Stoevesand danken wir für seine Bemühungen der speziellen Seelsorge und für sein Bestreben, das Interesse für die Gehörlosenseelsorge in weiten Kreisen der Kirche zu wecken. Sein Versuch mit der katholischen Seelsorge an Gehörlosen in Verbindung zu kommen, halten wir für durchaus förderlich.

Ihnen selbst sind wir dankbar für Ihre Absicht zur geistlichen Förderung der Gehörlosen ein Büchlein zu schaffen, das nach unserer Auffassung wohl den Konfirmanden wie den Konfirmierten dienen müsse.

Auf die Beibehaltung des ‚Wegweiser zu Christus' würden wir großen Wert legen. v. Arnim. Krieg."[82]

Zwei Monate später wurde Otto Bartel nahegelegt, den Umfang der Sammlungen durch die Hilfskräfte zu reduzieren und die Herabsetzung der großen Zahl von Sammlern auf den früher üblichen Stand von etwa acht Sammlern zu veranlassen, da sie „zuviel von Ihrer Zeit und Kraft beansprucht. Über das Veranlaßte erwarten wir Bericht."[83]

Meines Erachtens hat Otto Bartel mit seinen Sammlern den Sammlungen der Inneren Mission im Weg gestanden.

Im November konnte von einem „Tag der Taubstummen in Mecklenburg" in Schwerin berichtet werden. An ihm nahmen 200 Gehörlose teil. Den Gottesdienst hielten die Pastoren Hans Olbrecht und Rath. Aus Berlin war Otto Bartel als Gast dabei. Es wurde eine Vereinsgründung beschlossen.[84]

6.3 Berichte aus der Mark Brandenburg

Berlin hatte unter großer Arbeitslosigkeit zu leiden: Es waren 306.460 Personen arbeitslos, d.h. 30% der Arbeitsfähigen, darunter auch viele Gehörlose. Jetzt machten sich auch die Auswirkungen der Staatenteilung, 23.5.1949 Grundgesetz der BRD und 7.10.1949 Gründung der DDR – bemerkbar. Die Industriedemontagen, Abschneiden vom Hinterland, Behinderung auf den Zufahrtswegen, Währungsprobleme und ein enormer Flüchtlingsstrom von 60.000 allein im Oktober 1950, täglich 8.000, stellten eine große Belastung dar, so dass Berlin zum Notstandsgebiet erklärt wurde.

Auch die Kirche war in einer Notlage. Eine allgemeine Regelung wurde für alle Pfarrer erlassen. 1. Bei Fahrten zu den Taubstummengottesdiensten im Land wurde nur eine Übernachtung zugestanden. 2. Für Übernachtungen werden künftig nicht mehr als 4,– Ostmark vergütet, derselbe Betrag gilt für „Zehrkosten".[85]

Für die Gehörlosen trat eine Erleichterung ein. Sie „haben das Recht, für die Hälfte des Fahrgeldes auf der Eisenbahn die Gottesdienste zu besuchen". Der Verfahrensweg war folgender: Dem Gehörlosenpfarrer musste geschrieben werden, dieser schickte eine Bescheinigung zu, die am Fahrkartenschalter vorzulegen war.[86]

Die Hauptschwierigkeiten dieser Zeit lagen einmal in der wirtschaftlichen, zum anderen in der seelischen Not der Gehörlosen. Wie sollte es mit dem Leben weitergehen, wo konnten die Gehörlosen Gemeinschaft und Hilfe erleben? So kam es zur Gründungen „evangelischer Vereine".

Rudolf Thiem berichtete dies von Rathenow.[87] Selbst aus der Provinz Sachsen wurde um Unterstützung gebeten.[88] Rudolf Thiem berichtete erfreut, dass er die Gehörlosenseelorge ausweiten konnte und dass in Prenzlau zum ersten Mal nach dem Krieg Gehörlosengottesdienst in der Kirche St. Nikolai gefeiert werden konnte.[89] Bernhard Stoevesand als Reiseseelsorger konnte im Babelsberger Oberlin-Haus 1950 monatlich zweimal einer Gruppe junger Taubstummer christliche Lebenskunde anbieten.[90] Er vermerkte jedoch gleichzeitig, dass in Cottbus die Gemeinde von der SED bespitzelt wurde. „Die materielle Not konnte mit Hilfe der Inneren Mission bei etwa 80 Gehörlosen durch Spenden von Kleidung und Lebensmitteln gelindert werden."[91]

6.4 Christenlehreunterricht im Land Brandenburg und Groß-Berlin

Im Zusammenhang mit den Sparmaßnahmen sollte Stoevesand ab 1.4.1951 in der märkischen Gehörlosenschule den Christenlehreunterricht übernehmen. Ein Schreiben ging an den Direktor der Landesgehörlosenschule in Eberswalde über Otto Bartel.[92]

Pfarrer Erich Schuppan antwortete, man möge diesen Beschluss doch noch einmal überdenken. Bernhard Stoevesand müsste viermal die Woche nach Eberswalde fahren. Außerdem wies Schuppan darauf hin, dass der Internatsbetrieb „bereits des öfteren zu erheblichen Schwierigkeiten in der Durchführung des Unterrichts geführt hat". Stoevesand müsste dann auch den Konfirmandenunterricht mit zwei Stunden erteilen, zuzüglich zu den 14 Christenlehrestunden. Geplant sei ferner, die Schule in „spätestens 2 Jahren nach Potsdam zu verlegen". Der Vorschlag von Schuppan lautete: Fräulein Lisa Naudé doch weiter zu beauftragen.[93] Zugleich setzte er sich dafür ein, dass sie 3,– DM pro Stunde erhalte, einmal weil sie einen 6 Kilometer langen Weg zur Schule habe, zum andern mit Rücksicht auf ihr Alter.[94]

Das 75-jährige Bestehen der Gehörlosenschule von Groß-Berlin wurde in der Gehörlosenschule in der Naunynstraße gefeiert. Die Grüße und der Dank des Konsistoriums für die treue Arbeit an den evangelischen Gehörlosen wurden durch OKR Lic. Krieg überbracht. Das Festprogramm verzeichnete musikalische Auftritte eines Trios blinder Künstler.[95] Meine Frage? Was haben Gehörlose vom musikalischen Auftritt Blinder?

Die Streitigkeiten zwischen Otto Bartel und Bernhard Stoevesand beschäftigten das Konsistorium und die Presse. Der Grund war die Veröffentlichung von Bildern.[96]

Große Unruhe in der Öffentlichkeit erzeugte eine geplatzte Vereinsversammlung des Evangelischen Gemeindevereins der Gehörlosen. Am 19.2.1950 sollte eine „mühsam verabredete" Vereinsversammlung im Gemeindesaal der Petrikirche, Neue Grünstraße 19, stattfinden. Alles war abgesprochen. Umso überraschender war es, dass ein Vertreter der Kirche sich weigerte, den 600 bis 650 angereisten Gehörlosen aus Frankfurt (Oder), Brandenburg, Havelberg, Potsdam und anderen Städten den Einlass zu gewähren. Sein Hinweis: „Der Saal werde repariert und für die nächsten Monate geschlossen". Die Erregung steigerte sich in Wutausbrüchen der Gehörlosen: „Sie brüllten laut und äußerten, dass man Hörenden so etwas nicht zumuten würde." Bartel schrieb weiter: „Passanten blieben stehen und fragten, was dieser Tumult zu bedeuten hätte?" Er konnte die Gehörlosen

219

bewegen, wieder nach Hause zu fahren. Die Enttäuschung kann man sich vorstellen, da auch fürsorgerische Entscheidungen gefällt worden wären und sie umsonst den Weg gemacht hatten.

Mit einem Schreiben wandte sich Bartel an das Konsistorium: „Ich stelle hierzu ganz allgemein fest, dass mit Ausnahme des Doms alle anderen Versammlungs- und Gottesdienststätten stets von mir persönlich erbettelt worden sind. ... Ich bitte nunmehr, diese Angelegenheit behördlich zu regeln und zwar so, dass die Taubstummen ebensowenig zu bezahlen brauchen wie Hörende, die sich in ihrem Gemeindesaal versammeln."[97]

Das gehörlose Ehepaar Schiffmann hatte sich auch beim Konsistorium darüber beschwert, dass Bartel nicht angerufen wurde. „Viele Gehörlose aus Ostzone gekommen. Auch Neukölln immer Gottesdienst. Jetzt auch Kirche gespert. Wir Taubstum haben dasselbe Recht wie andere, bezahlen ebenso Kirchensteuer. Alle sagen wir treten aus."[98] Auf die Beschwerde folgten eine Entschuldigung an das Ehepaar Schiffmann und ein Schreiben an die Petrigemeinde. OKR Lic. Krieg wurde beauftragt, den Gehörlosen das Entschuldigungsschreiben des Konsistoriums vorzutragen und zu erläutern.[99] Nach der Tagung einer „Deutschen evangelischen Generalsynode" konnten die Gehörlosen den Saal wieder mitbenutzen. Zwischen März und Mai wurden Versammlungen des Vereins in der Markuskirche/Steglitz und der Lazarus-Kirche in der Marchlewskistraße abgehalten, danach wieder in St. Petri-Luisenstadt.

In den Akten fand ich einen internen Bericht von OKR Lic. Krieg betr. *Taubstummenseelsorge und Schwerhörigenseelsorge 1948–1950.*

Zunächst hält er die Veränderungen im Religionsunterricht fest: Bisher hatten die Lehrer und Direktoren den Religions- und Konfirmandenunterricht erteilt. Jetzt kam es zur „Verdoppelung der unterrichtlichen Arbeit" im Osten, der erst in Biesdorf, dann in der Inselstraße stattfand und zusätzlich in der Naunynstraße, alles war mit weiten Wegen verbunden. Dazu kam die „Weigerung der Eltern, ihre gehörlosen Kinder in den Osten (d.h. Domhospital) zu schicken".

Sonntags fand regelmäßig ein Gottesdienst mit etwa 200 Personen im Domhospital statt. Dieser Saal war nicht nur zu klein, sondern auch durch die Sicht verstellende Säulen ungeeignet. Mit Unterstützung der Stadtsynode, des Ev. Gemeindevereins der Gehörlosen und des Konsistoriums wurde die Kapelle umgebaut und am zweiten Adventssonntag durch Generalsuperintendent Dr. Friedrich Krummacher eingeweiht.

Seit Dezember versammelte sich der Evangelische Gemeindeverein der Gehörlosen regulär in der Matthäus-Kirche Steglitz, mit Rücksicht auf die im Osten von Berlin wohnenden Gehörlosen im Gemeindesaal der St.Petri-Luisenstadt, Neue Grünstraße, denn der Gemeindeverein wollte eine Trennung so lange wie möglich vermeiden. Der Verein hatte damals 600 Mitglieder.

Krieg dachte in seinem Bericht[100] eindeutig vom Modell Gemeinde aus, wenn er sagt: „Der Ev. Gemeindeverein der Gehörlosen ersetzt gewissermaßen eine organisierte Kirchengemeinde der Taubstummen und Gehörlosen Berlins. Er betreibt demgemäß auch die Fürsorge für die alten, siechen und gebrechlichen Taubstummen." Zur Unterstützung erhielt der Evangelische Verein eine nebenamtliche juristische Beratung durch eine Assessorin. Die Pfarrer wurden durch über Groß-Berlin verteilte Vertrauensleute entlastet. So wurde die Erfassung der 4.000 Gehörlosen ermöglicht. Die Fürsorge wurde durch monatliche Mitgliedsbeiträge finanziert und die bisher „vom Polizeipräsidenten bewilligten, jetzt auch von antiklerikaler Seite angefochtenen Hauskollekten, deren Ertrag freilich ständig sinkt".

„Die Zahl der in der Gehörlosenseelsorge beschäftigten sechs Gehörlosenseelsorger ist dieselbe geblieben." Rudolf Thiem, als einer der drei hauptamtlichen Pfarrer, wurde aus finanziellen Gründen in den Ruhestand versetzt. Pfarrer Helmut Richter schied durch Überlastung im Hauptamt als Nebenamtlicher aus. Pastor Felix von Buchka/Herzberg und Pastor Miebe/ Luckenwalde sprangen vorübergehend ein.

Es erwies sich als notwendig, die Gottesdienststätten in Klassen einzuteilen: I. Cottbus, Eberswalde, Neuruppin, Potsdam; II. Belzig, Frankfurt (Oder), Jüterbog, Lübben, Senftenberg; III. Beeskow, Fürstenwalde, Prenzlau, Zehdenick. Die Einteilung erfolgte nach der Zahl der Gottesdienstbesucher: I. alle 6 Wochen; II. alle 10 Wochen; III. dreimal jährlich. Alle Predigtstätten werden von Berlin aus durch Pfarrer Stoevesand und Pfarrer Thiem versorgt. Weitere Mittelpunkte sind Angermünde, Luckenwalde und Pritzwalk."[101]

Schwierigkeiten gab es bei der Herausgabe des „Wegweiser zu Christus", mit einer Auflage von 1.400 Exemplaren und 12 Seiten Umfang. Der „Wegweiser zu Christus" hatte bis nach Mecklenburg und Vorpommern kirchliche Nachrichten und Gottesdienste mitgeteilt. Es wurden von November 1950 bis Mai 1952 keine Ausgaben mehr gedruckt. Für eine neue Lizenz wollte sich Generalsuperintendent Dr. Friedrich Krummacher einsetzen.

Pfarrer Heinz Kirchner, Apostel-Paulus-Gemeinde Schöneberg, fing 1952 mit der Arbeit in der Schwerhörigenseelsorge an.[102] Später, bis zu seinem Ruhestand 1977, war Heinz Kirchner als Personalreferent für die Gehörlosen- und Schwerhörigenseelsorge verantwortlich.

Erstmals fand vom 28. bis 29.10.1950 ein Kongress der evangelischen Gehörlosen in Berlin statt. „Zu dieser Konferenz waren 300 auswärtige gehörlose Teilnehmer erschienen, auch fremde Taubstummenseelsorger." Otto Bartel vermerkte in seinem Bericht „eine Besprechung in Gegenwart von Herrn Oberkonsistorialrat Lic. Krieg mit 2 auswärtigen Taubstummenseelsorgern aus Halle und Hessen. Unter der Leitung von Oberkonsistorialrat Schwarzkopf soll im Oktober 1951 eine Tagung stehen, zu der je ein Vertreter aus den ostzonalen Kirchenprovinzen eingeladen wird." Dieser Taubstummenkongress war als Ersatz für den Kirchentag für die Gehörlosen gedacht.[103]

Es fällt auf, dass Otto Bartel den Namen von Prof. Hermann Schafft aus Hessen nirgends nannte. Vielleicht hängt das mit dessen abgelehnter Bewerbung zusammen. Otto Bartel hatte damals auf der Seite von Kandidat NS-Pfarrer Artur Krasa, der gewählt wurde, gestanden.

7 Berichte aus der Mark Brandenburg und Groß-Berlin von 1951 bis 1961

Im Westteil Berlins wurde Ernst Reuter zum Regierenden Bürgermeister gewählt. Wirtschaftlich ging es aufwärts. Überall wurden die Trümmer beseitigt. Es entstanden die berühmten Trümmerberge, z. B. der „Teufelsberg" und der „Insulaner". Am 11.7.1951 konnte noch mit 300.000 Gästen der dritte Evangelische Kirchentag gemeinsam in Ost und West unter dem Leitmotiv „Wir sind doch Brüder" durchgeführt werden. Im Februar hatte die erste internationale Grüne Woche nach dem Krieg ihre Pforten geöffnet. Der Deutschlandvertrag beendete das Besatzungsstatut der Siegermächte, nur Sonderrechte in Berlin blieben für die Alliierten bestehen.

Auf der anderen Seite wurden von der SED Richtlinien herausgegeben für den „planmäßigen Aufbau des Sozialismus sowie die Notwendigkeit einer Verschärfung des Klassenkampfes". Landwirtschaftliche Produktionsgenossenschaften (LPG) wurden erst freiwillig, dann zwangsweise eingeführt. Als eine Reaktion auf den Deutschlandvertrag richtete die DDR Kontrollstellen ein. Niemand konnte mehr aus Berlin in die DDR ohne Ausweis der DDR oder Sonderausweis einreisen, ein zehn Meter breiter Kontrollstreifen und eine 500-Meter Schutzzone wurden angelegt. Nur die Zufahrtswege in die Bundesrepublik blieben offen.

Bisher hatten die Gehörlosenpfarrer Gehörlosengemeinden in Brandenburg ohne Schwierigkeiten versorgt. Nun gerieten die Gehörlosengemeinden in den sich verschärfenden Ost-West-Konflikt, die Angriffe gegen die Kirche nahmen zu.

Bernhard Stoevesand hatte am 5.8.1951 in Cottbus einen Gehörlosengottesdienst gehalten. Der „Taubstummen- und Schwerhörigen-Fürsorger der Kreisverwaltung Cottbus", Herr Gerhard Ulfert, selbst schwerhörig, hatte sich zur Gehörlosengemeinde gehalten. Auf Grund einer Denunziation wurde Herr Ulfert angezeigt und dann mehrmals verhört. Es folgten Hausdurchsuchung, Warnung vor Verhaftung und schließlich Flucht. Am 14. September floh er nach Berlin (West) und wurde am 22. September als politischer Flüchtling anerkannt. Alle näheren Umstände hat Herr Ulfert am 4. Oktober Präses Kurt Scharf und OKR Theodor Franz Krieg mitgeteilt und den Hinweis angefügt, dass ein Kollege ihm gesagt habe, von der Vopo würden Pfarrer Bernhard Stoevesand, Rudi Barkow, ein Freund, und Otto Gaede, gesucht. Die beiden letztgenannten Gehörlosen wohnten in Westberlin.[104] In seinem Quartalsbericht schrieb Stoevesand: „Aus Cottbus meldete sich ein Gemeindeglied als politischer Flüchtling in Westberlin, das auch wegen kirchlich positiver Einstellung zu leiden hatte."[105]

Das Konsistorium reagierte prompt. In einem Vermerk hielt Krieg fest: „Am Tag nach der Kenntnisnahme des Berichtes ist in einem Gespräch mit Pfr. Bartel vereinbart worden, daß bezüglich der Gehörlosengottesdienste durch einen Austausch von Pfr. Stoevesand und Pfr. Thiem vorläufig Abhilfe geschaffen werden soll ... Pfarrer Richter hat aus gesundheitlichen Gründen seinen Auftrag zurück gegeben."[106] Ein weiterer Vermerk vom 19. November besagt: „Es ergibt sich, daß unsere Maßnahme richtig war und Pfarrer Stoevesand zunächst in Cottbus und seiner Umgebung mit Pfarrer i. R. Thiem ausgetauscht werden muss."[107]

Nachzutragen wäre noch aus einem Bericht von Stoevesand: „Behebung der Sprachnot in jedem Fall, Erkämpfung einer Heiratserlaubnis in Guben, wo sterilisierten Brautleuten mit nazistisch anmutenden Argumenten die standesamtliche Trauung zunächst verwehrt wurde."[108]

Im weiteren Verlauf wurde Pfarrer Joachim Hossenfelder von seinem Auftrag in der Prignitz entpflichtet und mit der Gehörlosenseelsorge für die Kirchenkreise Cottbus und Luckenwalde beauftragt.[109] Er lieferte am 2.1.1952 einen Bericht ab, in dem er vermerkte, dass er den Dienst schon im Dezember aufgenommen hat. Cottbus, Guben, Forst, Spremberg, die Stadt Lübbenau sowie Luckenwalde mit den Kirchenkreisen wurde nun sein Aufgabengebiet. Seine Predigtstätten waren Cottbus, Guben, Luckenwalde und Jüterbog.

Stoevesand beklagte genauso wie Thiem das Fehlen einer Taubstummen-Kirchenzeitung. „Ferner geht unseren Taubstummen bedrückend nach, daß sie sich in der DDR nicht mehr vereinsmäßig zusammenfinden dürfen. Offenbar weiß man im Staat nichts von der großen Bedeutung der Vereine für die Taubstummen: Befreiung aus der Isolierung und Vereinsamung im Alltagsleben, kurzum, daß der Verein die selbstverständliche Ausdrucksform von Glauben und Leben für sie bedeutet."[110] Erst im Mai 1957 gab die Regierung der DDR der Forderung der Gehörlosen nach. In Halle/Saale wurde der Allgemeine Deutsche Gehörlosenverband (ADGV) gegründet.[111]

Stoevesand erhielt Einreiseverbot. So konnte er nicht mehr im Land Brandenburg eingesetzt werden. Es wurden verschiedene Notlösungen probiert.

Rudolf Thiem berichtete von einer Trauung von Gehörlosen in Rathenow. Das Paar sollte Gebühren bezahlen, da es „auswärts wohnt". Auf seinen Antrag bei der Kirchengemeinde wurde beschlossen, dass auch in Zukunft Gebühren fortfallen.[112]

Im Juni 1952 bat Rudolf Thiem allen Ernstes mit elf Anträgen an die verschiedenen Polizeiämter der DDR um „Dauerausweise zur Ausübung dienstlicher Tätigkeiten". Das erregte die Aufmerksamkeit der DDR-Polizeistellen, und Anfragen an die Kirche folgten. Die Hauptverbindungsstelle zum Kirchenbüro Hartmut Grünbaum bat nach der Ablehnung, für Rudolf Thiem Ersatz auszubilden.

Am 18.10.1952 trafen sich 35 gehörlose kirchliche Vertrauensleute aus den Landgemeinden und Berlin und fassten folgende Entschließung:

„Wir bitten das Ev. Konsistorium, Sorge zu tragen, daß so bald wie möglich alle Gehörlosengottesdienste von ausgebildeten Pastoren wieder gehalten werden können, besonders, daß Herr Pfarrer Stoevesand wieder fahren kann."[113] Das Konsistorium antwortete einen Monat später: „Für Pfarrer Stoevesand besteht zur Zeit keinerlei Möglichkeit zur Fortsetzung seines Reisedienstes. Wir sind jedoch bestrebt, Geistliche aus dem Land Brandenburg zum nebenamtlichen Dienst an den Gehörlosen zu gewinnen. Die Umstellung wird einer gewissen Zeit bedürfen."[114]

Auf der Suche nach nebenamtlichen Gehörlosenpfarrern wurde Diakon Hermann Dittmann entdeckt. Er hatte in der Gehörlosenseelsorge schon erste Erfahrungen gesammelt und zwar im Kirchenkreis Elsterwerda/Kirchenprovinz Sachsen. Das Konsistorium der EKiBB beauftragte ihn mit der nebenamtlichen Gehörlosenseelsorge in Potsdam und Rathenow.[115]

7.1 Christenlehre und Konfirmandenunterricht von 1951 bis 1952

Bernhard Stoevesand sollte 1951 in Eberswalde Konfirmandenunterricht erteilen, „damit die Verbindung zur Gemeinde gestärkt wird".[116] Dagegen wandte sich Erich Schuppan wegen des großen Aufwandes: „Die Konfirmanden wurden in den letzten Jahren stets von mir unterrichtet und eingesegnet."[117] Nach dem Einreiseverbot von Bernhard Stoevesand übernahm Erich Schuppan auch die Gehörlosengottesdienste in Eberswalde.

In Berlin wurde am 11.6.1951 das Internatsgebäude in der Inselstraße renoviert übergeben. 24 Heimplätze waren im Jahr 1952 vorhanden. „Am 27. Oktober 1952 erhielten die ersten 15 Jungen Pioniere ihr blaues Halstuch. Damit hatte die Pionierorganisation auch in der Gehörlosenschule Fuß gefaßt."[118]

Die Erteilung des Konfirmandenunterrichtes war nun in der Schule im Ostteil Berlins schwieriger geworden. Otto Bartel durfte diesen Unterricht nur am Sonnabend gegen 12.30 Uhr halten, wenn die Kinder eigentlich nach Hause gingen. Es kamen in der Schule im Ostteil der Stadt acht, in der Schule im Westteil der Stadt elf Schüler zum Unterricht.[119]

7.2 Berichte aus Groß-Berlin von 1951 bis 1952

„Dem evangelischen Gemeindeverein der Gehörlosen von Groß-Berlin bitten wir unsere herzlichen Segenswünsche zur Errichtung des Altersheims in Berlin-Zehlendorf, Knesebeckstr. 1 zu übermitteln."[120] Zuvor musste vieles noch geklärt werden, z. B. ob auch Rentner aus dem Osten aufgenommen werden dürften. Das Sozialamt Zehlendorf stimmte dem zu, soweit sie keine Sozial-, sondern VAB-, also Invalidenrente, bezögen. In dem Heim befanden sich acht gehörlose Frauen aus dem Westen, unter ihnen zwei katholische Frauen.

Zur Absicherung der Schuldentilgung war eine Hauskollekte erforderlich. Das Konsistorium setzt sich in einem Schreiben an den Polizeipräsidenten Abt. V für die Hauskollekte ein.[121]
In seinem Quartalsbericht schrieb Otto Bartel:

„Der 1. Oktober ist als sehr denkwürdiger Tag für die Geschichte der Berliner Taubstummenseelsorge zu bezeichnen, weil zum 1. Male, unabhängig von anderen Gemeinden, in eigenem Besitz und auf eigenem Grund und Boden eine kleine Andacht gehalten werden konnte. Dieser kleinen Andacht im kleinen Kreise darf als Gegenstück gegenübergestellt werden die Andacht, die am 15. Juli d. J. als Wald-Gottesdienst in der Nähe des Prinzengarten (Ost) gehalten worden ist. (900 Pers. viele hörende Verwandte, Bekannte, 2 Dampfer)."[122]

Im Zusammenhang mit dem Altenheim und der Hauskollekte flammte ein alter Streit zwischen Hermann Schulz und Otto Bartel wieder auf. In einem Schreiben an das Konsistorium stellte Schulz fest: „Es gibt keine Gemeinde der Taubstummen. Das war ja auch der Grund, daß meine erste Anstellung als Vereinsgeistlicher der Evangelischen Pastoralhilfsgesellschaft erfolgen mußte." Der Vorwurf von Schulz gegen Pfarrer Otto Bartel war: „Pfarrer Otto Bartel hat aus dem Verein in der Hitlerzeit (1934) eine Gemeindegruppe der Gehörlosen und Taubstummen ‚Deutsche Christen' als Obmann geführt."[123]

In einem Vermerk wurde festgehalten: Bernhard Stoevesand, Rudolf Thiem und Joachim Hossenfelder standen hinter Otto Bartel. Die Vorwürfe reichten bis in die NS-Zeit zurück. „Die Frage ist, warum hat ihn Schulz nicht längst zur Anzeige gebracht?"[124] Gegenwartsprobleme überschneiden sich hier offenbar mit unbewältigter Vergangenheit. Wer sollte in Zukunft für die Sozialarbeit vom Staat Geld bekommen: der wieder gegründete Zentralverein mit Hermann Schulz oder der Evangelische Gemeindeverein der Gehörlosen? Nach dem Krieg hatte in der Tat der Evangelische Gemeindeverein der Gehörlosen die Wohlfahrtsarbeit an sich gezogen.

Das Konsistorium hatte schon im Juli 1951 festgehalten, dass für die Durchführung der Wohlfahrtsarbeit der Evangelische Gemeindeverein sich bisher bewährt habe. „Wesentlich ist es das Verdienst dieses Vereins, wenn jetzt ein Gebäude zum Zwecke der Verwendung als Altersheim für Gehörlose angekauft worden ist. Eine Zusammenarbeit von Pfarrer Bartel mit dem Zentralverein ist ausgeschlossen."[125]

Für Otto Bartel gab es auch andere Widrigkeiten. Er berichtete: „Bei der Volkspolizei ist eine Anzeige gegen mich abgegeben worden, weil ich angeblich Ostvereinsgelder nach dem Westen gebracht hätte ... Vor etwa 2 Jahren hat man mich umgekehrt bei der West-Polizei bezichtigt, dass von mir Westgeld nach dem Osten unter Ausnützung des Westgefälles gebracht sei."[126]

Für die Zukunft der evangelischen Gehörlosenseelsorge in der DDR war der evangelische Taubstummen-Kongress, der vom 19. bis 21.10.1951 in Berlin stattfand, richtungsweisend. Er war nicht nur als Ersatz des Kirchentages für die Gehörlosen wichtig. Er stellte auch die Weichen für die Zukunft der Gehörlosenseelsorge in der DDR. Die anwesenden Gehörlosenseelsorger bildeten ein Gremium, in dem sämtliche Landeskirchen vertreten waren. Als Vorsitzender für den Konvent der Gehörlosenseelsorger in den Gliedkirchen der EKiD der DDR wurde Reinhold Burkhardt aus Leipzig gewählt. „Übrigens war die Einladung zu dem Kongress nicht wie es in dem Erlass der EKiD heißt, vom Konvent der Taubstummenseelsorger in der DDR, sondern vom Konvent der Taubstummenseelsorge in Berlin ausgegangen."[127] An dem Kongress nahmen 1.000 Gehörlose und 36 Gehörlosenseelsorger teil.

Otto Bartel legte sich nicht nur mit dem Zentralverein und Hermann Schulz an, sondern er stemmte sich auch gegen das Bemühen von Reinhold Burkhardt/Sachsen, mit der EKD die Gehörlosenseelsorger in der DDR zusammenzuführen. Otto Bartel fragte beim Konsistorium der EKiBB an, wer denn nun den Auftrag erteile. Das Konsistorium schrieb: „Der Zusammenschluß der Gehörlosenseelsorger innerhalb der Ev. Kirche in Deutschland ist eine lose private Vereinigung, die keinerlei behördlichen Charakter hat ... deren Vorsitzender in keiner Weise als Vorgesetzter anzusehen ist."[128] Otto Bartel lehnt daraufhin die Zusammenarbeit mit Reinhold Burkhardt bzw. mit den Gehörlosenseelsorgern der Gliedkirchen der DDR ab. Er begründete das mit Reisekosten. Seine persönliche Ablehnung von Reinhold Burkhardt, der mit Hermann Schafft eng zusammenwirkte, kam auch in der Wortwahl zum Ausdruck: „Der Berliner Konvent hat beschlossen, sich von dem Vorhaben des nebenamtlichen Taubstummenseelsorgers Burkhardt zu distanzieren."[129] Diese Äußerungen sorgten nicht nur im Konsistorium für Verstimmung, nachdem sich Reinhold Burkhardt beschwerte, sondern tangierten auch die EKD. Nach einem Gespräch mit Otto Bartel vermerkte Oberkonsistorialrat Rudolf Kehr: „Pfarrer Bartel lehnt nach wie vor für seine Person eine Zusammenarbeit mit dem Konvent der Evangelischen Gehörlosenseelsorger der Gliedkirchen in der DDR ab. Begründung: „... daß dort Berlin-Brandenburg, das als einzige östliche Kirche über hauptamtliche Taubstummen-Seelsorger verfügt, infolge der Wahl des nebenamtlichen Leipziger Pfarrers Burkhardt zum Konventsvorsitzenden unzureichend vertreten sei."[130] Joachim Hossenfelder könnte bei wichtigen Entscheidungen sein Vertreter sein.

Die Wogen wurden zwar geglättet, das Verhältnis zur DAFEG und zu den Gliedkirchen der DDR blieb aber bis zu seinem Ausscheiden gestört.

Dessen ungeachtet hatte Otto Bartel auf Anfragen und mit Zustimmung des Konsistoriums Pfarrer und Mitarbeiter zu Gehörlosenseelsorgern in vier- bis sechswöchigen Kursen ausgebildet, u. a. auch Pfarrer Rother aus Miersdorf/Zeuthen, EKiBB, Katechetin Magda Schleiff aus Greifswald, Pfarrer Lange aus Bleddin, Kirchenprovinz Sachsen, und Pfarrer Ahlfeld aus Morgenitz bei Usedom.[131]

7.3 Berichte aus den Jahren 1953 bis 1957

In den Aufzeichnungen der Gehörlosenpfarrer spiegelten sich die Ereignisse und die Bedeutung des Aufstandes vom 17. Juni 1953 nicht wider, außer bei einer Bemerkung: „im Juni konnten die Vereinsmitglieder nicht nach Steglitz kommen".[132] Es lassen sich jedoch Folgen bei der Gehörlosenseelsorge erkennen.

Auslöser für den Aufstand waren die Anhebung der Arbeitsnorm und die mangelhafte Versorgung in Ostberlin und der DDR. Der Aufstand fand nicht nur in Berlin statt, sondern auch in vielen Städten der DDR. Bert Brechts Gedicht „Die Lösung" machte die Runde:

> „Wäre es da/Nicht noch einfacher, die Regierung/Löste das Volk auf und/Wählte ein anderes?"

Nach dem 17.6.1953 stieg die Zahl der Flüchtlinge weiter. Sie wuchs im Juni auf 40.381.

Am 1.4.1953 hatte die Reichsbahn die Ermäßigung für Gehörlose zum Besuch der Gottesdienste gestrichen. Nach den Ereignissen vom 17.6. wurde die Ermäßigung ab 1.7. wieder gewährt.[133] Wenig bekannt ist, dass der Regierende Bürgermeister Ernst Reuter über eine Million Lebensmittelpakete im Wert von je 5,– DM Kosten an DDR Bürger verteilen ließ. Diese Aktion sollte dazu beitragen, die Ernährungsnot zu lindern, zugleich auch die Solidarität nach dem 17. Juni zum Ausdruck bringen. Die DDR reagierte am 1.8.1953 mit einer Reisesperre nach West-Berlin. An der Grenze beschlagnahmten die Volkspolizisten die Pakete.

Auf der Westberliner Seite hatten ab April die Bäcker den Preis der „Schrippe" von fünf auf sechs Pfennige erhöht. Der Preis für 1 Kilo Weißbrot stieg von 85 auf 95 Pfennige. Billigere Schrippen gab es in Ostberlin. Schon ab Januar war es Westberlinern untersagt, ein Lokal in Ostberlin zu besuchen.[134]

Erwähnenswert für 1953 ist die Teilnahme des Direktors der Taubstummenschule Ost an einer Jubiläumsfeier des Evangelischen Gemeindevereins der Gehörlosen. Anwesend waren auch die leitenden Gehörlosen des sozialistischen FDGB. Pfarrer Otto Bartel schrieb: „… politische Schlagworte sind vermieden worden".[135] Er hoffte, dass bald alle wieder im Domhospital vereint würden.

Joachim Hossenfelder und Rudolf Thiem hörten mit der Gehörlosenseelsorge auf. Hossenfelder ging nach der Versetzung in den Ruhestand im Jahre 1953 in die Gemeinde Ratekau (Holstein), wo er noch von 1954 bis 1970 pfarramtliche Dienste tat. Er starb 1976.[136] Rudolf Thiem wurde endgültig in den Ruhestand versetzt. Sein Versuch, Religionsunterricht an der Gehörlosenschule zu übernehmen, scheiterte am Widerstand der Schulleitung wegen „seiner schlechten Sprache". Dieser Grund wurde ihm aber nicht offen mitgeteilt.[137] So befanden sich nur noch Volker Reichardt aus Rathenow und Klaus Wegner aus Potsdam in der Ausbildung bei Otto Bartel. Vom 1. September bis

31. Dezember kam Fritz Exner hinzu. Zum Konvent der Gehörlosenseelsorger aus den Gliedkirchen der EKiD innerhalb der DDR, der vom 26.6. bis 3.7.1953 in Halberstadt stattfand, wurden die Pfarrer Justus Grützmacher und Erich Schuppan entsandt, außerdem nahm zusätzlich Volker Reichardt teil.[138]

Wie stark der Versuch war, die Gehörlosen zusammenzuhalten, zeigt die Weihnachtsfeier des Ev. Gemeindevereins der Gehörlosen. Otto Bartel hatte Konsistorialrat Reinhard Steinlein, den neuen Referenten für die Gehörlosen im Konsistorium, Direktor Räfler (Ostschule) und Direktor Dr. K.F. Thiel (Westschule) eingeladen und sie nebeneinander gesetzt. Er schrieb später, dass „keine Brücke" zwischen den beiden Direktoren geschlagen werden konnte. An der Feier nahmen 800 Gehörlose teil. Otto Bartel schrieb: „Große Freude hat mir die Einführung der Amtsbrüder Exner, Reichardt, Wegner und der Katechetin Noidé [richtig: Naudé] in die Grundlagen der Taubstummenseelsorge bereitet."[139]

Wie wichtig Otto Bartel das Lesegut für die Gehörlosen war, macht sein Einsatz für den „Wegweiser für Christus" deutlich, auch seine Enttäuschung, wenn er mitteilte: „Diese gedruckte Zeitung ist in die gesamte DDR gegangen seinerzeit. Bemerkenswert war schon damals, daß die nebenamtlichen Taubstummen-Seelsorger Mitteldeutschlands im Gegensatz zu den Amtsbrüdern in Mecklenburg und Pommern sich ablehnend verhalten haben."[140]

Freude spricht aus dem Bericht von Bernhard Stoevesand vom 1.1.1954: „Nach vierzehnmonatiger Pause, die durch die politischen Absperrmaßnahmen entstanden war, durften wieder Gehörlosengottesdienste in der Zone gehalten werden." Bernhard Stoevesand war mit Blumen am Bahnhof empfangen worden. Der Gegenbesuch des hauptamtlichen Taubstummenpfarrers von Stockholm, Svenfors, im September 1953 stärkte seine internationalen kirchlichen Beziehungen.

Im Jahr 1954 zementierten sich insgesamt die Gegensätze. Am 25. März wurde die DDR als souveräner Staat von der UdSSR anerkannt, sie war also keine „Zone" mehr. Der Aufbau der Bundeswehr wurde nach heftigen Diskussionen am 26. März gesetzlich verankert, und am 23. Oktober trat die Bundesrepublik der NATO bei.

In dieser schwierigen politischen Situation war der Berlin-Brandenburgische Taubstummenkonvent vom 11. bis 13.10.1954 wichtig. Nach dem 5.9.1954 war Stoevesand erneut die Einreisemöglichkeit entzogen worden. Der „nötige Passierschein wurde trotz mehrfacher Anträge und Fürsprache, auch durch Propst Grüber, leider nicht mehr gewährt".[141]

Am 9. und 10.10.1954 hatte der „Kongreß" mit 1.200 gehörlosen und hörenden Besuchern im großen Gemeindesaal der Matthäuskirche/Steglitz getagt, eine Art von Kirchentag für die Gehörlosen. Es ging um eine gemeinsame Kirchenzeitung, bessere Zusammenarbeit und fürsorgerische Probleme. Es sprach der irische Superintendent Riddal, dessen Ausführungen Bernhard Stoevesand aus dem Englischen in die deutsche Zeichensprache übersetzte.

Beim Konvent der Taubstummenseelsorger vom 11. bis 13.10.1954 im Evangelischen Altersheim sprach Pfarrer Svenfors aus Stockholm über „die Eigenart der Taubstummenpredigt". Er nahm die technische, sprachpsychologische und homiletische Seite der Probleme auf. „Die Gebärdensprache sei neben der Wortsprache absolut nötig, weil nur ein Teil der Wortsprache von dem Mund abzulesen sei." Taubstummenoberlehrer Krüger referierte über „Neue Bestrebungen in der Darbietung der Gebärde". Ein Gebärdenkatalog von 300 Gebärden sollte in Berlin zusammengestellt werden. Durch ihn sollte eine „Kultgebärde" geschaffen werden. Dean (= Superintendent) Riddal berichtete über die Lage der Taubstummen in Irland. „Leider sei bei den Hörenden wenig Verständnis für die Taubstummen vorhanden", beklagte er (nach Stoevesands Bericht).

Am letzten Tag nahmen Reinhard Steinlein, der Sachbearbeiter für die Gehörlosen im Konsistorium, und Direktor Reinhold Hermann Kleinau vom Oberlinhaus Babelsberg an dem Kongress teil.[142]

Wie groß die Not weiterhin unter den Gehörlosen war, zeigt die Hilfsaktion von Otto Bartel. Er konnte vom Hilfswerk des Diakonischen Werkes im Sommer je ein Kilogramm Butter an 700 Gehörlose vermitteln. Zu Weihnachten bekamen 350 Gehörlose ein Lebensmittelpaket.[143]

Die Schwierigkeiten türmten sich wie Berge vor der Gehörlosenseelsorge auf. Seit dem 10.10.1955 durfte Bernhard Stoevesand nicht mehr in die DDR einreisen. Das Konsistorium beauftragte daraufhin Fritz Exner. Dieser hatte schon seit dem 17.5.1955 die Gebiete Senftenberg, Cottbus und Doberlug-Sonnenwalde betreut.

Am 25.11.1955 berichtete Stoevesand, dass „der Direktor der Gehörlosenschule (Ost) mir gestern verbot, in Zukunft das Schulgelände zu betreten. Diesem Verbot gingen in den letzten Wochen in der Schule Gespräche über Koexistenz von Konfirmation und Jugendweihe voraus, die der Unterzeichnete konsequent ablehnte. Daraufhin setzten schlagartig Schikanen ein. ... Der Leiter der Jugendstunden machte Konfirmandenbesuche und hat bei diesen geäußert: ‚ohne Jugendweihe gibt es keine Lehrstelle für ihr Kind.'"[144]

Überraschend wurde diese Androhung nicht wahr gemacht. Man wollte aber Stoevesand durch einen Pfarrer aus dem Osten ersetzt wissen.[145] Ein ausgebildeter Katechet war aber nicht vorhanden. Die Schule warf daraufhin Stoevesand vor, „er habe erlaubt zu rauchen, er habe Eintrittskarten zu Westberliner Filmen unter den Kindern verteilt".[146] Es wurde ein Grund gesucht, ihn loszuwerden.

Auch das Konsistorium beschäftigte sich mit diesen Vorwürfen. Der Streit um Jugendweihe und Konfirmation traf auch gehörlose Kinder und deren Eltern, wie das Beispiel von Hans-Joachim Papenfoth belegt. Ihnen wurde von Bernhard Stoevesand mitgeteilt, dass „die mit der Einsegnung verbundenen Rechte wieder abgesprochen werden müssen".[147] Der Druck ging soweit, dass sogar Kinder gegen ihren Willen im Schulheim festgehalten wurden. Der Konfirmandenunterricht war in das Domhospital gelegt worden.

„Mehrere Mütter wurden neuerdings unter dem anhaltenden Druck selbst wegen ihrer eigenen Existenz ängstlich, also nicht nur wegen der Lehrstelle ihres Kindes."[148]

Eine weitere Schwierigkeit gab es bei den kirchlichen Räumen für die Gehörlosen.[149] Pfarrer Otto Bartel konnte trotz seiner Gespräche mit den Verantwortlichen daran nichts ändern. Es erfolgte „unsere Ausweisung aus den Räumen der Steglitzer Matthäuskirche, in denen wir seit 10 Jahren Heimat gefunden hatten. Wir haben nun als Ersatz für Matthäus vorläufig Unterkunft in in den Gemeinden Nathanael und Guten Hirten gefunden. Die übrigen Predigtstätten sind geblieben Domhospital – Martin Luther, Neukölln – Nazareth."

Der Evangelische Gemeindeverein hielt weiter seine Versammlungen im Osten Berlins, in der Neuen Grünstraße ab und im Westen in der Luisenkirche, Charlottenburg. Die Bibelstunden fanden im Wechsel zwischen Pfarrer Otto Bartel und Pfarrer Bernhard Stoevesand im Domhospital und in Zehlendorf statt.[150] Bei allem Wechsel war zu beobachten, dass immer weniger Gehörlose aus dem Westen in den Osten kamen.

Anzumerken ist, dass der Evangelische Gemeindeverein nach der Gründung der DDR erneut in das Vereinsregister beim Polizeipräsidium (Ost) eingetragen wurde. Das bedeutete für die 750 Vereinsmitglieder praktisch, dass es in Zukunft einen östlichen und einen westlichen Vorstand geben würde.[151]

Bartel wurde am 1.1.1957 in den Ruhestand versetzt. Ihm wurde aber „seine Tätigkeit als geistlicher Inspektor für die Gehörlosenseelsorge" weiter finanziell honoriert.[152] Er übergab den Vorsitz an Bernhard Stoevesand, aber die „sehr umfangreiche Sozialarbeit wird weiter geführt. In diesem Rahmen ist eine Sozialkommission gegründet worden, deren Mitglieder mit denen des Vorstandes homogen sind".[153] Bartel führte die Geschicke des Vereins bis 1978 weiter.

Im Mai 1957 konnte vom Evangelischen Gemeindeverein der Gehörlosen Berlin e.V. in Zusammenarbeit mit der Treuhand der Inneren Mission in Zorge im Südharz ein ehemaliges Offiziersheim mit 15 Betten für 50.000 DM erworben werden.

Die Lage hatte sich nun weiter verschärft. Otto Bartel wurde gezwungen, die Verwaltung von zwei der drei in Ostberlin gelegenen Häuser an die Stadt abzugeben. Dadurch wurde der finanzielle Spielraum für Bartel so eingeschränkt, dass er sich nicht mehr in der Lage sah, die Gehörlosen mit Zahlungen in dem alten Umfang zu unterstützen.[154]

Was die politische Entwicklung betrifft, so hatte sich bereits etwa 1957 die völlige Trennung der evangelischen Gehörlosen in Ost und West vollzogen.

7.4 Berichte aus den Jahren 1958 bis 1961

7.4.1 Der christliche Unterricht in den Gehörlosenschulen

Fritz Exner schrieb 1958 in seinem ersten Bericht, dass er ein gutes Verhältnis zu Herrn Räfler und Frau Schmidt, dem Direktor der Ostberliner Gehörlosenschule und seiner Stellvertreterin habe. Er meinte: Es bestehe kein Grund, die „hier gebotenen Möglichkeiten auszuschlagen und den Unterricht etwa an anderer Stelle zu halten".[155]

Nachdenklich macht jedoch, dass im Ostteil der Stadt zum ersten Mal keine Konfirmation stattfand. Eine Begründung gab Fritz Exner in seinen Mitteilungen an das Konsistorium im Juni 1958: „Von 15 Konfirmanden [Ostberlin] verließen 8 den demokratischen Sektor bzw. die DDR. Von den übriggebliebenen wurden 2 wegen Diebstahls in eine andere Gehörlosenschule überführt; 3 auf Wunsch der Eltern abgemeldet. Es blieben dann noch zwei. Diese wurden in ihrem Heimatort konfirmiert. ... An der Christenlehre nehmen 3 Kinder teil, ein viertes kommt nicht mehr, ist auch nicht getauft; Besuch bei der Mutter erfolglos. Die Jugendweihe macht sich auch hier bemerkbar. Ich wurde zur letzten Jugendweihe schriftl. eingeladen, habe aber nicht teilgenommen."[156]

Deutlich machte sich die intensive Propaganda der „Jungen Pioniere" bemerkbar, der die Kirche wenig entgegensetzen konnte. Seit 1953 gehörten der Pioniergruppe 31 Schüler der Gehörlosenschule an, und vom 1.9.1954 hatte Karl Reschke, selbst gehörlos, die Pionierleitung übernommen. Es war von der Kreisleitung der FDJ überlegt worden, einen hauptamtlichen Pionierleiter einzusetzen, aber Karl Reschke übernahm diese Aufgabe. Später gab es auch an der Gehörlosenschule eine FDJ-Gruppe.[157]

Eine stärkere Veränderung gab es in der Gehörlosenschule Eberswalde. Hier wurden 1958 „sämtliche gehörlose Kinder, die dem Hilfsschultyp entsprechen, aus anderen Gehörlosenschulen der DDR nach Eberswalde eingewiesen. Klassen mit normalen gehörlosen Kindern nach Güstrow verlagert".[158] Diese Gehörlosen-Hilfsschule Eberswalde-Finow blieb in der ehemaligen psychiatrischen Klinik. Ein Teil der Klinik war mit sowjetischen Soldaten belegt, der andere Teil wurde bis 1991 als Heim und Schule genutzt. Danach kam sie bis zum Ende ihres Bestehens im Jahre 2000 in die frühere Pionierrepublik „Wilhelm Pieck" der Pionierorganisation „Ernst Thälmann" in Altenhof am Werbellinsee.

Eduard Schuster Berlin (DDR) begann nach der Wende sofort mit dem Aufbau der christlichen Unterweisung in der Hilfsschule. Er wurde ein gern gesehener Gesprächspartner des Lehrkörpers und sogar in Anwesenheit des Schulrats des Kreises Eberswalde am 22.1.1994, zum „ständig beratenden Mitglied der Schulkonferenz" berufen.

Eine Veränderung gab es auch in Westberlin. Hatten bisher die Konfirmationen an Sonnabenden als Festtag der gesamten Schule stattgefunden, so wurde nach Einspruch eines Markthändlers nun die Konfirmation auf den Sonntag verlegt, obwohl der Sonntagstermin für die westdeutschen Gäste denkbar ungünstig war. Der Einspruch von Otto Bartel half nicht.[159] In der Gehörlosenschule (West) hatten drei Lehrer in ihren Klassen die christliche Unterweisung übernommen.

7.4.2 Die Lage in Groß-Berlin

Wie bereits ausgeführt, war das Verhältnis zwischen Otto Bartel und Bernhard Stoevesand belastet. Trotzdem hat Otto Bartel in seiner autoritären Art „Bruder Stoevesand ins Gewissen geredet, seine Absicht aus der Gehörlosenseelsorge auszuscheiden, aufzugeben".[160] Wie Otto Bartel Stellung nahm, zeigt eine Bemerkung in einem Bericht an das Konsistorium. „Von großer Bedeutung ist das vierzehntägige Zusammentreffen der Amtsbrüder, das unter meiner Leitung steht und neuerdings abwechselnd in den einzelnen Wohnungen stattfindet. Es werden alle Fragen durchgesprochen, und es ist hier mir die Möglichkeit gegeben, etwa aufkommende Differenzen sofort autoritativ zu entscheiden."[161] Gemeinsame Konventstagungen fanden in Berlin in den Jahren 1958 bis 1960 weiterhin statt.

Am 27.10.1958 wurde die Konventstagung mit folgenden Themen im St.-Petri-Gemeindehaus in der Neuen Grünstraße (Ost) und im Altenheim Zehlendorf (West) durchgeführt:

„1. Wesentliches aus der Taubstummenpresse (Pfarrer i. R. Otto Bartel)
2. Das Taubstummen-Schulwesen in Vergangenheit und Gegenwart in Deutschland (Oberstudiendirektor Arno Blau, Westberlin)
3. Unser Glaube in Bewährung (Pfarrer Fritz Exner)
4. Die Taubstummen in Griechenland (Pfarrer Bernhard Stoevesand)
5. Experimentelle phonetische Untersuchungen über Sprachmelodie der Taubstummen (Dozent Dr. Lindner, Charité)"[162]

Der Taubstummen-Seelsorger-Konvent 1959 begann am 19. Oktober um 9 Uhr im Altenheim Zehlendorf und wurde fortgeführt ab 15 Uhr im Gemeindehaus der St. Petri Gemeinde. Die Anwesenheitsliste zeigt, wie groß das Interesse an diesem Konvent war. Es nahmen teil: Pfarrer Afheldt, Anklam (Pommern), Provinzialpfarrer Fritz Exner, Berlin; Pfarrer Volker Reichardt, Rathenow; Pfarrer Erich Schuppan, Eberswalde; Pfarrer Ekkehard Strutz, Voigtehagen (Pommern); Direktor Radke, Schwerin (Mecklenburg); Oberlehrer Jürgen Blaschke, Gehörlosenschule Westberlin; stellv. Direktor Brummund, Gehörlosenschule Demokratischer Sektor, Ostberlin; Katechetin Frl. Lisa Naudé, Eberswalde. Entschuldigt wegen Krankheit waren Pfarrer Bernhard Stoevesand und Pfarrer Klaus Wegner. Drei Themen standen auf der Tagesordnung:

*Altersheim
für Gehörlose
1952–1984 Berlin-
Zehlendorf (1952)*

„1. Die seelsorgerliche Begegnung mit Gehörlosen und Taubstummen, von Pfarrer Bernhard Stoevesand, wurde vorgelesen
2. Die Erwachsenenbildung der Gehörlosen (Oberlehrer Jürgen Blaschke)
3. Taubstummenwesen in Ungarn (Direktor Brummund)."[163]

Der Bericht über den letzten gemeinsamen Konvent, am 17.10.1960, den Pfarrer Bernhard Stoevesand verfasste und der von Pfarrer i.R., dem geistlichen Inspektor Otto Bartel abgezeichnet und dem Konsistorium eingereicht worden war, enthält die Anwesenheitsliste: Geistl. Inspektor Pfarrer i.R. Bartel, die Pfarrer Exner, Grützmacher, Reichardt, Stoevesand, Wegner, Afheldt und Strutz aus Pommern, Direktor Radke, Schwerin, die Taubstummenlehrer Baum und Krüger, Taubstummenlehrerinnen Saar und Schmidt, Oberkonsistorialrat D. Dr. Horst Fichtner, Referent des Konsistoriums, Berlin.

Folgende Themen wurden beraten:
1. Vorzüge des Hebräischen für den Taubstummen-Lautsprachunterricht (Pfarrer Stoevesand)
2. Vorlage von Taubstummen-Predigttexten, Pfarrer i.R. Bartel
3. Glaube und Wissenschaft im Rahmen der Taubstummen-Seelsorge, Pfarrer Exner.[164]

25 Jahre Evangelischer Gehörlosenverein. Die Gehörlosen: Zahnarzt Max Eggert, Margarete Günter, Otto Bartel, Grunow, Max Müller (1952) (v.l.n.r.)

In der Gehörlosenzeitung der DDR wurde versucht, den Gehörlosen die Wissenschaft und Aufklärung nahezubringen. Dagegen Exner: „Wir müssen unseren Gehörlosen sagen, daß die Wissenschaft viel, aber nicht alles könne. Während die Wissenschaft mit dem Sichtbaren zu tun habe, habe es der Glaube mit dem Unsichtbaren zu tun."

Der Nachmittag hatte folgende Schwerpunkte:
1. Pfarrer Bernhard Stoevesand berichtete über seine Israel-Reise. Er hatte die Taubstummenschulen in Jerusalem, Tel-Aviv und Haifa besucht.
2. Pfarrer Fritz Exner gab einen Überblick seiner Teilnahme an der DAFEG Tagung in Hofgeismar, im Juni 1960, (siehe auch DAFEG-Tagungen).
3. Oberlehrer Krüger sprach über „Schwerpunkte in der Taubstummen-Fürsorge".

„In Bonn sei nun die Sterilisierungsentschädigung von DM 6.000,– eine beschlossene Tatsache."[165]

Fritz Exner schlug in seinem Bericht vom 6.1.1961 vor, dass die Bezeichnung „Gehörlosen-Kongreß" auf Wunsch der Gehörlosen durch den Begriff „Kirchentag der Gehörlosen" getauscht werde; ein solcher Kirchentag sollte in jedem Jahr stattfinden. Die Zeiteinteilung müsse aber noch geändert werden.[166]

7.4.3 Die Bemühungen um ein Gemeindezentrum für die Gehörlosen

Otto Bartel und Pfarrer Bernhard Stoevesand kämpften unablässig um die Verwirklichung eines Taubstummen-Kirchbaus. Der Vormittagsgottesdienst im Domhospital war weggefallen. Fritz Exner dazu: „Wegen Abbruchs des Domhospitals (am Alex), unseres kirchlichen Raumes, musste ein geeigneter Ersatz gesucht werden. Nach allerlei Mühen wurde eine meiner Ansicht nach bestmögliche Lösung gefunden: Gottesdienst in der St. Marienkapelle innerhalb der Marienkirche (9.30 statt bisher 10 Uhr), Bibelstunde im modern hergerichteten kleinen Saal des Parochialkirch-Gemeindehauses in der Klosterstraße (wie bisher donnerstags 18 Uhr). Hier ist die beste Möglichkeit für Lichtbildvorführungen gegeben. Für Vorstandssitzungen des Evangelischen Gemeindevereins oder anderer Beratungen im kleinen Kreis steht das Sitzungszimmer im gleichen Gemeindehaus zur Verfügung. –
Die Forderung der Gehörlosen als „Augenmenschen", in würdigen und schön gestalteten Räumen sich zu versammeln, ist hier erfüllt. Besonders hervorheben möchte ich das außerordentlich freundliche Entgegenkommen der Vertreter der beiden Kirchengemeinden."[167]
Somit hatte die Suche vorläufig ein Ende. Die evangelischen Gehörlosen konnten ihr Zelt aufschlagen. Bis 1994 war die Parochialgemeinde das Zentrum im Ostteil der Stadt.
Anders war es im Westteil von Berlin. Auch in Westberlin wurden „zunehmend fordernde Stimmen laut". Für ein Kirchbauprojekt war schon 1873 gesammelt worden. „Kürzlich konnte in dem kleineren Zürich eine Hephata-Kirche eingeweiht werden."[168] „Die Anglikanische Kirche besitzt allein in London 13 besondere Gemeindezentren für Gehörlose."[169]
Bewegung kam in den Wunsch einer Gehörlosenkirche noch einmal durch Lieselotte Bessert von der Pressestelle des Konsistoriums. Sie hatte das Raumproblem der Gehörlosenseelsorge dem Propst Martin Schutzka in einem Brief dargelegt.[170] In seiner Stellungnahme an Propst Martin Schutzka hielt OKR Rudolf Kehr fest:

„1. den Bau einer Kirche für Gehörlose grundsätzlich für erwägenswert." Er fügte hinzu
„2. Die Frage der strukturellen Eingliederung der Gehörlosen-Seelsorge in den gesamt kirchlichen Aufbau sollte bei dieser Gelegenheit geklärt werden."[171]

Kirchenrat Joachim Förster wandte sich in seinem Gutachten gegen eine selbständige Gehörlosengemeinde. OKR Heinz Kirchner war gegen einen eigenen Kirchenbau. „Es wäre höchstens bei irgend einem Neubau, der Aus-

Arbeiten des gehörlosen Künstlers Artur Hedelt 1966: Kruzifix und Heilung des Taubstummen.

bau eines Saales möglich."[172] Am Ende musste sich Frau Lieselotte Bessert noch für ihre Anfrage verteidigen. Handschriftlich wandte sie sich an Propst Schutzka: „Für die Informationen über die verschiedenen Stellungnahmen bin ich sehr dankbar. Ich möchte nur noch erwähnen, daß Herr Pfarrer Stoevesand mir gegenüber nicht gedroht hat, im Falle der Ablehnung des Kirchenbaus an die Öffentlichkeit zu gehen. Er hat mich auch nicht veranlaßt, die Frage des Kirchenbaus im Konsistorium vorzutragen. Es war meine eigene Sache, von der er nichts wußte. Bessert."[173]

8 Die Gehörlosenseelsorge in der Stadt Berlin von 1961 bis 1974

8.1 Die Lage vor und nach dem Mauerbau

Es war fast ein Wunder, dass der 10. Deutsche Evangelische Kirchentag vom 19. bis 23.7.1961 in Berlin noch stattfinden konnte. Er war für beide Teile der Stadt geplant, als es elf Tage vor Beginn hieß: „Der Polizeipräsident teilt mit: Im Interesse der Gewährleistung von Ruhe und Ordnung und zur Sicherheit des Friedens ist der Kirchentag in der Hauptstadt der DDR (Demokratisches Berlin) verboten..."(ADN-Meldung vom 8.7.1961). Dieser Kirchentag vereinte 45 000 Dauerteilnehmer unter der Losung: „Ich bin bei euch." Die Dokumente berichten über die schwierigen Verhandlungen mit den Behörden der DDR. Prof. Helmut Gollwitzer stellte in seiner Begrüßungsansprache fest: „Es ist kein wirklicher gesamtdeutscher Kirchentag. Er beweist, dass wir unfähig sind, das zu sein, wessen wir uns rühmen in der Evangelischen Kirche, nämlich die Klammer zwischen den beiden Teilen unseres Volkes, und dass wir unfähig sind, noch einen gesamtdeutschen Kirchentag zu machen, weil wir nicht die Probleme bewältigen ... Einige von uns halten das für ein Gericht über uns und meinen, dass wir diesen Kirchentag nur feiern können in der Haltung der Buße."[174]

Der 13. August 1961 war ein tiefer Einschnitt und der Anfang einer 28-jährigen leidvollen Trennung.

Der Einschnitt drang zunächst in Bartels Bewusstsein kaum ein. Er war hilflos vor der neuen Situation. Das zeigt z. B. folgende Äußerung: „Bruder Exner lehnt es ab, die seit dem 13. August vollzogenen Amtshandlungen hierher zu melden. Er gibt als Begründung an, dass wahrscheinlich für den Ostsektor ein besonderes Kirchenbuch geführt werden soll."[175]

Bartel führte auch in seiner Eigenschaft als geistlicher Inspektor der Gehörlosenseelsorge Berlin-Brandenburg das Kirchenbuch. In dieser Angelegenheit finden wir auch einen längeren Briefwechsel mit Kirchenrat Karl Themel, dem berüchtigten Verfasser der Kartei „nicht-arischer Christen" im NS-Staat.[176]

Kirchner fragte bei Otto Bartel an: „Wie gestaltet sich nach dem 13. August des Jahres die Arbeit von Stoevesand,
a) wie viele Gottesdienste werden monatlich gehalten?
b) Wie viele Taubstumme werden in diesen Gottesdiensten erfasst?
c) Wieviel Stunden Religionsunterricht werden in welchen Schulen von Pfarrer Bernhard Stoevesand taubstummen Kindern erteilt?
d) Welche Aufgaben nimmt er darüber hinaus wahr?"[177]

Am Anfang wurde Stoevesand unter Aufrechterhaltung seiner Berufung als Provinzialpfarrer dem Kirchenkreis Charlottenburg zugeordnet, denn am 28.9.1961 war in der Waldschulallee 29 hinter dem Funkturm die neue Ernst-Adolf-Eschke-Gehörlosenschule eröffnet worden.

Am 13. Februar wurde Stoevesand durch das Konsistorium mitgeteilt: „Eine Aufrechterhaltung der Provinzialpfarrstelle für Gehörlosen-Seelsorge lässt sich unter den neuen Umständen nicht auf Dauer vertreten."[178] Nicht lange darauf schrieb ihm Propst Schutzka: „Unter Annahme Ihres Verzichtes auf Ihre bisherige Provinzialpfarrstelle für Gehörlosen- und Taubstummenseelsorge zum 1.9.1962 beauftragen wir Sie vom 1. Juni 1962 ab unter Beibehaltung Ihrer bisherigen Tätigkeit im Nebenamt mit der kommissarischen Verwaltung einer 1. Pfarrstelle in der Kapernaum Kirchengemeinde N 65, Berlin Stadt II."[179] Er wurde gebeten, mit Superintendent Radtke Verbindung aufnehmen und sich einer Gemeindewahl zu stellen. Wenn dies nicht klappte, sei das Konsistorium bereit, ihm eine Pfarrstelle mit einem besonderen Auftrag für die Taubstummenseelsorge anzuvertrauen.

Nicht gerade solidarisch waren die Bemerkungen von Bartel gegenüber Kirchner: „Nach meiner Meinung kann Stoevesand teilweise anderswo eingesetzt werden, er ist alltags nicht ausgelastet und aufs ganze gesehen, auch nicht an Sonn- und Feiertagen ... Stoevesand spielt z. B. überall die Rolle eines Märtyrers, droht die Arbeit niederzulegen und bringt das Gefühl der Unsicherheit in alles hinein. Nach meiner Auffassung müsste klar gestellt werden, was er will und was sein soll."[180]

Nach vielen Gesprächen und Erwägungen und einer neu errichteten Pfarrstelle wurde Bernhard Stoevesand am 14.2.1963 „zum Inhaber der Kreis-Pfarrstelle für Gehörlosen- und Taubstummenseelsorge sowie Krankenhausseelsorge im Kirchenkreis Kölln Stadt II berufen. Walter Bodenstein, Superintendent".[181] Diese Regelung bestand bis 1993. Der Gehörlosenpfarrer war ordentliches Mitglied des Kirchenkreises Kölln Stadt II, ab 1975 des Kirchenkreises Kreuzberg, mit allen Rechten und Pflichten, er hatte Sitz und Stimme.[182] Erst nach der Wende wurde diese Pfarrstelle bei der Zusammenlegung der Kirchenkreise Kreuzberg und Friedrichshain wieder in eine Provinzialpfarrstelle umgewandelt.

Bartel blieb nur noch übrig mitzuteilen, dass er die Leitung der beiden Heime und die Leitung der Sozialkommission innehatte. Geistlicher Inspektor zu sein, war ihm nach dem Mauerbau nicht mehr möglich.[183]

Mit der Übertragung der Kreispfarrstelle in Berlin-Kölln Stadt II an Bernhard Stoevesand war jedoch das Raumproblem für die evangelischen Gehörlosen nicht gelöst. Der Kirchenkreis machte sich Stoevesands Forderungen nach einem Gehörlosenzentrum zu eigen. Es müsse für ganz West-Berlin eine Lösung gefunden werden. Der Kirchenkreis reichte den Antrag Stoevesands mit einem Begleitschreiben an die Stadtsynode ein.[184]

Das Konsistorium antwortete dem Kirchenkreis mit einem Schreiben an Superintendent Walter Bodenstein:

„Wir sehen uns nicht in der Lage, dem im Antrag vorgebrachten Anliegen zu entsprechen, da
1. eine Fülle von Bauaufgaben für die Dauer der nächsten 10 Jahre noch anstehen,
2. die finanziellen Voraussetzungen dafür in absehbarer Zeit nicht geschaffen werden können und wir
3. der Meinung sind, dass sich bei den vielen Neubauten, die ja besonders lichthell gebaut sind, eine Möglichkeit finden lässt, eine bereits vorhandene Kirche oder einen Gemeindesaal in Berlin (West) nach Absprache mit der betreffenden Gemeinde zu einer Heimat für die taubstummen Schwestern und Brüder zu machen.

Ludwigslust Altersheim für Gehörlose Haus Hephatha (1952)

Wir bitten Sie, Pfarrer S t o e v e s a n d davon in Kenntnis zu setzen. Es ist ihm anheim gestellt, nach einer für die Taubstummen-Gemeinde geeigneten Kirche oder einem Gemeindesaal Ausschau zu halten, um der von ihm dargelegten Not begegnen zu können. Vielleicht könnte z. B. das ‚Schulze-Haus' in der Jesusgemeinde eine so geeignete gottesdienstliche Versammlungsstätte sein. Kirchner 30.11.1965"[185]

Superintendent Walter Bodenstein und der Kirchenkreis gaben nicht auf. Der Kirchenkreis stellte einen eigenen Antrag an das Konsistorium: „Der Kirchenkreis Kölln Stadt ist von der Notwendigkeit der Errichtung einer besonderen und zentralen Lichtkirche für die Gehörlosen und Taubstummen in Westberlin überzeugt. Daher bitten wir das Evangelische Konsistorium, diesen Plan zu prüfen und für seine Verwirklichung das Erforderliche zu veranlassen."[186]

Im weiteren Verlauf setzten sich der Zentralverein der Taubstummen, Direktor Arno Blau von der Ernst-Adolf-Eschke-Schule für Gehörlose[187], der Reichsbund der Kriegs- und Zivilgeschädigten und viele Einzelpersonen auch bei Bischof Kurt Scharf für die Belange der Gehörlosen ein.[188] Bernhard Stoevesand favorisierte das Projekt der Dreifaltigkeitsgemeinde für eine Simultanbenutzung. Die Gemeinde lehnte aber ab. Stoevesand habe nicht darüber zu entscheiden, ob ein Saal geeignet sei. „Das ‚Schulze-Haus' bei der Jesus-Kirche wurde von einer Kommission bei uns besichtigt und für nicht passend erklärt. Zeuge: Pfarrer [Anton Graf] von Pestalozza. Die Meldung erfolgte damals an den Kreiskirchenrat, und andere Gemeinden wollen uns bei der größeren Zahl der Veranstaltungen (sonntäglicher Gottesdienst, und zwei Abende in der Woche) nicht haben. ... So wollen wir, um die Belastung zu verteilen, lieber auf den jetzigen zehn Stellen herumwandern bis unser Plan endlich verwirklicht wird." Bernhard Stoevesand legte das Reichsgesetzblatt vom 14.6.1933 bei und führte aus: „Im Blick auf die Geldnot wurde immer wieder gefragt, ob der Staat nicht wegen des Erlittenen im Dritten Reich im Rahmen der sogenannten Wiedergutmachung sich beteiligen müsste. Beiliegend der diesbezügliche Passus der Nürnberger Gesetze. Vielleicht hat Herr Propst Grüber die Güte, sich für uns einzusetzen."[189]

Auch Rudolf Kehr gab eine Beurteilung ab. Diese wurde für die Entscheidungen herangezogen: „Seit 1966 strebt Pfarrer Stoevesand – gedrängt von Aktivisten seiner Gehörlosenkreise – die Errichtung eines (auf paritätischer Basis) gedachten Gemeindezentrums für alle Westberliner Gehörlosen an, das ein Projekt von voraussichtlich mindestens 1 1/2 Mill. DM darstellt. ... Versuche zu brauchbaren Interimslösungen, zuletzt bei der Jerusalems- und Neuen-Kirchengemeinde und bei dem Georg-Wilhelm-Schulze-Haus der Jesusgemeinde, scheiterten trotz des großzügigen Angebots von Seiten des Herrn Bischofs an dem Sträuben des ‚wortführenden' Teils der Gehörlosen."[190]

Was blieb Bernhard Stoevesand übrig, als jene unbefriedigende Zwischenlösung zu akzeptieren? „Mit herzlichem Dank ist die Verlegung der Hauptveranstaltungen seit Februar zur Jesuskirche zu verzeichnen, die manche Verbesserung brachte. Freilich würde man in einem eigenen Gemeinde- und Kulturzentrum, wie es jetzt in Hamburg vorhanden ist und zunehmend bei sog. unterentwickelten Völkern möglich wurde, noch bedeutend besser zum Zuge kommen."[191]

8.2 Die Personalsituation in der Gehörlosenseelsorge Berlin (West)

Stoevesand machte immer wieder darauf aufmerksam, dass es für ihn, z. B. bei Krankheit, Urlaub oder Dienstreisen keine Vertretung gab. Auch war eine Kollision zwischen Gehörlosenseelsorge und Krankenhausseelsorge vorprogrammiert. Er hielt ferner einmal in der Woche zwei Stunden Konfirmandenunterricht. Die christliche Unterweisung hatten dagegen verschiedene Lehrer der Ernst-Adolf-Eschke-Gehörlosenschule selber übernommen. Von 1959 bis 1966 war Frau Ludwine von Broecker geb. le Viseur als Religionslehrerin mit Zustimmung der EKiBB stundenweise in der Gehörlosenschule tätig. Ab 1.4.1965 wurde Frau Ingeborg Eger durch Herrn Direktor Arno Blau und Kollegen in der Schule ausgebildet und von der EKiBB hauptamtlich als Katechetin angestellt. Bis zum 2.9.1984 war sie im Dienst und wurde dann von Frau Dagmar Steiner abgelöst.

Schon am 12.9.1968 hatte OKR Rudolf Kehr bei Pfarrer Friedrich Wilhelm Luger, dem Vorsitzenden der DAFEG, angefragt, ob er einen Amtsbruder kenne, der nach Westberlin wechseln möchte. „Unser Wunschtraum wäre möglichst ein jüngerer Mann mit Sachkunde, Energie und Initiative." Er begründete die Anfrage: „Soweit ich sehe, ist hier in Berlin kaum ein geeigneter und genügend ausgebildeter Gehörlosenseelsorger zu finden." Im Hintergrund stand die Absicht von Stoevesand, aus arbeitsmäßigen und familiären Gründen in ein neues Arbeitsgebiet zu wechseln.[192] Verschiedene Versuche, z. B. in der Krankenhausseelsorge und in der Gemeinde Alt-Schöneberg Fuß zu fassen, scheiterten jedoch.[193] Heinz Kirchner und Rudolf Kehr versuchten noch 1972 vergeblich, mit Propst Wilhelm Dittmann und Stoevesand eine Lösung zu finden. So blieb es bei seiner bisherigen Gehörlosenarbeit bis zur Pensionierung am 31.12.1974.

8.3 Die Personaländerungen in Berlin-Brandenburg

In der bisherigen Gehörlosenarbeit trat auch in Brandenburg eine Änderung ein. Fritz Exner ging 1965 in den Ruhestand. Am 20.10.1965 wurde Pfarrer Karl-Heinz Reichhenke mit der Gehörlosenseelsorge beauftragt, gleichzeitig wurde der Auftrag für die Krankenhausseelsorge aufgehoben. „Ihre pfarramtliche Tätigkeit in der Parochialgemeinde bleibt davon unberührt."[194] Das Konsistorium Brandenburg teilte Herrn Ernst Schermann mit: „Am 17.6. d.Js. haben Sie das Kolloquium zur Übernahme in den Predigerstand der evangelischen Kirche in Berlin-Brandenburg bestanden. Wir erteilen Ihnen hiermit den Auftrag zur Verwaltung der Provinzialpfarrstelle für Gehörlosenseelsorge. Der wird am 1.7.1966 wirksam und umfasst die Gehörlosenseelsorge im Land Brandenburg, unbeschadet des Auftrages, den Pfarrer Karl-Heinz Reichhenke für die gleiche Tätigkeit im Demokratischen Berlin hat."[195]

Für die Zeit von 1971 bis 1975 sind zur Zeit im Landesarchiv der EKiBB keine Akten auffindbar.

9 Die Gehörlosenseelsorge in Berlin (West) von 1975 bis 1992

9.1 Eine Bestandsaufnahme und ein Entwurf der Arbeit

Die Evangelische Kirche in Berlin-Brandenburg suchte schon seit etlichen Jahren einen hauptamtlichen Gehörlosenpfarrer, da der amtierende krank war und kein geeigneter Nachfolger in der Landeskirche zur Verfügung stand. Heinz Kirchner konnte bei der Tagung der DAFEG in Tutzing 1974 Hans Jürgen Stepf, den Verfasser, aus der Evangelischen Kirche in Hessen und Nassau gewinnen. Ich war zehn Jahre in der EKHN nebenamtlich und

241

Nach der GGV Wahl 1985 Besuch von Bischof Martin Kruse. Obere Reihe v.l.n.r.: Ingeborg Koch (g), Doris Meier (h), Pfarrer Eduard Schuster, Frieda Nisch (g), Heinz Brümmel (h); untere Reihe v.l.n.r.: Hans Jürgen Stepf, Bischof Martin Kruse, Lieselotte Schneider (g)

ein knappes Jahr 1972/1973 als Vertretung in Zürich hauptamtlich als Gehörlosenpfarrer tätig gewesen. Die EKHN beurlaubte mich für sechs Jahre mit evtl. Verlängerung für die Gehörlosenarbeit in Berlin.

Ausschlaggebend für die Berufung war ein Bericht über die Tätigkeit im Zürcher Pfarramt in Vertretung für den Schweizer Pfarrer Eduard Kolb.[196] Dienstantritt sollte an der Kreispfarrstelle im Kirchenkreis Keuzberg am 1.5.1975 sein.

Folgende Neugestaltung war geplant: Es sollte eine Gehörlosengemeinde mit verantwortlichen gehörlosen Kirchhelfern als Kirchenvorstand analog einer hörenden Gemeinde gebildet werden. Heinz Kirchner als Referent der EKiBB sagte seine volle Unterstützung zu. Gehörlose sollten nicht als betreute, hilfsbedürftige Menschen, – dafür war das diakonische Werk da –, sondern als Verantwortliche für die Gehörlosengemeinde gesehen werden. Die Gehörlosengemeinde sollte alle getauften evangelischen gehörlosen Christen umfassen. Eine organisatorische Form eines Vereins schied aus, da die Gehörlosen in Berlin in mehreren Vereinen Mitglied waren und diese auch gelegentlich wechselten. Auch eine Personalgemeinde war in den Augen der Gehörlosen ein Verein.

Die Bedingung war: Ein zusätzlicher Mitarbeiter oder eine Mitarbeiterin und technische Ausstattung für die Arbeit. In der Person der Diakonisse Schwester Roswitha Jahn aus dem Lazarus Diakonissenhaus im Wedding, Tochter gehörloser Eltern aus Berlin, wurde uns eine hervorragende Mitarbeiterin von Gott geschenkt.

Als ich meine Tätigkeit aufnahm, stellte sich heraus, dass weder ein Verzeichnis der evangelisch getauften Gehörlosen in der Stadt existierte, noch geordnete Akten, aus denen die Arbeit der Vorgänger ersichtlich wurde. Es gab keine rechtsverbindlichen Zusagen und Beträge für die Arbeit. In der Vergangenheit hatte es nur auf Anfrage beim Konsistorium Mittel für die Jugendarbeit, Portokosten, Auslagen zur Vorbereitung der Gottesdienste gegeben. Bernhard Stoevesand sagte dem Verfasser, dass er mit 1.000 DM im Jahr mehr schlecht als recht ausgekommen sei. Übergeben wurden ein Dienstsiegel, ein Abendmahlsgerät (Silber, ohne Inschrift), ein Krankenabendmahlsgerät, ein Tauf-Trau-Beerdigungsbuch, gesondert noch drei Taufbücher, zwei Konfirmationsregister und ein Beerdigungsbuch, in Kartons ungeordnete 415 handgeschriebene Adressen und Hinweise. Beide Vorgänger hielten in ihren Wohnungen Sprechstunden ab oder seit 1952 in dem kleinen Altenheim für Gehörlose in der Knesebeckstraße 1 in Zehlendorf.

Exkurs: Zu dem Altenheim in der Knesebeckstraße 1

Pfarrer Otto Bartel wollte nach dem Krieg ein evangelisches Altenheim für Gehörlose im Westen Berlins gründen. Es gab ein Altenheim im Ostteil der Stadt. Durch Straßen- und Haussammlungen wurde das Geld zusammengebracht. 1951 konnte das Haus Knesebeckstraße 1 in Zehlendorf in einer Villa aus der Zeit um 1900 mit einem großen Garten eröffnet werden. Das Haus hatte zehn Zimmer. In ihnen lebten am Anfang vierundzwanzig Frauen. Bartel hatte besonders gehörlose Frauen aus den Berliner Nervenkliniken herausgeholt. 1984 lebten immer noch Gehörlose in Nervenkliniken, nicht weil sie nervenkrank, sondern weil sie gehörlos und behindert waren. Ehepaare konnten aus räumlichen Gründen nicht aufgenommen werden.

Die Heimleitung hatte Frau Anneliese Schaller. Dieses Haus wurde 1974 umgebaut und bot vierzehn Frauen in Einzelzimmern eine Heimstatt. In dieser Zeit zog sich Bartel aus Altersgründen von der Verantwortung für das Heim zurück. Es wurde 1975 eine erweiterte Sozialkommission ins Leben gerufen, mit einem Vertreter des Konsistoriums, Herrn OKR Heinz Kirchner, Diakon Otto Scheidt vom Diakonischen Werk, drei Vertretern des Evangelischen Gemeindevereins und mir als Pfarrer.

Über acht Jahre haben wir uns zusammen mit Herrn Architekten Friedrich-Karl Gettkandt um einen Ersatzbau oder eine Erweiterung bemüht. Leider haben uns dabei die staatlichen und kirchlichen Stellen wenig unterstützt. Die Baupolizei forderte Nasszellen und einen Fahrstuhl, sie konnten aber nicht gebaut werden; daher wurde das Haus 1984 geschlossen. Die Schließung war ein harter Schlag, schließlich lebten Frau Frieda Hollasch, gehörlos und zwangssterilisiert achtundzwanzig Jahre, Frau Elise Lehmann, gehörlos dreißig Jahre und Frau Israel als hörende, behinderte Jüdin in dem Haus.

In der Nachbarschaft wurde das „Heinrich-Grüber-Haus", Seniorenheim, und das „Margarete-Grüber-Haus", Krankenhaus mit Pflegestation, durch einen Trakt verbunden. Dabei entstanden Wohneinheiten mit eigenem Aufenthaltsraum.

Die „Evangelische Hilfsstelle für ehemals Rasseverfolgte" nahm fünf gehörlose Frauen auf, die anderen mussten auf städtische Häuser verteilt werden. Frau Margarete Grüber hatte die Aufnahme der gehörlosen Frauen und von Frau Israel befürwortet. Betreut wurden die Gehörlosen an einem wöchentlichen Spielnachmittag von Frau Schaller. Die junge Frau Birgit Wunsch, gehörlos, konnte als Mitarbeiterin im Heinrich-Grüber-Haus angestellt werden. Das war für das Personal etwas völlig Fremdes. Anneliese Schaller, Schwester Roswitha und ich gaben Informationen über Gebärden und die geistigen Folgen einer Ertaubung im Säuglings- und Kindesalter. Auf diese Weise kam ich in den erweiterten Vorstand der Heinrich- und Margarete-Grüber-Häuser. Der Vorstand unterstützte mich bei meinem Einsatz für die Wiedergutmachung der Opfer des „Gesetzes zur Verhütung erbkranken Nachwuchses" von 1933.

Für mich war klar, nach dem Vorbild der Zürcher Gehörlosengemeinde mussten mehrere Aufgaben angepackt werden:
1. Ein verkehrsgünstig erreichbares Büro musste gefunden werden.
2. Festlegung zentral erreichbarer Gottesdienstorte auf Dauer, auch für die Gottesdienstnachversammlungen.
3. Aufbau eines Mitarbeitergremiums von gehörlosen und hörenden Christen.
4. Herausgabe eines Gemeindeblattes.
5. Öffentlichkeitsarbeit.
6. Konfirmanden und Jugendarbeit.
7. Familienbildungsarbeit.

☐ Zu 1. *Ein verkehrsgünstig erreichbares Büro:*
Nach einem halben Jahr frustrierender, deprimierender Suche in ganz Westberlin wurde schließlich von der Gemeinde „Zum Guten Hirten" ein 50 qm großer Konfirmandenraum auf Dauer kostenlos zur Verfügung gestellt. Eine U-Bahn- und Bus-Haltestelle lag vor dem Haus. Hier konnten nun Besprechungen, Jugendarbeit, Elternabende stattfinden. Verbunden damit war der Aufbau einer ersten Kartei aller evangelischen Gehörlosen. Ebenfalls musste ein erster Haushaltsplan nach den Richtlinien für die Gemeinden, in Zusammenarbeit mit dem Kreiskirchlichen Verwaltungsamt Kreuzberg, meinem Dienstsitz, bezogen auf die Gehörlosengemeinde aufgestellt werden. Zusammen mit dem Künstler Rudi H. Wagner vom Kunstdienst der EKiBB wurde ein Dienstsiegel entworfen und eingeführt.

Da kein Kopierer zur Verfügung stand, um die Predigt wie gewünscht, den Gehörlosen vor dem Gottesdienst zu geben, fuhr der Verfasser jeden Freitag ins Konsistorium zum Rundfunkdienst, um dort kostenlos zu kopieren. Hier ergaben sich Kontakte zur Presse, und ich bekam Tipps für die Öffentlichkeitsarbeit.

☐ Zu 2. *Gottesdienstorte*:
Die helle, mit Stühlen leicht veränderbare Kapelle der Kaiser-Wilhelm-Gedächtnis-Kirche (KWG), gebaut als Taufkapelle, genutzt u. a. von der Ber-

liner Domgemeinde nach 1961, war bald zentraler Anziehungspunkt für die Sonntagvormittagsgottesdienste. Nebenräume standen leider nicht zur Verfügung. Der Sonntagvormittagsgottesdienst in der Spandauer St. Nikolai-Kirchengemeinde blieb im Wechsel mit der Kaiser-Wilhelm-Gedächtnis-Kirche bestehen. Zu unserer großen Freude stellte 1976 die Philippus-Kirchengemeinde in Friedenau ihren hellen Gemeindesaal und die gut beleuchtbare Kirche der Gehörlosengemeinde kostenlos zur Verfügung. Die Suche war notwendig geworden, da die Neue- und Jerusalems-Gemeinde für jede Gottesdienstraumbenutzung 100,– DM verlangte, die nicht bezahlt werden konnten. Der „Ev. Gemeindeverein der Gehörlosen" blieb in der Jesusgemeinde im „Schulze-Haus", deren Kirche für Gehörlosengottesdienste durch spiegelnde Fenster im Rücken des Pfarrers ungeeignet war.

☐ Zu 3. *Aufbau eines Mitarbeitergremiums*:
Als Mitarbeiter der ersten Stunde konnten die gehörlosen Ingeborg Koch, Frieda Nisch, Petra-Maria Gabriel sowie der ehrenamtliche Jugendleiter von Stoevesand, Klaus-Peter Hambeck, ebenfalls gehörlos, gewonnen werden. Um die gehörlosen Gemeindeglieder von der Notwendigkeit der Mitarbeit in einem zukünftigen Gehörlosengemeindevorstand zu überzeugen, fragte ich sie zunächst selbst: „Wer hat über die Einführung einer neuen Gottesdienstordnung zu bestimmen?" Bei den Recherchen fand sich nur die Gottesdienstordnung von 1906. Ich hatte ohne ausdrückliche Zustimmung die neue Hessen-Nassauische Gehörlosengottesdienstordnung in ausreichender Zahl mitgebracht und eingeführt. Mit den neu gewonnenen Mitarbeitern wurde der Gottesdienstplan für das kommende Jahr erarbeitet. Außerdem wurde gemeinsam der erste Haushaltsplan erstellt und beim Konsistorium eingereicht.

Die Gestaltung des Gemeindebriefes wurde weiter entwickelt. Zu einer gemeinsamen Information für alle Gehörlosen in Westberlin fand sich Otto Bartel nicht bereit. Er stellte bei einem Gespräch fest: „Sie haben die Gemeinde, ich habe den Verein." Ich wurde nicht Mitglied des „Ev. Gemeindevereins der Gehörlosen". Das hatte zwei Gründe: Erstens wollte und konnte ich nicht die Position eines „Vereins-Vaters" ausfüllen. Zweitens wurde mir immer wieder bei Besuchen gesagt: „Sie sind doch der Vereinspfarrer, ich bin nicht im Verein." Es bedurfte großer Mühe, klar zu machen, dass jeder getaufte evangelische Gehörlose zur Gehörlosengemeinde gehöre und der Verein eine freiwillige Angelegenheit innerhalb dieser Gemeinde sei. Auch dieser Brückenschlag wurde oft von Gehörlosen nicht anerkannt. Da ich mich gegen den Alkoholausschank im Verein nicht durchsetzen konnte, bestand fortan ein gewisser Gegensatz. Bernhard Stoevesand hatte schon gegen das Alkoholproblem angekämpft. In der Gehörlosengemeinde gab es von Anfang an keinen Alkohol. Später wurde das alkoholfreie Abendmahl durch die Gehörlosengemeindevorsteher (GGV) eingeführt.

☐ **Zu 4.** *Herausgabe eines Gemeindeblattes*:
Seit Januar 1976 wurde der „Gemeindebrief" der evangelischen Gehörlosen- und Taubstummengemeinde herausgegeben und zweimonatlich an alle Interessenten kostenlos abgegeben. Der Verein verteilte weiterhin sein Mitteilungsblatt „Wegweiser zu Christus" an seine etwa 200 Mitglieder. Der „Gemeindebrief" enthielt eine Bildseite mit Bildbetrachtung, Ankündigungen, Berichte und Gottesdienstzeiten. Da ab 1973 die Grenze durchlässiger geworden war, waren die Gehörlosengottesdienste im Westteil den Besuchern auch aus Ostberlin und der DDR bekannt.

Mit der Herausgabe des „Gemeindebriefes" wurde gleichzeitig die regelmäßige terminliche landeskirchliche Berichterstattung in „Unsere Gemeinde, Evangelischer Wegweiser für Gehörlose" aufgenommen, um Berlin in die Publikation der DAFEG einzubinden. Die Zeitung „Unsere Gemeinde" war durch Otto Bartel und Bernhard Stoevesand nicht in Berlin eingeführt worden. Einzelne Exemplare, die Stoevesand erhielt, es waren etwa zehn Stück, wurden von ihm bei Besuchen oder als Anerkennung für die Mitarbeit abgegeben.

Bisher hatte er sporadisch die Möglichkeit wahrgenommen, in „Unsere Gemeinde" aus Berlin zu berichten. Anders als in anderen westdeutschen Landeskirchen konnte aber die Zeitung auch jetzt nicht an alle evangelischen Gehörlosen kostenlos abgegeben werden. Es fehlte zum einen ein Verzeichnis aller getauften evangelischen Gehörlosen in der EKiBB, – es konnte von der Landeskirche nicht erstellt werden –, zum andern überschritt eine kostenlose Versendung die Haushaltsmittel. So konnte nur darum geworben werden, dass die Gehörlosen die Zeitung selbst abonnierten. Bei dem Versand an alle Gehörlosen wäre ein Ortswechsel dem Gemeindebüro schnell bekannt geworden. Der Aufbau einer Gemeindekartei wurde argwöhnisch verfolgt, denn bei vielen lagen noch schmerzliche Erinnerungen an das Dritte Reich und die Zwangssterilisierung vor.[197]

Mit Hilfe der Kartei konnte später durch den Gemeindebrief für die Gehörlosengemeindevorsteherwahl geworben werden. Alle der evangelischen Gehörlosengemeinde bekannten Gehörlosen erhielten zur Gemeindeversammlung einen Gemeindebrief, um das Interesse zu wecken. Durch die Herausgabe des Gemeindebriefes wurde die Gehörlosengemeinde in der Stadt bekannt.

☐ **Zu 5.** *Öffentlichkeitsarbeit*:
Die vermehrte Öffentlichkeitsarbeit rief Anfragen von gehörlosen Gemeindegruppen aus Westdeutschland und dem Ausland hervor. Bei der Kontaktarbeit hat der kirchliche Besucherdienst der EKiBB in Person von Frau Renate Obst sehr gute Unterstützung gegeben. Auch die Besuche Einzelner aus der Bundesrepublik und der DDR an den Gottesdiensten in der Kapelle der Kaiser-Wilhelm-Gedächtnis-Kirche nahmen zu. Zur Bekanntheit der evangelischen Gehörlosengemeinde Berlin trug besonders die zum ersten Mal in Berlin stattfindende DAFEG-Tagung bei, die vom 10. bis 15.10.1976 im Johannes-

stift/Spandau durchgeführt wurde. Bischof Kurt Scharf hielt den Eröffnungsgottesdienst: „Das hörende Ohr und das sehende Auge, beide macht Gott der Herr."[198] Bei der Tagung wurde ich als Schriftführer in den Vorstand der DAFEG gewählt. Damit ergab sich die Gelegenheit, zweimal im Jahr persönlichen Kontakt mit anderen Gehörlosenseelsorgern aufzunehmen und Erfahrungen und Anregungen auszutauschen. Seit der Trennung durch die Mauer gab es in Berlin keinen Gehörlosenseelsorger-Konvent. Durch persönliche Verbindungen nach Schleswig-Holstein waren jedoch Schwester Roswitha Jahn und ich beim Gehörlosenseelsorger-Konvent der Nordelbischen Kirche bis zum Mauerfall Dauergäste.

☐ Zu 6. *Konfirmanden- und Jugendarbeit*:
Durch das halbjährige Spezialpraktikum mit der Hospitation in der Friedberger Gehörlosenschule in Hessen war mir klar geworden, wie wichtig die Kenntnis über den Sprach- und Wissensstand der gehörlosen Kinder ist. In einer Außenstelle der Friedberger Gehörlosenschule hatte ich schon Religionsunterricht erteilt. Später in Zürich hielt ich bei schwer erziehbaren hörenden Jugendlichen Religionsunterricht und den Konfirmandenunterricht in der Zürcher Gehörlosenschule, der mit der Konfirmation abschloss. Die Teilnahme an dem Projekt: „Phasengerechte Verkündigung" unter Leitung von Prof. Dr. Klaus Schulte vom Fachbereich Sonderpädagogik der Pädagogischen Hochschule Heidelberg 1970 bis 1973 ermöglichte mir eine noch bessere Kenntnis über den Spracherwerb hörgeschädigter und spracharmer Kinder. Die Veröffentlichung dieser Projekt-Arbeit gibt Einblick in die Untersuchungen und Vorschläge zur Arbeit an Evangelientexten in einfacher Sprache.

Aus diesen Gründen suchte der Verfasser den Kontakt zur Gehörlosenschule und erteilte freiwillig den Konfirmandenunterricht in der Schule zusammen mit der Katechetin Frau Ingeborg Eger, später mit Frau Dagmar Steiner, in der 8. Klasse. Nach der Konfirmation erteilte er auch den Religionsunterricht in der 9. Klasse mit Einverständnis der Schuldirektoren, die ohne Ausnahme der Kirche angehörten. Die Berliner Kinder waren alle Fahrschüler und kamen aus allen Teilen Berlins, sie fuhren mit Bussen oder U- und S-Bahnen. Durch die Besuche bei den Elternabenden bekam der Verfasser auch zur Vorschule Kontakt und konnte das Konsistorium dafür gewinnen, Zuschüsse für Vorschulabschlussfahrten mit Eltern, Vorschullehrern und Kindern zur Verfügung zu stellen. Diese pädagogisch wichtigen Fahrten wurden zu einem festen Bestandteil der Vorschule, an denen ich als Vermittler zwischen den Eltern teilnahm.

Die Katechetinnen Berlin (West) Ingeborg Eger und ihre Nachfolgerin Dagmar Steiner (1980)

Mit der Katechetin und den Lehrern und einzelnen Klassen wurden die Schulweihnachtsfeier und jährlich ein ökumenischer Schulgottesdienst gemeinsam gestaltet.

Neben dem Büro stand kein weiterer Raum für kontinuierliche Jugendarbeit zur Verfügung. Als Gottesdienstort für die Konfirmation bot sich die zentral gelegene Kaiser-Wilhelm-Gedächtnis-Kirche am Zoo an. Die Idee zu einer Konfirmandenrüste fand am Anfang nicht den Zuspruch der Eltern. Schließlich wurde die Abschlussreise der 9. Klasse unter Beteiligung des Klassenlehrers, der Klassenlehrerin, der Mitarbeit von Schwester Roswitha und des Verfassers zu einem festen Bestandteil der Schule. Einige Jahre später gelang es, unter Mitwirkung der Schwester eines gehörlosen Jungen und der Jugendleiterin der „Gemeinde zum Guten Hirten", Frau Angelika Foelz, eine Konfirmandenrüste in Silberbach bei Selb unter Beteiligung ehemaliger gehörloser Konfirmanden durchzuführen. Die Mitarbeit von Frau Angelika Foelz war eine so große Bereicherung, dass die Gemeinde versuchte, sie ehrenamtlich auch für Familienrüsten zu gewinnen. Schwierig wurde es bei Rüstzeiten, an denen gehörlose Eltern mit gehörlosen Kindern und hörende Eltern mit gehörlosen Kindern und hörende Kinder von gehörlosen Eltern teilnahmen. Leider konnten wir nur einmal eine psychologische Fachkraft bezahlen und zur Teilnahme ermutigen. Für die anliegenden Probleme und Fragen hatte das Diakonische Werk, damals geteilt in zwölf bezirkliche Untergruppen, keine Fachkräfte, und von außerhalb konnten aus finanziellen Gründen keine Kräfte geholt werden.

Bei dem Aufbau einer kirchlichen Jugendgruppe Gehörloser stellte sich aber heraus, dass alle intelligenten und sportlich aktiven Jugendlichen in Sportvereinen engagiert waren. Den mehrfachbehinderten gehörlosen Jugendlichen versuchten wir, einen Treffpunkt im Büro und später in der Philippusgemeinde anzubieten. Diese Jugendgruppe löste sich aber immer wieder auf durch Wegzug, z. B. in das evangelische Bildungswerk in Winnenden bei Stuttgart oder für die ganz Schwachen in die Madjera-Stiftung in Heide in Schleswig-Holstein. Auch für die Sportvereine war es schwierig, da es in Berlin kein Bildungswerk für Gehörlose gab.

☐ Zu 7. *Familienbildungsarbeit*:
In Frankfurt am Main war ich im Vorstand der „Evangelischen Mütterschule"-Familienbildungsstätte gewesen. So konnten in Berlin Kontakte zur Evangelischen Familienbildungsstätte in der Gemeinde Alt-Tempelhof geschlossen werden, so dass gehörlose Frauen an Schwangerschafts- und Kochkursen mit Dolmetscherunterstützung durch Schwester Roswitha Jahn teilzunehmen vermochten. Die Nachfrage nach Kochkursen und Gesundheitsberatung wurde immer größer, und es bot sich ein Umzug in die „Vaterunser-Kirchengemeinde" in Wilmersdorf zur Familienbildungsstätte an. Die Leitung unterstützte Schwester Roswitha, so dass für die gehörlosen Erwachsenen eine größere Auswahl an Angeboten zur Verfügung stand. Schwester Roswitha

konnte auch einen Frauenkreis aufbauen, der bis über ihre Pensionierung Bestand hatte.
Eine Hauptaufgabe für Schwester Roswitha und den Verfasser bestand in den Hausbesuchen. Zur Anmeldung der Besuche wurden am Anfang Postkarten benutzt, darüber war die Kommunikation sehr schwerfällig, dann wurden Schreibtelefone benutzt, später Faxe. Sie haben sich inzwischen durchgesetzt. Anfangs war es für Schwester Roswitha sehr enttäuschend, mit öffentlichen Verkehrsmitteln nur drei bis vier Hausbesuche am Tage zu schaffen, besonders wenn die zu besuchenden Gemeindeglieder nicht zu Hause waren. Erst eine großzügige Spende von Bischof Dr. Martin Kruse ermöglichte den Kauf eines Kleinwagens als privatgenutzter Dienstwagen. Die Ausdehnung der Stadt Berlin (West) umfasste damals die Flächen von Düsseldorf, Frankfurt und München.

9.2 Die Beteiligung an den Kirchentagen und die Gemeindeordnung

Zwei Ereignisse prägten das Jahr 1977: Zum ersten Mal gab es einen Gehörlosenkirchentag im Deutschen Evangelischen Kirchentag in Berlin. 1975 hatte der Verfasser schon mitgewirkt, als ein Gehörlosenkirchentag in Verbindung mit dem Deutschen Evangelischen Kirchentag in Frankfurt am Main erprobt wurde. Damals wurde die Einladung nach Berlin ausgesprochen. Vom 8. bis 12.6.1977 nahmen 500 Gehörlose integriert im Kirchentag unter dem Funkturm teil, der das Thema hatte: „Einer trage des anderen Last."[199] Die Vorbereitung hatte sehr viel Zeit gekostet. Wir mussten die hörenden Kirchentagsverantwortlichen mit den Problemen Gehörloser vertraut machen. Als Beispiel nenne ich nur die Unterbringung. So viele Gehörlose konnten nicht in Privatquartieren untergebracht werden. Die Gehörlosen kamen vor allem aus ländlichen Gebieten. Sie waren mit dem öffentlichen Verkehr in Berlin als Einzelne überfordert, ganz zu schweigen von Verständigungsproblemen. Viele ältere Gehörlose hatten sich angemeldet, so schied eine Jugendherberge mit Doppelstockbetten aus. Die Lösung brachte die Unterbringung im Jugendhotel der Schreberjugend, das für Mitarbeiter des Kirchentages vorgesehen war. Dankbar wurde das Angebot angenommen. Helle Räumlichkeiten für Bibelarbeiten, gehalten von Gehörlosenpfarren und einen Infostand mit ortskundigen Gehörlosen und Hörenden galt es zu beschaffen. Ohne die Hilfe und Unterstützung von Schwester Roswitha wäre dieser Einsatz nicht möglich gewesen, denn die Gehörlosengemeinde hatte noch keine Schreibkraft. Seit langem wurde ein Anschriftenverzeichnis der Gehörlosenseelsorger und Seelsorgerinnen in Deutschland von Gehörlosen und Hörenden gewünscht. Erstmals konnte ein solches Verzeichnis angefertigt werden. Mit Hilfe von Herrn Ing. Hans Joachim Schaller und Schwester Roswitha wurde es zum Kirchentag erstellt. Das Verzeichnis enthielt die Seelsorger/innen, die Gottesdienstorte und alle Schulen.

Der Kirchentag war ein voller Erfolg, so dass die Kirchentagsleitung selbst die Fortsetzung wünschte. Das Echo unter den Gehörlosen war groß: „Wir werden von der Kirchentagsleitung als Christen ernst genommen."

Das zweite Vorhaben war die Erarbeitung und das Inkraftsetzen einer Gemeindeordnung.[200] Der Entwurf dieser Gemeindeordnung für die Gehörlosengemeinde mit ausführlicher Begründung brauchte Zeit; er musste von den gehörlosen Gemeindegliedern diskutiert und vom Konsistorium anerkannt werden. Durch die fachkundige Mithilfe von Frau Ingeburg Limpach, Verwaltungskraft in der Gehörlosengemeinde seit April 1980, wurden viele Vorhaben realisierbar. Am 8.7.1980 wurde die Gemeindeordnung in Kraft gesetzt. Zur ersten Gemeindeversammlung nach der neuen Ordnung am 22.3.1981 kamen 121 Gemeindeglieder. Dabei stellten sich die Kandidaten für die Wahl zum Gehörlosengemeindevorstand (GGV) vor. Am 24.5.1981 wurden, in Anlehnung an die landeskirchlichen Gemeindekirchenratswahlen, sechs von neun Kandidaten gewählt. Die Einführung durch den Referenten der Kirchenleitung, Herrn OKR Manfred Kräutlein, fand dann am 27.9.1981 im Gehörlosengottesdienst in der Philippusgemeinde/Friedenau statt.[201] Das war ein großer Erfolg.

Bisher hatten die Kirchen und die Schulen die Gehörlosen (Taub-Stummen) „entstummt", ihnen aber nie Sitz und Stimme in Kirchenräten und Synoden eingeräumt. Schwerhörige geben sich oft nicht als solche zu erkennen.

Der Gemeindeaufbau geschah von Anfang an im Informationsaustausch mit Propst Dr. Friedrich Winter im Konsistorium Berlin-Brandenburg, der Inneren Mission und dem Hilfswerk in Ostberlin. Der Leiter der Hilfsstelle Westdeutscher Kirchen, Herr Dr. Rudloff, konnte 1976 davon überzeugt werden, dass auch die Gehörlosengemeinde in Ostberlin mit Sach- und Geldmitteln regelmäßig zu unterstützen sei. In der Vergangenheit hatte OKR i.R. Rudolf Kehr für die Kranken- und Gehörlosenseelsorge in der Mark Brandenburg jährlich bis 2.000 DM erhalten. Anders als in Westberlin bekamen die Gehörlosenseelsorger und die Gehörlosengemeinden die Sachmittel von der „Inneren Mission und dem Hilfswerk", sie führte darüber auch die Aufsicht. Der Anstellungsträger für die Pfarrer blieb das Konsistorium.

1976 war Pfarrer Dietrich Wegmann zum Provinzialpfarrer für die Gehörlosenseelsorge in den evangelischen Kirchengemeinden in Brandenburg berufen worden. Er teilte sich mit Prediger Ernst Schermann die Gehörlosenseelsorge in Brandenburg in den noch bestehenden Gottesdienstorten. Unter schwierigen Bedingungen versuchten sie, die einsam lebenden evangelischen Gehörlosen zu besuchen.

Nach der Pensionierung von Pfarrer Karl-Heinz Reichhenke 1979 war Pfarrerin Elisabeth Umbach von 1979 bis 1980 Gehörlosenseelsorgerin mit einem Nebenauftrag, und ab 1980 bis 1994 war Pfarrer Eduard Schuster hauptamtlicher Gehörlosenpfarrer und Mitglied im Ephorenkonvent. Am 13.12.1980 fand die Einführung von Pfarrer Eduard Schuster und die Verabschiedung der langjährigen Sozialarbeiterin Frau Maria Neideck im Saal der St.-Petrigemeinde, Neue Grünstraße, statt.

Nachdem das Jahr 1981 weltweit zum „Jahr der Behinderten" erklärt worden war, schlug das katholische Bistum Berlin kurzfristig eine ökumenische „Woche der Behinderten" vor und organisierte sie. Während des Gottesdienstes in der Kaiser-Wilhelm-Gedächtnis-Kirche stellte sich heraus, dass man die Gehörlosen bei der Vorbereitung vergessen hatte. Umso größer war das Erstaunen, als sich eine mutige Gehörlose, Frau Frieda Nisch, Mitarbeiterin in der evangelischen Gehörlosengemeinde, zu Wort meldete. Sie saß neben mir, und gab mir zu verstehen, sie wolle etwas beitragen. Ich ermutigte sie und begleitete sie ans Mikrophon. Sie sprach sehr deutlich ohne eine Dolmetscherhilfe. Verstanden haben sie nur wenige, es war ungewohnt, und allen fiel das Versäumnis der Organisatoren auf. Nur bei der Ausstellung zur Behindertenwoche im Europacenter war die Gehörlosengemeinde mit den Schwerhörigen vertreten.

Bei der zweiten „Woche der Behinderten" vom 22. bis 27.8.1983 wurden von dem ökumenischen Arbeitskreis „Behindertenhilfe in den Gemeinden" Ansprache und Gebete so einfach formuliert, dass sie leichter zu dolmetschen waren. Diesmal konnte Frau Lieselotte Schneider, Mitglied im Gehörlosengemeindevorstand, ein Fürbittengebet übernehmen. Den Abschluss bildete ein ökumenischer Gottesdienst mit einer Festveranstaltung unter aktiver Beteiligung der Gehörlosengemeinde.

In der dritten Woche konnte in der katholischen Kirche St. Ludwig am 4.10.1986 mit Joachim Kardinal Meisner und Bischof Dr. Martin Kruse der Abschlussgottesdienst gefeiert werden. Diesmal waren das Regionalfernsehen des SFB und das ZDF zugegen und berichteten.

Da sich die Gehörlosengemeinde wie eine hörende Gemeinde entwickelte, sollte sie im Rahmen des Kirchenkreises Kreuzberg visitiert werden. Die Visitation konnte organisiert werden, obwohl es sich um eine über die ganze Stadt zerstreute Personalgemeinde und keine Ortsgemeinde handelte und alle auf ganz Westberlin verteilten Aktivitäten vom Visitationskollegium mit Bischof Dr. Martin Kruse im Mai 1985 zu visitieren waren. Die Visitation dauerte einen Monat. Als erstes Ergebnis stellte das Visitationskollegium fest, dass die Gehörlosengemeinde finanziell unterversorgt sei. Der Haushalt betrug seit zehn Jahren 10.600 DM. Die Gehörlosengemeindevorsteher wurden zum ersten Mal ernst genommen. Als zweites Ergebnis erkannten sie, dass die Betreuung der einsamen und alten Menschen sowie der Alkoholiker Vorrang haben müsse. In der Jugendarbeit sollten neue Wege gegangen werden.[202] Die Ausbildung junger Pfarrer wurde von Bischof Kruse unterstützt. Es freute ihn, dass Roland Krusche als erster Vikar im Praktikum vom April bis Dezember 1985 großes Interesse an der Gehörlosenseelsorge zeigte und ein Spezialvikariat in der Gehörlosengemeinde absolvierte. Es war erfreulich, dass am Gehörlosengottesdienst mit der Predigt des Bischofs als Abschluss der Visitation auch Pfarrer Eduard Schuster, Berlin (Ost), teil-

*Erster Konvent 1990.
Eduard Schuster,
Sigrid Jahr, Hans
Paul, Roswitha Jahn,
Hans Jürgen Stepf,
Roland Krusche;
es fehlt Dietrich
Wegmann*

nehmen konnte. Er hatte die Ausreisegenehmigung wegen des besonderen Anlasses erhalten.

Auf Wunsch von Roland Krusche wurde er zusammen mit den anderen Kandidaten seines Jahrganges am 22.11.1986 in einem Gehörlosengottesdienst in der Philippus-Gemeinde ordiniert. Im Gottesdienst bliesen Posaunen von der Orgelempore, und die gehörlosen Gemeindeglieder sahen mich erstaunt an; auf ihren Gesichtern las ich die Frage, warum ich nicht weiter dolmetsche. So wurde vielen Hörenden erstmals deutlich: Gehörlose haben nichts von Musik im Gottesdienst. In demselben Gottesdienst wunderten sich viele über das fast synchrone lautsprachbegleitende Dolmetschen der Predigt von Bischof Dr. Martin Kruse durch mich. Es war möglich, weil der Bischof mir gestattete, schwierige Worte seines Manuskripts zu ändern. Bis April 1987 blieb Roland Krusche noch in der Gehörlosengemeinde, danach war er wegen der Arbeit an seiner Dissertation einige Jahre auf Honorarbasis tätig. Nach meiner Pensionierung im Jahr 1997 konnte Dr. Roland Krusche 1998 die hauptamtliche Stelle für Berlin antreten.

Der Gehörlosengemeinde wurde 1980 eine Viertelstelle für eine Verwaltungsangestellte genehmigt. Mit Unterstützung der DAFEG konnten danach vom Verfasser und der Mitarbeiterin die „INFORMATIONEN Evangelische Gehörlosenseelsorge Deutschlands" an alle DAFEG-Mitglieder halbjährlich herausgegeben werden. Bis zur Übernahme durch die 1992 eingerichtete Geschäftsstelle der DAFEG in Göttingen erschienen 14 INFORMATIONEN.

Ordination im Gehörlosengottesdienst Eberswalde am 21.1.1996 von Britta Rostalsky geb. Zander durch Generalsuperintendent Leopold Esselbach, anwesend Generalsuperintendent und Gehörlosenpfarrer i. R. Erich Schuppan

Es fehlte noch die Herausgabe von Tagungsberichten. Seit 1960 hatte es keine gedruckten Tagungsberichte gegeben. Sie galten nach Beschluss des Vorstandes vom Oktober 1961 als überflüssig. In den Jahren 1980, 1982, 1984 und 1990 konnte ich neue Tagungsberichte, diese mit tatkräftiger Hilfe von Frau Ingeburg Limpach erstellen.

Noch einmal war Berlin 1988 Gastgeber der DAFEG. In diesem Jahr gab es Feiern zur Erinnerung an 200 Jahre Gehörlosenbildung in Berlin. Da lag es nahe, die Mitgliederversammlung anlässlich des 60-jährigen Bestehens der DAFEG nach Berlin zu legen. Die Teilnehmer trafen sich auch mit dem Konvent der Gehörlosenseelsorger der DDR, der zu gleicher Zeit in Ostberlin zusammenkam.

1989 wurde zum zweiten Mal ein Gehörlosenkirchentag in Berlin im Rahmen des Deutschen Evangelischen Kirchentages vorbereitet. 361 gehörlose Dauergäste nahmen teil. Der Eröffnungsgottesdienst fand mit tatkräftiger Hilfe der Gehörlosengemeinde in der Philippuskirche statt. Der Gehörlosenkirchentag war zu einem festen Bestandteil des Deutschen Evangelischen Kirchentages geworden. Wir waren auf dem „Markt der Möglichkeiten" regelmäßig vertreten.

9.3 Die Zusammenarbeit nach dem Fall der Mauer 1989

Als nach 28 Jahren am 9.11.1989 die Mauer in Berlin fiel, haben Pfarrer Eduard Schuster und ich sofort intensive persönliche Kontakte aufgenommen und gegenseitig Gottesdienste und die verschiedenen Gehörlosenschulen besucht. So war es mir möglich, alle Gottesdienstorte kennenzulernen. Oft bereiteten Hörende eine Kaffeetafel für die gehörlosen Mitchristen vor. Gemeinsam hielten wir Konfirmanden- und Familienrüsten im Kinderland

Ordination von Gistbert Frank am 9. November 1980 in Wuppertal Barmen. V.l.n.r.: Friedrich Luger, Waldemar Ziegler, Hans Sarasch, Horst Paul, Ruth Müller-Wollermann, Hans Brückmann, vorne Gisbert Frank, Artur Keller, Hans Kohwald, Hans Ulrich Stephan

Altenhof/Eberswalde, in der einstigen Pionierrepublik „Wilhelm Pieck" am Werbellinsee. Die „Gehörlosen-Hilfsschule" war 1947 bis 1992 in der psychiatrischen Klinik Eberswalde untergebracht. Ab 1992 stand ihr das Schulgebäude der einstigen Pionierrepublik zur Verfügung. Die Schule hieß nun: „Förderschule für Hörgeschädigte Eberswalde im Kinderland am Werbellinsee". Eduard Schuster wurde auf Vorschlag des Landrats zum Vorsitzenden des Elternbeirates der Schule gewählt. Er führte mit seiner Frau und Mitarbeitern der Gehörlosengemeinde sehr beliebte Seniorenrüsten auf Usedom und mehrmals, über seine Pensionierung hinaus, in Bad Hall/Österreich durch.

Am 27.4.1990 gründeten die haupt- und nebenamtlichen Gehörlosenseelsorger und Mitarbeiter in der Gehörlosenseelsorge aus West- und Ostberlin den gemeinsamen Konvent der Evangelischen Kirche in Berlin-Brandenburg. Zum Konvent gehörten: Diakonisse Schwester Roswitha Jahn, Fürsorgerin und Dolmetscherin Iris Sankowski, Dagmar Steiner (Katechetin an der Ernst-Adolf-Eschke Schule für Gehörlose), Frau Vikarin Sigrid Jahr (in der Ausbildung), Diakon Hans Paul, sowie die Pfarrer Eduard Schuster, Dietrich Wegmann, Dr. Roland Krusche und Hans Jürgen Stepf.

Am 9.7.1990 hielten die Gehörlosenvorsteher im Protokoll fest:

„1. Für Oktober/November soll ein gemeinsamer Gemeindebrief für die Stadt Berlin gedruckt werden.
2. Pfarrer Eduard Schuster soll für die Gemeindearbeit einen Kopierer bekommen. Die Gehörlosengemeinde gibt einen Zuschuss.
3. Die Evangelische Gehörlosengemeinde übernimmt zunächst, wenn keine andere Möglichkeit besteht, die Reparaturkosten und die laufenden Unkosten.
4. Die Gehörlosengemeindevorsteher wünschen ein eigenes Zentrum für die Evangelische Gehörlosengemeinde in Berlin. Es muß zentral liegen und gut erreichbar sein."[203]

Nach vielen fehlgeschlagenen Versuchen dauerte es bis zum November 1994, bis eine feste Bleibe für die ab 1990 vereinigte Gehörlosengemeinde gefunden war. Fehlgeschlagen war in den 80-er Jahren der Versuch, in Zusammenarbeit mit dem Ev. Gemeindeverein das „Haus des Berliner Krippenvereins" zu erwerben. Ein realisierbares Konzept war mit OKR Heinz Kirchner und dem Architekten Friedrich-Karl Gettkandt umsonst erarbeitet worden. OKR Manfred Kopp, der Referent der Gehörlosengemeinde im Konsistorium, konnte der Gehörlosengemeinde nach dem Mauerfall 250.000 DM, eine Gabe westdeutscher Kirchen, übergeben. Im Verein mit Pfarrer Eduard Schuster wurde eine Partnergemeinde gesucht und gefunden. Leider rief die Partnergemeinde den Betrag ohne Zustimmung der Gehörlosengemeinde ab und verbaute ihn für eigene Zwecke. Generalsuperintendent Martin-Michael Passauer setzte sich erfolgreich für die Rückerstattung ein. Schließlich diente der Betrag zur Deckung der Miete in der Gemeinde Dreifaltigkeit St. Lukas, Berlin-Kreuzberg. Am Sonntag, dem 12.2.1995, konnte das kirchliche Zentrum für die Gehörlosengemeinde Berlin endlich eröffnet werden.

Der Senat von Berlin hatte nach zwanzigjähriger Planungs- und Bauzeit mit viel Unterstützung und Engagement von Eltern gehörloser Kinder sowie Eigenarbeit von Gehörlosen am 22.1.1994 ein großzügiges Gehörlosenzentrum in der Friedrichstraße mit Wohnbereich, Café und Festsaal seiner Bestimmung übergeben.

Die evangelisch-katholische Zusammenarbeit erreichte einen Höhepunkt bei der Herausgabe des Gemeindebriefes „Gemeinsam", der in Zukunft zum Tag der Gehörlosen erscheinen sollte. Da kein katholischer Gottesdienstraum zum 90. Deutschen Katholikentag zur Verfügung stand, konnte der Gehörlosentag im Rahmen des Katholikentages am 25.5.1990 in der evangelischen Sühne-Christi-Kirche, in der Toeplerstraße, gefeiert werden. Zu diesem besonderen Tag waren auch evangelische Gehörlose herzlich eingeladen.

Nachdem schon ab Oktober vier Gäste aus der Gehörlosengemeinde von Ostberlin an der Gehörlosengemeindevorstehersitzung teilgenommen hatten, wurden am 7.1.1991 darüber hinaus folgende Beschlüsse gefasst:

„1. Pfr. Schuster bekommt regelmäßig das Protokoll der GGV-Sitzungen.
2. Zwei Gehörlose können als Dauergäste vom ev. Gemeindebezirk Ost an den regelmäßigen GGV-Sitzungen teilnehmen. Die Entscheidung, wer teilnimmt, hat Pfarrer Schuster.
3. Pfr. Stepf informiert darüber, dass regelmäßig einmal im Monat eine Dienstbesprechung der Mitarbeiter der Gemeindebezirke Ost und West stattfindet."[204]

Bei der Sitzung am 9.11.1991 wurde vom GGV der Name „Evangelische Gehörlosen- und Taubstummengemeinde in Berlin" in „Evangelische Gehörlosengemeinde in Berlin" umbenannt.[205]

Mit der Gemeindevorsteherwahl am 20.8.1992 von zwei Vertretern aus dem Ostteil und vier Vertretern aus dem Westteil der Gehörlosengemeinde und deren Einführung am 18. Oktober im Gehörlosengottesdienst in der Parochialkirche in der Klosterstraße waren die evangelischen Gehörlosen in Berlin wieder eine Gemeinde geworden. Dem ersten gemeinsamen Gehörlosengemeindevorstand gehörten an:

Karin Costrau, Mia Gessner (hörend), Anneliese Jahnke, Erika Jauernig, Doris Meier und Wolfgang Mescher (Schwesig). Zusammen mit dem Konvent konnte eine Konzeption für die nun vereinigte Gehörlosengemeinde in Stadt und Land erstellt werden.

Beim Nachdenken über die Gehörlosenseelsorge und über die Gehörlosengemeindearbeit ist auch die Frage kritisch zu stellen: Dürfen unter der Verheißung, „Licht der Welt" zu sein, Gehörlose weiterhin das Schlusslicht der Gesellschaft bilden?

Ein positives Beispiel fand in der Rheinischen Kirche statt. Dort wurde der gehörlose Gisbert Frank, gelernter Zahntechniker, nach einer speziellen Ausbildung durch Pastor Horst Paul, ordiniert.

Anmerkungen

1 Goldberg, Werner, in: „Die Mahnung". Hg. v. Bund der Verfolgten des Naziregimes Berlin e.V., 45. Jahrgang, Nr. 6, Berlin, den 1.6.1998, S. 1–3.
2 Giordano, Ralph, am 4.11.1988 im Sender Freies Berlin (SFB 3).
3 Wehler, Hans-Ulrich, in: Der Tagesspiegel vom 14.7.1999, Vortrag des Einsteinforums: Wie erklärt man Heilsversprechen? Hans-Ulrich Wehler schlägt einen neuen Leitbegriff zur Erforschung des Nationalsozialismus vor.
4 Vgl. Schmiedehausen, Hans: Demokratie in der Kirche. In: blick in die kirche. Informationen aus der Kirche von Kurhessen-Waldeck Thema: 1945 – ein Neuanfang? „Trotz der Übernahme der synodalen Elemente aus der Verfassung von 1924 blieb – das ‚Führerprinzip' und eine uneingestandene Aversion gegen die Demokratie wirksam ... Der Mangel an demokratischen Strukturen wurde besonders bei Berufungen von Pröpsten und Dekanen deutlich und hat immer wieder zu Peinlichkeiten geführt." blick in die kirche Heft 11, Kassel 1995, S. 11.
5 Die Chronik Berlins. Hg. v. Bodo Harenberg, Dortmund 1986, S. 432.
6 Dibelius, Otto, a.a.O., S. 229–234.
7 Festschrift, 175 Jahre Gehörlosen-Schule (o. Verfasserangabe und o. Jahr) Berlin (1963), S. 7.

Anmerkungen

8 Nowack, Kurt: Die Kirche im Jahr 1945, in: Herbergen der Christenheit, 1996 Jahrbuch für Deutsche Kirchengeschichte Bd. 20, Leipzig S. 26.
9 Ebd.
10 Grundlagenpapier von OKR Lic. Theodor Franz Krieg – K I vom 15.10.1946, ELAB 1.1/K 455; T 1 Bd I.
11 Ebd., OKR Lic. Theodor Franz Krieg – K I vom 4.2.1947.
12 Ebd., Wiebe, Erwin: Schreiben an das Konsistorium vom 6.12.1946. Die Aufforderung an die Gehörlosen sich sterilisieren zu lassen, ist nachzulesen in: Stepf, Hans Jürgen: INFORMATIONEN, Materialien Die Zwangssterilisation von Gehörlosen ... Kassel 1993, S. 39.
13 Ebd., Bluhm, Heinz: Schreiben an das Konsistorium vom 9.12.1946.
14 Ebd., Schreiben von Heinz Bluhm an Präses Kurt Scharf vom 20.2.1947.
15 Ebd., Schreiben von OKR Lic. Theodor Franz Krieg an Heinz Bluhm vom 27.2.1947.
16 Ebd., Wiebe, Erwin: Bericht vom 29.4.1947.
17 Ebd., Schreiben von Wiebe, Erwin: Jahresbericht vom 12.2.1948.
18 Ebd., Bartel, Otto, Jahresbericht an das Konsistorium vom 14.1.1948.
19 Ebd., Schreiben von Hans v. Arnim, Konsistorium, an Otto Bartel und Superintendent Fritz Leutke vom 27.1.1948.
20 Ebd., Vermerk von OKR Theodor Franz Krieg – 22.1.1948 K I 318.
21 Ebd., Hossenfelder, Joachim: Schreiben an das Konsistorium z.H. OKR Theodor Franz Krieg vom 31.3.1948.
22 Ebd., Hossenfelder, Joachim: Schreiben an das Konsistorium vom 10.7.1948.
23 Ebd., OKR Theodor Franz Krieg Einladung zur Taubstummenseelsorgerkonferenz, vom 12.5.1948.
24 Ebd., Wollenburg, Lusie: Schreiben an das Konsistorium, 4.11.1950, mit Siegel (Umschrift: Ev. Gehörlosen-Gemeinde-Verein gegr. 1910).
25 Schreiben des Konsistoriums an Lucie Wollenburg vom 8.11.1950, ELAB 1.1/K 455; T 1 Bd II.
26 Schreiben der Provinz Sachsen vom 24.7.1946 K VII 3160, ELAB 1.1/K 455; T 1 Bd. I.
27 Thiem, Ferdinand Joachim Robert Rudolf *Berlin 7.12.1886, ord. 2.3.1913, 1913 Hilfsprediger in Neudamm, 1915 P. Schermühl, K. Sternberg I, emer. 1.4.1924. (Fischer Bd. II/2 S. 889).
28 Konsistorium K I 5077 – Artur Krasa, Pfarrer i.R. 1.5.1949 – † 7.6.1956.
29 Thiem, Rudolf, Bericht an das Konsistorium, 27.2.1947, ELAB 1.1/K 455 T 1 Bd. I.
30 Ebd., Thiem, Rudolf: Tätigkeitsbericht an das Konsistorium, 6.1.1947.
31 Ebd., Bartel, Otto: Tätigkeitsbericht an das Konsistorium, 14.1.1948.
32 Ebd., Grützmacher, Justus: Schreiben an das Konsistorium vom 16.2.1947 und Konsistoriums Schreiben an Justus Grützmacher, Justus, 28.3.1947, ELAB 1.1/K 455; T 1 Bd. I.
33 Ebd., Grützmacher, Justus: Schreiben an das Konsistorium vom 15.12.1947.
34 Ebd., Orphal, Walter: Schreiben an das Konsistorium vom 21.3.1947 und Konsistoriums Schreiben an Walter Orphal vom 1.4.1947.
35 Ebd., Krieg, Theodor Franz: Schreiben an Otto Bartel, Entwurf vom 18.4.1947.
36 Ebd., Schuppan, Erich: Schreiben an das Konsistorium vom 8.5.1947.
37 Ebd., Grützmacher, Justus: Schreiben an das Konsistorium vom 15.5.1947.
38 Ebd., Scholz, Joachim: Schreiben an das Konsistorium vom 23.4.1947.
39 Ebd., Richter, Helmut: Schreiben an das Konsistorium vom 5.8.1947.
40 Ebd., Superintendent in Guben, Schreiben an das Konsistorium vom 27.9.1947.
41 627 Ebd., Thiem, Rudolf, Quartalsbericht (Oktober/Dezember 1947) an das Konsistorium vom 6.1.1948.
42 Ebd., Stoevesand, Bernhard: Quartalsbericht an das Konsistorium vom 7.1.1948.
43 Ebd., Schuppan, Erich: Schreiben an Konsistorium der EKiBB vom 22.5.1947, ELAB 1.1/K 455; T 1 Bd.I.
44 Ebd., Bartel, Otto: Schreiben an das Konsistorium der EKiBB vom 2.3.1947.
45 Ebd., Bartel, Otto: Schreiben an das Konsistorium der EKiBB vom 22.6.1947.
46 Ebd., Schreiben des Konsistoriums an Bernhard Stoevesand vom 26.11.1947.

47 Ebd., Stoevesand, Bernhard: Schreiben an das Konsistorium der EKiBB – 4. Quartal 1947 7.1.1948.
48 Ebd., Schreiben des Konsistoriums an den Beirat für die kirchl. Angelegenheiten beim Magistrat der Stadt Berlin, Entwurf 29.9.1947.
49 Evangelische Schulen in Berlin 1948–1958, Kirchliche Erziehungskammer für Berlin (Hg.), Berlin 1958. Darin: Gerhardt Giese: Gründungsgeschichte unserer Schulen. 1948, S. 18. Siehe auch Geistliche Fürsorge, Bibelteile, Andachtsbücher
50 Lokies, Hans: Warum evangelische Schulen in Westberlin?, in: Kirchliche Erziehungskammer a.a.O., Berlin 1948, S. 11.
51 Richter, Helmut: Bericht an das Konsistorium vom 12.5.1948 und Superintendentur Forst an das Konsistorium vom 20.2.1948, LABB 1.1/K 455, T 1 Bd I.
52 Richter, Helmut: Bericht an das Konsistorium vom 24.4.1949, ELAB 1.1/K455; T1 Bd. II.
53 Superintendentur Beeskow, Schreiben an das Konsistorium vom 22.4.1948, LABB 1.1/K 455; T 1 Bd. I.
54 Ebd., Stoevesand, Bernhard: Bericht an das Konsistorium vom 1.7.1948.
55 Ebd., Grützmacher, Justus: Bericht an das Konsistorium vom 26.4.1949 mit Bezug auf den 27. 04. 1948, LABB 1.1/K 455; T 1 Bd. II.
56 Ebd., Stoevesand, Bernhard: Bericht an das Konsistorium vom 1.4.1948, ELAB 1.1/K455; T 1 Bd. I – Siehe zu Direktor Gotthold Lehmann: Biesold, Horst, a.a.O., 1988, S. 104. Die Mitwirkung der deutschen Gehörlosenpädagogik am Vollzug des GzVeN. – Er beeinflusste ganze Generationen von Taubstummenlehrern im Sinne der NS-Rassepolitik und griff persönlich im Sinne des Gesetzes ein.
57 Ebd., Stoevesand, Bernhard: Bericht an das Konsistorium vom 1.1.1949, ELAB 1.1/K 455; T 1 Bd. II., vgl. „Wegweiser zu Christus", November 1948, S. 5.
58 Wegweiser zu Christus: September 1948, S. 2f. ein längerer Bericht findet sich in der Novemberausgabe 1948, S. 4f.; vgl. auch Ausgabe September 1949 (Ab April 1949 Untertitel: Mitteilungsblatt für Taubstumme und Gehörlose).
59 Ebd., Stoevesand, Bernhard: 3. Quartalsbericht, 1.10.1948, ELAB 1.1/K455; T 1 Bd. I.
60 Ebd., Schuppan, Erich: Schreiben an das Konsistorium vom 4.10.1948.
61 Ebd., Stoevesand, Bernhard: 4. Quartalsbericht 1.1.1949, ELAB 1.1/K455; T 1 Bd. II.
62 Ebd., Stoevesand, Bernhard: 3. Quartalsbericht 1.10.1948, ELAB 1.1/K 455; T 1 Bd. I.
63 Ebd., Stoevesand, Bernhard: Bericht an das Konsistorium vom 1.4.1948.
64 Ebd., Stoevesand, Bernhard: Bericht an das Konsistorium vom 1.10.1948. Stoevesand war 1923 schon einmal als Stadtsynodalpfarrer ernannt worden.
65 Ebd., Konsistorium, Berufungsurkunde (Entwurf 5.2.1948). Otto Bartel, Bericht an das Konsistorium vom 5.7.1948. Siehe auch Bericht vom 7.4.1948.
66 Ebd.
67 Ebd., Bartel, Otto: Bericht an das Konsistorium vom 8.10.1948.
68 Ebd., EKD an das Konsistorium der Mark Brandenburg 22.7.1948.
69 Ebd., Konsistorium, Schreiben an die EKD und Reinhold Burckhardt, 28.7.1948.
70 Richter, Helmut: Bericht an das Konsistorium vom 26.4.1949, ELAB 1.1/K 455; T 1 Bd. II.
71 Ebd., Konsistorium, Schreiben an Helmut Richter vom 1.6.1949.
72 Ebd., Grützmacher, Justus: Bericht an das Konsistorium vom 27.11.1950.
73 Ebd., Thiem, Rudolf: Bericht an das Konsistorium vom 1.4.1949. Ich konnte die in der Quelle enthaltenen Zahlen z.T. nicht deuten.
74 Ebd., Stoevesand, Bernhard: Bericht an das Konsistorium vom 1.4.1949 und 24.4.1949.
75 Stoevesands Hospitationsscheine beim Verfasser vorliegend.
76 Wegweiser zu Christus, Mitteilungsblatt für Taubstumme und Gehörlose, August 1949.
77 Ebd.,Thiem, Rudolf: Bericht an das Konsistorium vom 1.4.1949, ELAB 1.1/K 455; T 1 Bd. II.
78 Ebd., Bartel, Otto: 1. Quartalsbericht an das Konsistorium vom 6.4.1949.
79 Ebd., Stoevesand, Bernhard: Bericht an das Konsistorium vom 1.10.1949.
80 Ebd., Bartel, Otto: Bericht an das Konsistorium vom 8.10.1949.
81 Ebd., Wegweiser zu Christus, August und November 1949.

Anmerkungen

82 Ebd., Schreiben des Konsistoriums an Otto Bartel vom 19.4.1949. ELAB 1.1/K 455; T 1 Bd. II.
83 Ebd., Schreiben des Konsistoriums an Otto Bartel vom 7.6.1949.
84 Wegweiser zu Christus, August und November 1949.
85 Schreiben des Konsistoriums an Otto Bartel, Joachim Hossenfelder, Bernhard Stoevesand und Rudolf Thiem vom 28.7.1950, ELAB 1.1/K 455; T 1 Bd II.
86 „Wegweiser zu Christus", Februar 1950, Bekanntmachungen.
87 Ebd., Thiem, Rudolf: Quartalsbericht an das Konsistorium vom 3.1.1950. ELAB 1.1/K 455; T 1 Bd. II.
88 Ebd., Thiem, Rudolf: Bericht an das Konsistorium vom 3.7.1950.
89 Wegwieser zu Christus, Oktober 1950.
90 Ebd., Stoevesand, Bernhard: 4. Quartalsbericht an das Konsistorium vom 1.1.1950, ELAB 1.1/K 455; T 1 Bd. II.
91 Ebd., Stoevesand, Bernhard: 2. Quartalsbericht an das Konsistorium vom 1.7.1950.
92 Ebd., Schreiben des Konsistoriums an den Direktor der Landesgehörlosenschule in Eberswalde über Bartel, Otto, 30.11.1950.
93 Ebd., Schuppan, Erich: Schreiben an das Konsistorium vom 9.12.1950.
94 Ebd., Naudé, Lisa: Schreiben an das Konsistorium vom 15.3.1951. Konsistoriums-Schreiben an Erich Schuppan vom 17. 03. 1951. Konsistoriums-Schreiben an Otto Bartel vom 6.6.1951: Er solle überprüfen, wie es sich mit den 18 Wochenstunden verhält, ELAB1.1/K 455; T 1 Bd. III.
95 Ebd., Einladung vom 4.1.1950 und „Wegweiser zu. Christus", März 1950, Bericht von Stoevesand, Bernhard., ELAB 1.1/K 455; T 1 Bd. II.
96 Ebd., Zum Vorgang siehe die Briefe: Bartel, Otto, an das Konsistorium vom 8.2.1950; Bartel, Otto, an das Konsistorium vom 13.2.1950; Zscheile an das Konsistorium vom 13.2.1950; Stoevesand, Bernhard, an das Konsistorium vom 10.2.1950.
97 Ebd., Bartel, Otto: Schreiben an das Konsistorium über die Vorkommnisse am 19.2.1950 vom 27.2.1950, S. 3. Der Verfasser hatte noch 1975 diese Probleme mit kirchlichen Räumen für die Gehörlosengemeinde.
98 Ebd., Schreiben des Ehepaars Schiffmann an das Konsistorium vom 27.2.1950.
99 Ebd., Vermerk des Konsistoriums vom Konsistorium (Ost) vom 14.3.1950; und: Wegweiser zu Christus, August 1950.
100 OKR Krieg, Theodor Franz: Bericht betr. Taubstummenseelsorge und Schwerhörigengottesdienste 1948–1950, handschriftl. Anmerkung: Vf. E. K. B. 19.12.50 Nichts zu veranlassen, ELAB 1.1/K455; T I Bd. II.
101 Ebd., Bericht von OKR Krieg, Theodor Franz, Anmerkung: Bei der Aufzählung fehlen: Brandenburg, Dreibrück, Finsterwalde und Guben.
102 Ebd., OKR Krieg, Theodor Franz, interner Bericht vom 16.12.1950.
103 Bartel, Otto: Quartalsbericht an das Konsistorium vom 3.1.1951, ELAB 1.1/K 455; T 1 Bd. III und Stepf, Hans Jürgen, Sammelband Dokumente und Berichte, Göttingen 1996, S. 154f.
104 Ulfert, Gerhard: Brief (handschriftlich mit Bleistift) vom 4.10.1951 an: Präses Kurt Scharf und OKR Theodor Franz Krieg, ELAB 1.1/K 455; T 1 Bd. III.
105 Ebd., Stoevesand, Bernhard: Quartalsbericht an das Konsistorium vom 1.10.1951.
106 Ebd.,Vermerk K I 4525 des Konsistoriums vom 18.10.1951.
107 Ebd., Vermerk des Konsistoriums vom 19.11.1951.
108 Ebd., Stoevesand, Bernhard: Quartalsbericht an das Konsistorium vom 1.4.1951.
109 Ebd.,Vermerk des Konsistoriums vom 21.12.1951.
110 Ebd., Stoevesand, Bernhard: Quartalsbericht an das Konsistorium vom 1.10.1951.
111 150 Jahre Gehörlosenbewegung, Berlin 1998, S. 45.
112 Thiem, Rudolf: Quartalsbericht an das Konsistorium vom 4.4.1952, ELAB 1.1/K 455; T 1 Bd. III.
113 Ebd., Schreiben des Evangelischen Gemeindevereins der Gehörlosen Berlins an das Konsistorium vom 18.10.1952.

114 Ebd., Schreiben des Konsistoriums an den Ev. Gemeindeverein vom 21.11.1952.
115 Ebd., Schreiben der Kirchenprovinz Sachsen vom 15. 08. 1951 und Schreiben des Konsistoriums der EKiBB an Diakon Hermann Dittmann vom 22.9.1952.
116 Ebd., Konsistoriums-Schreiben an Erich Schuppan vom 22.10.1951.
117 Ebd., Schuppan, Erich: Schreiben an Konsistorium vom 13.10. und 5.11.1951.
118 Festschrift 175 Jahre Gehörlosen-Schule Berlin, [ohne Namen eines Herausgebers und Verfassers] Berlin [1963], S. 9.
119 Ebd., Bartel, Otto: Quartalsbericht an das Konsistorium vom 4.10.1951, ELAB 1.1/K 455; T 1 Bd. III.
120 Ebd., Schreiben des Konsistoriums an Otto Bartel vom 29.8.1951.
121 Ebd., Schreiben des Konsistoriums an den Polizeipräsidenten von Berlin vom 10.10.1951.
122 Ebd., Bartel, Otto: Quartalsbericht an das Konsistorium vom 4.10.1951.
123 Ebd., Schulz, Hermann: Schreiben an das Konsistorium vom 25.8.1951.
124 Ebd., Vermerk des Konsistoriums vom 8.2.1952. Es folgt ein weiterer Schriftwechsel mit Anfragen des Konsistoriums vom 27.1.1952.
125 Ebd., Entwurf eines Schreibens des Konsistoriums vom 13.7.1951.
126 Ebd., Bartel, Otto: Quartalsbericht an das Konsistorium vom 4.12.1952.
127 Ebd., Vermerk des Konsistoriums der EKiBB von OKR Rudolf Kehr vom 30.11.1951, siehe Schreiben des Ev. Gemeindevereins vom 15.11.1951 und Konventsordnung 1951 in Dokumenten (Dokument III 2).
128 Ebd., Konsistorium der EKiBB, Schreiben an Otto Bartel vom 20.1.1951.
129 Ebd., Bartel, Otto: Schreiben an das Konsistorium der EKiBB vom 23.4.1952.
130 Ebd., Vermerk von OKR Rudolf Kehr nach Rücksprache mit Otto Bartel vom 4.12.1952.
131 Ebd., Briefwechsel Otto Bartels mit dem Konsistorium und den Teilnehmern: 1.3.1951; 7.3.1951 und 28.3.1951; Konsistorium an Otto Bartel 6.6.1951; 11.6.1951.
132 Ebd., Bartel, Otto: Bericht an das Konsistorium vom 2.7.1953, ELAB 1.1/K 455; T 1 Bd. IV.
133 Ebd., Grützmacher, Justus: Bericht an das Konsistorium vom 30.4.1953 und Stoevesand, Bernhard, Bericht an das Konsistorium vom 1.7.1953.
134 Ebd., Bartel, Otto: Bericht an das Konsistorium vom 5.1.1954.
135 Ebd., Bartel, Otto: Bericht an das Konsistorium vom 2.7.1953.
136 Gailus, Manfred: Protestantismus und Nationalsozialismus. Böhlau 2001, S. 675 In seiner Abhandlung über Joachim Hossenfelder nimmt er nicht auf, dass Hossenfelder nach 1945 als Gehörlosenpfarrer ausgebildet und auch in dieser Funktion bis 1953 tätig war.
137 Bartel, Otto: handschriftliche Anmerkung in dem Bericht von Rudolf Thiem an das Konsistorium vom 19.1.1953, ELABB 1.1/K455; T 1 Bd. IV.
138 Ebd., Schreiben des Konsistoriums an Volker Reichardt vom 10.9.1953.
139 Ebd., Bartel, Otto: Bericht an das Konsistorium vom 5.1.1954.
140 Ebd.
141 Ebd., Stoevesand, Bernhard: Bericht an das Konsistorium vom 1.1.1955, Bd. V; Propst Dr. Heinrich Grüber leitete im Dritten Reich das „Büro Grüber", das u. a. Juden zur Ausreise verhalf. Er war selbst 1940 im Konzentrationslager Sachsenhausen und von 1940 bis 1943 im Konzentrationslager Dachau eingekerkert. Für noch lebende Juden in Deutschland wurde von ihm 1959 das „Heinrich-Grüber-Haus" (Altersheim) gegründet. Grüber war 1945 auch der allseits geachtete Vertreter der Kirchen und der Stadt bei den sowjetischen Behörden und später in der DDR bis 1958.
142 Ebd., Stoevesand, Bernhard: Bericht an das Konsistorium vom 19.10.1954, ELAB 1.1/K455; T 1 Bd. IV.
143 Ebd., Bartel, Otto: Bericht an das Konsistorium vom 8.1.1955, ELAB 1.1/K455; T 1 Bd. V.
144 Ebd., Stoevesand, Bernhard: Bericht an das Konsistorium vom 25.11.1955.
145 Ebd., Stoevesand, Bernhard: Bericht an das Konsistorium vom 4.4.1955.
146 Ebd., Kehr, Rudolf in einem Schreiben an KR Reinhard Steinlein vom 20.3.1955.

147 Schreiben der Eheleute Papenfoth an das Konsistorium vom 25.11.1956, ELAB 1.1/K 456; T1 Bd. V.
148 Ebd., Stoevesand, Bernhard: Bericht an das Konsistorium vom 1.1.1956, vgl. dazu auch das Schreiben von Ilse Klausch an das Konsistorium vom 18.11.1956.
149 Ebd., Bartel, Otto: Aus der Taubstummen-Seelsorge, Vortrag, Oktober 1956, S. 1–12. In diesem Vortrag berichtet er über die Hilfe durch Oberhofprediger Dr. Bruno Doehring, das Domhospital als Predigtstätte und Gemeindezentrum gebührenfrei zu nutzen.
150 Ebd., Bartel, Otto: Bericht an das Konsistorium vom 2.7.1956.
151 Ebd., die „Ausweisung" erfolgte wegen Eigenbedarfs der Gemeinde und Schwierigkeiten mit den Gehörlosen.
152 Ebd., Schreiben des Konsistoriums an Otto Bartel vom 5.1.1957.
153 Ebd., Bartel, Otto: Bericht an das Konsistorium vom 4.7.1957.
154 Ebd., Bartel, Otto: Bericht an das Konsistorium vom 6.1.1958, ELAB 1.1/K 456; T 1 Bd. VI.
155 Ebd., Exner, Fritz: Bericht an das Konsistorium vom 2.1.1958.
156 Ebd., Exner, Fritz: Bericht an das Konsistorium vom 5.7.1958.
157 Festschrift 175 Jahre Gehörlosen-Schule Berlin (o. Verfasserangabe und o.J.), Berlin (1963) S. 32–36.
158 Ebd., Schuppan, Erich: Bericht an das Konsistorium vom 8.8.1958, LABB 1.1/K 456; T 1 Bd. VI.
159 Ebd., Bartel, Otto: Bericht an das Konsistorium vom 6.1.1959.
160 Ebd., Bartel, Otto: Bericht an das Konsistorium vom 6.1.1958.
161 Ebd., Bartel, Otto: Bericht an das Konsistorium vom 29.6.1959.
162 Ebd., Bartel, Otto: Bericht an das Konsistorium vom 27.10.1958.
163 Ebd., Bartel, Otto: Bericht an das Konsistorium z. H. Dr. Fichtner vom 31.10.1959.
164 Abdruck des Vortrags für den Generalkonvent der Krankenhausseelsorger, Evangelisches Konsistorium Berlin-Brandenburg, Neue Grünstr. 19, Ende Oktober 1960, gez. Horst Fichtner.
165 Das war ein Irrtum. Bis zur Entscheidung im Jahr 1980 wurde um Entschädigungen gekämpft. Sie ist bis heute, 2009 nicht abgeschlossen.
166 Ebd., Exner, Fritz: Bericht an das Konsistorium vom 8.1.1961, LABB 1.1/K 456; T I Bd. VII, 8.
167 Ebd.
168 Es handelt sich hier um die Wasserkirche am Eingang des Zürichsees in Zürich.
169 Ebd., Stoevesand, Bernhard: Bericht an das Konsistorium vom 9.1.1961 S. 5, LABB 1.1/K456; T I Bd. VII.
170 Ebd., Bessert, Lieselotte: Pressestelle des Konsistoriums, Schreiben vom 28.2.1961, S. 16 an Propst Martin Schutzka.
171 Ebd., Schreiben von Rudolf Kehr an Lieselotte Bessert, Pressestelle des Konsistoriums vom 13.3.1961. Diese Frage ist bis heute (2004) rechtlich nicht geklärt.
172 Ebd., Vermerk von Heinz Kirchner vom 17.3.1961, S. 13.
173 Ebd., Bessert, Lieselotte: handschriftlicher Vermerk, S. 17.
174 Gollwitzer, Helmut, in: Deutscher Evangelischer Kirchentag Berlin 1961 Dokumente Stuttgart 1961, S. 15.
175 Ebd., Bartel, Otto: Bericht an das Konsistorium vom 14.10.1961, LABB 1.1 K456; T 1 Bd. VII S. 65.
176 Ebd., Briefwechsel Otto Bartel mit Karl Themel S. 65–77.
177 Ebd., Schreiben des Konsistoriums an Otto Bartel vom 22.12.1961, S. 83.
178 Ebd., Schreiben des Konsistoriums an Bernhard Stoevesand vom 13.2.1962, S. 101.
179 Ebd., Schreiben des Konsistoriums an Bernhard Stoevesand vom 28.5.1962, S. 119a.
180 Ebd., Bartel, Otto: Schreiben an das Konsistorium, an OKR Heinz Kirchner vom 27.9.1962, S. 121.
181 Ebd., Schreiben des Konsistoriums an Bernhard Stoevesand vom 14.2.1963, S. 138. Dienstordnung für Pfarrer Bernhard Stoevesand am 27.6.1963.

182 Der Verfasser konnte so am 19.10.1979 in den Kreiskirchenrat gewählt werden und war von 1980 bis 1982 Stellvertreter des Superintendenten.
183 Ebd., Bartel, Otto: Bericht an das Konsistorium vom 18.4.1964, S. 158, LABB 1.1/K456; T 1 Bd. VII.
184 Ebd., Kirchenkreis Kölln Stadt II, Schreiben an den Stadtsynodalverband vom 28.4.1965, S. 168.
185 Ebd., Schreiben des Konsistoriums an den Kirchenkreis Kölln Stadt vom 6.12.1965, S. 172.
186 Ebd., Schreiben des Kirchenkreises Kölln Stadt an das Konsistorium vom 6.12.1965, S. 181.
187 Ebd., Schreiben von Arno Blau an Bischof Kurt Scharf vom 17.10.1966: „Angesichts der Tatsache, dass in zahlreichen Städten des Auslandes solche Gemeinde-Zentren für Gehörlose seit langem bestehen, erscheint die derzeitige Berliner Regelung als rückständig und beschämend."
188 Ebd., Schreiben und Antwortschreiben, S. 186–215.
189 Ebd., Stoevesand, Bernhard: Bericht an das Konsistorium vom 10.11.1966, S. 207 f.
190 Ebd., Kehr, Rudolf: Bericht über die Gehörlosenseelsorge in Westberlin vom Januar 1967 bis März 1969, ELAB 1.1/K 456; T 1, Bd. VIII.
191 Ebd., Stoevesand, Bernhard: Bericht an das Konsistorium vom 15.2.1970, ELAB 1.1/K 456; T 1, Bd. VIII.
192 Ebd., Schreiben von Rudolf Kehr an Friedrich Wilhelm Luger vom 12.9.1968, ELAB 1.1/K456; T 1, Bd. VIII.
193 Ebd., Vermerk des Konsistoriums vom 13.11.1970.
194 Ebd., Mitteilung des Konsistoriums Berlin-Brandenburg an das Konsistorium Berlin-Brandenburg vom 20.10.1965, ELAB 1.1/K456; T 1, Bd. VII.
195 Ebd., Mitteilung des Konsistoriums Berlin-Brandenburg vom 29.6.1966, S. 185 ELAB 1.1/K456; T 1, Bd. VII.
196 Siehe für den Tätigkeitsbereich auch Kolb, Eduard: Taubstummengemeinde, hg. v. Taubstummen-Pfarramt des Kantons Zürich 1961.
197 Selbst die Einweisung in ein Krankenhaus wurde in schmerzlicher Erinnerung an das Dritte Reich als ein Todesurteil angesehen.
198 Stepf, Hans Jürgen: Bericht über DAFEG Tagung, in: Unsere Gemeinde Nr. 2, Kassel 1977, S. 4 und Nr. 11, Kassel 1976, S. 13.
199 Stepf, Hans Jürgen: Bericht in: Unsere Gemeinde Nr. 9, Kassel 1977, S. 3 f. und Bericht von I.N., in: Nr. 11, Kassel 1977, S. 12/13.
200 Dokument I 6: Gemeindeordnung der Evangelischen Gehörlosengemeinde Berlin.
201 Bericht, in: Unsere Gemeinde Nr. 11, Kassel 1981, S. 14 f.
202 Der Versuch, Alkoholikern, psychisch kranken Gehörlosen zu helfen, scheiterte trotz der Hilfe des Krankenhauses Havelhöhe und seines Direktors Dr. Gerhard Zeller. Erfreut war die Gemeindeleitung, als in Erlangen am 4. März 1988 im Bezirkskrankenhaus eine Abteilung für „psychisch kranke Menschen mit der Behinderung Gehörlosigkeit" mit Frau Dr. Ingeborg Richter (gehörlos von Geburt) als Leiterin eröffnet wurde. In der eingeschlossenen Stadt Berlin (West) gab es kein Berufsbildungswerk für gehörlose Jugendliche. Die jungen Erwachsenen gingen entweder nach Nürnberg oder Husum. Die geistig schwachen Jugendlichen konnten in Winnenden bei Stuttgart weitergebildet werden. Nur in Essen und Hamburg konnten Gehörlose das Abitur erreichen.
203 Protokoll der GGV-Sitzung Nr. 3/1990 vom 9.7.1990.
204 Protokoll der GGV-Sitzung Nr. 1/1991 vom 7.1.1991.
205 Protokoll der GGV-Sitzung Nr. 6/1991 vom 9.11.1991.

KAPITEL **XII**

Die evangelische Gehörlosenseelsorge in Deutschland nach 1945

1 Ansätze einer Neubesinnung

1.1 „Ausblick" auf die Arbeitsgemeinschaft der evangelischen Gehörlosenseelsorger Deutschlands (AeGD) im Ganzen

Nach 1945 bemühte sich ein Mann besonders um den Aufbau der Gehörlosenseelsorge in beiden Teilen Deutschlands: Hermann Schafft aus Kassel. Er war „1945 bis zu seiner Pensionierung 1951 gleichzeitig Pfarrer in Kirchenbauna bei Kassel und Regierungsdirektor der Abteilung für Erziehung und Unterricht beim Regierungspräsidenten in Kassel."[1] Trotzdem fand er genügend Zeit für die Gehörlosenseelsorge. Übereinstimmend berichteten Mitarbeiter von seinem Schwung, seiner Begeisterungsfähigkeit und seinem fachlichen Können.[2] „Wiederaufbauen" bedeutete freilich mehr als nur ein durch den Krieg beschädigtes oder abgebranntes Haus wieder aufzubauen. Es gab, wie in Kurhessen, Nassau, Frankfurt und Hessen-Darmstadt, Gebiete ohne kirchliche Leitung. Dagegen war Hannover mit Bischof August Marahrens durch das Dritte Reich belastet. Bayern mit Bischof Hans Meiser und Württemberg mit Bischof Theophil Wurm waren organisatorisch intakt und nicht durch das Dritte Reich desavouiert. In einer besonderen Lage befand sich Berlin-Brandenburg mit einer geteilten Stadt und Bischof Otto Dibelius. Als unbequemer Mahner und streitbarer Mann für eine neue Kirche der Reformation erhob Martin Niemöller, der nach acht Jahren als „persönlicher" Gefangener Adolf Hitlers aus dem KZ frei kam, seine Stimme.
Für die weitere Entwicklung war der Zusammenschluss der deutschen Kirchen in der EKiD auf der „Kirchenführerkonferenz" in Treysa vom 27. bis 31.8.1945 entscheidend.[3] Vorbesprechungen hatte es schon unter Bischof Theophil Wurm und Dr. Fritz von Bodelschwingh sowie Pastor Hans Asmussen und dem westfälischen Präses Karl Koch am 8.6.1945 in Bethel gegeben. Ebenso fand auf Initiative Martin Niemöllers eine Reichsbruderratssitzung mit Vertretern der Landesbruderräte und Karl Barth am 21.8.1945 in Frankfurt statt. Karl Barth wurde von vielen Teilnehmern als eine Art Oberinspektor der Alliierten Armeen angesehen, weil er vom 19.8. bis 4.9.1945, betreut von der

US-Armee, mit einem Jeep durch Deutschland fuhr. Von Frankfurt wurde eine Delegation von zehn Personen auf einem offenen Lastwagen nach Treysa transportiert. Die Verbindung mit der Ökumene war durch das ursprünglich nicht für die Öffentlichkeit bestimmte „Stuttgarter Schuldbekenntnis" vom 18. und 19.10.1945 wieder möglich geworden. Dieses Schuldbekenntnis hatten Menschen unterschrieben, die im Dritten Reich gelitten hatten.

Auf der Tagung in Treysa machte Pfarrer Martin Niemöller unmissverständlich klar, dass er „den Rücktritt solcher kirchenleitender Persönlichkeiten fordere, deren positive Äußerungen über den Nationalsozialismus und seine Weltanschauung andere Menschen verleitet hatten, mit vermeintlich gutem Gewissen der NSDAP beizutreten". Bischof August Marahrens wurde vorgeworfen, dass er unter die sogenannte Godesberger Variata seine Unterschrift gesetzt hatte, die den Satz enthielt, „daß die nationalsozialistische Weltanschauung als politische Lehre auch für Christen verbindlich sei".[4]

Exkurs: Keine Wiedergutmachung für zwangssterilisierte Gehörlose

☐ *Die kontroversen Standpunkte*

So verschieden und kontrovers wie in diesen Reihen der Abgesandten und Vertreter aus den verschiedenen Kirchengebieten in Treysa diskutiert wurde, so verliefen später auch die Diskussionen der Gehörlosenpfarrer untereinander. Schon 1954 in Tutzing und später 1964 in Herrenalb wurde Pfarrer Johannes Blindow[5] zum Rücktritt gedrängt. Er war 1948 von der Landessynode als Provinzialtaubstummenpfarrer eingesetzt worden und wurde am 15.5.1949 wiedergewählt als Vorsitzender des Verbandes evangelischer Taubstummengemeinden im Rheinland. Am 1.2.1956 ging er offiziell in den Ruhestand. Das Landespfarramt wurde nicht wieder besetzt. Dafür wurde ein Ausschuss für Gehörlosenseelsorge der evangelischen Kirche im Rheinland eingesetzt. In ihm war Blindow vertreten. Blindow gehörte nicht zu den Deutschen Christen, hatte sich aber für die Sterilisation eingesetzt. Er verweigerte sich einem Schuldbekenntnis und erklärte nur: „Wir leben von der Vergebung." Ich erinnere mich an eine sehr harte, peinliche Diskussion bei der Tagung unserer Arbeitsgemeinschaft in Höchst/Odenwald 1970, als der Schweizer Prof. Dr. med. Aron Ronald Bodenheimer, ein bekennender Jude, bei uns zu Gast war und die Gehörlosenpfarrer mit ihrer Vergangenheit und Haltung im Dritten Reich konfrontierte. 1970 hatte Pfarrer Heinz Barow vergebliche Versuche bei den Bundesländern unternommen, die Anerkennung der zwangssterilisierten Gehörlosen als NS-Opfer zu erreichen.

Gerade durch die Sterilisierung bewirkte Kinderlosigkeit belastete die Gehörlosen in einem für andere kaum vorstellbaren Maße. Der innerste Intimbereich war getroffen, verpfuschte ärztliche Eingriffe, Dauerschäden, dazu das staatliche Schweigegebot hinderten die Gehörlosen, von ihrem Leid zu sprechen.

Von einzelnen Gemeindegliedern erfuhr ich im vertrauten Gespräch von der Zwangssterilisation. Es stieg in ihnen immer hoch, wenn sie über die Zukunft im Alter sprachen. Dann erfuhr ich von den seelischen Belastungen, die aus den Zwangssterilisierungen entstanden waren. Wer die Lage im Dritten Reich kannte, wußte, dass am Ende auch für Zwangssterilisierte die Euthanasie stehen sollte. Bei einigen Eltern waren diese Befürchtungen ganz reale Ängste um das Leben ihrer gehörlosen Kinder gewesen. So überlebten einige die Euthanasie, indem sie von den Eltern zur Verwandtschaft aufs Land geschickt wurden. Ihnen half dann die gute Schulbildung, die sie genossen hatten und ihre Leistungen bei der Arbeit. So erzählte es mir Herr Hubert Czempin.

In Berlin fand 1987 zu diesem Komplex eine Anhörung im Abgeordnetenhaus statt. Ich wurde als Gutachter für die zwangsterilisierten Gehörlosen dazu eingeladen. Das Ergebnis war eine von allen im Abgeordnetenhaus vertretenen Parteien getragene „Stiftung für NS-Verfolgte" in Berlin, in Deutschland die einzige ihrer Art. Die Vergabe der Stiftungsgelder an die Betroffenen erfolgte von den Verfolgtenverbänden gemeinsam mit dem Senat. Dadurch verbesserte sich die Lage für alle Zwangssterilisierten in Berlin. Gehörlosen wurde die Rente für „politisch, rassisch und religiös Verfolgte" (P. r. V.) gewährt. Einige kamen zu mir und bedankten sich. Ein ruhiger, etwas scheuer Mann bat mich nach draußen vor den Saal hinter die Tür, damit keiner seine Worte vom Mund ablesen konnte und sagte verlegen, doch erfreut, dass er jetzt auch die Rente bekäme. Herr Hans Abraham, der sein Schicksal als Zwangssterilisierter in der Sendung „Kontraste" des Sender Freies Berlin mit Jürgen Engert am 19.7.1988 öffentlich bekannt gemacht hatte, spendete wiederholt einmal im Jahr in einem Briefumschlag mit einem Dankschreiben einhundert DM.

Erst am 23.2.1982 sprachen die im Hauptausschuss der „Deutschen Arbeitsgemeinschaft für Evangelische Gehörlosenseelsorge" versammelten Obleute ein klares Votum zu den Zwangssterilisationsopfern aus. Zuvor war am 15.1.1982 eine Sendung aus der Reihe „Sehen statt Hören" ausgestrahlt worden. Die Sendung der dritten TV-Programme war speziell für Gehörlose gestaltet. Im Januar 1985 gab die Evangelische Kirche im Rheinland auf ihrer Landessynode eine Erklärung zu „Zwangssterilisierung, Vernichtung sogenannten unwerten Lebens und Menschenversuchen im Dritten Reich" ab. Es war die erste Erklärung dazu nach dem Kriege in einer Landessynode. 1986 regten evangelische Gehörlose aus Essen eine Gesetzesinitiative an, Zwangssterilisierte als politisch Verfolgte anzuerkennen.[6] Den Aufruf der Landessynode der Evangelischen Kirche im Rheinland vom Januar 1987 an den Gesetzgeber, das Erbgesundheitsgesetz von 1933 für null und nichtig zu erklären, hat sich am 13.11.1987 auf Initiative des Gehörlosengemeindevorstandes (GGV) der Evangelischen Gehörlosengemeinde in Berlin auch die Landessynode der Evangelischen Kirche in Berlin-Brandenburg (Berlin West) einstimmig zu eigen gemacht.

Die Aufhebung des „Gesetzes zur Verhütung erbkranken Nachwuchses" vom 14.7.1933 erfolgte durch den Bundestag mit dem „Gesetz zur Aufhebung nationalsozialistischer Unrechtsurteile in der Strafrechtspflege und von Sterilisationsentscheidungen der ehemaligen Erbgesundheitsgerichte" vom 25.8.1998, Artikel 2, veröffentlicht im Gesetzblatt vom 31.8.1998, Teil I Nr. 58 in Bonn.

Angemerkt werden muss, dass juristisch-rechtlich damit keine „Null-und-nichtig-Erklärung" erfolgte. Es kann also nicht gegen das erlittene Unrecht geklagt werden.

☐ *Nachkriegsliteratur zum Thema: Zwangssterilisierung im Dritten Reich*
Bis heute kann man Stimmen hören, die die Zwangssterilisation von Gehörlosen verharmlosen und nicht als das sehen, was sie war: ein politisches Mittel, um die sogenannte „Reinheit der Rasse" sicher zu stellen. Gehörlose sind rassisch verfolgte NS-Opfer. Die Begriffe „minderwertig", „Ballastexistenzen" und „Erbfaktor" lösten sich nach dem Krieg nicht einfach in Nichts auf. Sie blieben nicht im Wortschatz, aber in den Gedanken präsent. Es ist nicht verwunderlich, dass sich nur wenige mit dem Unrecht der Zwangssterilisierung auseinandersetzten. Die Literatur zu diesem Thema ist nicht umfangreich. Im Rückbezug auf die Praxis und die Diskussion im Dritten Reich ging der deutsche Medizinjournalist, Facharzt für Psychiatrie und Tropenmedizin *Friedrich Deich* (im Krieg zuletzt Stabsarzt an der Front) in seinem Buch: „Windarzt und Apfelsinenpfarrer" auf das Thema ein.

Auf Grund von Fragebogen wurden masurische Bauern, die im Dritten Reich als erbgesund galten, zwangssterilisiert, weil ihr Allgemeinwissen unter dem Durchschnitt lag. In einer Diskussion zwischen Pfarrer und Psychiater wurde die Zwangssterilisation als Irrsinn bezeichnet.

DOKTOR: „Das Gesetz will natürlich nur die schweren Fälle von angeborenem Schwachsinn erfassen, sagte ich leicht beunruhigt."
PFARRER: „Können Sie mir sagen, Doktor, wo die physiologisch noch vertretbare landläufige Dummheit aufhört und der pathologische Schwachsinn beginnt? Gibt es da besondere charakteristische Anzeichen?"

Die Aktion wurde nach Bekanntwerden des Übereifers sofort gestoppt und unter den Teppich gekehrt. – In dem Buch geht es um Moral und ethisches Verhalten im Zweiten Weltkrieg. Ein Arzt und ein Pfarrer diskutieren über das Gesetz, wobei beide das Gedankengut des Dritten Reiches ablehnten.

Dann griff der Lehrer an der Gehörlosenschule und Präparande in Homberg an der Efze Heinrich Ruppel, in: „Ackermann Orf. Das Leben eines gehörlosen Menschen" das Thema auf. Er, Ruge (ein Pseudonym des Autors), legt dar, wie er dem Gehörlosen geholfen hat, aus der Falle der Zwangssterilisation herauszukommen (S. 218). Ruppel selbst war als Gehörlosenlehrer in Homberg im Dritten Reich zwangspensioniert worden.

Ferner liegen die Tagebucheintragungen einer betroffenen Mutter vor, die bei Pfarrer Martin Niemöller Gemeindeglied in der St-Annen-Kirche Berlin gewesen war:

„Erna Saenger: Geöffnete Türen. Ich erlebte hundert Jahre".

Die Verfasserin schildert in ihrem Tagebuch auch den Kampf mit dem Erbgesundheitsgericht. Es geht um die Heiratserlaubnis für ihre gehörlose Tochter Bärbel und den gehörlosen Buchbinder Wilhelm Dsirne 1944 (S. 346f.).

Das letzte Beispiel stammt von *Maria Wallisfurth*, der jüngsten Tochter gehörloser Eltern; Schauspielerin am Stadtteater Aachen. Das Buch hat den Titel: „Sie hat es mir erzählt". Darin berichtet die Autorin, selbst hörend, von den Erinnerungen ihrer Mutter. Dabei findet auch die späte Zwangssterilisierung ihres Vaters Erwähnung. Die wenigen literarischen Beispiele zeigen, dass das Thema lange tabu war. Das Buch von Maria Wallisfurth erfuhr erst weite Verbreitung im Zusammenhang mit den Anstrengungen, das „Gesetz zur Verhütung erbkranken Nachwuchses" von 1933 auch öffentlich als Rassegesetz und Unrecht zu brandmarken. Das Buch ist heute unter dem Titel: „Lautlose Welt – Das Leben meiner gehörlosen Mutter" im Handel.

2 Initiativen zur Ordnung der Gehörlosenseelsorge

2.1 Die erste Tagung der Arbeitsgemeinschaft evangelischer Gehörlosenseelsorger Deutschlands 1949

Der ersten Tagung ging ein Treffen im Tannenhof in Remscheid Lüttringhausen am 4. und 5.5.1947 voraus. Die Teilnehmer waren: Hermann Schafft, Johannes Blindow, Korn, und Friedrich Wapenhensch.[7]

Wie schwierig der Anfang noch vier Jahre nach Kriegsende und mitten im kalten Krieg war, ist heute vielen nicht mehr bewusst. Juni/Juli 1945 wurden Parteien wieder zugelassen. Im August 1945 fand die Konferenz von Potsdam statt. Bei ihr wurde die Reparation durch Demontage der Industrien festgelegt. Es wurde die Vertreibung von etwa 16 Millionen Menschen gebilligt. Seit dem 1.3.1946 bestand die SED. Es gab die Lebensmittelbewirtschaftung. Lebensmittelkarten wurden erst März/April 1950 abgeschafft, obwohl die Währungsreform seit 1949 durchgeführt war. Die Berlinblockade war im Mai 1949 gerade beendet worden. Die Schlussgesetze für die Entnazifizierung wurden erlassen. In dieser Zeit wurde das Grundgesetz am 23.5.1949 verkündet. Am 7. Oktober entstand die DDR als „eigenständiger" Staat. Das alles beeinträchtigte die Gehörlosenseelsorge.

An der ersten, von der EKiD getragenen Tagung vom 13. bis 15.9.1949 nahmen nur drei Vertreter aus der späteren DDR teil, aus Leipzig die beiden Pfarrer Reinhold Burkhardt und Walter Klemm und aus Mecklenburg Pfarrer

Hans Olbrecht. Mit einem Bericht von den Vertretern aus 16 Landeskirchen begann die Tagung. In den meisten Landeskirchen war die Gehörlosenseelsorge nach dem Kriegsende neu geregelt worden. Ein wichtiges Thema war die Ausbildung von jungen Gehörlosenseelsorgern. Dabei wurde auf Richtlinien der Tagung vom 27.10.1932 zurückgegriffen. Hermann Schafft befürwortete einen hauptamtlichen Gehörlosenseelsorger in jeder Landeskirche. Er dachte dabei an einen emeritierten Pfarrer.[8] Im übrigen wurden alle Themen besprochen, die auch vor dem Krieg anstanden. Es wurde von Hermann Schafft noch einmal ausdrücklich auf das hingewiesen, was schon 1932 formuliert worden war: „Die Taubstummenarbeit soll keine Arbeit der Inneren Mission oder des Hilfswerks sein, sie gehört zur kirchlichen Arbeit, ist Gemeindearbeit. Die Landeskirchen sollen weiter gebeten werden, eine bestimmte Summe im Etat aufzunehmen und durch eine Kollekte zu vergrößern. Zur Regelung der finanziellen Schwierigkeiten müßten die Landeskirchen, nicht die Synoden herangezogen werden." Schafft sprach sich für Taubstummengemeinden aus, die aber „nicht ein eigenes Kirchspiel sein sollten". Die Verantwortung der Gehörlosen für ihre Gemeinde müsse gestärkt werden, Jugendfreizeiten könnten Hilfestellung leisten. Das alles waren Gedanken, die schon 1928 im Protokoll gestanden hatten.[9]

In Homberg wurde ein Ausbildungskurs für 1950 vorgesehen. Die neue Herausgabe des „Wegweiser", der 1941 eingestellt worden war, wurde sehr begrüßt. Dabei war allen klar, dass ein Vertrieb in der Ostzone nicht möglich war. Außerdem mussten Lehr- und Lernbücher erstellt und die Erarbeitung der Gebärdensprache vorangetrieben werden.

Nach einer Diskussion über die Wiederbelebung eines „Verbandes der evangelischen Taubstummenseelsorger Deutschlands" im Rahmen der EKiD wurde eine neue Satzung verabschiedet. Als Bezeichnung wurde gewählt: „Arbeitsgemeinschaft Evangelischer Gehörlosenseelsorger Deutschlands". Es wurden gewählt:

Vorsitzender:	Professor Hermann Schafft
Stellv. Vorsitzender:	Pfarrer Reinhold Burkhardt
Schriftführer:	Pfarrer Johannes Blindow
Schatzmeister:	Pfarrer Arthur Leidhold
Beisitzer:	Pfarrer Alexander Korn
	Pfarrer Hans Olbrecht
	Taubstummenoberlehrer Siefert

Am Anfang der Tagesordnung stand die Bildung eines religionspädagogischen-, eines liturgischen- und eines Presseausschusses.[10] Die Grundsätze zur Taubstummenseelsorge wurden am 3.1.1951 an alle Gliedkirchen der EKiD versandt.[11]

Auffallend ist eine Erklärung der Taubstummenseelsorger zur Einheit Deutschlands:

„Die Arbeitsgemeinschaft der Gehörlosenseelsorger innerhalb der EKiD hat sich die Aufgabe gesetzt, alle für die Gehörlosenseelsorge innerhalb unserer Landeskirchen wichtigen Fragen zu besprechen und zu klären. In der Erfüllung dieser Aufgabe sind wir durch die Spaltung unseres Vaterlandes schmerzlich behindert. Wir fordern deshalb die Einheit Deutschlands und erklären, daß wir uns innerhalb unserer Gemeinden dafür einsetzen werden.
gez. Schafft, Burkhardt, Blindow, Leidhold, Korn, Olbrecht, Siefert."

Bei aller Aktivität fällt auf, dass sich in den Materialien kein Wort über die Zeit des Dritten Reiches, kein Wort zu den Zwangssterilisationen und der Euthanasie findet, obwohl das Stuttgarter Schuldbekenntnis schon vier Jahre zurücklag. Pfarrer Dr. Eugen Hildebrand konnte in seinem Vortrag 1978 sogar sagen, dass die Bezeichnung „Reichsarbeitsgemeinschaft" bis Willingen 1956 beibehalten[12] wurde. Er übersah dabei, dass schon im Juni 1939 in Nürnberg die Überschrift der Satzung gelautet hatte: „Satzung der Arbeitsgemeinschaft evangelischer Gehörlosenseelsorger Deutschlands." Bei seinen Ausführungen auf der Tagung erhob sich gegen diese Äußerungen Hildebrands der Protest der Teilnehmer.

Nach dieser Tagung von 1949 war allen klar: Untereinander Verbindung zu halten, sich gegenseitig zu informieren und zusammenzuarbeiten, würde nicht leicht sein und nicht mehr alle vereinen können.

2.2 Konventsgründung der Gehörlosenseelsorger in der DDR 1951

Politisch war die Trennung in Ost und West am 7.10.1949 vollzogen, aber kirchlich versuchten auch die Gehörlosenseelsorger, weiterhin ihre Verbindung zu halten. Am Kirchentag von 1951 in Berlin konnten Gehörlose nicht teilnehmen. Als Ersatz wurde von der EKiD ein evangelischer Taubstummenkongress unterstützt. Auf einer Sitzung des Konvents der Taubstummenseelsorger in der Deutschen Demokratischen Republik am 3.7.1951 war ein solcher Kongress beschlossen worden.[13] Bei diesem Kongress wurde am 20.10.1951 eine Satzung des Konvents beschlossen, die den einzelnen Landeskirchen mit Unterstützung der EKiD vorgelegt wurde. Voraus ging eine Besprechung von Prof. Hermann Schafft mit dem Evangelischen Oberkirchenrat im Haus der Kirche in Berlin Lichtenberg. Es wurden gewählt:

„Als Leiter des Konvents: Pfarrer Reinhold Burkhardt (Leipzig)
zu Stellvertretern: Pfarrer Otto Bartel (Berlin-West)
Pfarrer Bernhard Stoevesand (Berlin-West)
Pfarrer Lüdke (Schwerin)

als vorläufiger Beirat: Pfarrer Schlechtweg (Sachsen)
Superintendent Mehlhorn (Thüringen)
Taubst.-Katechet Walter Lieder (Thüringen)
Pastor Hans Olbrecht (Mecklenburg)
Pfarrer Werner (Anhalt)
Pfarrer Klaus (Görlitz)"[14]

Die Konventsordnung der Gehörlosenseelsorger in den Gliedkirchen der EKiD innerhalb der DDR wurde am 28.1.1952 veröffentlicht.[15] Danach sollte sich der Konvent jährlich treffen und Arbeitsausschüsse bilden.

2.3 Die Entwicklung von der AeGD zur DAFEG von 1950 bis 1990

Eine gute Übersicht über die Verwirklichung der Vorhaben der Arbeitsgemeinschaft geben die Tätigkeitsberichte der jeweiligen Vorsitzenden. Im Folgenden stütze ich mich auch auf die wenigen gedruckten Tagungsberichte von 1956 (Willingen/Sauerland), 1960 (Hofgeismar), 1980 (Ludwigshafen), 1982 (Hüllhorst/Wiehengebirge), 1984 (Hessenkopf), und 1990 (Frenswegen/Nordhorn). Warum in den ersten Jahren die Tagungsberichte nicht gedruckt wurden, geht aus dem Schreiben Mitteilungsblatt Nr. 2 vom Oktober 1961 hervor, in dem Pfarrer Paul Gallenkamp als Vereinsgeistlicher mitteilte: „Da sich herausgestellt hat, daß die Berichte über unsere großen Tagungen nicht sonderlich gefragt sind, sollen sie künftig nicht mehr gedruckt, sondern in Kurzfassung vervielfältigt werden."[16]

2.3.1 Die Vereinsgeistlichen

Entscheidend für die Zukunft wurde die rechtliche Form der Arbeitsgemeinschaft. Bisher hatte Prof. Hermann Schafft die Geschäfte geführt. Für zukünftige Vorhaben waren eine Verteilung der Aufgaben und eine Geschäftsführung wünschenswert. War bis 1956 von der „Reichsarbeitsgemeinschaft für evangelische Gehörlosenseelsorge" die Rede, so wurde nun daraus die „Arbeitsgemeinschaft Evangelischer Gehörlosenseelsorger Deutschlands". Da die Anstellung eines Vereinsgeistlichen ohne die Rechtsform des „e. V." nicht möglich war, wurde im Januar 1956 in Kassel bei der erweiterten Vorstandssitzung die entsprechende Umwandlung in einen „eingetragenen Verein" „einmütig" vollzogen. Das hatte Folgen. Es musste eine rechtsverbindliche Satzung in Zusammenarbeit mit der EKiD aufgestellt, ein Etat für die personellen und sachlichen Mittel bei der EKiD eingereicht werden. Nachträglich, bei der Mitgliederversammlung 1956, wurde diese Maßnahme gebilligt.[17] Zum ersten Vereinsgeistlichen wurde Pfarrer Paul Gallenkamp, Wellen (später Wega/Kurhessen Waldeck) einstimmig gewählt. Die Freistellung der Landeskirche erfolgte zum 1.8.1956. Mit ihm wurde ein Privatdienstvertrag abgeschlossen.[18] Nach dem plötzlichen Tod von Pfarrer Paul Gallenkamp 1962 gab es eine Zeit ohne Vorsitzenden. Pfarrer Arthur Leidhold überbrückte sie. Dann übernahm Pfarrer Friedrich Wilhelm Luger (1964 bis 1972) die Aufgaben des Vereinsgeistlichen. Er blieb Obmann für Aufgaben der Gehörlosenseelsorge der Badischen Landeskirche, und zusätzlich übernahm er die Aufgaben des 1. Vorsitzenden der Arbeitsgemeinschaft. Er war dazu von seiner Landeskirche bis zu seinem Ruhestand 1972 freigestellt worden. Der letzte von seiner Landeskirche bei Kostenübernahme durch die Landeskirche von Hessen und Nassau Freigestellte war Pfarrer Artur Keller, Bad Nauheim (von 1972 bis 1992). Die Form des Vereinsgeistlichen hatte sich nicht bewährt. Schon beim Übergang zu Pfarrer Artur Keller war das deutlich. So wurden die Bestrebungen darauf gerichtet, eine Geschäftsstelle mit einem Geschäftsführer und einer Sekretärin einzurichten. Die Verhandlungen mit der EKD zogen sich jahrelang hin, bis 1992 ein voll ausgestattetes Büro in Göttingen eingerichtet werden konnte. In Pfarrer Reinhold Engelbertz wurde auch ein geeigneter Mann gefunden. 1999 verlegte die Arbeitsgemeinschaft die Geschäftsstelle nach Kassel, dem Ausgangsort der Arbeit von Prof. Herrmann Schafft.

Jetzt bestand erstmals wieder die Möglichkeit, einen Gehörlosenpfarrer, der nebenamtlich tätig war, zum 1. Vorsitzenden der Arbeitsgemeinschaft zu wählen.

Bei einigen Älteren regte sich noch lange der Widerspruch gegen die Vereinsform der Arbeitsgemeinschaft. Es wurde angeführt, durch die Vereinsform habe sich die Arbeitsgemeinschaft zu weit von der Kirche entfernt. Übersehen wurde, daß die AeGD ganz vom Zuschuss der EKD abhängig war. Es gab Widerspruch, weil gemeint wurde, es käme zuviel Formalismus, gemeint war offensichtlich die Demokratisierung mit ihrer erforderlichen Durchschaubarkeit. Dieser Vorwurf wurde auch nach der Wiedervereinigung 1990 der Arbeitsgemeinschaft entgegengehalten. Die Arbeitsgemeinschaft in der DDR hatte die Form eines Konventes ohne öffentliche Rechtsform gewählt, sie konnte nicht Anstellungsträger sein. So kam es im Oktober 1990 in Frenswegen bei der Mitgliederversammlung zu einem zögerlichen Zusammenschluss, der dann erst 1992 bei der Mitgliederversammlung in Hülsa-Homberg/Hessen mit der neuen Satzung vollzogen wurde.[19] Die Traditionen der verschiedenen Regionen wurden weiter gepflegt. Von Oktober 1992 an wurde der Name wie folgt geändert:

„Deutsche Arbeitsgemeinschaft Für Evangelische Gehörlosenseelsorge e.V. (DAFEG)", weil nun auch gehörlose ehrenamtliche Mitarbeiterinnen und Mitarbeiter Mitglieder werden konnten.

2.3.2 Die Vorsitzenden der Arbeitsgemeinschaft

1928–1945	Professor Hermann Schafft (Kurhessen-Waldeck)
1949–1959	Professor Hermann Schafft
1960–1961	Pfarrer Helmut Preß (Kurhessen-Waldeck)
1961–1964	Pfarrer Arthur Leidhold (Württemberg)
1964–1972	Pfarrer Friedrich Wilhelm Luger (Baden)
1972–1992	Pfarrer Artur Keller (Hessen-Nassau)

2.3.3 Die Vorsitzenden des Konvents

1952–1962	Pfarrer Reinhold Burkhardt (Sachsen)
1962–1972	Pfarrer Rudolf Wollrab (Sachsen)
1972–1979	Kirchenrat Rudi Dienwiebel (Sachsen)
1980–1990	Pfarrer Heinz Weithaas (Sachsen)
1990–1992	Pfarrerin Waltraud Trappe (Thüringen)

2.3.4 Die Vorsitzenden der vereinigten Deutschen Arbeitsgemeinschaft

1992–1996	Pfarrer Friedrich Lenhard (Württemberg)
1996–2000	Pfarrer Martin Kunze (Kirchenprovinz Sachsen)
2000–	Pfarrer Benno Weiß (Westfalen)

Anmerkungen

1 Wolf, Günter: Die Geschichte der Taubstummenanstalt Homberg, Homberger Hefte, Heft Nr. 19, Homberg 1977, S. 44–45.
2 Ebd., S. 45. Hildebrand, Eugen: 50 Jahre Arbeitsgemeinschaft evangelischer Gehörlosenseelsorger Deutschlands 1928–1978, Vortrag gehalten am 12.9.1978 in Mühlheim an der Ruhr (o. J und o. Ort.)
3 Vgl. Besier, Gerhard / Sauter, Gerhard: Wie Christen ihre Schuld bekennen, Die Stuttgarter Erklärung 1945. Göttingen 1985. S. 13 f. Vgl. Herbert, Karl: Durch Höhen und Tiefen, Frankfurt 1997, S. 150.
4 Besier/Sauter, a.a.O., S. 10, vgl. Röhrbein, Waldemar R: Die Hannoversche Landeskirche im Dritten Reich, in: Geschichten um Hannovers Kirchen, Studien, Bilder, Dokumente, Hannover 1983, S. 79–89.
5 Paul, Horst: Ein geschichtlicher Rückblick der evangelischen Gehörlosenseelsorge im Rheinland. Hg. v. Verband Evangelischer Gehörloser im Bereich der Evangelischen Kirche im Rheinland e.V., Aufl. 300, Essen Juni 1978, S. 20. 2. Aufl. 1988, S. 29 f.
6 Diesem Ziel dienten auch die Aussagen des Verfassers als Sachverständiger für die zwangssterilisierten Gehörlosen in der Anhörung vor dem Innenausschuss des Berliner Abgeordnetenhauses am 27.4.1987. Als Ergebnis erhielten zwangssterilisierte Gehörlose, die in Berlin lebten, die Rente für ‚politisch, rassisch und religiös Verfolgte' (P.r.V.-

Rente). Für weitere Informationen vergleiche: Stepf, Hans Jürgen: Materialien, Die Zwangssterilisation, hg. v. DAFEG, 2. Aufl., Göttingen 1993, S. 47f., S. 72–74.
7 Hildebrand, Eugen: 50 Jahre Arbeitsgemeinschaft evangelischer Gehörlosenseelsorger Deutschlands 1928–1978 (Wiesbaden, o.J.), S. 14. Dazu eine Mitteilung von Horst Paul, Essen.
8 Schafft, Hermann: Redebeitrag in: Stepf, Hans Jürgen, Sammelband Dokumente und Berichte 1928–951, hg. v. DAFEG, 2. Aufl. Göttingen 1996, S. 142.
9 Ebd., S. 141 und S. 19–33.
10 Ebd., S. 148.
11 Ebd., S. 154.
12 Ebd., Hildebrand, Eugen a.a.O., S. 14.
13 Das Programm liegt vor in: Sammelband Dokumente und Berichte 1928–1951, Deutsche Evangelische Gehörlosenseelsorge, hg. v. DAFEG, Göttingen 1989, S. 156–157.
14 Ebd., S. 159.
15 Siehe Anhang (Rundschreiben beim Verfasser).
16 Gallenkamp, Paul: AeGD Mitteilungsblatt Nr. 2, Wega/Waldeck, im Oktober 1961 (Schreibmaschinenvervielfältigung).
17 Memorandum zur Anstellung eines Taubstummenseelsorgers als Vereins-Geistlicher in: Sammelband Dokumente und Berichte DAFEG, Göttingen 1996, S. 162f.
18 Beschluss der Mitgliederversammlung, in: Tagung der AeGD in Willingen vom 4. bis 8.6.1956, S. 10.
19 Dokumete III, Satzungen.

KAPITEL **XIII**

Internationale Kontakte der deutschen Gehörlosenseelsorger nach 1945

1 Kontakte mit der Schweiz, Schweden und Norwegen

Es ist dem guten Ruf und den Verbindungen von Prof. Hermann Schafft zu verdanken, dass schon bald nach dem Krieg erste Beziehungen zur Schweiz geknüpft werden konnten. Hier war es der junge Pfarrer Eduard Kolb aus Zürich, der durch die Gründung eines „Mimenchores" 1954 auf sich aufmerksam machte. So nahm Eduard Kolb auch an der Tagung vom 4. bis 8.6.1956 in Willingen/Sauerland teil. Er hielt einen Vortrag: „Gottesdienstgestaltung und Predigt".[1] Hermann Schafft und Eduard Kolb verstanden sich sehr gut, teilten doch beide das große Interesse an einem den Gehörlosen in ihrem Anderssein entsprechenden liturgischen Gottesdienst. Im selben Jahr hielt Schafft auf der Tagung der süddeutschen und schweizerischen Taubstummenseelsorger in St. Gallen vom 24. bis 28.9.1956 einen Vortrag mit dem Titel: „Was lernen wir aus unserer Taubstummenarbeit für unser Pfarramt an den hörenden Gemeinden?"[2]

Die schwäbisch-schweizerischen Beziehungen haben im übrigen eine lange Tradition, sie gehen bis in die Reformationszeit zurück. Paul Werle formulierte einmal: „Wir Schweizer sind durch Luther in die Reformationsbewegung hineingerissen worden, aber dank Zwingli haben wir etwas Selbstständiges und Eigenes daraus gemacht." Viele süddeutsche Städte haben sich von Zwingli beraten lassen. Um einige Namen zu nennen, die die Verbindung der Nord-Schweiz mit Schwaben verdeutlichen, seien genannt: Bischof Theophil Wurm (1868–1953) wurde in Basel geboren; der Theologe Professor Adolf Schlatter in St. Gallen; der uns Deutschen bedeutsame Theologe Karl Barth war Schweizer. Die Liste der Teilnehmer der Tagung der süddeutschen und schweizerischen Taubstummenseelsorger in St. Gallen, vom 24.9.–28.9.1956, liest sich als Spitze der Gehörlosenseelsorger im westdeutschen und schweizerischen Raum, wobei die Fürsorge Zürich mit sieben Personen vertreten war. Aus Norwegen finden wir Pfarrer Conrad Vogt-Svendsen, Oslo sowie aus Schweden Pfarrer Svenfors, Stockholm. Stoevesand, Berlin-Schöneberg, hatte die Kontakte nach Schweden und Norwegen geknüpft, er erlernte beide Sprachen und hielt auch später gute Kontakte zu

Pfarrer Dr. Bonnevie-Svendsen, Oslo und Bernhard Stoevesand (1912–1980) in Berlin (1962)

beiden Pfarrern. Davon zeugen Bilder von Besuchen in Berlin und ein Brief von Svenfors, der Auskunft gab über eine einmonatige Vortrags- und Predigtreise von Stoevesand auf Einladung der Schwedischen Kirche.[3]

Die süddeutsch-schweizerische Tagung in St. Gallen mit dem Thema: „Die Stimme des Stummen wird jauchzen" bildete die Grundlage für eine internationale und dann auch ökumenische Zusammenarbeit.

Bei der Tagung der Evangelischen Gehörlosenseelsorger Deutschlands von 1960 in Hofgeismar/Hessen nahmen neben Pfarrer Becker, Wien, auch Pfarrer Conrad Vogt-Svendsen, Nordstrand/Norwegen, Pfarrer Gudmund Dueland, Oslo, und auch Pfarrer Eduard Kolb, Zürich teil. Becker berichtete über: „Den Aufbau der evangelischen Gehörlosenseelsorge in Österreich." Durch das Gustav-Adolf-Werk würden sie die Religionsbücher und „Unsere Gemeinde" als Beilage der Bayernausgabe erhalten. Heute hat Österreich eine Rubrik: in „Unsere Gemeinde". Wie sehr Schafft Spiritus Rector war, zeigte sich darin, dass der III. Weltkongress der Gehörlosen von 1959 in Wiesbaden auf Schaffts Anregung hin den Zürcher gehörlosen „Mimenchor" mit Pfarrer Eduard Kolb zu einer Aufführung einladen konnte. Pfarrer Dr. Dr. Eugen Hildebrand, Obmann der Gehörlosenseelsorger in Hessen-Nassau, hielt dabei in der Ringkirche für alle Teilnehmer einen evangelischen Gottesdienst.[4]

Nach dem plötzlichen Tod von Professor Hermann Schafft am 2.6.1959 war es Eduard Kolb, der die ökumenische Zusammenarbeit vorantrieb. 1960 in Hofgeismar hieß es über die Aufgaben der AG, vorgetragen von Pfarrer Paul Gallenkamp, dem Vereinsgeistlichen:

6. „Vertiefung der Beziehung zur evg. Gehörlosenseelsorge des Auslandes, bis hin zur Bildung eines ‚Ökumenischen Rates der evg. Gehörlosenseelsorge'. Die Ansätze in dieser Richtung sind durchaus verheißungsvoll. Wir dürfen dankbar dafür sein, dass uns mit der Schweiz, mit Norwegen, Schweden und Österreich aufrichtige freundschaftliche Beziehungen verbinden.
7. Nachbarliche Beziehungen zu den weltlichen Gehörlosenverbänden und der katholischen Gehörlosenseelsorge."[5]

Die allgemeinen Wünsche nach mehr Kontakten und Austausch zwischen den Gehörlosenseelsorgern nicht nur innerhalb Europas, führten zur Gründung des „Ökumenischen Arbeitskreises für Taubstummenseelsorge".

2 Der Internationale Ökumenische Arbeitskreis (IÖAK)[6] von 1961 bis 1989

2.1 Vorbemerkung

Der IÖAK wurde 1961 in Hannover gegründet. Zur Gründungsversammlung des IÖAK hatte Pfarrer Arthur Leidhold als stellvertretender Vorsitzender der Arbeitsgemeinschaft der evangelischen Gehörlosenseelsorger Deutschlands vom 4. bis 8.10.1961 eingeladen. Der Initiator war Kirchenminister Pfarrer Dr. Conrad Bonnevie-Svendsen. Der IÖAK sollte ein Forum zum Gedankenaustausch über Fragen und Probleme der Gehörlosenseelsorge in den evangelischen Kirchen Europas sein. Das Treffen war so ermutigend, dass die Norweger für September 1962 nach Oslo einluden.[7] Auch die römisch-katholischen Gehörlosenseelsorger waren an einem Austausch interessiert.

2.2 Installation der Tagungen mit den Weltkongressen der Gehörlosen

Im Herbst 1964 nahmen die Pfarrer Arthur Leidhold, Johannes Geiling und Friedrich Wilhelm Luger an der IÖAK-Tagung auf Schloss Eugensberg/ Schweiz teil. In Eugensberg wurde ein „Komitee" gegründet für die Zusammenarbeit mit dem Weltkongress der Gehörlosen 1963 in Oslo. Mehr Kontakte sollten zu den Verbänden und zum Präsidium des Weltverbandes gepflegt werden. Den Vorsitz in dem ‚Komitee' hatte Dr. Conrad Bonnevie-Svendsen inne, der ab 1961 auch Präsident des IÖAK war. Zu Sekretären wurden Conrad Vogt-Svendsen, Präsident der skandinavischen Gehörlosenseelsorger, und Johannes Geiling aus Wuppertal gewählt. In Vorbereitung auf den Fünften Weltkongress der Gehörlosen hatte Conrad Vogt-Svendsen 1961 eine zweimonatige Besuchsreise unternommen. Über diese Reise gibt es einen Bericht von ihm mit dem Titel: „Menschen der Hoffnung" (in Briefform). Die Reise führte ihn in verschiedene Gehörlosenschulen Amerikas und Japans sowie nach Manila, Hongkong, Kalkutta und Kairo. Sein Bericht enthält die erste Zusammenstellung schulischer und kirchlicher Aktivitäten für Gehörlose weltweit.[8] Johannes Geiling setzte sich für die Gehörlosenmission in Eritrea ein.[9] Aus diesem Grund nahm er 1966 am Sommer-Festival in Hyvinkää, Finnland, teil. Rev. Eino Savisaari, Finnland, war damals Chairman of the Mission for the Deaf und blieb es bis zu seinem frühen Tod 1989. Sein Nachfolger war bis 2001 Pastor Martin Rehder, Deutschland.

An der Tagung in Eugensberg nahmen auch zwei Finnen teil: Propst Pauno und Propst Hjerverinnen. Beide wunderten sich, dass bei den Deutschen keine volle Unterstützung für die Eritrea-Mission sichtbar wurde. Es ging nun darum, mehr über Taubstummenseelsorge zu erfahren. Friedrich Wilhelm Luger fragte als IÖAK-Mitglied beim deutschen Missionsrat an, konnte aber über etwaige Taubstummenseelsorge der Missionsgesellschaften

277

Missionar Andrew Foster, Detroit, gehörlos, 1962 in Berlin mit Bernhard Stoevesand

in den Missionsgebieten keine Auskunft bekommen. Auch die ökumenische Zentrale in Genf konnte nicht sagen, wo in der Welt junge Kirchen Taubstummenseelsorge betrieben. Wie Luger in seinem Tätigkeitsbericht schrieb, sah man die Gefahr, dass „mit dem Vorwärtsdrängen der östlichen Völker die ganze Bewegung (des Weltkongresses) in ein atheistisches Fahrwasser gedrängt wird".[10]

Anfang 1970 war der Gehörlosenpfarrer Denis Mermod, Genf, mit Ils Sundberg im Auftrag der UNESCO-Abteilung „Division l'Égalité d'Accès à l'Éducation" in Madagaskar, um dort die Taubstummenarbeit zu erkunden. Er wiederholte den Besuch im September 1972 noch einmal mit zwei Gehörlosen und einer Hörenden. Ein Film von dieser Reise wurde bei der XII. Bibelwoche und 42. Kirchhelfertagung am 19./20.5.1973 auf Schloss Wartensee, Rorschacherberg, gezeigt und diskutiert.[11]

An dem fünften Weltkongress der Gehörlosen, der 1967 in Warschau stattfand, nahmen neun Kirchengemeinschaften aus elf Ländern teil. Sie sandten Grüße an ihre Kirchenleitungen, und der IÖAK verfasste einen Aufruf an die Kirchengemeinschaften.

„Es wird festgestellt, daß sich in den letzten Jahren eine große Veränderung in der Gehörlosenarbeit vollzogen hat und zwar besonders in zweierlei Hinsicht:
1. Durch die qualifizierte und technisch bessere Ausbildungsmöglichkeit wird eine breitere Förderung und Bildung auch der intelligenten Taubstummen erreicht.
2. Die erschreckend zunehmende Zahl der mehrfach geschädigten Taubstummen und ihre geforderte sach- und fachgerechte seelsorgliche Betreuung!
Aus Verantwortung vor Gott und diesen gehörlosen Menschen, welche unsere Kirchen uns übertragen haben, sind wir der Überzeugung, daß eine wirksame Seelsorge folgende Maßnahmen erfordert:

1. Die Bereitstellung der dazu notwendigen Seelsorger.
2. Ihre gründliche und spezielle Ausbildung.
3. Die volle Inanspruchnahme aller Möglichkeiten, die das Laiendiakonat bietet.
4. Der Aufbau besonderer Gehörlosengemeinden.
5. Eine weitergehende Verwendung der „Muttersprache" der Gehörlosen in Liturgie und Sakramentsspendung; in der katholischen Kirche auch bei der Spendung der heiligen Firmung!
6. Die Einbeziehung der Gehörlosenseelsorge in die weltmissionarische Tätigkeit.

Diese uns in gleicher Weise bedrängenden Probleme können wir nur lösen mit Hilfe und Unterstützung unserer Kirchenleitungen. Deshalb bitten wir um wohlwollende Aufnahme und Beachtung!

Warschau, den 15. August 1967

Für die röm.-kath. Seelsorger:
Wolfgang Römer, (Generalpräses der kath. Gehörlosen), Deutschland

Für die evangelischen Gliedkirchen:
Pfarrer Conrad Vogt-Svendsen, (Präsident der skand. Gehörlosenseelsorger), Norwegen

Für die anglikanischen Kirchen:
Rev. Thomas Henry Sutcliffe, (Diözes. Gehörlosenseelsorger Church of England), Großbritannien."[12]

Im September 1967 bot Eduard Kolb einen Ausbildungskurs für Gehörlosenseelsorger in Zürich an, der auch für Ausländer offen war. Ein wichtiger Inhalt sollten praktische Gebärdenübungen nach dem „Gebärdenbuch für die evangelische Gehörlosenseelsorge" sein.[13]

Nach zehn Jahren wurde wieder eine Tagung vom 10. bis 14.5.1968 der süddeutschen und schweizerischen Taubstummen- und Gehörlosenseelsorger in St. Gallen unter dem Thema: „Christus spricht: Hephata!" abgehalten. Das Referat von Prof. Dr. Eberhard Jüngel, Zürich, mit dem Titel: „Zur Grundlage evangelischer Anthropologie" konnte leider in den Tagungsbericht nicht aufgenommen werden.

Für einen Abend war das Referat: „Besondere Probleme und Lösungen in einzelnen Ländern" von Pfarrer Rudolf Wollrab (Dresden) vorgesehen. Dieses Referat musste ausfallen, da Pfarrer Rudolf Wollrab keine Ausreise aus der DDR bekommen hatte. Zwischen den Vertretern der katholischen und evangelischen Kirchen aus der Schweiz, Deutschland, Finnland, Österreich und der Südafrikanischen Union kam es zu einem lebendigen Gedankenaustausch.[14]

Für das Verständnis der Persönlichkeit des Gehörlosen haben in dieser Zeit Prof. Dr. med Aron Ronald Bodenheimer als Psychotherapeut und Prof. Dr. Klaus Schulte Wichtiges beigetragen, der eine unter medizinischem, der andere unter sprachwissenschaftlichem Aspekt.[15] In zunehmenden Maße haben sich von dieser Zeit an die Taubstummen- bzw. Gehörlosenseelsorger mit Vertretern anderer Disziplinen zusammengetan, um sich fachkundig zu machen.

2.2.1 Die fünfte Tagung des IÖAK in Bossey bei Genf 1969

An der fünften Tagung des IÖAK in Bossey bei Genf nahmen 25 Abgeordnete, die 500 Gehörlosenseelsorger vertraten, aus den anglikanischen, lutherischen, reformierten und der römisch-katholischen Kirchen teil, sie kamen aus zehn Ländern. Nicht anwesend waren Vertreter der Niederlande, des Libanon und der USA.

Die Hauptthemen waren:
1. Zusammenarbeit der verschiedenen Kirchen.
2. Gründung einer ökumenischen Ausbildungsstätte für Taubstummenseelsorger in Genf/Schweiz
3. Mission, d. h. Schulung und Seelsorge an den Taubstummen in außereuropäischen Ländern.

Es wurde ein Ausschuss für die weitere Arbeit gebildet:
Vorsitzender: Pfarrer Dr. Conrad Bonnevie-Svendsen, Norwegen
Stellvertreter: 1. Pfarrer Eduard Kolb, Schweiz
2. Pfarrer Friedrich Wilhelm Luger, Bundesrepublik Deutschland
Schriftführer: Pfarrer Friedrich Wilhelm Luger, Bundesrepublik Deutschland
Stellvertreter: Pfarrer Denis Mermod, Schweiz
Mitglieder: Pfarrer Conrad Vogt-Svendsen, Norwegen; Rev. Tom Sutcliffe, England; Pfarrer Rudolf Wollrab, DDR; Prof. T. Kolaska, Österreich.

An dieser Tagung in Bossey nahmen auch Pfarrer Hellmut Heim, Nürnberg (evangelisch), und Schwester Ostrowski, Freiburg (katholisch), teil.

2.2.2 Die sechste Tagung des IÖAK in Wien 1970

Diese IÖAK-Tagung stand unter dem Thema: „Taubstummenseelsorge heute und morgen". Eduard Kolb leitete die Tagung. Im Vordergrund standen folgende Projekte:
1. Der 6. Weltkongress der Gehörlosen in Paris vom 29.7. bis 5.8.1971: Pfarrer Denis Mermod wurde beauftragt, mit Msgr. Fagiolo/Rom und Père Robert/Paris religiöse Vorträge, Gottesdienste und Veranstaltungen anlässlich des Weltkongresses vorzubereiten. Eine religiöse Arbeitsgruppe wurde vom Weltverband gewünscht.
2. Das 1. ökumenische Studienseminar für Gehörlosenseelsorger in Genf vom 7. bis 28.8.1971, unter der Bezeichnung „GOES 1971": „Caritas

International" und „Diakonia" hatten bereits ihre finanzielle Unterstützung zugesagt. Das Studienseminar wurde für Gehörlosenseelsorger aus allen Kirchen vorgesehen, besonders für solche, die keine Ausbildungsmöglichkeiten besaßen.
3. Der Vorstand des IÖAK, Präs. Dr. Conrad Bonnevie-Svendsen (Norwegen), die Vizepräs. Pfarrer Eduard Kolb (Schweiz), Msgr. Wolfgang Römer (Bundesrepublik), wurden beauftragt, eine Geschäftsordnung vorzubereiten.[16]
Von besonderer Bedeutung für den IÖAK war der 6. Weltkongress der Gehörlosen vom 31.7. bis 5.8.1971 im UNESCO-Palast in Paris unter dem Thema: „Der Gehörlose in einer sich wandelnden Welt." Dieser Kongress hatte zum ersten Mal das Problem einer „moralischen und geistlichen Hilfe für Gehörlose" auf dem Programm. Der Arbeitskreis tagte mehr am Rande, denn viele Teilnehmer zeigten großes Bedürfnis, sich über religiöse Fragen auszutauschen. Es wurde gefordert, dass in Zukunft eine offizielle Kommission beim Weltkongress eingerichtet werden solle: Dabei müsse jedoch beachtet werden, dass der Weltkongress von seiner Satzung her neutral sei. Die christliche Ökumene müsse daher andere Religionen in die Kommission mit einschließen. Das führte zu der Frage: Unter welchen Voraussetzungen hat heute Gehörlosenseelsorge zu geschehen?[17]

2.3 Das erste ökumenische Seminar (GOES) in Genf 1971

Im John-Knox-House außerhalb von Genf fand im Anschluss an den Weltkongress das erste ökumenische Seminar (GOES) statt. 60 Dauerteilnehmer, Pfarrer und Pfarrerinnen, Priester, Missionare, Missionarinnen, Schulschwestern, Klosterbrüder, Lehrer, Lehrerinnen, Sozialarbeiter und Sozialarbeiterinnen nahmen daran teil. Sie kamen aus 27 Ländern, aus Afrika (7), Asien (4), Europa (13), Nordamerika (2) sowie Südamerika (1) und gehörten 8 verschiedenen christlichen Kirchen an.
In der ersten Woche wurden Probleme der Taubheit besprochen. Die zweite Woche befasste sich mehr mit dem Dienst des Gehörlosenseelsorgers und der Gehörlosenseelsorgerin. In der letzten Woche ging es um praktische Fragen. Drei ökumenische Gehörlosengottesdienste wurden in Genf, in Lausanne und in Zürich gefeiert. Tagungssprachen waren: Englisch, Französisch und Spanisch und manchmal Italienisch. Gebärdendolmetscher gab es noch nicht. Unter insgesamt 100 Teilnehmern waren fünf völlig gehörlose Priester und Pfarrer, meist Spätertaubte. Für sie wurde das Fingeralphabet eingesetzt. Am Ende wurde der Wunsch nach weiteren derartigen Seminaren geäußert.
Schwierigkeiten wurden erkannt und verschiedene Vorschläge gemacht: etwa ökumenische Arbeitskreise auf der Ebene der Kontinente zu bilden, sich auf Erdteile oder auf Länder eines Sprachgebietes zu beschränken und am Ende erschien die Nähe zum Weltkongress der Gehörlosen als die praktikabelste Lösung. Schon bald gab es eine durch Pfarrer Denis Mermod besorgte

französische Ausgabe der wichtigsten Referate mit dem Titel „Entendre avec les Yeux". Die deutsche Ausgabe erarbeitete Friedrich Wilhelm Luger unter dem Titel: „Mit den Augen hören." So war ein erstes Handbuch für die Gehörlosenseelsorger/innen und alle, die mit Gehörlosen zusammenarbeiteten, erschienen.[18]

Der Aufwand und der Einsatz hatte sich gelohnt. Es wurde nicht einfach ein Tagungsbericht gegeben, sondern es entstand vielmehr ein Handbuch, ja ein Lehrbuch für viele Jahre, weil es ausgezeichnete Informationen und Antworten über Probleme Gehörloser in unserer hörenden Welt bot. Es behandelte u. a. folgende Probleme: die Lage der Gehörlosen in den Entwicklungsländern, psychologische Fragen, das religiöse Leben bei Gehörlosen, Sexualerziehung bei Gehörlosen, Kasualien bei Gehörlosen und die seelsorgliche Praxis, verbunden mit Hilfen zu ihrer Eingliederung in das kirchliche Leben. 25 Jahre blieb das Werk das Handbuch der Gehörlosenseelsorge. Erst das Buch: „Gehörlos – nur eine Ohrensache?", das 1996 von der DAFEG im Selbstverlag in Göttingen herausgegeben wurde, lieferte zeitgerechte Ergänzungen.

1974 sollte der IÖAK einen neuen Vorstand erhalten. Für Dr. Conrad Bonnevie-Svendsen sollte ein Nachfolger gewählt werden. Im Gespräch war Denis Mermod. Durch seinen plötzlichen Tod kurz vor der Tagung in Rathen bei Dresden standen die Delegierten vor einem schwierigen Personalproblem. Sollte es ein Mann von den Kirchen des westlichen Europas sein? Oder ein Gehörlosenseelsorger aus den östlichen Mitgliedskirchen des ökumenischen Arbeitskreises? Oder jemand aus den neutralen Ländern? Es galt zu versuchen, eine Brücke zur DDR und den anderen sozialistischen Ländern zu schlagen. Zuletzt überwog der Gedanke, dass Pfarrer Rudolf Wollrab aus Dresden der geeignete Präsident wäre. Der IÖAK war den staatlichen Stellen der DDR schon durch die mit staatlicher und kirchlicher Genehmigung im St. Benno-Verlag Leipzig herausgegebenen Bücher bekannt: „Väter, Könige und Propheten" und das Lektionar „Wort Gottes". Trotz aller Bedenken bestätigte sich, dass die Wahl Wollrabs geeignet war, den Kontakt zwischen Ost und West zu festigen.[19] Das Ergebnis der Wahlen legte folgende Funktionen fest:

Ehrenpräsident: Pastor Dr. Conrad Bonnevie-Svendsen, Oslo
Präsident: Pfarrer Rudolf Wollrab, Dresden (Landesleiter von Sachsen)
Vizepräs.: Gen. Präses Msgr. Wolfgang Römer, Düren (Beauftragter der katholischen Bischofskonferenz)
Sekretär: Pfarrer Artur Keller, Friedberg, (Vorsitzender der DAFEG)
Chairman: Pfarrer Eduard Kolb, Zürich (Verbindungsmann zum Weltbund der Gehörlosen)
Komitee-Mitgl.: Rev. Can. Thomas Henry Sutcliffe, Oxford, England
Pastor Asger Andersen, Fredericia, Dänemark

Rudolf Wollrab erhielt dann 1975 von den DDR-Behörden eine Ausreiseerlaubnis, um eine Vorstandssitzung in Düren, am Dienstsitz von Msgr. Wolfgang Römer durchzuführen, ebenso eine Ausreiseerlaubnis nach Washington

in die USA. Der 7. Weltkongress der Gehörlosen mit der Losung: „Volle Bürgerrechte für alle Gehörlosen" fand dort statt. In der Kommission für moralische und geistliche Hilfe für Gehörlose wurde die Resolution verfasst:
Jeder Gehörlose hat das Recht auf geistliche Erziehung und Betreuung.

2.4 Das zweite ökumenische Seminar in Washington 1975

Das zweite ökumenische Seminar wurde im Anschluss an den Weltkongress der Gehörlosen durchgeführt. Die Vorbereitung hatten der evangelische Professor Daniel Pokorny, USA, und einige seiner evangelischen und katholischen Kollegen. Ein Teil der deutschen Teilnehmer war im Internat des „Gallaudet College" untergebracht, der Hochschule für Gehörlose. Die Teilnehmer kamen diesmal aus 25 Ländern. Es waren besonders Gehörlosenseelsorger und Seelsorgerinnen aus Afrika und Lateinamerika eingeladen worden. So kamen viele Teilnehmer aus Brasilien, Venezuela, Puerto Rico, Nigeria, Uganda, Äthiopien, Madagaskar, Philippinen, Süd-Indien, Südkorea, der Deutschen Demokratischen Republik, der Bundesrepublik Deutschland und aus Polen. Die meisten kamen aber aus Nordamerika.

Für die Teilnehmer der Tagung war der konsequente Einsatz von Gebärdensprache (Sign-Language) und der Gebärdenlieder sehr eindrücklich. Er bestärkte die entsprechenden Bemühungen in Deutschland.

2.4.1 Ökumenisches Arbeitsbuch: „Du hältst das Wort in der Hand"

Als Ergebnis des Kongresses wurde das Arbeitsbuch des ökumenischen Arbeitskreises für Taubstummenseelsorge: „Du hältst das Wort in deiner Hand" veröffentlicht. Es wurde 1979 im St. Benno-Verlag Leipzig nach den englischen Rede-Manuskripten herausgegeben: „The World, in Signs and Wonder." Nach einigen Abstrichen gab die DDR die Druckerlaubnis für die deutsche Ausgabe.

In Folge der ökumenischen Arbeit kam der anglikanische Bischof Nsubuga aus Uganda vom 6. bis 20. Mai 1976 in die Bundesrepublik.[20] Er besuchte viele Gehörlosengemeinden. Der Kontakt wurde so eng, dass Martin Rehder in Kampala mit Unterstützung von „Brot für die Welt" sehr erfolgreich ein Seminar für Gehörlosenseelsorge abhielt. Initiator und Gastgeber war der anglikanische Bischof Nsubuga. Die Ermordung der Frau von Bischof Nsubuga in Kampala hat alle an der Mission interessierten Gehörlosenseelsorger dann sehr getroffen. Der Anschlag galt dem Bischof, der später ebenfalls umgebracht wurde. Martin Rehder hat weiter die Gehörlosenseelsorge in Uganda unterstützt und ein zweites Seminar in Tansania für Uganda und umliegende afrikanische Länder abgehalten. Ein drittes Seminar kam leider bis heute nicht zustande.

2.4.2 Vorstellung des Schreibtelefons durch Professor Daniel Pokorny

Eine weitere Folge des zweiten ökumenischen Seminars war, dass an der 9. IÖAK-Tagung vom 4. bis 8.10.1976 im Blindenzentrum Landschlacht im Thurgau/Schweiz auch der Amerikaner Daniel H. Pokorny teilnahm. Bei der Tagung waren 35 Teilnehmer anwesend. Einer kam aus Australien. Im Mittelpunkt stand der Bericht über das 2. Internationale ökumenische Seminar 1975 in Washington D.C. Daniel Pokorny stellte das Modell eines im Preis erschwinglichen Schreibtelefons aus den USA vor. Es kostete nur etwa 600 DM, anstatt üblicher 2.500 DM. Das Thema der Tagung: „Möglichkeiten und Grenzen der ökumenischen Zusammenarbeit."[21]

Zwischen den Tagungen fanden in der Regel im Jahr drei Vorstandssitzungen an verschiedenen Orten der Mitgliedsländer statt. Einmal im Jahr tagte der erweiterte Vorstand, alle zwei Jahre die Mitgliederversammlung.

Hervorzuheben ist die Vorstandssitzung des IÖAK vom 6. bis 10. Juni 1977 in Krakau/Polen, zu der Kanonikus Jerzy Bryla und Prälat Lubos eingeladen hatten. Die Höhepunkte waren das Zusammentreffen mit dem damaligen Kardinal Wojtyła und späteren Papst Johannes Paul II. und der Besuch der Gedenkstätten der Konzentrationslager Auschwitz und Birkenau.[22]

2.4.3 Die neunte Tagung des IÖAK in Essen-Heidhausen 1978

Das Ziel der Tagung bestand vornehmlich darin, für die Zeit vom 20. bis 27.6.1979, in Varna/Bulgarien, einen Kongress vorzubereiten. Sein Thema lautete: „Der Gehörlose in der modernen Gesellschaft." Aus diesem Grund nahm Professor Pautschowsky aus Sofia teil. Etwa 80 evangelische und katholische Gehörlosenseelsorger hatten die Absicht, an dem Weltkongress teilzunehmen. In Essen waren 13 Nationen anwesend. Die Mitarbeit wurde von der orthodoxen Kirchen angekündigt. Leider zeichnete sich jedoch ab, dass in Varna aus organisatorischen und politischen Gründen kein gesondertes IÖAK-Seminar stattfinden konnte.[23]

2.4.4 Die zehnte Tagung in Lystrup/Dänemark 20 Jahre IÖAK 1980

Auf der Tagung in Lystrup wurde daran erinnert, dass der IÖAK von den evangelischen nordischen Kirchen ausgegangen war. Die Verbindungen zum Weltrat der Kirchen, zum Vatikan und zum Weltverband der Gehörlosen wurden gewürdigt. Die Bedeutung der Sektion „Spiritual Care for the Deaf" gewann in Varna/Bulgarien an Bedeutung. Beim 8. Weltkongress gab es großes Interesse an den Sitzungen der Sektion „Spiritual Care for the Deaf". Leider war die orthodoxe Kirche nicht beim IÖAK und damit auch nicht in der Sektion „Spiritual Care for the Deaf" vertreten. Pfarrer Artur Keller (Sekretär des IÖAK) und Msgr. Wolfgang Römer (Vizepräsident des IÖAK) tagten mit der orthodoxen Kirche Bulgariens und erreichten erstes Interesse.[24]

Zur Tagung nach Lystrup Have, die vom 25. bis 29.9.1978 stattfand, waren 30 Abgesandte gekommen. Es wurden 14 Länder-Kirchenberichte über die Situation der Gehörlosenseelsorge abgegeben. Diese Berichte gaben den Augenblicksstand von 1980 wieder.[25] Pfarrer Asger Andersen gab einen Bericht über die Dänische Kirche und dänische Gehörlose.[26]

Rev. C. Thomas Henry Sutcliffe aus Oxford entwickelte seine Gedanken zum Thema: „Das Gebet der Gehörlosen" weiter, die er schon 1975 beim IÖAK-Seminar in Washington unter dem Titel: „Psychologische Schwierigkeiten beim Beten als Folge der Taubheit" ausgeführt hatte.[27] Pfarrer Asger Andersen aus Fredericia informierte über die Taubblindenseelsorge in Dänemark und die kirchliche Situation der Gehörlosen.[28]

Bei diesen Tagungen war ein persönliches Gespräch nicht immer selbstverständlich. Sehr berührt hat mich das Gespräch mit Propst Gudmund Dueland, Gehörlosenpfarrer in Oslo, zeigte es doch, wie tief die Wunden des Dritten Reiches nachwirkten.[29]

Eine Mitgliederversammlung des IÖAK fand vom 19. bis 27.9.1981 in Dresden-Hosterwitz statt. Sie diente hauptsächlich der Vorbereitung des dritten IÖAK-Seminars 1983 in Rom mit dem Thema: „Gehörlosenseelsorge als pastorale Aufgabe." Inzwischen hatte der IÖAK 23 Mitglieder aus neun Ländern, jüngstes Mitglied wurde die Lutherische Kirche in Kanada.

Die Mitgliederversammlung fand unter dem Thema statt: „Der Gebrauch von Bildern im Gehörlosengottesdienst." In der Versammlung wurden mit großer Mehrheit für vier Jahre wiedergewählt:

„Pfarrer Rudolf Wollrab, Dresden: Präsident
Msgr. Wolfgang Römer, Düren: Vizepräsident
Pfarrer Artur Keller, Friedberg: Sekretär
Pfarrer Eduard Kolb, Zürich: Member"[30]

Der 9. Weltkongress der Gehörlosen wurde vom 1. bis 6.7.1983 in Palermo/Italien durchgeführt mit dem Thema: „Taubheit heute und morgen – Wirklichkeit und Zukunft."

2.5 Der dritte internationale ökumenische Kongress IÖAK in Rom 1983

Auf dem Kongress in Rom stand folgendes Thema im Mittelpunkt: „Die Gehörlosenseelsorge als pastorale Aufgabe der Kirche."[31] Das Besondere an diesem Kongress war zunächst der Ort: Der Vatikan. Wir waren im Pilgerheim Santa Marta im Vatikan untergebracht. Erstmals fand ein internationales ökumenisches Treffen im Vatikan statt. Wir konnten in der Kirche von Santa Marta evangelische Morgenandachten abhalten. Unser Aufenthalt fand im Ablassjahr statt. In die Zeit des Kongresses fielen Proteste der Waldenserkirche mit allen Evangelischen in Italien gegen den Raketenstationierungsbeschluss der NATO für Süditalien. Eine Seligsprechung in den Tagen des Kongresses und eine Audienz des Papstes auf dem Petersplatz führten zu Diskussionen innerhalb unserer deutschen Delegation von evangelischen und katholischen Mitgliedern.

Wir waren 96 Teilnehmer aus 25 Ländern und aus sechs verschiedenen christlichen Konfessionen. Ich traf u. a. Direktor Neguse Galaidos aus Keren/ Äthiopien, Pfarrer Mkaria aus Mwanga/Tansania und einige Gehörlosenpfarrer aus der DDR. Mit Pfarrer Ulrich Sagel[32] stimmte ich überein, dass uns die Berichte aus den verschiedenen Kirchen und Ländern einander näherbrachten und dass sie auch als Hilferuf verstanden wurden.

Wir erfuhren, dass Italien keine Gehörlosenschulen mehr habe. Die gehörlosen Kinder gingen in die normalen hörenden Schulen.

In Indien, Tansania, Eritrea und in vielen anderen Regionen Afrikas unterhielten die Regierungen keine Gehörlosenschulen, sondern, wenn es überhaupt Gehörlosenschulen gebe, so würden sie privat oder kirchlich unterhalten, berichteten Teilnehmer.

In Singapur, Uganda und Brasilien würden dringend Lehrer und Hilfsmittel benötigt.

In den USA studierten drei Gehörlose Theologie und sollten lutherische Pfarrer werden.

In Polen gehöre es schon lange zur Ausbildung jedes Priesters, die Zeichensprache der Gehörlosen zu lernen.

Der auf Wunsch der vielen teilnehmenden polnischen Priester unternommene Ausflug zum Monte Cassino führte uns die Grausamkeit des Zweiten Weltkrieges vor Augen: 11.000 Gefallene allein aus Polen. Herkulaneum, Pompeji und Assisi brachten uns Kulturen und traditionelle Glaubensweisen nahe.

Eine Zusammenfassung der Vorträge: „Die Gehörlosenseelsorge als pastorale Aufgabe der Kirche" konnte erstmals allen Teilnehmern schon bei der Tagung ausgehändigt werden.

Der 10. Weltkongress der Gehörlosen fand vom 20. bis 28.7.1987 in Espo bei Helsinki/Finnland statt. Das Thema: „Eine Welt – eine Verantwortlichkeit" führte etwa 2.000 Teilnehmer zusammen. Herr Gisbert Frank, gehörlos, und Artur Keller berichteten über diese Thematik in der Zeitschrift „Unsere Gemeinde".[33] Der IÖAK beteiligte sich in den Kommissionen des Weltverbandes, so in der Kommission „Geistliche Hilfe" (Präsident Pfarrer Eduard Kolb, Zürich). An der Sitzung nahmen etwa 200 Personen teil. In ihrer Resolution hieß es:

„1. Die geistliche Hilfe und Seelsorge für Gehörlose muss immer und überall eine pastorale Aufgabe bleiben und darf sich nicht nur auf eine karitative, diakonische oder soziale Betreuung beschränken.
2. Diese geistliche Hilfe und Seelsorge muss klar unterscheiden zwischen von Geburt an oder vor Spracherwerb ertaubten Gehörlosen einerseits und den Hörbehinderten (Schwerhörigen und Spätertaubten) andererseits.

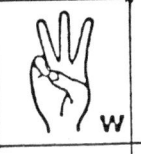

Der Internationale Ökumenische Arbeitskreis (IÖAK) von 1961 bis 1989

GEHÖRLOSE HELFEN GEHÖRLOSEN IN DER 3. WELT.

Die Lehrer (v.l.n.r.) Herr Temu, Frau Mandt, Herr Mtaita

Gehörlosenmission in Tansania 1988

Missionsausschussmitglieder 1993 v.l.n.r. untere Reihe: Barbara Kraffert (g), Pfarrer Martin Rehder, Mechthild Frank (g); obere Reihe: Pfarrer Hans Jürgen Stepf, Pfarrer Volker Sauermann, Pastoralreferent Johannes Kröner (kath.) als Gast, Klaus Rabe (g), Hans Maaßen (g). Es fehlen Helmut Beck (g), Werner Irion (g), Albrecht Tröger (g).

Eine Einbindung der Gehörlosen in eine allgemeine „Hörbehindertenseelsorge" verkennt die schwere und spezielle Spachbehinderung der Gehörlosen und geht total an ihren Bedürfnissen vorbei.

Eine Integration in die allgemeine ‚Behindertenseelsorge' oder gar in die Seelsorge der Hörenden führt die Gehörlosen in die völlige Isolation.

3. Spezielle qualifizierte Gehörlosenseelsorger, Katecheten und Religionslehrer müssen in ausreichender Zahl zur Verfügung gestellt werden, um auch den Gehörlosen die Möglichkeit zu geben, die in Artikel 18 der Charta der UN verbrieften Rechte, ‚ihre Religion (allein oder in Gemeinschaft mit anderen, privat oder öffentlich) durch Lehre und Gottesdienst' usw. ausüben zu können.

4. Die Eltern sollen bei der Entscheidung über die religiöse Erziehung ihrer gehörlosen Kinder und deren Verwirklichung wirksam unterstützt werden.

5. Alle geistliche Hilfe und Arbeit für, bei und mit Gehörlosen hat immer unter Mitverantwortung der Gehörlosen selbst zu geschehen.

6. Befähigten Gehörlosen darf die Ausbildung zur vollen Übernahme eines Amtes innerhalb ihrer Religionsgemeinschaft oder ihrer Kirche nicht wegen ihrer Behinderung verweigert werden."[34]

2.6 Das vierte internationale ökumenische Seminar IÖAK in Turku 1987

Die 106 Teilnehmer des Seminars kamen aus 22 Ländern. Sein Thema lautete: „Gehörlosenarbeit in christlicher Verantwortung." Bei diesem Seminar war auch eine größere Gruppe von Gehörlosen anwesend. So ergab sich fol-

Drittes Missionsfest 1995 in Berlin: Bundespräsident Roman Herzog, Harald Weikert (g), Volker Sauermann, Bischof Martin Kruse, (verdeckt) Hans Jürgen Stepf

gende Situation: Frau Liisa Kauppinen, Präsidentin des Weltverbandes, gehörlos, sprach in finnischer Gebärde, diese wurde in englische Lautsprache übertragen, vom Englischen ins Französische und dann in französische Gebärdensprache oder von uns Deutschen in LBG für unsere deutschen Gehörlosen weitergegeben. Hier zeigt sich die Vielfalt der Sprachen, die bei den Dolmetschern zu teils kuriosen Übersetzungen führte. In sieben Themengruppen wurde gearbeitet:
1. Grundsätze christlicher Verantwortung.
2. Kirchliche Verantwortung für Gehörlose.
3. Religiöse Rechte der Gehörlosen.
4. Selbstbewusstsein der Gehörlosen.
5. Zusammenarbeit Gehörlose – Hörende.
6. Rechte der Gehörlosen in der Dritten Welt.
7. Wie können Gehörlose in der Kirche mehr Verantwortung bekommen? Eine Zusammenfassung bot der Tagungsbericht.[35]

Meine Teilnahme an den vorbereitenden Gesprächen und der Durchführung der Seminare von Rom und Turku empfinde ich nachhaltig als menschliche Bereicherung. Viele Begegnungen ermöglichten mir ein intensives Hören auf die Probleme der Gehörlosen, vor allem aus Tansania, Eritrea, Madagakar

Teilnehmer aus der DDR 1987, 4. ökumenisches Seminar für Gehörlosenseelsorge in Turku/Finnland; v.l.n.r.: Heinz Weithaas, Martin Kunze, Eberhard Heiber, Waltraut Trappe, Josef Lang

und Indien und schärften die Verantwortung aller Gehörlosenseelsorgerinnen und -seelsorger.

Der Fall der Mauer in Deutschland hat vieles verändert, und die politischen Konsequenzen der internationalen ökumenischen Zusammenarbeit sind noch im Fluss. Ich hoffe, dass die deutschen Gehörlosengemeinden die internationale ökumenische Arbeit weiter aktiv mitgestalten werden.

Anmerkungen

1 Kolb, Eduard: Gottesdienst Gestaltung und Predigt, in: Tagung der AeGD in Willingen 4.–8.6.1956, S. 14–22. Kolb, Eduard: Wir suchen neue Wege im Taubstummen-Gottesdienst, 3 Vorträge, Münsingen 1954, Separatdruck aus der schweizerischen Gehörlosenzeitung.
2 Schafft, Hermann: Was lernen wir aus unserer Taubstummenarbeit für unser Pfarramt an den hörenden Gemeinden, in: „Die Zunge des Stummen wird jauchzen". Tagung der süddeutschen und schweizerischen Taubstummenseelsorger in St. Gallen 24.–28. September 1956, S. 23–32.
3 Brief von Pfarrer Svenfors an das Konsistorium in Berlin vom 15.8.1952, ELAB 1.1 K 455; T 1 Bd. III. Bernhard Stoevesand hielt bei seiner Vortragsreise 7 Predigten, 6 Andachten, 14 Vorträge in 10 Städten Schwedens.
4 Großes Kongressbuch über den III. Weltkongress der Gehörlosen. Wiesbaden (Germany), Frankfurt 1959, S. 504.
5 Gallenkamp, Paul (Wega in Kurhessen): Bericht des Vereinsgeistlichen über den Stand der Arbeit in der ev. Gehörlosenseelsorge, in: Tagung der AeGD in Hofgeismar vom 13. bis 17.6.1960, S. 30.

Anmerkungen

6 Der Internationale Ökumenische Arbeitskreis (IÖAK) bezog von Anfang an andere Länder und Kirchen ein. Aus diesem Grund benutze ich diese Bezeichnung, auch wenn im deutschen Raum nur von einem Ökumenischen Arbeitskreis (ÖAK) gesprochen wird.
7 Gallenkamp, Paul: Mitteilungsblatt Nr. 2. Teilnehmer in Hannover: Vertreter aus Finnland, Schweden, Norwegen, Dänemark und der Schweiz. Der österreichische Vertreter war verhindert. Paul Gallenkamp, Vereinsgeistlicher, und Pfarrer Walter Volkerding waren die örtlichen Organisatoren. Der Nordisch-Deutsche Konvent war der erste ökumenische Zusammenschluss nach dem Krieg. Pfarrer Conrad Bonnevie-Svendsen war Präsident des Nordisch-Deutschen Konvents und Taubstummenseelsorger. Vgl. auch die Bemerkung in Johannes Jänicke: Ich konnte dabeisein, Berlin 1984, S. 193.
8 Vogt-Svendsen, Conrad: „Menschen der Hoffnung", Reisebriefe von Gehörlosen in 4 Erdteilen, hg. v. Hjemmet for Döve, Oslo 1963.
9 Geiling, Johannes: Aufruf zu Spenden, in: Unsere Gemeinde 11/1964, und 5/1965, S. 8.
10 Luger, Friedrich Wilhelm, in: Tätigkeitsbericht, Rissen 1966, S. 7.
11 Von Oktober 1972 bis Mai 1973 war der Verfasser Vertreter für Pfarrer Eduard Kolb und damit für den ganzen Kanton Zürich zuständig. Pfarrer Denis Mermod verunglückte 1974 bei einem Autounfall tödlich. Sein früher Tod unterbrach ein kontinuierliches ökumenisches Wirken.
12 Aufruf des 5. Weltkongresses der Gehörlosen, in: Unsere Gemeinde 8/1968, S. 4.
13 Kolb, Eduard, in: Unsere Gemeinde, 4/1967, S. 10, dazu: „Gebärdenbuch für die evangelische Gehörlosenseelsorge", hg. v. AeGD, o.J. Kolb, Eduard: Die Ausbildung der Taubstummenseelsorger, Schweizerische Arbeitsgemeinschaft für Gehörlosenseelsorge, Zürich 1971.
14 Christus spricht: Hephata! Tagung der süddeutschen und schweizerischen Taubstummen- und Gehörlosenseelsorge in St. Gallen, vom 10. bis 14.5.1968, Untersiggenthal, Schweiz, 1968, S. 8f. Der Vortrag von Prof. Eberhard Jüngel wurde allen Kursteilnehmern vervielfältigt zugestellt.
15 Bodenheimer, Aron: Doris. Die Entwicklung einer Beziehungsstörung und die Geschichte ihrer Behebung bei einem entstellten, taubstummen Mädchen, Basel/Stuttgart 1968. Schulte, Klaus: Der Sinnbezirk. Gegenstand der Wortinhaltsforschung und Voraussetzung des Sprachaufbaus bei Hörgeschädigten, Kettwig 1968.
16 Bericht: Aus der ökumenischen Arbeit, in: Unsere Gemeinde 11/1970, S. 4.
17 Luger, Friedrich Wilhelm: Tätigkeitsbericht Herrenalb 1972, S. 10. Und kritisch: Johannes Heinisch, in: Unsere Gemeinde 9/1971, S. 4, 8, 9.
18 Mit den Augen hören, Ökumenisches Handbuch für die Taubstummenseelsorge, Neukirchen 1975, hg. v. ÖAK Friedberg, Neukirchen-Vluyn 1974.
19 Keller, Artur: Tätigkeitsbericht Mülheim 1978, S. 6f.
20 Keller, Artur: Besuch aus Uganda, Bericht, in: Unsere Gemeinde 8/1976, S. 9–10.
21 Stepf, Hans Jürgen: Bericht über die IÖAK-Tagung in Landschlacht 1976, in: Unsere Gemeinde 11/1976, S. 13.
22 Keller, Artur: Ökumenischer Arbeitskreis für Taubstummenseelsorge, in: Unsere Gemeinde, 10/1977, S. 9.
23 Stepf, Hans Jürgen: 10. Internationale Tagung des Ökumenischen Arbeitskreises für Taubstummenseelsorge, Mitgliederversammlung vom 25. bis 29.9.1978, in: Unsere Gemeinde 12/1978, S. 4 + 9. Es konnte nicht geklärt werden, warum es zu unterschiedlichen Zählungen kam, da es auch außerordentliche Tagungen gab, die teils gezählt, teils nicht gezählt wurden.
24 Keller, Artur: Tätigkeitsbericht, Ludwigshafen 1980, S. 8.
25 Siehe Anhang
26 Stepf, Hans Jürgen: Bericht über die Dänische Kirche und dänische Gehörlose, in: Unsere Gemeinde 2/1981, S 8f.
27 Sutcliffe, Thomas Henry, in: Du hältst das Wort in der Hand, ein Arbeitsbuch, Leipzig 1975, S. 182–192.

28 Stepf, Hans Jürgen: Bericht über Dänische Kirche und dänische Gehörlose, in: Unsere Gemeinde, 2/1981, S. 8f.

29 Pfarrer Gudmund Dueland, ein mittelgroßer, sympathischer Mann mit kleinen Lachfalten unter den Augen und gelichtetem rötlichen Haar, stand mit mir bei der Tagung in Lystrup Have zufällig am Fenster. Wir sahen in den Herbstnebel hinaus. Wir hatten uns seit dem Vortag ein paar Mal auf Englisch unterhalten. Ich erzählte ihm von unserer Enttäuschung, dass wir 1969 in Oslo bei einer Fahrt mit deutschen Gehörlosen keine norwegischen Gehörlosen treffen konnten, denn dort waren Ferien. Das war aber nicht allein der Grund, wie ich damals schon vermutete. Jetzt, unvermittelt, sagte Dueland auf Deutsch: „In Buchenwald war der Nebel noch dichter. Wir waren froh, dann kamen nicht die Bomber." Ich meinte zuerst mich verhört zu haben. „Ja, ich war 1 1/2 Jahre im KZ Buchenwald." Ich erzählte ihm von dem Besuch dort mit unseren Kindern am 9.4.1980, von einem Belgier mit der Häftlingsnummer und den Vorbereitungen für den 11.4.1980 (11.4.1945 – Tag der Befreiung von Buchenwald). Langsam, ruhig und beherrscht, fast sachlich nüchtern folgten Duelands Erinnerungen: „Mit 23 Jahren wurde ich 1943 in Oslo als Student mit etwa 350 anderen verhaftet. Die Hälfte wurde wieder entlassen, die andere Hälfte nach Buchenwald, später ins Elsaß geschickt, das hieß viel marschieren. Im Elsaß weigerten wir uns, eine Brücke zu bauen, wir seien Kriegsgefangene und keine Zwangsarbeiter. Die SS hat geflucht, aber nichts unternommen. Später haben wir erfahren, dass wir Hitler direkt unterstellt waren. Vom Elsaß ging es nach Freiburg, wo wir im Oktober den schrecklichen Bombenangriff miterlebten, durchlitten. 1944/1945: Weihnachten wieder in Buchenwald, für mich unvergesslich. Wir haben viel gefroren und gehungert." Auf meine Frage nach dem Kind in: „Nackt unter Wölfen" von Apitz sagte er: „Ja, ich habe das Kind gesehen. Es war zwei Jahre alt und wurde auf dem Arm getragen, in Decken gehüllt und heimlich versteckt." „Später wurde ich nach Neuengamme verlegt. Wir mussten wieder viel marschieren. Aus Neuengamme wurden alle Norweger durch die Vermittlung des Grafen Bernadotte noch vor Kriegsende im Mai 1945 entlassen. Graf Bernadotte hatte vorher viele Gespräche mit der SS geführt und war selbst in Neuengamme gewesen." Drei Jahre lang, nach Kriegsende, war Dueland im Krankenhaus und konnte sich nur auf Krücken fortbewegen. „Ich konnte gut deutsch sprechen, habe es aber verdrängt. Heute macht es mir nichts mehr aus." Er, ein Norweger, hat mir seine Hafterinnerungen erzählt. Nun steht nichts mehr zwischen uns, keine Feindschaft. Oder steht meine persönliche Vergangenheit doch noch zwischen uns? Er lächelte, und wir wendeten uns den anderen wieder zu.

30 Keller, Artur: Berichte, Internationaler ökumenischer Arbeitskreis für Taubstummenseelsorge und Taubheit heute und morgen – Wirklichkeit und Zukunft, in: Unsere Gemeinde Nr. 11/1982, S. 4.

31 Die Gehörlosenseelsorge als pastorale Aufgabe der Kirche. Hg. v. IÖAK, Leipzig 1983.

32 Sagel, Ulrich: 3. ökumenischer Kongreß für Taubstummenseelsorge, in: Unsere Gemeinde Nr. 1/1984, S. 3f.

33 Frank, Gisbert und Keller, Artur: Bericht über den 10. Weltkongress, in: Unsere Gemeinde Nr. 12/1987, S. 4 und Nr.1/1988, S. 5.

34 Resolution der wissenschaftlichen Kommission VI „Geistliche Hilfe", in: Christian Responsibility in Deafwork, Proceedings of the 4th International Ecumenical Seminar on Pastoral Care Among the Deaf, Turku 1987, S. 171f.

35 Tagungsbericht: CHRISTIAN RESPONSIBILITY IN DEAFWORK 29. Juli – 8.8.1987 in TURKU, hg. v. Eino Savisaari, Turku 1987. Die Teilnehmer kamen aus 22 Ländern, davon waren 79 Hörende, 23 Gehörlose, darunter neun Konfessionen, 42 Englisch-, 30 Deutsch-, acht Französischsprechende.

Anhang

Die Tagungen der Arbeitsgemeinschaft evangelischer Gehörlosenseelsorger Deutschlands mit wichtigen Beschlüssen von 1949 bis zur Vereinigung mit dem Konvent der Gehörlosenseelsorger der evangelischen Kirche in der DDR 1992

1   Die Tagungen im Überblick (1928–1939 und 1947–2002)

Reichsverband evangelischer Taubstummenseelsorger Deutschlands 1928
Arbeitsgemeinschaft evangelischer Gehörlosenseelsorger Deutschlands 1939
Arbeitsgemeinschaft Evangelischer Gehörlosenseelsorger Deutschlands e.V. 1956
Deutsche Arbeitsgemeinschaft für evangelische Gehörlosenseelsorge e.V. 1980
Deutsche Arbeitsgemeinschaft für Evangelische Gehörlosenseelsorge e.V. 1992 (DAFEG)

1928 bis 1939
1. Tagung   26.–27.06.1928   in Erfurt
2. Tagung   03.–05.06.1929   in Wittenberg – Erste Reichstagung des Verbandes evangelischer Taubstummenseelsorger in Deutschland
            26.–27.09.1932   in Leipzig – Arbeitstagung Gebärde
3. Tagung   06.–09.05.1935   in Eisenach
4. Tagung   28.–30.06.1939   in Nürnberg

1947 bis 2002
*   04.–05.05.1947   Vorbereitendes erstes Treffen nach Kriegsende in Lüttringhausen/Remscheid-Lüttringhausen
* 1   13.–15.09.1949   Hephata bei Treysa, „Brüderhaus"
* 2   22.–27.09.1952   Bad Wildungen
* 3   06.–10.09.1954   Tutzing, „Ev. Akademie"
* 4   04.–08.06.1956   Willingen im Sauerland
* 5   23.–27.06.1958   Winnenden, „Paulinenpflege"
* 6   13.–17.06.1960   Hofgeismar, „Ev. Akademie"
* 7   02.–05.06.1962   Hildesheim, „Gehörlosenschule"
* 8   20.–23.04.1964   Herrenalb/Schwarzwald, „Ev. Akademie"
* 9   09.–12.05.1966   Hamburg-Rissen, „Ev. Zentrum Rissen"
*10   27.–30.05.1968   Höchst/Odenwald, „Ev. Jugendzentrum Kloster Höchst"

*11	26.–30.05.1970	Borkum, „Haus Blinkfüer"
*12	12.–16.06.1972	Herrenalb/Schwarzwald, „Ev. Akademie"
*13	17.–20.06.1974	Tutzing, „Ev. Akademie"
*14	10.–15.10.1976	Berlin-Spandau, „Ev. Johannesstift"
*15	11.–15.09.1978	Mülheim an der Ruhr, „Haus der Begegnung"
*16	06.–10.10.1980	Ludwigshafen/Pfalz, „Heinrich Pesch Haus"
*17	18.–22.10.1982	Hüllhorst/Westfalen, „Haus Reineberg"
*18	08.–12.10.1984	Goslar, „Haus Hessenkopf"
*19	06.–10.10.1986	Rummelsberg/Nürnberg, „Rummelsburger Anstalten"
*20	26.–30.09.1988	Berlin, „Haus der Kirche"
*21	01.–05.10.1990	Nordhorn, „Kloster Frenswegen"
*22	12.–16.10.1992	Homberg-Hülsa, „Assa-von-Kram-Haus"
*23	17.–21.10.1994	Dresden, „Haus der Kirche"
*24	21.–25.10.1996	Löwenstein, „Ev. Tagungsstätte"
*25	12.–16.10.1998	Freising, „Kardinal Döpfner Haus"
*26	23.–27.10.2000	Meinerzhagen-Valbert, „Haus Nordhelle"
*27	07.–11.10.2002	Speyer, „Bistumshaus St. Ludwig"

1.1 Tagungen vor dem Krieg[1]

1. Erste Tagung der Taubstummenseelsorger in Erfurt vom 26. bis 27.6.1928
   Gründung des Reichsverbandes evangelischer Taubstummenseelsorger Deutschlands.

2. Zweite Tagung in Wittenberg vom 3. bis 5.6.1929
   Erste Tagung des Reichsverbandes evangelischer Taubstummenseelsorger Deutschlands.
   Als Vorsitzender wird gewählt: Pfarrer Lic. Hermann Schafft aus Kassel.

3. Dritte Tagung in Eisenach vom 6. bis 9.5.1935
   Wichtiges Thema: Zwangssterilisation – Wort an die erbkranken Gehörlosen.

4. Die vierte Tagung in Wernigerode, im „Haus Harzfrieden" war vom 4.10. bis 7.10.1938 vorgesehen, fand aber nicht statt. So kam man erst in Nürnberg vom 28. bis 30.6.1939 zusammen.

Man einigte sich darauf, das Wort „gehörlos" statt „taubstumm" zu verwenden, wie es von den Gehörlosen gefordert und vom Staat anerkannt worden war. Ebenfalls wurde eine Satzung verabschiedet.[2]

1.2 Die Tagungen der DAFEG – Themen und Beschlüsse nach 1945[3]

*1 *Tagung in Hephata 1949 (Tagungsbericht)*
   Bei der Tagung ging es zuerst um eine Bestandsaufnahme und einen Ausblick auf die Zukunft. Sie hatte noch kein Thema.

Das Ergebnis der Mitgliederversammlung war die Bildung von Ausschüssen für:
1. Religionspädagogik
2. Liturgik
3. Presse
4. Ausbildung, für 1950 wurde ein Kurs in Homberg/Efze vorgesehen
5. Freizeiten

Damit waren die alten Schwerpunkte neu besetzt.[4]

*2 *Tagung in Bad Wildungen 1952*
Referate:
1. „Die Gehörlosenseelsorge nach dem Zusammenbruch"
Prof. D. Hermann Schafft
2. „Die Lage der Gehörlosenseelsorge in der Ostzone"
Pfarrer Reinhold Burkhardt, Leipzig

Dazu: Neue Literatur, religiöse Gebärde, Jugendpflege. Kein Protokoll.[5]
Das herausragende Ergebnis war das Wiedererscheinen einer evangelischen Gehörlosenzeitung, jetzt unter dem Namen „Unsere Gemeinde". Es zeichnete sich ab, dass sie nicht in der DDR ausgeliefert werden konnte.

*3 *Tagung in Tutzing 1954*
Referate:
1. „Unsere Verantwortung in der Gehörlosengemeinde"
Prof. D. Hermann Schafft
2. „Stand der Arbeit"
3. „Die Arbeit der Gehörlosenseelsorge in der DDR"
Pfarrer Reinhold Burkhardt, Leipzig
Die Erarbeitung eines Lehrbuches für den Religionsunterricht und die Schaffung einer Agende, dazu die „Veredelung der Gebärde", werden fortgeführt.[6]

*4 *Tagung in Willingen 1956 (Tagungsbericht)*
62 Teilnehmer, davon 14 aus der DDR
Referate:
1. „Gottesdienstgestaltung und Predigt," Pfarrer Eduard Kolb, Zürich
2. „Fragen der Weiterbildung für Jugendliche und Erwachsene",
Dir. Paul Naffin, Homberg
3. „Die Gesellschaft zur Förderung des Taubstummenwesens",
Dir. Schnegelsberg, Osnabrück
4. „Die Sprache in ihrer seelischen Grundstruktur und als Möglichkeit der Seinsverwirklichung", Prof. Gentges, Münster
5. „Der Aufbau der Taubstummenseelsorge im Kanton Zürich",
Pfarrer Eduard Kolb, Zürich

Aus der Mitgliederversammlung:
Durch die Umwandlung der Arbeitsgemeinschaft in einen eingetragenen Verein (e. V.) wurde die Anstellung eines Vereinsgeistlichen möglich. Nur so konnten die Mittel bei der EKD beantragt werden. Als Vereinsgeistlicher wurde Pfarrer Paul Gallenkamp, Wega, gewählt.[7] Der neue Name: „Arbeitsgemeinschaft Evangelischer Gehörlosenseelsorger Deutschlands e. V."

1. „Unsere Gemeinde" hat ab 1.5.1956 eine Jugendbeilage, die aus Mitteln des Bundesjugendplans bezahlt wird. „Unsere Gemeinde" erscheint weiter am 15. des Monats. Eine Umstellung auf den 1. des Monats ist nicht möglich.
2. Die erste rheinische Konfirmandenfreizeit findet in Kaiserswerth vom 5. bis 10. März 1956 statt.[8]
3. In der Evangelischen Landeskirche Hessen-Nassau ist das Amt der Kirchhelfer eingerichtet worden.
4. In Zürich wählen seit 1951 je 50 Gehörlose einen Kirchhelfer. Sie sind:
   1. Gehilfen des Pfarrers bei der Liturgie und der Austeilung des Abendmahlsweins.
   2. Vertreter der Gehörlosengemeinde.
   3. Kirchhelfertagungen sind Fortbildungen, im November mit der Planung für das kommende Jahr, im Frühjahr mit der Besprechung des abgelaufenen Jahres.[9]

*5 *Tagung in Winnenden 1958*
112 Teilnehmer
Referate:
1. „Die Vereinheitlichung der Weltgebärdensprache der Gehörlosen"
   OL Max Kroiß, Augsburg, Vorsitzender der internationalen Kommission[10]
2. „Gehörlosenseelsorge und Gebärde in Schweden – Norwegen – Dänemark – Schweiz – Deutschland",
   Pfarrer Svenfors, Schweden
   Pfarrer D. Conrad Bonnevie-Svendsen, Norwegen
   Pfarrer Eduard Kolb, Schweiz
   Prof. D. Hermann Schafft, Deutschland
3. „Konfirmandenunterricht und Konfirmation"
   Pfarrer Hellmut Heim, Bayreuth

*6 *Tagung in Hofgeismar 1960 (Tagungsbericht)*[11]
68 Teilnehmer, davon 5 aus der DDR
Da Professor D. Hermann Schafft am 2.6.1959 verstarb, übernahm Pfarrer Paul Gallenkamp interimsweise die Leitung. Die Stelle des Vereinsgeistlichen blieb noch unbesetzt.

Referate:
1. „Gedanken und Forderungen zu einer Verbesserung des Taubstummenunterrichts unter besonderer Berücksichtigung des Religions- und Konfirmandenunterrichts", Dir. Paul Naffin, Homberg

Hauptfragen:
„1. Kann die Notlage der gehörlosen Kinder durch eine s c h u l i s c h e Reform gebessert werden?
2. Sollen Religions- und Konfirmandenunterricht getrennt werden?
   a) Zu welchem Zeitpunkt?
   b) Soll der Konfirmandenunterricht grundsätzlich von einem Taubstummenseelsorger erteilt werden?
3. Wie müßte in Zukunft die A u s b i l d u n g der Taubstummenseelsorger gestaltet werden?
   a) Wie lange soll sie dauern?
   b) Wie und wo soll sie durchgeführt werden?
4. Wie ist der Religionsunterricht an Berufsschulen erteilt worden?
   a) in stofflicher Hinsicht,
   b) in organisatorischer Hinsicht.
5. Kann und soll der Einsatz der Taubstummenseelsorger erweitert werden?
   a) in der v o r schulischen Arbeit,
   b) in der n a c h schulischen Arbeit."

Vorschläge von Dir. Paul Naffin zu den Hauptfragen:
I. Einführung des 10. Schuljahres
II. Früherfassung vom 2. Lebensjahr an
III. Eine zentrale Berufsschule[12]

Ergebnis der Diskussion:
Die enge Zusammenarbeit zwischen Kirche und Gehörlosenschule auf dem Gebiet der religiösen Erziehung ist notwendig.[13]

Weitere Referate:
1. „Das Problem der Begabtenförderung jugendlicher Gehörloser", TOL Seidel, Dortmund
2. „Jugendfreizeiten für Gehörlose, Erfahrungen und Erkenntnisse", Pfarrer Walter Klemm, Eschwege und Dir. i. R. Wilhelm Heitefuß, Braunschweig
3. „Das religiöse Verkündigungsspiel", Pfarrer Martin Gruner, Winnenden
4. „Bericht des Vereinsgeistlichen über den Stand der Arbeit", Pfarrer Paul Gallenkamp, Wega
5. „Der Aufbau der evangelischen Gehörlosenseelsorge in Österreich", Pfarrer Becker, Wien
6. „Darbietung biblischer Texte mit praktischen Beispielen vor Gehörlosen", Dir. Wilhelm Schnegelsberg, Osnabrück und Pfarrer Paul Gallenkamp, Wega
7. „Zur Darbietung biblischer Texte", – Martha Siebert (gehörlos), Kassel

*7 *Tagung in Hildesheim 1962*
Pfarrer Paul Gallenkamp ist inzwischen Vereinsgeistlicher geworden. Auf der Mitgliederversammlung wurde beschlossen, Pfarrer Johannes Geiling aus Wuppertal zum „Internationalen ökumenischen Arbeitskreis für Taubstummenseelsorge" in Oslo zu senden.
1962 starb Pfarrer Paul Gallenkamp, so dass es keinen Vereinsgeistlichen mehr gab. Pfarrer Arthur Leithold übenahm den Vorsitz der Arbeitsgemeinschaft. Er war bisher der stellvertretende Vorsitzende in der Arbeitsgemeinschaft.

*8 *Tagung in Herrenalb/Schwarzwald 1964*
114 Teilnehmer
Zum Vorsitzenden wurde Pfarrer Friedrich Wilhelm Luger, Mannheim, gewählt.
Ein neuer Vereinsgeistlicher wurde noch nicht gefunden.[14]
Thema: Psychologie und Psychiatrie
Referate:
1. „Psychiatrische Betrachtungen über die Bedeutung des Taubstummenseelsorgers in der Therapie", Dr. Terje Basilier, Oslo
2. „Sprache und ‚Sprache'. Zum Problem der Übersetzung neutestamentlicher Texte in die Sprache der Taubstummen", Pfarrer Wilfried Ferchland, Ahlhorn
3. „Der Gehörlose als Gesprächspartner", Dir. Klaus Schulte, Wuppertal-Elberfeld
4. „Bericht über die Eritrea-Mission und die ökumenische Arbeit der Arbeitsgemeinschaft", Pfarrer Johannes Geiling, Wuppertal-Elberfeld
5. „Darbietung biblischer Geschichten im Verkündigungsspiel durch Gehörlose", Pfarrer Martin Gruner, Winnenden[15]

*9 *Tagung in Hamburg-Rissen 1966*
78 Teilnehmer
Themen: „Freizeiten mit jungen Christen"
„Neugestaltung von ‚Unserer Gemeinde'"
„Neuer Satzungsentwurf"
„Ausbildung von Gehörlosenseelsorgern"[16]
Ein erster Ausbildungskurs in Heidelberg fand 1964 statt. Er sollte auch in Zukunft drei bis vier Wochen dauern.
Die Herausgabe von „Gaben Gottes" steht bevor, ebenso das Lebenskundebuch des Osnabrücker Teams: „Dein Leben liegt vor Dir".
Das Buch „Licht der Welt", erarbeitet von Dozent Alfred Winnewisser, ist im Probedruck erschienen.
Pfarrer Johannes Geiling hat am „Summer Festival of the Finnish Deaf Mission" in Hyvinkää teilgenommen. Die Finnen wünschen eine deutsche Beteiligung an der „Deaf African Mission" in der Schule in Keren/Eritrea. Die Finnen, besonders Propst Lauri Paunu, zeigten sich befremdet, dass die Arbeitsgemeinschaft nicht hundertprozentig hinter der Eritrea-Mission steht.[17]

*10 **Tagung in Höchst/Odenwald 1968**
94 Teilnehmer
Referate:
1. „Das Mundabsehen, Wesen und Grenzen",
   Dozent Alfred Winnewisser, Heidelberg
2. „Das Verstehen des Gehörlosen und die Verständigung mit ihm",
   Dr. med. Aron Ronald Bodenheimer, Zürich
3. Seminar: Schwierigkeiten der Beziehungen unter und mit Gehörlosen,
   Dr. med. Aron Ronald Bodenheimer, Zürich
4. „Was erwartet der HNO-Arzt vom Gehörlosenseelsorger?",
   Dr. med. Wahn, Frankfurt/Main
5. „Begegnungen mit der Problematik der gehörlosen Jugendlichen",
   Fachschulrat Dietrich Martin, Winnenden
6. „Aufbau und Eigenart des Religionsbuches DIE GABEN GOTTES",
   Dozent Alfred Winnewisser, Heidelberg

Eine sehr lebhafte Diskussion über eine neue Satzung fand statt.
Es gibt immer noch keinen gesicherten Mitgliederbestand. Es existiert kein Verzeichnis, so dass ungewiss ist, welcher Gehörlosenpfarrer oder Gehörlosenlehrer wo tätig ist.

*11 **Tagung auf Borkum 1970**
83 Teilnehmer
Referate:
1. „Selektivsprache für Gehörlose", Prof. Klaus Schulte, Heidelberg
2. „Ehe und Familienberatung", Pfarrer Heinz Barow, Frankfurt/Main
3. Außerdem findet eine Aussprache über die Arbeit von Prof. Dr. Aron Ronald Bodenheimer statt.

Es gibt immer noch keinen gesicherten Mitgliederbestand. Der Vorsitzende weiß nicht, welcher Gehörlosenpfarrer, welche Gehörlosenpfarrerin oder Gehörlosenlehrer/lehrerin wo tätig ist, auch nicht, wo Gehörlosenpfarrer gesucht werden. Von den Landeskirchen waren nur unzureichende Auskünfte zu bekommen.
Durch die Unterstützung der EKD konnte vom 15.9. bis 10.10.1969 ein zentraler Grundausbildungslehrgang in Heidelberg mit 29 Teilnehmern durchgeführt werden.
Für einen zweiten Grundausbildungslehrgang 1971 in Neckargemünd vom 20.9. bis 15.10. werden Mittel bereit gestellt. Pfarrer Heinz Barow übernimmt die Information der Mitglieder über die schwierige Materie der Sozialarbeit unter den Gehörlosen. Die Verbindung zur „Deutschen Gesellschaft zur Förderung der Hör- und Sprachgeschädigten e.V." wird durch Pfarrer Heinz Barow aufgenommen.
Es wird ein Ausschuss für Diakonie und soziale Betreuung gebildet. Dazu kommt ein „Arbeitskreis für phasengerechte Verkündigung" unter Leitung von Prof. Klaus Schulte, Heidelberg.[18]

*12 *Tagung in Herrenalb/Schwarzwald 1972*
111 Teilnehmer
Pfarrer Friedrich Wilhelm Luger tritt aus Altersgründen zurück. Zum neuen Vorsitzenden wird Pfarrer Artur Keller, Friedberg, gewählt. Erstmals wird der Tätigkeitsbericht allen Teilnehmern schriftlich gegeben.
Auf der Tagung wird Folgendes verhandelt:
1. Der „Arbeitskreis für ‚phasengerechte Verkündigung'" berichtet von der Arbeit.
2. Über das 1. IÖAK-Seminar in Genf wird unter Leitung von Pfarrer Denis Mermod, Genf, ein Bericht gegeben.
3. Ein Punkt der Tagesordnung ist:
„Pastoration für Gehörlose oder Gehörlosengemeinde".

Pfarrer Friedrich Wilhelm Luger spricht in seinem Tätigkeitsbericht den Einsatz Gehörloser in der kirchlichen Arbeit an.
Als Ergebnis der Anfrage nach Religionsbüchern und Lehrplänen wird in Zusammenarbeit mit der EKD ein katechetischer Ausschuss ins Leben gerufen, der einen Rahmenplan für die ganze EKD erarbeiten soll. Über die Gehörlosenmission berichtet Luger, dass die Landeskirchen unterschiedliche Verbindungen zur Mission haben. Einige unterstützen die Taubstummenmission in Eritrea, andere den gehörlosen Pfarrer Andrew Foster (USA) in Westafrika und seine Schulgründungen, wieder andere halten Kontakt zu Pfarrer Ari J. Anderweg im Libanon.[19]

*13 *Tagung in Tutzing 1974*
127 Teilnehmer
Gesamtthema: „Orientierungshilfen zur Lebensbewältigung"
Referat:
1. „Freizeiten mit Erwachsenen und Konfirmanden", Frau Heinrich, Nürnberg
2. „Gehörlosigkeit und Lebensbewältigung", Dr. phil. Georg Rammel, Augsburg[20]

Ein Antrag von Pastor Horst Paul aus Essen, einen Ausschuss für „Mission und Ökumene" einzusetzen, wurde abgelehnt.
Es konnte berichtet werden, dass in der evangelischen Gehörlosenseelsorge von Hessen und Nassau und Kurhessen-Waldeck seit Januar 1974 eine Information mit Adressen und Einsatzbereichen in der jeweiligen Landeskirche vorliegt. Sie war bei einer gemeinsamen Tagung vom 1. bis 4.10.1973 in Homberg/Efze verabredet worden.[21]

*14 *Tagung in Berlin 1976*
77 Teilnehmer
Gesamtthema: „Die sprachliche Kommunikation in der Gehörlosenseelsorge"
Referate:
1. „Was ist einfache Sprache im Gehörlosengottesdienst",
   Dozent Alfred Winnewisser, Heidelberg

2. „Mit welchen Hilfsmitteln kann einfache Sprache dem Gehörlosen über das Auge wahrnehmbar gemacht werden", Dozent Alfred Winnewisser
3. Praktische Beispiele: Einfache Sprache im Gehörlosengottesdienst und der Religionspädagogik: Angewandte einfache Sprache in der Einzelseelsorge und in der Gruppenseelsorge, Pastor Martin Rehder / Pastor Dietfried Gewalt / Pastor Horst Paul
4. „Vorbereitung gehörloser Konfirmanden für die Konfirmation in Zusammenarbeit zwischen Gehörlosenlehrer und Gehörlosenseelsorger ‚Gehörlosenschule und Erwachsenenbildung'", TOL Jürgen Blaschke, Berlin
5. „Literatur von Gehörlosen, für Gehörlose", Dir. Arno Blau, Berlin[22]

Berichtet wird: Der lange Jahre erarbeitete Rahmenplan für den evangelischen Religionsunterricht an Gehörlosenschulen wurde vom Kultusministerium zur Erprobung freigegeben.
Im Tätigkeitsbericht wurde ferner die Beauftragung von Pastor Martin Rehder angesprochen, die Ansätze der deutschen Gehörlosenmission weiter auszubauen.[23] Er berichtet über die schwedisch-finnische Gehörlosenmission in Keren. Die Mitgliederversammlung (MV) beschloss: „Der neue Vorstand wird beauftragt, einen Vertrag mit dem Joint Committee, den schwedischen und finnischen Missionsgesellschaften vorzubereiten und ihn der nächsten Mitgliederversammlung zur Beschlussfassung vorzulegen. Inhalt des Vertrages soll sein:
1. Gemeinsame Förderung und Ausbildung der Gehörlosenarbeit in der ‚Dritten Welt'.
2. Finanzielle Beteiligung der Arbeitsgemeinschaft an den Projekten des Joint Committee.
3. Sitz eines Vertreters der Arbeitsgemeinschaft im Joint Committee.
4. Der Vertrag soll dem deutschen Evangelischen Missionswerk vorgelegt werden mit der Bitte um ein Gutachten."[24]

*15 *Tagung in Mülheim/Ruhr 1978*
77 Teilnehmer
Gesamtthema: „Die Gehörlosengemeinde in Schule, Kirche und Gesellschaft"
Referate:
1. „50 Jahre Arbeitsgemeinschaft Ev. Gehörlosenseelsorger Deutschlands e.V.", Pfarrer i.R. Dr. Dr. Eugen Hildebrand, Wiesbaden[25]
2. „Der Behinderte (der Gehörlose) in der Kirchengemeinde", OKR Dr. Helmut Spengler, Darmstadt
3. „Hat der Gehörlose leitende Funktionen in der Gehörlosengemeinde?", Pfarrer Artur Keller, Friedberg
4. „Gehörlosengemeinde in der Schule?" (Podiumsdiskussion)
5. „Die Gehörlosenseelsorge aus Sicht des Diakonischen Werkes", Günter Fritsching, Stuttgart

6. „Aktivitäten der Gehörlosen in der Gesellschaft", Herr Hermann Drese, Essen (gehörlos)
7. „Der behinderte Bruder (theologisch-biblische Besinnung)", Prof. Dr. Ulrich Wilkens, Hamburg
Das erste Anschriftenverzeichnis der Arbeitsgemeinschaft Evangelischer Gehörlosenseelsorger Deutschlands e.V. / Verzeichnis der Gehörlosengottesdienstorte erschien 1977 mit einer Auflage von 2.000 Stück.
Nachdem 1975 erstmals versucht wurde, Gehörlose vollständig in das Programm des Deutschen evangelischen Kirchentages (DEKT) zu integrieren, kam es erst 1977 in Berlin zum integrierten Gehörlosen-Kirchentag. Pfarrer Hans Jürgen Stepf legte einen kritischen, zukunftsweisenden Bericht vor.
Pastor Martin Rehder brachte als Missionsbeauftragter den Entwurf für die Zusammenarbeit mit dem Joint Committee ein, der so beschlossen wurde. Es handelt sich um ein „Agreement-on-cooperation", das von Dr. Klaus Gruhn, Evangelisches Missionswerk Hamburg, entworfen und formuliert wurde. Die neuen Projekte waren: Die Einrichtung einer Tagesschule 1979 in Asmara/Eritrea, die Umsiedlung der Gehörlosenschule von Masoke nach Magamba, 1981 bis 1986, dann nach Mwanga/Tansania.[26]
Berufung und Ausbildung von gehörlosen Predigthelfern/Prädikanten (siehe Tagung Herrenalb 1972). Der Antrag wurde an die Landeskirchen überwiesen, da sie dafür zuständig seien.
Pfarrer Volker Sauermann bot Januar 1977 einen Fortbildungskurs in Straubing an. Für 1978 wurde der nächste Kurs geplant.[27]

*16 *Tagung in Ludwigshafen 1980 (Tagungsbericht)*[28]
65 Teilnehmer
Gesamtthema: „Möglichkeiten und Grenzen religiöser Bildung bei Gehörlosen",
Referate:
1. „Möglichkeiten von religiöser Bildung bei erwachsenen Gehörlosen", Pastor Martin Rehder, Hamburg
2. „Berührungspunkte zwischen nachschulischer Betreuung und Gehörlosenseelsorge", TOL Gerhard Eichelberger, Worms
3. „Religiöse Bildung gehörloser Kinder im Vorschulalter" Pfarrerin Christel Kiel, Braunschweig
4. „Welcher kirchliche Status wird den bestehenden Gehörlosengemeinden gerecht?" OKR Dr. Sperling, Hannover
5. „Was erwarten Gehörlose von den Gehörlosenseelsorgern?", Herr Hellmut Klöss, Kirchhelfer der Gehörlosengemeinde Worms
6. „Die kirchenrechtliche Verbindlichkeit des Katechismus und mögliche Inhalte eines Glaubensbuches für Gehörlose anhand des Gemeindekatechismus und Erwachsenenkatechismus" OKR Dr. Reller, Hannover
7. „Religionspädagogik als Seelsorge bei behinderten Kindern", Doz. Pfarrer Gerd Wiesner, Religionspädagogisches Zentrum Schönberg/Taunus[29]

Der neue Name: **„Deutsche Arbeitsgemeinschaft für Evangelische Gehörlosenseelsorge e.V."** wird beschlossen.
Ab Dezember 1979 erscheint halbjährlich für alle Mitglieder: „INFORMATIONEN Deutsche Evangelische Gehörlosenseelsorge", Herausgeber: DAFEG, Redaktion: Hans Stepf, Berlin, Auflage 400.
Pfarrer Volker Sauermann veröffentlichte die Zusammenfassung des Gehörlosen-Kirchentages: „Zur Hoffnung berufen", 18. Deutscher Evangelischer Kirchentag Nürnberg, 1980, 234 S.
Der erste voll ausgebildete gehörlose Predigthelfer, der Zahntechniker Gisbert Frank, wurde am 9.9.1980 im Gemeindezentrum der Christuskirche in Wuppertal-Barmen ordiniert. Anwesend waren neben dem Vorsitzenden der Arbeitsgemeinschaft, Artur Keller, auch der im Ruhestand lebende frühere Vorsitzende Friedrich Wilhelm Luger.

*17 Tagung in Hüllhorst/Westfalen 1982 (Tagungsbericht)[30]
60 Teilnehmer
Gesamtthema: „Gottesdienst für Gemeinde und Schule"
Referate:
I. „Die neuen Agendenvorschläge,
   1. Was wollen sie?
   2. Erfahrungsberichte nach 1 jähr. Gebrauch",
   Pfarrer Volker Sauermann, Nürnberg
II. „Ein Katechismus für Gehörlose.
   1. Entwürfe und Zielvorstellungen
   2. Möglichkeiten der Erprobung in Schule und Gemeinde",
   Pfarrer Friedrich Lenhard, Heilbronn
III. „Medien im Gottesdienst
   1. Welche sind geeignet
   2. Art und Umfang des Einsatzes", Pastor Martin Rehder, Hamburg
IV. „Sprache und Gebärde im Gottesdienst
   1. Terminologische Abgrenzung
   2. Ihr Stellenwert zueinander", Katechetin Herta Giesler, Bremen
V. „Gespräche anläßlich der Taufe, der Trauung, der Beerdigung",
   Pfarrer Hans Jürgen Stepf, Berlin
VI. „Die nachgottesdienstlichen Zusammenkünfte
   1. Ihre verschiedenen Möglichkeiten
   2. Ihre Möglichkeiten unter dem ‚Bildungsauftrag der Kirche'",
   TOL Gerhard Eichelberger, Worms

Es kam zu Diskussionen über den Medieneinsatz und über gemeinsames Gebärden im Gottesdienst. Pfarrer Volker Sauermann stellte „Agendenvorschläge" vor, Pfarrer Friedrich Lenhard neue „Gebärdenlieder".
Seit 1979 kam es zu Gesprächen mit der EKD über die Ausbildung in der Gehörlosenseelsorge. Diese Gespräche führten zur Annahme einer Empfehlung der Kirchenkonferenz in der Sitzung vom 11.6.1981. Am 10.7.1981 hat der Rat der Evangelischen Kirche in Deutschland daraufhin

Empfehlungen verabschiedet und bat die Gliedkirchen, danach zu verfahren.[31] Grundausbildung und Fortbildung wurden für sie alle durch die EKD möglich. 1982 soll ein erster Grundkurs für nebenamtliche Mitarbeiter in der Gehörlosenseelsorge in Verbindung mit der Deutschen Gesellschaft zur Förderung der Hör- und Sprach-Geschädigten e.V. (Pfarrer Heinz Barow) und der Deutschen Arbeitsgemeinschaft für Evangelische Gehörlosenseelsorge e.V. durchgeführt werden. Für 1983 wird ein Aufbaukurs in Bethel vorgesehen.

*18 Tagung in Goslar 1984 (Tagungsbericht)[32]
54 Teilnehmer
Gesamtthema: „Seelsorge bei jugendlichen und erwachsenen arbeitslosen Gehörlosen"
Referate:
1. „Gehörlose Jugendliche mit qualifiziertem Schulabschluss. Was danach?", Oberstudiendirektor Ernst Schulte, Essen
2. „Kirchliche Seelsorge bei auszubildenden Gehörlosen", Dir. Dietrich Martin, Winnenden
3. „Therapie alkoholkranker Gehörloser", Propst i.R. Warmers, Salzgitter
4. „Kirchliche Jugendarbeit bei jugendlichen und erwachsenen Gehörlosen", TOL Gerhard Eichelberger, Worms; Pfarrer Siegfried Helmenstein, Köln; Pfarrer Artur Keller, Friedberg; Pastor Horst Paul, Essen
5. „Warum gehörlos?", Pfarrer Hans-Georg Schmidt, Winnenden

Ein Bericht über die Fortbildungstagung in Bethel lag vor, die erstmals von der EKD ausgeschrieben worden war. Pfarrer Friedrich Lenhard berichtete darüber in den INFORMATIONEN [33] und im Tätigkeitsbericht für 1984. Der Fachausschuss Konfirmandenarbeit unter Leitung von GL Wiltraud Kolodzey legte seine Ergebnisse vor: BETEN – MIT GOTT SPRECHEN und VATERUNSER. Die Arbeitseinheiten enthalten Konfirmandenmaterial und Material für die Hand des Unterrichtenden. Da die meisten Gehörlosenpfarrer im Nebenamt tätig sind und keinen Religionsunterricht und auch keinen Konfirmandenunterricht geben, fand diese Arbeit ihre Anerkennung hauptsächlich bei den Lehrern und hauptamtlichen Gehörlosenpfarrern.[34]
Ab dem Sommersemester läuft an der Universität Heidelberg ein Gebärdenprojekt unter der Leitung von Prof. Dr. Klaus Schulte mit dem Thema: „Erarbeitung religiöser Gebärden." Ziel ist eine stärkere Vereinheitlichung der religiösen Gebärde. Fertiggestellt wurde das „Vaterunser".
In den INFORMATIONEN wurden Berichte von der Gehörlosenseelsorge in der Dritten Welt und auch ein Prospekt zur Information vorgestellt. Ein Faltblatt Keren/Mwanga[35] mit Zeichnungen und Bildern war als kopierbarer Werbeprospekt für die Mission beigelegt.

*19 Tagung in Rummelsberg 1986
93 Teilnehmer
Gesamtthema: „Behindertes Leben im Licht des Evangeliums. Schlusslicht der Gesellschaft oder Licht der Welt."
Referate:
1. „Behindertes Leben im Licht von Schuld und Vergebung", OKRin Heide Fischer, Darmstadt
2. „Behindertes Leben im Licht der Genforschung (Genforschung, Gentechnik und christlicher Glaube)", Prof. Dr. theol. Martin Honecker, Bonn[36]
3. „Behindertes Leben im Licht der Genforschung aus Sicht der Biologie", Dr. Regine Kollek,[37] Bonn
4. „Behindertes Leben im Licht der Politik: Recht auf Leben oder Kostenfaktor?", Statements und Diskussion mit Politikern: Norbert Eimer, FDP MdB; Karl-Heinz Hirsemann SPD MdL; Peter Keller CDU MdB

Seit September 1984 besteht eine Arbeitsgruppe, die an ethischen Fragen der Gentechnik arbeitet (Pfarrer Heinz Barow, Pastor Horst Paul, Pfarrer Hans Jürgen Stepf) – Ausschuss: Genforschung/Zwangssterilisation.[38] Es ergaben sich Fragen zur Gentechnik auf dem Hintergrund von Euthanasie und Zwangssterilisierung im Dritten Reich. TOL Reinhard Eisenberg, Nürnberg, hatte eine Ausstellung zur Euthanasie und Zwangssterilisation im Dritten Reich vorbereitet.

Es wurde festgestellt, dass der als Pilotprojekt in Frankfurt begonne Kirchentag für Gehörlose 1975, nun ein fester Bestandteil des Deutschen Evangelischen Kirchentages geworden ist.
Folgende Fachausschüsse und Projekte wurden bestätigt oder gewählt:
1. Konfirmandenarbeit[39]
2. „Bretzenheimer Kreis", entstanden aus dem Arbeitskreis mit Prof. Dr. Klaus Schulte
3. Arbeitslosigkeit unter Gehörlosen, Pfarrer Bernd Ackermann legte eine Schrift vor[40]
4. Genforschung/Zwangssterilisation, gilt offiziell als beendet
5. Gebärdenprojekt, Pfarrer Friedrich Lenhard in Zusammenarbeit mit Prof. Dr. Schulte
6. „Gehörlosenagende", Pfarrer Dr. Alfred Kretzer / Pfarrer Volker Sauermann, 1985 erschienen
7. „Gehörlosenmission", Pastor Martin Rehder.[41] Als Nachfolger von Frau Pfarrerin Christel Kiel wurde Pfarrer Hans Jürgen Stepf, Berlin, in das Joint Committee berufen.

„Unsere Gemeinde": Dank an Kirchenrat Johannes Heinisch und seine Frau. Die Schriftleitung übernahm nach zwei Jahrzehnten ihr Nachfolger TOL Jochen Jaeckel.
Die Grundausbildungskurse finden in Zusammenarbeit mit der Deutschen Gesellschaft zur Förderung der Gehörlosen und Schwerhörigen mit Pfarrer

Heinz Barow als verantwortlichem Kursleiter statt, die Fortbildungskurse in Bethel stehen unter der Regie von Pfarrer Friedrich Lenhard.[42] Internationaler Ökumenischer Arbeitskreis für Taubstummenseelsorge (IÖAK): Pfr. Rudolf Wollrab kandidiert nicht mehr. Der IÖAK hat 25 Mitglieder aus 14 europäischen Ländern, einigen afrikanischen Staaten, den USA und Kanada.

Die Gehörlosenarbeit in Deutschland (BRD) wurde durch die Aufhebung der Freifahrt für Gehörlose sehr behindert. Nach Protesten wurde sie durch eine Selbstbeteiligung von 10 DM abgemildert.

*20 Tagung Berlin 1988
61 Teilnehmer
Gesamtthema: „Wie können gehörlose Jugendliche auf Ehe und Familie vorbereitet werden?"
Referate:
1. „Sexualunterricht bei Gehörlosen in der Oberstufe", TOL Renate Rädler, Hessheim
2. „Was leistet das Internat aus pädagogischer Sicht für die Vorbereitung auf Ehe und Familie?", Hilde Dimpfelmeier, Teisendorf
3. „Ehe und Familie, sowie Ehevorbereitung – Vorstellung und Wirklichkeit in der katholischen Gehörlosenseelsorge", Msgr. Can. Wolfgang Römer, Düren
4, „Ehe und Familie sowie Ehevorbereitung – Vorstellung und Wirklichkeit in der evangelischen Gehörlosenseelsorge", Pfarrer Friedrich Lenhard, Heilbronn
60 Jahre Arbeitsgemeinschaft.
Pfarrer Artur Keller gibt in seinem Tätigkeitsbericht einen kurzen Überblick mit einer Chronologie der Tagungen. Er sieht ein Problem in den Entwicklungen der Arbeitsgemeinschaft, einmal im e. V., auf der anderen Seite im Konvent der Gehörlosenseelsorger der evangelischen Kirchen des „Bundes der evangelischen Kirchen in der DDR". Pfarrer Artur Keller stellt die Frage, ob es nicht sein könnte, dass durch die Form des e. V. Hindernisse bei der Befolgung des kirchlichen Auftrages der Gehörlosenseelsorge als pastorale Aufgabe entstehen? Dem wurde heftig widersprochen und das gute Verhältnis zur EKD herausgestellt.[43]
Alle Mitglieder erhielten ein Exemplar von: „MATERIALIEN Die Zwangssterilisation von Gehörlosen nach dem Erbgesundheitsgesetz und die Stellungnahmen der Evangelischen Gehörlosenseelsorge sowie Evangelischer Kirchen im Dritten Reich und nach 1945."[44]
Nach eingehender Beratung beschloss die Mitgliederversammlung: „Die DAFEG wird offiziell keinen Gehörlosenkirchentag im Deutschen Evangelischen Kirchentag mehr durchführen. In den Landeskirchen sollen vermehrt regionale Kirchentage durchgeführt werden." Die bisherige Form der Gehörlosenkirchentage erfordere sehr viel Einsatz, der so auf Dauer nicht geleistet werden kann. Die Teilnahme an dem Markt der Möglichkeiten wurde nicht in Frage gestellt.

*21 **Tagung in Frenswegen/Nordhorn 1990 (Tagungsbericht)**[45]
58 Teilnehmer
Gesamtthema: „Krankheit – Tod – Hoffnung auf ewiges Leben"
Referate und Referenten:
1. „Krankheit – Tod – Hoffnung auf ewiges Leben"
   Überlegungen aus der Gehörlosenseelsorgerpraxis,
   Pfarrer Volker Sauermann, Nürnberg
2. „Krankheit – Tod – Auferstehung"
   Psychosoziale Überlegungen zur Seelsorge,
   Kinderpsychotherapeutin Frauke Krukenberg, Marburg

Einen breiten Raum nahmen die Gruppengespräche im Anschluss an die Referate ein, die zugleich ein erstes Annähern der Gedanken nach dem Fall der Mauer ermöglichten. Das gemeinsame Erleben des 3. Oktobers bildete für einige den Anstoß, sich gegenseitig die Lebensgeschichten zu erzählen. Es wurde deutlich, dass nur in diesem Erzählen und aufeinander Hören eine Wiedervereinigung der Arbeitsgemeinschaft möglich sei. Die Berichte von der Gehörlosenseelsorge in den einzelnen Landeskirchen unterstrichen das Bemühen.

Es wurde verabredet, im März 1991 die erste gemeinsame Sitzung der Vorstände im Augustiner Kloster in Erfurt abzuhalten.

Seit dem 1.7.1990 gibt es einen bestätigten Missionsausschuss, der die Einbindung von Gemeindegliedern stärken soll. Er setzt sich aus drei Hörenden und vier Gehörlosen zusammen. Tagungsort ist Nürnberg, der Wirkungsort von Pfarrer Volker Sauermann.

In Münster wurden drei gehörlose Predigthelfer/Prädikanten zu Predigtdienst und Sakramentsverwaltung ordiniert: Horst Twele, Egon Zeuner und Werner Irion.

Der Gen-Ausschuss wurde neu gebildet, um die Diskussion im medizinisch-ethischen Bereich zu verfolgen.

Der Hauptausschuss hat auf Antrag des Vorstandes beschlossen, dass die Gehörlosen aus den Gehörlosengemeinden in der ehemaligen DDR die Zeitung „Unsere Gemeinde" ebenso kostenlos erhalten wie die Gehörlosen in der ehemaligen BRD. Z.Zt. erhalten 375 Personen die Zeitung.[46]
„Unsere Gemeinde" wird in Zukunft auf Spenden angewiesen sein.

*22 **Tagung in Homberg – Hülsa 1992 (Tagungsbericht in den INFORMATIONEN Nr. 15/1993)**[47]
76 Teilnehmer
Pfarrer Artur Keller stellt sich nach 20 Jahren nicht wieder zur Wahl. Zum neuen Vorsitzenden wird Pfarrer Friedrich Lenhard, Heilbronn, gewählt.
Gesamtthema: „Wir möchten einander verstehen"
Referate:
1. „Einführung in die stumme Diskussion
   Erfassung der Schwierigkeiten im seelsorgerlichen Gespräch mit Gehörlosen: Erwartungen, Befürchtungen, Forderungen, Hilfen", Pfarrer Benno Weiß, Siegen

2. „Gehörlose referieren: Schwierigkeiten und Erwartungen der Gehörlosen in Zusammenarbeit mit den Pfarrern", Frau Mechthild Frank, Essen/Herr Egon Zeuner, Hamminkeln
3. „Welche Aspekte sind für die Seelsorge an Gehörlosen aus der Sicht der Psychiatrie wichtig?", Frau Dr. Ingeborg Richter, Nervenärztin, Leiterin der Abteilung für psychischkranke Hörgeschädigte, Bezirkskrankenhaus Erlangen

Workshop: „Wir wollen einander verstehen – praktische Wege zum Verständnis"

Aus der Mitgliederversammlung:
1. Auflösung des Konvents der Gehörlosenseelsorger des Bundes der Evangelischen Kirche in der DDR mit Zustimmung des Diakonischen Werkes – Innere Mission und Hilfswerk. Die Mitglieder des Konvents stellen Aufnahmeanträge an den Vorstand der DAFEG.
2. Satzungsneufassung und Annahmebeschluss
3. Die Stelle eines hauptamtlichen Geschäftsführers für die DAFEG wurde von der EKD genehmigt. Die Geschäftsstelle befindet sich ab dem 1.10.1992 in Göttingen. Am 24.4.1992 wurde der Theologe Reinhold Engelbertz auf einer gemeinsamen Vorstandssitzung in Frankfurt/Main zum Geschäftsführer der DAFEG berufen.

Auf der Tagung in Homberg-Hülsa wurden die Weichen für eine gemeinsame Zukunft gestellt. Mit Unterstützung der Geschäftsstelle ist es auch für einen nebenamtlichen Gehörlosenpfarrer möglich, den Vorsitz in der Arbeitsgemeinschaft zu übernehmen. Die Arbeitsgemeinschaft ist wieder rechtlich eine E i n h e i t. Eine geistig und geistlich geeinte Gemeinschaft unter den Gehörlosengemeinden kann jedoch nur durch den Segen Gottes geschaffen werden.

Anmerkungen

1   Zu den ersten vier Tagungen siehe: Sammelband, Dokumente und Berichte 1928–1951, hg. v. DAFEG, 2. Aufl, 1996.
2   Siehe Anhang: Dokumente III, Satzungen.
3   Gallenkamp, Paul: Mitteilungsblatt Nr. 2 Wega/Waldeck, Oktober 1961. Er hält eine gedruckte Herausgabe der Tagungsberichte für unnötige Arbeit. Grundlage für das Folgende sind daher vor allem die Tagungsprogramme sowie Tätigkeitsberichte der Vorsitzenden, soweit vorhanden. Leider sind nur acht gedruckte Tagungsberichte auffindbar: Von 1949, 1956, 1960, 1980, 1982, 1984, 1990 und 1992. Hinweise kamen zusätzlich von Pfarrer Volker Sauermann aus den Akten der Gehörlosenseelsorge in Nürnberg. Aus dem Privatarchiv Hans Jürgen Stepf stammen die Tätigkeitsberichte der Vorsitzenden. Im Folgenden beschränke ich mich auf die Nennung der Jahrestagungen und gebe nur die Titel der Referate und wichtige Entscheidungen der Mitgliederversammlungen der DAFEG wieder.
4   Stepf, Hans Jürgen: Sammelband, Dokumente und Berichte, Göttingen 1996, S. 148 ff.
5   Angaben aus den Aktenbeständen von Pfarrer Volker Sauermann und der Gehörlosengemeinde Nürnberg.

6 Hildebrand, Eugen, Mülheim 1978, S. 15. Mit „Veredelung der Gebärde" sind im Gottesdienst gebrauchte oder „religiöse" Gebärden gemeint.
7 Tagung der AeGD in Willingen vom 4. bis 8.6.1956, S. 9f.
8 Ebd., S. 30.
9 Ebd., S. 34f.
10 Vgl. dazu: 1. Die Bemühungen um eine Weltgebärdensprache gehen zurück auf den Beschluss beim Gehörlosenweltkongress in Zagreb 1955. 2. Bernhard Stoevesand: Zum Problem der Weltgebärdensprache – Aus der Praxis für die Praxis, in: Neue Blätter für Taubstummenbildung, 11. Jahrgang, Nr. 6/7, Heidelberg 1953, S. 193.
11 Veröffentlichung: Tagung der AeGD in Hofgeismar vom 13. bis 17.6.1960, Kassel 1960.
12 Ebd., S. 12f.
13 Ebd., S. 5.
14 Luger, Friedrich Wilhelm: Tätigkeitsbericht, Rissen 1966, S. 1.
15 Leidhold, Arthur: Neckargröningen, Einladungsschreiben vom 10.3.1964 (Stepf, Privatarchiv).
16 Die Referenten sind nicht verzeichnet.
17 Luger, Friedrich Wilhelm: Tätigkeitsbericht, Rissen 1966, S. 7, in: Unsere Gemeinde 5/1965 gab es bereits eine offizielle Werbung für die finanzielle Unterstützung für Keren: Missionsgaben für Keren.
18 Luger, Friedrich Wilhelm: Tätigkeitsbericht, Borkum 1970, S. 1–8.
19 Luger, Friedrich Wilhelm: Tätigkeitsbericht, Herrenalb 1972, S. 2 + 9.
20 Rammel, Georg: Gehörlosigkeit und Lebensbewältigung, Tutzingen 1974. Der Vortrag liegt in Maschinenschrift vor (Stepf, Privatarchiv).
21 Stepf, Hans Jürgen: Informationen Gehörlosenseelsorge Hessen und Nassau, Kurhessen-Waldeck, Heft Januar, Heft Oktober 1974 (Stepf, Privatarchiv).
22 Tagungsprogramm vom 10.10.1976.
23 Keller, Artur: Tätigkeitsbericht, Berlin 1976, S. 11.
24 Protokoll der Mitgliederversammlung am 13. u. 14.10.1976, in: Unsere Gemeinde 11/1969, S. 4 + 9, hatte es einen Bericht gegeben: Die neue Gehörlosenschule in Keren ist eingeweiht. Im Jahr 1974 erschien ein neuer Aufruf zu Spenden, in: Unsere Gemeinde 12/1974, S. 9. Seit 1974 übersetzte Martin Rehder regelmäßig Briefe aus der Mission ins Deutsche für „Unsere Gemeinde." Von da an wurde in jeder Ausgabe von „Unsere Gemeinde" über die Mission informiert und für Spenden aus den verschiedenen Gemeinden gedankt.
25 Hildebrand, Eugen: 50 Jahre Arbeitsgemeinschaft evangelischer Gehörlosenseelsorger Deutschlands, Mülheim 1978.
26 Rehder, Martin: Erinnerungen an Dreißig Jahre Gehörlosenmission 2001. Im Anhang wird der vollständige Text: „Regulations governing the Joint Committee (JC) 78-03-29" wiedergegeben (Dokument V 2), vgl. auch Keller, Artur: Tätigkeitsbericht, Ludwigshafen 1980, S. 3.
27 Ebd., S. 6.
28 Tagungsbericht: Möglichkeiten und Grenzen religiöser Bildung bei Gehörlosen, Ludwigshafen, 6. bis 10.10.1980, hg. v. DAFEG, Friedberg/Berlin 1981.
29 Wiesner, Gerd: Integration oder Aussonderung? Behinderte in der Konfirmandengruppe, Beilage zu Schönberger Hefte 4/1973 (Stepf, Privatarchiv).
30 Tagungsbericht: Gottesdienste für Gemeinde und Schule, Hüllhorst, 18. bis 22.10.1982, hg. v. DAFEG, Friedberg/Berlin 1983.
31 Keller, Artur: Tätigkeitsbericht. Hüllhorst 1982, S. 9f. Die Empfehlung der EKD wird im Anhang als Dokument II 3 wiedergegeben.
32 Tagungsbericht: Seelsorge bei jugendlichen und erwachsenen arbeitslosen Gehörlosen, Goslar, 8. bis 12. Oktober 1984, hg. v. DAFEG, Friedberg/Berlin 1985.
33 Lenhard, Friedrich: Bericht über Aufbaukurs für Gehörlosenseelsorge 19. bis 29.9.1983 in Bethel, in: INFORMATIONEN 6/1983, S. 5f.

34 Kolodzey, Wiltraud: Konfirmandenarbeit im Tätigkeitsbericht Goslar 1984, S. 7–9.
35 INFORMATIONEN 6/1983, S. 23–28.
36 Honecker, Martin: Hoffnung und Ängste im Blick auf die Genforschung. Vortrag (Stepf, Privatarchiv).
37 Kollek, Regine: Die molekulare Definition des Menschen, Forschungsstand und Perspektiven, in: Gen-Technologie – Die neue soziale Waffe. Hg. v. Friedrich Hansen, Regine Kollek, Hamburg 1985, S. 9.
38 Stepf, Hans Jürgen: MATERIALIEN ZUM THEMA GEN-FORSCHUNG Auszüge, Kommentare, Fragen zur Ethik. Hg. v. DAFEG, Berlin 1985, 63 Seiten (als Kopiermanuskript).
39 Kolodzey, Wiltraud: Bericht über den Stand der Arbeit, in: Keller, Artur: Tätigkeitsbericht Rummelsberg. 1986, S. 4 und Anhang.
40 Ackermann, Bernd: Behindertes Leben „Arbeit und Arbeitslosigkeit unter Gehörlosen". Die Vorlage für die Tagung von 1984 war ein Auftrag.
41 Rehder, Martin: Bericht über Keren/Eritrea und Mwanga/Tansania, in: Tätigkeitsbericht Rummelsberg 1986, S. 6f.
42 Lenhard, Friedrich: Bericht über den Fortbildungskurs K46-Fortbildung für Gehörlosenseelsorger, 16. bis 29.9.1985, in: Keller, Artur: Tätigkeitsbericht, Rummelsberg1986.
43 Keller, Artur: Tätigkeitsbericht, Berlin 1988, S. 9–16.
44 DAFEG, MATERIALIEN Die Zwangssterilisation von Gehörlosen nach dem Erbgesundheitsgesetz und die Stellungnahmen der Evangelischen Gehörlosenseelsorge sowie Evangelischer Kirchen im Dritten Reich und nach 1945, 1. Aufl. Göttingen1987, 2. Aufl. Göttingen 1993.
45 Tagungsbericht: Krankheit – Tod – Hoffnung auf ewiges Leben, Kloster Frenswegen (Nordhorn), 1. bis 5.10.1990. Hg. v. DAFEG, Göttingen/Berlin 1996.
46 Keller, Artur: Tätigkeitsbericht, Frenswegen 1990, S. 2–3. Der Missionsausschuss konstituierte sich am 2.6.1990 in Nürnberg. In den Ausschuss wurden vom Hauptausschuss berufen: Helmut Ernst Beck (g), Mechthild Frank (g), Barbara Kraffert (g), Werner Irion (g), Hans Maaßen (g), Marin Rehder (h), Hans Jürgen Stepf (h), Volker Sauermann (h). 1. Vors. Martin Rehder, 2. Vors. Werner Irion, Schriftführer Volker Sauermann. Der Ausschuss kann erweitert werden. Die Wahlen richten sich nach der Mitgliederversammlung der DAFEG. Arbeitsmotto: „Gehörlose helfen Gehörlosen in der Dritten Welt".
47 INFORMATIONEN – Deutsche Evangelische Gehörlosenseelsorge e.V., Februar 1993, Nr. 15, Redaktion: Pfarrer Roland Martin, Stuttgart 1993.
48 EZA – 7/4380.
49 Schulz, Hermann (Berlin): Die Erfahrungen in der Taubstummenseelsorge, in: Die preußische Taubstummenfürsorge – Bericht über die Versammlung der preußischen Fürsorgevereine für Taubstumme am 8. November 1913 zu Berlin. Im Auftrag der Versammlung herausgegeben vom Geschäftsführenden Ausschuss des Vereins preußischer Taubstummenlehrer Berlin 1914, Strausberg 1914, S. 60–72.
50 Als „gehörlos" (taubstumm) werden Personen betrachtet, deren Gehör für die Bedürfnisse des Alltagslebens selbst beim Gebrauch von Hörhilfen nicht ausreicht, also insbesondere solche, die für das Verstehen von Sprache auf das Ablesen von den Lippen und Gebärden angewiesen sind.
51 Kirchenleitung der Ev. Kirche Berlin-Brandenburg (BerlinWest), Kirchenkreis und Kirchliches Verwaltungsamt, Beirat der Landeskirche.

Literaturverzeichnis

Ackermann, Bernd: Behindertes Leben. „Arbeit und Arbeitslosigkeit" bei Gehörlosen. Eine Vorlage für die Tagung, ein Auftrag der DAFEG von 1984
Adamczyk, [?]: Die Versorgung geistesschwacher und anderer behinderter taubstummer Schüler, in: Verein preußischer Taubstummenlehrer, ordentliche Hauptversammlung in Hamburg, Erfurt 1927, S. 27–54
Adreß-Kalender der Königlich Preußischen Haupt- und Residenz-Städte Berlin und Potsdam besonders der daselbst befindlichen hohen und niederen Collegien, Instanzen und Expeditionen auf das Jahr 1799, Berlin 1799 / Bd. 1829 bis 1873
Allgemeine Deutsche Gehörlosenzeitung Nr. 10, Berlin 1927
Arbeitsgemeinschaft Selektivsprache: Phasengerechte Verkündigung, Untersuchungen und Vorschläge zu Evangelientexten in einfacher Sprache, Villingen 1973
Bab, Bettina und Weiß, Wolfgang: 250 Jahre Dreifaltigkeit 1739–1989, Beiträge zur Geschichte der Friedrichstadt und der Kirchengemeinde im ehemaligen Berliner Regierungsviertel, Berlin-Kreuzberg 1990
Barow, Heinz und Stillfried, Hans: Zur Erinnerung an den Taubstummenoberlehrer i.R. Philipp Hühn aus seinen Aufzeichnungen. Frankfurter Hefte für Gehörlose Nr. 5, Frankfurt 1981
Bartel, Otto: Ewiger Grund, 1. Handreichung für den Religionsunterricht an gehörlosen Kindern, Berlin 1948
Bartel, Otto und Stoevesand, Bernhard: Evangelische Christenlehre für Gehörlose, Berlin 1954
Bartel, Otto: Wegweiser zu Christus. Kirchliches Mitteilungsblatt für Gehörlose ab Januar 1948, Monatsblatt, hg. v. Pfarrer Bartel (oft ohne Seitenzahlen), ab 1961 Mitteilungsblatt allein für: Evangelischer Gemeindeverein der Gehörlosen in Berlin
Bendt, Vera und Galliner, Nicola: Öffne deine Hand für die Stummen. Die Geschichte der Israelischen Taubstummen-Anstalt Berlin-Weißensee 1873–1942, Berlin 1993
Besier, Gerhard und Sauter, Gerhard: Wie Christen ihre Schuld bekennen. Die Stuttgarter Erklärung 1945, Göttingen 1985
Biesold, Horst: Klagende Hände. Betroffenheit und Spätfolgen in bezug auf das Gesetz zur Verhütung erbkranken Nachwuchses, dargestellt am Beispiel der „Taubstummen", Solms-Oberbiel 1988
Bitter, Rudolf von: Handwörterbuch der Preußischen Verwaltung Berlin 1928, Bd. II, Stichwort „Taubstumme"
Blau, Arno: Festschrift der Ernst-Adolf-Eschke-Schule. Zur Einweihung der Ernst-Adolf-Eschke-Gehörlosenschule, Berlin 1961
Blau, Arno: Der gehörlose Mensch – seine Grenzen – seine Möglichkeiten, Sonderdruck: hörgeschädigte kinder, 5. Jahrgang, Kettwig Februar 1968
Blindow, Johannes: Kirchliches Handbuch für ev. Taubstummengemeinden, Wuppertal-Barmen 1931

Bodenheimer, Aron Ronald: Doris. Die Entwicklung einer Beziehungsstörung und die Geschichte ihrer Behebung bei einem entstellten, taubstummen Mädchen, Series Paedopsychiatria, hg. v. Prof. Dr. J. Lutz, Zürich/Basel/Stuttgart 1968

Böpple, Gerlinde: Kapernaum, eine evangelische Kirchengemeinde „auf dem Wedding", Berlin 1992

Bossard, Paul: Der Taubstumme, Neuburgweier/Karlsruhe 1972

Bund Deutscher Taubstummenlehrer BDT (Hg.): Beiträge zur Taubstummenbildung, Bericht über die IX. Versammlung, Würzburg 1912

Bund Deutscher Taubstummenlehrer (Hg.): Bericht über die 12. Versammlung in Heidelberg 1.–3.6.1925, Leipzig 1925

Bund Deutscher Taubstummenlehrer (Hg.): Samuel Heinicke-Jubiläumstagung in Hamburg 6.–10.6.1927, Leipzig 1927

Bund Deutscher Taubstummenlehrer (Hg.): Tagung für Taubstummenfürsorge 18.–19.5.1928, Berlin 1928

Bund Deutscher Taubstummenlehrer (Hg.): Handbuch des Taubstummenwesens, Osterwieck am Harz 1929

Bund Deutscher Taubstummenlehrer (Hg.): Bericht über die 14. Versammlung zu Breslau 10.–12.6.1930, Berlin 1930

Bund Deutscher Taubstummenlehrer (Hg.): Bericht über die 19. Versammlung in Schleswig 26.–29.5.1958, Dortmund 1958

Dannowski, Hans Werner und Röhrbein, Waldemar R. (Hg.): Geschichten um Hannovers Kirchen, Studien, Bilder, Dokumente, Hannover 1983

Dehn, Günther: Die Alte Zeit, die vorigen Jahre. Lebenserinnerungen, München 1962

Deich, Friedrich: Windarzt und Apfelsinenpfarrer, Düsseldorf 1959

Dibelius, Otto: So habe ich's erlebt. Selbstzeugnisse, Berlin 1980

Die Chronik Berlins, hg. v. Bodo Harenberg, Dortmund 1986

Der große Duden – Herkunftwörterbuch, Die Etymologie der deutschen Sprache, Mannheim 1963

Der neue Brockhaus, Lexikon und Wörterbuch in fünf Bänden, Wiesbaden 1978

Der Tagesspiegel: dpa Meldung/Stockholm/Enthüllungen über Schwedens Eugenik. Jahrzehntelang wurden Männer und Frauen zwangssterilisiert/Ministerin sagt Entschädigung zu. 27.8.1997, S. 1; Stockholm/Genf Neue Enthüllungen über Zwangssterilisation. Neben Schweden auch Erkenntnisse aus Norwegen, Finnland, Dänemark, Schweiz und Österreich. 29.8.1997, S. 7

Detlefsen, Jörg: Vertreibung aus dem Sozialstaats-Paradies. Schweden ist zutiefst verunsichert durch die Enthüllungen über einen bis 1976 fortgeführten amtlichen Rassenwahn in: Der Tagespiegel 28.8.1997, S. 8

Dörner, Klaus: Tödliches Mitleid, 2. Aufl., Gütersloh 1989

Drechsel, Klaus-Peter: Beurteilt – vermessen – ermordet, Die Praxis der Euthanasie bis zum Ende des Faschismus, by DISS, Duisburg 1993

Eisermann, Heinrich: Die Erziehung zur Selbsthilfe in der H.J., in: Bericht über die Tagung des R.f.G. zu Osnabrück 19.–21.11.1938, 10 (EZA G VI 7 XIV 981)

Ellmers, Fritz: Gedicht – Empor! In: Beiheft zum Film: „Verkannte Menschen", aus dem Leben der Gehörlosen, hg. v. Wilhelm Pilz & Noack Berlin 1932, S. 23

Festschrift 175 Jahre Gehörlosen-Schule Berlin (o. Verfasserangabe und o.J.) Berlin [1963]

Festschrift 150 Jahre Gehörlosenbewegung, hg. v. Landesverband der Gehörlosen Berlin e. V., Berlin 1998

Fischer, Otto: Evangelisches Pfarrerbuch für die Mark Brandenburg, Bd. I Verzeichnis der Pfarrstellen und Pfarrer Bd. II/1 und 2 Verzeichnis der Geistlichen in alphabetischer Reihenfolge Brandenburgischer Provinzialsynodalverband (Hg.), Berlin 1941

Frank, Gisbert: Weltkongreß der Gehörlosen in Finnland in: Unsere Gemeinde 12/1987, S. 4

Frank, Gisbert: Internationales Ökumenisches Seminar für Pastorale Seelsorge an Gehörlosen in Turku (Finnland) vom 29.7. bis 8.8.1987, in: Unsere Gemeinde Heft 1, Kassel 1988, S. 5

Frank, Mechthild und Zeuner, Egon: Schwierigkeiten und Erwartungen der Gehörlosen in Zusammenarbeit mit ihren Pfarrern. Vortrag in: INFORMATIONEN, DAFEG Nr. 15, Göttingen 1993, S. 7 f.

Freunthaller, Adolf: Der Kindergarten als Glied der Taubstummenbildung, in: BDT Jubiläumsausgabe, Leipzig 1927, S. 186–219

Gailus, Manfred: Protestantismus und Nationalsozialismus. Studien zur nationalsozialistischen Durchdringung des protestantischen Sozialmilieus in Berlin, Böhlau 2001

Geiling, Johannes: Aufruf zu Spenden in: Unsere Gemeinde, Evangelischer Wegweiser für Gehörlose Heft 11, Kassel 1964 und Heft 5/1965, S. 8

Gallenkamp, Paul: Bericht des Vereinsgeistlichen über den Stand der Arbeit in der ev. Gehörlosenseelsorge (Auszug), in: AeGD Bericht Tagung Hofgeismar 1960, Kassel 1960, S. 27–31

Gaßmann, Ursula: Von der Judenmission zur Judenverdrängung, Die Christus Kirche 1864–1944, Berlin 1993, hier: Hakenkreuz und Christuskreuz – eine unheilige Allianz, S. 68–69

Gehörlosen-Jahrbuch 1932–1933, Leipzig 1932

Gesetz betreffend die Beschulung blinder und taubstummer Kinder nebst Ausführungsanweisung, Berlin 1912

Gewalt, Dietfried: Die „fides ex auditu" und die Taubstummen. Zur Auslegungsgeschichte von Galater 3,2 und Römer 10,14–17, in: Linguistica Biblica, 58/1986, S. 45–64

Gewalt, Dietfried und Krause, Gerhard: Zwei wiederentdeckte Abendmahlsgutachten von Andreas Hyperius (1511–1564), in: Sonderdruck aus Jahrbuch der Hessischen Kirchengeschichtlichen Vereinigung, 23. Bd., Darmstadt 1972, S. 33–54

Gewalt, Dietfried und Gloy, Horst: Religionsunterricht und Sprachförderung bei Hör-Sprach-Geschädigten, WB XVII, Villingen 1972

Gewalt, Dietfried: Religionsunterricht und Konfirmandenunterricht für Gehörlose und Schwerhörige, ein Informationsdienst, hg. v. AfESS, Nordhorn (ab 1975) Periodikum

Giese, Gerhard: Gründungsgeschichte unserer Schulen. In: Evangelische Schulen in Berlin 1948–1958. Kirchliche Erziehungskammer für Berlin (Hg.), Berlin 1948, S. 18

Goldberg, Werner: Die Aufgaben des BVN Berlin e. V. [...], in: Die Mahnung, hg. v. Bund der Verfolgten des Naziregimes Berlin E. V. Nr. 6, Berlin, den 1.6.1998, S. 1–3

Gollwitzer, Helmut: „Es ist nicht der Ort ...", in: Deutscher Evangelischer Kirchentag Berlin 1961, Dokumente, Stuttgart 1961, S. 14–15

Graßhoff, Ludwig: Professor und Direktor der Königl. Taubstummen-Amnstalt zu Berlin. Beitrag zur Lebens-Erleichterung der Taubstummen durch Gründung einer Taubstummen-Gemeinde, Berlin 1820

Griesinger, [?]: Die Taubstummenanstalten Württembergs, in: Wende, Gustav: Deutsche Taubstummenanstalten, Halle 1915, S. 371–376

Gruner, Martin und Schmidt, Hans Georg: 160 Jahre Paulinenpflege Winnenden, Winnenden 1983

Gutzmann, Hermann: Erbbiologische, soziologische und organisatorische Faktoren, die Sprachstörungen begünstigen, in: Sonderdruck aus „Archiv für Sprach- und Stimmphysiologie und Sprach- und Stimmheilkunde", Bd. 3, Heft III 1939, S. 135–150, hier S. 138. 139

Harenberg, Bodo: Chronik der Deutschen, Dortmund 1983

Haux, Fritz: Die Taubstummen-Erziehungs-Anstalt zu Frankfurt a. Main, in: Wende, Gustav: Deutsche Taubstummenanstalten – Schulen – Heime in Wort und Bild, Halle 1915, S. 282–301

Heinisch, Johannes: Der Weltkongreß der Gehörlosen. Beobachtungen am Rande aus der Sicht eines „Touristen", in: Unsere Gemeinde Heft 9/1971, S. 4, 8f.

Heinrichsdorff, Alwin: Die Taubstummen-Anstalt für Hamburg und das Hamburger Gebiet, Hamburg 1927

Heinsius, Maria: Dokumentation zur Entwicklung der Gehörlosenseelsorge in der Evangelischen Kirche in Baden auf Grund der Akten des landeskirchlichen Archivs von 1899–1964 (Schreibmaschinenmanuskript von 1976)

Hennig, Eike: „Der Hunger naht" – „Mittelstand wehre Dich" – Wir Bauern misten aus. Über angepaßtes und abweichendes Wahlverhalten in hessischen Agrarregionen, in: Hessen unterm Hakenkreuz, Studien zur Durchsetzung der NSDAP in Hessen, Frankfurt 1983, S. 379–433

Herbert, Karl: Durch Höhen und Tiefen, eine Geschichte der Evangelischen Kirche in Hessen und Nassau, Frankfurt 1997

Hildebrand, Eugen: 50 Jahre Arbeitsgemeinschaft evangelischer Gehörlosenseelseelsorger Deutschlands 1928–1978, Vortrag gehalten am 12.9.1978 in Mühlheim an der Ruhr, o.J.

Hinze, Hans-Joachim: 100 Jahre Kirche „Zum guten Hirten", ein Jahrhundert Gemeindegeschichte 1893–1993, eine Ausstellung, Berlin 1993

Hitler, Adolf: Mein Kampf. Eine Abrechnung; Die nationalsozialistische Bewegung, 417f. Auflage München 1939

Hoenen, Konrad: Die Wegscheide im Wandel der Zeit, in: Unsere Wegscheide (Hg.) Stadt Frankfurt/Main o.J. [1958]

Honecker, Martin: Hoffnung und Angst im Blick auf die Gen-Forschung. Vortrag auf der Tagung in Rummelsberg 1986

Hossenfelder, Joachim: Richtlinien der Liste „Deutsche Christen" (Faksimile), in: Bab, Bettina und Wolfgang Weiß: 250 Jahre Dreifaltigkeit, Berlin 1993, S. 102

Huschens Jakob: Über die praktischen Erfahrungen in der geistigen Fürsorge bei den entlassenen Taubstummen, in: Verein preußischer Taubstummenlehrer: Die preußische Taubstummenfürsorge, Bericht, Berlin 1914, S. 89–104

Hutten, Kurt: Christus oder Deutschglaube, Ein Kampf um die deutsche Seele, Stuttgart 1935
Im Namen des Deutschen Volkes, Justiz und Nationalsozialismus, Katalog zur Ausstellung, hg. v. Bundesminister der Justiz, Köln 1989
Jänicke, Johannes: Autobiographie: Ich konnte dabeisein, Berlin 1984
Jung, Rosel: Die Geschichte der Schule für Gehörlose und Hörbehinderte in Camberg/Ts. Schriftfolge Goldener Grund Heft 7/8, 3. Aufl., Camberg 1980
Kaiser, Jochen-Christoph: Diakonie und Sterilisation 1930–1939, Vortrag in: Stepf, Hans Jürgen, Informationen Deutsche Gehörlosenseelsorge Materialien, Die Zwangssterilisation von Gehörlosen nach dem Erbgesundheitsgesetz, hg. v. DAFEG, 2. Aufl., Göttingen 1993, S. 49–54
Keller, Artur: Besuch aus Uganda (Bischof Dr. Nsubuga), in: Unsere Gemeinde Heft 8, Kassel 1976, S. 9–10
Keller, Artur: Tätigkeitsbericht, Berlin 1976
Keller, Artur: Tätigkeitsbericht, Mühlheim 1978, S. 6f.
Keller, Artur: Ökumenischer Arbeitskreis für Taubstummenseelsorge, in: Unsere Gemeinde Heft 10, Kassel 1977, S. 9
Keller, Artur: ÖAK Taubheit heute und morgen – Wirklichkeit und Zukunft, in: Unsere Gemeinde Heft 11, Kassel 1982, S. 4
Keller, Artur: Tätigkeitsbericht, Ludwigshafen 1980
Keller, Artur: Tätigkeitsbericht, Hüllhorst 1982
Keller, Artur: Tätigkeitsbericht, Rummelsberg 1986
Keller, Artur: Tätigkeitsbericht, Berlin 1988, S. 9–16
Keller, Artur: Tätigkeitsbericht, Frenswegen 1990, S. 3
Keppler, H.: über die Sterilisation, in: Schumann, Paul: Geschichte des Taubstummenwesens vom deutschen Standpunkt aus dargestellt, Frankfurt a.M. 1940, S. 603
Klee, Ernst: Die SA Jesu Christi, Frankfurt 1989, S. 93
Klemm, Peter: Wahrnehmungen. 125 Jahre Zwölf-Apostel-Gemeinde in Berlin-Schöneberg, Berlin 1988
Kolb, Eduard: Wir suchen neue Wege im Taubstummen-Gottesdienst, 3 Vorträge, Münsingen 1954 (Separatdruck aus der schweizerischen Gehörlosenzeitung)
Kolb, Eduard: Gottesdienstgestaltung und Predigt, in: Tagungsbericht der AeGD, Willingen 1956, S. 14–22
Kolb, Eduard: (Hg.) Taubstummengemeinde, Festschrift, Taubstummen-Pfarramt, Zürich 1961
Kolb, Eduard: Die Ausbildung der Taubstummenseelsorger, Zürich 1971
Kolb, Eduard: Gebärdenbuch für evangelische Gehörlosenseelsorge, in: Unsere Gemeinde, Heft 4/Kassel 1967, S. 10
Kollek, Regine und Hansen, Friedrich: Die molekulare Definition des Menschen. Forschungsstand und Perspektiven, in: Gen-Technologie – Die soziale Waffe, Hamburg 1965, S. 9
Kolodzey, Wiltraud: Konfirmandenarbeit, in: Artur Keller, Tätigkeitsbericht, Goslar 1984, S. 7–9
Kolodzey, Wiltraud: Bericht über den Stand der Arbeit, in: Keller, Tätigkeitsbericht Rummelsberg 1986, S. 4 und Anhang

Krafft, Otto: Der Religionsunterricht, in: BDT Handbuch des Taubstummenwesens Zweiter Teil: das Taubstummenbildungswesen S. 394–439, Osterwieck 1929

Kretzer, Alfred und Sauermann, Volker: Gehörlosenseelsorge Agenden, hg. v. DAFEG, Nürnberg 1985

Kunze, Paul: Religionsunterricht auf der Oberstufe und Konfirmandenunterricht in der Taubstummenanstalt, in: DAFEG Sammelband Dokumente und Berichte 1989, Göttingen S. 129–127

Küster, Georg Gottfried: Martin Friedrich Heidels-Bildersammlung in welcher hundert großentheils in der Mark Brandenburg geborene, allerseits aber um dieselbe wohlverdiente Männer vorgestellt werden, mit beygefügter Erläuterung in welcher derselben merkwürdigste Lebens-Umstände und Schriften erzehlet werden von Georg Gottfried Küster des Friedrichs-Gymnasii in Berlin Rectore und Königl. Preuß. Academie der Wissenschaften Mitglied, Berlin 1751

Lehmann, Gotthold: Die höhere Ausbildung der begabten Gehörlosen, in: Verein preußischer Taubstummenlehrer, ordentliche Hauptversammlung in Hamburg, Erfurt 1927, S. 16–27

Lenhard, Friedrich: Bericht über den Aufbaukurs für Gehörlosenseelsorge 19.9.–29.9.1983 in Bethel, in: INFORMATIONEN Deutsche Evangelische Gehörlosenseelsorge, hg. v. DAFEG Nr. 6, Göttingen 1983, S. 5–6

Lenhard, Friedrich: Bericht über den Fortbildungskurs K46 „Fortbildung für Gehörlosenseelsorger" vom 16.–26.9.1985, in: Artur Keller: Tätigkeitsbericht, Rummelsberg 1986

Lichtenstein, Heiner: „Krankheit ist ein Versagen". Vor 60 Jahren wurden jüdische Ärzte ausgestoßen, in: Die Mahnung, Zentralorgan Demokratischer Widerstandskämpfer und Verfolgten-Organisationen, 45. Jahrgang, Berlin 1.10.1998, S. 3

Lieder, Walter: Seht, so ist Gott, 2. Aufl., Berlin 1961

Liepelt, Johannes: Erörterungsabend. Bilder aus der Berliner Gehörlosen-Fürsorge 1928, in: Tagung für Taubstummenfürsorge, Leipzig 1928, S. 99–102

Lokies, Hans: Warum evangelische Schulen in Westberlin? In: Evangelische Schulen in Berlin 1948–1958, Kirchliche Erziehungskammer für Berlin (Hg.), Berlin 1958, S. 11

Luger, Friedrich Wilhelm: Tätigkeitsbericht, Rissen 1966, S. 7

Luger, Friedrich Wilhelm: Tätigkeitsbericht, Borkum 1970, S. 1–8

Luger, Friedrich Wilhelm: Tätigkeitsbericht, Herrenalb 1972, S. 10

Luhmann, Karl: Das Gehörlosenheim in seiner Bedeutung für die Fürsorge in Vergangenheit und Gegenwart, in: Bericht der Tagung des R.f.G., Osnabrück 1938, S. 42–49

Luther, Martin: Ein Sermon von dem Neuen Testament, das ist von der heiligen Messe 1520, in: Bohlau, Hermann: D.M. Luther's Werke kritische Gesamtausgabe Bd. 6, Weimar 1888, S. 377

Mehle, Fritz: Gedicht, in Schumann, Paul: „Verkannte Menschen", Gedichte von Ertaubten, hg. v. Herzog, Ludwig, München 1926, S. 29

Mendelssohn, Moses: Briefwechsel – der letzten Lebensjahre (Sonderausgabe zum 250. Geburtstag von Moses Mendelssohn), Stuttgart Bad-Cannstatt 1979

Mey, G.: Biblische Geschichten in schlichter Darstellung für die Unter- und Mittelstufe des Religionsunterrichts, Osterwieck 1926

Minkner, Detlef: Christuskreuz und Hakenkreuz, Kirche im Wedding 1933–1945, Studien zu jüdischem Volk und christlicher Gemeinde, Band 9, Berlin 1986

Müller, Rolf-Dieter: Die Mobilisierung der Wirtschaft für den Krieg – eine Aufgabe der Armee? Wehrmacht und Wirtschaft 1933–1942, in: Der Zweite Weltkrieg. Analysen, Grundzüge, Forschungsbilanz, hg. v. Wolfgang Michalka, München 1990, S. 349

Müller, Rolf-Dieter: Die Konsequenzen der „Volksgemeinschaft": Ernährung, Ausbeutung und Vernichtung, in: Der Zweite Weltkrieg. Analysen, Grundzüge, Forschungsbilanz, hg. v. Wolfgang Michalka, München 1990, S. 240

Muhs, Jochen: Allgemeiner Abriß der Gehörlosengeschichte in: Gehörlos – nur eine Ohrensache. Aspekte der Gehörlosigkeit, Göttingen o.J., [1997], S. 9–14

Mylius, Christian Otto: Corpus Constitutionum Machicarum oder Königl. Preuß. u. Churfürstl. Brandenburgische in der Chur- und Mark Brandenburg auch incorporierten Landen, Ordnungen, Edikte, Mandate, Rescripta etc. von Zeiten Friedrich I Churfürstens zu Brandenburg etc. biß ietzo unter der Regierung Friedrich Wilhelms König in Preußen etc. Berlin und Halle Waysenhaus 1736 (1717–1798), 1. Theil, Sp. 527, No XCVII

Naunin, Otto und Kloß: Er muß wachsen! Predigt und Erbauungsbuch für evangelische Taubstumme mit Bildern von Schnorr von Carolsfeld, Ostrow/Posen 1913

Nowak, Kurt: „Euthanasie" und Sterilisation im „Dritten Reich". Die Konfrontation der evangelischen und katholischen Kirche mit dem „Gesetz zur Verhütung erbkranken Nachwuchses" und der „Euthanasie"-Aktion, 3. Aufl., Göttingen 1984

Nowak, Kurt: Die Kirche im Jahr 1945, in: Herbergen der Christenheit. Jahrbuch für deutsche Kirchengeschichte, Bd. 20, Göttingen 1996, S. 26

Otto, Uwe und Jörg, Anne: „Schon damals fingen viele an zu schweigen ..." Quellensammlung zur Geschichte Charlottenburgs von 1933–1945, hg. v. Bezirksverodnetenvesammlung von Charlottenburg, Berlin-Charlottenburg 1986

Paul, Horst: Ein geschichtlicher Rückblick der evangelischen Gehörlosenseelsorge im Rheinland, hg. v. Verband Evangelischer Gehörloser im Bereich der Evangelischen Kirche im Rheinland e.V., Aufl. 300, Essen Juni 1978

Paul, Horst: Warum bin ich gehörlos? Bericht über die Geschichte der Gehörlosenseelsorge im Rheinland, Essen November 1988 (maschinenschriftlich)

Pfister, Willi: Gemeinsam unterwegs, Muri/Bern 1986

Posser, Diether: Mann des Vertrauens, Der Politiker Gustav Heinemann, in: Evangelische Kommentare Monatsschrift zum Zeitgeschehen in Kirche und Gesellschaft Heft 7/1999, S. 31–33

Priepke, Manfred: Die evangelische Jugend im Dritten Reich 1933–1936, Sonderband der Hessischen Landeszentrale Heimatdienst, Hannover/Frankfurt 1960

Rammel, Georg: Gehörlosigkeit und Lebensbewältigung (Vortrag, Maschinenschrift), Tutzing 1974

Rehder, Martin: Briefe von den schwedischen Missionaren aus Eritrea, in: Unsere Gemeinde übersetzt aus dem Englischen, Kassel ab 1965.

Rehder, Martin: Zwanzig Jahre Taubstummenmission in Afrika, in: Unsere Gemeinde Heft 11, Kassel 1978, S. 8 mit Fortsetzung

Rehder, Martin: Gehörlosenmission in Afrika, in: Artur Keller, Tätigkeitsbericht, Rummelsberg 1986

Rehder, Martin: Erinnerungen an dreißig Jahre Gehörlosenmission, Barsbüttel 2001

Reuschert, Emil: Friedrich Moritz Hill, der Reformator des deutschen Taubstummen-Unterrichts, Berlin 1905

Ribbe, Wolfgang und Schmädecke, Jürgen: Kleine Berlin-Geschichte, Landeszentrale für politische Bildung, Berlin 1988, S. 156

Richter, August: Die deutsche Reichsfürsorge für taubstumme und andere normale Kinder, eine juristisch-pädagogische Studie, Osterwick o. J. [etwa nach 1924]

Richter, Ingeborg: Welche Aspekte sind für die Seelsorge an Gehörlosen aus Sicht der Psychiatrie wichtig? Vortrag in: INFORMATIONEN DAFEG Nr. 15, Göttingen 1993, S. 9–21

Röhm, Eberhard und Thierfelder, Jörg: Evangelische Kirche zwischen Kreuz und Hakenkreuz. Bilder und Texte einer Ausstellung, Stuttgart 1981

Ruffieux, Franz: Entwurf eines Lehrplans für die preußischen Taubstummenanstalten, in: Verein preußischer Taubstummenlehrer, ordentliche Hauptversammlung in Heidelberg, Erfurt 1925, S. 47–66

Ruppel, Heinrich: Ackermann Orf. Lebensweg eines gehörlosen Menschen, Verlag Thiele und Schwarz, Kassel 1960

Saenger, Erna: Geöffnete Türen. Ich erlebte hundert Jahre, (Selbstverlag) 1. Aufl. 1975, 2. Aufl., Berlin 1976

Sagel, Ulrich: 3. ökumenischer Kongreß für Gehörlosenseelsorge, in: Unsere Gemeinde Heft 1, Kassel 1984, S. 3–4

Sandvoß, Hans Reiner: Widerstand in Mitte und Tiergarten 1933–1945, Bd. 8, hg. v. Gedenkstätte Deutscher Widerstand, Berlin 1994, S. 209

Sauermann, Volker: 50 Jahre Gehörlosenseelsorge in der Evang.-Luth. Kirche in Bayern, Nürnberg 1983

Sauermann, Volker und Kretzer, Alfred: Gehörlosenseelsorge Agenden, hg. v. DAFEG, Nürnberg 1985

Savisaari, Eino: Christian Responsibility in Deafwork Proceeding of the 4th International Ecumenical Seminar on Pastoral Care Among the Deaf, Turku 1987

Schafft, Hermann: Was lernen wir aus unserer Taubstummenarbeit für unser Pfarramt an den hörenden Gemeinden, in: „Die Zunge des Stummen wird jauchzen", Tagung der süddeutschen und schweizerischen Taubstummenseelsorger, St. Gallen vom 24. bis 28.9.1956

Schafft, Hermann: Lebensbericht von ihm selbst verfasst, in: Hermann Schafft, ein Lebenswerk, hg. v. Werner Kindt, Kassel 1960, S. 147–151

Schilter, Thoma: Die Landesanstalt Sonnenstein in der NS-Zeit (1933–1939). Die beginnende Ausgrenzung der chronisch Kranken, in: Sonnenstein Beiträge zur Geschichte des Sonnensteins und der Sächsischen Schweiz, Geschichte der Heil- und Pflegeanstalt Pirna-Sonnenstein 1811–1939, Heft 1, Pirna 1998, S. 85–97

Schiltknecht, Hansruedi: Johann Heinrich Pestalozzi und die Taubstummenpädagogik, Berlin 1970

Schmiedehausen, Hans: Demokratie in der Kirche, in: blick in die kirche. Informationen aus der Evangelischen Kirche von Kurhessen-Waldeck Thema: 1945 – ein Neuanfang?, Heft 11, Fuldabrück 1995, S. 11

Schmähl, Otto: Der Taubstummenlehrer als Taubstummenfürsorger in: Bericht über die Tagung des R. f. G., Osnabrück 1938, S. 23

Schorsch, Ernst: Leitsätze für die Zukunft der preußischen Taubstummenbildung, in: Verein preußischer Taubstummenlehrer außerordentliche Versammlung, Berlin 1919, S. 6–27.

Schulte, Klaus und Katein, W. (Hg.): Wissenschaftliche Beiträge aus Forschung und Praxis zur Rehabilitation behinderter Kinder und Jugendlicher WB XV, Arbeitsgemeinschaft Selektivsprache: Phasengerechte Verkündigung. Untersuchungen und Vorschläge zu Evangelientexten in einfacher Sprache, Villingen 1973

Schulte, Klaus: Der Sinnbezirk. Gegenstand der Wortinhaltsforschung und Voraussetzung des Sprachaufbaus bei Hörgeschädigten, Kettwig 1968

Schulz, Hermann: Die Erfahrungen in der Taubstummenseelsorge, in: Verein preußischer Taubstummenlehrer, Versammlung der preußischen Fürsorgevereine für Taubstumme, Berlin 1914, S. 60–72

Schulz, Hermann: Taubstummenheim des Zentral-Vereins für das Wohl der Taubstummen in Hohenschönhausen bei Berlin, in: Wende, Gustav: Deutsche Taubstummenanstalten, Halle 1915

Schumann, Gustav: Die Taubstummenanstalt zu Leipzig, in: Wende, Gustav. Die deutschen Taubstummenanstalten – Schulen – Heime in Wort und Bild, Halle 1915, S. 1–8

Schumann, Paul: Geschichte des Taubstummenwesens vom deutschen Standpunkt aus dargestellt, Frankfurt/Main 1940

Schumann, Paul, in: Verkannte Menschen, Gedichte von Ertaubten, hg. v. Ludwig Herzog, München 1926

Schumann, Paul: Samuel Heinickes Sendung, in: Samuel Heinicke – Jubiläumstagung Bund Deutscher Taubstummenlehrer 6.–10.6.1927 in Hamburg, Leipzig 1927, S. 21–38

Schumann, Paul: Das Gesetz zur Verhütung erbkranken Nachwuchses und seine Begründung, in: Blätter für Taubstummenbildung, 46. Jahrgang, Nr. 17, Osterwick 1.9.1933, S. 249–254

Sonnenstein, Geschichte der Heil- und Pflegeanstalt Pirna-Sonnenstein (1811–1939), Doris Böhm (Konzeption und Redaktion), hg. v. Kuratorium Gedenkstätte, Heft 1/1998, Pirna 1998

Statistische Korrespondenz, hg. v. Dr. Höpker, Nr. 32, 56. Jahrgang, Statistisches Landesamt, Berlin 1930

Statistisches Landsamt Berlin: Die kleine Statistik, Berlin 1994

Steinwede, Dietrich: Jesus von Nazareth, ein Sachbilderbuch, Lahr 1972

Stepf, Hans Jürgen: Bericht über die IÖAK-Tagung in Landschlacht 1976, in: Unsere Gemeinde (Länderseite) Heft 11, Kassel 1976, S. 9

Stepf, Hans Jürgen: „taubstumm", in: Gemeindeordnung der Ev. Gehörlosengemeinde in der Evangelischen Kirche in Berlin-Brandenburg (Berlin West) 1980, S. 2, Anm. 1

Stepf, Hans Jürgen: siehe Informationen Deutsche Evangelische Gehörlosenseelsorge Materialien, die Zwangssterilisation von Gehörlosen, hg. v. DAFEG, 2. Aufl., Göttingen 1993, S. 3–5

Stepf, Hans Jürgen: Bericht über die Dänische Kirche und dänische Gehörlose, in: Unsere Gemeinde Heft 2, Kassel 1981, S. 8–9.

Stoevesand, Bernhard: Die Eigenart der Taubstummenpredigt, Sonderdruck, Berlin 1951

Stoevesand, Bernhard: Fünfhundert Taubstummengebärden, Berlin 1956
Stoevesand, Bernhard: Zum Problem der Weltgebärdensprache, in: Neue Blätter für Taubstummenbildung: Aus der Praxis für die Praxis, 11. Jahrgang, Nr. 6/7, Heidelberg 1963, S. 193
Stoevesand, Bernhard: Tausend Taubstummengebärden, Berlin 1970
Süddeutsche und schweizerische Taubstummenseelsorger: Christus spricht: Hephata! Tagung in St. Gallen 1968, S. 8f.
Sutcliff, Thomas Henry: Psychologische Schwierigkeiten beim Beten als Folge der Taubheit, in: Du hältst das Wort in der Hand, ÖAK, Leipzig 1979, S. 182–192
Taube, Otto: Die Vorschulpflege des taubstummen Kindes, in: Verein preußischer Taubstummenlehrer: ordentliche Hauptversammlung in Hamburg, Erfurt 1927, S. 55–67
Thieme, Erich: Vererbung/Rasse/Volk. Das Heft behandelt den für Abschlussklassen der Mittelstufe höherer Lehranstalten durch Ministerialerlass vom 15.1.1935 vorgesehenen erb- und rassebiologischen Stoff, Hannover 1938
Ungewitter, Franz Heinrich: Die Preußische Monarchie, nach zuverlässigen Quellen geographisch statistisch, topographisch und historisch ausführlich dargestellt. Ein Handbuch für Staats-und Comunalbehörden so wie zum Privatgebrauch, Berlin 1859
Unsere Gemeinde, Evangelischer Wegweiser für Gehörlose, später: Zeitung der evangelischen Gehörlosen, 1. Jahrgang, 1952ff.
Verein preußischer Taubstummenlehrer: Die preußische Taubstummenfürsorge, Versammlung der preußischen Fürsorgevereine für Taubstumme, am 8.9.1913 zu Berlin, Berlin 1914
Verein preußischer Taubstummenlehrer: ordentliche Hauptversammlung 31.5. und 1.6.1925 zu Heidelberg, Erfurt 1925
Verein preußischer Taubstummenlehrer: ordentliche Hauptverhandlung Pfingsten 1927 zu Hamburg, Erfurt 1927
Vogt-Svendsen, Conrad: Menschen der Hoffnung, Reisebriefe von Besuchen bei Gehörlosen in vier Erdteilen, hg. v. Hjemmet for Döve, Oslo 1963
Voit, Helga: Emotionale Förderung gehörloser Kinder, in: Hörgeschädigten Pädagogik Beiheft 19, Heidelberg 1986
Wallisfurth, Marie: Sie hat es mir erzählt, Freiburg 1979; Taschenbuch, 2. Aufl., Pieper/München 1998 mit dem Titel: Lautlose Welt, Das Leben meiner gehörlosen Mutter
Wehler, Hans-Ulrich: Wie erklärt man Heilsversprechen? Vortrag des Einstein-Forums, in: Der Tagesspiegel vom 14.7.1999
Weikert, Harald: Berlin-Ost, in: 150 Jahre Gehörlosenbewegung, hg. v. Landesverband der Gehörlosen Berlin e.V., Berlin 1998, S. 43–46
Welker, Otto: Taubstumm – gehörlos?, in: Monatsschrift für Ohrenheilkunde und Laryngo-Rhinologie, Sonderdruck zu Heft 1, 76. Jahrgang, [Ort?] 1942
III. Weltkongress der Gehörlosen, Wiesbaden 1959, Die Darbietungen der Züricher Mimenchors, S. 504–505
V. Weltkongress der Gehörlosen, in: Unsere Gemeinde Heft 8, Kassel 1968, S. 4
Wende, Gustav (Hg.): Deutsche Taubstummenanstalten – Schulen – Heime in Wort und Bild, Halle 1915

Werner, Hans: Geschichte des Taubstummenproblems bis ins 17. Jahrhundert, Jena 1932
Werner, Gertrud und Mey, G.: Kommt her zu mir, Biblische Geschichte in schlichter Darstellung, 11. Aufl., Hannover 1967
Wichert, Johannes und Jarchow, Ute: Festschrift Staatliche Internatsschule für Hörgeschädigte Schleswig 1805–1980, Schleswig 1980
Wiesner, Gerd: Integration oder Aussonderung? Behinderte in der Konfirmandengruppe, Beilage zu Schönberger Heften 4, Schönberg 1973
Winnewisser, Alfred: Die Gaben Gottes, Biblische Geschichte in einfacher Sprache, Kassel 1967
Winnewisser, Alfred: Der Evangelische Religionsunterricht bei hörgeschädigten Kindern, in: Sonderheft religiöse erziehung für hörgeschädigte kinder SH 7, Kettwig 1967, S. 13–20
Winnewisser, Alfred: Von Jesus, in einfacher Sprache nach dem Sachbilderbuch von Dietrich Steinwede mit einem Beiheft, Lahr/Düsseldorf 1980
Wolf, Günter: Die Geschichte der Taubstummenanstalt Homberg. Homberger Hefte Nr. 19, Homberg 1977
Wollermann, Rudolf: Erbauungsbuch für evangelische Taubstumme zum Gebrauch in Kirche, Schule und Haus, Gütersloh 1912
Wort und Zeugnis. Bd. 10. Jesus ruft dich, Fibel für die evangelische Unterweisung, Frankfurt/Main 1963

Veröffentlichungen der Arbeitsgemeinschaft evangelischer Gehörlosenseelsorger Deutschlands (Hg.) (AeGD) gegründet 1928 und ihrer Nachfolger:

AeGD: Zeitung: Unsere Gemeinde, Evangelischer Wegweiser für Gehörlose, 1. Jahrgang 1952, später: Zeitung der evangelischen Gehörlosen
AeGD: Tagung der Evangelischen Gehörlosenseelsorger Deutschlands in Hofgeismar vom 13. bis 17.6.1960, Kassel 1960
AeGD: Die Freude am Herrn, Kassel 1962
AeGD: Dein Leben liegt vor dir, o.J. [etwa 1966]
AeGD: Die Gaben Gottes, Kassel 1967
AeGD: Gebärdenbuch für die evangelische Gehörlosenseelsorge, Kassel o.J. (1964)
AeGD: Geschichten von Jesus in farbigen Bildern nach Schnorr v. Carolsfeld, zur Unterweisung im Anfangsunterricht der Gehörlosenschulen, Stuttgart 1957
AeGD: Licht der Welt, Kassel 1965
AeGD: Jesus bei den Menschen – Evangelium – Gleichnisse und Wunder von Jesus, Kassel 1975
AeGD: Evangelischer Religionsunterricht an Gehörlosenschulen, Rahmenplan. Im Auftrag der EKD, Heidelberg 1980

Deutsche Arbeitgemeinschaft für Evangelische Gehörlosenseelsorge, DAFEG (Hg.)

DAFEG: Möglichkeiten und Grenzen religiöser Bildung bei Gehörlosen. Tagungsbericht, Ludwigshafen 6.–10.10.1980, hg. v. DAFEG, Friedberg/Berlin 1981
DAFEG: Gottesdienste für Gemeinde und Schule. Tagungsbericht Hüllhorst 18.–22.10.1982, hg. v. DAFEG, Friedberg/Berlin 1983

DAFEG: Seelsorge bei jugendlichen und erwachsenen arbeitslosen Gehörlosen. Tagungsbericht Goslar 8.–12.10.1984, hg. v. DAFEG, Friedberg/Berlin 1985

DAFEG: Gehörlosenseelsorge Agenden, Alfred Kretzer, Volker Sauermann, hg. v. DAFEG, Nürnberg 1985

DAFEG: Krankheit – Tod – Hoffnung auf ewiges Leben. Tagungsbericht Kloster Frenswegen (Nordhorn) 1.–5.10.1990, hg. v. DAFEG, Göttingen/Berlin 1996

DAFEG: MATERIALIEN ZUM THEMA GEN-FORSCHUNG Auszüge, Kommentare, Fragen zur Ethik, als Kopiermanuskript, Berlin 1985 in Folge

DAFEG: Gehörlos – nur eine Ohrensache? Aspekte der Gehörlosigkeit, ein Kompendium für Neueinsteiger, Göttingen, o.J. [1997]

DAFEG: Gehörlos – nur eine Ohrensache? Aspekte der Gehörlosigkeit ein Kompendium für Einsteiger, 2. überarb. Aufl., Hamburg 2001

DAFEG: Informationen, Materialien. Die Zwangssterilisation von Gehörlosen nach dem Erbgesundheitsgesetz und die Stellungnahmen der Evangelischen Gehörlosenseelsorge sowie Evangelischer Kirchen im Dritten Reich und nach 1945, 1. Aufl. 1987, 2. überarb. Aufl., Göttingen 1993

DAFEG: Sammelband, Dokumente und Berichte (1927–1951) 60 Jahre Deutsche Arbeitsgemeinschaft für Evangelische Gehörlosenseelsorge e.V., 2. Aufl., Göttingen 1996

DAFEG: INFORMATIONEN Nr. 1/1979 bis Nr. 14/1992 Redaktion: Hans Jürgen Stepf, Nr. 15 bis Nr. 26; 1999 Redaktion: Roland Martin (Göttingen)

Veröffentlichungen des Internationalen Ökumenischen Arbeitskreises für Taubstummenseelsorge IÖAK (Hg.):

IÖAK: Mit den Augen Hören. Ökumenisches Handbuch für die Taubstummen-Seelsorge, Neukirchen-Vluyn 1975

IÖAK: Du hältst das Wort in der Hand. Ein Arbeitsbuch des Ökumenischen Arbeitskreises für Taubstummenseelsorge, Leipzig 1979

IÖAK: Die Gehörlosenseelsorge als pastorale Aufgabe der Kirche, Leipzig 1983

IÖAK: Christian Responsibility in Deafwork, Proceeding of the 4th International Ecumenical Seminar, Turku 1987

IÖAK: Apostelbriefe I. Texte von Jakobus, Petrus, Johannes und Judas, Leipzig 1984

IÖAK: Apostelbriefe II. Die Briefe an Timotheus, an Titus, an Philemon und an die Hebräer, Leipzig 1986

IÖAK: Ökumenische Kirchenkunde in einfacher Sprache, Katowice (Polen)1990

IÖAK: Werden und Wachsen des Christentums, Kirchengeschichte in einfacher Sprache bis 1500, Band 1, Leipzig 1990

IÖAK: Werden und Wachsen des Christentums, Kirchengeschichte in einfacher Sprache von 1500 bis 1918, Band 2, Leipzig 1993

Veröffentlichungen des Ökumenischen Arbeitskreises für Taubstummenseelsorge ÖAK (Hg.)

ÖAK: Jesus bei den Menschen (orange). Evangelium, Gleichnisse und Wunder (blau). Gleichnisse und Wunder (rot). Kassel 1975 mit Lehrerheft

ÖAK: Texte nach Lukas-Evangelium (rot), Leipzig 1978

ÖAK: Texte nach Lukas-Evangelium (gelb), Leipzig 1979

ÖAK: Väter, Könige und Propheten, Leipzig 1978

Quellenverzeichnis

Evangelisches Landeskirchliches Archiv in Berlin (ELAB)

Bestand: 29/284 Berlin-Cölln Land 1829
Bestand: 14/968 bis 14/981 Konsistorium der Provinz Brandenburg
Bestand: 1. 1/K 455 T 1 – Bd. I bis Bd. IV – 1948 bis 1954
Bestand: 1. 1/K 456 T 1 – Bd. V bis Bd. VIII – 1955 bis 1971 teils nummeriert

Evangelisches Zentral Archiv (EZA)

Bestand: 1/511 Kirchenbundesamt Seelsorge an Taubstummen
1/512
Bestand: 7/4465 Beschulung blinder und taubstummer Kinder
Bestand: 7/5517 Kollekten für Taubstummenanstalten 1852
Bestand: 7/5518
Bestand: 7/4376 bis 7/4382 EOK
Bestand: 178 Deutsche Arbeitsgemeinschaft für Evangelische Gehörlosenseelsorge e. V. (DAFEG)

Zeitungen und Periodika

Hörgeschädigten Pädagogik, 1. Jahrgang, Heidelberg 1946, hg. v. Berufsverband Deutscher Hörgeschädigtenpädagogen (BDH), zweimonatlich
hörgeschädigte kinder, vierteljährlich, Kettwig; Hamburg
Unsere Gemeinde, Evangelischer Wegweiser für Gehörlose, 1. Jahrgang 1952, hg. v. AeGD, später Umbenennung der Zeitung in: Unsere Gemeinde, Zeitung der evangelischen Gehörlosen, hg. v. DAFEG, Kassel, monatlich
Wegweiser zu Christus, kirchliches Mitteilungsblatt für Gehörlose, Evangelischer Gemeindeverein der Gehörlosen Berlins e.V., hg. v. Pfarrer Otto Bartel ab 1961 nur noch Vereinsblatt für Berlin (West)
Gemeindebrief, Evangelische Gehörlosen- und Taubstummengemeinde in Berlin ab 1976, zweimonatlich. Hg. v. Ev. Gehörlosengemeinde Berlin (Pfarrer Stepf)
Gemeindebrief für die Gehörlosen in der Ev. Kirche in Berlin-Brandenburg ab 1998 zweimonatlich. Hg. v. Ev. Gehörlosengemeinde Berlin (Pfarrer Dr. Roland Krusche)

EZA – Bestand 178:
Satzungen

1. Konventsordnung der Gehörlosenseelsorger der Gliedkirchen des Bundes der Evangelischen Kirchen in der DDR, Berlin 1952
2. Konventsordnung der Gehörlosenseelsorger der Evangelischen Kirchen in der DDR. Fachverband des Diakonischen Werkes – Innere Mission und Hilfswerk – der Evangelischen Kirchen in der DDR, Berlin 1986
3. Satzung des Reichsverbandes evangelischer Taubstummenseelsorger Deutschlands, Eisenach 1935
4. Satzung der Arbeitsgemeinschaft evangelischer Gehörlosenpfarrer e.V. nach dem Beschluss vom Juni 1956, Kassel
5. Arbeitsgemeinschaft Ev. Gehörlosenseelsoger Deutschlands e.V., Kassel 1960
6. Deutsche Arbeitsgemeinschaft für Evangelische Gehörlosenseelsorge e.V., Kassel 1964/1968/1992/2002
7. Gemeinsame Konzeption einer evangelischen Gehörlosenarbeit im Bereich der evangelischen Kirche in Berlin-Brandenburg von 1993
8. Statuten des Evangelischen Gemeindevereins der Gehörlosen Berlins, gegründet 1927, vom Januar 1947

Abgedruckte Quellen

Ordnung der Taubstummenseelsorge
1. Schreiben: Königliches Consistorium und Schul-Collegium der Provinz Brandenburg an die Herrn Superintendenten und Schul-Inspektoren der Provinz Brandenburg, Berlin den 31.12.1834 (ELAB 29/284)
2. Der Evangelische Ober-Kirchenrath an die Königlichen Konsistorien Berlin, den 19.7.1882. (EZA 7/4376)
3. Denkschrift des Evangelischen Ober-Kirchenrats vom 12.10.1909: Kirchliche Versorgung der Taubstummen
4. Erster Erfahrungsbericht eines hauptamtlichen Taubstummenpfarrers Berlin 1913, in: Verein preußischer Taubstummenlehrer, Versammlung der preußischen Fürsorgevereine für Taubstumme, Berlin 1914
5. Zusammenstellung von Gründen für die Bildung eines mit legitimen Leitungsfunktionen ausgestatteten Gremiums der evangelischen Gehörlosengemeinde 1978 Berlin (West)
6. Gemeindeordnung der evangelischen Gehörlosengemeinde Berlin (West) von 1980

Die Ausbildung der Gehörlosen- (Taubstummen-)Seelsorger

1. Ein Bericht von 1900. (Breslau) EZA 7/4379
2. Ein Bericht von 1950. (Neudietendorf)
3. Empfehlung der Kirchenkonferenz der EKiD an alle Gliedkirchen für die Aus- und Fortbildung der Mitarbeiter in der kirchlichen Gehörlosenseelsorge vom 11.6.1981

Fortbildung für Gehörlose
4. Rüstzeit taubstummer Vertrauensleute in Kühlungsborn im April 1950, aus: „Wegweiser zu Christus" Juni 1950

Satzungen

1. Satzung des Reichsverbandes evangelischer Taubstummenseelsorger Deutschlands vom Mai 1935
2. Konventsordnung der Gehörlosen-Seelsorge in den Gliedkirchen der DDR vom Oktober 1951

Zum „Gesetz zur Verhütung erbkranken Nachwuchses" vom Juli 1933

1. „Ein Wort an die erbkranken evangelischen Taubstummen" 1935
2. Späte Korrektur des Unrechts. Der Bundestag beschließt die umfassende Aufhebung von NS-Urteilen. Gesetz zur Aufhebung nationalsozialistischer Unrechtsurteile in der Strafrechtspflege und von Sterilisationsentscheidungen der ehemaligen Erbgesundheitsgerichte vom 25.8.1998, Berlin
3. NS-Gesundheitsgesetz endgültig vom Bundestag am 24. Mai 2007 als Unrechtsgesetz geächtet

Internationale Vereinbarungen

1. Satzungen des Ökumenischen Arbeitskreises für Taubstummenseelsorge 1975, „Joint-Committee" Regulations (Gehörlosenmission in Afrika)

Statuten des Evangelischen Gemeindevereins der Gehörlosen Berlins

Gegründet 1927 – Angeschlossen dem Gesamtverband der Inneren Mission (1947)

☐ Dokument I 1

Schreiben: Königliches Consistorium und Schul-Collegium der Provinz Brandenburg an die Herrn Superintendenten und Schul-Inspektoren der Provinz Brandenburg, Berlin den 31. Dezember 1834

Von der großen Anzahl der in der Provinz Brandenburg lebenden, noch in bildungsfähigem Alter stehenden taubstummen Kinder, welche im Jahr 1831 amtlichen Nachrichten zufolge 341 betrug, empfängt verhältnismäßig nur ein geringer Theil einen geregelten Unterricht, weil bis jetzt außer der hiesigen Taubstummen-Anstalt, in welcher im Durchschnitt sechzig Kinder unterrichtet werden, in der Provinz Brandenburg keine Veranstaltungen für den Unterricht taubstummer Kinder bestehen.

Die Wirksamkeit der hiesigen Taubstummen-Anstalt wird zum Theil dadurch gehemmt, daß sie ihre Zöglinge meistens in einem ziemlich vorgerückten Alter und der Regel nach ohne alle Vorbildung erhält, so daß der erste Unterricht dieser Kinder öfters erst in demjenigen Lebensalter beginnen muß, in welchem derselbe seinem wichtigsten Theile nach beendet sein sollte. Die scheinbare Sorglosigkeit vieler Ältern für den Unterricht und die Erziehung ihrer taubstummen Kinder hat mehrentheils ihren Grund in der unrichtigen Voraussetzung, daß der Unterricht taubstummer Kinder nur in den für diesen Zweck bestehenden Anstalten, oder doch nur durch einen für den Taubstummen-Unterricht vollständig ausgebildeten Lehrer mit Erfolg ertheilt werden könne, und daß man daher diejenigen taubstummen Kinder, deren Aufnahme in eine Unterrichts-Anstalt für Taubstumme nicht zu bewirken ist, ihrem traurigen Schicksal überlassen müsse. Es ist jedoch einleuchtend, daß von Seiten der Ältern, und überhaupt derjenigen Personen, denen die Erziehung taubstummer Kinder anheim fällt, schon durch deren Gewöhnung an Ordnung und geregelte Thätigkeit sehr viel geschehen kann, den Geist und das Gemüth dieser Unglücklichen zu bilden, auch beruht die Kunst des Taubstummen-Unterrichts auf so einfachen Grundsätzen, daß jeder für das Lehrfach überhaupt wohl vorbereitete Lehrer den ersten Unterricht taubstummer Kinder, unter Benutzung der für diesen Gegenstand in neuerer Zeit erschienenen Hülfsmittel, mit genügendem Erfolg übernehmen kann. Es ist deshalb auch ein Hauptzweck der mit den Seminaren zu verbindenden Taubstummen-Anstalten, die künftigen Lehrer an Volksschulen mit der Methode des Taubstummen-Unterrichts so weit bekannt zu machen, daß sie die an ihrem Wohnort etwa lebenden taubstummen Kinder vollständig zu unterrichten befähigt werden, und wir wünschen durch diese Mittheilung zu bewirken, daß in dieser Beziehung schon jetzt so viel geschehe, als ohne die künftig zu hoffende Einwirkung der Seminare zu erreichen ist.

Taubstumme werden diejenigen Personen genannt, welche entweder taub geboren sind, oder frühzeitig das Gehör verloren haben, und infolge dieses Gebrechens auch des Gebrauchs der Sprache entbehren; das Verfahren des Taubstummen-Unterrichts findet daher keine Anwendung bei allen denjenigen Personen, deren Stummheit entweder in Blödsinn oder in fehlerhafter Beschaffenheit der Sprachwerkzeuge ihren Grund hat. Jene sind überhaupt nicht bildungsfähig, und daher auch zur Aufnahme in eine Taubstummen-Anstalt nicht geeignet, in Rücksicht der letzteren kann nur empfohlen werden frühzeitig den Rath eines erfahrenen Arztes zu suchen.

Die Mittheilung unserer Gedanken, und daher auch der Unterricht taubstummer Personen kann überhaupt auf dreifache Weise bewirkt werden, durch die Gebärde, durch die Schrift und durch das gesprochene Wort, und man hat beim Taubstummen-Unterricht mehrentheils alle drei Arten der Mittheilung zugleich in Anwendung gebracht, jedoch so, daß eine derselben die vorherrschende war.

Die Mittheilung durch die Gebärdensprache hat beim Taubstummen-Unterricht darin den Vorzug, daß sie nicht mühsam erlernt zu werden braucht, sondern mehr oder weniger ausgebildet, sich bei allen nicht ganz verwahrloseten Taubstummen vorfindet, weshalb man sie die natürliche Sprache des Taubstummen genannt hat. Aber die Gebärde kann zunächst nur sinnliche Vorstellungen auf eine allgemein verständliche Weise darstellen, und die Gebärdensprache muß nothwendig eine Menge willkührlicher Zeichen aufnehmen, sobald sie über den Kreis sinnlicher Vorstellungen hinausgeht.

Wie leicht daher auch Taubstumme sich unter einander mittelst der Gebärde verständigen mögen, so erhalten sie in derselben doch kein allgemein anwendbares Werkzeug der Mittheilung, und die reichhaltigste Quelle der Belehrung, das geschriebene Wort, bleibt ohne die Kenntniß der Wortsprache ihnen für immer verschlossen. Die Gebärde darf daher niemals Zweck, und eben so wenig das vorherrschende oder gar einzige Mittel des Taubstummen-Unterrichts sein; sie soll überhaupt nur in denjenigen Fällen eintreten, wo man mit anderen Arten der Mittheilung nicht ausreicht; je weiter die Ausbildunge des Taubstummen vorschreitet, desto mehr soll er sich von der Gebärde entwöhnen, und sie zuletzt nur in dem Maaße gebrauchen, in welchem sie auch die Rede vollsinniger Menschen zu begleiten pflegt. Ein zu weit ausgedehnter oder zu lange fortgesetzter Gebrauch der Gebärde kann die Fortschritte des taubstummen in dem Gebrauch der Wortsprache nur hemmen.

Dessen ungeachtet ist die sinnreiche Methode, vermittelst welcher der Abbé de l'Epée der Begründer des Taubstummen-Unterrichts in Frankreich, und nach ihm sein Schüler Joseph May, ehemals Vorsteher der Taubstummen-Anstalt in Wien, die Gebärdensprache nach dem Muster der Wortsprache auszubilden versucht haben, in vieler Beziehung lehrreich, und das Studium folgender Schrift:

Methoden-Buch zum Unterricht fur Taubstumme von Michael Reitter, Pfarrer zu Kallham in Ober-Österreich Wien 1828, wird für Lehrer, welche sich mit dem Gebrauch der künstlichen Gebärdensprache beim Taubstummen-Unterricht bekannt machen wollen, nicht ohne Nutzen sein.

Ebenso mangelhaft, wie der Unterricht durch bloße Gebärde, bleibt auch der Versuch, den Taubstummen bloß durch die Schrift ohne den Gebrauch des gesprochenen Wortes zu unterrichten; ein Verfahren, welches in folgender kleinen Schrift:

Die Kunst, Taubstumme nach einer neuen, auf Erfahrung gegründeten Methode gemeinschaftlich in öffentlichen Schulen auf eine einfache Art zu unterrichten. Nach dem Englischen des Joh. Arrowsmith. Leipzig 1820.

näher erläutert wird. Es leidet keinen Zweifel, daß der Taubstumme gewöhnt werden kann, mit dem geschriebenen Worte Vorstellungen zu verbinden, und sich durch die bloße Schrift mit Anderen zu verständigen. Ohne den Gebrauch des gesprochenen Wortes begreift der Taubstumme jedoch nie die Beziehung, in welcher die Buchstaben zu den dadurch bezeichneten Verrichtungen der Sprachwerkzeuge stehen, es scheint ihm daher immer als etwas Willkührliches, daß eine Vorstellung gerade durch diese und nicht durch andere Schriftzüge bezeichnet wird, er sieht keinen Grund, weshalb nicht mehrere als die in unserem Alphabet vorkommenden Schriftzüge zur Bezeichnung unserer Vorstellungen gewählt worden sind, die Schrift ist für ihn wenig mehr als eine Bildersprache, und er gewinnt nie eine lebendige Einsicht in den Bau der Sprache und entbehrt deshalb auch des Sprachgefühls, welches bei dem Unterricht durch das gesprochene Wort die Fortschritte des Taubstummen sichert und fördert. Wenn dessenungeachtet auch auf diesem Wege mancher Taubstumme zu einem nicht unbedeutenden Grade der Ausbildung gelangt ist, so ist dieser Erfolg weit mehr dem Eifer des Lehrers und der gleichzeitig angewandten Belehrung durch Bilder und Gebärde, als dem inneren Werth der Methode zuzuschreiben.

Die ausgezeichnetsten Kenner und Beförderer des Taubstummen-Unterrichts, namentlich auch der Stifter der hiesigen Taubstummen-Anstalt, Ober-Schulrath Eschke, haben es immer als eigentliche Aufgabe des Taubstummen-Unterrichts angesehen, den Taubstummen in den Besitz der Wortsprache und dadurch zugleich in den Besitz derjenigen geistigen Bildung zu setzen, welche mit dem ständigen Gebrauch der Sprache unzertrennlich verbunden ist; auch wird es immer mehr anerkannt, was an bestimmtesten in einer Schrift des Königlichen Bairischen Schulraths Graser:

Der durch Gesichts- und Ton-Sprache der Menschheit wieder gegebene Taubstumme. Zweite Auflage. Bayreuth 1834.

ausgeführt ist, daß die Wortsprache von den Taubstummen der Hauptsache nach auf dem nämlichen Wege erlernt werden muß, auf welchem auch das hörende Kind in den Besitz der Sprache gelangt. Die Möglichkeit aber den Taubstummen in der Wortsprache zu unterrichten ergiebt sich leicht aus folgender Betrachtung.

Jedes Wort besteht aus einer mäßigen Anzahl einfacher Grundlaute, welche in den meisten Sprachen übereinstimmen und auf mannigfache, jedoch nicht regellose Weise mit einander verbunden werden, die Hervorbringung jedes Grundlautes aber erfordert eine eigenthümliche Thätigkeit der Sprachwerkzeuge, welche an bestimmten Bewegungen sowohl der Sprachwerkzeuge selbst als auch der Gesichtsmuskeln sichtbar wird. Das gesprochene Wort ist daher nicht bloß durch das O h r , sondern für den aufmerksamen Betrachter auch durch das Auge vernehmbar, und kann bei einiger Übung sehr bald dahin gelangen, das gesprochene Wort von dem Munde des Redenden abzusehen.

— Dokumente —

Die erste Aufgabe bei dem Taubstummen-Unterricht ist daher, daß der Taubstumme die einzelnen Bestandtheile des Wortes in der Ordnung, in welcher sie mit einander verbunden sind, vermittelst des Gesichtes auffassen lerne. Zu einer deutlichen Unterscheidung der einzelnen Bestandtheile des Wortes gelangt der Taubstumme nur dadurch, daß er sie mittelst der Sprachwerkzeuge selbst nachbildet; die Übungen im A b s e h e n und N a c h b i l d e n der einzelnen Laute müssen daher stets mit einander verbunden werden. Sobald der Taubstumme nur einige der leichteren Grundlaute nachbilden kann, werden diese Laute zu Wörtern von sinnlicher Bedeutung zusammengesetzt, und wenn dem Taubstummen mit dem vorgesprochenen, oder von ihm nachgebildeten Worte zugleich der dadurch bezeichnete Gegenstand vorgezeigt wird, so gelangt er bald zu der Einsicht, daß die von ihm beobachteten und nachgebildeten Bewegungen der Sprechwerkzeuge nur Zeichen für gewisse Vorstellungen sind, und das jedem Menschen angeborne Verlangen sich mitzutheilen hilft ihm die Anstrengung überwinden, welche das Nachbilden der Sprachlaute ihm anfangs verursacht.

Gleichzeitig mit dem Unterricht im Sprechen fängt auch der Unterricht im L e s e n und S c h r e i b e n an. Für jeden Laut, den das taubstumme Kind nachbildet, werden ihm sogleich die in Schrift und im Druck üblichen Zeichen, die letzteren auf kleinen Tafeln von Holz oder Pappe gegeben, jedes beim Unterricht eingeübte Wort wird bald von dem Schüler aus den einzelnen Buchstaben zusammengesetzt, bald von dem Lehrer an die Tafel geschrieben, und dann von allen an dem Unterricht Theil nehmenden Kindern von der Tafel abgelesen, so daß Sprechen, Schreiben und Lesen nur einen Unterrichtsgegenstand bilden. Die Uebungen im Schönschreiben können bei dem taubstummen Kinde in derselben Art wie bei Vollsinnigen getrieben werden, weil bei dem natürlichen Nachahmungstriebe des Kindes das bloße Vorzeigen und Vormachen leicht die Stelle der mündlichen Belehrung ersetzt. Mehrentheils entwickelt sich bei dem taubstummen Kinde, welches früh auf Form und Gestalt der Dinge zu achten gewöhnt wird, auch eine Anlage zum Z e i c h n e n , und es ist ungemein wichtig, diese Anlage früh zu entwickeln, was auf demselben Wege, wie bei vollsinnigen Kindern geschehen kann. Überhaupt sind Übungen im Schönschreiben und im Zeichnen ein sehr zweckmäßiges Mittel, taubstumme Kinder, welche mit vollsinnigen zugleich unterrichtet werden, während der für sie nicht geeigneten Lectionen nützlich zu beschäftigen.

Der erste s a c h l i ch e Unterricht taubstummer Kinder beschränkt sich wie bei Vollsinnigen auf das Gebiet der sinnlichen Wahrnehmungen, welche ihnen in einer solchen Reihenfolge vorzuführen sind, daß dadurch der Kreis ihrer Vorstellungen erweitert und zugleich geordnet wird. Mit diesem sachlichen Zweck muß aber der sprachliche immer gleichzeitig verfolgt werden, weil es zunächst darauf ankommt, dem Kinde auch die Benennungen der von ihm angeschauten Gegenstände, ihrer Merkmale und Eigenschaften, ihrer Theile und ihrer Verrichtungen geläufig zu machen, und diese für mündliche und schriftliche Übungen in der Satzbildung zu benutzen. Bei einiger Gewandtheit des Lehrers hält es mehrentheils nicht schwer, die Kinder mit den Benennungen der sinnlichen Wahrnehmungen bekannt zu machen, denn was dem Kinde nicht unmittelbar oder in Abbildungen vorgezeigt werden kann, läßt sich leicht durch natürliche Gebärde deuten; auch die räumlichen Verhältnisse der Dinge, und selbst die Unterordnung gegebener Vorstellungen unter eine höhere faßt der Taubstumme mehrentheils leicht und sicher; die Hauptschwierigkeit fängt erst da an, wo abstracte Begriffe zu erläutern sind. In den meisten Fällen führt jedoch eine verständige Benutzug concreter Fälle auch hier zum Ziel, auch muß darauf gerechnet werden, daß die Bedeutung der meisten Wörter von dem taubstummen wie von dem hörenden Kinde aus dem Zusammenhange, in welchem sie gebraucht werden, allmählig erschlossen wird. Eben diese Bemerkung gilt auch von den grammatischen Verhältnissen der Wörter und der Sätze, welche nur aus zweckmäßig gewählten Beispielen erkannt werden können, von denen einige jedoch so einfach sind, daß die Einübung derselben unmittelbar nach den ersten Übungen in der Satzbildung erfolgen kann.

Es würde über die Grenzen wie über den Zweck dieser Mittheilung hinausgehen, über die Methode des Taubstummen-Unterrichts eine in das Einzelne eingehende Anweisung zu geben, wir müssen uns darauf beschränken, diejenigen Lehrer, welche sich mit der Methode des Taubstummen-Unterrichts durch eigenen Fleiß bekannt machen wollen, auf die für diesen Zweck am meisten geeigneten Schriften zu verweisen.

Für die Übungen im Absehen und Nachbilden der Grundlaute wird zunächst nur die Kenntniß der sogenannten Lautmethode erfordert, welche bei gründlich gebildeten Elementarlehrern vorausgesetzt werden kann; die Anwendung derselben beim Sprachunterricht taubstummer Kinder setzt jedoch Bekanntschaft mit manchen Wahrnehmungen voraus, zu welchen der Leseunterricht hörender Kinder nicht leicht Veranlassung gibt, und wir verweisen in dieser Beziehung auf folgende kleine Schrift:

Andeutung des Verfahrens beim Unterricht taubstummer Kinder im Sprechen, für Volkschullehrer, von J. S. L a ch s. (Berlin bei Oehmigke 1835. Preis 7 1/2 Sgr.)

in welcher dasjenige Verfahren, welches sich bei den hiesigen Taubstummen-Anstalten am besten bewährt hat, klar und ausführlich beschrieben wird.

Für den ersten Unterricht über das Gebiet der sinnlichen Wahrnehmungen empfehlen wir folgende Schrift:

Methodisches Bilderbuch, ein Wörterbuch für Taubstumme und zur zweckmäßigen Unterhaltung für hörende Kinder von E. W i l k e. (Berlin bei Plahn 1830. Preis 1/2 Thaler.),

für den fortschreitenden Unterricht aber, wie überhaupt für diejenigen Lehrer, welche sich mit der Methode des Taubstummen-Unterrichts durch eigenen Fleiß näher bekannt machen wollen, verdient folgende Schrift:

Anleitung zum Unterricht taubstummer Kinder in der Sprache und den anderen Schul-Lehrgegenständen, nebst Vorlegeblättern, einer Bildersammlung und einem Lese- und Wörterbuch, von W. A. J ä g e r und A. R i e c k e (Stuttgart bei

Löfflund und Sohn. Erste Lieferung 1832, Preis 1 1/3 Thaler; zweite Lieferung 1833, Preis 1 1/3 Thaler; dritte Lieferung 1834, Preis 1 1/3 Thaler.) eine vorzügliche Empfehlung, so wie auch die von dem zuerst genannten Verfasser, Stadtpfarrer J ä g e r zu Gmünd im Königreich Würtemberg herausgegebene Schrift:

Über die Behandlung, welche blinden und taubstummen Kindern, hauptsächlich bis zu ihrem achten Lebensjahre im Kreis ihrer Familien und an ihren Wohnorten überhaupt zu Theil werden sollte. (Stuttgard bei Löfflund 1830. Preis 1/2 Thaler.) viele beachtenswerthe Winke für Ältern und Lehrer blinder und taubstummer Kinder enthält.

Als Ergebniß vorstehender Mittheilungen stellen sich folgende Maaßregeln als wünschenswerth dar:
1. Jedes taubstumme Kind muß im Kreise seiner Familie, von früher Jugend an, zu einer geregelten, die Geisteskräfte übenden Thätigkeit angehalten werden.
2. Vom Anfang des siebenten Lebensjahres ab muß das taubstumme Kind, wenn für den Unterricht desselben nicht eine andere dem Zweck mehr entsprechende Anordnung getroffen werden kann, täglich wenigstens drei Stunden die Ortsschule besuchen, in welcher es nach den oben gegebenen Andeutungen mit Sprechübungen, Schreiben und Zeichnen, späterhin auch mit Lesen und schriftlichen Arbeiten nach den Vorlegeblättern von Jäger und Riecke zu beschäftigen ist.
3. Um den Erfolg des dem taubstummen Kinde in der Schule zu ertheilenden Unterrichts zu sichern, muß dasselbe täglich in einer Stunde, und wenn dies nicht zu erreichen sein sollte, wöchentlich wenigstens in zwei oder drei Stunden, a u ß e r   d e r   S c h u l z e i t , im Absehen und im Sprechen geübt werden.

Wir haben die Überzeugung, daß die Herren Geistlichen und Schullehrer, in deren Pfarr- oder Schulbezirk taubstumme Kinder leben, welche anderweitigen genügenden Unterricht entbehren, gern dazu die Hand bieten werden, diesen Unglücklichen diejenige Bildung angedeihen zu lassen, durch welche der Erfolg eines nachmaligen umfassenderen Unterrichts, oder, wenn sich dazu keine Gelegenheit finden sollte, wenigstens die Möglichkeit eines angemessenen Confirmanden-Unterrichts derselben und ihrer Aufnahme in die Gemeinschaft der christlichen Kirche gesichert wird. Hinsichtlich derjenigen taubstummen Kinder, welche zur Aufnahme in die hiesige Taubstummen-Anstalt aufgezeichnet sind, werden wir künftig die Benutzung eines vorbereitenden Unterrichts zu einer Bedingung der Aufnahme machen; wir wünschen jedoch, daß auch hinsichtlich derjenigen taubstummen Kinder, welche keine Aussicht haben, in eine Taubstummen-Anstalt aufgenommen zu werden, eben diese Maaßregeln zur Ausführung kommen, und daß der Unterricht derselben nach Anleitung von Jäger und Riecke so weit als möglich fortgesetzt werde. Es ist deshalb wünschenswerth, daß die Herren Geistlichen, in deren Pfarrbezirk sich taubstumme Kinder befinden, nicht nur den Ältern die Sorge für deren Ausbildung zur Pflicht machen, sondern auch den Lehrer der Ortsschule anweisen, den Unterricht dieser taubstummen Kinder nach den obigen Andeutungen mit Sorgfalt und gewissenhafter Treue zu übernehmen, wobei sie die etwa vorkommenden Schwierigkeiten unter Mitwirkung der Schulvorstände und nöthigenfalls der Ortsobrigkeit auf geeignete Weise zu beseitigen bemüht sein werden.

Um, was in dieser Beziehung geschieht, oder noch zu thun übrig bleibt, vollständig zu übersehen und das Erforderliche veranlassen zu können, wollen wir hierdurch in Übereinstimmung mit den Königlichen Regierungen zu Potsdam und zu Frankfurt a.d.O. Folgendes anordnen:

1. Jeder Geistliche innerhalb der Provinz Brandenburg, in dessen Pfarrbezirk taubstumme Kinder in dem Alter vom Anfang des siebenten bis zum vollendeten sechzehnten Lebensjahre befindlich sind, hat alljährlich zum ersten Dezember ein Verzeichniß derselben nach dem anliegenden Formulare an den bezüglichen Superintendenten einzureichen, oder demselben zu eben diesem Termin anzuzeigen, dass sich innerhalb seines Pfarrbezirks kein taubstummes Kind in dem bezeichneten Lebensalter befinde. Sollten hinsichtlich des Schul- oder Confirmanden-Unterrichts taubstummen Kinder ihres Pfarrbezirks Schwierigkeiten entstehen, so haben sie wegen Beseitigung derselben sich zunächst an den vorgesetzten Superintendenten oder Schul-Inspektor zu wenden.
2. Die Herren Superintendenten haben die einzelnen Nachweisungen der Geistlichen in ein nach demselben Formular anzufertigendes Hauptverzeichniß zusammen zu stellen, und dasselbe spätestens bis zum 31. December desselben Jahres, zunächst also für daß Jahr 1835 bis zum 31. December des gedachten Jahres, an die Königlichen Regierungen mittelst eines die etwa erforderlichen Bemerkungen und Erläuterungen enthaltenden Begleitungsberichts einzureichen, worauf von Seiten der Königlichen Regierungen, und beziehungsweise von uns, das Erforderliche veranlaßt werden wird.

Berlin den 31. December 1834

Königliches Consistorium und Schul-Collegium der Provinz Brandenburg.

☐ **Dokument I 2**

Abschrift: EZA – EOK/Gen XIV 10 Vol I – neu: EZA 7/4376
Evangelischer Ober-Kirchenrath I.N: 2781 E.O. Berlin, den 19. Juli 1882

An das Königliche Konsistorium

Bedenken, welche gegen ein hierselbst alljährlich begangenes größeres Kirchenfest für Taubstumme aus verschiedenen Landestheilen erhoben worden sind, haben zu Erörterungen über eine angemessenere kirchliche Versorgung der Taubstummen, namentlich auch der nicht in Anstalten befindlichen Anlaß gegeben. In Folge dessen haben des Kaisers und Königs Majestät mittels Allerhöchster Ordre vom 8. März d.J. den Herrn Minister der öffentlichen Arbeiten zu ermächtigen geruth, die bisher gewährte Vergünstigung freier Eisenbahnfahrt für Theilnahme des Berliner Kirchenfestes aufzuheben und an Stelle derselben den unbemittelten

Theilnehmern kleinerer Zusammenkünfte erwachsener Taubstummer von Taubstummen-Anstalten, sowie solcher Taubstummen, welche behufs ihrer kirchlichen Versorgung einzeln die betreffenden Anstalten zu besuchen wünschen, auf den Staatsbahnen und den für Rechnung des Staates verwalteten Eisenbahnen eine Fahrpreisermäßigung dadurch zu gewähren, daß bei Benutzung der dritten Wagenklasse der Militär-Fahrpreis erhoben wird.

Der Herr Minister der geistlichen Angelegenheiten hat den Herrn Oberpräsidenten mit den bezüglichen Anweisungen eröffnet, daß wir uns bereit erklärt haben, die Aufmerksamkeit der kirchlichen Behörden und Organe unseres Aufsichtsgebietes auf die kirchliche Versorgung der in demselben wohnenden erwachsenen Taubstummen zu lenken und sie zu der seitens der Kirche erforderlichen Mitwirkung zu veranlassen.

Das Königliche Konsistorium wolle erwägen, welche Maßnahmen in dortiger Provinz angezeigt erscheinen, um den Zweck einer ausreichenden kirchlichen Versorgung der Taubstummen thunlichst zu fördern, und sich eventuell über dieselben mit dem Herrn Oberpräsidenten in Verbindung zu setzen.

Bei der geistigen und geistlichen Isolierung, welche das beklagenswerthe Loos der Taubstummen ist und nur bei einem Theil desselben durch gründliche Schulung einigermaßen gemindert wird, sind festliche Versammlungen in beschränktem Umfang behufs gottesdienstlicher Feier und edler Gesellligkeit wohl geeignet, zur Befriedigung des Bedürfnisses religiöser Gemeinschaft zur Pflege des Gemüthslebens und geistiger Anregung der Kranken, sowie zur Unterhaltung der in den Lehranstalten mit den Lehrern und Mitschülern angeknüpften Beziehungen werthvolle Dienste zu leisten, und sollten von solcher Wohlthat auch diejenigen Taubstummen nicht völlig ausgeschlossen bleiben, welchen eine methodische Erziehung und Unterweisung nicht zu Theil geworden ist. Es wird darauf ankommen, die zur Leitung solcher gottesdienstlicher Jahresfeste geeigneten Kräfte zu gewinnen bzw. heranzubilden.

Allein eine solche Einrichtung wird für sich allein nicht genügen, um dem Erfordernis gottesdienstlicher und seelsorgerischer Pflege der Taubstummen vollständig zu genügen. Für die in ihren Familien zerstreut lebenden, sowie für die in Krankenhäusern und Armenhäusern versorgten Taubstummen wird die Aufmerksamkeit ihrer ordentlichen Seelsorger auf die ihrem Zustande entsprechende besondere kirchliche Pflege gelenkt werden müssen, auch erscheint es in größeren Städten nicht unmöglich, auf lokale ständige Einrichtungen zu diesem Zweck Bedacht zu nehmen. Außerdem würde es bei der großen Zahl solcher Leidenden und bei der Schwierigkeit des Verkehrs mit ihnen zu wünschen sein, wenn in dem Umgang mit Taubstummen geübte Geistliche Auftrag erhielten, von Zeit zu Zeit sich innerhalb des ihnen zugewiesenen Bezirkes der seelsorgerischen Pflege vorzugsweise bedürftigen Taubstummen speziell anzunehmen. Auch für solche Arbeit wird es der Heranziehung oder Heranbildung seelsorgerischer Kräfte bedürfen, welche durch Uebung im Stande sind, gottesdienstliche Feier, religiösen Unterricht und Seelsorge in einer den Kranken verständlich und für sie wirksamen

Weise zu veranstalten, und werden solche, abgesehen von theologisch geschulten bzw. dem geistlichen Stande angehörigen Lehrkräften von Taubstummen-Anstalten unter den in Kranken- oder Irren-Anstalten beschäftigten oder beschäftigt gewesenen Geistlichen am Leichtesten zu ermitteln sein.

Die nebenamtliche Pastorisierung der in einem bestimmten Bezirk vorhandenen Taubstummen durch lokale Einrichtungen oder Bereisungen wird freilich ohne Aufbringung einiger Mittel unausführbar sein, wenn auch der hierfür erforderliche Aufwand nicht so groß sein wird, um nicht in dem Zweck, dem er dient, seine volle Rechtfertigung zu finden.

In dieser Hinsicht wolle das Königliche Konsistorium zunächst die Mitwirkung der Provinzial-Kommunalverwaltung, zu deren Berufskreis auch die Versorgung der Taubstummen gehört, in das Auge fassen und dabei die thunlichste Förderung eines entsprechenden Antrages durch den Herrn Oberpräsidenten nachsuchen. Doch müssen wir es dem Ermessen des Königlichen Konsistoriums überlassen, den für die dortige Provinz geeignet scheinenden Weg einzuschlagen und eventuell auch die Unterstützung durch Vereine der inneren Mission anzuregen.

Zu Anfang des Jahres 1884 sehen wir einem Bericht über die für die dortige Provinz getroffenen Maßnahmen und die Erfolge derselben entgegen.

☐ Dokument I 3

Abschrift aus den Akten Gen. III 20. II.[48]
E.O.I. 3587 II. Berlin, den 12. Oktober 1909

Denkschrift

des Evangelischen Ober-Kirchenrats, betreffend seine Tätigkeit auf den mit den Aufgaben der Inneren Mission in Zusammenhange stehenden Gebieten.

Über die Arbeiten der Inneren Mission im Gebiete der Landeskirche wird gemäß dem Beschlusse der dritten Generalsynode vom 17. November 1891 jeder ordentlichen Versammlung der Generalsynode Bericht des Generalsynodalvorstandes auf Grund des hierfür vom Zentralausschuß für die Innere Mission und von den provinzialsynodalen Organen der Inneren Mission beschafften Materials erstattet.

Im Anschluß an den hiernach zu erwartenden diesmaligen Bericht läßt, wie im Jahre 1903, der Evangelische Ober-Kirchenrat der Generalsynode behufs der vollständigeren Orientierung bezüglich verschiedener mit den Tätigkeitsgebieten der Inneren Mission in engem Zusammenhange stehender Zweige seiner unmittelbaren Verwaltung im Nachfolgenden wiederum eine zusammenfassende Mitteilung zukommen.

1. pp.
2. die kirchliche Versorgung der Taubstummen.
3.–7. pp.

Evangelischer Ober-Kirchenrat.
gez. Voigts

Zu E. O. I 2085
2. Kirchliche Versorgung der Taubstummen.
In der Denkschrift, betreffend „die kirchliche Versorgung der Taubstummen" haben wir der V. ordentlichen Generalsynode von 1903 – vgl. gedruckte Verhandlung Band II Seite 135/136 – von unseren Erwägungen wegen der Herbeiführung einer durchgreifenden Verbesserung der kirchlichen Taubstummen-Fürsorge, unter zweckmäßiger Organisation derselben innerhalb der uns unterstellten Kirchenprovinzen, sowie von uns begonnenen bezüglichen Verhandlungen mit dem Herrn Minister der geistlichen Angelegenheiten Kenntnis gegeben. Im weiteren Verlauf der letzteren haben wir darauf hingewiesen, daß gegenwärtig nur die am Ort von Taubstummenanstalten und von den für die Seelsorge an ihnen ausgebildeten Geistlichen wohnhaften Unglücklichen wirklich kirchlich versorgt seien, das zu den bei ihnen so beliebten Kirchenfesten bei weitem nicht alle Taubstummen fahren könnten, eine sehr große Anzahl von ihnen also ohne religiöse Einwirkung bleibe.

Demgegenüber haben wir es als das zu erstrebende Ziel bezeichnet, daß eine genügende Zahl geigneter Geistlicher durch Instruktionskurse in Taubstummenanstalten ausgebildet werde, um an den Verkehrszentren und Eisenbahnknotenpunkten regelmäßig wiederkehrende Gottesdienste für die im Umkreis wohnenden Taubstummen zu halten und ihnen in kleineren Seelsorgebezirken auch die überdies gebührende pastorale Pflege angedeihen zu lassen. Die für die Ausbildung der Geistlichen, für entstehende Reiseauslagen und eine bescheidene jährliche Remuneration an sie aufzuwendenden Kosten haben wir aus Staatsmitteln erbeten, ebenso die Bewilligung von Fahrpreisermäßigung auf der Eisenbahn für Taubstumme und Geistliche, wie sie bislang schon für die Reisen zu den Kirchenfesten gewährt wurde.

Zu unserer Befriedigung ist inzwischen eine Änderung des I. Teiles des deutschen Personen- und Gepäcktarifs dahin erfolgt, daß unbemittelte Taubstumme auch für den Besuch kleinerer Zusammenkünfte an den Taubstummenanstalten und für den Besuch eines behördlich gebilligten oder überwachten Taubstummengottediensts in der III. Wagenklasse auf halbe Personenzug-Einzelreisekarten befördert werden sollen. Dagegen hat der Herr Minister der geistlichen Angelegenheiten nach einem Schreiben vom 24. März 1904 sich zu seinem Bedauern außerstande gesehen, unsere auf die erwähnte allgemeine Verbesserung der Seelsorge für die Taubstummen gerichteten Wünsche weiter zu fördern, nachdem die Übernahme der erwachsenden Kosten auf Staatsfonds Bedenken gefunden hatte. Auch auf die unter diesen Umständen dringlich betonte Einrichtung eines Informationskurses in der hiesigen Königlichen Zentral-Taubstummenanstalt für eine größere Anzahl von Geistlichen aus allen Provinzen ist eine Bereitstellung der erforderlichen Mittel staatlicherseits nicht zu erlangen gewesen. Unter dem Anheimstellen, die Beschaffung kirchlicher Mittel auch hierfür in Erwägung zu ziehen, hat der Herr Minister uns seine Bereitwilligkeit bekundet, nach Mitteilung der Anzahl der zu entsendenden Geistlichen die erforderlichen Anordnungen wegen Einrichtung eines Informationskurses zu treffen.

Nachdem somit unsere Bemühungen, die auch von den Konsistorien als dringlich anerkannte provinzielle Organisation der kirchlichen Taubstummenpflege durch Einrichtung angemessener kleinerer Seelsorgebezirke mit genügenden Predigtstationen pp., sowie durch die Ausbildung einer ausreichenden Anzahl von Geistlichen für den pastoralen Verkehr mit den Taubstummen unter Bereitstellung staatlicher Mittel zu sichern, fruchtlos verlaufen waren, mußten wir es den Konsistorien zur Erwägung stellen, in welcher Weise, behufs der unabweislichen Ergänzung der bisherigen kirchlichen Arbeit an Taubstummen, die allmähliche Erweiterung des Kreises der für diesen wichtigen Dienst befähigten Geistlichen bis auf eine dem vorliegenden Bedürfnis genügende Zahl am zweckmäßigsten zu betreiben sein werde. Des näheren führten wir in der beteffenden Rundverfügung das nachstehende aus:

„Wir empfehlen zu dem Ende, bei geeigneten Geistlichen in den Taubstummen-Anstaltsorten Lehrvikare einzustellen, die, neben ihrer allerdings dadurch etwas beschränkten sonstigen Einführung in das Pfarramt, durch Hospitieren und Unterrichten in der Anstalt, sowie durch Studium der Taubstummenliteratur, in der Taubstummenlehrkunde instruiert werden. Eine Beschränkung dieser Anleitungszeit, etwa auf 6 Monate, wird dabei kaum in Frage kommen können, vielmehr wird die Ausbildung während des ganzen Vikariatsjahres als wünschenswert gelten müssen. Ist doch bei derselben nicht allein auf das Erlernen des deutlichen Sprechens mit Taubstummen und dem Gebrauch der Lautsprache auch im seelsorgerlichen Verkehr mit ihnen – soweit nicht bei kurzsichtigen und schwach begabten Persönlichkeiten die Verständigung mit Hilfe der Gebärdensprache als unumgänglich zu erachten ist nach Möglichkeit hinzuwirken, sondern besonders auch auf das Eindringen in die Denkweise und den Vorstellungskreis der Gehörlosen.

Vor allem wird die regelmäßige jährliche Veranstaltung von Ausbildungskursen für geeignete Geistliche in Provinzial-Taubstummen-Anstalten, deren Dauer auf mindestens 4 Wochen, bei eventl. Wiederholung nach einiger Zeit praktischer Übung zu bemessen ist, ins Auge zu fassen. Dazu sind namentlich solche Geistliche heranzuziehen, deren Wohnorte eine größere Zahl von Taubstummen aufweisen und gleichzeitig ihrer Lage nach zweckmäßige Mittelpunkte für die Einrichtung von Seelsorgebezirken, die auch andere Gemeinden des Kreises, eventl. auch der weiteren Umgebung, umfassen, bilden können.

Welche Maßnahmen und Einrichtungen zur Erreichung des Zieles außer der Besprochenen nach den Verhältnissen der verschiedenen Provinzen als fördersam anzusehen und ins Werk zu setzen sind, müssen wir dem sorgfältigen Ermessen der einzelnen Konsistorien anheimstellen. Wir unterlassen indessen nicht, auf die besonderen Anregungen hinzuweisen, welche in dieser Richtung in unseren Denkschriften an die IV. und V. ordentliche Generalsynode von 1897, 1903 hinsichtlich der Hospitien von Kandidaten in den Taubstummen-Anstalten während des Schullehrer-Seminarkursus, hinsichtlich der Empfehlung abziehender Taubstummen seitens des Heimatgeistlichen an den Pfarrer des neuen Wohnorts usw. zum Ausdruck gekommen sind. Bei der Einrichtung der kleineren Seelsorgebezirke für Taubstumme wird zu beachten sein, daß die Gottesdienstorte leicht mit der

Eisenbahn erreichbar sind und für die Taubstummen keine besonderen sittlichen Gefahren bieten, sowie, daß das erforderliche Netz der nicht zu seltenen regelmäßigen Taubstummen-Gottesdienste sich in möglichst gleichmäßiger Verteilung über jede Provinz hinzieht.

Anlangend die Kosten für die Ausbildung der Geistlichen, soweit sie nicht aus den für Lehrvikare zur Verfügung stehenden Mitteln zu bestreiten sind, – ferner die Kosten der Gottesdienste, die Aufwendungen für Reisen und eventl. mäßige Remuneration an die mit der Taubstummen-Seelsorge beauftragten Geistlichen, – sowie die Kosten für sonstige aus der Verbesserung der Taubstummen-Fürsorge unumgänglich sich ergebenden Bedürfnisse, so sind hierfür provinzielle Mittel in Anspruch zu nehmen, nachdem die Bewilligung staatlicher Mittel für diese Zwecke versagt worden ist. Wir geben anheim, dabei auch, sofern dies nicht bereits geschehen ist, den Versuch zu machen, seitens der Provinzial-Verwaltungen Beihilfen zur kirchlichen Weiterpflege des ihnen bis dahin obgelegenen Bildungs- und Erziehungswerkes an diesen für ihre Bewahrung und Leistung auf die öffentliche Teilnahme angewiesenen Gliedern unseres Volkes zu erlangen. Erforderlichen Falles wird die Beschaffung zureichender Mittel durch Veranstaltung provinzieller Kirchenkollekten in Betracht zu ziehen sein.

Bericht über das Veranlaßte wurde den Konsistorien mit der Weisung aufgegeben, darin u. a. die Zahl der geschaffenen Seelsorgebezirke, der ausgebildeten Geistlichen, der jährlichen Gottesdienste auf den einzelnen Stationen, sowie den Betrag der für die Einrichtung aufgewendeten Mittel und die Art ihrer Aufbringung ersichtlich zu machen, mit Erläuterung, inwieweit ein dem provinziellen Bedürfnis genügend geordnete kirchliche Taubstummenpflege in den einzelnen Aufsichtsbezirken inzwischen hergestellt worden sei. [...]"

☐ **Dokument I 4**

Pastor Schulz – Berlin[49] – Abschrift

Die Erfahrungen in der Taubstummenseelsorge.
Meine verehrten Anwesenden. Die Taubstummenseelsorge ist ein junges Pflänzlein, das mit seinen Wurzeln in der Taubstummenschule haftet. Der erste Taubstummenseelsorger, der hier in Berlin wirkte, ist aus der Königlichen Taubstummenanstalt hervorgegangen, der im Jahre 1898 verstorbene Superintendent Schoenborner. Vielfach steht ja in unserem Deutschen Vaterlande noch der Taubstummenlehrer in der Taubstummenseelsorge. Wir Taubstummenseelsorger müssen noch alle „in die Schule" gehen, ehe wir zu den erwachsenen Taubstummen gehen.
Wenn Schule und geistliches Amt sich zu gemeinsamer Arbeit zusammenfinden, den Taubstummen zu einer religiösen Persönlichkeit zu erziehen und zu erbauen, so wird es ein Segen für unsere Taubstummen sein. Wir können eine Duplizität von Anschauungen beobachten, die für die religiöse Versorgung und den Unter-

richt der Taubstummen bestanden haben. Es gab einst Bestrebungen in der Taubstummenbildung, welche den gemeinsamen Unterricht mit den Hörenden ins Auge faßte. Die harte Wirklichkeit offenbarte den Irrtum. Auch auf dem Gebiete der Taubstummenseelsorge wurde die Ansicht von Schulmännern, welche in der Taubstummenbildung tätig waren, vertreten, daß die Taubstummen an den Gottesdiensten der Hörenden mit Segen und Erbauung teilnehmen könnten. Wie dort, so ist auch hier wohl jetzt unbestritten, daß die Pädagogik des Herrn bei der Heilung des Taubstummen das allein Richtige ist: Er nahm den Taubstummen vom Volke besonders.

Es sei mir gestattet, ein kurzes Wort zum Taubstummenseelsorger zu sagen. Die Erfahrungen, die ich an mir selbst gemacht habe, lassen mich die Ansicht aussprechen, daß am besten ein solcher Geistlicher in diese Arbeit hineingeht, der dauernd dabei zu bleiben denkt, sei es im Nebenamte, sei es im Hauptamte, letzteres namentlich da, wo eine große Zahl Taubstummer in Frage kommt. Er muß mit seinen Taubstummen verwachsen.

Wenn ich nun über die Erfahrungen in der Taubstummenseelsorge reden soll, so kann das im engsten Sinne geschehen. Es würde so die Erfahrungen umfassen, welche ich auf kirchlich-religiösem Gebiete gemacht habe. Daß ich davon rede, kann hier auf der Tagung der Fürsorgevereine nur darum geschehen, weil, wie ich glaube, ein Teil der Fürsorgevereine in ihren Statuten auch die kirchlich-religiöse Versorgung der Taubstummen als Aufgabe eines Fürsorgevereins angibt. In Brandenburg geschieht es jedenfalls zu unrecht, da hier die Kirche selbst ihre Pflicht und Aufgabe längst auf sich genommen hat. Und so wird es, wo es noch nicht geschehen ist, schließlich überall geschehen müssen.

Auf kirchlich-religiösem Gebiete sage ich nichts Neues, wenn wir Geistlichen dankbar anerkennen, daß die Taubstummenschule mit Erfolg dafür Sorge trägt, daß unsere Taubstummen im allgemeinen kirchlich sind. Die Verhältnisse für den Kirchenbesuch der Taubstummen sind ja teilweise sehr ungünstig. Sie müssen in der Regel weite Wege zur Kirche machen. In vielen, in den meisten Fällen, kann ich wohl sagen, ist der Kirchenbesuch mit Unkosten für sie verknüpft. 20 Pfennig Fahrgeld machen für unsere armen Taubstummen schon viel aus. Und doch opfern sie diese und noch mehr, um von Zeit zu Zeit an ihren Gottesdiensten teilnehmen zu können. Wo diese Verhältnisse günstiger sind, z. B. im Taubstummenheim in Hohenschönhausen, beträgt die Zahl der Kirchgänger, obwohl keinerlei Zwang ausgeübt wird, durchschnittlich 100 Prozent der Insassen.

Von kirchlichem Sinne zeugen auch Trauungen, Taufen und Beerdigungen der Taubstummen. Die Konfirmationen stehen ja im engsten Zusammenhange mit der Schule. Fast alle Brautpaare lassen sich kirchlich trauen, wenigstens sind sie leicht bereit, sie im Unterlassungsfalle nachzuholen. Fälle von bewußter Zurückhaltung und absichtlicher Ablehnung sind sehr selten.

Von dem kirchlichen Sinne der Taubstummen zeugt auch die Tatsache, daß sie besondere Ereignisse ihres Vereinslebens gern durch einen Kirchenbesuch in corpore feierlich gestalten. Hier in Berlin haben z. B. der Zentral-Verein für das Wohl der Taubstummen, der Allgemeine Unterstützungsverein, der Verein ehemaliger Schüler der Königlichen Taubstummenanstalt, dieser sogar mit seinem Ehren-

präsidenten Schulrat Walther an der Spitze, und der Turnverein „Friedrich" hervorragende Abschnitte ihres Vereinslebens, das 10., 25., 50. oder 60. Stiftungsfest so begangen.
Von den Taubstummen selbst sind ja auch die Anregungen für eine umfassende kirchliche Versorgung der Taubstummen ausgegangen. Denn die auf dem Taubstummenkongreß in Berlin im Jahre 1902 angenommenen Anträge über die kirchliche Versorgung der Taubstummen gehen nur fälschlich unter dem Namen einer hörenden Frau. Sie sind von mir als dem 2. Vorsitzenden des Zentralvereins nur aus den mir vorliegenden Anträgen der Taubstummen zusammengestellt worden. In den hier im Saale gestellten Anträgen ist auch in nuce der von Pastor Selke in Elbing gestellte, von der Versammlung leider abgelehnte Antrag schon enthalten.
Ich möchte nun zwischen Kirchlichkeit und religiösem Empfinden bei unseren Taubstummen unterscheiden. Ich weiß wohl, daß, wie leicht wir uns über erstere ein Urteil bilden können, ebenso schwer sich Erfahrungssätze über letzteres aufstellen lassen. Wir können niemandem ins Herz sehen. Es ist also so, daß das religiöse Empfinden, je tiefer es ist, sich umso verborgener hält. Ich vermag daher nur mit Zurückhaltung, mit gewisser Scheu von meiner Erfahrung hierin reden. Wir müssen ihrer Kraft und Aeußerung in der gesamten Lebensführung der Taubstummen nachspüren.
Die Frage des religiösen Empfindens hängt mit der Frage nach dem Gefühlsleben der Taubstummen überhaupt zusammen. Ich vermute, daß viele Hörende die Taubstummen mit geringen Ausnahmen für mehr oder weniger gefühllos halten, oder ich will mich genauer ausdrücken, für mehr oder weniger bar der edlen Gefühle, aber nicht der unedlen Gefühle. Sie reden vom Zorn, vom Undank, vom Haß, von der Rachsucht der Taubstummen u. a. m. Wenn das richtig wäre – aber nach meiner Erfahrung ist es so nicht richtig, wer recht von Herzen hassen kann, kann auch in der Liebe stark sein –, dann kann durch eine gute Erziehung darin viel, sehr viel gebessert werden. Ich habe stets da, wo z. B. krasse Fälle von Undank Taubstummer vorkommen, diese entschuldigt mit mangelnder Erkenntnis. Damit will ich nicht sagen, daß die Erkenntnis des Guten schon das Gute im Menschen schafft. Aber zu einer erfolgreichen Erziehung steht das Maß der Erkenntnis in engster Beziehung. Sofern ich sage, daß ein kräftiges religiöses Empfinden bei Taubstummen nach meiner Erfahrung nicht gar häufig anzutreffen ist – es fehlt nicht, ich habe wirklich religiöse Charaktere bei meinen Taubstummen gefunden, – so werden die Erfahrungen durch die fortschreitende bessere Bildung und Erziehung auch besser werden. Der Glaube der Taubstummen ist in der Mehrzahl ein Glaube auf die Autorität, ein Glaube des Fürwahrhaltens dessen, was er gelernt hat. Das ist leider oft sehr wenig. Von hier aus ergibt sich eine gewisse Gefahr auch für das kirchliche Leben und für das ganze religiös-sittliche Leben unserer Taubstummen überhaupt. Große Hoffnungen würde ich auf einen Fortbildungsschulunterricht für Taubstumme auch in der Religion setzen. Der arme Taubstumme bedarf mehr als der normale Mensch der Religion. In der Schule kann der Religionsunterricht ja nicht mit Beginn der Schulzeit anfangen, und auch nachher ist er dann vielfach noch Sprachunterricht nebenher. Aus diesem Grunde ist meine Anregung für einen weiteren Religionsunterricht wohl verständlich.

Was ich in Würzburg den Schulmännern gesagt habe, möchte ich hier wiederholen. Lassen Sie uns, die Seelsorger, mitarbeiten. Ich betone noch einmal, um jedes Mißverständnis zu beseitigen, daß ich nicht den Religionsunterricht in der Schule hiermit meine.

Segensreich wird die gemeinsame Arbeit sein, welche mit der Achtung geschieht, die auch in dem Taubstummen einen ganzen Menschen erkennt. Wir sind über die Zeit hinaus, welche den Leib als die Hauptsache betrachtet. Seele, Geist ist mehr als Leib.

Nur in bedingtem Maße erkenne ich den alten Satz „mens sana in corpore sano" (im gesunden Körper ein gesunder Geist) an. Wer von den Taubstummen als einem halben Menschen redet und ihn dementsprechend etwa behandeln wollte, der bleibe ihm als Lehrer, Erzieher und Geistlicher fern.

Wir können in religiöser Beziehung auf sie nur wirken, wenn wir selbst ihnen als religiöse Persönlichkeit mit einem Leben voll Liebe, voll Treue und Sorge um sie und ihr Bestes vor Augen stehen. Wir müssen selbst lebendige Zeugen des Geistes des Herrn sein, dessen Lebensbild wir als das Vorbild vollkommensten religiösen Lebens in die Herzen unserer Taubstummen einzuzeichnen uns bemühen.

Letzteres kann und muß in der einfachsten Weise geschehen. Das Höchste geben in der einfachsten Form! Einst wurde einem Sokrates vorgeworfen, daß er ja immer nur von Lasteseln, Schmieden, Schustern oder Gerbern spreche. Aehnlich wie der Weise Griechenlands muß der Taubstummenseelsorger es machen. Ich finde die gespannteste Aufmerksamkeit dann, wenn ich von den einfachen Dingen des menschlichen und natürlichen Lebens rede, wenn ich die Tagesgeschichte und besonders, was auf das Leben der Taubstummen Bezug hat, heranziehe. Mit bloßen Lehren ist nichts zu machen. Dogmatische Erörterungen sind einfach ausgeschlossen. Aber alles ist in Beziehung zum Herrn und zu seinem Wort zu setzen. Es gilt, Christi reiches Lebensbild, ihnen immer wieder zu zeichnen. Und dabei ist stets im Auge zu behalten: Ihr sollt zeugen von mir. Das macht Eindruck. Das habe ich so oft erfahren.

Nun noch ein Wort über die Erfahrung, welche ich mit der äußeren Form, der Sprache der Taubstummenpredigt, mache.

Ich will vorweg hervorheben, daß meine Worte die Schulmethode in keiner Weise berühren sollen. Ich persönlich erkenne der „deutschen" Methode die Palme zu. Ich bin auch gegen die Arendt'schen Vorschläge auf der Würzburger Tagung, die dahin zielen, eine einheitliche gültige Gebärde zu schaffen. Man überläßt da die Taubstummen am besten wohl sich selber.

Ich bin wohlbekannt als ein Anhänger der kombinierten Predigtweise für Taubstumme, die mit Wort und Gebärde geschieht. Ja, man hat gesagt, ich halte Predigten in der Gebärdensprache. Ich kann das von mir nicht behaupten. Ich predige in der Sprache der Hörenden. Davon kann sich jedermann überzeugen, der sich die Mühe und die Zeit nimmt, meinem Gottesdienst beizuwohnen. Die Gebärde ist, je nach den Umständen mehr oder weniger stark, nur ein Hilfsmittel zur besseren und leichteren Auffassung des Gesprochenen, ja sie macht die sichere Auffassung der gesprochenen Predigt in vielen Fällen und unter gewissen Verhältnis-

sen erst möglich. Das Ablesen des gesprochenen Wortes hat seine Grenzen, welche subjektiv durch die Eigenart des jeweilig Vortragenden und vor allem auch des Aufnehmenden und objektiv bedingt sind durch das Wortbild. Ich halte diese Predigtweise erfahrungsmäßig für die richtigste, wenn sie auch mit den verschiedensten Gründen bekämpft wird. Ich habe mir dies Urteil durch eine fast 18-jährige Beobachtung der Taubstummen gebildet, durch Beobachtung, wie sie in ihren Versammlungen reden und, – was die Hauptsache ist, wie sie verstehen!
Ich bin nun aber nicht der Meinung, welche auch schon ausgesprochen ist, daß Taubstumme Ansprachen in der einen Gebärde nicht verständen. Man muß sagen, nicht alle verstehen sie; und dazu gehören erfahrungsmäßig auch sehr intelligente Taubstumme. Die Erfahrung lehrt mich auch, daß die Behauptung, Taubstumme könnten nicht Wort und Gebärde zugleich sehen, eine irrige ist. Als ich diese Behauptung in den Blättern für Taubstummenbildung las, machte ich, obwohl sie für mich als falsch längst feststeht, noch neuerdings praktische Proben. Ich ging zu mehreren Taubstummen und legte, – ohne von meiner Absicht einer Probe zu reden, das sagte ich erst zuletzt, – ihnen die Frage vor, nachdem ich mit einigen nur gesprochen, mit anderen auch unter Zuhilfenahme der Gebärde mich unterhalten hatte, ob sie, wenn ich meine Worte mit Gebärden begleite resp. begleiten würde, etwa nur auf meine Worte achteten oder etwa nur auf die Gebärden. Ich bekam in jedem Falle die Antwort: wir sehen und beobachten beides zugleich. Der eine Taubstumme (Schumacher Heinrich) machte noch den Vergleich mit dem photographischen Apparat. Wie die photographische Linse, die auf einen bestimmten Gegenstand eingestellt ist, die Umgebung mit aufnimmt, so nehmen wir Taubstumme mit den Augen gleichzeitig Wort und begleitende Gebärden auf. Für viele Taubstumme sei letzteres ein unentbehrliches Erleichterungsmittel zum Verständnis. Für die mit den Berliner Taubstummen vertrauten Herren nenne ich als einen dieser Taubstummen, den Redakteur der „Allgemeinen Deutschen Taubstummen-Zeitschrift", Lummert, den besonderen Liebling des verstorbenen Schulrats Gutzmann. Sie wissen, daß er Wort und Schrift in hervorragender Weise beherrscht. Er ist einer der begabtesten Taubstummen mit gutem Geiste, und doch erklärt er, daß das Zweckmäßigste für den vortragenden Redner für Taubstumme die Kombination von Wort und Gebärde sei. Ich kann den Standpunkt eines Herrn nicht einnehmen, der mir eben in der Pause sagte, daß die Taubstummen für ihn nicht maßgebend seien. Ich meine, sie sollten hier in erster Linie maßgebend sein.
Solche kombinierten Reden mögen ja vielleicht für einen hörenden Menschen etwas Tieftrauriges, aber gewiß nichts Beschämendes, meinetwegen auch etwas Drolliges und Spaßiges haben, die Gebärden mögen für den Hörenden auch zum Teil unsinnig sein – für den Taubstummen sind sie ein vorzügliches Hilfsmittel zum Verständnis. Das muß dem Seelsorger, dem Redner, die Hauptsache sein. Wir reden ja nicht für Hörende.
Aber freilich muß man die Gebärde auch kennen, sonst lasse man lieber, im buchstäblichen Sinne, die Finger davon. Der gute Wille ohne genügende Beherrschung der Gebärde ist nicht ausreichend.
Ich gebe natürlich gern zu, daß man zu einer beschränkten Zahl Taubstummer verständlich in der Wortsprache reden kann – ich habe manche Amtshandlung für

erwachsene Taubstummen schon ohne jede Gebärde vollzogen – aber so, wie die Dinge jetzt liegen, nicht zu allen. Wir können uns unsere Kirchgänger nicht aussuchen. Sobald uns die Bildung und Erziehung Taubstummer Taubstummengemeinden gegeben haben wird, welche die gesprochene Predigt verstehen, und zwar in ihrer Gesamtheit, werden wir Seelsorger mit Freuden von der Gebärde, die natürliche ausgenommen, Abstand nehmen.

Ich verlasse dieses Gebiet mit der Bemerkung, daß die dann und wann einmal gesehene Predigt, namentlich, wenn sie dem Wortsprachler Genüge leistet, doch unmöglich den Erfolg einer etwa 8-jährigen Schularbeit gefährden bzw. in Frage stellen kann. Wo die Schule ihr Ziel erreicht hat, ist dies auch sicher nicht der Fall. Das beweisen die vielen Taubstummen, welche neben tadelloser Wortsprache auch die Gebärde mehr oder weniger vollkommen beherrschen.

Wichtiger als Gegnerschaft gegen die kombinierte Predigtweise wären Bemühungen bei der hörenden Mitwelt, daß sie auf die Taubstummen in der Unterhaltung durch eine deutliche Sprache Rücksicht nimmt und vor allen Dingen die Taubstummen den Mund beim Sprechen sehen läßt. Mir ist mehrfach von Taubstummen, welche sich der Gebärde vollständig enthalten, geklagt worden, daß sie zu einer Unterhaltung mit Hörenden selten kommen und in der Hauptsache auf Verwandte und Bekannte beschränkt bleiben.

Der Taubstumme erwartet von seinem Seelsorger mehr Erbauung und Nahrung für sein religiöses Leben, für seine Seele. Und er hat ein Recht darauf, mehr von ihm zu verlangen. Ich denke noch eines Wortes einer taubstummen Frau aus der ersten Zeit meiner Tätigkeit, welche in großer Versammlung bei Gelegenheit einer Weihnachtsbescherung als Uebergangene an mich herantrat mit der Mahnung „Pflicht für einen Prediger ist zu helfen!" Es klingt wie ein Aufschrei aus der Not seines Leben, wenn ein Taubstummer bei einem Vortrage etwa sagt und fragt: „Was hilft uns alles Reden und Predigen, wenn der Leib sich schinden muß?"

Ein Taubstummenseelsorger muß sozial unter seinen Taubstummen wirken. Der Taubstummenseelsorger ist der geborene Fürsorger für die Taubstummen. Denn kein anderer Mensch, auch der Taubstummenlehrer als solcher nicht, kommt in so mannigfaltige und so häufige Berührung mit den erwachsenen Taubstummen wie er. Es ist nicht so, wie mir scherzweise geäußert wurde, daß der Pastor es herrlich habe, etwa 6 Sonntage und 1 Arbeitstag hat. Wäre das richtig, dann möchte ich um alles in der Welt nicht Pastor sein. Ich kann eher sagen, der Taubstummenpastor hier hat in der Woche durchschnittlich 7 Arbeitstage, wenn man die Sache so ansehen will.

Ich stehe ja hier in Berlin in der Arbeit. Hier häufen sich die Arbeiten für einen Seelsorger. Die große Zahl der Taubstummen mit ihren vielerlei Bedürfnissen schaffen Erfahrungen mannigfaltigster Art, die den Taubstummen betreffen. Sie lehren ihm am besten erkennen, welche Nöte den Taubstummen drücken.

Ich bin wohl an einem Tag in der Wohnung eines Taubstummen, der von dem Luxus des Lebens in jeder Form umgeben ist. Am anderen Tage aber trete ich in einen öden Raum, in dem Taubstumme wohnen, und in dem es teilweise auch an den allernotwendigsten Dingen des Lebens mangelt. Ich finde den Taubstummen bei seiner fleißigen, ehrlichen Hantierung, und er tritt zu mir aus der Zelle oder aus dem Arbeitssaal des Gefängnisses als ein Entgleister oder durch Unverstand auf die schiefe Bahn Geratener. Ich sitze an seinem Krankenbett, und ich sitze an seinem Tische in geselliger Unterhaltung. Er kommt zu mir als Arbeitsloser und wünscht meine Vermittlung, oder er ist nicht mehr imstande, die Leibesnahrung und Notdurft sich zu erarbeiten, er sucht Rat und Hilfe. Er leidet oft buchstäblich Hunger; und vieles andere mehr.

Ich will die Erfahrungen gruppieren, indem ich von dem Taubstummen im Familienleben, im wirtschaftlichen und im Rechtsleben spreche.

Als der Verein preußischer Taubstummenlehrer die erste Anregung zu dieser Versammlung im Juni d. Js. gab, fand sich auch ein Thema vorgeschlagen: „Was ist zu tun, um das Heiraten Taubstummer nach Möglichkeit zu verhindern?" Als ich das las, wußte ich schon ungefähr, was kommen würde. Ich selbst bin von Taubstummen nach meinem Standpunkt gefragt worden. Ich habe darauf hingewiesen, daß von einem generellen Verbieten im Thema nicht gesprochen werde. Ich halte aber die Formulierung des Themas für eine sehr unglückliche. Sie hat die Taubstummen sehr verletzt. Der Angriff der Taubstummen hat hat ja auch nicht lange auf sich warten lassen, und ich glaube nicht fehl zu gehen mit der Annahme, daß die in der letzten Nummer der „Allgemeinen Deutschen Taubstummen-Zeitschrift" abgedruckte Predigt des Pastors Bode aus Bremen zu dieser Frage den Taubstummen nach ihrem Herzen gehalten und geschrieben ist. Ich benutze dieses Thema, um einige Erfahrungen über den Taubstummen und sein Familienleben damit zu verknüpfen.

Welches sind wohl die Beweggründe, die uns zu der Ansicht bringen könnten, es sei richtiger, Ehen Taubstummer nach Möglichkeit zu verhindern?

Zunächst die Gefahr der Vererbung der Taubheit.

Ich habe hier in Berlin Familien, die ich in 3. Generation kenne und die in ihren Gliedern in den drei Generationen zum größten Teil taubstumm sind. In einem Fall bestand die erste Generation z. B. aus dem taubstummen Ehepaar. Die zweite Generation besteht aus vier Kindern, drei Töchter und einem Sohn. Die drei Töchter sind taubstumm, ein Halbbruder, ist hörend. Die eine Tochter hatte einen taubstummen Mann und mit ihm drei Kinder, zwei taubstumm und einen nahezu tauben Sohn; die andere Tochter hat einen taubstummen Mann und lauter normale Kinder (drei Söhne und eine Tochter). Die dritte Tochter hat einen uneigentlichen Taubstummen zum Mann und einen schwerhörigen Sohn. Eine andere Familie ist in der ersten, zweiten und dritten Generation mit zwölf Mitgliedern ganz taubstumm.

Fälle, in denen in zwei Generationen die Vererbung der Taubheit ersichtlich ist kommen mir schon in einer ganzen Reihe von Familien vor. In solchen Fällen kann man dann vielfach beobachten, daß in der weiteren Verwandtschaft Taubstumme vorhanden waren oder noch vorhanden sind.

Daneben stehen aber Hunderte von Ehen Taubstummer, in denen die Kinder fast ohne Ausnahme normalhörend sind. Aus Erfahrung kann ich bezeugen, daß für die taubstummen Eltern eine wichtige Frage ist, ob ihr Kind taub ist. Sie empfinden das als Unglück. Ich würde eine Verhinderung von Ehen Taubstummer aus diesem Grund nicht empfehlen können. Die Folgen würde ein außerehelicher Verkehr sein.

Wer die sittlichen Zustände kennt, die bei der schon jetzt z. T. durch die wirtschaftlichen Verhältnisse bedingten Ehelosigkeit zahlreicher Taubstummer bestehen, und die öfter auch in Prozessen wegen Eheirrungen zu Tage treten, wer die bösen Zustände kennen gelernt hat, die durch das Einwohnen Taubstummer oder bei Taubstummen schon vielfach das Familienleben gestört haben, der wird an andere Abhilfe als an möglichste Verhinderung der Heirat Taubstummer denken. Schon bei Hörenden ist das Schlafstellenunwesen die Ursache zahlreicher sittlicher Schädigungen. Hier könnte der Fürsorgeverein ein Gebiet segenbringender Wirksamkeit beschreiten. Viele Väter und Mütter würden es ihm danken.

Ferner kann man darauf hinweisen, daß so manche Taubstumme ein Verständnis für den Ernst und die Pflichten der Ehe nicht genügend zeigen. Aber man glaube ja nicht, daß Taubstumme leichtsinnig heiraten. Sie schreiten teilweise sogar mit großer Berechnung zur Ehe in der Erkenntnis ihrer Schwierigkeiten für die Taubstummen.

Es ist nun wohl wahr, daß manches taubstumme Ehepaar der hörenden Umwelt ein Ärgernis bietet. Brutale Behandlung untereinander ist an der Tagesordnung. Die Pflicht der Erhaltung der Familie wird bisweilen nicht erfüllt. Es ist doch aber bei vielen hörenden Ehepaaren auch nicht anders. Bei den Taubstummen tritt es vielleicht nur unverhüllter zu Tage.

Keiner wird sagen wollen, daß dies Ursachen sein könnten, die Ehen zwischen Taubstummen zu hindern; denn wir haben doch auch Ehen Taubstummer mit einem herzlichen und sorglichen Familienleben. Eine gute Erziehung hat hier das Beste zu leisten.

Nun komme ich aber zu einem Punkte, aus dem eine Hauptwaffe gegen das Heiraten Taubstummer geholt werden kann, es sind die Taubstummen und ihre K i n d e r. Zweierlei sind hier die Gründe. Taubstumme Eltern haben, wie viele Erfahrungen lehren, nicht verstanden, ihre Kinder richtig zu erziehen. Ich habe es auch erlebt. Ich habe mehrfach die Fürsorgeerziehung in die Wege geleitet, z. T. von den Eltern darum gebeten. Die Kinder, wenn sie schon halberwachsen waren, wollten nicht arbeiten, sie bummelten umher, sie waren auch sittlich in Gefahr. Oder ich fand Kinder taubstummer Eltern in Fürsorgeerziehung. Es fehlt den Eltern den Kindern gegenüber vielfach an A u t o r i t ä t, die zu einer rechten Erziehung nötig ist. Jeder, der mit Taubstummen zu tun hat, wird die Erfahrung gemacht haben, daß sie bei Vorbringung von Anliegen gern ihre Kinder mitbringen, welche an ihrer Stelle dann sprechen sollen. Ich lehne prinzipiell solche Vermittlerrollen ab. Es schädigt die Autorität der Eltern. Die Kinder werden dadurch gewissermaßen zu Vormündern der Eltern. Aber davon abgesehen ist es e i n e E r f a h r u n g, daß hörende Kinder ihren taubstummen Eltern vielfach über die Köpfe wachsen. Das Erziehungsresultat ist dann eben auch vielfach ein so trauriges.

Aber nicht immer. Wir haben doch auch auf der anderen Seite viele Beispiele, welche beweisen, daß taubstumme Eltern ihre Kinder brav erziehen. Die Wurzeln reichen fast immer in ein gutes Eltern- oder Pflegehaus zurück.

Hier möchte ich noch einige E r f a h r u n g e n einschieben. Es gibt taubstumme Eltern, die von ihren hörenden Kindern die Gebärden fern halten. Sie sprechen nur mit ihnen und fordern von ihnen die Wortsprache. Es gibt aber auch Eltern, die mit ihren Kindern gebärden. Die Kinder lernen die Zeichensprache eher als die Wortsprache. In ungünstigen Fällen, wo hörende Verwandte nicht in der Nähe sind, lernt das normale Kind solcher taubstummer Eltern schwer sprechen. Ich fand einmal in einer taubstummen Familie einen dreijärigen Knaben, welcher zwar hören, aber kein Wort sprechen konnte, obwohl er n i c h t h ö r s t u m m war, denn die weitere Erziehung – er ist dann im Johannesstift erzogen worden – zeigte, daß n u r d e r g ä n z l i c h e M a n g e l d e r L a u t s p r a c h e b e i d e n E l t e r n u n d d e r g ä n z l i c h e M a n g e l jeden Verkehrs mit Hörenden die Ursache war.

Mehrfach und zwar nicht selten sind von mir Fälle beobachtet worden, daß Kinder taubstummer Eltern schwer sprechen, gleichsam als suchten sie die Worte, oder sie sprechen schlecht. In einem Falle wirkte das bis in die späteren Schuljahre hinein, weil die Eltern mit den Kindern nur gebärdeten.

Eine weitere Förderung der Taubstummen in der Lautsprache durch die Schule und Belehrung durch den Seelsorger sind hier als Heilmittel zu nennen.

Ein zweiter Grund, der von den Kindern her gegen das Heiraten Taubstummer angeführt werden könnte, ist die Beobachtung, daß die Kinder Taubstummer oft, auch wenn sie normal sind, die Zeichen von Degeneration aufweisen. Ja, es ist bisweilen ein jämmerliches, schwächliches Geschlecht, das in den Behausungen mancher Taubstummen hier in Berlin heranwächst. Ich denke hier besonders an eine Familie mit 7 lebenden Kindern. Das ist ein Musterbeispiel.

Es ist das Verdienst des verstorbenen Schulrats Gutzmann, daß er für das Turnen der Taubstummen im Hinblick auf seine gesundheitliche Wirkung so kräftig eingetreten ist. Gesunde und körperlich geübte und kräftige taubstumme Väter und Mütter werden auch gesündere Kinder haben.

Wo Familie und Schule den Taubstummen zum gleichwertigen Glied der menschlichen Gesellschaft gemacht haben, wo er unter religiösen Einfluß gestellt ist und für eine gute Ausbildung in einem wirtschaftlichen Beruf gesorgt ist, da können wir den Taubstummen ruhig zur Ehe schreiten sehen, und es wäre nicht recht, ihm das schöne Glück der eigenen Häuslichkeit und des Familienlebens vorenthalten zu wollen.

Allerdings bei einem Arbeitslohn von wöchentlich 15 bis 20 Mark und einer monatlichen Armenunterstützung von 10 Mark kann eine aus 9 Köpfen bestehende Familie unter allen Umständen nichts anders sein als unterernährt. Dies greift schon in die zweite Gruppe hinein:

Der Taubstumme und das Wirtschaftsleben.

Hier möchte ich aber zuerst noch bei der Familie bleiben. Man klagt öfter, wie auch schon von anderen Herrn erwähnt ist, daß so viele taubstumme Frauen – wie ja auch hörende – nicht zu wirtschaften vermögen. Der Mann verdient leidlich gut, aber die Frau kann nicht haushalten. Trotz des guten Verdienstes des Mannes kommt die Familie auf keinen grünen Zweig.

Schon die Schule ist ja jetzt bestrebt, sich Kurse für Hauswirtschaft anzugliedern. In Wriezen habe ich einen kleinen Einblick in die Haushaltungsschule im Heim gehabt. Auch in Berlin bestehen solche Kurse. Sie können eine wichtige Lücke im

Leben der taubstummen Familie ausfüllen helfen. Ein Fortgang dieser Bestrebungen und ein reicher Ausbau, eventuell Wiederholungskurse sind aufs wärmste zu empfehlen. Direktor Hofbauer in München verlegt derlei Bestrebungen direkt in die von ihm genauer in ihrem Bestande gezeichnete Fortbildungsschule, was wohl das empfehlenswerteste wäre.

Nach den bisherigen Referaten und Debatten, zu den Erfahrungen der beruflichen Ausbildung der Taubstummen, der Beschaffung von Arbeitsgelegenheit und der Verhinderung der Bettelei von Anstalt zu Anstalt kann ich meine Erfahrungen über den Taubstummen in dem Wirtschaftsleben zurückhalten.

Ich will nur soviel sagen: Bei den schwieriger werdenden Handwerkerverhältnissen gewährleisten nur gute Leistungen dem Taubstummen die Möglichkeit dauernder Arbeit. Vielfach wird mir auf meine Bitten um Wiederanstellung eines Entlassenen gesagt, daß seine Leistungen zu schlecht seien. Auch trotz guter Arbeitsleistung wird mancher Taubstumme brotlos. Geht eine Arbeitsstätte ein, in welcher ein Taubstummer jahrelang, vielleicht ein Jahrzehnt lang beschäftigt war, so bekommt er, namentlich wenn er älter ist und einen ungünstigen Beruf hat, sehr selten oder überhaupt keine Arbeit mehr.

Ich möchte auch bitten, daß wir selber nach Möglichkeit eine praktische persönliche Fürsorge für unsere Taubstummen treiben. Mein Anzug, den ich anhabe, ist von einem taubstummen Schneider gefertigt, desgleichen meine Stiefel, die ich trage. Ja, sogar meine Uhr ist mehrfach von einem taubstummen Uhrmacher repariert worden, und meinen Garten im Vorort gräbt ein Taubstummer. Das ist persönlich ausgeübte Fürsorge, zwar von geringem Umfange, aber trotz ihrer Geringfügigkeit von einem gewissen Werte. Wir haben unter den Taubstummen sehr tüchtige Leute, die oft ohne Schuld mit ihrer Arbeitskraft brach liegen.

Eine dritte Gruppe von Erfahrungen betrifft das Verhältnis des Taubstummen zum Gesetz; es wird vielfach behauptet, daß der Taubstumme besonders häufig mit dem Gesetz in Konflikt komme. Ja, es gibt einzelne Taubstumme, welche immer wieder vor dem Strafrichter erscheinen, und die ich dann im Gefängnis mehrfach wiederfinde. In der Regel handelt es sich da um Eigentumsvergehen, Betteln, Betrug. Im großen und ganzen ist es aber nicht so schlimm mit der Kriminalität der Taubstummen. Es ist wie schon gesagt ist, vielfach besser als früher geworden. Es zieht sich mancher Taubstumme infolge seiner Unüberlegtheit oder durch Leichtsinn eine härtere Freiheitsstrafe zu. Aber gebrannt Kind scheut das Feuer, kann man da gewöhnlich sagen. Eingehende Belehrung vielleicht unter Zugrundelegung der einschlägigen Abschnitte des Buches: „Einführung in das bürgerliche Leben" von Burkhardt und Reuschert schon in der Schule oder im Fortbildungsunterricht können vorbeugend viel helfen. Vor allem gilt es auch, zur Wahrhaftigkeit zu erziehen.

– Es ist richtig, daß viele Taubstumme leicht geneigt sind, zum Richter zu laufen. Ich habe mich oft bemüht, sie davon zurückzuhalten. Aber sie können sich bisweilen nicht eher vertragen, ehe sie nicht vor dem Richtertisch stehen.

Um ein Eintreten der Fürsorgevereine für unsere Taubstummen in rechtlicher Beziehung möchte ich nach der Richtung bitten, daß die Taubstummen, wenigstens solche, die durch ihre Schulbildung es beanspruchen können, auch rechtlich eine den hörenden Menschen gleiche Stellung wirklich einnehmen. Gutzmann

schreibt zwar in seinen „Streiflichtern": „Der ausgebildete Taubstumme kann selbständig testieren, er kann vereidet werden ohne Hilfe eines Dolmetschers." Aber die Wirklichkeit ist eine andere. Wir haben hier in Berlin eine Dolmetscherin für Taubstumme, die sich rühmte, daß sie jährlich 6000 Mark Einkommen aus ihrer Dolmetschertätigkeit habe. Wenn es auch nur 4000 Mark sind, wie sie sich später selbst beschränkte, so ist das doch eine sonderbare Illustration zu den Worten Gutzmanns. Wie ist die Wirklichkeit? Der Richter fragt gar nicht danach, ob der Taubstumme ordentlich ausgebildet ist. Er hat ja auch gar nicht die Zeit, eine Untersuchung darüber anzustellen. Der Mann ist taubstumm, so wird entweder ein Dolmetscher hinzugezogen, oder der Termin vertagt. Auch der ausgebildete Taubstumme wird als Fremdsprachler behandelt.
Bei den Standesämtern ist es fast ebenso. Es gibt Standesämter, welche prinzipiell ohne Sachverständigen, ja in manchen Fällen ohne einen besonders für standesamtliche Eheschließungen gerichtlich vereidigten Dolmetscher eine Ehe nicht schließen. Andere Standesbeamte handeln anders, und es geht! Selbst in Fällen der notariellen Aufnahme eines Vertrages ist mir ein paarmal der Fall begegnet, daß der Notar die Zuziehung eines Dolmetschers verlangte, obwohl die Herrn zum Teil tadellos ablesen, sprechen und schreiben konnten. Erst auf meine Erklärung, daß ich auch der Gebärde mächtig sei und den Taubstummen den Wortlaut sagen würde, erfolgte die Vertragschließung. Andere Notare schlossen ohne weiteres den Vertrag, nachdem der Taubstumme ihn gelesen hatte.
Es müßte hier darauf hingewirkt werden, daß allgemein Taubstumme, welche den Wunsch haben, selbständig zu handeln, und welche dazu fähig sind, nicht gezwungen werden, die Rechtshandlung unter Zuziehung und mit Vermittlung eines Dolmetschers zu vollziehen. Hier liegt im Behinderungsfalle eine wirkliche Schädigung der Lautsprache vor.
Was die Gerichte betrifft, so wäre es das zweckmäßigste, wenn hier in Berlin, aber auch an anderen Orten, in oder bei denen eine größere Anzahl Taubstummer lebt, besondere Richter, wenigstens soweit es das Amtsgericht betrifft, für Taubstumme bestimmt würden, welche sich die zum Verkehr mit Taubstummen nötigen Kenntnisse angeeignet haben und so ohne Dolmetscher direkt verhandeln können. Ich bin der Meinung, daß dann die P r o z e s s e   T a u b s t u m m e r   a n   Z a h l   g e r i n g e r   w e r d e n .
N a c h   m e i n e r   E r f a h r u n g   h a b e n   w i r   j e t z t   e i n   p r i -
v a t e s   V o r v e r f a h r e n . Die Dolmetscherei ist auch ein Lebenserwerb geworden. Das sollte so nicht sein. Es müßte nur im Nebenamt sein. Aus den wegfallenden Dolmetscherkosten, wenigstens aus dem größten Teil derselben, würde sich schon ein gut Teil eines Richtergehaltes bestreiten lassen. In der Ausführung würden wohl mancherlei Schwierigkeiten zu überwinden sein. Der Gedanke wird zunächst für unausführbar erklärt werden. Aber die Schwierigkeiten sind überwindbar. Wo hätten wir nicht mit Schwierigkeiten zu kämpfen, wenn es unseren Taubstummen gilt!
Auch von der kirchlichen Versorgung der Taubstummen hieß es ja vor noch nicht langer Zeit, daß die Taubstummen in kirchlicher Hinsicht immer die Verlassenen sein werden.

☐ **Dokument I 5**

Zusammenstellung von Gründen für die Bildung eines mit legitimen Leitungsfunktionen ausgestatteten Gremiums der evangelischen Gehörlosengemeinde Berlin (West)

Nach der Grundordnung (GO) Artikel 38 sind die Ältesten dazu berufen, „gemeinsam mit dem Pfarrer die Gemeinde im Gehorsam gegen den Herrn der Kirche zu leiten. Pfarrer und Älteste bilden eine Gemeinschaft unter dem Wort und haben einen seelsorgerlichen Dienst aneinander".

Und in der GO, Artikel 48, 1: „Der Gemeindekirchenrat nimmt die Verantwortung der Gemeinde für die rechte Verkündigung des Evangeliums wahr. In dieser Verantwortung leitet er die Gemeinde unbeschadet des besonderen Auftrags des Pfarrers."

Die „Gehörlosengemeinde" ist keine Körperschaft des öffentlichen Rechts. Sie ist ohne eigene Statuten. Sie ist eine lockere Gemeinschaft und Vereinigung von evangelischen Christen, deren gemeinsames Merkmal die Hörbehinderung ist. Sie werden ohne eine besondere Beachtung und Kennzeichnung in den Gemeindekarteien der jeweiligen Wohnsitzgemeinden geführt. Dort haben sie ihre kirchlichen Rechte und Pflichten wahrzunehmen. Dabei wird (nach dem Gesetz) keine Rücksicht genommen auf ihre Behinderung und die daraus folgenden Belastungen und Einschränkungen der Lebensmöglichkeiten sowie der persönlichen Bedürfnisse.

Für das Leitungsorgan der Ortsgemeinde, dem Gemeindekirchenrat, besteht nach dem Gesetz keine Verpflichtung, das kreiskirchliche oder landeskirchliche Sonderpfarramt der Gehörlosenseelsorge mit diesen behinderten Gemeindegliedern in einen Kontakt zu bringen (z. B. durch die Übermittlung von Adressen dieser Behinderten). Diese Kontaktaufnahme bleibt in der Regel dem Zufall überlassen, d. h. sie geschieht durch Freundschaftswerbungen der Gehörlosen untereinander, durch Mund-zu-Mund-Propaganda der Gehörlosen in ihren diversen Vereinen.

Ihre kirchlichen Rechte, die die Gehörlosen innerhalb der Ortsgemeinden haben, in denen sie wohnen, können sie beim besten Willen nicht wahrnehmen. Auch ihren Pflichten können sie nur in eingeschränkter Weise nachkommen.

Sie haben niemals eine reelle Chance, an der Leitung der Kirchengemeinden der Hörenden durch Hörende beteiligt zu werden. An den GKR-Wahlen 1977 haben sich keine Gehörlosen beteiligt, trotz Aufforderung der hörenden GKRs.

Erfahrungsgemäß sind jedoch die Gehörlosen in der Lage, Vereine für Schicksalsgefährten selbst zu gründen und zu leiten. Sie sind in der Lage, die notwendigen Entscheidungen zu treffen und persönlich Verantwortung zu übernehmen, sowie Ordnung und Sitte nach vernünftigen und religiösen Maßstäben zu pflegen und zu bewahren. Die Fähigkeit, die Lebensproblematik der Gehörlosen zu verstehen, scheint im allgemeinen untereinander größer zu sein als zwischen Hörenden und Gehörlosen. Daraus ergibt sich, daß bei der Lösung von Problemen dort, wo

Gehörlose betroffen sind, gehörlose Gemeindeglieder eine legitime Mitsprache- und Mitentscheidungsmöglichkeit haben müssen.

Der Gehörlosenpfarrer in Berlin ist über den Kirchenkreis Kreuzberg an das Konsistorium gebunden. Dem Referenten für Gehörlosenseelsorge erstattet der Gehörlosenpfarrer mehrmals im Jahr Bericht. Trotzdem beschließt die Finanzstelle des Konsistoriums über die Sonderzuwendung ohne eine Mitwirkung oder Mitsprache der Gehörlosen. Auch die Notwendigkeit von Planstellen wird ohne Anhörung oder Mitsprache von Gehörlosen beschlossen. Der Gehörlosenpfarrer kann sich nur auf seine Überzeugungsfähigkeit verlassen, wenn es gilt, ein Anliegen zur Beschlußreife zu bringen. Es fehlt der Hintergrund, z. B. ein Gemeindekirchenratsbeschluß, der seine Argumente, Informationen, Anträge beglaubigt, unterstützt und legitimiert. Jeder Gemeindepfarrer einer Ortsgemeinde hat diesen Hintergrund.

Für das Konsistorium wird über das KVA Kreuzberg ein Haushaltsplan für die Arbeit des Gehörlosenpfarrers aufgestellt, nachdem er selbst und allein einen Entwurf vorgelegt hat. Dabei sind alle Beteiligten von der Richtigkeit der persönlichen Meinungen und Entscheidungen des Gehörlosenpfarrers abhängig. Ihm selbst steht kein Korrektiv zur Verfügung. Er hat die Haushaltsplanung und damit auch den Gang der Arbeit, die Ansetzung von Veranstaltungen, die Schwerpunktarbeit, die diakonischen Hilfeleistungen usw. allein zu verantworten. Auch hier wird wieder deutlich, daß in der Gehörlosengemeinde ein dem Gemeindekirchenrat der Ortsgemeinde adäquates Gremium, das als Verwaltungs- und Leitungsorgan zu fungieren hätte, fehlt.

Dieses Gremium müßte vor allem folgende Funktionen haben:

Die mitbestimmende, die mitberatende, die prüfende,
die mitentscheidende, die mitverantwortende,
die (seelsorgerlich) mittragende, auch den Seelsorger persönlich tragende und
die publizierende Funktion.

Damit diese Funktionen von diesem Gremium tatsächlich ausgeübt werden könnten, müsste die „Gehörlosengemeinde-Vertretung" in ihrer personellen Zusammensetzung die Strukturen dieser Gemeinde erkennen lassen.

Analog zu den Ältesten der hörenden Gemeinden könnten die Vertreter der Gehörlosen für die Gehörlosengemeinde-Vertretung gewählt werden. Für die Gehörlosengemeinde-Vertretung gelten entsprechend die Artikel 38 bis 60 der GO.

Unberührt von der Mitgliedschaft in der evangelischen Gehörlosengemeinde bleibt die kirchenrechtliche Verbundenheit mit der Ortsgemeinde für die Gehörlosen nach Artikel 7 der GO. Die Ortsgemeinden sind jedoch zur Auskunft gegenüber der evangelischen Gehörlosengemeinde als einer gesamtkirchlichen Einrichtung zu verpflichten.

Um dem Gehörlosenpfarrer eine gute Arbeit innerhalb der Gehörlosengemeinde zu ermöglichen, sollten in den Gehörlosengemeindebeirat

a) hörende Fachkräfte (z. B. evangelische Lehrer der Gehörlosenschule und Sozialarbeiter mit einschlägiger Erfahrung) und
b) qualifizierte evangelische Gemeindeglieder (z. B. Eltern von gehörlosen Kindern oder Erwachsene, die gehörlose Eltern haben) berufen werden.

Der Gehörlosenpfarrer sollte sie bitten können, in diesem mit Leitungsfunktionen und Weisungs- und Entscheidungsbefugnissen ausgestatteten Gremium mitzuarbeiten.

Entscheidend wäre, daß den Mitgliedern dieser Gehörlosengemeinde-Vertretung ein legales Stimmrecht beigelegt würde; denn nur dadurch würde eine echte Mitbestimmung und Mitverantwortung, mit anderen Worten die Leitung der Gehörlosengemeinde in Zusammenarbeit mit dem Pfarrer ermöglicht.

Wichtige Aufgaben der Gemeindevertretung wären u. a.:
1. Die Unterstützung des Pfarrers in der Seelsorge und Sozialarbeit sowie seiner Mitarbeiter (z. B. durch Hausbesuche und Kontaktvermittlung).
2. Vorschläge und Beratung zur Aufteilung der Haushaltsmittel.
3. Initiativen und Anregungen zur Verbesserung der Gemeindearbeit, z. B. zum Auf- und Ausbau der Jugend- und Erwachsenenarbeit.
4. Mitwirkung bei der Vorbereitung und Durchführung von Gemeindeveranstaltungen und Gottesdiensten.
5. Herausgabe des Gemeindebriefes.
6. Vertretung der Sonderprobleme der Gehörlosen in der Öffentlichkeit: Öffentlichkeitsarbeit durch Zusammenarbeit mit kommunalen und kirchlichen Stellen, durch Presseinformationen usw.
7. Vorbereitung von Personalangelegenheiten.
8. Entscheidung über Aufnahme oder Wiedereintritt in die evangelische Kirche.
9. Förderung der Zusammenarbeit mit anderen Ortsvereinen der Gehörlosen. Gemeinsame Erarbeitung von Hauptzielen.

Berlin, den 29. Mai 1978

☐ **Dokument I 6**

Gemeindeordnung
der Evangelischen Gehörlosengemeinde in der Evangelischen Kirche in Berlin-Brandenburg. (Berlin West)

Vorwort
Zum ersten Mal bekommt eine Evangelische Gehörlosengemeinde in der Bundesrepublik und Berlin eine Gemeindeordnung. Mit dieser Gemeindeordnung will die Evangelische Kirche in Berlin-Brandenburg (Berlin West) zeigen: Wir sehen die evangelischen Gehörlosen als Partner in der Kirche. Diese Gemeindeordnung hat ein Vorbild. Es gibt über 10 Jahre in Zürich eine Gemeindeordnung für die Gehörlosengemeinde. 1972/1973 war ich als Gehörlosenpfarrer in Zürich. Dort habe ich mit Gehörlosen und Hörenden nach dieser Gemeindeordnung gearbeitet.

Die Gemeindeordnung der Evangelischen Gehörlosengemeinde in der Evangelischen Kirche in Berlin-Brandenburg (Berlin West) wurde in einem Gehörlosen-Arbeitskreis besprochen und durchgearbeitet.

Der Apostel Paulus schreibt an die Gemeinde in Korinth: (1. Kor. 3,7-11)

Wer den Anfang beim Aufbau einer Gemeinde macht, ist persönlich ebenso unwichtig wie der, der in der Gemeinde weiterbaut und weitersorgt. [...] Gottes Mitarbeiter sind wir. ... Ihr seid Gottes Ackerland oder anders gesprochen, Gottes Bau. [...] Einen anderen Grund kann niemand legen: Jesus Christus ist der Grund, das Fundament der Gemeinde.

Hans Jürgen Stepf, Pfarrer

Berlin, im November 1980

GEMEINDEORDNUNG
DER
EVANGELISCHEN GEHÖRLOSENGEMEINDE IN DER EVANGELISCHEN KIRCHE IN BERLIN-BRANDENBURG (BERLIN WEST)

1. DIE GEHÖRLOSENGEMEINDE
   Zur Gehörlosengemeinde gehören alle evangelischen Gehörlosen[50], die in Berlin West wohnen. Die rechtliche Zugehörigkeit (der in Berlin wohnhaften Gehörlosen) zur örtlichen Kirchengemeinde ihres Wohnsitzes bleibt unberührt.
   Die Gehörlosengemeinde ordnet ihre Aufgaben und Rechte mit dieser Gemeindeordnung.

2. DIE ORGANE DER GEHÖRLOSENGEMEINDE
   Die Organe der Gehörlosengemeinde sind:
   Die Gemeindeversammlung
   Die Gehörlosengemeinde-Vorsteher

2.1 DIE GEMEINDEVERSAMMLUNG
2.1.1 Die gehörlosen Gemeindeglieder werden einmal im Jahr zu einer Gemeindeversammlung eingeladen. Diese Versammlung findet im Anschluß an einen Gehörlosengottesdienst statt. In der Versammlung legen die Gehörlosengemeinde-Vorsteher und der Gehörlosenpfarrer Rechenschaft über das vergangene Jahr ab und nehmen Vorschläge entgegen.

2.2 DIE GEHÖRLOSENGEMEINDE-VORSTEHER (GGV)
2.2.1 Für die Gehörlosengemeinde in der Evangelischen Kirche Berlin-Brandenburg (Berlin West) werden 6 Gehörlosengemeinde-Vorsteher gewählt. Die gewählten Gehörlosengemeinde-Vorsteher können bis zu 3 Gehörlosengemeinde-Vorsteher berufen. Unter ihnen können auch Hörende sein.

2.2.2 Die Gehörlosengemeinde-Vorsteher werden im Anschluß an einen Gottesdienst gewählt. Die Wahl wird möglichst in dem selben Monat wie bei den hörenden Gemeinden durchgeführt. Die Wahl wird zusätzlich im „Gemeindebrief" und in „Unsere Gemeinde" angekündigt.
2.2.3 Die Amtsdauer beträgt 6 Jahre. Wiederwahl ist möglich.
2.2.4 Die Altersgrenze wird auf 70 Jahre festgelegt. Wer das 70. Lebensjahr erreicht hat, tritt mit Ende des Kalenderjahres zu den Alt-Gehörlosengemeinde-Vorstehern über. Alt-Gehörlosengemeinde-Vorsteher sind nicht wählbar, sie behalten aber ihr Stimmrecht, wenn sie nicht darauf verzichten.
2.2.5 Der Beirat der Landeskirche kann einen Gehörlosengemeinde-Vorsteher bei grober Pflichtwidrigkeit von seinem Amt entbinden. Er ordnet gegebenenfalls eine Ersatzwahl an.

2.3 DIE RECHTE DER GEHÖRLOSENGEMEINDE-VORSTEHER
2.3.1 Die Gehörlosengemeinde-Vorsteher leiten mit dem Gehörlosenpfarrer soweit dieser Auftrag nicht in den Zuständigkeitsbereich anderer Stellen fällt.[51]
2.3.2 Die Gehörlosengemeinde-Vorsteher sind das Sprachrohr gegenüber den kirchlichen Organen.
2.3.3 Die Gehörlosengemeinde-Vorsteher kommen mindestens alle zwei Monate zu einer Sitzung zusammen.
Auf der Sitzung werden u. a. besprochen:
1. Der Gemeindebrief (Redaktion)
2. Die Einteilung der Lektoren
3. Die Veranstaltungen und ihre Durchführung
4. Die Planung von Freizeiten und ihre Durchführung
5. Förderung der Zusammenarbeit mit den Vereinen der Gehörlosen
6. Kontakte zur katholischen Gehörlosengemeinde
2.3.4 Die Gehörlosengemeinde-Vorsteher versammeln sich mindestens einmal im Jahr zu einer Arbeitstagung (ein bis zwei Tage, September/Oktober). Bei dieser Tagung legt der Gehörlosenpfarrer einen Jahresbericht über das ganze vergangene Jahr vor. Außerdem bekommen die Gehörlosengemeinde-Vorsteher einen Arbeitsplan für das kommende Jahr. Es werden dabei Vorschläge zur Haushaltsmittelaufteilung gemacht und beraten. Die Gehörlosengemeinde-Vorsteher beraten den Gehörlosenpfarrer bei der Verwendung der freien Spenden. Bericht, Plan und Haushaltsmittel werden diskutiert.
Mit einfacher Mehrheit wir darüber abgestimmt.
2.3.5 In jedem Jahr wird eine fortbildende Veranstaltung für Gehörlosengemeinde-Vorsteher durchgeführt.

2.4 DIE PFLICHTEN DER GEHÖRLOSENGEMEINDE-VORSTEHER
2.4.1 Die Gehörlosengemeinde-Vorsteher besuchen den Gottesdienst und die Arbeitstagungen.

Können die Gehörlosengemeinde-Vorsteher die Arbeitstagung nicht besuchen, so müssen sie sich unter Angabe von Gründen entschuldigen.

2.4.2 Die Gehörlosengemeinde-Vorsteher sind zur Verschwiegenheit verpflichtet.

2.4.3 Die Aufgaben der Gehörlosengemeinde-Vorsteher sind:
1. Soweit möglich: Das Evangelium vortragen (Lektoren)
2. Die Mithilfe bei der Austeilung des Abendmahls
3. Das Einsammeln der Spenden
4. Das Zählen und Eintragen der Spenden (zwei Unterschriften)
5. Besuchsdienst
Es sollen Kranke und Alte besucht werden. Besuche von Gehörlosengemeinde-Vorstehern werden sofort dem Gehörlosen-Pfarramt mitgeteilt. Es wird mitgeteilt, ob der Besuch des Pfarrers oder eines Sozialarbeiters notwendig ist. Eine Entscheidung wird durch die Gehörlosengemeinde-Vorsteher und den Beirat festgelegt.

3. DER BEIRAT DER LANDESKIRCHE
3.1 Ihm gehören an:
Der Referent der Landeskirche
Ein Gehörlosengemeinde-Vorsteher
Ein gehörloser Vertreter des Ev. Gemeindevereins
Die Gehörlosen-Katecheten
Ein Arzt
Ein Lehrer
Ein bis zwei Eltern von gehörlosen Kindern
Ein Gemeindekirchenratsmitglied einer hörenden Gemeinde
Der Gehörlosenpfarrer
3.2 Alle Mitglieder, außer des Gehörlosengemeinde-Vorstehers und des Gehörlosenpfarrers werden durch das Konsistorium auf Vorschlag des Gehörlosenpfarrers in Absprache mit dem Referenten der Landeskirche berufen.

3.3 AUFGABEN
1. Zusammen mit den Gehörlosengemeinde-Vorstehern die Jahresplanung und die Haushaltsmittel durchsprechen – einmal im Jahr
2. Anträge an die Landeskirche unterstützen
3. Der Gehörlosengemeinde bei ihren Problemen helfen (evtl. Sondersitzung)
4. Bei der Besetzung der Gehörlosenseelsorgestelle in Zusammenarbeit mit den Gehörlosengemeinde-Vorstehern mitwirken.

4. DER PFARRER
4.1 Die Aufgaben und Pflichten des Pfarrers der Gehörlosengemeinde und der besoldeten Mitarbeiter regeln die Grundordnung und das Pfarrerdienstgesetz.

4.2 Der Pfarrer der Gehörlosengemeinde übernimmt im Rahmen der Grundordnung die Amtshandlungen der Gehörlosengemeinde.
4.3 Vor der Berufung des Pfarrers für die Gehörlosengemeinde sind die Gehörlosengemeinde (Gemeindeversammlung) und die Gehörlosengemeinde-Vorsteher sowie der Beirat der Landeskirche zu hören.

Berlin, den 8. Juli 1980

Für die evangelische
Gehörlosengemeinde

☐ **Dokument I 7**

Gemeinsame Konzeption einer evangelischen Gehörlosenarbeit im Bereich der Evangelischen Kirche in Berlin-Brandenburg 1993

Gehörlose Menschen sind annähernd oder vollständig taub und sind daher auch sprach- und sprechbehindert. Sie sammeln sich in Gehörlosengemeinden. Dieser Dienst geschieht auf der Grundlage der Ordnungen der Evangelischen Kirche in Berlin-Brandenburg.

Für diesen Dienst erstellen wir eine Konzeption, in der die wichtigsten Aufgaben genannt werden:
- Das Verstehen und verständliche Weitersagen der Botschaft von der Liebe Gottes, die allen Menschen gilt, unabhängig davon, ob sie behindert oder nicht behindert sind;
- Kontakte von hörenden und gehörlosen Menschen zu ermöglichen und das gegenseitige Verstehen zu fördern;
- Gemeinschaft unter dem Evangelium anzubieten und einzuüben.

I. Die Gehörlosengemeinde

1. Die Gehörlosengemeinde ist ein Zusammenschluß gehörloser Menschen in der Gemeinde Jesu Christi.
In diesem Dienst ist sie offen für alle, die am Leben der Gehörlosengemeinden teilnehmen wollen und wirkt auch mit an der ständigen Erneuerung der Kirche.
2. Eine Gehörlosengemeinde bilden die evangelischen Gehörlosen eines Kirchenkreises oder mehrerer Kirchenkreise.
3. Die Gehörlosengemeinde arbeitet zusammen mit allen evangelischen Gehörlosengemeinden im Bereich der Evangelischen Kirche in Berlin und Brandenburg und der Evangelischen Kirche in Deutschland und nimmt am ökumenischen Auftrag der Gehörlosengemeinden in der Welt teil.
4. Die Gehörlosengemeinde ist eine eigenständige Gemeinde. Sie wird von dem/der Gehörlosenseelsorger/in und dem Gehörlosengemeindevorstand geleitet. Diese sind zuständig für die Gehörlosengottesdienste und Amtshandlungen in der Gemeinde.

Bei der Berufung einer Gehörlosenseelsorgerin/eines Gehörlosenseelsorgers für den Kirchenkreis bzw. die Kirchenkreise wird der Vorstand der Gehörlosengemeinde beratend beteiligt.

Die Gehörlosengemeinde wählt ihren Vorstand nach der Gemeindeordnung der Ev. Gehörlosengemeinde in der Evangelischen Kirche in Berlin-Brandenburg.

5. Zum Auftrag des Gehörlosenseelsorgers/der Gehörlosenseelsorgerin gehören:
   – die Verkündigung des Evangeliums im Gehörlosengottesdienst,
   – die Seelsorge an gehörlosen Menschen und ihren Angehörigen, ebenso Hausbesuche bei Kranken und Sterbenden, sowie anläßlich von Geburtstagen und anderen Festen,
   – das Feiern der Sakramente (Taufe und Abendmahl) im Gottesdienst,
   – die Amtshandlungen (Konfirmation, Trauung, Bestattung) und
   – die christliche Unterweisung in Schule und Gemeinde.

   Voraussetzung für den Dienst in der Gehörlosengemeinde sind:
   – persönliche Eignung (Mundbild/Mimik/Kinetik),
   – die Bereitschaft, sich auf gehörlosenspezifische Probleme einzulassen,
   – die Teilnahme an einer entsprechenden Ausbildung (Kenntniserwerb der Behinderung „gehörlos", Benutzung einfacher Sprache, Erlernen der Gebärden),
   – die Bereitschaft zur Teilnahme an Fortbildungsmaßnahmen.

6. Zu den weiteren Aufgaben der Gehörlosengemeinde gehört die Weiterbildung, z. B. theologische Informationen, Glaubenslehre, Aufklärung über Irrglauben, u. a. auch die allgemeine und politische Bildung, wie Freizeitarbeit, Bildungsfahrten, Treffpunkte, Gemeindeveranstaltungen.

   Zur Bildungsarbeit gehört die Herstellung von geeigneter Literatur für gehörlose Menschen, z. B. Bibeltexte in einfacher Sprache, Lesetexte. Auch das Hinführen zum selbständigen Lesen ist ein Teil der Bildungsarbeit. Dafür sind ausreichende finanzielle Mittel nötig.

   Für die Gemeinde müssen geeignete Publikationen, Gemeindebriefe, soziale Ratgeber erstellt werden.

   Hilfen zur Selbstbeschäftigung, z. B. zum Hobby, zum Spielen, zu eigener Freizeitgestaltung sind nötig.

   Die Schulung ehrenamtlicher Mitarbeiter wie Vorstand, Gottesdiensthelfer/Lektoren, Besuchsdienstgruppe, gehörlose Jugendleiter ist eine wichtige Aufgabe.

7. Für diese Dienste braucht die Gehörlosengemeinde geeignete Räume, die ihnen auf Dauer zur Verfügung gestellt werden, festgelegte Sprechzeiten sind notwendig.

8. Eine besondere Aufgabe gilt den alten und kranken Gehörlosen im Altersheim, Krankenhaus, Landeskrankenhaus. Da vermehrt alte Menschen nicht in Pflegeheime kommen, sondern in ihren Wohnungen allein (!) bleiben, ist die Ausbildung von Altenpflegern/innen für den Umgang mit Gehörlosen und der Kommunikation mit Gehörlosen dringend erforderlich. Es ist anzustreben, daß Gehörlose in diesem Beruf ausgebildet werden, da sie bessere Kontakte zu ihren Schicksalsgenossen haben.

Es muß in Zukunft auch mit mehrfachbehinderten Gehörlosen (erblindeten älteren und geistig behinderten) gerechnet werden. Auch in diesem Bereich sind Gehörlosenseelsorger/innen auszubilden.

II. Die Familie

Die Gehörlosenseelsorge wendet sich den hörenden und gehörlosen Kindern gehörloser Eltern zu. Kontakte zu gehörlosen Kindern hörender Eltern sind nur über die Hör-Beratungsstellen oder durch den Religionsunterricht/Christenlehre möglich. Die Gehörlosenseelsorger/innen sind daher auf diese Kontakte angewiesen. Im Einzelnen sehen sie folgende Aufgaben bei der Begleitung von Familien:
- Hörende Eltern / gehörlose Kinder: Hilfe, die Behinderung des Kindes anzunehmen und damit umzugehen.
- Gehörlose Eltern / hörende Kinder: Hilfe, die Behinderung der Eltern (und ggf. Geschwister) anzunehmen, Beistand in der oft schwierigen Situation, die Eltern zu unterstützen (z. B. als Dolmetscher)
- Beide Gruppen, sowie: Gehörlose Eltern / gehörlose Kinder:
Angebote für gemeinsame Freizeit (Familienfreizeiten)
Begleitung bei der religiösen Erziehung (religiöse Kinderliteratur; Gestalten von Festen im Kirchenjahr)
partnerschaftliche Hilfe bei behindertenspezifischen Fragen und Aufgaben.

III. Die Schule

Gehörlose Kinder besuchen in der Regel die Landesschulen für Gehörlose, d. h. eine Grund- und Hauptschule. In dem Kirchengebiet der Evangelischen Kirche in Berlin-Brandenburg gibt es drei Gehörlosenschulen:
- Ernst-Adolf-Eschke-Schule für Gehörlose, Waldschulallee 27, W-1000 Berlin 19 (Grund- Haupt- und Berufsschule; Tagesschule mit Vorschule und Kindergarten),
- Gutzmannschule für Gehörlose, Gartenstraße 10–15, O-1040 Berlin (Grund- Haupt- und Realschule mit Internat),
- Schule für Hörgeschädigte Eberswalde im „Kinderland" am Werbellinsee, Joachimsthaler Straße 20, O-1301 Altenhof-Kinderland (Vorschule, Schule für geistigbehinderte hörgeschädigte und lernbehinderte hörgeschädigte Kinder, Berufsschule für Gartenbauwerker).

Der Religionsunterricht muss in den beiden letztgenannten Schulen aufgebaut werden. Dieser Fachunterricht ist sprachlich schwierig. Lehrerinnen und Lehrer, Katecheten und Katechetinnen sind für diesen Dienst nicht ausgebildet.
Die Gehörlosenseelsorger/innen des Schulbezirkes sollen in Verbindung mit den Religionslehrern/innen Religionsunterricht/Christenlehre erteilen. Für den Religionsunterricht und die Schulgottesdienste muß geeignetes Material erarbeitet werden, da das vorhandene Material oft sprachlich zu schwer ist.
Religiöse Haltungen und Gebräuche müssen mit den Kindern eingeübt werden und mit Inhalten versehen werden, da das Elternhaus hier oft überfordert oder nicht in der Lage ist, diese zu vermitteln.

In allen drei Schulen gibt es keine Schulgottesdienste. Sie sind aufzubauen, da gehörlose Kinder nicht am gemeindlichen Kindergottesdienst teilnehmen können wegen ihrer Kommunikationsbehinderung.
Der kirchliche Unterricht (Religionsunterricht/Christenlehre) wird in der Regel in der Gehörlosenschule erteilt. Der Konfirmandenunterricht kann ebenfalls in der Gehörlosenschule erteilt werden oder, wo es möglich ist, auch außerhalb der Schule. Dabei arbeiten die Gehörlosenseelsorger/innen mit den Religionslehrer/innen und den Katecheten der entsprechenden Schulen zusammen.
Der Konfirmandenunterricht ist ein Teil der Gemeindearbeit. Die Konfirmierten sollen in die Gemeinde aufgenommen werden.

Die Gruppe der mehrfachbehinderten gehörlosen Kinder wird größer. Diese Kinder erlernen oft nicht mehr die Lautsprache, sondern nur einen Teil der Schrift- oder Gebärdensprache.

- Die Gehörlosenseelsorger/innen, Katecheten/Religionslehrer müssen die Gebärdensprache beherrschen, damit sie Ansprechpartner auch für mehrfachbehinderte Gehörlose sind.
- Die Gehörlosenseelsorger/innen müssen dafür sorgen, dass auch diese Gruppe in die Gehörlosengemeinde integriert wird.
- Die Gehörlosenseelsorger/innen müssen dafür sorgen, dass diese Menschen selbständig arbeiten und wohnen können, z. B. durch betreutes Wohnen, Werkstätten für Behinderte. Alles dies immer in Zusammenarbeit mit dem Diakonischen Werk.

Einige gehörlose Kinder besuchen die Regelschulen. Es besteht die Gefahr der Überforderung. Neben den Unterrichtsstunden brauchen die Kinder viel zusätzliche Lernzeit. Dadurch wird das Ziel der Integration fragwürdig. Auch die Eltern werden oft überfordert.

IV. Die Jugendarbeit

1. Arbeit mit hörbehinderten Jugendlichen darf keine Betreuungsarbeit sein: sie muss eine Begleitung von hörbehinderten jungen Menschen sein, es geht also um Lern- und Lebenshilfen.
2. Es muss Weiterbildungsangebote für Mitarbeiter/innen in der evangelischen Hörbehindertenseelsorge im Blick auf eine qualifizierte Jugendarbeit geben.
3. Erforderlich sind spezielle Angebote mit dem Ziel, dass die Jugendlichen ihre Hörbehinderung bejahen, z. B.:
    Ansprechpartner in der Schule und im Internat. (z. B. Liebe, Freundschaft, Partnerschaft; Loslösung vom Elternhaus; Zukunftsängste und Zukunftswünsche; Bejahung der Behinderung; Hilfen für einen religiösen Standpunkt; etc.)
    - Angebote von Schulgottesdiensten als besonderes Gemeinschafts- und Feiererlebnis, möglichst unter Einbeziehung der Jugendlichen (z. B. Lektorendienst, Pantomime im Gottesdienst, etc.)

- Wochenendangebote zur religiösen Orientierung mit dem Ziel, daß die Jugendlichen ihr Leben als hörbehinderte Christen in unserer Leistungsgesellschaft bewältigen können.
- Freizeiten/Fahrten für Jugendliche.
- Da die jungen Menschen oft weite Wege zu den Gruppen haben, müssen Fahrdienste eingerichtet werden.

V. Die übergemeindliche Arbeit

Gehörlose Menschen sind durch ihre Kommunikationsbehinderung oft von Außenkontakten abgeschnitten. Es ist darum wichtig, daß sie neben der Gemeinde andere Einrichtungen finden, die ihnen helfen:
- Die Mitarbeit bei Mitarbeiterschulungen, Gottesdiensthelferkursen, regionalen Kirchentagen u.a. ist sehr wichtig.
- Teilnahme an Veranstaltungen des Kirchenkreises, die gedolmetscht werden müssen.
- Mitarbeit bei der „Deutschen Gehörlosenmission", Hilfen in der Dritten Welt, ökumenische Kontakte, sowie in dem internationalen Arbeitskreis für Gehörlosenseelsorge (er entsendet Vertreter zu den Weltkongressen der Gehörlosen) sind notwendig.
- Die Verbindungen zu anderen Behinderten, z. B. Körperbehinderten, geistig Behinderten, Schwerhörigen, Blinden, Taubblinden dürfen nicht zu kurz kommen.

Die Gehörlosengemeinde kann nicht abseits stehen. Die Gehörlosengemeinde soll bei der politischen Arbeit der Selbsthifegruppen, z. B. Landesverband der Gehörlosen, Gesellschaft zur Förderung der Gehörlosen in Berlin und Brandenburg, den Elternverbänden mitarbeiten.

Berlin, im März 1993

Evangelische Gehörlosengemeinde in Berlin
Der Gehörlosengemeindevorstand

Konvent für evangelische Gehörlosenseelsorge der Evangelischen Kirche in Berlin-Brandenburg

(Die Konzeption wurde über den Dienstweg der Landeskirche übergeben.)

☐ Dokument II 1

Abschrift des handschriftlichen Berichtes aus: EOK 7/Gen. XIV 10 Vol IV, neu: EZA 7/4379.

Evang. Pfarramt
zu Langenöls
Diöcese Lauban L.

Langenöls, den 22. November 1900

An das hochwürdige Königliche Konsistorium zu Breslau

Bericht des Pastor Wieder [...] betr. Teilnahme am Instruktionskursus in der Prov. Taubstummenanstalt zu Breslau vom 15. Okt. bis 9. Novbr. 1900
Kgl. Superintendentur Lauban I, Thusius

An dem Kursus nahm außer mir noch der Pastor Handtke aus Creba teil.
Nach Vorstellung des gesamten Lehrerkollegiums der Anstalt besprachen wir mit Herrn Direktor Bergmann die Gesichtspunkte, nach denen unser Instruktionskursus sich gestalten sollte.

Es wurde ausgemacht, daß wir zunächst in jeder Klasse, von der untersten beginnend, eine oder zwei Stunden dem Unterricht beiwohnen sollten, um den Gang und die Methode des Unterrichts kennen zu lernen.

Hierauf sollten wir besonders den Religionsstunden in den oberen Klassen beiwohnen, weil wir dadurch am meisten Gewinn für den Verkehr mit den erwachsenen Taubstummen in unseren Gemeinden und für die religiöse Versorgung derselben erlangen könnten.
Dabei sollten wir auch Gelegenheit erhalten, uns selbst am Unterricht zu beteiligen.
Da wir täglich regelmäßig vormittags von 8 bis 12 Uhr hospitierten, so sind wir nach und nach durch alle 8 Klassen der begabteren Kinder und auch durch die diesen parallel laufenden B- und C-Klassen mit den minderbegabten Schülern hindurchgekommen, verfolgten mit großem Interesse die ersten Artikulations- und Sprechübungen der Kinder und das Absehen des Gesprochenen vom Munde des Lehrers, den alsbald sich anschließenden Unterricht im Lesen und Schreiben, den Anschauungsunterricht, sowie auch den stufenweis fortschreitenden Unterricht in allen anderen Disciplinen, und haben uns uns bald in verschiedenen Fächern selbst im Unterricht geübt, ja einzelne Stunden den Lehrern ganz abgenommen.

Außerdem benutzten wir jede Gelegenheit, auch in den Pausen, mit den Kindern zu sprechen um für unser Amt aus dem Verkehr mit ihnen Nutzen zu ziehen, und es war mir sehr erfreulich zu bemerken, daß wir mit den Kindern, die eine rührende Anhänglichkeit zeigten, uns immer besser verständigen konnten.
Besonders trat dies in der ersten Klasse hervor, wo wir am letzten Tage eine Probelektion über das 2. Hauptstück hielten.

Herr Direktor Bergmann gab uns auch über Geschichte und Literatur des Taubstummenbildungswesens und speziell über die Geschichte der Breslauer Taubstummenanstalt Aufschluß und führte uns, damit wir uns nötigenfalls auch auf andere Weise mit den Taubstummen verständigen könnten, in der letzten Zeit in das Verständnis der sogenannten natürlichen Gebärdensprache ein. Ich kam hierbei zu der Überzeugung, daß für den Unterricht der jetzt in den Taubstummenanstalten Deutschlands allein gebräuchlichen reinen Lautsprachenmethode unzweifelhaft der Vorzug [...], daß aber für die Predigt die Begleitung des gesprochenen Wortes durch die Gebärde nicht ganz auszuschließen sein dürfte, um die Aufmerksamkeit der Zuhörer für eine längere Zeit mehr zu fesseln, und das Ablesen des Vorgetragenen vom Munde des Sprechers zu erleichtern.

Mit großer Freude blicke ich auf die Zeit des Informationskurses zurück, da ich hoffen darf, nun den armen Taubstummen meiner Gemeinde näher treten und ihnen mit seelsorgerischem Zuspruch besser dienen zu können, und ich bin mit Dank erfüllt gegen die hohe Behörde, welche meine Teilnahme an dem Kursus ermöglicht hat, gegen Herrn Konsistorialrat von Hase, welcher am Schlusse des Kursus uns Gelegenheit gab, einen mündlichen Bericht über den Unterricht an den Taubstummen und unsere Erfahrungen in der Breslauer Anstalt zu erstatten, auch gegen die sämtlichen Lehrer der Anstalt, welche uns mit größter Freundlichkeit entgegenkamen und uns in jeder Weise behilflich gewesen sind, namentlich auch gegen den Herrn Direktor, der sich unserer ganz besonders angenommen und viel Zeit und Mühe für uns geopfert hat.

Wir benutzten unseren Breslauer Aufenthalt auch zum Besuch eines Taubstummen-Vereins und haben uns fast mit jedem der ca. 50 Anwesenden eingehend unterhalten.

Daß wir auch dem Blinden-Institut einen Besuch abstatteten, um die dortige Unterrichtsmethode und die mancherlei Arbeiten der Blinden und ihre Fertigkeiten kennen zu lernen, will ich nur nebenbei erwähnen.
gez. Wieder

☐ **Dokument II 2**

Tagung in Neudietendorf 22.–26. Mai 1950
Mitteilung in „Wegweiser zu Christus" Juli 1950
Thüringer Arbeitstagung

Zehn Taubstummenpfarrer der Ev.-luth. Kirche in Thüringen wurden auf einer Arbeitstagung in Thüringen neu ausgerüstet für Gehörlosen-Seelsorge. Diese war vom 22.–26. Mai im Zinzendorfhaus in Neudietendorf unter Leitung von Herrn Taubstummenpfarrer Superintendent Mehlhorn, Buttstädt. Auch der für den Gemeindedienst verantwortliche Herr Oberkirchenrat S ä u b e r l i c h vom Landeskirchenrat der Ev. luth. Kirche in Thüringen war aus Eisenach gekommen. Neben der täglichen Bibelarbeit wurden einführende und grundlegende Vorträge gehalten. Herr Sup. Mehlhorn eröffnete die Arbeitstagung mit einem geschichtlichen Überblick über die Taubstummen-Bildung und Gehörlosen-Seelsorge. Er sprach weiter über „Sinn und Gestaltung der Gebärde". Praktische Übungen in der gottesdienstlichen Gebärdensprache schlossen sich an.

Die an der Arbeitstagung teilnehmenden Gehörlosen waren da gute Lehrmeister. Sie hielten auch Vorträge in Lautsprache. Die gehörlose Kreiskirchenamts-Angestellte Fräulein Leszczynski, Gotha, sprach in feinsinniger Weise über den Charakter des Gehörlosen und sein Eigenleben. Herr Karl Gründel, Waltershausen, der frühere Vereinsleiter von Schlesien, unterrichtete uns über „Nöte und Hilfe für die gehörlosen Umsiedler". Herr Lackierermeister Robert Kratz, Weimar, berichtete uns aus seiner reichen Erfahrung über „Die berufliche und gesellschaftliche Stellung der Gehörlosen". Die Schulleiterin der Thür. Landesgehörlosen-Schule Gotha, Vikarin Deblitz, hielt einen grundlegenden Vortrag über „Begriff, Wesen, Ursachen und Verbreitung der Taubstummheit". Taubstummen-Katechet Walter Lieder, Gotha, sprach ausführlich über „Die Psychologie des akustischen Wahrnehmungs- und Erkenntnisvorganges auf Grund der Forschungen an Kriegs-Hirnverletzten u. Taubstummen" und in einem weiteren Vortrag über „Die Sprachentwicklung und Denkstruktur der Gehörlosen".

Im praktischen Teil der Arbeitstagung wurde von Herrn Sup. Mehlhorn über die Ordnung des Gehörlosen-Gottesdienstes, Perikopen- und Liederauswahl, über die Sakramentsgestaltung und die Kasualien erste Anleitung gegeben. Diese wurden von Katechet Lieder vorbereitet in seinen Ausführungen über „Wort, Gebärde, Schrift und Bild in der Praxis des kirchlichen Dienstes am Gehörlosen" und durch Beispiele der Bibelarbeit, Christenlehre, Konfirmandenunterweisung, Jugend- und Gemeindearbeit und Schriftenmission erläutert. Auch Organisationsfragen wurden eingehend besprochen. Freudig wurde das Erscheinen des „Wegweisers zu Christus" begrüßt. Am Mittwochabend besuchten alle Teilnehmer einen Gehörlosen-Gottesdienst in der Schloßkirche zu Gotha, der von W. Lieder gehalten wurde. Eng verbunden waren so Theorie und Praxis. Pfarrer, Katechet und Gehörlose aber lernten durch das Beisammensein einander immer besser zu verstehen. Möge zu den Erfahrungen auf der Arbeitstagung Gottes reicher Segen kommen und die zukünftige Gehörlosen-Seelsorge in Thüringen fruchtbringend gestalten.
W. Lieder

(4) A. Spitze, Berlin N 54, Brunnenstr. 1 1000 A. f. I. G. 30 523/50

☐ **Dokument II 3**

Evangelische Kirche in Deutschland
Kirchenkanzlei, 23. Juli 1981 Az. 4110/2. 71

An die
Leitungen der Gliedkirchen der Evangelischen Kirche in Deutschland:

Die Kirchenkonferenz hat in ihrer Sitzung am 11. Juni 1981 die Empfehlungen zustimmend zur Kenntnis genommen.
In seiner Sitzung am 10. Juli 1981 hat der Rat der Evangelischen Kirche in Deutschland daraufhin die Empfehlungen verabschiedet und bittet die Gliedkirchen, danach zu verfahren.
Hammer

Empfehlung
für die Aus- und Fortbildung der Mitarbeiter in der kirchlichen Gehörlosenseelsorge

A. Einleitung

Evangelische Gehörlosenseelsorge ist ein Teil evangelischer Gemeindearbeit in Verkündigung und Diakonie. Sie gründet sich auf den Auftrag des Evangeliums. Die zentrale Folgebehinderung der Hörschädigung ist die Sprachbehinderung mit besonderen Kommunikationsschwierigkeiten und daraus entstehender Isolierung unter den Hörenden. Dies macht eine besondere Gemeindearbeit mit den Gehörlosen unerläßlich.

Um diesen Auftrag an den Gehörlosen zu verwirklichen, müssen alle Mitarbeiter in der kirchlichen Gehörlosenseelsorge eine qualifizierte Ausbildung erhalten.

Dabei sind unter den Mitarbeitern folgende Gruppen zu unterscheiden:

I. Hauptamtliche Mitarbeiter in der kirchlichen Gehörlosenseelsorge (Pfarrer, Katecheten, Diakone, Sozialarbeiter u.a.)

II. Nebenamtliche Mitarbeiter in der kirchlichen Gehörlosenseelsorge (Pfarrer ohne Religionsunterricht an Gehörlosenschulen, Diakone, Sozialarbeiter u.a.)

III. Gehörlosenpädagogen

Wenn Pfarrer und andere Mitarbeiter im Verkündigungsdienst bei gehörlosen Kindern Unterricht zu erteilen haben, wird die zu I (hauptamtliche Mitarbeiter) vorgeschlagene Ausbildung für erforderlich erachtet. Sekretärinnen in der Gehörlosenseelsorge sind im Blick auf die Ausbildung der Gruppe II zuzurechnen.

B. Ausbildung

zu I. Hauptamtliche Mitarbeiter

Die Grundausbildung sollte, soweit möglich an den Ausbildungsstätten für Sonderpädagogik, Abteilung Hör- und Sprachgeschädigte (München, Heidelberg, Köln, Hamburg u.a.) erfolgen. Die Dauer wird in der Regel ein Jahr umfassen müssen.

Inhalte der Ausbildung

1.1 Theoretischer Teil
   a) allgemeine vergleichende Linguistik
   b) Pragma-Linguistik
   c) systematischer Sprachaufbau in der Gehörlosenpädagogik
   d) Psychologie der Gehörlosen
   e) Theorie und Didaktik der Sprachzeichenkörpersysteme (Gebärdensprache, Fingeralphabet, Gestik, Mimik)

f) Didaktik der Gehörlosenpädagogik
g) Erwerb von Kenntnissen aus dem medizinischen Bereich (Anatomie des HNO-Bereichs, Audiologie, und Audiometrie, Zusatzschädigungen)
h) Erwerb von Kenntnissen in der Sozialgesetzgebung (Schwerbehindertenrecht)
i) Hörgeschädigtenbildung und Integration

1.2 Praktischer Teil
a) Praktikum an Gehörlosenschulen
b) Praktikum in Gehörlosengemeinden
c) Praktikum in Gehörlosenorganisationen
d) Gebärdenkurse

Die Ausbildungseinrichtungen an den Universitäten bilden speziell Pädagogen für Gehörlosenschulen aus. Nicht alle o.g. Erfordernisse werden von den Universitäten abgedeckt werden können. Die fehlenden Bereiche müssen durch kirchliche Angebote ergänzt werden.

Zu II. Nebenamtliche Mitarbeiter

1. Allgemeiner Grundkurs
Die Ausbildung umfaßt einen Grundkurs von ca. 14-tägiger Dauer.
Inhalte des Grundkurses

1.1 Theoretischer Teil
a) Einführung in die Probleme der Linguistik und Pragma-Linguistik
b) Überblick über den Sprachaufbau bei Gehörlosen
c) die psychische und soziale Situation der Gehörlosen, Auswirkungen von Hörschädigungen auf die Sprach- und Personenentwicklung
d) Gebärdensprache als Problem und reale Hilfe bei der Kommunikation mi Gehörlosen
e) Schwerbehindertenrecht
f) Hörgeschädigtenbildung und Integration

1.2 Praktischer Teil
Hospitation und praktische Übungen
a) in Gehörlosenschulen
b) in Gehörlosengemeinden
c) in Gehörlosenorganisationen

1.3 Gebärdenkurs
Der Grundkurs soll für Mitarbeiter aller Gliedkirchen der EKD in Zusammenarbeit mit einer fachlich geeigneten Einrichtung angeboten werden. Der zeitliche Abstand zwischen den Kursen soll sich nach dem Bedarf richten.

2. Theologischer Aufbaukurs

Für nebenamtliche Pfarrer in der kirchlichen Gehörlosenseelsorge schließt sich an den Grundkurs ein 14-tägiger Aufbaukurs an mit speziell theologischer und seelsorgerlicher Thematik.

Inhalt des Aufbaukurses

a) sprachliche Bearbeitung biblischer Texte für die Gehörlosen
b) Gottesdienstagenden
c) Predigttexte und Predigtentwürfe
d) Einführung in die Ziele und Inhalte des Religions- und Konfirmandenunterrichts (Rahmenplan)
e) Vermittlung theologischer Grundkenntnisse in gehörlosengerechter Sprache (Einfachsprache) ohne daß die dogmatischen Aussagen verengt werden
f) Sprachvereinfachung: Methode, Gefahren, Verkürzungen
g) Kenntnisse der Phonetik als Voraussetzung zum Absehen, Sprachentechnik
h) Probleme der Familien mit gehörlosen Kindern – Kontaktaufnahme mit den Eltern, seelsorgerliche Beratung
i) Methoden zur Führung seelsorgerlicher Gespräche mit sprachbehinderten Menschen

Der Aufbaukurs soll für Mitarbeiter aller Gliedkirchen von der EKD in Zusammenarbeit mit einer fachlich geeigneten Einrichtung angeboten werden. Der zeitliche Abstand zwischen den Kursen soll sich nach dem Bedarf richten.

Der Aufbaukurs soll auch hauptamtlichen Mitarbeitern in der Gehörlosenseelsorge offen stehen.

Zu III. Gehörlosenpädagogen

Gehörlosenpädagogen erhalten eine mindestens 8-semestrige Hochschulausbildung. Im Bereich der Religionspädagogik sind die Ausbildungsanforderungen in den Bundesländern unterschiedlich.

C. FORTBILDUNG

Die in der Grundausbildung erworbenen Kenntnisse sollen in regelmäßigen Fortbildungskursen erweitert und vertieft werden.

Es ist anzustreben, daß jeder Mitarbeiter in der kirchlichen Gehörlosenseelsorge in einem Turnus von drei Jahren an einem Fortbildungskurs teilnehmen kann.

Für Gehörlosenpädagogen, die Religionsunterricht erteilen, ist die Teilnahme an religionspädagogischen Fortbildungsveranstaltungen erforderlich.

☐ **Dokument II 4**

Bericht aus „Wegweiser zu Christus" kirchliches Mitteilungsblatt für Taubstumme und Gehörlose – Juni 1950, hg. v. Pfr. Bartel, Berlin-West

Rüstzeit taubstummer Vertrauensleute in Kühlungsborn

Vom 22. bis 26. April d.J. versammelten sich 32 taubstumme Vertrauensleute, Männer und Frauen, zu einer Rüstzeit im schönen Ostseebad Kühlungsborn, wo sie im Freizeitheim unserer Landeskirche liebevolle Aufnahme fanden. Es waren herrliche Tage, die wir dort erlebten, und jede freie Stunde wurde ausgenutzt, um den Anblick des Meeres, den viele Teilnehmer zum ersten Mal genossen, auszukosten. Diese freie Stunden aber dienten nicht nur der Entspannung, sondern vor allem dem Gedankenaustausch über das, was uns in den Vorträgen nahegebracht wurde. Diese Vorträge führten uns alle tiefer in das Verständnis der heiligen Schrift hinein. Zwei Vorträge wurden von Herrn Pastor Rath-Schwerin gehalten und behandelten „Biblische Begriffe": Gott – Reich Gottes – Gebet – Opfer – Heilung – Erlösung. Es fanden Aussprachen über diese Vorträge statt, die sehr lebhaft waren und spontan einsetzten. Frau Dahinten von der Inneren Mission hielt einen feinen Vortrag über die verschiedenen Arbeitszweige der Inneren Mission, der begeistert aufgenommen wurde. Herr Taubst.-Dir. Radke, der Fürsorger der Taubstummen, sprach über das Thema „Wie denke ich mir die weitere Gestaltung der Gottesdienste und der Fürsorge?" Eine lebhafte Aussprache brachte manches Lebenswerte, aber auch manche wertvolle Kritik! Der letzte Tag schenkte uns den Besuch des Leiters der Inneren Mission in Mecklenburg, Herrn Landespastor Rohrdantz-Schwerin, der uns einen Überblick über die Arbeit der Inneren Mission in Mecklenburg in den Jahren nach 1945 gab – und zu aller Beteiligten Freude ankündigte, daß ein langersehnter Wunsch der Taubstummen wahrscheinlich bald Erfüllung finden würde, ein Taubstummen-Altersheim in Mecklenburg zu bekommen. Mit Tränen in den Augen und großer innerer Bewegung dankten die Taubstummen dem Landespastor. Am Abend des letzten Tages hielt Herr Diakon Schubert-Schwerin noch einen Lichtbild-Vortrag „Wir rufen zur Freude", der mit vielem Beifall aufgenommen wurde. Am Sonntag, dem 23. April, fand ein Gottesdienst statt, den Herr Pastor Rath-Schwerin hielt. Anschließend wurde das Kinder-Erholungsheim „Lindenhof" besichtigt, wo uns fröhliche Stunden mit den Kindern vereinten. –
Die Früh- und Abendandachten wurden von den Pastoren Albrecht, Lüdtke und Rath gehalten. Herr Pastor Albrecht-Rostock hielt uns außerdem eine Bibelstunde.

Mit dankerfüllten Herzen und innerlich und äußerlich gestärkt kehrten alle Teilnehmer von dieser Rüstzeit heim, um mit Freudigkeit die Arbeit im Reich Gottes weiterhin zu tun, und hatten nur den einen Wunsch: Auf Wiedersehen im nächsten Jahr in Kühlungsborn!

Pastor Rath-Schwerin.

☐ **Dokument III 1**

Abschrift aus dem Bericht über die Tagung des Reichsverbandes evangelischer Taubstummenseelsorger Deutschlands vom 6. bis 9. Mai 1935 in Eisenach, „Haus Hainstein".

Satzung des Reichsverbandes evangelischer Taubstummenseelsorger Deutschlands

§ 1.

Der Reichsverband evang. Taubstummenseelsorger Deutschlands – gegründet in Erfurt im Juni 1928 auf einer vom Deutschen Evang. Kirchenausschuß einberufenen Tagung – ist eine A r b e i t s g e m e i n s c h a f t von evang. Taubstummenseelsorgern deutscher Zunge, die dem der Kirche aufgetragenen Dienst an den Gehörlosen zu einer möglichst zweckentsprechenden, fruchtbringenden Gestalt verhelfen wollen.

§ 2.

Der Reichsverband betrachtet es als seine A u f g a b e :
a) alle für die Taubstummenseelsorge wichtigen Fragen zur Besprechung und soweit möglich zur Klärung zu bringen;
b) der Taubstummenpresse und ihrer zweckdienlichen Gestaltung Beachtung und Mitarbeit zu widmen;
c) auf Schaffung der nötigen religiösen Literatur bedacht zu sein;
d) die Bildung und den Zusammenschluß evang. Taubstummengemeinden zu fördern;
e) im Taubstummen-Wohlfahrtswesen in geeigneter Weise mitzuarbeiten und
f) den kirchlichen Behörden Anregungen zu unterbreiten oder Anträge an sie zu stellen.

§ 3.

M i t g l i e d kann jeder werden, der im Auftrage oder mit Genehmigung seiner Kirchenregierung als Taubstummenseelsorger tätig ist. Sonstige Freunde der Taubstummenseelsorge können auf ihren Antrag hin vom Vorstand als Mitglied aufgenommen werden.

§ 4.

Der Reichsverbandsleiter wird in offener Abstimmung nach dem Grundsatz der einfachen Mehrheit gewählt. Er beruft den übrigen Vorstand. Diesen kann er durch Beiziehung von Vertrauensleuten der einzelnen Kirchengebiete erweitern.

§ 5.

Der Leiter vertritt den Vorstand nach außen. Mindestens alle 3 Jahre beruft er eine Vollversammlung ein.

§ 6.

Zur Bearbeitung bestimmter Gebiete setzt der Leiter Ausschüsse ein. Diese arbeiten selbständig, können aber ohne besondere Ermächtigung durch den Leiter nach außen nicht im Namen des Verbandes auftreten.

☐ **Dokument III 2**

**Konventsordnung
der
Gehörlosen-Seelsorger
in den Gliedkirchen der EKiD der DDR**

Die am 19. und 20. Oktober 1951 in Berlin vereinigten Gehörlosen-Seelsorger aller Gliedkirchen der EKiD innerhalb der DDR haben sich zum Konvent der Gehörlosen-Seelsorger innerhalb der DDR zusammengeschlossen.

1.) Der Konvent sieht seine Aufgaben darin, im Auftrag der Landeskirchen im Einvernehmen mit der EKiD Berliner Stelle, den der Kirche aufgetragenen Dienst an den Gehörlosen und Taubstummen zu fördern.
2.) Der Konvent will deshalb
   a) alle für die Gehörlosen-Seelsorge wichtigen geistlichen und wirtschaftlichen Fragen besprechen und klären.
   b) Wege weisen für die Ausbildung von Gehörlosen-Seelsorgern.
   c) mit Vorschlägen dienen für die Gestaltung des gottesdienstlichen und sonstigen kirchlichen Lebens.
   d) bei Beschaffung von evangelischem Gehörlosen-Schrifttum und Lehr- und Lernmitteln für die Christenlehre mitarbeiten.
   e) eine fruchtbare Zusammenarbeit mit der Lehrerschaft der Gehörlosenschulen und sonstigen den Gehörlosen dienenden Stellen pflegen.
   f) im Gehörlosen-Wohlfahrtswesen in geeigneter Weise mitarbeiten.
3.) Zum Konvent gehören alle, die im Auftrage oder mit Genehmigung einer Kirchenleitung den Gehörlosen dienen.
4.) Der Konvent wählt sich zur Leitung für je 4 Jahre einen Leiter und oder 3 Stellvertreter desselben.
   Der Leitung wird ein Beirat an die Seite gestellt, dem je ein Vertreter der in der Leitung nicht vertretenen Gliedkirchen und 1 Vertreter des katechetischen Dienstes angehören.

5.) Der Konvent versammelt sich tunlichst jährlich. Er kann für besondere Aufgaben Arbeitsausschüsse bilden.

Die Leitungen der Gliedkirchen sind gebeten, die entstehenden Kosten zu tragen.

Vorstehende Konventsordnung wurde inhaltlich durch die vereinigten Gehörlosen-Seelsorger aller Gliedkirchen der EKiD innerhalb der DDR einstimmig am 20.10.51 in Berlin beschlossen; kleine formelle Prägungen wurden dem Unterzeichneten überlassen.

Für die Richtigkeit

Leipzig – 027, am 28.1.1952

gez. Pfr. Reinhold Burkhardt

☐ **Dokument IV 1**

Ein Wort an die erbkranken evangelischen Taubstummen.

Die Obrigkeit hat befohlen: Wer erbkrank ist, soll in Zukunft keine Kinder mehr bekommen. Denn unser Volk braucht gesunde und tüchtige Menschen.
Viele Menschen haben von Geburt an ein schweres Gebrechen oder Leiden. Die einen haben keine gesunden Hände, Arme oder Füße. Die andern sind am Geiste so schwach, daß sie die Schule nicht besuchen konnten. Wieder andere sind blind.
– Und Du selbst, lieber Freund, leidest an Taubheit. Wie schwer ist das doch! Du bist oft traurig darüber. Du hast wohl oft gefragt: „Warum muß ich taub sein?" Und wie traurig sind wohl auch Deine Eltern gewesen, als sie merkten, daß Du nicht hören konntest!
Es gibt taubstumme Kinder, deren Vater oder Mutter auch taubstumm ist. Es gibt auch Taubstumme, deren Großeltern ebenfalls taubstumm waren. Sie haben das Gebrechen ererbt. Sie sind **erbkrank**.
Zu diesen Menschen sagt die Obrigkeit: **Du darfst Dein Gebrechen nicht noch weiter auf Kinder oder Großkinder vererben**; Du musst ohne Kinder bleiben. Wenn Du an ererbter Taubheit leidest, bekommst Du wohl eine Vorladung vor das Erbgesundheitsgericht. Da geht es um die Frage, ob Du auch niemals Kinder haben sollst. – Vor allem eins: Nichtwahr, Du wirst die **Wahrheit sagen**, wenn Du gefragt wirst. Denn **so will es Gott von Dir!** Du wirst die Wahrheit sagen auch dann, wenn das unangenehm ist.
Vielleicht bestimmt das Erbgesundheitsgericht: Du sollst durch eine Operation unfruchtbar gemacht werden. Du wirst traurig. Du denkst: „Das möchte ich nicht. Ich möchte heiraten und Kinder haben. Denn ich habe Kinder lieb." Aber nun überlege einmal: Möchtest Du schuld daran sein, daß die Taubheit noch weiter vererbt wird? Würdest Du nicht sehr traurig werden, wenn Du sehen müßtest, daß Deine Kinder oder Enkelkinder auch wieder taub sind? Müßtest Du Dir dann nicht selber schwere Vorwürfe machen? Nein, das möchtest Du doch wohl nicht.

Die Verantwortung ist zu groß.
Sieh, da will die Obrigkeit Dir helfen. Sie will Dich bewahren vor Vererbung Deines Gebrechens.
Aber, sagst Du, unangenehm, sehr unangenehm ist das doch. Denn die Menschen klatschen darüber, wenn ich unfruchtbar gemacht bin. Sie verachten mich. – Nein, so mußt Du nicht denken. Die Obrigkeit hat befohlen: **Niemand darf über die Unfruchtbarmachung sprechen.** Du selbst auch nicht. Merke wohl: Du darfst zu keinem Menschen darüber sprechen! Auch Deine Angehörigen nicht! Und der Arzt, der Richter, sie alle müssen darüber schweigen!
Gehorche der Obrigkeit! Gehorche ihr auch, wenn es Dir schwer wird! Denke an die Zukunft Deines Volkes und bringe ihr dieses Opfer, das von Dir gefordert wird! Vertraue auf Gott und vergiß nicht das Bibelwort: „**Wir wissen, daß denen die Gott lieben, alle Dinge zum Besten dienen.**"

Reichsverband der evang. Taubst. – Seelsorger Deutschlands.

[Pfarrer Johannes Blindow, nach 1935]

☐ **Dokument IV 2**

DEUTSCHE
ARBEITSGEMEINSCHAFT
FÜR EVANGELISCHE
GEHÖRLOSENSEELSORGE
E V.

Fachausschuß:
Pränatale Diagnostik/
Leben mit Behinderung

H.J. Stepf
Sandheideweg 12
13595 Berlin
Tel.: 030/362 3642
Fax.: 030/362 3642

Berlin, den 10.10.1998

Späte Korrektur des Unrechts. Der Bundestag beschließt die umfassende Aufhebung von NS-Urteilen.

Am 28. Mai hat der Bundestag nach jahrelangem Ringen alle in der Nazi-Zeit ergangenen Unrechtsurteile pauschal aufgehoben.

Viele wollten es nicht wahr haben, daß bis zum 25. August 1998, der Verkündung im Bundesgesetzblatt Jahrgang 1998 Teil 1 Nr. 58 ausgegeben zu Bonn am 31. August 1998 Seite 2501, Urteile auf Grund des „Gesetzes zur Verhütung erbkranken Nachwuchses vom 14. Juli 1933" (RGBL. I S. 529) gültig waren.

Die Zwangssterilisation wurde auch nach dem 3. Reich als rechtens angesehen. Begründung der Entschädigungsbehörden aller Länder: Die Sterilisation von Gehörlosen falle nicht unter § 171 des Bundesentschädigungsgesetzes (BEG), da in allen Fällen eine Verhandlung vor dem Erbgesundheitsgericht stattgefunden habe.

Vielen Menschen war nach 1945 nicht im Bewußtsein, oder sie verdrängten es, daß das Gesetz zur Verhütung erbkranken Nachwuchses vom 14. Juli 1933 ein Rassegesetz war.

Die Betroffenen leiden heute noch unter den Folgen einer Zwangssterilisierung. Bei der Anhörung im Berliner Abgeordnetenhaus 1986 wurde von einem Gutachter deutlich ausgesprochen, daß eine Zwangssterilisierung seelische Schäden hinterläßt.

Zwangssterilisiert wurden nicht nur Blinde, Gehörlose und geistig Behinderte, sondern auch Mütter, Väter, Kinder von politisch Unliebsamen, Sozialhilfeempfänger. Die NS-Fürsorge hatte die Menschen ja in Karteien erfaßt.

Es ist beschämend, daß erst 53 Jahre nach Kriegsende ein Unrechtsgesetz aufgehoben wird mit der Maßgabe: Entschädigung wird nicht gezahlt. Vom Bundesentschädigungsgesetz sind Zwangssterilisierte ausgeschlossen. Der Betrag bis zu 5000,– DM, die ab 1980 ausbezahlt wurden, bedeuteten keinen Rechtsanspruch, genausowenig die monatlichen 100,– DM, die heute zwangssterilisierte Gehörlose, Blinde, Rasseverfolgte bekommen können.

Zwangssterilisierte haben keine Kinder, die sie unterstützen, ihnen helfen könnten. Neben der seelischen Bedrückung kommt heute oft noch die soziale Not. Zwangssterilisierte konnten häufig nicht mehr ihren Beruf ausüben.

Für Zwangssterilisierte muß der Staat als Nachfolger aus menschlichen und moralischen Gründen besser sorgen, um begangenes Unrecht zu lindern.

H.J. Stepf, Gehörlosenpfr. i. R.

Bundesgesetzblatt Jahrgang 1998 Teil I Nr. 58, ausgegeben zu Bonn am 31. August 1998

Gesetz
zur Aufhebung nationalsozialistischer
Unrechtsurteile in der Strafrechtspflege und von
Sterilisationsentscheidungen der ehemaligen Erbgesundheitsgerichte.
vom 25. August 1998

Artikel 2

Gesetz
Zur Aufhebung von Sterilisationsentscheidungen
der ehemaligen Erbgesundheitsgerichte

§ 1

(1) Die eine Unfruchtbarmachung anordnenden und noch rechtskräftigen Beschlüsse, die von den Gerichten aufgrund des Gesetzes zur Verhütung erbkranken Nachwuchses vom 14. Juli 1933 (RGBL.I. S. 529), zuletzt geändert durch Gesetz vom 4. Februar 1936 (RGBL. I. S. 119), erlassen worden sind, werden aufgehoben.

(2) Die Aufhebung kann nicht zum Nachteil eines Dritten geltend gemacht werden.

§ 2

Die Verordnung über die Wiederaufnahme von Verfahren in Erbgesundheitssachen vom 28. Juli 1947 (Verordnungsblatt für die Britische Zone, S. 110; BGBl. III 316–1a) tritt außer Kraft.

Artikel 3

Dieses Gesetz tritt am Tage nach der Verkündung in Kraft.

Das vorstehende Gesetz wird hiermit ausgefertigt und wird im Bundesgesetzblatt verkündet.

Berlin, den 25. August 1998

Der Bundespräsident
Roman Herzog
Der Bundeskanzler
Dr. Helmut Kohl
Der Bundesminister der Justiz
Schmidt-Jortzig
Der Bundesminister der Finanzen
Theo Waigel

Weitere Informationen über mögliche Entschädigungen gibt:
Bundesverband Information &

Beratung für NS-Verfolgte
Holweider Str. 13–15
51065 Köln
Tel. 0221/612041 Fax 0221/9624457

☐ Dokument IV 3 (kurze Zusammenfassung der Bundestagsverhandlung)

NS-Gesundheitsgesetz endgültig vom Bundestag am 24. Mai 2007 als Unrechtsgesetz geächtet

Es brauchte 62 Jahre, um das „Gesetz zur Verhütung erbkranken Nachwuchses" vom 14. Juli 1933 zu ächten. „Der Forderung, das Gesetz durch rückwirkenden Akt für nichtig zu erklären, kann der Gesetzgeber nicht entsprechen. Das Erbgesundheitsgesetz existiert nicht mehr." (Dr. Jürgen Gehb, CDU/CSU: Deutscher Bundestag 16. Wahlperiode – 100. Sitzung, Seite 10346 Anlage 17).

„Das Gesetz zur Verhütung erbkranken Nachwuchses" war das erste Rassegesetz des NS-Staates; Grundlage „für die zwangsweise Sterilisation von über 350.000 Menschen zwischen 1933 und 1945. An den Folgen der Eingriffe starben bis zu 6000 Frauen und ungefähr 600 Männer" (Sabine Leutheusser-Schnarrenberger, ehemalige Bundesjustizministerin, FDP). Unter das Gesetz fielen Menschen mit:

„1. angeborenem Schwachsinn,
2. Schizophrenie,
3. erblicher Fallsucht,
4. erblichem Veitstanz (Huntingtonsche Chorea)
5. erblicher Blindheit,
6. erblicher Taubheit,
7. schwerer erblicher körperlicher Missbildung.

Ferner kann unfruchtbar gemacht werden, wer an schwerem Alkoholismus leidet." (Reichsgesetzblatt Nr. 86 vom 25. Juli 1933).

Auch der von führenden Beamten des Reichsministeriums des Innern, Dr. med. Gütt und Dr. jur. Ruttke, mitverfasste Gesetzeskommentar zum ErbGG (Gütt/Rüdin/Ruttke) versuchte, Skrupel der beteiligten Ärzte und Juristen zu vertreiben: „Bei zahlreichen asozialen, schwer erziehbaren, stark psychopathischen Debilen wird man die Unfruchtbarmachung unbedenklich für zulässig erklären können, selbst wenn sie in ihrer Intelligenzentwicklung allein nicht übermäßig zurückgeblieben sind." Später wurden sozial Auffällige, politisch andersdenkende Menschen, Sinti und Roma in das Gesetz einbezogen und zwangssterilisiert.

„Der Deutsche Bundestag hat in seiner Entschließung vom 5. Mai 1988 (Bundesdrucksache 11/1714) und vom 29. Juni 1994 (Bundesdrucksache 12/7989) festgestellt, dass die auf der Grundlage des ‚Gesetzes zu Verhütung erbkranken Nachwuchses' durchgeführten Zwangssterilisationen nationalsozialistisches Unrecht waren …" Er bekräftigt erneut die Ächtung dieser Maßnahmen als Ausdruck der inhumanen nationalsozialistischen Auffassung von „lebensunwertem Leben". Der Deutsche Bundestag erstreckt diese Feststellung und diese Ächtung ausdrücklich auf „das Gesetz zur Verhütung erbkranken Nachwuchses" vom 14. Juli 1933 selbst, soweit dieses Zwangssterilisierungen rechtlich absichern sollte (Erbgesundheitsgericht und Erbgesundheitsobergericht). Aus dem Antrag zu Drucksache 16/3811.

Trotz jahrelanger Bemühungen von Betroffenen, Gehörlosengemeinden, Kirchen und Politikern wurden z. B. Gehörlose, Blinde und aus den oben genannten Gründen Zwangssterilisierte nicht als Opfer politisch, rassisch und religiös Verfolgte angesehen. Frau Sabine Leutheusser-Schnarrenberger stellt fest:
„Entschädigungsansprüche hat es für die Opfer der Zwangssterilisation jedoch praktisch nicht gegeben. Diese waren davon abhängig, dass die Sterilisation ohne vorangegangenes Gerichtsverfahren erfolgte.
Ab 1980 konnten Geschädigte, das heißt zwangssterilisierte Personen, eine einmalige Entschädigungsleistung in Höhe von 5 000 DM beantragen. Bis zum Jahr 2 000 erhielten rund 16 000 Betroffene diese Ausgleichszahlung."

Die Ächtung des „Gesetzes zur Verhütung erbkranken Nachwuchses" Drucksache 16/3811 ist endlich eine Rehabilitation der Betroffenen und gibt ihnen ihre Würde wieder.
Angenommen und beschlossen wurde das mit den Stimmen der CDU/CSU, SPD, FDP gegen die Stimmen von Bündnis 90/Die Grünen bei Enthaltung der Linken.

Es zeigt sich aber erneut, dass es eine Entschädigung zweiter Klasse trotz der Beteuerung und Anerkennung der Opfer bleibt. Spätfolgen der Sterilisierung werden meines Wissens nicht anerkannt, besondere Hilfen im Alter für die um Kinder Betrogenen sind nicht vorgesehen. Ich selbst habe am 28.4.1986 als Gutachter für die Belange der betroffenen Gehörlosen vor dem Innenausschuß des Berliner Abgeordnetenhauses ausgesagt. Die „Stiftung für Opfer der NS-Willkürherrschaft" hat z. B. zwangssterilisierte Gehörlose unterstützt. Nur Berlin hat am 1.1.1993 gehörlose Zwangssterilisierte als politisch, rassisch und religiös Verfolgte anerkannt und in das PrV- Gesetz mit einer Grundrente aufgenommen.

Meinungen und Handlungen im Sinne eines Rassedenkens sind noch nicht ausgerottet.
Hans Jürgen Stepf Gehörlosenpfarrer i. R., Berlin, den 31.1.2008
Dieser Bericht wurde im Deutsches Pfarrerblatt Heft Nr. 6, Juni 2008, Seite 328–329 veröffentlicht.

☐ **Dokument V 1 Abschrift**

**Satzung des Ökumenischen Arbeitskreises
für Taubstummenseelsorge 1975**

§ 1

Der Ökumenische Arbeitskreis für Taubstummenseelsorge ist ein freier Zusammenschluß von Gehörlosenseelsorgern der verschiedenen christlichen Kirchen.

§ 2

Er dient dem Auf- und Ausbau der Seelsorge unter den Gehörlosen.
Seine Aufgaben sind u. a.:
a) Information und Erfahrungsaustausch.
b) Ausbildung und Weiterbildung von Gehörlosenseelsorgern, besonders in Missionsgebieten und im Bereich der „dritten" Welt.

§ 3

Zur Durchführung seiner Aufgaben hält der Ökumenische Arbeitskreis Verbindung zum Weltrat der Kirchen und zum Vatikan und steht in Zusammenarbeit mit dem Weltgehörlosenbund.

§ 4

Arbeitstagungen an wechselnden Orten dienen der Erreichung dieser Aufgaben und dem Ziele des Ökumenischen Arbeitskreises. Sie finden in der Regel alle zwei Jahre als Regionaltagungen und alle vier Jahre als Vollversammlung statt.

§ 5

Zum Arbeitskreis gehört ein Beauftragter der Gehörlosenseelsorger jeder Kirche seines Landes (Staates) mit Sitz und Stimme. Andere Teilnehmer haben nur beratende Funktion.
Wahlen und Beschlüsse bedürfen der einfachen Mehrheit der stimmberechtigten Anwesenden. Bei Stimmengleichheit entscheidet der Präsident.

§ 6

Der Arbeitskreis wählt für die Dauer von jeweils vier Jahren das Präsidium, das Committee.
Der engere Vorstand besteht aus
a) dem Präsidenten
b) dem Vizepräsidenten
c) dem Sekretär
d) einem für bestimmte Aufgaben bestellten Mitglied.

Wahlen zum Präsidium sind nicht an die Zugehörigkeit des Kandidaten zum Arbeitskreis gebunden.
Das Committee besteht aus maximal 5 Mitgliedern, die gemäß § 5 Abs. 1 als leitende Beauftragte der verschiedenen Kirchen und Länder repräsentieren.
In der Zusammensetzung von Präsidium und Committee soll sich die Ökumenizität und die Internationalität widerspiegeln.

§ 7

Der Arbeitskreis kann mit Zweidrittelmehrheit der Stimmbrechtigten die Satzung ändern. Anträge zur Satzungsänderung müssen drei Monate vor der Vollversammlung dem engeren Vorstand schriftlich eingereicht werde, der die Tagungsteilnehmer informiert.

So bei der Sitzung des Hauptausschusses in Köln am 11. März 1975 angenommen.

☐ **Dokument V 2**

Regulations governing the Joint Committee (JC) of deaf mission societies in Finland, Repulic of Federal Germany and Sweden who are working to promote educational, social, and spiritual work among the deaf in Africa. – JC 78-03-29

I. Purpose
The committee shall function as an instrument for coordination of the common work of the deaf mission organizations in Finland, Germany and Sweden in the third world and of such organizations who in the future will join in the work. It shall serve to coordinate the planning action of its member organizations.

II. Membership
1. Membership of this committee shall open to every deaf mission organization willing to provide fund, personnel, or both on a continuing basis for the work planned and carried out or supported by JC.
2. Each member organization is entitled to 2 representatives in the Joint Committee elected for a period of 2 years, one each year.
3. The committee may decide on calling in to the meeting other representative from member organization. Such representative has voice but no vote.
4. The chairman, v. chairman and the secretary shall be elected by the committee for two-years terms.
5. Each member organization shall be responsible for all expenses for its representatives.
6. The secretary of JC shall receive minutes, yearly reports and other documents from each member oganization.

III. Meetings
1. The committee meets at least twice a year.
2. Agenda for each meeting shall prepared by the secretary in consultation with the chairman and ought to be distributed to the members at least two weeks before meeting.
3. Emergency matters and matters that call for immediate action which arise between the meetings shall be dealt with by the chairman and the secretary in consulting with one representative from each organization. All decisions be reported to the subsequent meeting of the committee for approval.

4. Minutes and other documents of JC shall be sent to the members of the committee and the secretary of member organization.

IV. Powers and procedures

JC shall serve as an instrument for coordination of the common activities of its member organizations.

1. It shall be the official contact body with the various institutions and organizations which are run or supported by these organizations.
2. It shall initiate investigation for new activities and make proposal about such.
3. It shall make proposal concerning working principles and policy matters for decision of its member organizations.
4. It shall receive budget request from supported institutions or organizations and prepare and submit before 1st of November each year to its organizations a detailed budget proposal together with a proposed sharing between the organizations.
5. It shall have the right to make adjustment within the budget and reallocate fund and decide upon additional request within the frame of the approved budget.
6. It shall receive audited reports from supported institutions and organizations and submit to its member organizations a yearly financial report together with these reports.
7. It shall before 1st of May submit to the member organization a report on the previous year's activities.
8. It shall receive request for personnel from supported institutions and organizations and submit these together with its recommendations to its organizations.
9. It shall deal with scholarship matters and make decisions within the frame of approved budget for scholarship.
10. All official correspondence as well as minutes and documents shall be in English and all official correspondence between member organizations and supported institutions or organizations shall be in English with copy to the secretary of the committee.
11. The secretary of the committee shall be responsible for the archive which will be deposited with Evangeliska Fosterland-Stiftelsen, Stockholm according to the special agreement.
12. Changes in these regulations may be proposed by any member organization or by JC itself and will come into force when approved by all member organizations.
13. These regulations will come into force when approved by the member organisations.

☐ **Dokument VI**

**Statuten des Evangelischen Gemeindevereins der
Gehörlosen Berlins
Gegründet 1927 – Angeschlossen dem Gesamtverband
der Inneren Mission (1947)**

§ 1   Die Generalversammlung findet jährlich im Februar statt. Auf Wunsch von mehr als 10 Mitgliedern muss auch eine ausserordentliche Generalversammlung vom Vorstand einberufen werden. Die Beschlüsse werden mit Stimmenmehrheit gefasst; bei Änderung der Statuten, ebenso bei Auflösung des Vereins mit 2/3 Mehrheit. Die Einladung zu der Generalversammlung findet statt durch Bekanntmachung und der monatlichen Gemeindeversammlung 1 Monat vorher.

§ 2   Die Einladung zu der Vorstandssitzung geschieht schriftlich oder mündlich mindestens 3 Tage vorher. Der Vorstand besteht aus dem Vorsitzenden, dem Geschäftsführer, dem Schriftführer, dem Schatzmeister, dem Kassierer und deren Stellvertretern. Die Beschlüsse werden mit Stimmenmehrheit gefasst. Bei Stimmengleichheit entscheidet die Stimme des Vorsitzenden. Der Vorsitzende muss immer der in Berlin Dienstälteste evangelische Taubstummengeistliche sein. Alle anderen Ämter sind mit Gehörlosen, die den intelligenten Schichten entstammen, besetzt. Ist ein 2. evangelischer Taubstummengeistlicher Berlins vorhanden, so nimmt auch dieser mit Stimmrecht an den Sitzungen teil.

§ 3   Der Vorsitzende ist der Leiter des Vereins. Der Geschäftsführer führt die Anordnungen des Vorsitzenden aus. Der Schriftführer führt die Protokolle und die Korrespondenz. Der Schatzmeister verwaltet das Vermögen, der Kassierer zieht die Vereinsbeiträge ein.

§ 4   Die Vertretung nach aussen übernimmt der Vorsitzende, der es auch einem anderen Vorstandsmitglied übertragen kann. Bei Verhandlungen vermögensrechtlicher Art vertreten der Vorsitzende, der Geschäftsführer, der Schatzmeister gemeinschaftlich.

§ 5   Der Beitrag wird alljährlich in der Generalversammlung festgesetzt.

§ 6   Die Protokolle werden vom Vereinsvorsitzenden unterschrieben.

§ 7   Der Zweck des Vereins ist ein seelsorgerischer und ein fürsorgerischer.

§ 8   Da bei den zerstreut wohnenenden Gehörlosen eine lokale ev. Gehörlosengemeinde nicht möglich ist, hat der Evangelische Gemeindeverein den Zweck und die Aufgabe, die Gehörlosen zu einer Gemeinschaft, d.h.

zu einer Gemeinde zusammenzuschliessen. Diese Gemeinschaft soll neben anderen Methoden in der Hauptsache erstrebt werden durch die Veranstaltung monatlicher Gemeindeversammlungen.

§ 9 Der Evangelische Gemeindeverein stellt unter den gegebenen Verhältnissen die tatsächliche Vertretung der ev. Gehörlosen Grossberlins dar.

§ 10 Um die Gemeindeglieder in ganz Grossberlin ordnungsgemäss erfassen zu können, ist für jeden Verwaltungsbezirk eine Vertrauensperson zu bestellen, diese Vertrauenspersonen nehmen an den Vorstandssitzungen mit beratender Stimme teil.

§ 11 Der fürsorgerische Zweck des Vereins wird erreicht durch die fürsorgerische Hilfe, die in jeder Art den Berliner Gehörlosen zu bieten ist.

§ 12 Der Evangelische Verein nimmt, um seine fürsorgerischen Zwecke zu erfüllen, das Ergebnis der kirchlichen Hauskollekte in Verwaltung, die der Vorsitzende des Vereins in seiner Eigenschaft als Taubstummen-Geistlicher von Berlin laut Verfügung des Polizeipräsidiums vom 16. September 1946 für die Errichtung eines Taubstummen-Altersheimes und sonstige finanzielle Unterstützung bedürftiger und alter Taubstummer gesammelt hat.

§ 13 Da die Hauskollekte in den Häusern Berlins ohne Unterschied der Konfession gesammelt worden ist, sollen ihre Segnungen auch allen deutschen gehörlosen Staatsangehörigen ohne Unterschied der Konfession beiderlei Geschlechts zuteil werden. Demgemäss ist die finanzielle Unterstützung und die spätere Aufnahme in das Heim zu handhaben.

§ 14 Das gleiche gilt auch für die Erträge aus anderen polizeilich genehmigten Hauskollekten, die später in Berlin und dem Staat Brandenburg durchgeführt werden.

§ 15 Bei Auflösung der Vereine geht das Vermögen an den Gesamtverband der Inneren Mission über, der für seine weitere Verwendung zum Wohle der Taubstummen Sorge tragen wird.

§ 16 Der Sitz des Vereins ist Berlin.

§ 17 Das Geschäftsjahr ist das Kalenderjahr.

§ 18 Die Tätigkeit im Verein ist eine ehrenamtliche.

§ 19 Alle früheren Satzungen sind durch diese Statuten ausser Kraft gesetzt.

Berlin, den 1. Januar 1947

Abkürzungen

ADGV	Allgemeiner Deutscher Gehörlosenbund (gegr. Mai 1957)
AeGD	Arbeitsgemeinschaft evangelischer Gehörlosenseelsorger Deutschlands
AFESS	Arbeitsgemeinschaft für evangelische Schwerhörigenseelsorge e. V.
AKG	Allgemeines Kriegsfolgengesetz
BDT	Bund Deutscher Taubstummenlehrer
BDH	Bund Deutscher Hörgeschädigtenpädagogen
BK	Bekennende Kirche
Can	Canonicus (katholischer Titel)
DAfeG	Deutsche Arbeitsgemeinschaft für evangelische Gehörlosenseelsorge e. V.
DAFEG	Deutsche Arbeitsgemeinschaft Für Evangelische Gehörlosenseelsorge e. V.
DC	Deutsche Christen
DEK	Deutsche Evangelische Kirche (1933–1945)
DEKA	Deutscher Evangelischer Kirchen-Ausschuß
DEKT	Deutscher Evangelischer Kirchentag
DGB	Deutscher Gehörlosen-Bund e. V.
DGS	Deutsche Gebärdensprache
DGZ	Deutsche Gehörlosen-Zeitung
DKKHN	Dokumentation zum Kirchenkampf in Hessen und Nassau
DNVP	Deutschnationale Volkspartei
ELAB	Evangelisches Landeskirchliches Archiv in Berlin
EOK	Evangelischer Oberkirchenrat
	1. kirchlicher Titel, 2. Oberste Kirchenbehörde seit 1853
EKD	Evangelische Kirche in Deutschland
EKiD	Evangelische Kirche in Deutschland
EKHN	Evangelische Kirche in Hessen und Nassau
EKKW	Evangelische Kirche von Kurhessen-Waldeck
em.	Emeritus (lat. „Ausgedienter"; Ruheständler)
EVA	Evangelische Verlagsanstalt Berlin
EZA	Evangelisches Zentralarchiv Berlin
FDJ	Jugendorganisation Freie Deutsche Jugend
g	gehörlos
GDC	Glaubensbewegung Deutsche Christen
Gestapo	Geheime Staatspolizei
GGV	Gehörlosengemeindevorstand
GKR	Gemeindekirchenrat
GL	Gehörlosenlehrer
GO	Grundordnung der Evangelischen Kirche in Berlin-Brandenburg
GStA	Geheimes Staatsarchiv Preußischer Kulturbesitz
GzVeN	Gesetz zur Verhütung erbkranken Nachwuchses
h	hörend

HJ	Hitlerjugend
IÖAK	Internationaler Ökumenischer Arbeitskreis
i. W.	Im Wartestand
JC	Joint Committee der Gehörlosenmission
KRT	Kirchenrat
KVA	Kirchliches Verwaltungsamt
LBG	Lautsprachbegleitende Gebärde
LPG	Landwirtschaftliche Produktionsgemeinschaft
lat.	lateinisch
lic.	Lizensiat
Msgr.	Monsignore (katholischer Titel)
NKWD	Abkürzung für russ. Narodnyj Komissariat Wnutrennich Del (Volkskommissariat für Innere Angelegenheiten)
NSDAP	Nationalsozialistische Deutsche Arbeiterpartei
NSLB	Nationalsozialistischer Deutscher Lehrerbund
NSV	Nationalsozialistische Volkswohlfahrt
OKR	Oberkirchenrat
Pg.	Parteigenosse
REGEDE	Regede – Reichsverband der Gehörlosen Deutschlands
R. f. G.	Reichsverband der Gehörlosenwohlfahrt e. V.
RKA	Reichskirchenausschuß
RKGS	Religionsunterricht und Konfirmandenunterricht für Gehörlose und Schwerhörige
RU	Religionsunterricht
RVETG	Rheinischer Verband Evangelischer Gehörlosengemeinden
RVETV	Rheinischer Verband Evangelischer Taubstummenvereine
SBZ	Sowjetisch Besetzte Zone
SMAD	Sowjetische Militäradministratur in Deutschland
SoL	Sonderschullehrer
TL	Taubstummenlehrer
TOL	Taubstummen Oberlehrer
T. S.	Geschichte des Taubstummenwesens vom deutschen Standpunkt aus dargestellt
VP	Volkspolizei

Personenregister (auszugsweise)

Abraham, Hans 265
Ackermann, Bernd 266, 305, 310f., 318
Adamczyk, Direktor (Osnabrück) 130, 133, 311
Aeplinius, Eduard Wilhelm 26, 42
Ahlfeld, Pfarrer (Morgenitz/Usedom) 226
Albiez-Horbach, Gertraude 100
Albreghs, Fritz 170, 174, 177ff., 188f.
Altenstein, Karl Freiherr vom Stein zum Altenstein 30
Ammann, Johann Conrad 19
Andersen, Asger 282, 285
Anderweg, Ari J. 300
Arendt, Taubstummenlehrer (Berlin) 59, 92, 340
Aristoteles, Stagirit 15
Arnim, Hans von 199, 217, 257
Arnold, [Paul] 52f., 55, 65
Arrowsmith, Joh. 328
Asmussen, Hans Georg 263
Augustin, Aurelius 15
Avemarie, Richard 99

Bab, Bettina 182f., 311, 314
Baden, Max von 125
Baer, Dieter 122
Ballier, Wilhelm 170, 174, 186
Barkow, Rudi 222
Bäsler, Hugo 76
Barow, Heinz 43, 99, 104, 118, 191, 264, 299, 304ff., 311
Bartel, Otto 7, 110ff., 114, 117, 121, 128f., 132, 136–141, 143, 146–149, 166f., 173, 179ff., 185, 188f., 194ff., 199ff., 203f., 206ff., 210, 212–230, 232–235, 237f., 243, 245f., 257–262, 269, 311, 323, 365
Bartelheim, D. 64, 70
Barth, Karl 183, 188, 263, 275
Barthold, Karl 105
Basilier, Terje 298
Baum, Taubstummenlehrer 233
Beck, Helmut Ernst 288, 310

Becker (Umbach), Elisabeth 250
Becker, Ludwig 186
Becker, Pfarrer (Wien) 276, 297
Beckmann, Paul 72
Bergmann, Direktor (Breslau) 359
Bergmann, Karl Heinrich 80
Bernadotte von Wisborg, Folke Graf 292
Berndt, K. 60
Besler, Gerhard 272, 311
Bessert, Lieselotte 235f., 261
Bickelhaupt, Georg 167–168
Biesold, Horst 176, 186f., 258, 311
Binding, Karl 158
Blanke, gehörlos 172
Blaschke, Jürgen 232f., 301
Blau, Arno 42, 232, 239f., 262, 301, 311, 322
Blau, Paul Albert Otto 71
Blindow, Johannes 77f., 115, 121, 160f., 168, 185, 264, 267ff., 311
Bluhm, Heinz 197, 257
Blumhardt, Johann Christoph 103
Bode, Evamaria 115f., 343
Bodelschwingh, Wihelm von 103, 153
Bodelschwingh, Fritz von 263
Bodenheimer, Aron Ronald 264, 279, 291, 299, 312
Bodenstein, Walter 238f.
Boelke, Karl August 91, 125, 142
Bonnevie-Svendsen, Conrad 276f., 280ff., 291, 296
Borrmann, Walther Christian Gottfried 140, 149
Boße, Wilhelm 80
Bräuer, Hermann 118
Brecht, Bert 227
Bremi, Rudolf 15
Brexendorf, Paul 124, 132
Brockhaus, Pfarrer (Dortmund) 67
Broecker (geb. le Viseur), Ludwine von 240
Brückmann, Hans 254
Brückner, Benno Bruno 55
Brümmel, Heinz 242

Brummund, stellv. Direktor (DDR) 232 f.
Bryla, Jerzy 284
Buchka, Felix von 221
Buek, Heinrich Wilhelm 96
Büttner, Hermann Julius August Martin 76
Burkhardt, Reinhold 101, 142, 213, 226, 267 ff., 272, 295, 346, 368
Busch, Wilhelm 182

Chamberlain, Austen 158
Christian, König von Dänemark 30
Christoph, Friedrich Wilhelm August 204
Clairvaux, Bernhard von 15
Costrau, Karin 256
Cypriano, Thescius Caecilius 18
Czempin, Hubert 265

Dahinten 365
Dahlmann, Schulleiter (DDR) 216
Dannroth, Friedrich Gottlieb Karl 32, 44
Darwin, Charles 157
Daum, Diakon 172, 186
Deblitz, Vikarin 361
Dedeken, Georg 16
Dehn, Günther 119, 188, 312
Deich, Friedrich 266, 312
Dibelius, Otto 188, 193 f., 256, 263, 312
Dienwiebel, Rudi 272
Dietz, Otto 115
Dimpfelmeier, Hilde 306
Dittmann, Hermann 224, 260
Dittmann, Wilhelm 241
Dobeneck, Freiherr von 78 f., 81
Doehring, Bruno 261
Dreising, Johann Gottlob 29, 43
Drese, Hermann 302
Dryander, Ernst Hermann von 79
Dsirne, Wilhelm 181, 267
Dueland, Gudmund 276, 285, 292
Dummann, Arnold 97

Ebert, Friedrich 127
Eger, Ingeborg 240, 247
Eggert, Max 234
Eichelberger, Gerhard 302 ff.
Eichler, Ulrich 101, 104
Eicken, Dr. von 186
Eisenberg, Reinhard 113, 122, 305
Eisermann, Heinrich 175, 187 f., 312

Elisabeth Christine, Königin von Preußen 42, 48, 87
Ellmers, Fritz 173 f., 187, 312
Ellwein, Eduard 178, 188
Engelbertz, Reinhold 271, 308
Erdmann, Anstaltsdirektor (Stettin) 62
Ernsdorfer, Bernhard von 95
Eschke, Ernst Adolf 21–24, 33, 42, 47, 188, 237, 239, 240, 254, 311, 328, 356
Eschke (geb. Heinicke), Juliane Caroline Tugendreich 27
Esselbach, Leopold 253
Exner, Fritz 228 f., 231–235, 237, 241, 261

Fagiolo, Msgr. 280
Ferchland, Wilfried 298
Fichtner, Horst 233, 261
Fischer, Heide 305
Flatau, Theodor 131
Foelz, Angelika 248
Förster, Otto Waldemar von 72
Förster, Joachim 235
Foster, Andrew 278, 300
Frank, Gisbert 254, 256, 286, 292, 303, 313
Frank, Mechthild 288, 308, 310, 313
Frank, K. 110, 120
Frege, Ferdinand Ludwig 38, 44
Freunthaller, Adolf 131, 133, 313
Friedrich, Heinrich 187
Friedrich Wilhelm, König von Preußen 21
Friedrich Wilhelm III., König von Preußen 23, 317
Friedrich Wilhelm IV., König von Preußen 87
Frielinghaus, Wilhelm 123, 129, 132, 136, 147
Fritsching, Günter 301
Frobenius, Karl 96
Fuller, Sarah 130
Fürstenberg, Eduard Heinrich 57, 60 f., 105, 110, 120

Gabriel, Friedrich 212
Gabriel, Petra-Maria 245
Gaede, [Otto] gehörlos 171, 222
Gailus, Manfred 260, 313

Galaidos, Neguse 286
Gallenkamp, Paul 98, 113, 270f., 273, 276, 290f., 296ff., 308, 313
Galsterer, Hermann 95f.
Gaßmann, Ursula 182f., 313
Geiling, Johannes 277, 291, 298, 313
Gerhardt, Max Helmuth Arthur 67, 258
Gentges, Ignatz 295
Gersten, Kurt 176, 188
Gessner, Mia 256
Gettkandt, Friedrich-Karl 243, 255
Gewalt, Dietfried 41f., 117, 121f., 301, 313
Giese, Gerhardt 258, 313
Giesler, Herta 303
Giordano, Ralph 192, 256
Gloy, Horst 117, 121, 313
Gobineau, Graf Joseph Arthur 158
Gocht, Hermann 100f., 141f., 144, 146, 184
Goebbels, Josef 181
Goebel, Karlfried 99
Goldberg, Werner 191, 256, 313
Gollwitzer, Helmut 237, 261, 314
Goßler, Gustav von 53ff., 68, 70
Gottweiß, Wilhelm 170, 186
Graeber, Friedrich 182
Grabe, Fräulein 75
Grase, Karl Ludwig Ernst 67
Graser, Johann Baptist 95, 328
Graßhoff, Ludwig 24, 26f., 35, 44, 47, 314
Graßhoff, Wilh. Juliane 27
Groeben, von der 75, 80
Griesinger, Oberinspektor 120, 314
Grüber, Heinrich 228, 240, 243f., 260
Grüber, Margarete 243f.
Grünbaum, Hartmut 223
Gründel, Karl 361
Grüneisen, Diakonus (Halle) 76
Grützmacher, Justus Martin Constantinus Emil 196, 202ff., 210, 214, 228, 233, 257f., 260
Gruhl, Ernst 84, 111, 136ff., 146–149, 177f., 180, 185, 189, 194
Gruhn, Klaus 302
Gruner, Gustav 101
Gruner, Martin 101, 104, 297f., 314
Grunow, gehörlos 234
Günter, Margarete 234

Günther, Direktor (Neuwied) 58f., 64
Günther, Direktor (Berlin) 186
Gutzmann, Albert 130
Gutzmann, Dr. Herbert 131, 187, 314, 341, 345ff., 356

Haase, Ernst Otto 47
Habel, Weinhaus in Berlin 87
Habermaß, Fritz 24
Haeckel, Ernst 158
Haefner (Häfner), Johann Christian August 29, 34, 43
Haendler, Gustav Adolf Peter Wilhelm 78
Haendler, [Karl Maximilian] 74f.
Haendler, Wilhelm D. 91
Handtke 359
Hamann, Adolf Albert 91
Hambeck, Klaus-Peter 245
Hammer, Walter 361
Happe, P. 176f., 188
Hartmann, Dr. 53
Hartmann, M. 142
Hartung 27
Hasche, Johann Friedrich Ferdinand 31f., 44
Hase, von 360
Hasenkamp, [Hans] 160
Haß, Herbert 172f., 186, 339
Haux, Fritz 43, 314
Heiber, Eberhard 290
Heidbrede, Gustav 186
Heim, Friedrich Jakob Philipp 32, 101
Heim, Hellmut 96, 280, 296
Heinemann, Gustav 182f., 317
Heinicke, Samuel 19, 23, 27, 42, 96, 104, 113, 133, 312, 319
Heinisch, Johannes 98, 113, 291, 305, 314
Heinrichs, Johann Friedrich 35
Heinrichs, Wilhelm 31, 35
Heinrichsdorff, Alwin 104, 314
Heinsius, Maria 103, 314
Heitefuß, Wilhelm 297
Held, Heinrich 144, 182
Helmenstein, Siegfried 304
Hengstenberg, Wilhelm von 38
Hennig, Eike 182, 314
Henschke, Karl Friedrich Alexander 39, 45
Herbert, Karl 104, 182, 272, 314

Herder, Johann Gottfried 21f., 119
Herzog, Roman 289, 371
Hesekiel, Georg Veit 68
Hesekiel, Johannes 80
Hildebrand, Eugen 99f., 269, 272f., 276, 301, 309, 314
Hill, Friedrich Moritz 47, 54, 109, 113f., 120, 317
Himmerlich, Johann Christian Siegismund 29, 43
Hippokrates 15
Hirzel, Wilhelm 109
Hitler, Adolf 130f., 133, 152f., 155, 171, 182f., 191, 199, 263, 292, 314
Hjerverinnen, Propst (Finnland) 277
Hoche, Alfred E. 158
Hoenen, Konrad 183, 314
Hoffmann, Gustav Reinhold 71
Honecker, Martin 305, 310, 314
Hofmeyer, Wilhelm 98
Hoppe, gehörlos 172
Hoßbach, F. 186
Hoßbach, Paul 186
Hossenfelder, Joachim 153ff., 178, 182, 193f., 196, 199f., 204, 213, 223, 225ff., 257, 259f., 314
Hülse, Otto 211
Hühn, Philipp 43, 98ff., 311
Huschens, Jakob 120, 314
Hutten, Kurt 151, 182, 315
Hyperius, Andreas 42, 313

Ilgenfritz, Georg 186
Irion, Werner 288, 307, 310

Jaeckel, Jochen 113, 305
Jäger, August 153, 182, 331
Jähde, Bernhard 91, 124
Jänicke, Johannes 291, 315
Jahn, Roswitha 242, 247f., 252, 254
Jahnke, Anneliese 256
Jahr, Sigrid 252, 254
Jaspert, August 183
Jaspis, Albert Sigismund 62
Jauernig, Erika 256
Joerdens, Richard 101
Johannes Paul II., Papst (Kardinal Wojtyla) 284
Jordan, Paula 115, 117, 121
Jost, Adolf 158

Jüngel, Eberhard 279, 291
Jung, Paul Karl 72, 91, 93
Jung, Rosel 42f., 104, 315

Kaiser, Jochen 162, 184, 315
Kahle, Pfarrer (Königsberg/Pr.) 76
Kallenbach, Ludwig Wilhelm Christian 29, 32, 43
Kant, Immanuel 23
Kapler, Hermann 128, 132, 149
Karig, Pfarrer (Magdeburg) 103
Karsen, Fritz 130
Karth, Johannes 92, 111, 120
Kauppinen, Liisa 289
Kayser-Petersen, Dr. J. E. 161
Kehr, Hermann Rudolf 226, 235, 240f., 250, 260ff.
Keller, Artur 99f., 100, 184, 254, 271f., 282, 285f., 291f., 300f., 303f., 306f., 309f., 315ff.
Keppler, H. 175, 187, 315
Kerschensteiner, Georg 130
Kiel, Christel 27, 142, 302, 305
Kindermann, H. 186
Kirchner, Heinz 193, 221, 235, 237ff., 241ff., 255, 261
Kirschstein, Pfarrer (Herrndorf) 67
Klaus, Pfarrer (Görlitz) 270
Klausch, Ilse 261
Klee, Ernst 161, 184, 188, 315
Kleinau, Reinhold Hermann Hilmar 229
Kleinert, Paul 54
Klemann, Heinrich 99
Klemann, Ilse 100
Klemm, Walter 267, 297, 315
Klette, Johann Gottlob 29, 43
Klöss, Helmut 302
Kloß, Lehrer (Posen) 75, 103, 115, 121, 126, 132
Koblinski, Dr. von 80
Koch, Ingeborg 242, 245
Koch, Karl 263
Köbrich, Friedrich 76, 80, 120
Kölichen, von Abgeordneter 107
König, TOL 207
Kohl, Helmut 371
Kohl, Johann 38
Kolaska, T. 280
Kolb, Eduard 41, 242, 262, 275f., 279–282, 285f., 290f., 295f., 315

Kollek, Regine 305, 310, 315
Kolodzey, Wiltraud 304, 310, 315
Kopp, Manfred 255
Korn, Alexander 267 ff.
Korth, Theodor Friedrich Otto 84, 87, 101
Kortmann, Pfarrer (Bielefeld) 76
Kraetke, Lehrling/Hilfslehrer 27
Krafft, Otto 114, 121, 316
Kraffert, Barbara 288, 310
Krasa, Artur 114, 178 ff., 188 f., 201, 222, 257
Krause, Gerhard 42, 313
Krause, Reinhold 154, 183
Kratz, Wolfgang 100
Kräutlein, Manfred 250
Kretzer, Alfred 305, 316, 318, 322
Kretzer, Rolf 122
Krieg, Theodor Franz Friedrich Bernhard August 181, 194–197, 199 f., 203, 205, 212 f., 217, 219–223, 257, 259
Kröner, Johannes 288
Kroiß, Max 296
Krüger, Carl 229, 233 f.
Krukenberg, Frauke 307
Krummacher, Friedrich Wilhelm 220 f.
Krumrey, Louis 81, 91, 94, 103, 123, 132, 163, 171, 185 f.
Krusche, Roland 251 f., 254, 323
Kruse, Martin 242, 249, 251 f., 289
Kube, Schulleiter Eberswalde 216
Kuhlgatz, Lehrling/Hilfslehrer 27
Kuhlo, Lehrling/Hilfslehrer 27
Kunze, Martin 272, 290
Kunze, Paul 114, 121, 142, 316

Lachs, J.S. 26
Lang, Josef 290
Lange, Pfarrer (Bleddin/Sachsen) 226
Lahm, gehörlos 39
Laurien, Hanna-Renate 42
Lehmann-Fahrwasser, Georg 186
Lehmann, Gotthold 130, 132, 139, 175, 177, 186, 203 f., 210 f., 258, 316
Leidhold, Arthur 268 f., 271 f., 277, 309
Lemke, gehörlos 171 ff.
Lenhard, Friedrich 272, 303–307, 309 f., 316
L'Epée, Charles-Michel 19, 27
Leszczynski, gehörlos 361

Lettau, gehörlos 27
Leutke, Fritz 199 f., 257
Lichtenstein, Heiner 184, 316
Lieder, Walter 121, 270, 316, 361
Liepelt, Johannes 119, 142, 186, 204, 207, 316
Limpach, Ingeburg 14, 250, 253
Lindner, Dr. 232
Lindner, Friedrich 95, 104
Link, Otto 96
Linz, Pfarrer (Oliva) 67
Lohmann, Pfarrer (Neuwied) 64, 67
Lokies, Hans 208, 258, 316
Lubos 284
Lüdke, Pfarrer (Schwerin) 269
Luger, Friedrich 95, 241, 254, 262, 271 f., 277 f., 280, 282, 291, 298, 300, 303, 309, 316
Luhmann, Karl 142, 172, 186, 316
Luise, Prinzessin der Niederlande 25
Luther, Martin 16 f., 42, 117, 140, 160, 208, 230, 275, 316

Maaßen, Hans 288, 310
Maikowski, Eberhard 199
Manger, Martin 91
Martin, Dietrich 299, 304
Martin, Direktor (Halle) 186
Mandt, Effi 287
Martin, Hanna 98
Martin, Roland 310, 322
Matz, Edmund 177
May, Joseph 327
Meding, August von 44
Mehle, Fritz 172, 174, 187, 316
Mehlhorn, Pfarrer (Thüringen) 142, 270, 360 f.
Meier, Doris 242, 256
Meisner, Joachim 251
Meissner, Otto 179, 189
Mendelssohn, Moses 23, 42, 316
Mermod, Denis 278, 280 ff., 291, 300
Mertens, Wilhelm 171
Mescher (Schwesig), Wolfgang 256
Mey, G. 115, 121, 316, 320
Miebe, Pfarrer (Luckenwalde) 221
Minkner, Detlef 182 f., 185, 317
Mierendorf, Carlo 62, 182
Mittelstaedt, Clemens 216
Mkaria, Pfarrer (Mwanga/Tansania) 286

Mohnhaupt, Direktor (Halle)   110, 142
Mössner, Robert   95
Mühlmann, Gustav   39, 45
Müller, Hellmut   97f., 104
Müller, Hermann   99
Müller, Ludwig   153f., 165
Müller, Max   234
Müller, Oberlehrer   176
Müller, Otto   101
Müller, Rolf-Dieter   183, 317
Müller, Studiendirektor M.   177
Müller-Wollermann, Ruth   122, 254
Mulzer, Georg Wilhelm   31, 35, 40, 44
Muhs, Jochen   187, 317

Naegesbach, Annemarie   115
Naffin, Paul   295ff.
Natorp, Paul   130
Nauck, Gottlob Ernst Richard   84, 87
Naudé, Lisa   219, 228, 232, 259
Naunin, Otto   103, 115, 121, 317
Neideck, Maria   251
Nicol, Hermann   96, 142
Niedlich, Joachim Kurt   151
Niemöller, Martin   142, 154, 157, 263f., 267
Nisch, Frieda   242, 251
Nordmann   75
Nowack, Kurt   147, 183f., 257
Nsubuga, Bischof (Uganda)   283, 315

Obst, Renate   246
Ohle, Kaspar Friedrich Ludwig   38, 45
Olbrecht, Hans   217f., 268f.
Opper, Helene   98
Orphal, Walter   136, 147, 203, 257
Ostrowski, Ordensschwester   280

Papenfoth, Hans-Joachim   229, 261
Parade, Gustav   91
Pasche (Pascha), Joachim   16ff.
Pasche, Elisabeth   16
Passauer, Martin-Michael   255
Pathe, Dr.   142, 160
Paul, Hans   252, 254
Paul, Horst   14, 101, 118, 122, 124, 132, 161, 184f., 254, 256, 272f., 300f., 304f., 317
Pauno, Propst in Finnland   277
Pautschowsky   284

Pelessier, Alexander   98
Pelkmann, Friedrich Samuel   35
Pesch, Professor in Köln   160, 294
Pestalozza, Anton Graf von   240
Pestalozzi, Johann Heinrich   19, 42, 318
Peters, A.   186
Petschow, Paul   91
Pfingsten, Georg Wilhelm   43, 105
Pfister, Willi   103, 317
Pippart, Wilhelm   38, 45
Platz, Johann Friedrich Karl   33, 44
Ploetz, Alfred   157
Pokorny, Daniel   11, 283f.
Ponc de Léon, Pedro   18
Preß, Helmut   143f., 272
Preß, Johannes, senior   110f., 120, 142
Priepke, Manfred   149, 185, 317
Puttkamer, Robert von   57f., 64

Quack, Friedrich Wilhelm   101

Rabe, Klaus   288
Rabenau, Eitel Friedrich   154
Rabius, Heinrich Wilhelm Louis   60f., 78
Radke, Direktor (Schwerin)   232f., 365
Rädler, Renate   306
Räfler, Direktor (DDR)   228, 231
Rambach, August Jacob   96
Rammel, Georg   300, 309, 317
Rath, Pfarrer (Mecklenburg)   217f., 365
Raedecker, Thea   98
Rädler, Renate   306
Räfler, Direktor (Ost)   228, 231
Rasch, Direktor   180
Rebensburg, Pfarrer (Köln)   61, 70, 80
Rehder, Martin   4, 97, 277, 283, 288, 301ff., 305, 309f., 317
Reich, Carl Gottlob   47, 113
Reich, Markus   50, 186
Reichert, Gotthold Johannes Eduard   67
Reichardt, Volker   227f., 232f., 260
Reichert, Gotthold Johannes Eduard   67
Reichhenke, Karl-Heinz   241, 250
Reichmuth, Johannes Wilhelm Georg   125
Reichwein, Adolf   191
Reifke, Alfred   170, 173
Reimarus, Samuel   22f.
Reimer, Ludwig Ferdinand   26f., 47f.
Reinhard, Volker   113, 122, 228f., 260, 305

Reitter, Michael 327
Reller, Horst 302
Reschke, Karl 231
Reso, Otto 139, 142, 148, 161, 164, 185 f.
Reuschert, Emil 54, 120, 126, 318, 346
Reuter, Ernst 222, 227
Richter, August 38, 44, 318
Richter, D. August Ferdinand 107, 119
Richter, Helmut 162, 164, 171, 180, 184 ff., 189, 204 f., 209, 213 f., 221, 223, 257 f.
Richter, Ingeborg 96, 262, 308, 318
Riddal, Superintendent (Irland) 228 f.
Riecke, A. 331
Riemann 124
Ringeltaube, Ernst Friedrich 29 f., 33, 37, 43 f.
Ristau, Paul 186
Ritter, Christian Friedrich Wilhelm 29, 31, 33, 39
Ritter, Johann Karl Theodor 34, 43 f.
Robert, Père 280
Rohrdanz 365
Römer, Wolfgang 279, 281 f., 285, 306
Rosenfeld, Karl Johannes 141, 185
Rostalsky (geb. Zander), Britta 253
Rother, Hans 226
Rüter, Karl 101
Rudloff, Dr., Konsistorium Berlin 250
Ruffieux, Franz 133, 318

Saar 233
Säuberlich 360
Saeger, Hilfslehrer 27, 47
Saegert, Carl Wilhelm 27
Saenger, Barbara 181
Saenger, Erna 181, 189, 318
Saenger, Geheimer Kirchenrat (Berlin) 80, 92, 94, 103, 105, 114, 121
Sagel, Ulrich 286, 292, 318
Sandmann, Karl Friedrich Otto 63, 65
Sankowski, Iris 254
Saran, Friedrich August 74 ff., 80
Sauter, Gerhard 272, 311
Sauermann, Volker 96, 103 f., 288 f., 302 f., 305, 307 f., 310, 315, 318, 321
Savisaari, Eino 277, 292, 318
Schade, Hermann 81, 124, 127, 132, 142, 177 f., 185, 188

Schafft, Christian 97
Schafft, Hermann 4, 78, 81, 97 f., 142 ff., 160, 178 f., 186, 188, 221, 226, 263, 267–273, 275 f., 290, 294 ff., 318
Schaig, Pfarrer (Kassel/Hessen) 97 f.
Schaller, Anneliese 243 f.
Schärr, Max 95
Scharf, Kurt 154, 197, 203, 222, 239, 247, 257, 259, 262
Schermann, Ernst 241, 250
Schiffmann, gehörlos 220, 259
Schilke, Johann Friedrich Matthias 29, 43
Schiltknecht, Hansrued 42, 318
Schirach, Baldur von 165
Schlabritzky, Karl Franz Andreas 185
Schlatter, Adolf 275
Schlechtweg, O. 270
Schleiff, Magda 226
Schmähl, Otto 184, 318
Schmiedehausen, Hans 256, 318
Schmidt, Hans-Georg 101, 104, 304, 314
Schmidt, Prälat Dr. 95
Schmidt, stell. Direktorin von Räfler 231
Schmidt, Tagelöhner 31
Schmidt, Taubstummenlehrer 233
Schmidt-Jorzig, Edzard 371
Schnegelsberg, Wilhelm 99, 104, 295, 297
Schneider, Lieselotte 242, 251
Schnorr von Carolsfeld, Julius 115, 121, 317, 321
Schoenberner, Reinhold Rudolf Traugott 47 f., 50–55, 58 f., 61 f., 72 f., 83 f., 88, 101, 137, 337
Scholz, Lehrling/Hilfslehrer 27
Scholz, Joachim 203 f., 257
Schomerus 178
Schorsch, Ernst 131, 133, 139, 319
Schorsch, Hildegard 207
Scholz, Joachim 27, 203 f., 257
Schröter, Dr. Ulrich 14
Schröter, Werner 180, 205
Schütz zu Holzhausen, Hugo Freiherr von 27
Schulte, Ernst 304
Schulte, Klaus 117, 121, 247, 279, 291, 298 f., 304 f., 319
Schulz, Charlotte Luise 37

387

Schulz, Friedrich August 38, 44, 83, 90
Schulz, Hermann 59, 74, 83f., 86–89, 92, 94, 103, 105f., 124, 126, 135ff., 139, 144, 146ff., 162, 164, 166f., 172f., 177f., 185f., 189, 196, 202, 225f., 260, 310, 319, 337
Schulz, Lehrling/Hilfslehrer 27
Schulz, Walter 177
Schulze, Friedrich Karl Hans 139f., 148f., 186
Schultze, Dr. Hans 172
Schultze, Karl Ludwig 29, 43
Schultze, Lic. Wilhelm Julius Leopold 125f., 132
Schumann, Gustav 120, 319
Schumann, Paul 19, 42, 45, 55, 64, 120, 159, 174f., 184, 186f., 315f., 319
Schuppan, Erich 203, 206, 211, 219, 224, 228, 232, 253, 257ff., 260f.
Schuster, Eduard 231, 242, 250f., 254, 256
Schutzka, Martin Gottlob August 235ff., 261
Schwanbeck, Pfarrer (Inowrazlaw) 67f.
Schwarz, Wilhelm 97f.
Schwarzkopf, Oberkonsistorialrat 221
Selke, Wolfgang 76f., 105f., 142, 339
Seidel, TOL 4, 297
Siebert, Oberkonsistorialrat (Berlin) 185, 200
Siebert, Martha 297
Siebke, R. 172, 186
Siebner, Pfarrer (kath.) 106
Siefert, W. 120, 268f.
Siepmann, H. 171
Silex, Diakonus (Stettin) 76
Simon, Georg Heinrich Theodor 71, 103
Sokrates 340
Solbrig, David 18
Souchon, Adolf Friedrich 49
Spengler, Helmut 301
Sperling, Oberkonsistorialrat (Hannover) 302
Spitzkatz, Frederike Auguste 38
Spranger, Eduard 130
Sprockhoff, Paul Karl Ernst 71
Steiner, Dagmar 240, 247, 254
Steinhausen, Heinrich Friedrich August 89, 147
Steinlein, Reinhard 228f., 260

Steinwede, Dietrich 116, 121, 319, 321
Stemmler, Erwin 176
Stepf, Hans Jürgen 4, 14, 41, 53, 100, 183–186, 241f., 252, 254, 256f., 259, 262, 273, 288f., 291f., 302f., 305, 308ff., 315, 319, 322f., 351, 369f., 373
Steude, Johannes 141f.
Stillfried, Hans 43, 104, 311
Stoevesand, Bernhard 13, 117, 121, 196, 204, 206f., 210–214, 216–219, 221–225, 228ff., 232–241, 243, 245f., 257–262, 269, 275f., 278, 290, 309, 311, 319f.
Stoffel, F. 95
Strauss, Pfarrer (Kunzendorf) 178
Strutz, Ekkehard 232f.
Styczynski, Abgeordneter (Pole) 107
Sundberg, Ils 278
Sutcliffe, Thomas Henry 279f., 282, 285, 291, 320
Sutermeister, Eugen 103
Svenfors, Pfarrer (Stockholm) 228, 275f., 290, 296
Sydion, Elisabeth 16
Sydow, Nicola 16

Taube, Otto 130f., 133, 320
Temu, Lehrer (Tansania) 287
Tesch, Albert 72
Textor, Wilhelm 91
Themel, Karl 176, 237, 261
Theuerkauf, Eduard 72
Thiel, Karl F. 228, 318
Thiem, Ferdinand Joachim Robert Rudolf 195f., 201, 204f., 212f., 215–218, 221, 223, 225, 227, 257–260
Thieme, Erich 184
Tietke, Christian 72, 91, 94, 103, 124f., 129, 132, 135f., 142, 147ff., 162f., 169, 172f., 177, 184–187
Thomas, W. 176
Trappe, Waltraud 272, 290
Treibel, Edmund 50–55, 60f.
Troschke, Paul 71ff., 77ff., 81, 84, 103
Tröger, Albrecht 288
Tschuikow, Wassili 192
Tugendreich, Juliane Caroline (Tochter von S. Heinicke) 23
Tunker, Pfarrer (Lötzen) 67

Twele, Horst 307

Ulfert, Gerhard 222, 259
Ulricy, Dr. (Predigtamtskandidat, 4. Lehrer) 47
Ungewitter, Franz Heinrich 40, 45, 320

Vatter, Johannes 98, 104, 115
Verschuer, Otmar Freiherr von 174
Vörnle, Georg 159
Vogt-Svendsen, Conrad 275 ff., 279 f., 291, 320
Voit, Helga 120, 320
Volkerding, Walter 291

Wagner, Pfarrer (Gmünd) 109
Wagner, Rudi H. 244
Wahn, Dr. 299
Waigel, Theo 371
Wallis, John 19
Wallisfurth, Maria 119, 267, 320
Walther, Eduard 68, 78, 81
Waltz, Paul Oskar Robert 72, 76 f., 80, 84
Wapenhensch, Friedrich 96, 142, 267
Warmers, Erich 304
Wegerhoff, Gerd 122
Wegmann, Dietrich 250, 252, 254
Wegner, Gerhard 99
Wegner, Klaus 227 f., 232 f.
Wende, Gustav 43, 54 f., 102, 104 f., 118, 120, 314, 319 f.
Wehler, Hans Ulrich 192, 256, 320
Weikert, Harald 289, 320
Weidling, Helmuth 192
Weinmann, Thomas 101
Weiß, Benno 272, 307
Weiß, Wolfgang 102 f., 311, 314
Weithaas, Heinz 272, 290
Welker, Otto 174, 187, 320

Werle, Paul 275
Werner, Gertrud 115, 121, 321
Werner, Pfarrer (Anhalt) 41, 270
Wernigerode, Graf von 76, 80, 294
Weymann, Gottfried 91
Wiebe, Erwin 161, 164, 185, 194, 196–199, 204, 257
Wieder 359 f., 368
Wiesner, Gerd 302, 309, 321
Wilke, Carl (Karl) Heinrich 26, 37, 44, 49 f.
Wilkens, Ulrich 302
Willareth, [Adolf] 95
Winkelmann, Dr. Erich 98
Winnewisser, Alfred 95, 113, 116, 120 ff., 186, 298–301, 321
Winter, Friedrich 250
Wirth, Johann Konrad 95
Wöbse, Friedrich 142, 161, 186
Wodaege, L. 68, 70
Wollenburg, Lucie 200, 257
Wollermann, Rudolf 115, 121, 321
Wollrab, Rudolf 101, 272, 279 f., 282, 285, 306
Wurm, Theophil 263, 275
Wüst, Hans Heinrich 15
Wüst, Hans Ulrich 15

Zander, Heinrich David Friedrich 71, 253
Zeller, Gerhard 262
Zeuner, Egon 307 f., 313
Zimmermann, [Karl Friedrich Eduard] 47
Zimmermann, Ortsgruppenleiter 177, 179, 189
Zoellner, Wilhelm 178, 188
Zurhellen, [Otto] 70
Zwanziger, Fritz 174
Zwingli, Huldrych 275

Gehörlosenpfarrer in der Stadt Berlin

1866–1898
Reinhold Traugott
Schoenberner
*26.10.1838, † 9.11.1898

1898–1938
Hermann Schulz
*21.12.1867, † 1954

1939–1944
Artur Krasa
*29.4.1894, † 7.6.1956

1921–1957
Otto Bartel
*13.4.1892, † 11.11.1979

1947–1974
Bernhard Stoevesand
*18.1.1912, † 6.4.1980

1975–1997
Hans Jürgen Stepf
*27.2.1935

Ostberlin ab 1961

1961–1965
Fritz Exner
*28.3.1895, † 6.9.1975

1965–1978
Karl-Heinz Reichhenke
*21.4.1912, † 12.2.1999

1979–1980
Elisabeth Becker
(geb. Umbach)
*24.4.1946

ab 1990 wieder eine Evangelische Gehörlosengemeinde Berlin

1980–1994
Eduard Schuster
*16.4.1929, † 19.6.2006

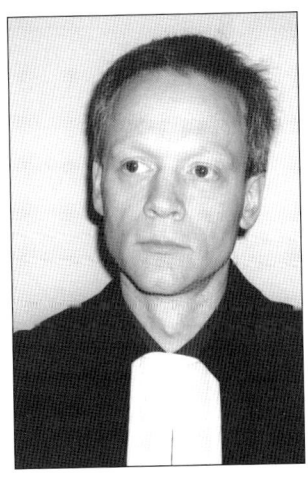

1995
Roland Krusche
*9.1.1958